中国通史

（第六卷）

《中国通史》精彩扼要地勾勒出中国历史演进的基本脉络和中华民族的发展过程，从宏观上把握中国历史，窥一斑而知全豹，进而使读者从中揣摩与品味出中国历史发展的内在规律。

中国书店

禁烟运动

鸦片战争前的中国和世界

17世纪40年代，在东方，是清顺治元年（1644年）清军入关，定都北京，建立了中国封建社会最后的一个王朝——清朝；在西方，是明崇祯十三年（1640年）英国国王与国会斗争加剧，不久爆发内战，从而开辟了资产阶级世界革命的新时代。

清朝开国之初，在康熙、雍正、乾隆三朝，曾经有过一番兴旺的气象。康熙皇帝（1662～1722年在位）励精图治，对内重视安定统一，发展社会经济，对外维护国家主权，抵抗侵略，有效地遏制了来自海上和沙皇俄国的殖民扩张。到乾隆皇帝（1736～1795年在位）初期和中期，国势达于鼎盛。这100年，史称"康乾盛世"。到18世纪末，西方资本主义国家的武装入侵和外交讹诈，并没有能打开中国市场的大门；沙俄侵占中国领土的野心，也未能得逞。

19世纪之后，封建主义的中国和欧美

林则徐塑像

资本主义各国的差距越来越大了。随着生产力发展的一快一慢，国力对比的一升一降，中外关系的格局，产生了巨大而急遽的变化。

道光帝像

乾隆末年，清王朝已明显地由盛转衰。自嘉庆朝（1796～1820年）至鸦片战争前夜，整个封建制度已危机四伏。

以小农业和家庭手工业相结合为基本特征的自给自足的自然经济，一直是中国封建时代的社会经济基础。从明朝中叶开始，中国封建社会母体内商品经济的发展，已经孕育着资本主义的萌芽。到鸦片战争前夜，在丝织、棉纺织、陶瓷、煮盐、采铜冶铜、采铁冶铁、制茶、制糖、造纸、木材加工等行业中，更出现了具有资本主义性质的手工工场。但是，清政府一直推行"重农抑商"政策，把先进的工业技艺视为"奇技淫巧"。根深蒂固的封建势力，阻碍了资本主义因素的发展。

中国封建社会的主要特点之一，是地主阶级、贵族和皇帝拥有最大部分的土地，而农民则很少或者完全没有土地。这种时张时弛的土地兼并、集中现象，到了19世纪初更是惊人。据清嘉庆十七年（1812年）统计：直接间接掌握在皇帝手中的土地，竟达83万顷（每顷100亩）。其他大地主大官僚也占有大量土地，北方的官僚豪富，有的拥地数百万亩，或"膏腴万顷"；江南一带，豪强兼并，土地集中在百分之一二十的人口手里，以致"田主不知耕，耕者多无田"。

保护封建剥削制度的清王朝，是一个君主专制政权，鸦片战争前即已腐朽不堪。外迫强敌，祸在眉睫，清王朝依然昏昏沉沉。道光皇帝（1782～1850年）虚骄自大，封疆大吏闭塞无知，吏治黑暗，贿赂公行，朝廷充斥"除富贵而外不知国计民生为何事，除私党而外不知人材为何物"的老朽官僚；地方官吏，"为大府者，见黄金则喜，为县令者，严刑非法以搜括邑之钱米"。

国家政权的主要成分——军队，也逐渐瘫痪。以刀、矛、弓箭、短剑、藤牌、甲胄和少量火绳枪、滑膛炮等老式兵器装备起来的八旗兵、绿营兵，鸦片战争前夕约有90万（内八旗兵为22万）。不仅兵器落后，而且营务废弛，百弊丛生。当时任鸿胪寺卿的黄爵滋奏称："今日之兵，或册多虚具"，或"粮多冒领"，或"老弱滥充"，或"训练不勤"，或"约束不严"，"凡此诸弊，翻为兵蠹，稍有缓急，其何可恃？"驻防京城的八旗兵，竟三五成群，手提鸟笼雀架，终日闲游，甚而相聚赌博。有些海防要塞，使用的还是300年前的旧炮。至于沿海水师所用战船，大多是以"薄板旧钉"制成，"遇击即破"。

为了维护封建专制统治，镇压和消弭汉族知识分子及其他反抗势力的"排满"思想，清朝统治者从入关之初，就采取怀柔与高压相结合的手段，实行严厉的文化专制政策。封建士大夫被迫面向故纸，背对现实；或沉湎科举考试，猎取功名利禄；或从事繁琐考据，不敢触及政事。他们闭目塞聪，孤陋寡闻，甚而"不读秦汉以后之书，更不考地球各国之事"。

随着封建王朝统治危机的加深，人民再也无法照旧生活下去了。从嘉庆朝开始，到鸦片战争爆发前，广大农民在北方以白莲教为主，在南方以天地会为主，不断揭竿起义，反抗地主阶级残酷的经济剥削和政治压迫。

正当清朝国势江河日下之时，英、法、美等国的资本主义却在迅猛发展。

清·玉炉

英国资产阶级掌握政权后，为了争夺海上霸权，扩张和掠夺殖民地，从17世纪50年代至18世纪60年代，先后打败葡萄牙、西班牙、荷兰以及法国，成为显赫一时的"海上霸王"。英国从18世纪60年代起开始工业革命，用机器工业逐渐代替工场手工业。到19世纪三四十年代，这个过程大体完成。据统计：1835年，英国已拥有蒸汽机1953台，纱锭900万枚，年产生铁102万吨，煤3000万吨。这时，英国已成为世界上最强大、最先进的资本主义国家，它的炮舰走遍全球，它的工业占世界总产量的一半，它的贸易额在各国对华商务中居压倒优势。适应炮舰政策和经济掠夺的需要，英国的军事工业也在急速发展。当时，它已经拥有主要靠帆力航行，但也装备了蒸汽机的海军舰船，这种两层或三层的木质装甲舰船，每艘配备几十门精良大炮，陆战部队则使用新式的来复枪和各式大炮。

法国经过1789年资产阶级革命，为资本主义的发展扫清了道路。到19世纪20年代起，工业革命在国内大规模地进行。到1830年，法国拥有蒸汽机625台，1837年生铁产量达59万吨；从1815～1840年，棉织品的产量也增加了3倍。鸦片战争前夕，法国的工业产量在世界上已居第二位，但对东方的商品贸易额仍很小。

美国资产阶级是在1776年独立战争后取得政权的。鸦片战争前，它的对华贸易额仅次于英国而占第二位。美国运来中国的货物，主要是北美的人参、毛皮、棉花，南洋的檀香，从土耳其转卖的鸦片，以及从英国贩运的工业制造品；带回去的则是中国的茶叶、生丝和"南京布"（即土布）等。优厚的利润和美国政府的保护与帮助，使美国资产阶级"把中国看成是一个不可限量的销货市场"。

清政府在很长一段时间里，对外实行闭关政策。

吸食鸦片用具

1757年，乾隆皇帝下令封闭江、浙、闽三关，只留粤海关广州一口对外通商。1759年，两广总督李侍尧上奏乾隆皇帝，在广东颁布了《防范外夷规条》。其后，清政府又陆续颁发《民夷交易章程》（1809年）、《防范夷人章程》（1831年）等，对外国人的商务活动、居留期限、居住场所、行动范围、华夷交往等，作了苛细而繁杂的规定。构成闭关政策的另一项措施，是1760年在广州恢复的公行制度。公行，是经清政府登记认可，由专营对外贸易的行商（亦称洋行、洋商、洋货行）组成的垄断性组织。它具有亦官亦商的职能：清政府给参加公行的行商以包办一切进出口贸易的独占权，公行商人则对清政府承担一定的义务，如担保外商缴纳税饷、规礼，负责约束外人在广州的起居行动，充当清政府与外商间一切交涉的中间人等。

销烟池旧址

当时中国社会中，小农业和家庭手工业密切结合着的自然经济，有力地抵抗了西方工业品的侵入。清朝限制对外通商的政策，即所谓闭关政策，也起着保护封建经济的作用。英国急于输出的棉、毛纺织品，在中国都缺乏销路。毛织品的滞销是由于不合内地穿着习惯。外来棉布价格既高又不耐久，不能和土布竞争。印花布虽然在19世纪20年代初叶被认为"愈洗愈鲜"，胜于"一洗即模糊"的内地印花布，但实际销路更有限。棉纱输入值也远不及印度进口的棉花（鸦片战争前夕，印棉进口年约25万包，值100多万英镑）。30年代初叶，英国人已经了解：中国自己植棉很广，但消费棉花数量甚大，在中国市场上容易推销的是棉花而不是纱、布等制成品。从20年代末叶到鸦片战争前夕，英国输华棉布虽然增加了一倍多，棉纱增加了五倍多，但每年总值不及70万英镑，加上其他制造品也不过100万英镑左右。而中国销英茶叶每年约值1000万银元，丝和丝织品约有二三百万银元，合计在600万英镑以上。正当的贸易平衡有利于中国，这是英国资产阶级认为不利的情况，还要提到的是，在19世纪20年代，中国每年经英、美商人输出土布多至300多万匹，远销美国、南美洲。在30年代输出量减少，但经英商输出的每年也还有几十万匹。

鸦片贸易

1757年，也就是清政府下令闭关的同一年，英国东印度公司占领了鸦片产地孟加拉。工业革命以后，英国对华贸易急剧增长。为了追逐利润，扭转贸易逆差，英国开始公开对华进行鸦片贸易。

鸦片，俗称大烟，是用罂粟汁液熬制而成的麻醉毒品，原产于南欧、小亚细亚，后传于阿拉伯、印度和东南亚等地。因为它有催眠、镇静、止痛等作用，自明代以来一直作为药材征税进口。17世纪，吸食鸦片烟的恶习，从南洋传入中国。

输入中国的鸦片，主要有产于印度的孟加拉鸦片、麻洼鸦片，以及土耳其和波斯鸦片。西方殖民者侵入印度后，葡萄牙人首先从果阿、达曼向中国澳门贩运鸦片，但数量不大，1729年清政府下令禁烟前，每年不超过200箱。1757年英国占领孟加拉后，迅即夺去其他各国商人和印度商人在孟加拉收购鸦片的权利，于1773年从加尔各答向中国试销鸦片成功。从此，英国成为最大的鸦片贩子。

林则徐像

1773年是英国对华鸦片贸易史上极为重要的一年。这一年，华伦·哈斯丁（W. Hastings，1774年第一任印度总督）制定了英属印度政府的鸦片政策，帮助英国东印度公司取得鸦片专卖权。以垄断方式来增加生产，鼓励出口，毒害和掠夺中国人民。哈斯丁在印度总督任内一再强调，"不要干涉鸦片收入"。1797年，东印度公司又取得了制造鸦片的垄断权。

清政府是三令五申禁止贩运和吸食鸦片的。雍正七年（1729年）颁发第一道禁烟诏令，对兴贩鸦片、私开烟馆者治刑，但对吸食者尚未论罪。自乾隆四十五年（1780年）至道光十九年（1839年）的60年间，清政府上自朝廷，下迄督抚衙门，先后发过45道严禁贩运和吸食鸦片的谕旨、文告。但是，由于外国鸦片贩子走私与行贿并用，清朝整个官僚体制腐败，明发禁令，暗受贿赂，因此不管是道光以前采取的"塞源"（禁止鸦片输入）、"遏流"（查禁内地私销），还是道光时期加上的"正本"（禁止官民吸食），都没有能收到禁烟的预期效果。

中国通史

最新整理图文珍藏版

林则徐手书对联

烟毒在中国的泛滥

从 19 世纪起，鸦片开始大量流入中国。据不完全统计，19 世纪最初的 20 年中，英国自印度输入中国的鸦片每年平均约为 4000 余箱（每箱约 120 斤）。30 年代以后，鸦片输入量迅速增加，1838～1839 年已达到了 35500 箱。英国资产阶级利用肮脏的鸦片贸易开辟了中国市场，同时也发展了印度市场。英国在印度大量销售棉纺织品及其他工业品以购买鸦片，然后再用这些鸦片运到中国换取它所需要的丝、茶等物。在英—印—中即纺织品—鸦片—丝、茶这个三角贸易关系中，英国资产阶级获取了双重的利益。

由于鸦片输入额的激增，中国失去了对外贸易中的长期优势，由原来的出超变为入超，贸易逆差的差额越来越大。从 19 世纪 30 年代起，英国输入中国货物的总值中，鸦片已占到了 50% 以上。英国通过鸦片每年从中国掠走的银元达数百万之多。

同时参与向中国贩卖鸦片的，还有美国和俄国。美国主要是从土耳其贩运鸦片到中国来。为了抗拒中国水师的缉私，美国的鸦片贩子专门制造了一种配有武器装备的"飞剪船"。鸦片战争前，美国输入中国的鸦片总额仅次于英国。从 19 世纪 30 年代起，沙皇俄国也从中亚向中国偷运鸦片。

鸦片的大量输入给中国社会带来了无穷祸患。鸦片摧残人的身体健康，损伤人的智力，麻痹人的意志。在道光时代，鸦片的销售已遍于全国。据估计，中国受鸦片毒害的人数约有 200 万之众。

非法的鸦片走私，使中国蒙受到严重的危害。

首先，鸦片输入的增加，造成中国的白银大量外流，致使清朝的财源日益枯竭。根据不完全统计，1830 年由英商运出的就有 670 余万元。鸦片战争结束前，一年流出 1000 多万元。十余年中，流出银子总数达一亿数千万元。

其次，大量的白银外流导致了银贵钱贱的后果。18 世纪末，一两白银折换铜钱1000 文左右。到鸦片战争前的 1838 年，则增加到一千六七百文。农民完粮纳税是以白银计算，过去卖一石谷可纳税银一两，而今差不多要用两石谷。农民的负担因此而加重，生活日益贫困。

第三，鸦片走私的结果，使清朝的政治更加腐败。鸦片贩子贿买清朝官吏，共享其非法收入。清政府虽多次颁布谕令、文告禁烟，然而鸦片走私却日益猖獗，这与吏治的腐败紧密相关。

第四，清军官兵中吸食鸦片者广泛存在，这使清朝的军队更加丧失战斗力。银荒又引起商业的停滞和物价的上涨。烟毒泛滥的影响波及全国各阶层人民。

虎门销烟

1836年~1838年的几年中，鸦片问题引起清政府的讨论。统治集团出现了主张严禁和主张弛禁两派的争执。1836年，太常寺卿许乃济奏请承认鸦片为合法贸易品，理由是政府可借此增加大笔税收，弥补财政困难。弛禁派这种妥协主张，是当时官僚政治苟且因循病入膏肓的表现，也是统治集团中若干大小官僚不肯放弃从鸦片贸易营私肥己的反映。这种势力以当权派首席军机大臣穆彰阿和大学士直隶总督琦善等为代表。

穆彰阿历任各部尚书、大学士，值军机十余年。琦善任直隶总督也有十年。他们反对一切改革，揽权营私，深得道光帝的信任。其他军机大臣如潘世恩是穆彰阿的阿附者。另一军机大臣王鼎不与穆彰阿等苟合，但也不敢公开支持反对派。弛禁主张已由广东官吏奏准，以内阁学士礼部侍郎朱嶟反对，因而搁置。

清人吸食鸦片的情形

1838年6月，鸿胪寺卿黄爵滋上奏，痛陈鸦片祸害，揭发官吏包庇，主张严惩吸烟者以遏制鸦片的输入。严禁派的主张得到舆论的广泛拥护，取得了胜利。道光帝命令负有清望而且办理禁烟有成效的湖广总督林则徐进京讨论查禁事宜。两广总督邓廷桢从依违犹豫转而认真禁烟，12月12日，广州爆发了一万多人的群众示威，

反对英、美等国暴徒干涉广东当局在商馆前处绞烟贩。到了年底，道光帝决定派林则徐为钦差大臣前赴广州查禁鸦片，并命令由他节制广东水师。

1839年3月，林则徐到达广州。他出告示晓谕军民绅商，凡吸食鸦片者要立即呈缴烟土烟具，限期戒除，同时还指名捉拿贩烟要犯。林则徐的禁烟行动得到了广州人民的大力支持，城乡各地纷纷呈缴烟膏烟具，揭发检举鸦片贩子。虎门附近的群众自动组织起来，一发现走私鸦片的商船，立即遍吹螺号，集合渔船，前后纵火，将其烧毁。在人民群众的支持与推动下，查禁鸦片的工作进行得极为顺利。这使林则徐禁烟的决心大为增强，向外国烟贩庄严宣告："若鸦片一日未绝，本大臣一日不回，誓与此事相始终。断无中止之理。"在林则徐领导下，禁烟运动迅速趋于高涨。

龙纹建鼓

英国资产阶级阴谋破坏这场禁烟运动。英国驻华商务监督义律指使大鸦片贩子颠

地潜逃，并阻英商缴烟。林则徐接到当地群众的禀报后，派人监视洋馆，同时下令停止了中英贸易。义律看到阻挠缴烟的计划无法实现，转而要求英商接受缴烟的命令，同时劝美国商人也一起缴烟，声称烟价统由英国政府付给。义律这样做的目的，是把中国处分鸦片贩子的问题，扩大为中英两国政府之间的争端，为英国发动战争制造借口。

在中国人民禁烟斗争的压力下，英美鸦片贩子被迫缴出鸦片2万多箱，约有230多万斤。1839年6月3日至25日，林则徐率领地方官吏，在虎门"就海滩高处，周围树栅，开池漫卤，投以石灰，顷刻汤沸，不爨自燃，夕启涵洞，随潮出海"，将缴获的全部烟土当众销毁。虎门销烟这一伟大行动打击了外国侵略者的气焰，向全世界表明了中国人民反抗外来侵略的坚强决心。

林则徐领导的这场禁烟运动的历史意义，远远超过查禁鸦片的本身。虎门销烟是中国人民反帝斗争的伟大起点。

英国发动鸦片战争

虎门销烟之后，林则徐下令恢复了中英贸易，但坚决禁止鸦片的输入。林则徐在禁烟斗争中的基本原则是："鸦片必要清源，而边衅亦不容轻启"。他对外国商人实行了"奉法者来之，抗法者去之"的方针，任何国家的商船，只要不夹带鸦片，并且具结合证以后也不带鸦片，都允许进口。而义律则利用各种机会，扩大事态。他下令英国商船一律不准进口做买卖，并要求英国政府派军队，准备武力解决。7月，在九龙的尖沙咀发生了英国水手行凶伤人事件，村民林维喜伤重致死。林则徐要求英国人交出凶手，义律无理拒绝，并于9月率英舰闯进九龙借机挑起战事，炮击九龙山口。中国方面予以还击，打退英舰进攻，此为九龙之战。10月，义律率英舰又闯入珠江口，在穿鼻洋阻拦进口的英国商船，并与中国师船接战，是为穿鼻之战。此后，英军曾在10天之内6次进犯中国军队的驻地，均被击退。

面对英国侵略者的武装挑衅，林则徐进行了积极的防备。他与两广总督邓廷桢、广东水师提督关天培一道，着手整顿水陆两军，下令增修虎门炮台，在虎门海口安设木排、铁链，购置和仿制西式大炮，以加强防务。他招募数千名渔民、疍户、丁半，编为水勇，精练夜袭火攻之法。同时还发布安民告示，与当地群众相约，如英军闯入内河，许人人持刀痛杀。林则徐的这些备战措施，收到了明显的成效。

1839年12月，道光皇帝在接到穿鼻之战的奏报后，命令停止中英贸易。林则徐奉旨于1840年1月宣布断绝中英贸易。在此之前，英国政府已经决定出兵侵华。

虎门炮台大炮

1832年，英国船只"阿美士德"号来中国测量沿海港湾的航道，调查沿海港口的情况，并将此绘制成图。同时，对中国的军事、政治、经济状况进行刺探。1835年，该船船长胡夏米向英国政府提出武装侵略中国的建议，并提供了具体的作战方案。鸦片战争前，英国外交大臣巴麦尊曾召见大鸦片贩子查顿，在一起拟订对中国发动战争的具体计划。英国资产阶级挑起侵略战争蓄谋已久，禁烟问题成为他们发动战争的导火线。

1839年10月1日,英国召开内阁会议,作出了"派遣一支舰队到中国去"的决定。1840年2月,英国政府任命曾在好望角舰队担任总司令的海军上将乔治·懿律和商务监督查理·义律为正、副全权代表,懿律为侵华英军总司令。4月,英国议会正式通过了发动侵华战争的决议案。6月,英国侵略军4000人及由48艘舰船组成的远征舰队,从印度侵入中国广东海面。一场由英国资产阶级挑起的、"旨在维护鸦片贸易而发动的对华战争"正式爆发了。

战争从1840年6月下旬开始到1842年8月下旬结束,经历了三个阶段。

战争的第一阶段,自1840年6月下旬英军封锁珠江口开始,至1841年1月义律发布所谓《穿鼻草约》为止,历时7个月。

英国侵略军到达中国海面后,对广州实行了封锁。广州的军民在林则徐的带领下,对入侵者早已严加戒备。懿律见无隙可乘,按原订计划,掉转船头,率兵北窜。7月,英军进犯福建厦门。新任闽浙总督邓廷桢已有防备,英军在此也未能得逞。英舰继续北驶,进犯浙江,攻陷了防御薄弱的定海。接着又有部分兵船北上,于8月到达天津白河口。懿律在这里递交了巴麦尊给清政府的照会。英国在照会中提出赔款、割地、自由贸易等项无理要求,并

虎门炮台遗址

且声称,如上述要求得不到满足,便要"相战不息"。

定海的失陷使清政府大为震动。妥协派趁势散布流言飞语,对抵抗派进行攻击。他们把英国发动的侵略战争,归罪于林则徐领导的禁烟运动,声称:"上年广东缴烟,先许价买,而后负约,以至激变"。在这种投降理论的影响下,道光皇帝十分恐慌,决定对英国侵略者实行笼络政策,寄希望于和谈。他下令不必对驶入海口的英船开枪开炮,同时指派直隶总督琦善前往天津河口,与英国侵略者谈判交涉。

琦善在同侵略者的交涉中屈膝求和,他表示:林则徐等人在广东查禁鸦片"操之过急",实属"办理不善",一定要"重治其罪",希望英军退回广东具体谈判,保证能得满意的结果。英国侵略者在得到了琦善的保证后,遂于9月中旬折回南方。道光帝于9月17日任命"退敌有功"的琦善为钦差大臣,赴广东继续办理中英交涉。同时,以"办理不善"的罪名将林则徐、邓廷桢革职查办。抵抗派因此受到沉重打击,妥协派开始占了上风。

琦善10月离开北京,1月到达广州。为了表示谈判的诚意,他下令撤除了珠江口附近的防务,遣散了水勇、乡勇,为侵略者的活动大开方便之门。12月,琦善与英人开始谈判。琦善对义律提出的各项侵略要求无不一一允诺,只是割让香港一事,他不敢作主,表示要"代为奏恳圣恩"。1841年1月,英军发动突然进攻,强占大角、沙角炮台。炮台守将陈连升等进行了顽强抵抗。在战斗中,陈连升以身殉国。然而,钦差大臣琦善却下令撤退各炮台的守兵。1月20日,义律单方面公布了《穿鼻草约》。草约包括清政府割让香港、赔偿烟价600万元、恢复广州通商等项条款。1月26日,英军强行占领香港。

战争的第二阶段,自1841年1月清政

虎门威
远炮台遗址

府宣战始至 5 月《广州和约》订立止，历时 4 个月。

1 月 27 日，大角、沙角炮台失守的消息传到北京，道光皇帝大为恼火，感到定海尚未交出，英军就又在广东挑衅，立即下诏对英宣战。他将琦善革职问罪，任命奕山为靖逆将军，户部尚书隆文和湖南提督杨芳为参赞大臣，并从各省调集了军队 17000 人开赴广东。中英双方重新进入战争状态。

义律获悉清政府调兵遣将的消息，先发制人，于 2 月下旬抢先对虎门炮台发起了进攻。62 岁的水师提督关天培亲上炮台，率军英勇抵抗。在战斗中，他受伤多处，血染衣甲，仍坚守阵地，誓死不撤。而这时还在广东前线负责军事的琦善，竟拒绝派兵增援。关天培终因孤立无援，弹尽粮绝，与守军数百人壮烈牺牲。虎门陷落，英军占领了十余座炮台和 1000 余尊炮位。广州的形势变得十分危急。

4 月，奕山等人及各省调来的军队先后齐集广州。

奕山抱定"患不在外而在内"的宗旨，希图侥幸取胜。5 月下旬，他在没有切实准备的情况下贸然对英船发动了一次夜袭，结果溃败逃回广州。英军趁机反扑，几乎没遇到什么抵抗，轻易占领了城郊的泥城、四方等炮台，包围了广州城，并发炮轰击城内。奕山等人在城上高悬起白旗，派广州知府余保纯出城向英军求和。5 月 27 日，奕山与英军订立了屈辱的《广州和约》。和约规定：清军在 6 天内撤驻广州城外；7 天内缴纳 600 万元的"赎城费"，赔偿英国商馆损失 30 万元。

战争的第三阶段，自 1841 年 8 月英军再度进攻厦门始至 1842 年 8 月《南京条约》签订止，历时 12 个月。

1841 年 4 月，英国政府获悉义律发布《穿鼻草约》的消息之后，大为不满，认为从这个条约中所获取的侵略权益太少，决定撤回义律，改派曾在印度任职的璞鼎查为全权公使。

8 月下旬，璞鼎查率军进犯厦门。总兵江继芸领兵御敌，力战牺牲，厦门陷落。9 月，英军北犯定海。总兵葛云飞、王锡朋、郑国鸿等率部抵抗了 6 个昼夜，重创英军。10 月 1 日，定海再度失陷，三个总兵先后殉难。10 月中旬，英军进攻镇海。负责镇海防务的是两江总督裕谦及浙江提督余步云。裕谦集众立誓，愿与镇海城共存亡。在战斗中，他登城指挥，率军抵抗。而余步云却临阵脱逃。镇海失守，裕谦投水自尽。随后，英军又攻占了宁波。

浙东三城的失陷使清廷大为震动。为了挽回败局，保住江南财富之区，道光皇帝下令重新迎战。10 月 18 日，他任命奕经为扬威将军，侍郎文蔚、副都统特依顺为参赞大臣，同时从江西、湖北、安徽、

鸦片战争时期的清军水师兵船（模型）

四川、河南、陕西、甘肃等省调集军队近2万人赶赴浙江前线。奕经一路上游山玩水，寻欢作乐，从北京到浙江足足走了4个多月，于1842年2月到达绍兴。奕经同奕山一样昏庸无能，对战事不做认真准备。3月，清军从绍兴分兵三路袭取镇海、定海、宁波三城。因作战消息早有走漏，英军已有准备，清军被打得大败，奕经等人逃回杭州，从此不敢出战。

为"外患"、"内忧"所困扰的道光皇帝深恐后者甚于前者，为了维持其统治，宁愿屈膝投降。于是从忽战忽和转为一意求和，下令沿海各省不许进兵，并任命盛京将军耆英为钦差大臣，会同被革职的两江总督伊里布赶往浙江前线，办理议和停战事宜。然而英国侵略者拒绝了议和的请求，他们在等待更有利的时机。按照原订计划，英军开始大举入侵长江流域。

1842年5月，侵略军退出宁波和镇海，集中兵力攻陷了海防重镇乍浦。6月，英舰进入长江，全力进攻吴淞口要塞。年近七旬的江南提督陈化成率领守军5000人顽强抵抗。他亲至炮台指挥作战，给敌军以重创。担任后援的两江总督牛鉴却闻风逃遁，致使陈化成腹背受敌，孤立无援，

战死在炮台。随后，上海、宝山相继陷落。英军继续溯长江西上，7月下旬进攻镇江。守卫镇江的京口副都统海龄率部殊死奋战，6天之后，侵略者攻陷了镇江。8月初，英军侵入南京下关江面。耆英、伊里布先后到达南京，向侵略者乞降。耆英在给道光皇帝的奏报中说："该夷船坚炮猛，初尚得之传闻，今既亲上其船，目睹其炮，益知非兵力所能制伏"。耆英、伊里布接受了璞鼎查提出的全部条款，不敢提任何异议。8月29日，《南京条约》签订。第一次鸦片战争至此结束。

英军强占香港

英军从大沽南回广东，就谋求占领新安县的香港来替代舟山的定海，作为他们新的根据地。

关天培像

中国通史

最新整理图文珍藏版

英国人懂得要清廷轻易把香港割让给他们，决不可能。起初，在义律同琦善提出的十四项要求中，只是笼统地提出像澳门一样给予大码头一处，让英国人永久居住。第二次穿鼻战后，英军乘打胜的机会，压琦善割让香港。1月18日，英军释放被俘士兵何以魁，让他带回致关天培书。提出"香港让予英国"的要求。20日，义律通过澳门当局向琦善转交《穿鼻草约》，主要内容：一、将香港让于英国；二、赔款六百万元；三、两国官吏平等相待；四、限于阴历新年初十前恢复广州贸易。25日，义律在虎门外狮子洋莲花山，同琦善会晤时，又当面递交了《穿鼻草约》的照会。琦善害怕英军进攻广州，不同其他高级官员商量，擅自同意广州开港通商。对给予香港一节，他表示本人没有意见，但天朝土地他无权处理，待请示朝廷批准后，再行盖用钦差大臣关防，签字生效。后来，道光帝严厉斥责琦善这是"一片吃语"。英国侵略者则不等清廷的答复，于1841年1月26日，派遣硫磺号，运载侵略军，强行占领香港。在香港张贴告示，称居民为"英国子民"。广东巡抚怡良获知英军占领香港的消息，十分震惊，于2月11日报告朝廷，道光帝极为震怒，于25日指示内阁："琦善擅予香港，辜恩误国，着即革职锁拿，押解来京严讯，所有家产查抄入官。"由此可见，英国占领香港，清政府是不同意的，琦善也没有在《穿鼻草约》上签字，这纯系英国抢占别国领土的强盗行径。

英国既得香港，由于定海人民对英军的激烈反抗，几千名英国官兵在物资供应上的极大困难，人员大量生病和死亡，加上英军又急于想用定海换回被俘的安突德上尉和拿布夫人，这些因素促使英军尽早撤出定海已经成为"必要的行动"，英军于1841年2月24日撤离定海，南下广东。

清册封达赖

顺治十年（1653）四月二十二日，顺治帝封达赖五世为"达赖喇嘛"，确定了达赖在西藏的政治、宗教地位。

达赖五世罗卜藏嘉木错嗣位于明崇祯十年（1637），当时即遣人至清盛京进书

敕封达赖的金册

献方物，清也遣使通聘。清入关后，多次派人前往西藏，延请达赖。顺治九年（1652）十二月十五日，达赖五世至京师，在南苑谒见顺治帝，清廷给予达赖隆重礼遇。次年正月十一日和十六日，福临两次在太和殿宴请达赖五世，并赐金器、彩缎、鞍马等物。十七日，又命诸王依次宴请。二月二十日，达赖五世辞归，清廷派和硕承泽亲王硕塞同贝子顾尔玛、吴达海率八旗官兵护送至代噶地方。四月二十二日，

西藏五世达赖喇嘛罗卜藏嘉木错觐见顺治皇帝（布达拉宫壁画）

顺治帝遣礼部尚书觉罗郎球、理藩院侍郎席达礼等将封达赖五世为达赖喇嘛的金册、金印（文用满、藏、汉三种文字）送往代噶地方。封达赖五世为"西天大善自在佛，所领天下释教普通瓦赤喇怛喇达赖喇嘛"，达赖从此正式得到"达赖喇嘛"的称号。五月十日，达赖从代噶起程回藏。六月十二日，达赖喇嘛上表谢颁赐册印及封号，附献马飞、琥珀等物。

军机处设立

雍正十年（1732），军机房改为军机处，完全取代了议政王大臣会议，成为清廷最高决策机构，皇权统治进一步加强。

清初，清廷中央政府机构多仿明朝建制，又有自己的特点。既设立吏、户、礼、兵、刑、工六部与内阁作为中央主要行政机构，同时又设置"议政王大臣会议"，居于内阁之上，作为最高的中枢决策机构，互相牵制。

议政王大臣会议是维护满族贵族特权地位的机构，也称国议。其成员由满族贵族诸王及总理旗务大臣组成。后来历任皇帝为提高皇权，不断对王公旗主势力加以削弱，再加上后来议政王大臣"半皆贵胄世爵，不谙世务"，议政制度慢慢衰落下

清军机处外景

来。康熙十六年（1677）设立南书房（亦称南斋），并任命亲信大臣撰拟谕旨，执行皇帝下达的各种命令，权势甚重。议政王大臣会议的权力受到削弱。

汉文廷寄

雍正即位后，对诸王的权势作了进一步的限制。首先他收回诸王的军权，接着在雍正七年（1729）设立军机房，命怡亲王允祥、大学士蒋廷锡、张廷玉等密办军需事宜，赞襄军务。后来在雍正十年（1732）正式改称为军机处，秉承皇帝谕旨办理各种机要事务，取代议政王大臣会议，成为处理军国大事的常设核心机构。

参加军机处的军机大臣，由皇帝在满、汉大学士及各部尚书、侍郎中选定召入。其名称有军机大臣、军机大臣上行走、军机处行走、军机大臣上学习行走、军机处学习行走等，为首者称为"领班"，也称"首枢"。军机大臣之下尚有军机章京。一般尊称军机处为枢密，称军机大臣为枢臣，军机章京为枢曹。

军机处的设立，标志着清代皇权进一步的提高，封建专制已达到了登峰造极的地步。

土尔扈特回归祖国

乾隆三十六年（1771）九月八日，土

尔扈特蒙古重入中国版图。

土尔扈特是厄鲁特蒙古四部之一,原游牧于额尔齐斯河流域。17世纪初,准噶尔势力日益强大,意图兼并土尔扈特,迫使土尔扈特西迁至伏尔加河下游。但仍和清朝政府保持密切的联系。18世纪20年代以来,俄国扩张势力对土尔扈特部加紧控制和迫害,苛征苦敛,徭役不断,又征子为质,蔑视黄教,使土尔扈特人思归故土。18世纪中叶,沙俄在对外扩张的战争中,逼迫土尔扈特人充当炮灰,死者七八万,而且还将16岁以上的男丁全部赶赴战场,意欲歼灭土尔扈特人。这种可怕的灭族之灾迫使土尔扈特断然摆脱沙俄的控制,于乾隆三十五年(1770),在首领渥巴锡率领下,重返祖国。他们冲破俄罗斯军队

蒙古盟长印。这方乾隆四十年(1775)款"乌纳恩殊来克图旧土尔扈特东部盟长之印",是清朝在蒙古地区以法律形式因俗而治的一个历史见证。

的围追堵截,克服重重困难,忍受巨大牺牲,行程万余里,历时8个月,终于在次年六月回到新疆伊犁,部众仅剩一半。土尔扈特回归后,乾隆对此事十分关切,下令拨银20万两,置备米麦、羊裘、布棉、毡庐、盐茶、靴帽,市马、牛、羊26万5000余,并将他们安置在伊犁河谷及科布多地区驻牧。同年九月,乾隆在承德接见了渥巴锡,对其优礼有加。不久,乾隆封渥巴锡为卓理克图汗(蒙古语英勇之意),以表彰他的功绩。乾隆还亲撰《御制土尔扈特全部归顺记》。自此以后,漠西厄鲁特蒙古全部统一于清朝中央政府的管辖之下。

总理衙门成立

1861年1月20日,总理各国事务衙门正式成立。

总理衙门虽以外交和商务为其基本职责,事实上海防、军务、关税等事务也全部由其负责。后来扩展到只要涉及"洋"字,一切事务都推到总理衙门中来,铁路、开矿、兵工厂、兴办学校等事务也都由总

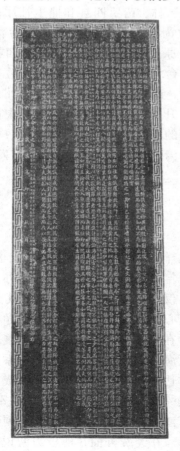

乾隆皇帝所撰《土尔扈特全部归顺记》

清政府的"总理各国事务衙门"

理衙门经管。

由于总理衙门负责对外交涉，所以关于外情新知，较之其他满清贵族，均先有所接触。同治初年衙门请设同文馆以培养外语人才，乃开清廷引进西方新知之开始。其后，又次第派遣学员游学、设新式学堂、搜集西书、改良考试制度等等，对传统体制的冲击非常之大。

总理衙门初成立时，由清廷任命恭亲王奕䜣、大学士桂良、户部左侍郎文祥管理。总理衙门的职官，主要分大臣和章京二级，属于特殊官制。总领大臣由皇族担任，第一任总领大臣为恭亲王奕䜣，前后长达28年；1884年4月以后由庆亲王奕劻接任，前后共12年。总理衙门体制分成5股，英国股、法国股、俄国股、美国股、海防股。每股分管与某几个外国有关的事务及若干洋务。另外有司务厅、清档房。总理衙门内充满了守旧分子，官场积习重，办事效率低下。

总理衙门是中国近代第一个正式办理对外事务的行政机构，标志着清朝封建专制政治体制的完整性已被打破。光绪二十七年（1901），总理衙门改为外务部，班列六部之首。

台湾建省

光绪十三年（1887），台湾建省。

台湾孤悬海外，清廷曾设知府管辖，隶属于福建省。鸦片战争后，屡遭外国窥伺、侵略。到日本侵台时，台湾危机才逐渐引起清廷注意。其时，沈葆桢抚台，改添州县，设二府四厅八县，初步奠定了行省规模。中法战争，法军攻台湾，危机再度发生。光绪十三年（1887）九月十六日，闽督杨昌浚、台抚刘铭传会奏朝廷，力陈台湾建省的必要性。清廷采纳了这一建议，在台湾正式建省，下辖三府一州五厅十一县。新设首府为台湾府，辖台湾、彰化、云林、苗栗四县和埔里社厅；原台湾府改为台南府，辖安平（原台湾县）、嘉义（原诸罗县）、凤山、恒春四县和澎湖厅；台北府辖淡水、新竹、宜兰三县和基隆厅、南雅厅；添设台东直隶州，由原卑南厅升置，辖花莲港厅。这是中国历史上台湾的首次建省。在清朝统一政权管辖下，台湾的经济、文化都得到一定发展。

北洋海军建成

北洋海军相对起步较晚，起点也最低。光绪元年（1875）李鸿章奉命督办北洋海防时，仅有4艘轮船。然而，经其大约20年的苦心经营，到1894年甲午战争前，北洋水师在军事实力、基地建设制度、训练以及近海防御体系和后勤保障体系等方面已基本达到同期世界先进水平，成为清代唯一的一支具有近代规模的正式海军舰队。

李鸿章上任后，采取了一系列强有力的措施。在经费方面，他极力游说，使清政府将发展海军的财力绝大部分投入北洋。

刘公岛上清朝北洋水师提督署遗址

在 1885 年 10 月组建的海军衙门，他独揽了实际的权柄。当海防经费由各省支付以后，北洋海军的 8 艘铁甲巡洋舰的经费却由海军衙门直接拨给。从 1875 年至 1894 年，北洋海军平均每年的经费超过 100 万两白银，是其他各路海军所难以企及的。李鸿章还利用权势将各路海军中的先进舰船和装备调入北洋，更拉大了与其他海军的距离。为了避免分散发展，他还将原属直隶、奉天、山东三省的军舰统一于北洋，使力量相对集中。到 1888 年，北洋海军已拥有 25 艘各类舰船。北洋海军正式建军，成了一支具有自己独立的作战任务、作战能力和保障系统的近代化舰队。

为了保证这支装备精良的舰队的作战能力，北洋海军加紧了它的体制、基地和后勤保障系统的建设。在海军衙门的参与下，拟订并颁行了《北洋海军章程》。以英国的海军章程为主要参考，补

北洋舰队主力舰——镇远号

充了德国的一些制度，根据中国的实际，将船制、官制、升擢、事故、考核、俸饷、恤赏、工需杂费、仪制、钤制、军规、检阅、武备、水师后路各局等 14 个大项制度化，内容细致完备，是甲午战争前清朝军事制度的最高成就。他们特别重视军官的培养，北洋海军的中高级军官大多是福州船政学堂和天津水师学堂的毕业生，有相当一部分曾留学过英、

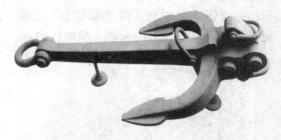

"镇远"舰的铁锚

法，直接接受过西方海军的教育和训练。为了学习外军的先进经验，北洋海军以合同的方式，先后聘请了几十位外国人担任舰队的顾问和教练以及水师学堂的教习，十分注意对他们的管理，明确其权利和义务，形成了一整套规定。

在完善舰队体系、增强作战能力的同时，北洋海军进行了以大沽、旅顺和威海三大基地为主体的、集近海防御和后勤为一体的保障体系建设。大沽船坞是北洋海军建立的第一个小型舰船维修基地。附近有完整的配套工厂及供给码头。威海军港完成于甲午战争前，是北洋海军驻泊操练的补给基地，北洋海军提督衙门就设在这里。

先进的武器装备，完整的保障体系，颇具近代特色的制度和训练，使北洋海军成为当时远东国家最强大的海军舰队之一，在世界近代海军发展史上占据着相当重要的地位。

兴中会成立

光绪二十年（1894）十月二十七日，孙中山在檀香山创立兴中会。

孙中山（1866～1925），名文，字德明，号逸仙，广东香山（今中山市）翠亨村人。光绪十九年（1893），孙中山在广州行医的时候，曾与陆皓东、郑士良等集会，提议创设兴中会，以"驱除鞑虏，恢复华夏"为宗旨，但尚未建立组织机构。

在广东省中山市（原香山县）翠亨村的孙中山故居

1896年断发后的孙中山

光绪二十年（1894）初，孙中山上书李鸿章，提出变法自强主张，不被采纳。同年十月，孙中山前往檀香山，联合华侨人士20多人，成立兴中会。其章程规定以"振兴中华，维持国体"为宗旨。在入会秘密誓词中，提出了"驱除鞑虏，恢复中华，创立合众政府"的奋斗纲领。会员由几十人增加到约一百二三十人，多数为华侨中、小资本家，也有部分工人、会党和知识分子参加。光绪二十一年（1895）正月，在香港成立兴中会总部，推黄咏商为

首任会长。不久准备在广州起义，但事情败露，陆皓东等被捕牺牲，孙中山逃亡国外。光绪二十五年（1899）派陈少白到香港创办《中国日报》，次年年初出版。光绪二十六年（1900）闰八月，兴中会又派郑士良在惠州（今广东惠阳）三洲田发动起义，因为外援没有按计划来到，起义队伍中途遣散。

兴中会是中国最早的资产阶级革命团体，该会先后在横滨、长崎、旧金山、台北、河内及南洋、南非等地遍设分会，主要在华侨中发展组织。

光绪二十九年（1903），兴中会改入会誓词为"驱逐鞑虏，恢复中华，创立民国，平均地权"。光绪三十一年（1905），兴中会与华兴会和光复会等联合组成中国同盟会。

三元里之战

英国侵略中国的战争首先在广东爆发。英国军队的侵略暴行，清政府无耻的卖国行径，给广东人民带来空前的灾难。广东人民恨透了这批侵略者和认贼作父的卖国贼，反英、反清斗争特别猛烈。早在林则徐主持禁烟运动和武装反击英国侵略军的时候，广东人民纷纷组织团练和参加水勇，

与军队配合作战。奕山到广州后，阻止和反对人民参加抗英斗争，最终还向英国侵略者屈膝求和。但是，广大群众却自发地组织起来，继续坚持反侵略斗争。

三元里是广州北郊的一个村落，离城约五里，贴近四方炮台。1841年5月27日《广州和约》签订后，英国侵略军头子义津、卧乌古（英国侵略军陆军司令）纵容英军成群结队地带着武器在三元里一带横

三元里古庙

冲直撞。他们到处奸淫掳掠，杀人放火，又抢粮食，又宰猪牛，甚至野蛮到盗掘坟墓，打开棺材，把陪葬物品掠夺一空，连死尸也遭劫难，真是无恶不作！可是甘当英国侵略者孝子贤孙的奕山等一伙民族败类，居然还厚颜无耻地发出布告，保护敌人，不许人民抵抗，如果违令，就按军法治罪。

英勇的中国人民岂能俯首对屠刀！三元里一带的广大群众无不义愤满腔，他们摩拳擦掌，整好古老的武器，决心要痛击蹂躏祖国大地的豺狼。

5月29日早上，一群英国侵略军到三元里行凶时，当地群众奋不顾身把他们包围起来，当场打死了八九个侵略者，这是罪有应得。漏网的侵略军抱头鼠窜逃掉。

三元里人民料定凶残的敌人决不会甘休，一定要来疯狂报复。当时，菜农韦绍光首先挺身而出，号召全村群众团结起来，准备迎接更大的战斗。在韦绍光的带领下，全村群众在村北古庙前集会，声讨英国侵略军的罪行，商议反抗侵略的斗争步骤。他们从庙里捧出三星旗，对旗立誓："旗进

人进，旗退人退，打死无怨。"这誓词头两句是进退信号，末一句表达了他们要和侵略者血战到底的决心。

三元里人民清楚地知道，要打败英国侵略军，粉碎敌人的骚扰，决不是一两个村落的力量所能做到。为了动员更多的力量和敌人战斗，韦绍光派出代表到附近各村联络。广州城北各乡群众，在三元里代表的串联下，迅速组成一支浩浩荡荡的抗英武装力量。这支队伍中有贫苦农民、手工业工人、渔民，也有爱国士绅，而以农民人数最多，成了斗争的主力军。

当天下午，103乡代表在广州城北12里的牛栏冈开会，商讨组织群众和战斗部署。会议决定：（一）以三星旗为总指挥旗，各乡自成一个作战单位，各备大旗一面，各选领队一人指挥作战；（二）各乡准备大锣数面，一有警报，一乡鸣锣，众乡都出动；（三）各乡十五岁以上，五十岁以下的男子，一律出动；（四）和敌人作战，不采取正面进攻方式，而用诱敌深入聚而歼之的包围战术；（五）以丘陵起伏、宜于埋伏的牛栏冈，作为聚歼敌人的地点。

"三元里前声若雷，千众万众同时来"。1841年5月30日清晨，三元里一带沸腾起来了！高举着抗英大旗的几千人的队伍向英国侵略军营地——四方炮台挺进。正在吃早饭的英军，被突如其来如雷的鼓声、震天的吼声大吃一惊。英军伸头一望，

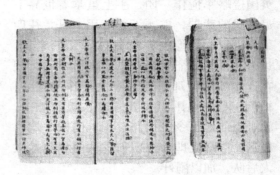

《南京条约》抄件（局部）

只见手执大刀、长矛、弓箭、盾牌、土枪、锄头、铁锹、石锤的群众，漫山遍野地冲上前来，这使卧乌古顾不得吃完早饭，就慌忙下令吹号集合，出动近二千名军队，携枪带炮，仓皇应战。侵略者的洋枪洋炮只能吓唬奴颜媚骨的清政府，却丝毫动摇不了顶天立地的中华好儿女。群众见英国侵略军像蝗虫一样拥来，一无惧色，并以极快速度按原定计划朝三元里以北方向撤退，诱敌深入。骄狂不可一世的英国侵略者，以为中国人民软弱可欺，穷追不舍。当这一群像瞎狼似的侵略者被引到牛栏冈下时，突然，群众的队伍消失在丘陵之中。狡猾的卧乌古知道中计，立即下令后撤，可是，已经晚了，侵略军自投罗网，钻进了群众专门为他们设置的死亡圈。

这时，前面不远的山冈中，一直在聚精会神瞭望敌情的韦绍光，立即高举三星令旗，用力向下一挥，紧接着，"轰"的一声冲天炮响，锣鼓齐鸣。埋伏在牛栏冈上的七八千紧握着古老武器和农具的群众一跃而起，以排山倒海之势猛冲下来，还没等侵略军弄清楚是怎么回事，土枪土炮的子弹、羽箭、梭枪等，就像倾盆大雨猛落到他们头上，喊杀的吼声，震得地动山摇。义愤填膺的群众迅捷地冲到敌人面前，用大刀、长矛、石锤、锄头等向敌人狠砍、剧戳、痛击、猛挥。大刀狠砍脑袋落，银锄猛挥血满地。在疾风暴雨般的袭击下，英国侵略军慌作一团，手上虽拿着世界上最新式的武器，也顾不得使用，只是往四下里逃窜，活像一群被赶掉了魂的老鼠。过去一直以"征服者"自居的卧乌古，现在连连摇着他那只冒着豆大汗珠的脑袋，神色仓皇，他用力拉开领口，粗着脖子，无可奈何地下令分两路突围，向四方炮台撤退。群众立即勇往向前，从两翼包抄敌人后队，加以围歼。

当天下午，丧魂落魄的英国侵略军在遁

鸦片战争后在广州的英军

逃时，天色忽然剧变，团团乌云从各方裹拢而来，顿时，电光闪闪，雷声隆隆，倾下瓢泼似的大雨。不一会，大地便化成白茫茫的一片，分不清稻田、洼地、道路、水塘。狼狈逃命的敌人，面对汪洋一片的田野，寸步难移。暴风雨却增添了英雄人民的战斗豪情。三元里一带103乡的人民，披着蓑衣，戴着斗笠，精神抖擞地冲上前去，用轻捷锐利的古老武器和各种农具猛烈砍杀敌人，愈战愈勇。敌人妄图用刺刀抵挡，然而他们终于哀叹："刺刀对于中国人的长矛，只不过是一种可怜的防御物罢了。"

这时，原来规定要撤退的妇女老少，也挥着锄头、铁耙前来助战或上阵喊杀助威。没有上阵的妇女，自动把饭做好，送上前方。这一切，正如当时人们所描写的"妇女齐心亦健儿，犁锄在手皆兵器"，组成了一幅人民战争雄伟壮丽的画卷。

在群众的追击下，敌人有的丧了命，有的陷在水稻田里爬不起来，有的一头钻进瓜棚豆篱下，有的再也顾不得大英帝国的"荣誉"，学着清政府三跪九叩首的礼节，跪在地上举枪向群众讨饶，饶命之声震山谷。所谓"海上霸王"的英国军队，在中国人民面前原来不过就是这等模样！

当天下午4时左右，在四方炮台留守敌军的接应下，侥幸活命的英国侵略军才连滚带爬地逃回四方炮台。这时他们发现有一个连失踪了。原来，这个连在后退时被三元里人民截住，他们为了逃命，一个挨一个结成方阵，一步一步地向后移动，以为这样就可以逃脱被歼灭的命运。他们千万没有料到英勇机智的中国人民，却创造了用带钩的长矛，将敌人从方阵里钩出来的巧妙战术来收拾他们。一个又一个英国侵略军被群众从方阵里钩出来后，夺下他们的洋枪，然后锄头、铁耙齐下，把他们砸得粉身碎骨。广大群众拍手称快。

1841年5月30日这天的三元里一仗，战果辉煌，打死英国侵略军200名以上，伤者更多，还活捉了不少俘虏，缴获了大量战利品。

胜利的喜讯传遍四面八方，人民的斗志更加激励昂扬。第二天上午10时左右，广州城郊人民潮水般地冲向四方炮台，只见旗帜似海，刀矛如林，约十万群众把四方炮台围得个水泄不通。领受过中国人民大刀、锄头滋味的英国侵略军，面对着生气勃勃的广大群众，束手无策，只得龟缩在炮台里。

就在英国侵略者面临广大群众重重包围的时刻，八千多名全副武装的清军，根据《广州和约》规定的撤离省城60里的投降条款，像送葬的队伍从广州城里撤出来。他们经过四方炮台时，连头也不敢抬起来，有人过去招呼，要士兵们投入这里火热的抗英斗争，但被军官阻止。这边是斗志昂扬，英勇杀敌；那边是屈膝投降，卖国逃跑。人民群众的抵抗路线和清政府统治集团的投降路线，是如此截然不同！

被围困的义律、卧乌古眼见清军按《广州和约》撤离广州，很守信用，顿时愁眉舒展，立即派汉奸混出重围，带信给广州知府余保纯，卧乌古在信里使用了"征服者"所惯用的威胁语言：要清政府立即解散群众队伍，否则就解除《广州和约》，向前攻城，烧掉附近各个村镇。实际上，当时陷入重围，成了瓮中之鳖的英国侵略军，哪里还谈得上什么向前攻城，无

非是对清政府吓唬一番罢了。然而，奕山之类的软骨虫，却被这封信吓得魂不附体，马上派余保纯出城为英军解围。

汉奸余保纯匆匆忙忙跑到四方炮台，先向义律、卧乌古再三郑重声明，当局并不知道这种敌意行动，保证没有一个清兵参加，请求谅解。余保纯也知道众怒难犯，就假意地左打躬右作揖，央求群众撤围，胡说什么现在已经讲和，洋人不会再欺负你们了，你们就放了他们罢！广大群众恨透了这个卖国贼，立即把他包围起来，"汉奸！卖国贼！"的怒斥声响成一片。余保纯见势不妙，便转身去找士绅，要他们设法解散群众，并且威胁说：包围炮台这件事是你们和乡民一起搞的，如果乡民不退，将来出了事，一切由你们负责，六百万银元的赎城费，也要由你们出。这些士绅本来是激于一时义愤，而主要是为了保住自己的身家财产，才跟随广大群众参加这次抗英斗争。他们是地主阶级分子，和清政府官吏本是一体，当然不会抗官。他们经余保纯一威胁，便动摇了，有的滑脚溜走，有的掉转身子，站到余保纯一边，帮助他来"劝散"群众。当时，广大群众对参加到抗英队伍里来的士绅的妥协性、动摇性和欺骗性，还缺乏认识。一场轰轰烈烈、惊天动地的群众抗英斗争就这样被卖国的清政府官员和动摇妥协的士绅破坏了。

英国侵略军在广州人民铁拳的打击下，如惊弓之鸟，再也不敢呆在广州，就在四方炮台解围后的第二天，夹着尾巴悄悄地乘船逃离广州。

义律为了掩饰惨败，打肿脸孔充胖子，在撤逃时，竟无耻地出了一张所谓布告，诬蔑群众是"刁顽"，说什么这次宽容你们，以后不许再犯。群众看了又气又好笑，立即针锋相对地在洋馆门前回敬了他一张告示。告示尖锐揭露英国侵略军的累累罪行，指出侵略军所以能窜入内河，完全是

那批汉奸卖国贼开门揖盗的结果，并严厉警告侵略者，如果不早退出虎门，我们自有千百种烧船妙法，把你们的船只烧得个片帆不留。群众充满战胜敌人的信心，在告示中斩钉截铁地指出，不靠官兵，不用政府的钱，我们自己出力，就能把你们这批猪狗杀得精光。并一再声明，我们一言既出，决不收回，一定要杀，一定要砍。这篇反侵略战斗的檄文，激扬文字，气壮山河，充分表达了中国人民反对外来帝国主义侵略的大无畏的革命精神，使英国侵略者为之胆寒。

三元里的抗英斗争是近代中国人民自发地武装起来反对外国侵略的第一个战斗，是近代中国人民革命斗争史上光荣的一页。它大长了中国人民的志气，大灭了外国侵略者的威风。"表现了中国人民不甘屈服于帝国主义及其走狗的顽强的反抗精神"。

中英《南京条约》

道光十三年（1833 年）十二月，英国政府派律劳卑为驻华商务监督，并以东印度公司前驻广州大班的德庇时、罗宾臣为第二、三商务监督，试图通过地方当局和清政府建立正式外交关系，以达到增加口岸、扩大中英贸易的目的。临行前，英国外相巴麦尊曾给律劳卑训令，要他来华后必须开辟商埠、推销鸦片、获得海军据点，以便适当时机进行武装侵略。

次年七月，律劳卑到达澳门，随即要求清政府与他进行直接联系，为此遭到两广总督卢坤的抵制。九月，律劳卑令两只英国兵船，强行驶入珠江口，轰击虎门炮台，并煽动在广州的英商支持他的行动。在此形势下卢坤下令中止中英贸易。从而使 64 家英商经济利益受到威胁。

道光十六年（1836 年）六月，巴麦尊

将原来驻华的三个商务监督，改为一个，并任命义律担任此职，决心用武力支持在华的商务谈判。这时，在鸦片问题上，清朝政府内弛禁派与严禁派斗争激烈。广东邓廷桢坚持禁烟主张，并在广州查禁鸦片，使义律在广州的活动受阻。于是，义律要求英国政府使用武力，得到英国政府同意。道光十八年（1838 年）七月，东印度舰队司令马他仑率领舰船到广州示威。

次年三月，钦差大臣林则徐到广州查禁鸦片。这时，在华的鸦片贩子以英商名义上书巴麦尊，要求英政府过问，采取重大措施，把对华贸易放在"安全和坚固的基础上"。英国国内伦敦等很多地方商会也一致主张对中国使用武力，迫使中国开放口岸、协定关税、赔偿烟价、割让岛屿等等，此为日后南京条约的雏形。

九月，巴麦尊接到义律关于中国禁烟情况的正式报告，当即表示动用武力对付中国。十月，密函通知义律，英国政府决定派海军"远征"中国，届时封锁广州、白河，占领舟山，拘捕中国船只。

道光二十年（1840 年）一月，英王维多利亚在议会上发表演说，预示英国政府发动对华战争决心。二月，巴麦尊等任命懿律、义律为对华交涉的全权代表，并具体部署对华作战步骤。同时照会清政府，要求赔偿烟款、割岛屿、偿还商欠等，并声明英国远征军费，全部由中国负担。在给义律训令

"济远号"主炮

中详细规定，凡协定关税、领事裁判权、开放五口岸等项，一概包括在内。

三、四月，英国议院通过对华侵略政策。六月，鸦片战争爆发。次年一月，中英签订了《穿鼻草约》，英国政府对此《草约》并不满意，认为勒索鸦片赔款太少，《草约》中对军费、商欠又一字未提，又要过早撤出舟山。于是解除了义律在华职务，以璞鼎查来代替，要以扩大战争来攫取远比《穿鼻草约》更多的利益。在璞鼎查启程来华前，巴麦尊给以详细的训令，规定抵华后的步骤，要求必须使中国全权代表无条件地接受英国所提出的全部要求，英国才停止军事活动。

八月，璞鼎查到达澳门，立即向广东当局递交了一份议和纲要。声明如果中国不派全权代表接受纲要上所列举的全部条款，就要北上进攻中国，并拒绝以广东地方官为谈判对手。接着，便进军北上，攻占了宁波，并声称将中国沿海区域并入英国版图。

道光二十二年（1842 年）四月，道光决意妥协，派钦差大臣耆英、伊里布会和。但英国为迫使清政府接受全部条款，决定不

点春堂

到南京不进行谈判。于是六月进犯长江。八月，英军侵入南京下关江面，牛鉴出面乞降，璞鼎查以其"无权作主"不答应议和。随后英舰佯装进攻，伊里布、牛鉴等连夜派人到英舰，表示钦差大臣耆英即日到省，并出示道光"永定和"谕旨。次日，耆英、伊里布赶到南京。耆英给道光皇帝的奏报中说："该夷船坚炮猛，初尚得以传闻，今既亲自上船，目睹其炮，益知非兵力所制伏"。就这样，在炮口的威逼下，接受了璞鼎查提出议和的全部条款。八月二十九日，耆英、伊里布在英国军舰"皋华丽"号上，完全按照英方提出的条件，签订了《南京条约》（又称《江宁条约》）。

《南京条约》共十三款。主要内容有：

（1）中国开放广州、福州、厦门、宁波、上海等五处为通商口岸，允许英国携带家眷寄居、贸易通商。英国可以在上述口岸设领事，管理商事；

（2）中国割让香港给英国常远据守主掌，任其立法治理；

（3）中国赔偿英国鸦片烟价 600 万银元；

（4）英国商人在粤贸易，原归商行办理，现规定英国人在通商口岸，与何商交易均听其便，中国赔英商欠款 300 万银元；

（5）中国赔偿英国军费 1200 万银元；

（6）以上三条计赔英款 2100 万银元，广州赎城费在外。分期交清，按期未交足数，以每年百元加息五银元；

（7）英国商人在通商各口应纳进出口货税，均宜秉公议定细则；

（8）中国六百万银元鸦片赔款交足，英军退出南京、白河口等，并不再阻拦中国各省商贾贸易，退出镇江。但舟山、鼓浪屿两岛英军待赔款全部交清，各通商口岸开辟，方撤出；

（9）为英国效劳的奸细全然免罪，被监禁起来的要加恩释放。

《南京条约》签订后，为了议定关税税率及其他有关问题，中英又在广州继续谈判。道光二十三年（1843年）七月，中英《五口通商章程》在香港公布。十月，耆英与璞鼎查在虎门签订《五口通商附粘善后条款》，亦称《虎门条约》。

皇帝朝袍

英国又从这两个条约中取得了如下特权：

（1）领事裁判权。据五口通商章程，英国人在中国犯罪时，由英国领事按照英国法律处理；

（2）据五口通商章程，英商大部分主要进口货物按时价的百分之五交税；

（3）片面的最惠国待遇。据虎门条约，中国将来给予其他国家任何权利时，英国人可一律均沾；

（4）英国可派军舰常驻中国各通商口岸；

（5）英国人可以在通商口岸租赁土地及房屋。

《海关税则》是璞鼎查委派英国怡和洋行职员罗伯聃拟定的。分为出口和进口两大类，前者包括六十一种货物；后者包括四十八种货物。绝大部分出口货和进口货的税率，都比鸦片战争前降低百分之五十左右，有的甚至降低百分之九十。这个税则的签订，使中国海关失去保护本国工农业生产的作用。

《南京条约》是中国近代史上第一个丧权辱国的不平等条约。中国从此开始一步步地坠入半殖民地半封建的深渊。

中美《望厦条约》

道光十四年（1834年），英国驻广州商务督办与清政府发生冲突，美国驻澳门领事认为英国对华战争已成定局，于是便向华盛顿国务院建议，美国应采取干涉政策，或与英国联盟一致行动，或乘机军事示威，以便英国所获取的利益，美国同等享受。在这一建议下，美国政府于第二年组织东印度洋舰队，把香港作为经常停泊的港口。

道光十九年（1839年）三、四月，广州禁烟运动给了英国鸦片贩子极其沉重的打击，同时，使美国的烟贩利益也受到了威胁。于是，美国在广州的商人联合上书美国国会，建议政府同英、法、荷联合行动，派兵船到中国沿海一带示威，与中国建立商业关系，主张"凡中国埠头，俱要

官用封套

准外国人任意贸易"。这样美国人亦可分享中国给予别国的好处。

次年一月，请愿书送到国会，引起美国官方重视。由于美国国内一部分对华贸易的商人不同意参加英国的对华战争，而主张采取趁火打劫方式，于是美国政府即在鸦片战争期间，派加尼率东印度舰队来中国，以便乘机捞些便宜。加尼舰队在鸦片战争时，为英军声援，在战后，压迫清政府赔偿美商损失数十万银元。与此同时，美国国内政客及传教士也竭力为英国侵略战争辩护。

八月二十九日，中英签订了《南京条约》，消息传出后，立即引起美国政府注意。十二月，美国总统泰勒在给国会的咨文中，建议美国派正式代表来华，与中国建立商务关系。道光二十三年（1843 年）五月，美国派以著名政客、律师、国务委员顾盛为专使，以当时国务卿的儿子弗勒斯脱为秘书的使团来华，早在中国的美籍传教士伯驾、裨治文、卫三畏担任使团翻译。美国政府给顾盛训令，在中国新开放的口岸里，美国必须获得与英国相同的通商条件，否则，美国不与中国和平相处。

次年二月，顾盛等到达澳门，先以进京面见皇帝来恫吓清政府，继之声明除钦差大臣，不与其他官吏谈判，不承认两广总督程矞采为交涉对手。在顾盛恫吓下，清政府只好另派耆英为钦差大臣，到广州与顾盛交涉。六月，耆英到澳门界栅外望厦村，与顾盛会谈。由于他抱的宗旨是所谓"一视同仁"的外交原则，因此，很快接受了顾盛的全部要求。双方在七月三日于望厦村签订了《望厦条约》。

中美《望厦条约》共计 34 款。除依据利益均沾的原则，取得了英国所取得的各种特权外，还获得了《南京条约》中没有，或者虽然有而尚未明确规定的权利。其主要内容：

（1）美国商人来华贸易所纳出口、进口税，俱照规定例册，不得多于各国。倘若中国日后税率变更，须与美国领事等官议允。如另有利益及于别国，美国商人应一律均沾；

（2）美国商人准其携带家眷，在五口居住贸易。五口船只载装货物，互相往来，俱听其便；

（3）美国商人在五口贸易，须各设领事官管理，中国地方官应加以款待。如地方官有欺藐该领事各官，该领事将申诉中国政府，秉公查办；

（4）凡美国商船赴五口贸易，均由领事等官查验船牌，报明海关，按所载吨数缴纳货税，因货未全销，复载别口转售者，领事等官报明海关，于该船出口时，将税已纳完注入红牌，以免该船进别口时，重征税；

（5）美国商船进口，只起一分货物者，按其所起一分货输纳税饷，未起之货均准其载往别口销售完。倘在未开全即欲他往者，限二日之内出口，不得停留，亦免收税饷，待到别口发售时再照例纳税；

（6）美国如有兵船巡查贸易至中国各港口者，其兵船之水师提督及水师大员及中国该港口之文武大宪均以平行之礼相待，以示和好之谊；

（7）美国商船进中国五港口停泊，仍

水路邮政

归各领事等官同船主等经营，中国无从统辖；

（8）中国人与美国人有争斗、诉讼、交涉事件，中国人由中国地方官提拿审讯，照中国例治罪；美国人由领事等官提拿审讯，照本国例治罪，但须两得其平，秉公断结，不得各存偏护，致启争端；

（9）美国人在中国各港口，自因财产涉讼，由本国领事等官讯明办理。若美国人在中国与别国贸易之人因事争论者，应听两国照本国所立条约办理，中国官员均不得过问；

（10）美国商人在五港口贸易，或久居，或暂住，均准其借租赁民房，或租地自行建楼，并设医院、礼拜堂及殡葬之处。必须由中国地方官会同领事馆，体察民情，择定地基；

（11）和约一经议定，两国各宜遵守，不得轻易更改。至各国情形不一，所有贸易及海面各款不无稍有变通之处，应在 12 年后，两国派员公平酌办。

中美《望厦条约》是比中英《南京条约》更细致更完备的不平等条约，它成为中法《黄埔条约》及其他国家与中国所订条约的范本。

中法《黄埔条约》

乾隆五十二年（1787 年），在越南推行宗教侵略的法国阿德兰区主教百多禄，给法国王路易十六写一个封议，建议对越南用兵，以抵制英国在亚洲的商务。"此外还有其他的利益。……这是从这个国家……建议一条达到中国中部去的商道，将获得莫大利益"。这个奏议成为法国政府制定亚洲侵略政策的指导思想。

但是直到鸦片战争前，法国对华贸易远在英美之后。当时，中法关系比较中英、中美更为疏淡。

道光二十年（1840 年），鸦片战争发生后，法国开始注意中国形势，企图乘机渔利。第二年派真盛意来华，调查远东情势，从事侵华活动。中英《南京条约》签订，英国取得许多特权。法国见状不甘落后，于是决定派遣正式代表来华。

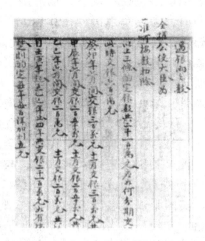

中法《黄埔条约》抄件（局部）

道光二十四年（1844 年）八月，法国使臣拉萼尼到达澳门。清政府派耆英与他办理交涉。但拉萼尼在正式谈判前，拒不透露来华的具体任务，只是派人放出各种谣言：说他要与中国结好，共同抗英；又说他将与中国为难，图据虎门；还说将要求天主教驰禁；并说他要北上进见皇帝。莫衷一是的传说，使耆英处于被动地位。十月初，耆英和拉萼尼两人才正式谈判。由于拉萼尼详细研究了中英、中美条约，并掌握了清政府的底细，于是援引英美先例，提出订立商约的要求。耆英等投降派认为"抚夷不外通商"，便很快答应了拉萼尼的要求，于十月二十四日，在广州附近的黄埔法国的阿吉默特号军舰上签字，即中法《黄埔条约》。

《黄埔条约》共三十六款。根据这个条约规定，法国取得了英美已经得到的各种重要特权，如五口通商、协定关税、领事裁判权以及片面最惠国待遇等。此外，法国还攫取了一些新的特权。例如：法国人在五口地方租赁房屋行栈或租地自行建屋建行，其"房屋间数，地段宽广，不必议立限制"；规定法国人在五口建造礼拜堂及坟地，中国政府予以保护。

《黄埔条约》实际已超越了《南京条约》、《望厦条约》的特权内容，但拉萼尼并不以此为满足，又在条约之外，抓住天主教驰禁问题，进行新的讹诈。这样，十一月十一日，即《黄埔条约》签订不到20天，法国又强迫清政府取消对天主教的禁令，准许他们在通商口岸自由传教。

第二次鸦片战争

英法发动第二次鸦片战争

1856年，正当太平天国起义在长江中下游迅猛发展，清王朝的统治出现严重危机之际，英国首先对中国发动了新的侵略战争。次年，法国也派兵与英国联合侵华。这次战争得到了沙俄和美国的支持。战争的目的是为了扩大列强在华特权。它是第一次鸦片战争的继续和扩大，因此被称为"第二次鸦片战争"，也称"英法联军之役"。

炮击英法联军

第一次鸦片战争后，英国资产阶级希望凭借刚刚取得的侵略特权，在中国开辟一个非常广阔的市场，以倾销它的工业产品，获取巨额利润，然而中英贸易的状况使英国大为失望。由于英国对华大量倾销鸦片，使中国白银大量外流，限制了中国人购买外国商品的能力。面对着中英贸易的各种不景气的现象，英国资产阶级认为它从中国攫取的特权太少，远不能满足其开辟市场的需要，因而计划以"修约"来实现侵略要求。

所谓"修约"，就是修改1842年签订的中英《南京条约》。实际上，《南京条约》本无任何可以修改的规定。而中法《黄埔条约》和中美《望厦条约》，也写明了"和约一经议定，两国各宜遵守，不得轻有更改"。虽然这两个条约分别规定由于通商"各口情形不一，所有贸易及海面各款，恐不无稍有变通之处，应俟十二年后两国派员公平酌办"，但这显然是指具体执行中的若干枝节问题。英国却有意对此进行曲解。1854年，英国驻华公使包令抓住上述条文，援引"一体均沾"的片面最惠国待遇条款，向清政府提出了全面修改条约的要求。

英国的无理要求得到法、美两国的支持和响应。

为了迫使清政府就范，外国侵略者还采用了软硬兼施的手法，一面以帮助清王朝镇压太平军为诱饵，换取更多的侵略特权，一面又对清王朝进行武力威胁。美国公使麦莲曾照会两江总督怡良说：修约要求"如蒙奏准，自当襄助中华，削平反侧，否则奏明本国，自行设法办理"。以咸丰皇帝为首的清朝统治集团经过鸦片战争虽然对外国侵略者有所畏惧，但仍害怕外国势力深入中国内地后会破坏封建统治秩序，尤其害怕外国公使常驻北京将破坏封建体统，损伤"天朝大国"的尊严。而且清政府对外国公使屡次访问太平天国天京心存疑虑，又把外国在太平天国与清王朝之间

虚伪宣称"中立"误当成"偏袒"太平军，担心让"夷船"进入长江，会促使外国与太平军相互"勾结"，出现对清王朝统治更加不利的局势。由于这样一些原因，清政府拒绝了三国公使所提出的侵略性要求。外国侵略者感到，如果不向清政府施行武力压迫，是达不到修约目的的。但是，当时英、法正在与沙俄进行克里米亚战争，不可能抽出兵力来到远东，一时尚无力对中国发动侵略战争。美国虽然对清政府进行战争恐吓，但其实力不足以单独对中国开战。在这种情况下，修约风波暂告平息。1856年，克里米亚战争以俄国失败告终。英、法、美三国再次向清政府提出修约要求，仍然没有得逞。于是，它们决心寻找借口发动新的侵华战争。

英国用以发动战争的借口是"亚罗"号事件。

1856 年 10 月 8 日，广东水师在停泊于广州黄埔港的一只中国船"亚罗"号上，逮捕了 2 名海盗和 10 名有海盗嫌疑的水手。该船是一艘属于中国人所有的走私船，曾在香港注册，但此时已过期。广东水师

逮捕船上人员，本系中国内政，英国无权干涉。但是，英国驻广州领事巴夏礼为给侵华战争制造借口，硬指此船为英国船，并造谣说中国水师扯落了船上所挂英国国旗，无理要求两广总督叶名琛释放被捕的人犯，向英国赔礼道歉。叶名琛为避免事态扩大，向英方妥协，将所捕水手送交英领事馆。巴夏礼意在寻衅，故意刁难，拒绝接受人犯。10 月 23 日，英国侵华舰队司令、海军上将西马縻各里率领英舰闯入省河，攻占通向广州的水路炮台。第二次鸦片战争就此爆发。

《天津条约》和《北京条约》

还在英国进攻广州之前，法国就制造了一个"马神甫事件"对中国进行讹诈。1856 年 2 月，法国天主教神甫马赖，因非法潜入广西西林县活动，被地方官吏处死。法国政府抓住这一借口，打着"为保卫圣教而战"的旗号，任命葛罗为全权专使，率军来华协同英军行动。

1857 年 12 月，英法联军攻陷广州。

攻陷广州并不是英、法侵略者的最终目的。在俄、美的支持下，英法联军继续北上，以便对清政府直接造成威胁，强迫清政府签订新约。1858 年 4 月，联军舰队抵达大沽口。英、法、俄、美四国公使也随之同来。他们分别照会清政府，要求清政府派出全权大臣进行谈判。清政府派直隶总督谭廷襄为钦差大臣，前往大沽办理交涉。英、法公使借口谭廷襄无便宜行事全权，拒绝会谈。俄、美公使伪装"调停"，恐吓清政府，掩护英、法作好战争准备。5 月 20 日，英、法军舰闯入白河，突然炮击大沽炮台，尽管炮台守军进行了英勇顽强的抵抗，但由于谭廷襄事先未作任何戒备，一闻炮声，又与众文武官员率先逃跑，大沽炮台终于失陷。英法联军沿白河而上，直逼天津，并声称要攻取北京。5 月 29 日，清政府派大学士桂良、吏部尚书花沙纳

为全权大臣，赴天津与英、法侵略者谈判。6月13日和18日，在俄、美公使的诱逼下，清政府先后与其订立中俄《天津条约》、中美《天津条约》。6月26日和27日，清政府又分别与英、法订立中英《天津条约》和中法《天津条约》。主要内容如下：

圆明园中的欧式迷宫黄花阵（万花阵）

（1）外国公使常驻北京。

（2）开放牛庄（后改营口）、登州（后改烟台）、台湾（后选定台南）、淡水、潮州（后改汕头）、琼州、汉口、九江、南京、镇江为通商口岸。

（3）外国人可往内地游历、通商、自由传教。

（4）外国商船可自由航行长江各口岸。

（5）修改税则，减轻商船吨税。

（6）中国对英赔款银400万两，对法国赔款银200万两。

同年11月，清政府在上海又与英、法、美签订《通商章程善后条约》，规定如下：

（1）鸦片贸易合法化。

（2）一般进出口货物，海关一律按时价"值百抽五"征税；洋货运销内地，或从内地运出土货，除一律按时价抽2.5%的子口税外，免征一切内地税。

（3）各口税收划一办理，邀请英人帮办海关税务。

在中俄《天津条约》中，俄国取得了除赔款外的一切侵略特权。另外还规定：中俄"从前未经定明边界"，要由两国派人

华尔像

第五编 明清两朝时期

最新整理图文珍藏版

"查勘"，"务将边界清理补入此次和约之内"，为以后进一步掠夺中国领土制造条约依据。

清政府与四国签订的《天津条约》，基本上包括了列强"修约"的主要要求。由于片面的"最惠国待遇"，各国攫取了大体相同的特权。

《天津条约》的订立，并不能使中外相安无事。英、法侵略者不满足于已经攫取的权益，极力想利用换约的机会，进行新的勒索。1860年春，英、法政府再次分别任命额尔金，葛罗为全权专使，率新组成的联军侵华。咸丰帝率后妃、皇子及一些王公大臣逃往热河。10月13日，英法联军不费一枪一弹，占领安定门，控制了北京城，洗劫了"珍奇无数"的"万园之园"圆明园。在英、法武力压迫和沙俄诱逼下，奕訢按照咸丰帝的"委屈将就"的谕旨，于10月24日、25日代表清政府分别与额尔金和葛罗交换了《天津条约》，并签订了中英、中法《北京条约》。除承认《天津条约》完全有效之外，又规定了以下几项主要内容：

（1）开放天津为商埠。

（2）准许华工出国。

（3）割让九龙司给英国。

（4）退还以前没收的天主教堂财产。充当翻译的法国教士又擅自在中法《北京条约》中文本上加上"并任法国传教士在各省租买田地，建造自便"。

（5）赔偿英、法的兵费各增至800万两。

通过《天津条约》和《北京条约》，资本主义列强从中国掠取了更多的特权，给中国社会造成了严重危害。

外国公使驻京，使资本主义各国在政治上加强了对清政府的影响和控制；增开11处通商口岸，使外国侵略势力由南方沿海扩张到北方沿海，并从沿海伸入长江流域；有关通商、修改税则及邀请英人帮办海关税务等规定，不仅使中国的税收主权进一步遭到损害，而且使中国的海关管理权也开始落入外人之手，资本主义国家在中国倾销商品、掠夺原料获得了更为有利的条件；允许外国人往内地自由传教，使外国对华文化侵略得到加强，而外国传教士披着宗教外衣在中国进行各种非法活动也更加方便了。新的不平等条约使中国的各项主权遭到进一步破坏，中国社会的半殖民地化也进一步加深了。

沙俄侵占我国北方大片领土

在第二次鸦片战争中，中国所损失的不仅是上述主权，还被沙皇俄国趁火打劫，抢夺去大片领土。

1847年，沙皇任命穆拉维约夫（H. H. МуравъеВ）为东西伯利亚总督，组织武装，夺取中国黑龙江流域。1850年俄军侵占中国黑龙江口的庙街，1853年侵占了库页岛。从1854年到1856年，每年夏季，穆拉维约夫等率大批武装，乘船强入黑龙江和乌苏里江，并加紧在黑龙江北岸设炮台和军人村屯，强化对中国领土的占领。接着沙皇任命穆拉维约夫为全权代表，与中国谈判，迫使中国承认其侵占领土的"既成事实"。

南京金陵制造局制造的线膛炮

1858年5月，乘英法联军攻陷大沽之机，穆拉维约夫率大批俄军到瑷珲，与黑龙江将军奕山谈判。与之签订《瑷珲条约》，俄国侵占黑龙江以北原属中国的60多万平

圆明园
大水法遗址

方公里领土，只有江东 64 屯仍由中国人永久居住和归中国管辖。还规定将乌苏里江以东中国领土由中俄"共管"。1859 年 11 月 14 日另订中俄《北京条约》，把乌苏里江以东和江源头以南直到滨海的中国领土割归俄国，共达 40 万平方公里。只留下少数居民点及渔猎区，仍由中国人居住、渔猎。

《北京条约》中，还规定："西疆尚在未定之交界，此后应顺山岭大河之流及现在中国常驻卡伦等处……为界"，据此，1864 年又订立《中俄勘分西北界约记》，沙俄从中又侵夺了中国西北 44 万多平方公里土地。

这样，在第二次鸦片战争期间，沙俄乘人之危，掠夺了中国东北 100 多万平方公里土地，接着又夺去了中国西北 40 多万平方公里领土，合计共达 150 万平方公里，相当于 15 个浙江省那么大。这是近代中国失地最大、最严重的历史。

辛酉政变

清咸丰十年（公元 1860 年），第二次鸦片战争战火烧到天津，8 月，英法联军在通州打败僧格林沁所部清军，向北京进发。那个曾经信誓旦旦、扬言要御驾亲征的咸丰帝，任命恭亲王奕䜣为钦差大臣，与侵略者接洽投降停战，自己却带着大批随员逃往热河行宫。咸丰帝自己也没有想到，他这次出逃，再也没有活着回到北京。咸丰十年七月十二日（公历 8 月 22 日），咸丰帝奕䜣死于热河。他死后，清廷连续发生一系列重大事变，慈安太后之死，便是其中重大疑案之一。

咸丰年间，清朝统治在内忧外患的频频冲击下，已显出大厦将倾的征兆。在内，太平天国农民运动风起云涌，在外，资本主义列强虎视眈眈，步步紧逼，奕䜣简直没有做过几天安稳的皇帝。起初，他还试

咸丰帝像

图振作，想有所作为，后来他发现，不但内忧外患他平息不了，就是官场积弊他也无能为力。于是，他不思进取沉溺于酒色之中。他身边的亲信大臣肃顺、载垣等人，对他的这种行为不加谏止，反而百般迎合，以便控制朝中大权。过分放纵使不到 30 岁的咸丰帝身体渐渐垮了下来，逃往热河以后，他一如既往，纵情声色，直至几次呕血仍不思悔改，终于一病不起。临终，奕䜣宣布以他唯一的儿子载淳为太子，继承皇位，令载垣、端华、肃顺等八人为赞襄政务大臣，辅佐幼帝，主持朝政。

奕䜣死后几天，载淳在八位辅政大臣拥戴下即位为帝，改元祺祥。然而，载淳年仅六岁，当然不能理政，朝廷上下立即展开了一场激烈的权力斗争。当时，看来最强的要属八位辅政大臣，他们控制着朝政大权，大小臣工的奏章都要经他们批阅，皇帝的谕旨也由他们代拟，这样无论大小事务，包括官吏升黜，均掌握在他们手中，而实际上最强的倒是恭亲王奕䜣为首的实力派。奕䜣是咸丰的六弟，咸丰即位，他

同治皇帝像

心怀不满，兄弟之间屡次发生矛盾。咸丰逃往热河，他留守北京，在与英法联军谈判中深得外国侵略者赞赏；在内，当时掌

慈禧太后像

握重兵的胜保等人也积极支持他，使之成为强有力的权力竞争者。与英法联军停战以后，奕䜣几次奏请咸丰回銮，以便进一步接近权力中心，但肃顺、载垣一派看出奕䜣用心，他们尽力满足咸丰的声色之欲，并以圣体欠安为由，使之留驻热河，以便

他们挟天子以命天下。咸丰一死，双方立刻展开一场权力角逐。

然而，在最初一段时间里，肃顺和奕䜣双方似乎都忽略了另一个权力竞争者，这便是两宫太后。说是"太后"，实际是两个极年轻的女人，二十五岁的东太后慈安，二十七岁的西太后慈禧。慈安太后，姓钮祜禄氏，广西右江道穆扬阿之女，她在咸丰登位以前即侍奉咸丰。咸丰二年封贞嫔，后晋为贞贵妃，最后册立为皇后。曾生有一女，宫中称为"大公主"。咸丰帝一死，她以正宫皇后的身份，理所当然地晋封为太后。慈禧太后，姓叶赫那拉氏，安徽宁池太广道道员惠征之女，咸丰二年入宫，封懿贵人。咸丰六年生载淳，母以子贵，晋封懿妃，次年又进为懿贵妃。慈禧工于心计，权欲极强，早在咸丰在世时便多次设法参预朝政，均为肃顺等大臣阻止。咸丰帝死后，她以幼帝生母身份成为

储秀宫

太后，立即着手谋取权力。慈安对肃顺等人专权亦早已心怀不满，因而在最初一段时间里，她与慈禧结为一派，成为慈禧夺权的得力支持者。按理，两宫太后地位虽高，但却无参政先例，想要加入权力角逐十分不易。但是，她们控制着幼帝载淳，又有咸丰帝批阅奏章，发布谕旨的两方御印——"御赏"印和"同道堂"印在手，很快成为权力角逐中的重要力量。

原来，这两方印章都是咸丰帝的私章，清代诸帝，多有私章小玺，但极少用于政治活动。咸丰帝却常用他这两方私章颁发上谕。咸丰临终，为防止大臣或妃嫔篡权，将"御赏"印交给皇后纽祜禄氏（即慈安），"同道堂"交给小儿子载淳。咸丰死后，襄政八大臣明确规定了朝廷下达命令，呈太后及小皇帝，于前后分别加盖"御赏"，"同道堂"印。然而，这却增加了两宫太后在权力斗争中的筹码。本来，西太后居东太后之下，无权参预政务，即慈安的参预在辅政大臣看来也不过是走个形式罢了。但慈禧不甘寂寞，抢先以载淳生母的身份将"同道堂"印控制在手中。她的参预，立刻形成权力角逐的形势。两宫太后利用自身的有利地位，逐渐成为一股重要力量。

起初，辅政大臣只是与两宫太后发生摩擦，在北京的奕䜣一派并未正面加入，只是暗中积极准备。后来，斗争的逐渐激烈，却使慈禧开始与奕䜣一派勾结。咸丰十一年八月，山东道监察御史董元醇上疏，请求两宫太后暂时处理政务，并在亲近宗支中选任贤能亲王参预主持朝政。据说，董的这个奏疏，是奕䜣派指使他上的，目的当然是使奕䜣派接近权力核心，疏中还直接对载垣、肃顺等八大臣进行攻击。辅政大臣得疏后，立该拟旨斥责董元醇，慈禧觉得董支持自己主持政务，拒绝在御旨上钤印。随后，两宫太后召见八大臣，双方发生激烈争执，八大臣当面痛斥慈禧的说法，声色俱厉，以至把幼帝载淳吓得尿了裤子。第二天，御旨仍未盖钤下发，八大臣即停止办事，以罢工的形式逼迫两宫太后。不得已，慈禧怕事情闹大不好收拾，只得钤印下发。这件事使八大臣更加得意，把慈禧及奕䜣两方都不放在眼中，而慈禧则开始暗中与奕䜣联合。

本来，咸丰帝死后，八大臣以遗嘱的

恭王府花园

形式，下令奕䜣留在北京主持各项事务，不许赴热河。但奕䜣不顾八大臣之命，径直奔赴行宫，8月1日，他到达后直奔梓宫哭祭咸丰，堵住了八大臣的嘴。而后，两宫太后想召见奕䜣，遭到八大臣拒绝，但是慈禧还是设法单独召见了奕䜣，秘密商议铲除八位辅政大臣之策，随后奕䜣返京。董元醇奏章事后，慈禧利用八大臣的大意疏忽，密遣自己的亲信太监安德海往来热河北京之间，加紧了与奕䜣联系，做好了政变准备。

9月，咸丰帝灵柩由热河启程运往北京。两宫太后携同幼帝载淳，间道而进，先期到达北京。这时，奕䜣在京已经作好政变的准备。两宫太后及小皇帝抵京，政变立即进入实质性阶段，而肃顺等人还拥着灵柩在返京途中。9月30日，宫中颁下御旨，将八大臣中的载垣、肃顺、端华解职，其余五人退出军机处，令恭亲王奕䜣率同各部大臣讨论两宫太后垂帘听政礼仪。载垣不知这是对方早已安排下的步骤，出面阻止奕䜣入宫议事，内廷下谕将载垣革职拿问。随后，又下一道谕旨，将载垣、肃顺、端华革职下狱，严行议罪。当夜，一支人马在密云逮捕了护送咸丰灵柩的肃顺等人。随后，下令赐死载垣、端华，将肃顺"斩立决"。其余诸人一律革职或革职发配。

11月1日，两宫皇太后在养心殿东暖阁垂帘听政，恭亲王奕䜣以议政王身份主持朝政，政变宣告成功。因这一年是农历辛酉年，历史上也称为"辛酉政变"。原拟次年使用的祺祥年号，在政变后，改拟为"同治"，意为两宫太后共同治理国家。

《天津条约》的签订

第二次鸦片战争期间，英法军队攻占广州后，继于咸丰八年（1858年）四月，到达大沽口外，美俄两国公使也随同北上，四国公使分别照会清政府，要求派全权大臣进行谈判。于是清政府派直隶总督谭廷襄前往大沽。英法借口谭廷襄非全权大臣，无便宜行事之权，拒绝谈判。俄美公使假充"调停人"，单独和谭廷襄周旋，麻痹清政府。英、法军队在俄、美掩护下，做好了一切战争准备，于5月20日对大沽炮台突然发动攻击。炮台守军奋起还击，顽强抵抗，但因驻在大沽的文武官员对抵抗毫无决心，纷纷逃跑，致使大沽失陷。英法联军随即溯白河而上，直逼天津城下，扬言要攻打北京。

清政府闻讯后，急忙派大学士桂良，吏部尚书花沙纳赶赴天津议和。在谈判开始时，英国提出公使驻京，"江路一带，至海之源，各处通商，并在各省任凭英国民人，自持执照，随时往来，英国在要紧地方设领事馆，如有不法之徒，就近交领事馆惩办"等要求作为议和草约的基本条件。8月11日，桂良等在英国胁迫下，顾不得咸丰的意旨，对英法完全屈服。但咸丰不同意全部接受英法的要求，他斥责桂良等

说："若必事事皆准，何用大臣会议耶？"命令他们再行交涉，并请普提雅廷出来"说合"，"杜其不情之请"。但是咸丰的愿望又一次落空，英国反而提出更多的要求。英国除更明确地要求公使"长远驻京"以外，还要天津开港、镇江、南京先立码头。到25日，英法逼桂良等接受他们所拟定的全部条款，一字也不予改动，中文约本的译文也完全由他们决定。咸丰无奈终于同意了英法的要求。

在谈判过程中，威妥玛、李泰国的态度特别蛮悍，动辄开口恫吓。桂良等在奏折中一再表示自己所处的屈辱地位。桂良等在淫威慑服下，订立了《天津条约》。

中英、中法《天津条约》分别于6月26日和27日签订。中英《天津条约》共56款，附约一条。中法《天津条约》共42款，附约6条。

美俄两国在"调停人"的名义下，早在中英、中法条约签订以前即6月13日和18日，已诱骗清政府订立了中俄、中美《天津条约》。俄约12款，美约30款，两国不费一兵一卒而从清政府取得许多权利。四国公使还与桂良等商定，第二年与中国互换批准书。

这四个《天津条约》的主要内容有：

（1）外国公使常驻北京。改变了以往只能在香港、上海活动，而不能与清朝中央直接打交道的惯例。

（2）开放牛庄（后改营口）、登州（后改烟台）、台湾（台南）、潮州（后改汕头）、淡水、琼州、汉口、九江、南京、镇江为通商口岸；外国人可在各口岸租房居住，买地建礼拜堂和医院。

（3）外国人可自由进入内地传教、通商、游历，外国商船和军舰皆可驶入长江各口。

（4）扩大领事裁判权，规定外国人之间任何纠纷，犯罪，中国官府都不得过问；

中外民人之间的案件，由中外双方官员在外国领事监督下"会审"。

洪秀全雕塑

（5）对英赔款 400 万两，对法赔款 200 万两。

（6）减低关税。

随后桂良、花沙纳在上海会同两江总督何桂清等，于 11 月 8 日和 24 日分别与英、法订立《通商章程善后条约》各十款，内容主要是：承认鸦片贸易合法，每百斤征税 30 两；一般商品抽时价百分之五的关税；洋货运内地只要再抽 2.5% 的进口税，即可畅行无阻；各海关税务邀外国人帮办。

《天津条约》及《善后条约》，进一步破坏了中国的主权，便利了西方列强对中国的经济侵略。

太平天国运动

道光二十三年（1843 年），洪秀全吸取了《劝世良言》中所宣传的创造天地万物人的"神天上帝"，是独一真神及在上帝面前人人平等的思想，创立"拜上帝会"。最早接受洪秀全拜上帝思想的是他的同学冯云山和族弟洪仁玕。第二年，洪秀全与冯云山同到广西贵县一带进行"拜上帝会"的宣传和组织活动。不久，洪秀全又回到广东花县家乡进行理论创作。洪秀全先后写出了《原道救世歌》、《原道醒世训》和《原道觉世训》三篇著作。《原道救世歌》宣传宇宙间唯一主宰，拯救万物的真神是上帝，"开辟真神唯上帝，无分贵贱拜宜虔"，"天父上帝人人共，何得君王私自专"。又说，普天之下皆兄弟，上帝视之皆赤子。这就否定了封建帝王至高无上的权力。《原道醒世训》中说，天下男人都是兄弟之辈，天下女子都是姊妹之群，不应存在此疆彼界之私，更不应存在你吞我并之念。宣传了经济上的平等思想。《原道觉世训》中明确地把皇帝指作"阎罗妖"，把贪官污吏指作"妖卒鬼徒"，蔑视

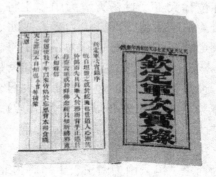

《钦定军次实录》

皇权，号召人民群众起来击灭"阎罗妖"。在同一时间里，冯云山在紫荆山区进行"拜上帝会"的宣传和组织工作。道光二十七年（1847 年）上半年，"拜上帝会"会众已达 2000 多人。是年八月，洪秀全再次到广西，在紫荆山与冯云山会合，共同制定"拜上帝会"的各种宗教仪式和十款天条。并派人四出发展会众，其会众主要是贫苦农民。第二年七月，杨秀清、萧朝贵、韦昌辉、石达开和洪秀全、冯云山结成异姓兄

弟，"拜上帝会"从此有了领导核心。

"拜上帝会"在其发展过程中，同封建势力的斗争逐渐公开化，会众开始捣毁甘王庙及紫荆山区的神庙社坛，与地主团练也展开了斗争。道光三十年（1850年）广西群众的反抗斗争继续增多。同年七月，洪秀全发布"团营"总动员令，各地会众纷纷变卖田产房屋，向"拜上帝会"总机关所在地金田村进发。十一月，各路会众均汇集在金田村，约2万人。在"团营"过程中制备器械，编制营伍，一同拜上帝，广大分散的农民组织成一个严密的武装集团。

道光三十年十二月十日（1851年1月11日），"拜上帝会"会众在广西桂平县金田村正式起义，建国号"太平天国"。随即东进，占领交通要道江口镇。"天地会"罗大纲、苏三娘（女）等率众几千人也投入太平军，声势更加壮大。三月，太平军转而西进，入武宣县境。洪秀全在武宣东乡即位称大王，封杨秀清为中军主将、萧朝贵为前军主将、冯云山为后军主将、韦昌辉为右军主将、石达开为左军主将。此后半年，太平军转战武宣、象州和紫荆山区，设法打破清军的包围堵截。九月，太平军乘胜攻克永安州城（今蒙山县），这是"太平天国"起义以来占领的第一座城池。洪秀全在这里封杨秀清为东王、肖朝贵为西王、冯云山为南王、韦昌辉为北王、石达开为翼王，西王以下，俱受东王节制。又封秦日纲、胡以晃为丞相，罗大纲为总制。其余有功将士，均分别擢拔任职。洪秀全又针对农民起义队伍在战斗过程中产生的实际问题，发布许多诏令：严禁兵将私藏在战斗中缴获的各种财物，巩固圣库制度，告诫全军恪守天条天令，严守纪律，警惕敌人的诱惑；勉励将士团结一致，同心协力，"男将女将尽持刀"，"同心放胆同杀妖"。同时，清除了暗藏的奸细。《太平诏书》、《太平军目》、《太平条规》、《天

太平军典金靴衙"听使"号衣

父下凡诏书》等一批重大文献也先后刊刻公布。这就是著名的"永安建制"。"太平天国"的政治制度从此初具规模。次年四月，太平军从永安突围，北上攻桂林不下，进占全州，入湖南。在全州战斗中，南王冯云山负重伤身亡。入湖南后，太平军连克道州、江华、永明、嘉禾、蓝山、桂阳、郴州等地。这一带的"天地会"群众争相

太平军作战指挥部——广西金田三界庙

参加太平军，多达五六万人。九月，太平军猛攻长沙不克，西王萧朝贵中炮牺牲。十一月，撤围长沙，转经益阳、岳州，向湖北挺进。太平军在岳州建成水营，战斗力继续加强。咸丰二年（1853年）一月，太平军攻克武昌，进城后，太平军宣布："官兵不留，百姓勿伤"，群众积极参军，

队伍猛增至50万人。随后顺江东下，水陆并进，旌旗蔽日，连克九江、安庆、芜湖，于同年三月十九日占领江南第一重镇南京，随后以南京为都，改称天京，正式建立了一个与清朝政权相对峙的农民政权。不久，又攻下镇江和扬州。

太平天国通宝

天王洪秀全颁布的"减税诏旨"

咸丰三年（1853年）五月，太平军约2万人在天官副丞相林凤祥、地官正丞相李开芳、春官副丞相吉文元率领下自扬州出发，举行北伐。历经江苏、安徽、河南、山西、直隶、山东六省，转战数千里，深入清朝统治的心脏地区，震撼京津。咸丰五年（1885年）三月，北伐军林凤祥部营地被清军攻破，全军将士，宁死不屈。林凤祥被俘遇害。五月，李开芳部也失败。与北伐同时，太平军又在夏官副丞相赖汉英统率下溯长江西上，进行西征，相继占领安庆、九江、武昌等重镇。到咸丰五年（1855年）九月，江西八府50多个州县均归太平军势力之下。第二年四月和六月，秦日纲率冬官正丞相陈玉成和地官副丞相李秀成分别攻破江北和江南大营，解除了天京的肘腋之患。太平天国在军事上达到了全盛时期。

太平天国定都天京后，于咸丰三年（1853年）冬颁布了纲领性文件《天朝田亩制度》。其核心内容是关于土地制度的规定，即把全部土地平均分配给无地的广大农民；还规定了"太平天国"的乡官制度。《天朝田亩制度》规定的总目标是实

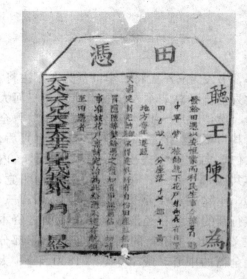

太平天国田凭

现"有田同耕，有饭同食，有衣同穿，有钱同使，无处不均匀，无人不饱暖"的理想社会。

太平天国农民起义，推动了全国各地群众的反封建斗争，天地会、小刀会、捻党等在各地纷纷发动武装起义，响应并配合太平军作战，有力地推动了太平天国农民起义的发展。

咸丰六年（1856年）八月，太平天国内部发生了杨、韦事件；次年，石达开又分军出走，太平天国的力量受到了削弱。接着，武汉、镇江、九江又相继失守，天京被围。洪秀全遂于咸丰八年（1858年）恢复五军主将制度，任命蒙穗恩为中军主将，陈玉成为前军主将，李秀成为后军主

《天朝田亩制度》封面

将，韦俊为右军主将，李世贤为左军主将。洪秀全自己总掌军权，取得浦口和三河大捷。次年四月，洪仁玕到达天京，洪秀全封其为军师、干王，主持朝政。几个月后，洪仁玕向洪秀全提出了《资政新篇》，内容共四部分：一、用人察失，禁止朋党；二、革除腐朽生活方式，移风易俗；三、实行新的社会和经济政策，仿效西方资本主义；四、采用新的刑法制度。第三部分是全篇的中心。咸丰十年（1860年），太

平军消灭了江南大营，天京解围。太平军乘胜连克常州、无锡、苏州等地，太平天国的力量再度振兴。

第二次鸦片战争之后，英、法、美、俄等国支持清朝镇压"太平天国"。清廷也确定了"借师助剿"的方针。同治元年（1862年），太平军在上海和宁波与英、法、美军队进行了英勇的战斗。在中外反动势力的联合进攻下，苏州、杭州相继失守。同治三年（1864年）六月，洪秀全病逝，长子洪天贵即位。七月十九日，天京被湘军攻陷。太平天国农民起义失败，余部又继续战斗多天。

太平天国起义坚持了14年之久，其势力发展到了18省，动摇了清朝的封建统治，打击了外国侵略者。

捻军起义

咸丰三年（1853年），太平军北伐，经过安徽、河南，各地捻首纷纷聚众起事。

咸丰五年（1855年）秋，各地捻军首领齐集雉河集（今安徽涡阳），推张乐行为首领，以雉河集为中心。建国号"大汉"。张乐行称大汉明命王，分五色旗统领各军。张乐行自统黄旗，龚德树领白旗，侯世维领红旗，苏天福领黑旗，

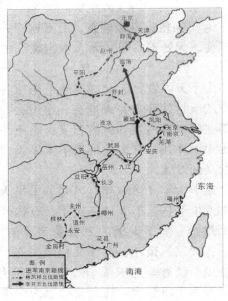

太平军北伐进军路线图

太平天国与清军作战图

韩万领蓝旗。五旗以下又设五种镶边旗和其他旗号，由孙葵心等许多人分领。还制定《行军条例》19条。河南夏邑黑旗首领王贯三，亦率部前来参加会议。人数约达十万。

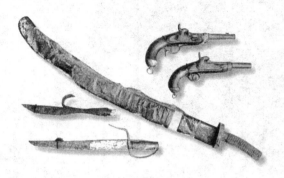

捻军使用的武器

咸丰七年（1857年）捻军渡淮南征，与太平军李秀成、陈玉成部会师于霍丘与正阳关等地，并接受太平天国领导，蓄长发，受印信，使用太平天国旗帜，张乐行被封为"征北主将"，五旗各领亦各有封号。但他们"听封而不听调"，不出境远征，并保持自己独立的组织和领导系统。

咸丰八年（1858年）张乐行等部北上占领安徽怀远、临淮和凤阳等地。次年夏，和太平军合力攻克安远。十一月，怀远失守。一年以后，临淮、凤阳也相继陷落。同时，淮北捻军三万人在张宗禹等率领下，攻占苏北重镇清江浦（今淮阳）。咸丰十一年（1861年）三月，龚德树率军配合太平军西征武汉时，战死于罗田松子关。九月，安庆失守，张乐行率众北归颍上。于第二年春，与太平天国联合围攻颍州（今阜阳）。不久，苗沛霖叛变，向张乐行的背后突然发动攻击，使张乐行全军溃败。英王陈玉成被俘遇害。同治二年（1863年）三月，以僧格林沁为首的清军全力猛攻皖北蒙城、亳州，捻军根据地雉河集失守，张乐行被俘遇害。

当天京陷落时，东援天京的西北太平军、捻军联合部队，正与清军胶着于鄂东。天京陷落后，以僧格林沁的蒙古贵族骑兵为主的清军，趁机发动突袭，联军受到很大损失，乃分二路突围。一路陈得才为首东走，另一路赖文光为首北走，两支部队时合时分。赖文光巧妙地避敌主力，在豫南罗山、光等战役中，重创清军。陈得才却仍力图东进，结果于十一月初，在安徽霍山为僧格林沁所败。马融和等趁机以十余万之众，分批叛变。陈得才见大势已去，服毒自杀。其余部邱远才、张宗禹等突围与赖文光会合。推赖文光为首领。赖文光按照太平天国的兵制、纪律，整编捻军，并逐渐易步为骑，使捻军成为10万余人的骑兵武装。捻军还吸收了败散各地的太平军战士，著名的范汝增来归。

同治四年（1865年）初，僧格林沁率骑兵，在山东对捻军大举进攻，被赖文光统率的捻军打败。随后赖文光部从信阳出兵，横扫豫中，接着，进入鲁西，穿过鲁西南，突入苏北，然后又折回鲁西，在曹州县（今菏泽）设埋伏。僧格林沁尾追不舍，向捻军寻机决战。终于陷入捻军埋伏圈，大部被歼，僧格林沁被击毙。

清廷闻讯后大震，急忙派曾国藩督师北剿。曾国藩针对捻军流动作战的特点，提出以静制动的方针，以点和线，来围困捻军，制止捻军的运动。他调集十万重兵，配以新式枪炮，在淮水北、运河西、沙河及贾鲁河以东，沿岸设防，想逐步收缩，把捻军消灭在包围圈中，还成立一支机动部队专供往来游击之用。但赖文光等所率捻军，以机动灵活的运动战术，多次惩创清军，纵横驰骋于豫、鲁、苏、皖之间。

洋务运动

19世纪60至90年代，清政府在太平天国和捻军农民起义的打击下，又在第二次鸦片战争中再次被外国侵略者打败，面对这种形势，封建统治阶级营垒中的一些有识之士，如：在中央官吏中以总理衙门大臣奕䜣、大学士桂良、户部侍郎文祥等为代表，在地方官吏中以两江总督曾国藩、闽浙总督左宗棠、直隶总督李鸿章以及后起的湖广总督张之洞等为代表，他们感受到外国的"船坚炮利"，从而意识到无论挽救民族危亡，还是维护自身统治，都不能再固守陈腐的"祖宗之法"，唯一的办法是向西方学习，引进先进的生产方式和物质文明；他们并继承了林则徐、魏源的"师夷长技以制夷"的思想，这就形成了以拯救清王朝封建统治、御侮自强为目的，以引进西方先进的生产技术为主要内容，以"中学为体，西学为用"为宗旨的向西方学习的潮流，史称此为"洋务运动"，旧称"同光新政"（意即同治、光绪年间举办的"新政"，又称"自强新政"）。

洋务运动开始，是在"自强"的口号下筹建近代军事工业和编练新式海军。咸丰十一年（1861年）底，曾国藩在安庆设立"内军械所"、"制造洋枪洋炮，广储平实"，是洋务派兴办军事工业的起点。同治三年（1864年）安庆内军械所随军迁到南京。安庆内军械所虽然是以手工业制造为主，但却是当时清军的一大火器供应中心。

同治四年（1865年）六月，曾国藩、李鸿章在安庆内军械所和上海、苏州洋炮局的物力、人力和技术经验的基础上，收买了美国人在上海虹口地区办的旗记铁厂一座，又将容闳从美国购买的"制器之器"一并归入，正式成立"江南机器制造

李鸿章像

总局"，简称"江南制造局"、"上海制造局"、"沪局"。该局由原旗记工厂主科尔继续任制造技术指导，其一切事宜最初由上海海关道日昌督察筹划，后又任命湖北补用道沈保靖督办。开办经费约用银20余

左宗棠像

万两。同治六年（1867年）江南制造局因厂地狭窄，由虹口移至上海城南高昌庙镇，进行扩建，到光绪十九年（1893年），共建成工厂15个，扩方言馆、炮队营、工程处、翻译馆各一个及各种附设机构十多个。建置经费先后用银200万两。江南制造局从事军火生产、轮船修造、机器制造、科

技书籍的翻译和培养外语人才。所制造的枪炮、弹药，供应南北驻军，"遍及全国，共达七八十个单位"。（主要是湘、淮军）。同治四年（1865年），李鸿章将由马格里主办的苏州洋炮局移设南京雨花台，扩建为金陵制造局，简称"宁局"。主要生产枪、炮、子弹和军用物资。到80年代上半期，已有工厂10余座，用银约50余万两，所造之枪炮弹药主要供应南北洋驻军。同治五年（1866年），左宗棠在福州建船政局，后由沈葆桢接办。船政局由铁厂、船厂和学堂三部分组成。初由法国人日意格和德克碑任正副监督，雇用工人1700至2000人。原计划五年内造船16艘，建厂经费约40余万两银，每月造船经费53两银。同治八年（1869年）开始生产，到同治十三年（1874年）共成船15艘，这时船政局共有工厂16座，船台3座，先后用银达135万两。光绪元年（1875年）船政局由艺局学生主持接造。开始仿造旧式木船，从光绪二年（1876年）起，造750匹马力的新式机器铁胁轮船，光绪七年（1881年）为南洋水师造3艘2400匹马力、排水量为2200吨的巡洋快船。同治六年（1867年），恭亲王奕䜣奏准，由三口通商大臣崇厚在天津办"天津军火机器局"，同治九年（1870年）由直隶总督李鸿章接办，改称天津机器制造局，简称"津局"。不久，李鸿章将洋总办密妥士免去，另委沈保靖为总办。天津机器局主要生产火药、枪炮、子弹，供应淮军和直隶练军。到80年代上半期，先后共用银110余万两。

在同一时期内，各地还设立许多军火工厂，"唯一省仿造，究不能敷各省之用"，到光绪十年（1884年）为止，清政府先后设厂局20所，除江南制造局停办外，其余十九所分布在全国12个省区。从60到90年代的30多年中，洋务派办军事

张之洞像

工业，共用银4500万两，均由国库支出；所有局厂一律归官办；生产的枪炮弹药和轮船均由清政府调拨发给湘、淮军和沿海各省使用；每个厂局均有成群的官吏，机构庞杂，洋务派办洋务首先聘请洋员。

在洋务运动中，洋务派亦筹建新式海军。咸丰十一年（1861年），恭亲王奕䜣请英人"协助购买欧洲造战舰"，同治元年（1862年），两广总督苏崇光与英人议

江南制造总局造炮厂

定，向英国购买兵船。同治二年（1863年），一支包括大小船只八艘的舰队，由英国海军军官率领到达上海，由于英国人强夺中国海军的指挥权，清政府拒绝接受，这支舰队被遣散。清政府先后用银160余万两的筹建海军活动流产。同治五年（1866年），清政府批准了左宗棠的"设局

监造轮船"的建议，决定江南制造局、福州船政局各以造船为重点，仿照西方，制造兵船，以装备海军。同治十年（1871年），两厂分别造出"惠吉"、"测海"、"操江"、"万年青"、"福星"等兵船数艘。同治十三年（1874年），丁日昌提议建立北洋、东洋、南洋三支水师。

光绪元年（1875年），由两江总督沈葆桢、直隶总督李鸿章等人倡议，经总理衙门核准，拨银四百万两，作为筹办海军军费，准备在十年内建成南、北、粤洋三支海军，后由于财力有限，决定"先就北洋创设水师一军"，沈葆桢死后，海军大权集于李鸿章一身，他在天津设水师营务处，办理海军事务；又于光绪六年（1880年）在天津设立水师学堂，训练北洋系海军军官。同时又用银300万两，从德国购买"定远"、"镇远"两只铁甲舰。光绪七年（1881年），李鸿章派丁汝昌统领北洋海军。光绪十年（1884年），三洋海军初具规模，南洋海军约有军舰19艘、北洋海军约有军舰15艘、福建海军约有军舰11艘。光绪十年（1884年）六月，中法战争爆发，八月，法国远东舰队击毁了福建海军全部舰船，并摧毁福州船政局，南洋海军也受到损失，只有李鸿章的北洋海军保存了实力。李鸿章又向英国订购了"致远"、"靖远"和从德国购进"经远"、"来远"等舰，北洋海军实力加强。在这前后，李鸿章又修建了大沽、旅顺船坞，作为修理铁甲舰之用。光绪十四年（1888年），北洋海军正式成军，丁汝昌任海军提督，拥有军舰22艘。军事训练由英、德国人操纵。光绪二十年（1894年），北洋海军在中日甲午战争中全军覆灭，结束了北洋海军的历史。

洋务派在开办军事工业的活动中，需要巨额经费，使他们感到"百方罗掘，仍不足用"，认为外国资本主义以工商致富，

晚清·纺织梳棉机

由富而强，认为"求富"是"求强"的先决条件，因此，洋务派仿照西方，开展了建立民用工业的"求富"活动，借以达到"兴商务，浚饷源，图自强"的目的。

从70年代开始，洋务派采取了官办、官督商办和官商合办的形式，举办民用工业，包括采矿、冶炼、纺织、交通运输等等，到90年代中期，共办几十个企业。

天津机器局生产的子弹

同治十一年（1872年），李鸿章派漕运委员朱其昂创办轮船招商局，这是洋务派办民用工业的开端。轮船招商局共招商股73万多两银，海关拨官款190多万两银，官督商办。总局设在上海，在上海天津等地设码头，代政府运漕米等。光绪二年（1876年），李鸿章派唐廷枢筹办开平矿务局，光绪三年（1877年）九月在开平正式建立，招商股80多万两银，官督商

办。光绪三年（1878年）开井，次年使用外国机器，按新式方法开采。光绪七年（1881年），开平矿务局每日出煤"五六百吨之多"，十余年后，开采量增加，每日"可出煤一二千吨"，且"煤质极佳，甲于地处"。光绪五年（1879年），李鸿章在大沽和北塘海口炮台试架设电报到天津，"号令各营，顷刻响应"。光绪六年（1880年）九月，李鸿章在天津设电报总局，由盛宣怀任总办。电报线由天津沿运河南下至上海等地，以后又架设了上海至南京及南京至汉口的线路，光绪八年（1882年）四月，电报局改为官督商办，招商股80万元。光绪十年（1884年），电报总局迁往上海，并在各地设电报分局。光绪六年（1890年），即电报总局成立10周年时，电报线已遍布全国各地。光绪七年（1881年）成立黑龙江漠河金矿，商股7万两银，官款13万两银，官督商办，李鸿章派吉林候补知府李金镛办理。光绪十五年（1889年），用新式机器开采，这一年产金18961两。同年两广总督张之洞主持兴办汉阳铁厂，由清政府拨款200万两银作资金，光绪十六年（1890年），在大别山下动工兴建，光绪十九年（1893年）完工，共计10厂。官办无款可筹，后由盛宣怀接手，改为官督商办。光绪二年（1876年），李鸿章和两江总督沈葆桢开始议办上海机器织布局，光绪五年（1879年）派郑观应筹办，光绪八年（1882年）成立。招商股银达50万两，采取官商合办形式。该局享有10年专利，不许民间仿办。光绪十六年（1890年）开工，营业兴隆。光绪十九年（1893年）失火、损失约70多万两银。光绪二十年（1894年）又设华盛纺织总厂，下设10个分厂。光绪十六年，张之洞任湖广总督时，将原设广东织布局移至武昌，建立湖北织布局。光绪十五年（1889年）八月底，张之洞在两广总督任内奏准在广

东设织布局，后张奉调湖广总督，织布局随之迁往湖北，由于筹办资金困难，张之洞先后向英国汇丰银行借款16万两银，于光绪十七年（1891年）开始建造厂房，光绪十八年（1892年）底才正式开工，尚有盈余。

洋务派在70年代后的20几年里，先后创办了41个资本主义性质的企业，到光绪二十年（1894年）尚存30个，共有资本约计3900万元。这是中国早期的官僚资本。

此外，洋务派从同治元年（1862年）起，先后设立京师同文馆、上海方言馆、福建船政学堂和天津水师学堂等20多所近代学校，培养外语和近代科技人才。从同治十一年（1872年）至光绪十二年（1886年），清政府还向欧美国家派遣近200名留学生。

随着北洋海军在中日甲午战争中覆灭，洋务运动也遂告破产。

兴办新式军工业

清廷为加紧内战急需船舰，签过北京条约就着手这个事。买船的钱全靠海关收入，这笔买卖自然地落到了总税务司李泰国手中。英国得到清廷要建立海军的消息，立即指示李泰国："对于英国，事关重大的在于怎样支配中国的军事力量，特别是支配他的舰队。"李泰国凭借战胜余威，恣肆跋扈，目无总理衙门，扬言要建立一个中英联合舰队。他擅作主张，先斩后奏，回国买好七艘火轮船，配齐军官、士兵和水手全套班子，指派皇家海军上校阿思本为舰队司令，乘风破浪驶向天津。这可惹怒了湘、淮头头们，面子上一时下不了台。曾国藩上书奕䜣，指责李泰国"意气凌厉，以轮船为奇货可居，视总理如堂下之厮役，

后膛钢炮

倚门之贱客"，认为水陆将士都将引为"奇耻大辱"。投降主义者还得顾些颜面，羞辱超过一定程度也会得脸红起来。英国自知理屈，答应把这个所谓"李泰国舰队"解散。

"扬武号"兵船（模型）

舰队削价拍卖给洋商作运输之用，唯独作为"水上修理厂"的一艘找不到主顾。此时李鸿章的军部设在上海，为组织洋枪队与外国军人搅在一块。英军99团有个军医马格里，仅凭些书本知识，依靠中国工匠的灵巧手艺，利用旧式车床搞出来了一些火药和子弹，据说在西塘战争中起到些作用。李鸿章很赏识，就批准马格里在松江城外一个庙宇里建立小小的兵工厂。马格里找几个英国炮手和工程师相帮，把"水上修理厂"的机器拆来布置好，然后

请李鸿章参观。据回忆者描写说："这位统帅到那时为止，除了看过乡下脚蹬的浇田用的挂链水车以外，恐怕还没有见过任何更复杂的机器。如果告诉他这是属于他所感到头痛的李泰国舰队的，劝他购下，那是毫无希望的。现在，这个对机器本来就很陌生的人，看到它忽然灵活地动了起来，发生的惊奇是戏剧性的，一切疑虑和踌躇都消失了。"

这位外行统帅看了极为满意，对马格里加意信任。兵工厂跟着战争发展，先迁苏州建成西洋炮局，再迁南京雨花台，称"金陵制造局"，在对捻作战中继续起到作用。这个军医后来被调到天津帮同建设海防，并回欧洲采购军火和机械。不幸的是，马格里给大沽炮台装备好的大炮很多成了哑巴。有一次试炮，68磅重炮弹自行爆炸，当场炸死多人。李鸿章把马格里从金陵叫到天津，让他亲自试验，仍是不灵。这才暴露了这个"利废专家"原来也是个外行。

李鸿章在上海、苏州设立炮局的同时，曾国藩在安庆设立军械所。同治四年李鸿章又在上海向洋人买下一个旧机器厂，建成江南制造局。曾国藩看得眼红，他大权在握，经丁日昌、容闳谋划，迅速向美国订购新式机器装备制造局，把管理权夺了

光绪年间生产的转轮炮

过去。可是不久，曾调往北方对捻作战，李鸿章接任两江总督，又把制造局收回了过来。从此，湘、淮矛盾从争夺战功延伸到抢办军事工业，福州船政局也是这一矛盾的产物。因淮系几乎独占了南方的军工业，湘系不能容忍，所以左宗棠出来急起直追。清廷需要平衡两大外藩的权力，很快批准了他的计划。当时《北华捷报》有这样的看法："这位清朝官吏被认为多少可以作为李鸿章的敌手，他曾经从北京方面受到恩惠，建立船政局，作为李鸿章控制下的江苏方面工业的对立物。"

有一段时期，湘淮双方虽未能合作，却也一度搞得像煞有介事，有的说：先把舶来品买来，经过演习，然后仿造，只要找到智巧的工匠，不消一两年，大型轮船就可在南北洋到处航行。有的说：开始时不得不延请外国技师工匠，过一阵就可以全由自己制造了。上马以后，江南局的恬吉轮下水，曾国藩吹嘘："皆与外洋所造者堪相匹敌……与购买外洋者无异。"福州局拼凑装成了几只小船，左宗棠也自夸说："其长（精良）亦差与西人埒。"沈葆桢满意地说：他经营船政局学习洋法，"步亦能步，趋亦能趋"。可是，日子一久，吹牛总要拆穿，管理上的腐败无能，产品质量的窳劣，全部暴露，舆论大哗。于是，湘、淮两系各据一方，相互掏起了臭粪坑。

李鸿章上奏吹嘘自己管辖下的制造局造船较多，费用较省，"以视闽局专任税务司法人日意格，津局专任领事官英人密妥士，将成尾大不掉之势，似稍胜之。"李鸿章讲这个话，忘掉了自己夹袋里的人物：英人马格里。不多久，大沽炮台试炮爆炸事件发生，金陵制造局被送到了被告席上，李鸿章只好停止自吹，请求处分，湘系方面的舆论也就对他不客气了。

朱彭寿奏报："此次派员将该局（指江南制造局）所造之械，整件零件逐细考

晚清·电话机

察，疵累甚多。以如此巨厂，岁糜经费一百四十万金，而各械无一完善者，殊为可惜。至于员司之冗滥，工作之宕延，各物物价之浮开，各厂用料之虚耗，种种积弊，又复不一而足。"这倒不能完全看做派系之争，有些指责是真实的，触到了官僚企业的要害处。

福州船政局怎么样？也不行。据英国海军军官寿尔参观后的记述说："目前船政大臣是一位能干的人。但是他的前任似乎缺少科学知识，因为他曾检阅教练舰扬武号，当人们把经纬仪给他看，告诉他这种仪器不用福州时间的时候，他悲哀地感到迷惘，任何解释都不能使他满意。琢磨了这种仪器一阵，他回到机关更觉得眩惑，认为人们把他当傻瓜糊弄。他还说：他以前所看到的船机关都有一个大轮子，而那里的轮船没有，必是那儿有毛病（按：在使用机械以前，大木船装上轮子鼓水前进，以提高速度）。

中法战争

中法战争概况

侵占越南并以越南为基地，打开一条通向中国的道路，建立一个所谓"法兰西东方帝国"，是近代历史上法国资产阶级政

府的一贯政策。1873 年，法国侵略者曾一度占领河内，并继续北犯，企图攻占北圻，受到越南军民的坚决抵抗。驻扎在中越边境上的广西天地会余部刘永福的黑旗军，应越南政府的邀请，驰援河内，在红河两岸屡创法军。12 月 21 日大败法军于河内西郊罗池，击毙法军将领安邺，歼敌数百。黑旗军正准备攻河内城时，接越南政府来书，封刘永福为三宣副提督，并要求刘永福撤围退兵。1874 年越南阮氏王朝同法国签订了第二次《西贡条约》，法国取得了很多特权，把整个越南置于自己控制之下。

1882 年，由李维业率领的法国侵略军攻占了红河一带越南领土，并沿红河北上。在大兵压境的关键时刻，刘永福陈兵怀德，和法军针锋相对，并应越南政府再次请求，率部三千攻打河内。1883 年 5 月 19 日，双方决战于河内城西纸桥，法军又一次大败，李维业和法军数百人被击毙。刘永福升为三宣提督。黑旗军的英勇抗法斗争粉碎了法军吞并北圻，打通红河，侵入中国云南的阴谋。这年 8 月，法国茹费理内阁终于迫使越南阮氏王朝签订了《顺化条约》，取得了对越南的"保护权"。

面对法国侵略造成的严重威胁，清政府内部在要不要援助越南抗法问题上发生严重分歧。以左宗棠、曾纪泽为代表的主战派，认为越南与中国有"唇亡齿寒"的关系，理应接受越南之请，进行援越抗法

西方传教士陵园

天津望海楼大教堂

斗争。以奕䜣、李鸿章为代表的主和派，认为"兵单饷匮"、"海防空虚"、"断不可轻于言战"，力保"和好大局"，主张"以剿办土匪为名"派驻军队，但不要"显露助战之迹，致启衅端"。以慈禧太后为首的最高统治者，对"战"、"和"举棋不定，一面向法国提出抗议，派军队进入越南北部的山西和北宁，一面派人和法国谈判，命令军队不得主动进攻。对黑旗军也是既给予一定的接济，又多方加以限制。

但法国侵略者却步步进逼，要清政府承认越南为法国的保护国；要清政府消灭黑旗军；要求给法国从越南任意进入中国云南通商等权利。当这些苛刻条件遭到拒绝后，法国侵略军便于 1883 年 12 月悍然向驻在越南山西的清军发动进攻，中法战争爆发了。

马尾海战

1883 年 12 月 11 日，法国侵略军 6000 人，分路进攻驻守越南山西的清军。守城

中国通史

最新整理图文珍藏版

清军因受"不准衅自我开"的命令束缚，坐失战机，处于被动局面。云南巡抚唐炯指挥无能，作战连遭失败。黑旗军与法军血战三天，毙敌数百，最后山西失陷。法军接着攻北宁，陷太原，于1884年3月逼近中越边界。

清军的暂时失败，使法国加紧向清政府进行诱和活动，也使清政府内的主和派活跃起来。清政府派李鸿章去天津与法国代表福禄诺谈判，1884年5月11日签订了《中法简明条约》。其主要内容是：清政府承认法国对越南的"保护权"；不干预法越之间签订的任何条约；同意在中越边境上开埠通商；中国将驻北圻的部队撤回边界。条约签订后，法军向驻谅山附近北黎的清军发动进攻，还杀死清军派去谈判的代表，清军愤而还击，打败了法军的进攻。第二天，法军又来进攻，再次被打败。法军以这次北黎冲突为借口，向清政府提出赔款二亿五千法郎，立即撤退北圻的清军，遭到清政府拒绝。

1884年7月14日，法国海军舰队在海军中将孤拔率领下侵入福建闽江口。8月4日，法海军少将利士比率军舰进犯台湾基隆，遭到负责台湾防务的刘铭传所率军队的坚决抵抗。

1884年8月23日，停泊马尾的法军向福建船政大臣何如璋和福建会办大臣张佩纶发出开战最后通牒。但何、张不向福建水师广大官兵透露消息，并派人去法舰要求改变开战日期，遭到拒绝。当天下午一时三刻，法舰开始向福建海军发炮。由于何如璋等人封锁消息，海军事前没有任何准备，仓猝应战，还没有来得及起锚，法军第一排炮弹就击沉军舰两艘，重伤四艘。在被动应战的情况下，福建海军的广大官兵英勇抵抗。福建海军旗舰"扬武"号，用尾炮击中法旗舰"伏尔他"号，这时，一艘法国鱼雷艇突然从旁边窜出，向"扬武"号发射鱼雷，"扬武"号被击中下沉。"振威"号在法舰开炮以后，立即砍断锚索，向法军发炮还击，冲出与敌舰奋战，遭到法舰围攻，在激战中负伤，但全体官兵仍坚持战斗，不停地发射炮火，重创法

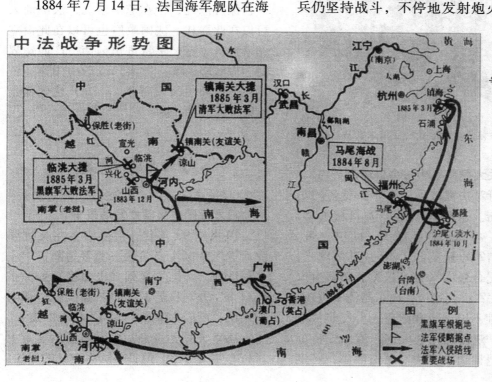

中法战争形势图

舰,直到最后在烟火弥漫中沉没。"福星"号在开战后立即向法国军舰冲击,对准敌旗舰"伏尔他"号猛击,打得"伏尔他"号团团转,其他法舰赶忙来救。"福星"号恶战群舰,毫无惧色,最后因火药仓中弹爆炸,全舰官兵壮烈牺牲。其余军舰如"飞云"号、"福胜"号,也都坚持奋战到最后。马尾海战的失败,是由于清政府的投降路线造成的。早在7月中旬,法国军舰驶入闽江口,进行军事刺探活动一个多月,可是"张佩纶狃于鸿章之议,谓和约旦夕成,戒士兵勿妄战,听法船入闽口,及法舰大集,何如璋仍亚谕各舰,不得妄动,及法人遽发炮,各舰熸焉。"8月24日法舰轰毁福州船政局。马尾海战的失败,第一次宣告洋务活动的破产。

清军在中法战争中缴获的法军军服和护腿

镇南关大捷和《中法会订越南条约》

清政府对法宣战后,下令在越南的军队主动出击。东路即广西军潘鼎新出动,越过谅山、谷松,屯扎船头、朗甲一带。西路即云南军岑毓英部于10月进抵宣光,与黑旗军配合包围了宣光法军。1885年2月,侵越法军得到增援,向东路清军进攻。潘鼎新战胜不追,战败则退,士气非常低落,谷松、观音桥相继失守。谅山守将苏元春弃城退回边境,法军尾追潘军,一度

占领镇南关(今友谊关),把战火烧到中国边境。宣光被围法军得到增援,岑毓英军被迫后撤。3月末,刘永福部黑旗军,在竹春、陶美等率领下的云南农民军以及越南人民义军的配合下,大败法军于临洮,乘胜克复十数州县,向越南内地挺进。越南之兴安、宁平、南定、兴北、太原各省义民,闻风响应。同时,帮办广西军务冯子材率领东路清军,在镇南关打垮了法军,打死打伤1000多人,打伤前敌指挥官尼格里。法军溃不成军,狼狈逃窜,清军乘胜收复谅山,向北宁挺进。史称"镇南关大捷"。镇南关大捷扭转了中法战争的局势,但是腐朽的清政府却没有把抗法战争继续下去的决心。主战派与主和派都主张"刻下若能和,中国极体面,稍让也合算"。于是,清政府下令撤军。

1885年6月9日,李鸿章与法国驻华公使巴德诺在天津签订《中法会订越南条约》,规定:(一)中国承认越南是法国的"保护国";(二)中国边界指定两处通商,一在保胜以北,一在谅山以北,法国商人可以在此居住,法国政府也可以在此设立领事馆;(三)法货进出云南、广西边界时,应减轻税率;(四)以后中国建造铁路时,应向法国人商办;(五)法国撤走基隆和澎湖的军队。

甲午中日战争

日本军国主义蓄意发动战争

19世纪90年代,世界资本主义列强先后进入帝国主义阶段。随着垄断资本主义的形成,帝国主义列强极力推行殖民扩张政策,分割世界的斗争日益尖锐。那时的中国,已成为帝国主义国家争夺的焦点。

1868年明治维新后的日本,迅速走上了资本主义道路。但日本资本主义的发展,

并没有消灭旧有的封建生产方式。在封建势力和大资产阶级相结合的基础上发展起来的日本帝国主义，对外具有极其疯狂的侵略性。明治维新开始后，日本政府就制订了旨在征服中国和世界的"大陆政策"：第一步侵占我国台湾；第二步征服朝鲜；第三步侵占我国东北（满蒙）；第四步征服全中国，最后达到独占亚洲和称霸全世界的目的。

总理海军事务三大臣像

早在 1874 年，日本就在美国的援助下，派侵略军 3000 多人侵入我国台湾。1879 年并吞了琉球国。1876 年，日本用武力强迫朝鲜订立不平等的《江华条约》，加速了朝鲜的半殖民地化。从 1885 年起，日本进行七年扩军计划。这个计划提前于 1892 年完成，建立了一支拥有 6 万名常备军和 23 万名预备军的新式陆军，还建立了

总理海军事务衙门关防

排水量为 7 万多吨的新式海军舰队。1890 年，日本资本主义发生了经济危机，工人大批失业，农业歉收，国内阶级矛盾十分尖锐。日本统治集团为摆脱困境，转移人民的斗争视线，更加迫不及待地想从对外扩张中寻找出路，加紧了发动侵华战争的准备。1893 年，日本成立战时大本营。与此同时，日本参谋部不断派遣间谍潜入中国，窃取政治、军事情报，秘密绘制了中国东北和渤海湾的详细地图。

1894 年 5 月，朝鲜爆发了东学党领导的农民起义，朝鲜国王要求清政府派兵协助镇压。日本认为这是发动侵略战争的机会，一面极力劝诱清政府出兵，表示"贵政府何不代戡乱？……我政府必无他意"。日本驻朝代理公使杉村浚亲自去见中国驻韩商务监督袁世凯，催促清政府出兵。一面在国内下达秘密动员令，作了出兵占领朝鲜的充分准备。清政府于 6 月 5 日派直隶提督叶志超、太原总兵聂士成率军 1500 人进入朝鲜牙山，并备文照会日本政府。事实上，早在 6 月 2 日清政府还未决定出兵之前，日本内阁就正式作出了出兵朝鲜的决定。6 月 5 日，日本驻朝公使大鸟圭介以保护使馆和侨民为名，率海军陆战队向朝鲜进发，于 10 日占据汉城。至 6 月底，日本驻朝军队已达 10000 人左右，兵力远在中国驻军之上。日军占领了从仁川到汉城一带的战略要地，并逐渐包围了驻守牙山的清军，中日战争一触即发。

清政府避战求和路线

战争迫在眉睫，中国军民呼吁坚决反对日本侵略，解救牙山被围清军。以年轻的光绪帝和他的老师翁同龢为首的一部分帝党官僚，既为国家的前途忧虑，又希望借机加强自己的权力和地位，与慈禧争衡，不断电谕李鸿章"预筹战备"。握有实权的后党官僚李鸿章，为保全北洋军的实力和北洋地盘，不肯轻易一试，主张"避战

自保"，乞求列强出面调停，幻想"联俄制日"，希望依靠英、俄等第三国的"调停"和"干涉"，迫使日本从朝鲜撤军。握有最高统治权的慈禧太后，既害怕日本的武力威胁，又忙于准备自己六十岁的"万寿"庆典，希望国无战事，图个"吉庆"，力保"和局"，大力支持李鸿章的求和主张，使其奔走俄、英公使之间。各列强为了各自的利益，先后与日本达成"谅解"，有的怂恿支持日本发动战争，"调停"希望破灭，战争已不可避免。

平壤海战和黄海之战

8月1日，中日两国互相宣战。可是，清政府并没有制定出一项作战的具体方针和策略，只是消极应战。由于李鸿章"志存和局，致诸将观望不前"。陆续增援的卫汝贵等四路清军，迟至8月上旬才进驻平壤。8月下旬叶志超部也到达平壤。各路清军共约2万人。叶志超被任命为各路清军的总指挥。他没有利用险要地形认真布防，保卫平壤，甚至连军纪也不能加以约束。卫汝贵所率的盛军，来到朝鲜后纪律极差，使朝鲜人民大失所望。清军2万人在平壤坐以待敌。8月14日，日本大本营组成以山县有朋为司令官的第一军，大举入侵。叶志超等人却没有主动出击迎战，

邓世昌殉难

邓世昌像

尽失战机。

9月15日晨，分四路包围平壤的日军发起总攻。左宝贵率部在城北山地与敌激战失利，遂入城坚守玄武门。这时，叶志超恐退路被切断，想弃城再逃。左宝贵立即派亲兵监视，反对逃跑，自己登城指挥，身负数伤后仍高呼杀敌。广大将士拼死奋战。左宝贵中炮牺牲，部将数名也阵亡。玄武门陷落。在此紧急关头，叶志超却一面让部将在城头竖起白旗，意求停战；一面下令各部迅速撤退。当晚，他率将士弃城逃跑。

平壤丢失后，叶志超率军仓皇渡鸭绿江，溃退国境。整个朝鲜半岛落入日本侵略者手中。接着，日军就把战火烧到中国境内。平壤战役后第二天，日本联合舰队又在鸭绿江口的大东沟海面袭击清朝北洋舰队，发动了黄海大战。9月17日上午，北洋舰队完成护送任务后，在提督丁汝昌率领下正准备向旅顺基地返航。日本联合舰队在司令官、海军中将伊东祐亨率领下，以美国旗伪装，驶向北洋舰队。中午时分，

日舰突然改挂日本旗，成一字队形鱼贯进袭。丁汝昌立即率舰迎敌。

济远号管带方伯谦临阵逃跑，且于慌乱中撞伤扬威号，致使扬威号被敌炮击沉。提督丁汝昌在开战时即负伤，仍忍痛督战；旗舰定远号官兵一面扑灭军舰中炮引起的烈火，一面操纵重炮轰击敌舰。致远号管带邓世昌沉着机智，果敢巧妙地指挥战斗。该舰被敌舰击中，舰体倾斜，全体官兵仍继续浴血奋战。不久，弹药用尽。这时，恰与日舰吉野号相遇。邓世昌下令全速直冲迎面而来的日舰吉野号，决心撞沉敌舰。不幸途中被鱼雷命中而沉没，官兵250多人壮烈殉难。经远号中炮起火，管带林永升和全舰官兵仍坚持战斗，直至牺牲。镇远号全体官兵在管带林泰曾率领下，奋力冲击，以重炮击中敌旗舰松岛号，致其弹药库起火爆炸，死伤100多人。来远号中炮起火后，仍配合左翼诸舰向日舰赤城号突进，4次击中该舰，毙其舰长以下多人。

双方激战到傍晚，以日舰首先撤离战场而结束。这场海战的结果，北洋舰队损失致远、经远、超勇、扬威、广甲五艘军舰，死伤管带以下千余官兵；日本舰队的松岛、赤城、吉野、比睿和西京丸受重伤，死伤舰长以下600余官兵。在这场经历五个多小时的海战中，邓世昌等广大爱国官兵，临危不惧，勇猛抗敌，表现了高度的

清军总兵左宝贵（回族）像

沉没的"威远号"舰名牌

爱国热忱，他们的事迹是可歌可泣的。但是，李鸿章却故意夸大损失，坚持避战，竟下令舰队余部都开进威海卫，不准出海作战。

北洋海军的覆灭

10月24日，陆、海两路日军同时向辽东进攻。陆路方面，由山县有朋指挥第一军渡过鸭绿江。当时，防守沿江的清军有4万人，但诸军自平壤溃退后多丧胆，闻警即逃。仅20多天，东边道几乎全境沦陷。接着，占据东边道的日军，分东、西两路直入辽东腹地，占据海城，直逼辽阳。

海路方面，以陆军大臣大山岩为司令的第二军分乘30多只船，在金州（今金县）东北的花园口登陆，直扑大连北面的重镇金州，南攻辽东半岛。11月初，金州

邓世昌像

告急，旅顺守将、正定镇总兵徐邦道率所部前往抗敌。大连守将赵怀业却忙于在大连湾督促兵勇搬运行李什物，准备逃跑。徐邦道率部孤军与敌鏖战两天，伤亡过重，率残部退回旅顺。7月，赵怀业毫不抵抗，日军兵不血刃地占据了大连这一重要港口。

21日，日军以大炮猛轰旅顺，分数路发起总攻，徐邦道孤军失利。22日，日军攻陷旅顺。

当旅顺危急时，北洋舰队广大爱国官兵要求全力赴援，李鸿章却下令舰队坐守威海卫，不准出击。1895年1月下旬，日军以舰艇从正面封锁威海卫港口，2万人在东南面的荣成湾登陆，从背面包抄。到2月2日，南北邦炮台相继沦陷，威海卫失守。

港内舰队已处于腹背受敌的绝境，丁汝昌仍积极组织反攻。驻守刘公岛的海陆军叶祖珪、杨用霖、张文宣等爱国将士，也临危不惧，竭力防守，与日军炮战十多天，击沉敌舰艇共7艘。在这十多天的战斗中，日军利用港口炮台猛轰困守港内的北洋舰队，从海面封锁港口的日舰，也不断发起攻击。定远、来远、威远、靖远诸舰先后沉没，鱼雷艇突围时全部被俘。牛昶炳等投降派将领，勾结洋员煽动兵勇、水手哗变，逼丁汝昌降敌。丁汝昌拒不投降，服毒殉职。12日，牛昶炳与洋员浩威等人托名丁汝昌，向敌人投降。日军占据了刘公岛，掠去11艘舰只及其他军械，北洋海军就这样全军覆没了。

《马关条约》的签订

1894年9月底，慈禧太后重新起用中法战争时被罢职的奕䜣为总理衙门大臣，寻求外国调停，对日求和。10月，奕䜣亲自出面，乞求英国联合美、俄、德等国进行调停。11月初，当日军侵入辽东后，清政府又转请美国驻京公使田贝出面调停，要求列强干涉。1895年1月，清政府派户部侍郎张荫桓、湖南巡抚邵友濂为全权大臣，赴日求和。这时，正值日军攻打威海卫，日本政府借口清政府求和代表"全权不足"，拒绝谈判。张、邵二人在广岛住了10天，一事无成，被迫回国。威海卫失守后，清政府任命李鸿章为头等全权大臣，赴日求和。3月14日，李鸿章带着伍廷芳、美国顾问科士达，以及儿子李经方前往日本。20日，李鸿章同日本首相伊藤博文、外务相陆奥宗光在马关春帆楼开始谈判。谈判过程中，日本方面态度极为蛮横，所提各项条款，只准李鸿章说"允，不允两句话而已"。并以战争再起和进攻北京相威胁，科士达也从旁催促李鸿章签字。4月17日，李鸿章终于被迫签订了使中国蒙受奇耻大辱的《马关条约》。5月2日，清政府批准《马关条约》。

中日《马关条约》

1894年8月1日，中日两国同时宣战，中日战争正式开始。9月下旬以后，随着清军的不断失利，清朝廷中的主和派便开始乞求外国调停，由于列强各国或认为时机未到，或态度冷漠，也由于日本确定的媾和条件太苛刻，同时清朝廷中的主战派还拥有一定实力，因此，主和派的几次乞求外国调停活动都未成功。转年2月，北

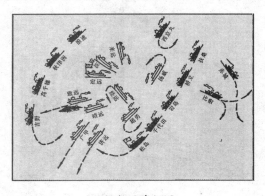

日舰包围清舰图

洋海军的全军覆灭，湘、淮等军在辽东战场相继失败，这使朝廷中的主战派大为泄气，一时间感到束手无策。2月18日，清政府通知日本，将按照日本的要求派出全权代表，准备接受包括割地在内的屈辱条件。几天后，清政府又进一步明确向日本宣布，任命李鸿章为头等全权大臣，日方提出的割地、赔款、订约等谈判内容，李均能全权处理。至此，日本同意议和。20日，李鸿章应召到京，他考虑到日本提出的条件，深感此次议和责任重大，于是就先同军机处商议。翁同和希望能做到不割地，而其余大臣则担心不割地就不能议和。李鸿章又先后同美英公使进行商量，但都不得要领。3月2日，恭亲王奕䜣向李鸿章传达光绪面谕，授予李以商让土地之权。同日，李鸿章上折陈述其对议和的看法，认为割地之事，古今中外皆有，"但能力图自强之计，原不嫌暂屈以求伸"，只是地有多寡要次之分，须力与争辩，谈判定有一番周折，朝廷必须密为筹备，防止日军直犯近畿等等。

3月14日，李鸿章率参议李经方，参赞马建忠、伍廷芳、罗丰禄、美国顾问科士达等随员一百多人，前往日本马关议和。20日，李鸿章与日本首相伊藤博文、外相陆奥宗光在马关春帆楼开始谈判，双方交换全权证书，李鸿章劝日本不要"寻仇不已"，要求先议停战协定。第二天，双方举行第二次谈判，商议停战之事。伊藤提出停战条件：日军占领大沽、天津、山海关，解除上述各地清军武装，日军管理天津至三海关铁路，清政府负担停战期内日本军费。在这种情况下，李鸿章被迫要求先不谈停战，只议议和条款。对此伊藤限定李鸿章于3日内答复停战要求。24日，李鸿章正式备文拒绝日本提出的停战条件，要求先谈议和条款。伊藤允许第二天提出议和条件。当李鸿章在返回寓所的途中，被一早已隐伏的日本浪人小山丰太郎用枪击中左颧、血流不止，顿时晕倒。小山是日本自由党方面的打手，他们认为议和时机未到，不占领北京是日本的耻辱，所以有意来破坏议和，以此扩大对华战争。李鸿章被刺后，伊藤、陆奥感到人心已变，不能再战，如果此时谈判破裂，对日极为不

中日谈判、签订《马关条约》

利，同时，也担心因此招致列强干涉。于是在28日，陆奥与李鸿章在病榻前议定无条件停战。30日，中日签订为期21天的停战条约，但范围不包括澎湖和台湾。但是，两天后日本首次公布议和条件，提出和约底稿，条件苛刻，并限4日内答复。

李鸿章为此进行了多次争辩。先后两次向日本送说帖。逐条请求减让。4月9日，李鸿章提出体面修正案，允割辽南、安东、宽甸、凤凰、岫岩四地与澎湖列岛，赔款一亿两，新订商约"以中国与泰西各国现行约章为本"。次日，李鸿章与伊藤举行第四次谈判，日本提出修改稿，将辽东割地由北纬41°以南缩至营口、海城、凤凰城、安平河以南，将赔款由3万万两减为2万万两，商埠由七处减为四处，声称此为尽头条款，中国只有答应或不答应而已，不能减少。同时又威吓：如果谈判破裂，中国全权大臣一旦离去此地，是否再能安然出入北京城门，亦不以保证。李鸿章急忙请旨应付。清廷闻讯后，答应割台湾一半，但是，一定要争回牛庄、营口。日方得到李鸿章的答复后，继续进行恫吓，并运兵至大连湾加以威胁。4月20日，清政府致电李鸿章：倘无可再商，即与订约。李鸿章连续发回三封电文，催促清政府照日方改款定约。14日，清廷批准李鸿章"遵前旨与之下约"。第二天，中日双方举行最后一次谈判，李鸿章与伊藤博文议定《中日马关新约》（即中日《马关条约》），共十一款，附有《另约》，《议订专条》。

《马关条约》主要内容是：（一）中国承认朝鲜完全独立自主。（二）割让辽东半岛、台湾全岛及所有附属各岛屿和澎湖列岛。（三）中国赔偿日本军费二万万两白银，分八次交完，三年之内全数清还。（四）开放沙市、重庆、苏州、杭州为商埠，"以中国与泰西各国现行约章为本，订立两国通商行船条约及陆路通商章程。新订约章未经实行之前，所有日本政府官吏、臣民及商业、工艺、行船船只，陆路通商等，与中国最为优待之国礼遇护视一律无异"。（五）允许日本在中国通商口岸设立工厂，任便从事各项工艺制造；产品远销中国内地时，只按进口货纳税，并准在内

伊东祐亨海军中将

地设栈寄存。条约还规定日本于条约批准后三个月内撤退，但为保证中国履行条款，日军暂时占领威海卫。在另约中又规定：第一，所有暂行驻守威海卫的日本军队驻守需费，"中国自本约批准互换之日起，每一周年届满，贴交四分之一——库平银五十万两"。第二，在威海卫，应将刘公岛及威海卫口湾沿岸40里以内地方，为日本国军队伍驻守之区。无论其为何处中国军队不宜逼近或驻扎，以杜生衅之端。第三，日本军队所驻地方，"治理之务仍归中国官员管理；但遇有日本国军队司令官为军队卫养安宁军纪及分布管理等事必须施行之处，一经出示颁行，则于中国官员亦当责守"。

4月22日，光绪皇帝看到李鸿章派专人送来的条约之本，鉴于割地一事太苛刻，曾拒绝批准，但他毫无实力，顶不住内外压力，延至5月2日，不得不批准《马关条约》。第二天任命伍廷芳、联芳为换约大臣。5月8日，伍廷芳、联芳与日本伊东美久治在烟台换约，《马关条约》开始生效。

反割让台湾斗争

甲午战争后，清政府于 1895 年（光绪二十一年）4 月 17 日与日本签订了《马关条约》，将台湾割让给日本。消息传出后，举国哗然，民众义愤填膺，进而掀起了一场声势浩大的反割让斗争浪潮。在京赶考的台湾举人上书督察院，强烈抗议清政府割让台湾，表示台湾人民"如其生为降虏，不如死为义民"，"台地军民必能舍生忘死"，为反抗日本侵占台湾奋战到底。台湾各界人士也以罢市、发表檄文、通电、上书等形式表示强烈抗议，表示要誓死守御，与山河共存亡。诸多民众拥到台湾巡抚衙门，抗议示威。台湾一带人民出发"桑梓之地，义与存亡"的誓言，每天都有数以千百计的群众参加抗日义军。

6 月 2 日，清政府与日本签订了交割台湾证书。实际上日军却早已于 5 月 29 日由近卫师团从冲绳中城湾出发，分两路进攻台湾。台湾巡抚唐景崧及大小官吏和当地一些地主豪绅，仓皇内渡逃命，使日军不战而胜，于 6 月 7 日入侵台北。

唐景崧逃跑后，台湾人民纷纷组织义军，共同推举当时驻防台湾的刘永福为首领，领导抗战。

6 月中旬，日军近卫师团由台北南犯，先后在新竹、台中、彰化、云林一带遭到台湾军民的激烈抵抗。当日军分三路进攻新竹时，刘永福派分统杨紫云为新竹守将，吴汤兴、姜绍祖率义军协同防御，与日军相持一个多月，多次打退日军进攻。在激战中，杨紫云苦战阵亡，姜绍祖力战不屈，最后壮烈牺牲，新竹沦陷。7 月下旬，徐骧和刘永福联合反攻新竹，在城外三里的十八尖山上激战终日，大小战役 20 余次，但因武器不良，只好退守大甲溪、台中、

台南官银票

彰化一带。8 月下旬，日军南犯大甲溪，徐骧和刘永福部将吴彭年同守大甲溪。吴彭年伏兵于大甲溪旁，突然出击，日军大败，溃退北渡，徐骧的伏兵又大呼横截，日军纷纷落水，死亡无数。激战数日后，因日军收买汉奸土匪袭击，日军才强取大甲溪。8 月底，日军进犯彰化，抗日军民奋勇抵抗，双方在彭化东门外八卦山展开激战，击败日军主力师，日军少将山根信成毙命。后日军收买汉奸，由小路抄袭义军。义军拼死抵抗，吴汤兴率 30 人冲向敌阵，中炮牺牲，吴彭年率 300 勇士死守八卦山，全部英勇战死。徐骧率众冲锋肉搏，突出重围，退往台南。台中、彰化失陷后，刘永福急派王德林率军守嘉义城，派杨泗洪率军反攻彰化，高山族人民纷纷起来抗战，派遣七百健儿参加徐骧的义军。义军虽多次反攻彰化，终因补充极度困难，无力克复。

10 月上旬，日军近卫师团在不断增援的情况下，倾巢出动海、陆、步、马、炮全力进攻，台湾军民英勇奋战，日军才用很大力气侵占了云林、大莆村。接着大举进犯嘉义。嘉义志士林昆岗号召人民武装起来和守军王德标部合力抗击日军。王德标在城外设地雷诱敌，一举杀死敌人七百

余。后来日军用大炮轰塌城墙，窜进城中，义军浴血巷战，逐街逐屋地争夺，杀伤日军无数，日军近卫师团团长中将北白川能久亲王也受重伤而毙命。日军死伤甚重，气急败坏，疯狂进攻。而台湾军民死命苦战，林昆岗发誓说："如果天命绝我台湾，今天一战当先把我打死！"闻者奋战。此时军民已饥困寡不敌众，林昆岗英勇战死，嘉义城破，王德标奋战阵亡。日军用了重大代价夺取了嘉义，接着包围台南。

手握原始武器的高山族抗日义士

刘永福黑旗军和徐骧等路义军在嘉义失陷后仍坚持抗战。日军第二师团在台湾南部枋寮和台南以北的布袋口登陆，配合近卫师团夹攻台南。布袋口登陆日军与义军大战于曾文溪，徐骧率义军和高山族勇士死守曾文溪，战至枪弹断绝，仍持短刀迎击敌人。徐骧持刀督战，大呼"此地失守，台湾就完了，我是不愿偷生还大陆的。"于是与从者50余人皆战死。10月中旬，日军夹攻台南府城，刘永福率军驻守安平炮台，城中绝食，守军溃散。19日刘永福兵败返回大陆。21日台南沦陷。

台湾人民经过五个多月的激烈战斗，抗击了日本三个近代化师团和一支海军舰队，打死打伤日军3万2千多人。台湾军民为保卫祖国的神圣领土，写下了悲壮的一页。在此后日本统治台湾的五十年时间里，台湾各族人民一直坚持反抗侵略，要求返回祖国的斗争从未止息。

台中保卫战

从8月初到9月下旬，台湾义军的抗日斗争进入了更加艰苦的阶段——保卫台中。这一时期的主要战斗有：尖笔山、苗栗、大甲溪、八卦山、彰化等地的争夺战。

1. 尖笔山之战

日军南犯台中，行动的第一步就是要夺取尖笔山。尖笔山位于苗栗镇以北，是义军防线的前哨据点。集结在这一地区的义军有吴汤兴、徐骧、李惟义、杨载云、陈澄波等部7000余人。当时日军在前线的兵力约1万余人，并有海军配合作战。

8月7日，日军出动两个支队，扫荡活动在新竹和尖笔山之间的义军，在水仙岭与陈澄波所部义军遭遇，经过激战，义军败退。次日黎明，日军分左右两翼，向尖笔山前的枕头山和鸡卵面义军阵地发动进攻。吴汤兴、徐骧所部义军，奋勇抗击，又败退。9日，日军以三个联队的兵力在军舰配合下，向尖笔山和头份庄发起攻击。日军一个联队在凌晨5时进攻头份庄，杨载云率部抵御，大挫敌军，日军正面进攻不能得逞，便抄袭杨部后路，切断杨载云部与其他义军的联系。杨载云部孤军作战，不稍退避。最后，这支新楚军将士大部战死，杨载云也中弹牺牲。

向尖笔山进攻的日军另两个联队，在军舰协同下，以猛烈炮火轰击义军，坚守尖笔山的徐骧部，巧妙地利用地形，抄袭日军，给进攻之敌以较大杀伤。终因力量悬殊，义军被迫转移，尖笔山又陷敌手。

日军于8月13日进攻苗栗。守军吴彭年部不畏强敌，与日军一个联队展开激战，损失较重，被迫撤退，14日，苗栗沦陷。

2. 大甲溪伏击战

大甲溪为台湾一条大河，成东西向奔泻于苗栗、台中、彰化间。河两边竹林丛生，山谷险峻，是一道天然屏障。徐骧退守大甲溪后，与吴彭年计议，决定在这里伏击日军。

22日，日军两个中队南犯大甲溪，埋伏于南岸的吴彭年部，乘日军刚过溪岸不备，发起猛攻，日军猝不及防，急忙回渡。待日军回渡到中流时，伏于北岸竹林中的徐骧率众杀出，给日军以重创，日军大败溃退。

次日，日军集中主力，再度进犯。当时，吴彭年已率部回守彰化，大甲溪一带由黑旗军管带袁锦清与徐骧部民团，共同防守。袁锦清与徐骧谋划，分兵包抄日军，由新楚军统领李惟义为后援。日军收买土匪，伪装义军，由后面袭击新楚军，李惟义部溃逃。在前方作战的义军闻讯被迫后退，袁锦清率兵5000余人断后，扼守大甲溪阻击日军，敌军迫近时，袁锦清率队出击，全队壮烈牺牲。徐骧率民团与敌死战，冲出重围，退往彰化，日军渡过大甲溪。

日军越溪后，以全力扑犯台中。义军统领陈尚志等部千余人，与日军激战一昼夜，台中又陷入敌手。

3. 争夺八卦山

日军占领台中，进攻彰化。义军在彰化城东八卦山与敌人展开激战，这是台湾人民抗日斗争史上最激烈的一次战斗。

八卦山位于彰化城东一公里处，是彰化城的制高点和天然屏障，形势险要。当

湖北兵工厂厂址

时防守彰化的部队，除了从各战场聚集来的各路义军外，还有许多地方武装，共约3600余人。在日军进攻前，义军的防御部署：王德标、刘得胜各率部守中寮庄；徐骧、吴汤兴、汤人贵、罗树勋等率部守八卦山；李惟义守彰化城。

8月27日，日军近卫师团主力分三路向义军进犯。右路两个大队由陆军少将川村率领；左路两个联队由陆军少将山根率领；中路三个大队由北白川宫能久亲王率领。战斗发起后，守卫八卦山的义军奋勇抵抗，激战一天，日军不得进。入夜，日军左路从大竹庄附近山谷僻径，悄悄爬上八卦山，匍匐到山顶。28日晨，当义军发现时，敌军已布满山谷，并接近八卦山东侧高地。义军汤人贵、李士炳、沈福山等立即率部扑向这股日军，与敌人展开了白刃格斗。八卦山上炮火连天，硝烟弥漫，杀声震野，双方为争夺八卦山阵地展开了殊死战斗。义军首领吴汤兴、汤人贵、李士炳、沈福山等壮烈殉国。只有徐骧率部杀出重围，退往台南。

徐骧率部且战且退，突出重围时，吴彭年正率部在大肚溪南岸同日军右翼队激战，遥望八卦山危急，急忙率众回救八卦山。吴彭年身先士卒，率义军奋勇登上山头，与日军白刃相搏，大创日军。吴彭年壮烈牺牲，义军大部战死，八卦山失守。

日军占领八卦山，居高临下，向彰化城实施炮击。城内秩序大乱，日军乘势进攻。城内老弱妇幼奔出西门避难，正与敌军相遇，尽被杀戮。日军入城后，义军与敌人巷战半日，守将李仕高、沈仲安、杨春发战死，义军全部殉难，彰化陷敌。

就在彰化失守的当天，日军乘义军败退之机，迅速抢占了鹿港。此后，日本近卫师团按照桦山资纪的命令，除向台南方向进行搜索、警戒外，暂停向南进军，避免孤军深入，遭受损失。

4. 反攻彰化

彰化失守，嘉义吃紧，台南震动。刘永福"亲赴嘉义前敌诸营，指授兵机。"命令王德标率七星队坚守嘉义，令副将杨泗洪率军五营奔赴前敌，发动当地民众，组织武装，抗日自卫。同时派人联络附近的简精华、黄荣邦、林义成等义军，共同抗敌。

8月30日夜，杨泗洪率部进攻大莆林，简精华、林义成等率义民数千人助战。当时，日军占领大莆林，散居民家，警戒疏忽，给义军以可乘之机。杨泗洪率百余人连夜摸至敌营附近，四处纵火，向敌人发起突然袭击。经过一场激战，日军大溃，仓皇逃窜，义军乘胜追击。退路中的一座桥梁被义军拆毁，日军走投无路，只好拼死抵抗，激战持续到深夜。正当日军筋疲力尽之时，义军黄荣邦、林义成等又率众从敌后抄袭过来，前后夹击，日军四散奔逃，义军一举收复大莆林。这场战斗义军歼敌数百，战果显著。副将杨泗洪和管带朱乃昌，在战斗中不幸中炮身亡。

杨泗洪，早年参加抗法斗争，屡立战功，后被台湾巡抚刘铭传聘任到台湾负责教练军队，以副将署台南镇总兵。日军入侵台湾时，杨任刘永福黑旗军协统。在战斗中，他身先士卒，冲杀在前，被誉为"黑虎将军"，最后，为保卫台湾献出了宝贵的生命。

杨泗洪牺牲后，刘永福令萧三发统率其众，令简精华、简成功父子统领民团，令黄荣邦率义民两千五百人、林义成率义民3000人，随简精华大队前进，准备收复失地。

9月1日，王德标率七星营与简精华等义军，合攻云林县城，日军弃城溃逃。王德标会合义军追击，将日军冲为两股：一股窜入山林，被林义成部切断退路，予以全歼；另一股逃回彰化。2日，义军又乘胜收复苗栗，日军也退入彰化。黑旗军和义军反攻云林等地获胜，极大地鼓舞了台湾军民的抗战热情，参军者日众，义军队伍发展很快，准备乘胜收复彰化。

4日，萧三发督率各军包围彰化城。彰化地势险要，日军拼死抵抗，炮火猛烈，义军几次攻击均未得手。只好在彰化城外，择地屯驻，包围封锁。彰化日军连遭打击，士气消沉，无力反击，只有等待增援部队的到来。在包围彰化城期间，义军组织了多次围攻，紧缩了对彰化的包围，打得日军龟缩城内，胆战心惊。台中附近居民也纷纷组织"联庄"，协同抗敌。一时之间，台中抗日形势甚好。

但是，黑旗军、义军经过长时间战斗，人力、物力消耗太大，又得不到外援，弹药将尽。而日本大本营为支援近卫师团，已从辽东半岛抽调了第二师团以及国内的后备部队、要塞炮兵及宪兵队等共2万多人，于11日到达台北。在这种严重形势下，义军决定攻城，希望夺回彰化，以扭转战局。

23日，各路义军向彰化发动总攻。日军负隅顽抗，终不能克。24日，黄荣邦率部猛攻炮台，不幸中弹牺牲。25日，林义成率部再战，亦受重伤。其后，日军大队反攻，萧三发指挥部队力战，受重创。徐骧、简精化率义民往援，由于损失惨重，弹药告竭，实力大减，已无力再攻彰化。从此，义军只得采取守势。

台南之战

日军得彰化，大规模南进，谋取台南。日军在海上集结兵力，配合陆军进攻，水陆并进，夹击台南。

1. 日军南犯

9月16日，日军在台北东瀛书院成立了南进军司令部，统一筹划进攻台南事宜。日军南进军的总兵力约4万人，其作战部署是：以北白川宫能久亲王率近卫师团主力约1万5千人，从彰化南下，经嘉义，由陆路直扑台南。由辽东半岛调来的第二师团主力约2万5千余人，在师团长乃木中将的率领下，由海路进攻台南。第二师团主力兵分两路：其第四混成旅团主力约1万3千余人，在旅团长伏见率领下，于嘉义西部布袋嘴港登陆，沿海边直扑台南前侧；其第三旅团主力约1万3千人，由山口少将率领，在枋寮登陆，经凤山（今高雄县）向台南后背进击。海军配合陆军攻击安平、打狗等要港。

喀什艾提尕尔清真寺

10月1日，日军近卫师团攻击萧三发的队伍。萧三发率众力战，身负重伤。徐骧和简精华率义军鼎力相助，相持数日，最后义军弹尽粮绝，被迫后退。日军遂兵分三路南进。

5日，王德标所部义军在西螺溪、中浮州等处迎击日军，接战不久，即经尧平退至斗六镇。6日晨，日军进犯西螺镇，义军廖三聘在镇内坚持抵抗，与日军展开巷战。日军纵火围攻，义军败退，西螺镇失陷。7日，日军相继占领斗南镇、土库庄，并向斗六镇发起攻击。义军兵单，主动撤退，斗六镇也于当日失陷，义军各部撤至大莆林。8日，日军乘胜攻击大莆林。义军分路御敌，日军付出了很大代价，近卫师团第二旅团长山根少将身负重伤，不久死去。义军力量单薄，日军再次攻陷大

莆林，直指嘉义。

2. 嘉义地雷战

8日，日军兵临嘉义城下。早在日军到来之前，守将王德标与徐骧、林义成等商议，日军来势凶猛，无法硬拼，决定巧设地雷阵，以消耗敌人有生力量。他们事先在城外义军营地中埋设众多地雷，并进行伪装。布置停当，义军撤入城内，徐骧、林义成率部分义军埋伏营地两侧。当晚日率到来之时，义军放了一阵枪，佯装败退入城。日军以为义军退走，即占据义军营地宿营。半夜，王德标派人潜至营地，点燃地雷药线，各处地雷连续爆炸，炸死炸伤日军七百余人，能久亲王身受重伤，不久也死去，义军大胜。

9日，被激怒的日军集中炮火猛轰嘉义城，集中兵力向嘉义城发动总攻。徐骧登上城楼，持刀指挥作战。总兵柏正才、守备王德标以及义民领袖简精华父子均率部力战，双方伤亡惨重。义军首领柏正才、刘步升、杨文豹等人壮烈牺牲。午后，日军破西门，涌入城内。城内义军一面奋力抗击，一面夺路冲杀，冒着猛烈的炮火冲出重围，退至城外。嘉义县城失守，王德标和徐骧等退守曾文溪。

3. 保卫台南

正当嘉义保卫战激烈进行时，日本南进军司令官高岛鞆之助由基隆到达澎湖，部署近卫师团和第二师团水陆合攻台南。

10月10日，近卫师团由嘉义向台南进犯，第四旅团在布袋嘴登陆。11日，第三旅团在枋寮登陆，海军同时出动六艘军舰进攻打狗港。

在日军的三面围攻之下，形势对义军越发不利。义军经过4个多月的浴血奋战，伤亡严重，饷弹缺乏，孤军奋战，反割台斗争已处于十分危急时刻。这时，曾严拒日军诱降的刘永福，也感到大势已去，开始动摇，通过英国驻台领事欧思讷向日军

光绪帝像

求和。日军认为胜利在握，拒绝了刘永福的要求。但是，广大爱国军民决心抗战到底，誓死不向侵略者低头。10月11日，日军近卫师团前锋抵近盐水港附近村落时，遭到义军袭击，伤亡十余人。18日，义军4000余人在李翊安指挥下，与日军第四混成旅团的一个联队，在王爷头附近展开激战。义军以村落、民房和大堤为掩护，坚守阵地毫不退让。许多义军士兵，英勇战死在阵地前沿，就连日军也不得不称赞这些士兵，"其勇敢真值得赏叹，可称为中日战争以来未曾有的勇兵！"

15日，2000多名日军在吉野、秋津洲等六舰掩护下，占领打狗港，立即进犯台南，沿途不断遭到义军的伏击。16日，日军一个骑兵队行至二层溪时，遭到义士郑清部700余人的袭击，被击毙骑兵十余人。20日，由布袋嘴登陆的日军一个联队，渡曾文溪犯东势寮庄。徐骧等率义军及高山族同胞700余人，在溪尾庄附近迎敌。这里距台南府城仅20公里，是府城外围的要地。日军集结大量兵力，义军与敌人展开了最后决战。日军依仗其精良装备和优势兵力，马步并进，义军官兵凭着爱国热情

和民族义愤，毫不畏惧，在激烈的炮火中奋勇冲杀，终因力量悬殊而失败。徐骧中弹身亡，王德标、简精华下落不明。

徐骧，苗栗县庠生。甲午战前执教于头份庄。日军入侵台北，徐骧组织义军杀敌报国。先后驰骋在台北、台中、台南各战场。几乎每次重大战斗都有徐骧率领的义军参加，他在反对割让台湾的斗争中，立下不朽功勋，至今犹为人们所怀念。

当义军在曾文溪与日军决战之前，另外两路日军已进逼台南城下。刘永福部柯壬贵率部坚守，与敌血战。18日，刘永福集众会议，商战守计，未得结果。19日，日军大举进攻安平炮台，守军顽强抗击，毙伤敌数十人。入夜，日军攻城益急。刘永福违背自己的誓言，抛下正在与日军殊死搏斗的抗日军民，与随从十人，从安平乘英国商轮多利士号逃回厦门。

刘永福去后，台南城抗日武装失去指挥，顿时大乱。21日，日军攻入台南城。11月，日军占领台湾所有重要城镇，但

同治帝孝哲毅皇后朝服像

是，台湾人民，继续坚持游击战争达七年之久。

台湾军民抗击日寇入侵的作战，是甲午战争的继续。边场斗争虽然失败了，但其影响是深远的，意义是重大的。在整个抗战过程中，台湾人民空前广泛地动员起来，踊跃地参加抗日斗争，用鲜血写下了许多可歌可泣的英勇事迹。他们虽然缺少武器，没有外援。但有着宁死不屈的决心，充分利用有利条件，巧妙地打击敌人，将入侵台湾的两个师团日军"困于有全台皆兵之势的猛烈的游击活动和疟疾之中。在四个多月的战斗中，日军付出了近卫师团长北白川宫能久亲王以下4800名死亡和2万7千名负伤的巨大代价，比日军在甲午战争中死伤的人数多了将近一倍。台湾军民用自己浴血奋战的事实，向全世界表明：台湾人民不可欺，中华民族不可侮。

清政府大举借外债

甲午战争后，到1911年间，清政府大举借外债。

咸丰三年（1853），清苏淞太道吴健彰为镇压上海县城的起义军，向上海外商借款，是为中国第一笔外债。19世纪70年代起，清政府通过外国银行在国外发行债券募款，以关税作担保。至1893年共借外债45笔，债款累计折合银元6426万元，其中92%的债权属于英国。

中日甲午战争后，清政府无力偿还巨额的对日赔款，帝国主义列强乘虚而入，竞相贷放巨款。先后有俄法借款、英德借款、英德续借款，合计4782万英镑。这些借款95%由债权国在国外直接转付给日本，中国分文未得。1900年八国联军迫使清政府签订《辛丑条约》，其中赔款一项

达白银9.8亿余两，即著名的"庚子赔款"，亦由列强贷款赔付。1910年，列强在争夺中国路矿利权过程中，各国财团联合组成国际银行团，共同垄断国际市场上中国债券的发行。从1894年至1911年，清政府共举借外债110笔。累计债额折合银元16.72亿元，中国实收仅9.17亿元，其他全被债权国以折扣形式侵吞，有的实交仅83%。所借债额，75.3%属政治、军需和财政借款，其他用于铁路和实业借款。债权国中，英国占29.8%，德国与奥地利占21.7%，法国比利时占18.94%，俄国占15.5%。

朱红灯起义

朱红灯，原名朱逢明，山东泗水人，游民出身。光绪二十四年（1898），朱红灯到长清县（今山东齐河）学习"神拳"，曾率领拳众攻毁徐家楼教堂。后因地主民团压迫，他率众退到茌平、平原一带活动。心诚和尚，原名杨照顺，亦称杨天顺，早年出家为僧，又称本明和尚，山东高唐后杨庄人。他一向学习拳棒，在山东禹城丁家寺设厂练拳，是当地义和拳的主要首领。

当时，义和拳组织冠县18村庄乡民焚毁教堂，又在日照县反对传教，殴伤德国教士，接着又在莒州、沂州、兰山、泗水等处不断掀起反洋教、反侵略斗争。第二年，德国侵略军公然占领兰山、日照、即墨、沂州等地，镇压中国人民的爱国运动。清政府竟派兵与德国侵略军一同镇压，从而激起了以朱红灯和心诚和尚为首的义和拳起义。

光绪二十五年（1899），朱红灯定计集中力量，歼敌中路，以3倍于敌的团民，在九月十四日，于森罗殿挫败清军。清军为义和团的声势所震慑，狼狈逃窜。山东巡抚毓

贤感到难以武力剿灭义和团，更坚定了招抚的想法。清政府也采纳了毓贤的意见。

义和团在森罗殿之役后发展更为迅速，引起了在山东传教的外国传教士的极度恐慌。他们推请各国领事、公使出面，要求清政府将毓贤革职，永不提用。面对来自外国侵华势力的压力，毓贤加强了对义和团的镇压。十一月，朱红灯、心诚和尚这两位声威卓著的义和团首领在济南英勇就义。

义和团运动广泛兴起

义和拳来源于白莲教和秘密结社。这些教社，最初都是以"反清复明"为宗旨的。甲午战争后，随着外国资本主义列强

义和团团民

对中国侵略控制的加强，反清的号召逐渐让位于反侵略的号召。

光绪二十四年（1898）秋后，山东巡抚张汝梅主张持平解决民教纠纷，并对义和拳组织采取以抚为主的政策后，冠县的义和拳首领赵三多首先打出了"助清灭洋"的旗号。

光绪二十五年（1899），山东清平县义和拳改称义和团。同年夏季，清政府转变了对义和拳一味绞杀的政策，改行抚剿兼施的策略。毓贤接任山东巡抚后，奏请朝廷承认义和拳为合法民间团练，正式改义和拳为义和团。此后，义和拳争得了合法地位，各地义和拳陆续改称义和团。

毓贤对义和团的招抚政策，使山东义和团迅速扩展，团众四处攻打教堂，驱逐教士，与助教士为虐的地方官府作对。光绪二十五年九月，朱红灯在平原县杠子李庄，首先树起"兴清灭洋"的大旗。此后，"顺清灭洋"、"保清灭洋"、"扶清灭洋"等口号都陆续出现，后来大都统一为"扶清灭洋"。同时，日趋高涨的义和团运动也波及直隶、天津。

各国公使因各地教堂遭受沉重打击，多次照会清政府，施加种种压力。清政府畏于列强的一再逼迫，不久后改派袁世凯为山东巡抚，开始了对山东义和团的血腥镇压。

百日维新

维新变法的纲领——《应诏统筹全局折》

甲午战争期间和战后，清朝统治阶级内部帝、后两党的斗争已很激烈。以那拉氏为首，包括奕䜣、刚毅、荣禄、徐桐在内的贵族官僚结成后党，洋务派李鸿章等人是后党的依附者。年轻的光绪皇帝发愤图强："从中日战争的苦痛经验中他得到了教训，注意到日本的进步，因此引起了取法于日本的决心"。翁同龢等开明官僚不满意那拉氏对光绪的控制，企图与维新派联合，在反对后党斗争中为光绪皇帝争得领导变法的实权地位。这样，力量薄弱的帝党，由于翁同龢等人的推荐，逐渐与维新

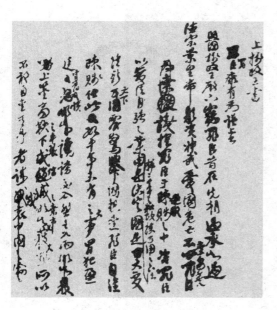

康有为·上摄政王书

派康有为等人接近起来。

1897年11月，德国强占胶州湾，引起全国人民的极大震动和愤慨。康有为鉴于情势危急，心怀"胶东之耻"写了《上清帝第五书》。他说："割台之后……事变之来，日迫一日！""恐自尔之后，皇上与诸臣虽欲苟安旦夕，歌舞湖山而不可得矣，且恐皇上与诸臣求为长安布衣而不可得

康有为像

矣。"他提出即应采择的三策："第一策曰采法俄日以定国是，愿皇上以俄国大彼得之心为心法，以日本明治之政为政法而已。……其第二策曰大集群才而谋变政。……其第三策曰听任疆臣各自变法。凡此三策，能行其上，则可以强；能行其中，则犹可以弱；仅行其下，则不至于尽亡。"表示"不能为亡国之君"的光绪帝，看到这个奏折，很受触动，赞赏康有为的胆识，准备召见，询谋变法。

反对变法的奕䜣坚决阻止召见，借口康有为非四品以上官员，按成例不许召对。光绪帝无可奈何，只能委托总理衙门王大臣传问康有为。1898年1月24日（光绪二十四年正月初三）在总署由李鸿章、翁同龢、荣禄、刑部尚书廖寿恒、户部左侍郎张荫桓等五人代载湉召见康有为，"问变法之宜"。康有为当场批驳了荣禄口口不离"祖宗"的守旧谬论，并表示愿将《日本变政考》、《俄罗斯彼得变政记》二书进呈皇帝。第二天，翁同龢把康有为口述转呈光绪帝，1月29日，康有为遵旨递上《应诏统筹全局折》（上清帝第六书）。这次上书系统完整地表达出康有为领导变法的政治纲领，其中主要驳论显然是对顽固派而发的。上书说："观大地诸国，皆以变法而强，守旧而亡。……夫国之有是，犹船之有舵，方之有针，所以决一国之趋向，而定天下之从违者也。……今朝廷非不稍变法矣，然皇上行之，而大臣挠之，才士言之。而旧僚攻之，不以为用夷变夏，则以为变乱祖制，谣谤并起，水火相攻。"上书建议："取鉴于日本之维新……一曰大誓群臣以定国是；二曰立对策所以征贤才；三曰开制度局而定宪法。"他认为中央的军机、部寺、总署、御史等行政耳目机构，"率皆守旧之官，"无法承担推行新政任务，应由"总其纲"的制度局（下建十二支局），通盘筹划新政，每道设民政局、每

县设民政分局，妙选通才，督办其事。这种主张，虽然带有很大妥协特色，但是，已经涉及对传统封建政权体制的重要改革，制度局略仿西方资产阶级国家的内阁职责，而皇帝则变成国家元首了。

稍后，康有为在2月又呈递《日本明治变政考》、《俄罗斯彼得变政记》，并附上英国传教士李提摩太所著《泰西新史揽要》等书，同时写了《上清帝第七书》。这次上书主要内容建议皇帝以彼得大帝为楷模，出国考察，借鉴外国，以君权变法，接近人民。他说：隋炀帝"畏闻盗贼"；明万历帝"久不视朝"，提供着反面的"倾国"教训。当然，康有为是依据需要而美化彼得大帝，把历史看成帝王将相创造的，这也恰恰暴露了他的唯心主义历史观。

戊戌保国会

在反对德国强占胶州湾的抗议声中，1898年1月康有为联络广东旅京人士组成粤学会。接着，自称"南海先生弟子"的内阁中书林旭主持成立闽学会，御史杨深秀、御史宋伯鲁、总署章京李岳瑞等主持成立陕西、山西联合的关学会，久居京师、熟悉朝局的内阁侍读学士杨锐在旅京四川会馆成立蜀学会，这些分散的地域性的爱国救亡组织的出现，表明维新运动的高涨。这时，在上海就医的梁启超和康有为的弟弟康有溥也赶到北京，协助做联络宣传工作。

1898年春，时局动荡，各省参加会试的举人来到北京。康有为、梁启超受爱国知识分子的推动，四月发起成立"保国会"。参加这个组织的有维新人士和爱国官僚200多人，从公布的《保国会章程》来看，它的活动宗旨是"保国"、"保种"、"保教"。"保国、保种"是指保卫国家和民族生存，"保教"是指保卫托古改制的孔教不失，这个爱国政团的改良性质是异

谭嗣同像

常鲜明的。4月12日保国会正式成立，并在广东会馆召开第一次大会。康有为声气激昂的救亡演讲，轰动京城内外："吾中国四万万人，无贵无贱，当今日在覆屋之下，漏舟之中，薪火之上，如笼中之鸟，釜底之鱼，牢中之囚！"天津《国闻报》、澳门《知新报》转载康有为的演讲稿，迅速扩大了保国会的社会影响。保国会倡议各省、各府、各县设立分会，响应这个号召，北京出现了保滇会、保浙会、保川会等改良救亡小团体。假如说过去强学会成立，促使报刊宣传有很大发展的话，那么保国会出现，则给后来的百日维新作了直接准备。

4月21日，保国会第二次集会于崧云草堂，梁启超发表演说，呼吁"合群策"、"合群智"、"合群力"，以推动变法救亡。接着，又在贵州会馆集会。每次到会者常在二百人以上，康有为住所宾客盈门，"应接不暇"。

戊戌保国会的活动，引起守旧势力的仇恨。京城谣言四起，荣禄对别人说："康有为立保国会……僭越妄为，非杀不可。你们如有相识入会者，令其小心首领可也。"他们鼓动守旧派御史黄桂钧写了

《禁止莠言折》诋毁保国会纠合力量，使"民主民权之说日益猖獗"，将造成"会匪闻风而起"的形势。军机大臣刚毅准备查究入会的人，光绪帝阻止说："会能保国，岂不大善，何可查究耶？"

这是百日维新前新旧势力另一次激烈冲突，它比起强学会成立后的斗争，更具有复杂和公开化的特点。

百日维新

1898年5月29日军机大臣奕訢死去。那拉氏失去了一个重要的轮摆，康有为感到变法的一个阻力拔除了，立即写信给翁同龢催促他影响光绪帝当机变法。同时，康有为又以翰林院侍读学士徐致靖名义上书光绪帝，请求"明定国是"。这时，仔细看过《日本变政考》的光绪帝，向庆亲王奕劻表示："我不能为亡国之君，如不与我权，我宁逊位"。形势演变，维新运动高涨，促使光绪皇帝逐渐成为"欲救中国"的主要赞助者。

6月11日，光绪帝颁布新的变法方针，是通过"明定国是"上谕表现出来的。诏

《仁学》书影

书里指责了顽固派，并着重说明举办京师大学堂是改革的第一项步骤，它明显地透露出这场改革的温和性质。从这天起，到9月21日止，历时103天，光绪帝公布了几十道新政诏书，历史上称为百日维新。

这个暂短时期的改革主要有：

（一）废除八股文，作为国家考试的科举改试策论；取消各地旧式书院，改设中、小学堂；7月3日正式创京师大学堂（北京大学前身）；设立译书局，翻译外国新书；允许建立报馆、学会；奖励新发明和科学发现。

（二）裁撤闲散的詹事府、通政司、光禄寺、鸿胪寺、太仆寺、大理寺等衙门，裁撤"督抚同城"的湖北、广东、云南三省巡抚；裁减毫无战斗力的绿营兵，精练陆军；各省军队包括八旗兵一律改习洋枪，用新法练军；广开言路，允许各级官吏士绅上书皇帝。

（三）北京设立农工商总局、铁路矿务总局，各省设立商务局，推动工商、路矿事业的发展；提倡民办新式企业，允许组织商会；改革财政、整顿厘金，编制国家预算、决算，等等。

这些改革措施，虽然具有很大局限性，但是对先进的资本主义经济发展和文化传播，起了积极的促进作用。值得注意的是，这些改革虽然没有改变封建土地所有制，但是伴随改革的深入，8月后，准备开设制度局，审官定职，部分改革上层建筑机构。

百日维新是在和守旧势力激烈斗争中进行的。宣布变法后4天即6月15日，那拉氏根据刚毅荣禄的主意，强迫光绪帝撤去帝党耳目翁同龢军机大臣职务，说他"狂妄任性"，勒令回籍。同一天，那拉氏在颐和园召见荣禄，"密语甚久"后，派署直督，不久，实授直隶总督兼北洋通商大臣，目的是通过他掌握北洋三军，以控

制华北地区的军政大权。后来，梁启超认识到这是"西后荣禄，预布网罗"，伺机发动政变。7月11日，那拉氏又任命裕禄在军机大臣上行走。原来自徐用仪、孙毓汶两人被逐出军机处后，帝党在军机处一时竟占上风。百日维新时期，那拉氏的死党领班军机大臣礼亲王世铎因病休假，刚毅势力孤单，那拉氏将爪牙裕禄打入军机处，刺探内情，并牵制帝党。此外，6月15日那拉氏威逼光绪下诏：凡新授二品以上官员都要向西太后谢恩，表明那拉氏操纵人事大权的决心。

部院大臣和地方督抚，对新政诏旨多是推诿敷衍。刚毅一向反对新政，常对光绪帝说："此事重大，愿皇上请懿旨。"康有为感到："上扼于西后，下扼于顽臣，变法之难如此！"被梁启超称为"身兼将相，权倾举朝"的荣禄，竟专折上奏那拉氏，目无皇上，载湉束手无策。两江总督刘坤一、两广总督谭钟麟对"谕令筹办之事，并无一字覆奏。迨经电旨催问，刘坤一则借口部文未到，一电塞责；谭钟麟且并电旨未覆，置若罔闻。"由于守旧势力的顽固阻挠，变法诏书大多成了空文。

6月16日光绪帝赐见康有为，任命他在总理衙门章京上行走，特许"专折奏

皇后宝座

事"，从此得到参赞新政机会。在颐和园仁寿殿召对时，康有为针对守旧势力"掣肘"皇帝，推行变法难度很大的局面，建议"皇上勿去旧衙门，而唯增置新衙门，勿黜革旧大臣，而唯渐擢小臣。………彼守旧大臣既无办事之劳，复无失位之惧，则怨谤自息矣。"这就是百日维新温和夺权的策略手段。

召见后，围绕着废除八股取士问题，新旧两种势力展开了激烈斗争。前一天，光绪帝亲到颐和园请示那拉氏，次日——端午节那天，才公布《停止八股改试策论》上谕，这是维新变法的一个重大成果。梁启超说："科举一变，则守旧之命脉已断。"7月初，一股恢复八股风从京城刮起，刚毅和礼部尚书、总理各国事务大臣许应骙乘这股妖风，唆使后党御史文悌上了《严参康有为折》，诋毁康有为"欲保中国四万万人，而置我大清国于度外"；"使四民解体，大盗生心"。自称"粗通二十六母拼字之法"的文悌在同一奏折里，同样点名恶毒攻击了积极反对八股取士的帝党御史宋伯鲁、杨深秀二人，说他们"遍结言官，把持国事"。光绪帝看出了文悌"受人唆使"的背景，7月8日将他革去御史职务，支持了维新派。

梁启超像

中国通史

最新整理图文珍藏版

中南海瀛台

　　7月3日，光绪帝召见"布衣"梁启超，赏六品卿衔，办理译书局事务，这表明帝党仍没有多大政治实力。9月4日，光绪帝下令将无理阻挠部员上书、公开反对新政的礼部尚书怀塔布、许应骙等六人全部罢官。第二天，下谕任命谭嗣同、杨锐、刘光第、林旭为军机章京，赏四品卿衔，参预新政事宜。被当时称为四个"小军机"的任用和礼部六堂官的撤职，是百日维新中光绪帝亲自决定的一次人事大变动。接着，9月7日光绪帝又把反对新政的李鸿章、敬信等人从总理衙门除掉，接受维新派的建议准备讨论改革政权机构，逐步实现康有为等人关于"开制度局"的主张。

　　这时，新旧两党的斗争已达到空前激烈的程度，作为设国会的准备，先开懋勤殿，康有为预计推荐梁启超作顾问。

那拉氏发动政变

　　那拉氏早就密切关注她及其周围亲信的地位可能发生动摇，反对废除八股的顽固势力和一切守旧官僚都把希望寄托于那拉氏身上。北京西郊颐和园、天津直隶总督衙门成了顽固势力密谋的上下据点。9月7日后，受那拉氏支持的怀塔布、杨崇伊等人赶往天津与荣禄密商对策，世铎、奕劻等人连日聚集颐和园与那拉氏合谋部署政变。杨崇伊以御史身份向那拉氏递折诬陷康梁"紊乱朝局，"9月17日亲至颐和园恳请太后"即日训政"。这是一个即将发生政变的信号。

　　这时，京津一带盛传太后、皇帝10月赴天津阅兵时机将发生兵变，废掉光绪帝。光绪和维新派深感大祸临头。维新派本身既脱离人民群众，又没有自己的武装力量，拿不出什么切实的对策，便想把拥有新建陆军的袁世凯拉过来对付荣禄。袁世凯，河南项城人，1859年出生于官僚地主家庭，早年投靠过淮军将领吴长庆，后几经钻营，于1895年以道员衔在天津小站训练新军，掌握了一支七千余人的新式武装，为荣禄等顽固派所信任和重视。同年，他又加入强学会进行投机，捞得了维新的假名声。虽然维新派中曾有人怀疑袁世凯不能信任，但在走投无路的情况下，他们把希望寄托在袁世凯身上，于是向光绪推荐了袁世凯。

　　9月中旬，政变已成密云欲雨之势。惊慌失措的光绪，于14日叫杨锐带出密诏，要康有为等人"妥速密筹，设法相救"，但密诏被吓坏了的杨锐搁置起来。16日，光绪召见袁世凯，赏以侍郎衔，专办练兵事宜。第二天，他又叫林旭带出第二道密诏，让康有为赶紧逃离北京。林旭将两道密诏一起带出，康有为、谭嗣同等人读了密诏，相对痛哭，束手无策。最后，他们决定还是继续拉袁，并乞求于英、日等帝国主义的支持，幻想借此来挽救败局。

　　在此之前，英、日等帝国主义分子为了和沙俄争霸的需要，曾装出一副"慈善"心肠，表示愿意"帮助"中国变法。维新派竟天真地相信了他们这些谎言，称赞英国是"救人之国"，并专折奏请联合英、日，企图以此抵抗顽固派。但此时帝国主义分子看到维新派败局已定，伊藤博文对光绪虚表"同情"，根本无意援助。康有为等人到外国驻华使馆进行活动，也毫无结果。于是，他们便把赌注全部押在袁世凯身上。

9月18日深夜，谭嗣同只身跑到袁世凯的寓所，劝袁世凯拥护光绪，杀掉荣禄，发动政变。这时，袁世凯拍着胸膛表示对光绪的忠诚，并说"诛荣禄如杀一狗耳"，却又表示事机紧迫，得先回天津进行部署。谭嗣同以为拉袁已经成功，满意而去。

9月20日，光绪再次召见袁世凯，袁也再次表达了自己的"忠心"。但当他晚上赶回天津时，却直奔荣禄的总督衙门告密。荣禄大惊失色，连夜专车进京，飞奔颐和园面告慈禧，反动政变发动。

21日凌晨，慈禧携带大批随从，自颐和园赶回皇宫，将光绪囚禁在中南海的瀛台，重新"垂帘听政"，并搜捕和屠杀维新派，派兵包围南海会馆，抓走了康广仁。康有为已于前一日离京赴沪，在英国保护下逃往香港。梁启超则在日人掩护下化装出京，由天津去日本。谭嗣同拒绝了当时人们要他出走日本的劝告，表示："各国变法，无不从流血而成，今中国未闻有因变法而流血者，此国之所以不昌也。有之，请自嗣同始。"他把自己所著的诗文和书稿交给了准备逃往日本的梁启超，决心一死。28日，谭嗣同、杨锐、林旭、刘光第、康广仁、杨深秀六人，被杀于北京菜市口，时人称之为"戊戌六君子"。其他维新派和大批参与新政及倾向变法的官员，或罢官或放逐。严复因为没有实际参加"百日维新"，未被着实追究。政变后，新政措施除京师大学堂保留外，全部都被取消，那拉氏又升荣禄为军机大臣，怀塔布为左都御史兼内务府大臣，许应骙任闽浙总督，李鸿章出督两广，袁世凯护理北洋大臣等。戊戌变法彻底失败。

那拉氏上台后，命令各地广为张贴《劝善歌》，以遮掩人民耳目。其中美化那

同治帝陵寝——惠陵

拉氏："太后佛爷真圣人，垂帘听政爱黎民。……圣心犹为天下计，忧国忧民常不眠"。北京等地群众讽刺它是"升官保命歌"，从这里也可以看出戊戌变法促进了人民的觉醒。

维新变法失败的原因

一场短命的戊戌维新的失败，固然由于以那拉氏为代表的顽固势力的阻挠、镇压，但是，维新派本身存在的致命弱点，更值得重视。

19世纪后半期，改良主义思潮的兴起，曲折地体现了人民群众变革社会的要求，而它的发展是以民族矛盾逐渐激化和资本主义经济微弱成长为前提的。当时，新兴的资产阶级上层的政治代表维新派，不可避免存在着更为严重的软弱性和妥协性。他们在政治上的软弱妥协，以及在思想上的缺乏战斗力是互为里表的，一方面拥立"讲变革图富强"的"今圣"光绪帝；另一方面把时髦的外装罩在"古圣"孔夫子身上，借助人世间的两个权威，即政治权威和思想权威的力量推行新政。

维新派内部的思想政治状况虽然存在分歧；但他们之间有一个共同的软弱特点，主要表现为不敢信赖人民的力量，甚至对人民群众的革命活动采取敌对的态度。他们既不满意清政府的封建暴政和对外屈辱投降；又反对人民群众以革命手段摧毁大清帝国。他们总是企图温和地夺取一部分

权力，逐步实现三权分立的君主立宪政体，把中国变成一个独立富强的资本主义国家，这是戊戌变法的基本目标。当百日维新期间，维新派一再以"金田之役"、"法国革命"作为教训，以"乱民蠢动"当作警钟，激烈抨击清政府"夜行无烛，瞎马临池"，恰恰反映了维新派又用变法作为防止革命、抵制革命的一种手段，从而使他们自然站到劳动人民的对立面，得不到具有"回天之力"的劳动群众的支持。没有深厚的群众基础，维新派的力量显得非常脆弱，封建顽固势力猖狂一击，显得毫无招架之力。维新派主张不经过暴力去夺得顽固派的政权，结果反而被顽固派以暴力所绞杀。

维新派的软弱和妥协，也表现为向某些帝国主义国家寻找援助和依靠。甲午战后，帝国主义国家卷入帝后两党政争之中，乘机活动以窃取利益。沙皇俄国支持后党，英、日支持帝党，并利用帝党势力以打击沙皇俄国在中国的势力。甲午战争前，英国传教士李提摩太与美国传教士林乐知、丁韪良等组织广学会，宣传中国殖民地化的道路。甲午战后，李提摩太和康有为、翁同龢发生接触，积极传播奴役中国的《新政策》：八人总管中国，"半用华官，半用西人"——其中"当用英、美二国"这时，英美传教士和驻华公使对中国维新潮流特别感"兴趣"，纷纷提出《上中国政府书》、《新命论》（李佳白）；《中国变新策》（甘霖）；《整顿中国条陈》（福士达）等等，阴谋操纵清政府的内务与外交。维新派认不清帝国主义分子言论的目的和背景，康有为时常向李提摩太请教变法大计，又推荐他担任光绪帝的顾问，预定在9月23日召见。由于政变发动，康有为主张的"合作"，化为泡影。百日维新期间，日本前首相伊藤博文以"游历"为名，来到中国，9月14日到北京。他故作同情的

姿态，想乘机控制维新运动。康有为亲自去找伊藤博文，请他利用日本的影响压服那拉氏，这些无济于事的努力，正反映了维新派的极度软弱。那拉氏发动宫廷政变的当天，谭嗣同、梁启超等人齐集李提摩太寓所，决定派容闳往见美国公使；李提摩太往见英国公使；梁启超往见日本公使，请他们出面相救。那时，美英两国公使分别在西山及北戴河避暑，自然未得结果。日本与沙俄的矛盾突出，也并不能采取实际措施。

维新变法的历史意义

戊戌变法这场社会改革运动固然失败了，但它在当时所起的历史作用不能低估。

首先，戊戌变法运动促成了近代中国第一次思想解放热潮。作为中国民主革命准备阶段的一个过程，维新派代表了当时先进中国人的要求。他们办学会、学堂、刊行报纸，公开议论时政，激发了人民的革新思想。他们宣传反对封建君主专制主义的新兴资产阶级民主学说，介绍西方资产阶级的自然科学成就，几年间，"报馆林立，指谪时政，放言无忌，措词多失体要，……危言耸论，警动当世。"

戊戌政变后，翰林院侍读学士恽毓鼎向那拉氏惊呼："臣常阅近日少年文字及聆其谈论，往往矜奇斗异，肆为大言，诋讥孔孟，称扬叛逆。"这位对新思潮持"忧之愤之"的老顽固，把"民主"看成离经叛道的"邪说"，且感到它有"一唱百和"之力，从反面证实了孔孟之道的传统思想受到严重冲击。"新学"和"新法"，是在上层建筑领域里对顽固守旧势力作斗争的武器，开始冲破了万马齐暗的政治局面，从此，人民的觉悟迅速提高，历史前进的步伐大大加快了。

其次，戊戌变法运动带来了"设厂兴工"的后果，促进了民族资本主义的发展。维新派始终企图冲破封建生产关系的一些

珍妃井

束缚，排除帝国主义外来的政治经济压迫，为解放生产力和发展民族文化创造条件。康有为、梁启超在《公车上书》里，直接引用了郑观应的"商战"理论，说："古之灭国以兵，人皆知之，今之灭国以商，人皆忽之。"他们主张发展新式工业，斗巧争奇；建立商会，国家助之；兴办近代教育事业，促进经济发展等等，都产生了实际的社会效果。推行新政期间，颁布了发展民族工业和科学文化的诏令，民族资产阶级上层人士的社会地位得到一定提高，投资的合法权利受到某些保护，这对中国民族资本主义的初步发展，有着一定程度的刺激作用。

再次，戊戌变法运动的悲惨失败，留下了沉痛的历史教训。维新派以炽烈的爱国热情，以温和的合法手段，进行自上而下的改革，结果，碰得头破血流。他们不要流血，尝到的却是血腥屠刀。谭嗣同等一代志士把生命献给了维新事业，"缇骑捕党人，黑云散冥冥。"这场社会改革实践证明：在半殖民地的中国，倡行资产阶级的

温和改革是要走绝路的。变法失败后，资产阶级维新派随即分化：一部分人从血的教训里醒悟过来，扬弃变法路线，逐步走上了资产阶级民主革命的道路；另一部分人如同康有为、梁启超、严复等，仍然死抱拥帝请愿的路线不放，逐渐堕落成保皇派，逆时代潮流而动，成了新的反清革命路上的绊脚石。辛亥革命后，他们有的公开站到反革命营垒；有的以前朝遗老自命，鼓吹帝制复辟，残星落月，老泪悲吟，完全为历史潮流所淘汰了。

美国提出"门户开放"政策

光绪二十五年（1899）八月至十月，美国国务卿海约翰先后训令美国驻英、俄、德、日、意、法各国大使，向各国提出关于"门户开放"的照会，并请各国对照会作出承诺。

"门户开放"的主要内容是：一、承认各国在华攫取的势力范围及租借地内的任何既得利益；二、各国运往前述势力范围内一切口岸的货物，一律遵循中国现行的约定关税率；三、各国在其势力范围内，对他国船舶不得课以高于本国船舶的港口税；对通过铁路运输的他国的货物不得征收高于本国同等里程、同等类型货物的运费。

这种"门户开放"政策，实际上就是在承认和维护列强在中国的租借地、势力范围等一切既得特权的前提下，使各国在中国都可求得均等的贸易机会，也就使晚到的美国得以插足中国市场。次年，美国发出第二次"门户开放"的照会，在强调保护美国的在华利益的同时，主张以华治华。

美国政府两次提出的"门户开放"政策，构成了美国侵华政策的根本方针；也

成为后来八国联军入京后，各国在北京进行分赃谈判的基本原则。

帝国主义瓜分中国进入高潮

　　列强瓜分中国的竞争是以俄、英两国为主角展开的。中日《马关条约》后，清政府割让辽东半岛给日本，这对于对中国东北早怀有贪婪野心的俄罗斯来说是不可接受的。于是就出现了俄、德、法"三国干涉还辽"的事件。东北是清廷祖宗发祥之地，俄国的"帮助"对清廷有恩，因此，清廷一笔达4亿法郎的高利贷款外债就让给了俄、法。1896年6月，俄国政府软硬兼施，诱迫李鸿章在莫斯科签订了《中俄密约》，以共同防御日本为由，向中国东北伸展魔爪。不久俄国又趁德国强占胶州湾之机，于1897年底派军舰开赴旅顺，第二年迫使清政府签订《旅大租地条约》，强占旅顺、大连，并获得了南满铁路的修筑权，把整个东北划入了自己的势力范围。

　　德国也狮子大开口，于1897年11月，借口山东巨野两名传教士被杀一案，派兵强占胶州湾沿岸各地。次年3月，迫使清政府签订《胶澳租界条约》，把山东划入了自己的势力范围。

　　法国在"三国干涉还辽"之后，首先向清廷索取"报酬"。法国迫使清朝在1895年6月签订了中法界约和商约，割占了我国云南边境的一部分领土，获得了陆路通商减税的特权，并首先获得了筑路、开矿的特权。1897年，法国迫使清政府向法国正式宣布不把海南岛让与其他国家，这是中国政府第一个不割让声明。用这一方式将这一地区划入自己的势力范围。1898年4月，法国获得了租借广州湾的特权。从此，广东、广西、云南划入了法国

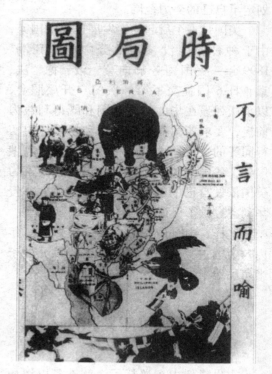

清末一位爱国人士画的《时局图》。图中熊代表俄国，虎代表英国，蛤蟆代表法国，太阳代表日本，鹰代表美国。此图形象地揭露了帝国主义瓜分中国的形势及清廷的腐败。

的势力范围。

　　英国在华势力最大，面对俄、法咄咄逼人之势，英国转而开始与日本接近，共同对抗俄国。1898年7月，英国获得租借威海卫的权利。在铁路让与权方面，英国1898年5月获得修筑沪宁铁路的权利，6月又获得修筑山海关至牛庄的铁路权利，与俄国在东北的势力展开竞争，8月又获得天津至镇江、山西、河南至长江沿岸等五条铁路的修筑权。1897年，英国又迫使清政府签订条约，获得了中国西南边境的大片领土，在两广、云南一带与法国势力分庭抗礼。1898年，中英双方又签订了《展拓香港界址专条》，获得了九龙"新界"大批土地的租借权。这样，英国在广大的长江流域及华南、西南、东北等地都

划定了自己的势力范围。

美国是一个后起的、发展迅速的国家，由于种种原因没参加瓜分中国的狂潮。1899年，美国国务卿向英、俄、德、法、意、日6国提交了第一次门户开放照会，以承认列强在华的势力范围和既得利益为前提，要求各国在势力范围和租借地内实行同等的关税、入港费和铁路运费。除俄国外，各国大体上接受。门户开放政策为美国依仗自己的经济优势，与列强分享侵华利益提供了保证。

这样，中日甲午战争后，短短两三年内，帝国主义列强就掀起了一股瓜分处于半殖民地半封建社会状态的中国的狂潮。

袁世凯镇压义和团

袁世凯任山东巡抚后，就准备以镇压山东人民的反洋教斗争，来报答外国使团对他的赏识。

光绪二十五年（1899）十一月二十八日，肥城县大刀会群众杀死了路过当地的英国牧师卜克斯。袁世凯故意夸大案情，判处两人死刑，一人终身监禁，两人有期徒刑，并将肥城知县撤职。他还向当地人民勒索白银9000两和5亩空地给教会，罚出事地点群众白银500两，为卜克斯立碑。

光绪二十六年（1900）三月，袁世凯奏请清廷允许他扩充新军马炮步队20营，增立一军，称武卫右军先锋队，后又招募马步8营。扩军之后，他开始对山东各地的义和团进行血腥屠杀，各县义和团都遭到袁世凯毁灭性的打击。到四五月间，王玉振、王立东、孙文、徐福、孙洛泉等义和团首领先后牺牲，义和团十余部都被袁军扑灭。残存的义和团只能忽聚忽散潜伏活动，或转入直隶。

由于袁世凯的屠杀，使本来仇教打教

袁世凯像

的义和团又开始仇视官府，民间流传歌谣"杀了袁鼋蛋，我们好吃饭"。袁世凯为防人刺杀，寝食不安，以致"于卧室外密护铁网"。

八国联军攻陷天津北京

光绪二十六年（1900）五月一日晚，义和团焚烧丰台火车站的消息和京津铁路轨道都被拆毁的谣言，同时传到东交民巷。各国公使感到形势恶化，立即举行会议，一致同意调军队保护各国使馆。第二日，驶达大沽口外的各国舰队先后接到奉命进京的电报，并迅速派出陆战队，由海河乘船到达天津，准备向北京进犯。

迫于列强的威逼，慈禧太后命令总理衙门同意奥、英、法、德、意、日、俄、美八国调兵入京，但每一国派兵不得超过30名。这些军队实际上是八国联军的先遣队。五月上旬，进入天津租界内的各国军

义和团民在菜市口刑场被杀

队已达 2000 人。五月十三日，各国驻津领事和海军统帅在英国领事贾礼士请求下举行会议。在美国领事的撺掇下，会议决定将在津的八国现有兵力组成进军北京的联军，由在津军队中级别最高的英国人西摩中将为统帅，美国人麦卡加拉上校为副统帅。八国联军正式组成。

光绪二十六年（1900）五月二十一日，大沽炮台失陷后，天津义和团和清军就开始攻打紫竹林租界，天津战役由此爆发。五月二十五日，清政府宣布对各国开战。

六月一日，义和团著名首领张德成率"天下第一团" 5000 多人进入天津，参加战斗。清政府鉴于驻津清军势单力薄，聂士成部武卫前军只有 10 营驻在天津，于是急调马玉昆、宋庆这些驻山海关的军队到天津增援。义和团和清军攻打紫竹林的战斗整整持续了一个月。

聂士成部是清军中战斗力较强的新军，在租界与联军恶战十多次，斩杀的敌军比其他各军都多。但各国联军从大沽源源进入天津，力量大为增强。六月十三日，聂士成战死，天津防御力量急剧衰退。宋庆

接手天津战事后，又伙同马玉昆大肆屠杀义和团，致使天津于十八日失陷。八国联军接着向北京进攻。

光绪二十六年（1900）七月二十日，八国联军侵入北京。凌晨，俄军从东便门攻入，守城甘军占据制高点阻击敌人，激战延续到下午，俄军才占领建国门并从此涌入内城。随后，日军占领朝阳门，英、法、美等国军队也相继进入北京城。负责防卫的荣禄，以及他所率领的武卫中军和神机、虎神等营几万清军作鸟兽散。二十一日凌晨，慈禧太后挟持光绪帝，微服出德胜门逃离京城。二十二日，北京陷落。

联军入京后，对北京义和团和广大民众进行了残暴的屠杀，城内尸积遍地，腐肉白骨纵横。联军还在城中肆意放火，凡设过拳坛的王公府邸、寺观和民宅，都放火焚烧，使昔日金碧辉煌的北京城，一变而为到处破墙残垣、满眼荒野萧条。大批珍贵图书档案遭到焚毁和劫掠。

联军进入大清门

同年的十一月三日，各国驻华公使团以同文照会形式，将《议和大纲》12 条交清政府议和大臣，转达西安行在。该《大

联军在乾清宫内

造于康熙十二年（1673）的象限仪，在1900年被法国人掠入法国大使馆。

纲》提出一系列苛刻条件，要求惩处罪魁，赔偿损失，撤销军事设施，开放北京至渤海通道等。李鸿章等议和大臣，为保慈禧太后的地位，在谈判过程中，不停奔走于各国公使之间。六日，慈禧太后发布谕诏，同意所有12条大纲。又按各国公使要求，在谕诏上加盖御玺，作为照会副本，光绪二十七年（1901）十一月二十六日分送各使馆，正式生效。

古观象台遭浩劫

1900年，随着八国联军发动对中国的侵略战争，北京再一次被列强军队攻占、洗劫，德、法侵略军焚毁钦天监观象台，抢走仪器，古观象台遭受严重浩劫。

八国联军在北京大肆抢掠金银珠宝的同时，也对他们认为价值连城的古董——观象台上的天文仪器进行抢劫。德国的统帅瓦德西认为这些天文仪器有极高的艺术价值，它们的造型和各台仪器上的龙形装饰极为完美，首先下令德军抢劫这些天文仪器，把天体仪、纪限仪、玑衡抚辰仪、地平经仪和浑仪抢运回德国。而善于从世界各地掠取艺术品的法国人更不甘落后，在德军抢劫5件贵重仪器后，抢走了地平经纬仪、象限仪、黄道经纬仪、赤道经纬仪和简仪。这些仪器都是可用的，但经过这次拆卸搬运遭到很大破坏。直到1902年和1921年，这些仪器才由法国、德国被迫归还中国。

造于乾隆九年（1744）的玑衡抚辰仪，在1900年被德国人抢运回国。

2576

俄国入侵

光绪二十六年（1900）六月，俄国制造了六十四屯和海兰泡惨案。

海兰泡，原名孟加屯，位于黑龙江省瑷珲县黑河镇北岸，本是中国的一个居民村。第二次鸦片战争中，俄国强迫清政府签订《瑷珲条约》，将其割让，改名为布拉戈维申斯克（意为"报喜城"）。为了永久拥有这块土地，俄国蓄意对这里的中国居民进行血腥屠杀。

光绪二十六年（1900）六月，俄军四处搜捕中国居民，将他们驱赶到黑龙江畔。途中走不动的、掉队的，都被俄军砍死或枪杀。俄军对不愿下水的人，开枪扫射，随意劈砍，到二十四日为止，被残杀、淹死的海兰泡居民超过5000人。

俄军还血洗了江东六十四屯。江东六十四屯位于黑龙江东岸，历史上曾有64个中国居民村落，因此得六十四屯之名。从六月二十一日开始，俄军几次冲进这块中国领土，残杀、焚烧、掠夺，中国民众惨死7000余人，财产损失合300多万银元。

在制造海兰泡和江东六十四屯惨案的同时，俄军也开始大面积侵占中国的东北。俄军借口保护正在修筑的中东铁路，调集17万大军，兵分6路入侵。

第一路从伊尔库茨克和外贝加尔攻入海拉尔，进逼齐齐哈尔。第二路由海兰泡进攻瑷珲，又经墨尔根与第一路军会合于齐齐哈尔。第三路由伯力（哈巴罗夫斯克）进攻三姓、哈尔滨。第四路由双城子（乌苏里斯克）向哈尔滨挺进。第五路从海参崴出击，进军吉林。第六路从欧洲由船舰载到旅顺登陆，进攻盖平、营口、辽阳、奉天。参与八国联军的部分俄军，还从关内经山海关，攻占了锦州。光绪二十六年（1900）闰八月八日，俄军进占了清王朝的发祥地盛京（今沈阳）。

同年十月下旬，东北铁路沿线及主要城市，全部沦陷。在俄国侵略东北的整个过程中，有大约20余万无辜的中国民众在侵略者的屠刀下丧生。

英国骗占开滦煤矿

开滦煤矿的前身是由李鸿章于1878年创办的官督商办开平矿务局，因煤藏丰富，地理优越，加上经营有方，盈利甚巨，引起帝国主义列强的垂涎。1898年英商墨林勾结开平矿务局督办张翼的顾问德国人德璀琳，以借款方式打入矿务局；接着又密谋策划引进英国和比利时为代表的国际财团资本，将矿务局变成中外合资公司。1900年义和团运动爆发后，英国趁八国联军入侵之机采用阴谋手段，威逼利诱，无代价骗取开平矿务局。

1899年德国在汉口设立的德华银行

开平矿务局被英人骗占后，为抵制英人，并最终收回开平，袁世凯于1906年命周学熙创办滦州煤矿。滦州煤矿初定资本

200 万两，至 1910 年共出煤 35.7 万余吨，形成与开平矿竞争抗衡的局面。开平矿务局在英国政府和国际财团的支持下，以政治和经济手段压迫滦州煤矿。滦州煤矿在种种压力下难以为继，被迫于 1912 年 1 月与开平矿务局签订"联合办理草合同"，双方各出资 100 万英镑合资成立开滦矿务总局。同年 6 月，时任中华民国临时政府大总统的袁世凯批准了"联合办理正合同"，"联合办理"被政府承认为既成事实。由于经营管理权掌握在英人手中，实际上是英国以"联合办理"之名，对滦州煤矿实施兼并。

新政推行

1901 年 1 月 29 日，慈禧太后下诏变法，要"取外国之长"，"去中国之短"，开始实行"新政"。

清末"新政"是在不改变封建君主专制体制的前提下，吸收西方技术，重建统治秩序。其主要代表是洋务派的后起人物袁世凯和张之洞。在"新政"推行的最初 3 年里，比较突出的有三件事。

第一是提倡和奖励私人资本办工业。1903 年 9 月，朝廷成立了商部，由前一年曾被派往英国、法国、美国和日本考察的皇亲贵族载振担任尚书，工矿业和铁路都归这一部管理。商部成立后就立即着手制定商律，并提出了"奖励公司章程"，鼓励私人自由发展实业。1904 年 1 月，颁布了商会简明章程，允许资产阶级组织商会，维护自己的利益。这样，清末私人资本主义经济有了较快的发展。

第二是废除科举考试制度，设立学堂，提倡出国留学。学制的改变是"新政"的重要内容。1901 年清廷即命各级书院分别改为大学堂、中学堂、小学堂，引进新式教育。1904 年 1 月，张之洞等制定通过了学堂章程，将普通教育分为初等、中等、高级教育。这就是具有近代化性质的"癸卯学制"。从 1906 年起，停止科举考试，一律从学堂选拔培养人才。中国延续了 1000 多年的科举考试制度，从此结束。为了适应"新政"

清廷全权代表庆亲王奕劻（前右一）、李鸿章（前右二）与英、美、俄、德、日、奥、法、意、西、荷、比等 11 国代表在北京签订《辛丑条约》。

的需要，清政府还从各地选派大批学生留学欧美、日本。

第三是改革政制与军制。为了适应列强共同统治中国的需要，1901年7月，改总理各国事务衙门为外务部。在军制方面，由于清军在甲午、庚子两役中的惨败，暴露出旧式军队的腐败无能。1903年12月，清廷成立练兵处，以奕劻总理练兵事务，袁世凯为会办练兵大臣，袁世凯实际掌握了练兵大权。1905年5月，编成北洋6镇，掌握了陆军精锐之师。1906年11月，改兵部为陆军部，归并练兵处，次年又制定了编练新建陆军36镇的庞大计划。同时，袁世凯又在保定主持开办军官学校，培养北洋军事骨干。

清末新政，在实际操作上是戊戌新政的继续。它是在不触动旧有的封建势力的基础上采取的防危补救措施，从某种程度上讲，它是清廷向西方列强讨好的一种表现。但是，沉重的庚子赔款，浩繁的新政开支，大大加重了人民的负担，因而更加激化了社会矛盾。

《辛丑条约》签订

光绪二十七年（1901）七月二十五日，清政府全权谈判大臣奕劻、李鸿章与英、美、俄、德、日、法、意、奥、西、荷、比等11国公使在北京签订《辛丑条约》（即《辛丑改定书》或《辛丑各国和约》）。《辛丑条约》共12款，另有19个附件。主要内容有：

1. 中国赔款四亿五千万两白银，以关税、盐税和常关税作担保，分三十九年还清，年息四厘，本息合计白银九亿八千余万两，被称为"庚子赔款"；2. 在北京东交民巷设立使馆区，界内不准中国人居住，由各国派兵驻守；3. 拆毁

大沽炮台和北京至大沽沿途的各炮台，外国军队驻守北京和北京至山海关沿线十二个战略要地；4. 清政府在各地颁布上谕两年："永禁设立或加入与诸国仇敌之会，违者皆斩。""惩办"首祸诸臣及地方官。各省官吏必须保护外国人，否则"即行革职，永不叙用"。若有外国人"被虐"或"被杀"地区，停止文武各等考试五年；5. 清政府允许将各个通商条约中"诸国视为应行商改之处"及其他应办的通商事项，"均行议商"。6. 将原来的总理各国事务衙门改为外务部，其地位"班列六部之前"。7. 清政府应分别派王公大臣赴德、日两国"谢罪"，并在德国公使克村德、日本使馆书记生杉山彬被杀处建立牌坊。

《辛丑条约》是个丧权辱国的条约，从此中国完全沦落为一个半殖民地、半封建的社会，政府愈加腐败无能，百姓生活苦不堪言。

《顺天时报》发行

光绪二十七年（1901年10月），日本人中岛真雄在北京创办了中文版《顺天时报》，成为外国人在中国出版发行的第一张日报。

中岛真雄创办《顺天时报》后，利用报纸介绍中日双方的一些政治、经济、军事等方面的时事。光绪三十一年（1905）日俄战争即将结束，日本为了加强对中国的侵略，其驻华公使馆接办了《顺天时报》，作为日本外务省在华的"半官方"言论机关。上野岩太郎、龟井陆良等先后出任社长，秉承外务省侵华需要，在中国各主要城市遍布记者和通讯员，搜集中国政坛内幕和有关军事、政治、经济情况，支持亲日派军阀，反对中国革命，积极干

涉中国内政，充当日本帝国主义侵略中国的重要工具。该报遭到中国人民的强烈抵制和反对，被人们称为"逆天时报"，多次发生报贩拒卖、邮电职工拒寄报纸的事件。《顺天时报》日出对开2张，最高日销售量才达12000份左右。在中国人民的反对下，该报于1930年3月26日被迫停刊。

中俄就东三省谈判

光绪二十六年（1900）八、九月间，俄国利用联军侵华镇压义和团之机，

清廷军机处，清代军机大臣轮流在此值班。室内除必要的办公用品和供临时休息的地方外，并无其他陈设。

占领中国东北三省。联军对华作战停止后，清政府提出交收东三省一事，俄国政府要求与清政府进行单独协定的谈判。十一月十二日（1901），清政府授驻俄公使杨儒为全权大臣，与俄商议交收东三省事宜。

十四日，交收东三省谈判正式开始。俄公使提出诸多侵略性要求，不经讨论，俄方便逼杨儒画押，杨儒以条款须无损我自主权方可签字作答，双方争执不下。光绪二十七年（1901）正月九日，清政府命奕劻、李鸿章商请各国公使，劝阻俄国强

迫签约。各国不愿俄国独吞东北，接连向俄国质询。杨儒与维特谈判7次，与俄外交大臣拉姆斯道夫谈判14次，俄方横施恫吓，杨儒据理力争，仍无结果。李鸿章向慈禧太后进言，尽早签约。李鸿章与奕劻电示杨儒："势处万难，不能不允，即酌量画押，勿误！"五日，拉姆斯道夫又约杨儒签字，杨再度拒绝。同日，各国公使向清政府声明，公约（指十一国与中国谈判之约）未定之前，不得与他国议立专约。清政府在北京外国公使团压力下，通知各国公使，谓"中国不敢遽允俄约画押，请先议公约"。十日，清政府命李鸿章向俄使婉商，先订公约，再议专约，交收东三省谈判暂告一段落。

《辛丑条约》签订后，俄国一再制造借口，拒不从东北撤兵。后由于中国人民的激烈反抗，英、美、日等国因利害冲突，也出面干涉，迫使俄国不得不作出撤兵的姿态。光绪二十八年（1902）三月一日，俄国驻华公使雷萨尔与清外务部总理大臣奕劻、会办大臣王文韶在北京签订《交收东三省条约》。次年三月，俄国在第二期撤兵期满时，不仅违约不撤，反而增派军队，并照会清政府外务部，提出进一步侵略东北的7条无理要求。接着，俄国沙皇又任命阿列克塞也夫为远东总督，将东三省划归其统治。由此激起中国人民轰轰烈烈的拒俄运动，日本与俄国对东三省的争夺也日益激化。

新军建成

1901年8月，清政府下令永远停止武科举考试，标志着我国沿袭已久的古代兵制的最后终结。此后在全国设立了一些武备学堂，以培养新式军官。同时对原有的绿营、练军和防军进行汰选，组成常备、

续备和巡警诸军，装备新式枪炮进行训练。1902年2月，袁世凯奏请拨百万元专款，完全参照日本陆军建制，组建了6000人的北洋常备军，成为清朝第一支以镇为基本建制的新式陆军。

1903年12月，清政府设立了练兵处，各省设督练处，构成了全国上下贯通的新军普练机构，在全国组建新军的工作从此拉开帷幕。第二年9月，练兵处参照北洋常备军军制，拟定并颁布了《陆军营制饷章》，又名"新军制略"，提出对全国陆军实行统一编组，分别设置常备、续备和后备三军，并对其营制饷章、武器装备、军官选拔、士兵招募、操练、战时征调等做了系统的规定，成为中国近代陆军的第一部建设大纲。

行进中的晚清新式军队

新军建立后，在制度方面作了重大变革：

在组织体制上彻底改变了数百年来的军事组织原则，优先发展国家常备军和野战部队，使之与地方治安部队有明确的分工，也使军事力量的内部结构符合近代军事模式。特别加强了组织机构的近代化建设，练兵处已部分具备了参谋总部的职能，它可参预对全国军事行动的调度。1906年，清政府将兵部改为陆军部，下设二厅十司，符合全国陆军近代化专业分工管理的要求。1909年，宣布陆海军大元帅由皇帝亲自任命，并将军咨处从陆军部分离出来，改为军咨府，成为全国陆海军的最高参谋机关。还直接管理保定军官学堂。陆军部和海军部成了单一的军事行政机关，一种新的高层次军事力量领导体制基本形成。新军一律实行合成编组，陆军分步兵、骑兵、炮兵和工程兵4个兵种，后又增加了辎重兵。这种细密的专业分工符合近代科技发展的要求，适应了新的技术进步的需要。在军官选拔上，制定了一系列条例，初步建立了新军军官制度。体现了兵科完备、官阶分明的特点。高度重视对具有近代军事知识的军官的任用，使军官素质发生了根本性变化，代表了20世纪初世界军官制度的先进水平。此外，在兵役制度、训练制度、后勤制度方面都作了一系列适应军队近代化的重大改革，使新军以新的风采、新的精神风貌出现在历史舞台上，大大缩短了与世界列强军队的差距。

在这些原则的指导下，1907年9月，陆军部正式决定在全国编练36镇新军，全国性的普练新军运动开始了。这一练兵计划是针对各省战略地位的重要程度，兼顾其实际能力编排的。还规定了各省具体的完成期限。

编练新军最积极的是袁世凯，他总计编练了6镇8万多人，成为新军的主力。到武昌起义爆发为止，全国共练成14镇18混成协4标，另有禁卫军2协，共269004人。其军事、思想等方面的素质都大为提高。

爱国运动展开

清末，列强瓜分中国之势已成，中国亡国的危机激发起人民的爱国精神，各种各样的爱国运动不断兴起。

义和团运动期间，俄国侵占中国东北，

与清政府订约，承诺分 3 期 18 个月内撤出全部侵略军。后俄国违约不撤，还增派军队，并向清政府提出 7 项无理要求，激起中国人民愤慨，引发拒俄运动。

光绪二十九年（1903），寓沪各界爱国人士，在上海张园召开拒俄大会，谴责俄国的"吞并"政策，致电外务部坚决反对所谓 7 项要求，北京、湖北、江西等地学生也纷纷集会抗议。同时留日学生秦毓鎏等在东京举行拒俄大会，成立拒俄义勇队（不久改名学生军），派代表回国，要求开赴东北前线，抗击俄国侵略军。结果遭到清政府镇压，被迫解散。

光绪三十一年（1905）四月，由于美国在其国内虐待和排斥华工，本月，中国爆发了全国规模的抵制美货运动。

去年，"中美会订限制来美华工保护寓美华人条款"期满。旅美华侨 10 余万人联名上书清廷，要求废约。美国政府悍然拒绝，要求续订新约，继续排斥华人，激起中国人民的反抗。本月，拒美货运动首先在广州发起，不久上海商务总会通告全国各大商埠，联合抵制美货，运动发展到全国。

"《苏报》案"发生

1903 年 6 月，清地方官向上海租界当局提出控诉《苏报》一案，案件审判历时一年，最后《苏报》被停刊，章太炎被判监禁 3 年，邹容 2 年。这就是震惊一时的"《苏报》案"。

20 世纪初，中国资产阶级革命运动迅速发展，为了扩大革命运动的影响并宣传革命思想，资产阶级革命派先在海外与香港创办了一些革命派报刊，随后在国内也陆续创办了一批报刊，其中较有影响的有在上海租界地区发行的《苏报》、《大陆》。

《苏报》最初是由日本人生驹悦在 1896 年 6 月创刊。后由湖南人陈范购买接手。1902 年起，陈范的思想逐渐转变，开始同情并支持资产阶级民主革命。同年冬天，《苏报》开辟"学界风潮"，对国内外的学生爱国运动和革命斗争进行连续报道，还大量发表爱国学社（由章士钊组织）师生的演说和评论。《苏报》逐渐变成了一份同情和支持资产阶级民主革命的刊物。1903 年 5 月底，陈范请章士钊担任《苏报》主笔。《苏报》开始大量刊载革命文章，揭露清政府奴颜婢膝的丑恶嘴脸，批驳保皇派的反动思想，鼓吹推翻清政府，建立资产阶级民主共和国。其中较有影响的文章有章士钊的书评《读〈革命军〉》、章太炎的《革命军序》等。

《苏报》登载带有强烈革命色彩的文章，推动了当时革命思潮的发展；同时也培养了一批民主革命的演说家和骨干，引起清政府的敌视。不久清政府勾结上海租界当局，制造了震惊当时整个舆论界的"《苏报》案"。

1903 年 6 月 29 日，两江总督魏光焘派候补道俞明震与上海道袁树勋向上海租界当局提出控诉《苏报》一案。第二天，租界当局派警探包围了报馆和爱国学社，将章太炎等 5 位报馆工作人员逮捕。第三天，邹容也自动入狱，以示抗议。7 月 7 日，租界当局查封《苏报》。随后清政府派人与租界当局交涉，企图以出卖沪宁铁路路权为交换条件，把章太炎、邹容等人引渡到手。但租界当局决定将章太炎、邹容等人交付租界会审公廨审理。在法庭上，章太炎、邹容从容不迫，慷慨陈词，理直气壮地宣扬革命观点，成为轰动一时的英雄人物。经过 7 次庭讯审理后，迫于舆论的压力，会审公廨于 1904 年 5 月 21 日判处章太炎 3 年监禁，邹容 2 年监禁，并责令

《苏报》不得复刊。

"《苏报》案"的发生，是一次中国资产阶级民主革命派与外国资本主义势力和清政府封建势力之间的思想交锋。《苏报》虽遭查封，但它对当时社会的震动影响，更有利于革命思想的传播。

华兴会成立

光绪二十九年（1903）十二月，华兴会成立。

随着革命思潮的广泛传播和留学生的纷纷回国，国内的革命团体也相继成立，其中影响较大的是黄兴所创立的华兴会。

黄兴，湖南善化人，自幼读书勤奋，学绩优异。从两湖书院毕业后，官费留学日本，开始反清革命，受到同仁的尊敬。

黄兴像

光绪二十九年（1903）九月十六日，黄兴以庆贺生日为名，邀章士钊、刘揆一

华兴会部分成员 1905 年在日本合影。前排左一为黄兴；左四为宋教仁；后排左一为章士钊。

等 11 人，在长沙秘密集会，决定成立反清革命组织"华兴会"，为避耳目，对外则称"华兴公司"。十二月三十日在长沙正式举行华兴会成立大会，一致推举黄兴为会长。"华兴会"以"驱除鞑虏，复兴中华"为宗旨，并确定先雄踞一省，发动各省响应的反清革命策略，并以"华兴公司"为该会总机关，另设东文讲习所联络学界，设兴汉会联络军界，设同化会联络会党。原计划次年十月十日在长沙起义，但未发事泄，黄兴等逃亡日本。

利权收回运动兴起

中日甲午战争后，帝国主义列强针对铁路和采矿，在中国展开了激烈的利权争夺战，10 年间攫取修筑铁路和开采矿藏的权益数十起，激起全国人民的强烈愤慨。从光绪二十九年（1903）开始，掀起了以各省爱国绅商为首，各界人民响应的声势浩大的利权收回运动，迫使清政府以各种方式收回路权矿权 10 余起，并作为导火索直接导致了辛亥革命的爆发。

1903 年，湖南、湖北、广东三省以爱国绅商为首，强烈要求从美国合兴公司手中收回投资兴建粤汉铁路的权益，引发三省各界人民的响应，迫使清政府以补偿美方 675 万美元的代价收回该项路权。1905

年，浙江、江苏两省要求废除让予英商苏杭甬（即后之沪杭甬）铁路权益的草约；河北、山东、江苏三省要求废除让予英国津镇（即后之津浦）铁路承办权的草约，均因清政府畏惧英人势力而未能实现。1908年，湖南、湖北绅商开展拒用外款修建粤汉、川汉铁路运动，迫使清政府准予两路在湖北境内路段由湖北省自办，但未能拒用外款。与此同时，各省绅商倡议自办铁路。到1911年已有15个省设立了商办铁路公司，皆以"杜外人觊觎，保中国利权"为宗旨，实收股款约6000余万元，大部分来自绅商阶层，有些工人、农民、教师和学生也节衣缩食，踊跃入股。但因种种原因，实际修成的铁路不多，仅浙江、江苏、广东等省办理较好，并修了一些铁路。

收回采矿权的运动同时展开，且波及面更广，成绩也较大。1905年废除了英国资本在浙江的温、衢、严、处四府的采矿权。1906年废除了法国资本在四川的重庆、江北等六府厅和巴、万、天全、懋功

四县的采矿权，其中江北采矿权以白银23万两赎回。1907年收回法国在福建的邵武、建宁、汀州三府属的采矿权。1908年以白银275万两赎回英国在山西孟、平、泽、潞各府属的采矿权。1910年以5.2万英镑赎回英商在安徽铜官山的采矿权。1911年以白银150万两废除英法在云南的开矿合同。在声势浩大的收回利权运动中，德国自愿放弃在山东铁路沿线和山东其他一些地方的采矿权，仅保留淄川、昌乐、坊子、潍县的矿权，并索偿白银34万两和款21万元。英在四川的煤矿开采权亦未最终达成协议，事实上等于收回。各地此起彼伏的收回路权、矿权的斗争，促进了国民的民族觉醒，为辛亥革命奠定了社会基础。

英军侵入拉萨

光绪三十年（1904）六月，英军侵占拉萨。

当英国不断向西藏侵略时，俄国对西藏的渗透取得重大成效，促使十三世达赖倾向于依靠俄国反对英国的侵略。英、俄争夺西藏的斗争日益尖锐化。当时日俄关系紧张，战争一触即发，英国决定利用这一有利时机，发动第二次侵藏战争。光绪二十九年（1903）十月，印度总督寇松派遣麦克唐纳率英军从咱里拉越过国境，侵入中国西藏境内，并迅速占领了亚东、春怀和帕里。西藏军民奋勇抵抗侵略，连遭失败。次年六月英军侵占拉萨，十三世达赖出逃，英国侵藏的军事行动至此结束。

光绪三十年（1904）七月二十八日，英军统帅荣赫鹏逼迫西藏的地方官员在布达拉宫签订《拉萨条约》，共10款，主要内容有：开放江孜、噶大克、亚东为商埠，江孜、拉萨通道上的炮台山寨一律削平；向英国赠款50万英镑。其中第九款规定：

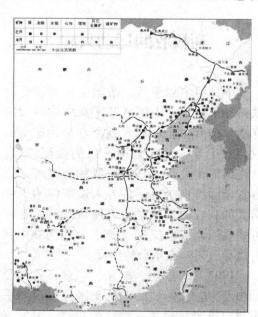

19世纪末20世纪初帝国主义掠夺中国路矿权益示意图

除非得英国同意，西藏地方土地不得出让予外国，西藏地方一切事宜不准外国干涉，不准外国在西藏地方取得铁路、电讯、矿业等权利。但清政府认为该条约有损中国主权，拒不承认该条约。光绪三十一年初，清廷派外务部侍郎唐绍仪赴加尔各答与英国谈判，双方僵持以致最后停顿。光绪三十二年初，中英谈判在北京重新开始，三月二十八日，唐绍仪与英使萨道义签订《中英续增藏印条约》，把原来的《拉萨条约》作为附约，约中规定"英国国家应允不占并藏境及不干涉西藏一切政治，中国国家应允不准其他外国干涉藏境及其一切政治"。对于《拉萨条约》第九款的内容，续增条约中规定："除中国独能享受外，不许他国国家及他国人享受。"维护了中国对西藏的主权。

江孜抗英炮台遗址，1904 年西藏人民在此抗击英军入侵。

日俄在华战争爆发

光绪三十年（1904），日俄在华战争爆发。

《辛丑条约》签订以后，清政府更加腐败无能，世界各帝国主义列强亦加紧对中国的侵略和掠夺。但是由于列强们在华所得利益不均，相互之间冲突不断，结果愈演愈烈，终于爆发了一场狗咬狗的战争。

光绪三十年（1904）十二月二十一

盘踞东北之俄军

日，日本海军中将东乡根据统帅部的决定，下令日本舰队攻击停泊在我国旅顺和朝鲜仁川的俄国舰只。十二月二十三日，日本联合舰队分三路出发，一队 10 艘开往旅顺，一队 8 艘开往大连，舰队主力开往长山岛。当天下午 4 时左右，日本海军向驻守仁川的俄国军舰开火，俄军遭突袭措手不及，翌日 2 艘俄海军舰艇被日军击毁，日海军旗开得胜。当天夜里，驶到旅顺的一队日舰又向停泊在此处的俄国舰队发动突袭，猛攻之下，俄海军损失惨重，又有 3 艘舰船被击沉。十二月二十四日，遭到沉痛打击的沙俄对日本宣战，二十五日，日本亦对俄正式宣战。这是日、俄为争夺中国东北在中国领土上进行的帝国主义战争。清政府外务部于同月二十七日宣布：日俄开战，中国将严守局外中立，并将辽河以东划为"交战区"。

光复会成立

光绪三十年（1904）十月，资产阶级革命团体光复会成立。

庚子之役后，江浙会党更加活跃，爱国知识分子接受民族民主革命思想，迅速转向反清革命，而江浙留日学生的回国，则直接促成了会党与知识分子的结合，这便是产生光复会的背景。光绪三十年（1904）十月，龚宝铨在上海建立暗杀团，蔡元培闻讯要求参加，于是，龚宝铨、蔡

蔡元培像

光复会誓词

光复会领导人及在日本的部分会员。前排左起：陶成章、陈魏、徐锡麟；后排左起：巩宝铨、陈志军。

元培等于十月在上海成立资产阶级革命团体"光复会"，又称复古会，由蔡元培任会长。光复会以"光复汉族，还我山河，以身许国，功成身退"十六字警誓词为宗旨，以暗杀和暴动为革命手段。由于陶成章、徐锡麟、秋瑾、章太炎等先后入会，光复会在江浙会党中迅速扩大势力。次年其主要会员以个人身份加入同盟会。宣统二年（1910），同盟会内部分裂加剧，陶成章在日本成立光复总会，以章太炎为会长，在江浙组织光复会。辛亥革命后，陶成章被暗杀，该会遂解体。

同盟会成立

光绪三十一年（1905 年 8 月），孙中山领导成立了同盟会。

清朝末年，政府腐败，外敌入侵，民族矛盾、阶级矛盾极端尖锐。无数的仁人志士为了救国救民，走上了革命的道路。1894 年 1 月，伟大的革命先行者孙中山先生在美国的檀香山成立第一个革命组织"兴中会"。1904 年 2 月，革命党人黄兴、宋教仁等在湖南成立"华兴会"。10 月，陶成章、蔡元培等人在上海成立"光复

孙中山像

孙中山与新加坡同盟会员的合影

会"。革命形势汹涌澎湃。

　　1905 年 7 月，孙中山再次来到日本，着手与各派革命领袖联络。客观的形势使孙中山认识到汇集各革命团体的力量，在政治上、思想上提出一个明确的革命纲领，才能指导新的革命形势。

　　经过孙中山的大量工作，尤其是得到华兴会领袖黄兴的支持，1905 年 7 月 30 日，孙中山等人在日本东京召开了筹备组党的会议。会上孙中山提议建立革命同盟会，最后定名为"中国同盟会"，并决定以"驱除鞑虏，恢复中华，创立民国，平均地权"为宗旨。8 月 20 日，同盟会举行正式成立大会，参加的有几百人，除甘肃一省那时没有留学生外，全国各省籍贯的人都有。这次会议通过了由黄兴等人起草的会章，选举了孙中山为"总理"，黄兴为执行部庶务等。

　　同盟会把原有的兴中会、华兴会、光复会等带有地方性的小团体联合起来，成为一个全国性的组织。在同盟会筹备会时，到会的人除宣誓参加外，由孙中山口授所谓"秘密口号"，例如"问何处人，答为汉人，问何物，答为中国物，问何事，答为天下事"等等。同盟会的组织形式、组织纲领、组织人员都说明它是一个资产阶级革命政党。

　　同盟会成立后，分设执行部、评议部

和司法部，采用三权分立制度。确定以"驱除鞑虏、恢复中华、创立民国、平均地权"为革命纲领，提出"民族、民权、民生"三民主义学说；制订《军政府宣言》、《中国同盟会总章》，对外宣言，对内布告等文件，发刊机关报《民报》，宣传革命；在国内外各地建立支部，国内有东、西、南、北、中 5 个支部，分布于华南、华中、华北及东北等地。国外有南洋、欧洲、美洲、檀香山 4 个支部，并在各省区设立分会。

　　同盟会把原来分属各地的革命组织统一起来，产生了全国性的号召力，使革命派有了一个核心组织，极大地推动了资产阶级民主革命运动的发展。

《二十世纪大舞台》创办

　　光绪三十年（1904 年 9 月），柳亚子和陈巢南在北平创办中国最早的戏剧刊物《二十世纪大舞台》。柳亚子（1887 ~ 1958），初名慰高，后更名弃疾，字安如，改字亚庐、亚子。是著名诗人、戏剧活动家，江苏吴江人，清末秀才，曾加入孙中山的中国同盟会，后任孙中山总统府秘书，中国国民党中央监察委员，国共分裂后，长期从事民主运动。新中国成立后，在中

柳亚子画像

柳亚子《二十世纪大舞台》发刊词

央政府任职。柳亚子早年就接受西方资产阶级文化的影响，18岁加入上海爱国学社，从事革命活动，并参加了戏曲改良活动，同陈巢南共同创办《二十世纪大舞台》，办报宗旨以"改革恶俗、开通民智、提倡民族主义，唤起国家思想为唯一之目的"。柳亚子撰写报刊的发刊词，指出戏剧具有强烈的感化作用，号召戏剧家在舞台上再现中国民族斗争及外国革命的历史，激发人民的斗志。刊物有文言、白话两种文体，内容包括了论著、传记、传奇、小说等十几个栏目，发表许多剧本，反对清朝统治、反对帝国主义侵略的民族民主革命立场十分鲜明，在当时影响很大。但仅出两期便被清政府列为禁书查禁。

同盟会设立《民报》

光绪三十一年（1905），以孙中山为首的资产阶级革命党为推翻清朝统治、建立民主共和国而组织建立的中国第一个资产阶级革命政党——中国同盟会成立后，同年11月为宣传革命思想而创办了机关报

《民报》。

为了把各地的革命组织统一起来，使革命有一个强有力的核心领导机构，推动全国革命形势的发展，1905年8月20日，兴中会、华兴会、光复会等革命团体在日本东京联合成立了中国同盟会，推孙中山为总理，同时于11月26日创办《民报》作为同盟会的机关报，极大地推动了民主革命运动的发展。《民报》每期约150页，6万多字，自发刊起至1910年2月停刊共出版26期。《民报》的创刊得到日本友人宫崎寅藏的大力帮助，甚至连《民报》发行所的招牌都悬挂在他的住宅门前。先后任《民报》主编的有胡汉民、章太炎和汪精卫，章太炎、陈天华、胡汉民、汪精卫、朱执信、汪东、廖仲恺、宋教仁、黄侃等都为其撰写过文章。

《民报》分为评论、时论、译丛、谈丛、纪事、撰录等栏，以刊载政论文章为

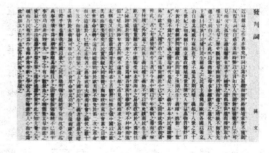

同盟会机关报《民报》发刊词，孙中山在此提出"三民主义"。

主。孙中山对《民报》作过具体指导，在《发刊词》中孙中山首次提出了三民主义的，并为其规定了将"非常革新之学说""灌输于人心，而化为常识"的办刊宗旨。

《民报》是在揭露清政府的腐朽卖国和反对保皇派的斗争中发展起来的。同盟会成立不久，革命派和保皇派就分别以《民报》和《新民丛报》为阵地展开了一场激烈的思想大论战，这场论战导致《新

民丛报》陷入困境而被迫停刊，《民报》取得彻底胜利，影响迅速扩大，销量大增，最高发行量达到 17000 份。《民报》在论战中的胜利，推动了革命派的办报活动，出现了一批革命报刊，如新加坡的《南洋总汇报》、马来西亚的《光华日报》、上海的《竞业日报》、《神州日报》等等。

同盟会创办《民报》，为资产阶级民主革命创造了舆论上的准备，推动了革命形势的发展，宣扬了民主共和的思想观念，促进了辛亥革命的胜利的到来。

陈天华蹈海

光绪三十一年（1905）十月六日，日本文部省颁布了《清国留学取缔（即管束）规则》，对留日中国学生的活动大加限制。广大留学生认为这一规则"剥我自由，侵我主权"，暗中酝酿着一场反取缔规则的运动。从十一月八日起，8 千多名留学生相继集体罢课，而日本的报刊舆论却对此大加污蔑和指责，将罢课行为归结为是"清国人特有的放纵卑劣性情所促成"的。陈天华见此气愤异常，但同时担忧留学生一旦不能把斗争进行到底，出现日本报刊攻击的"放纵卑劣"的状况，将是中华民族的奇耻大辱。他认为口头宣传可能是无力的，便决定以投海自杀来震惊国人，激励留学生坚持斗争，并向全世界证明中国人不是放纵卑劣的芸芸众生。他写下三千言的《绝命书》，声明自杀的原因和一系列政治主张，鼓励留学生们要"坚忍奉公，力学爱国"，振兴中华民族。

他还在《绝命书》中对一系列革命的现实问题，提出了自己的看法，其中非常有价值的是他认为在宣传革命时，要注重政治问题，而不宜过于强调民族问题，反对倡言戮杀满族人民的复仇观念。十一月

十二日晨，陈天华坦然离开寓所，将《绝命书》寄给留学生总会，然后从容地在东京大森湾投海。

陈天华蹈海大大激励了中国留学生的爱国热情，惊动了国际舆论和日本朝野，使日本政府不得不做出了让步，承认留学生的罢课是正义的行为。次年闰四月一日，陈天华灵柩抵达长沙。七日，长沙各界万余人为他举行了声势浩大的公葬。

革命派与保皇派论战

孙中山曾幻想同流亡国外的康梁合作，但在看到合作不可能时，便于 1904 年断然指出："革命、保皇二事，决分两途，如黑白之不能混淆，如东西之不能易位。"另一方面，梁启超于 1903 年在日本也宣布："标明保皇，力辟革命，且声言当与异己者宣战。" 1905 年，同盟会成立，在日本出版机关刊物《民报》，比较系统地宣传革命的主张。以康梁为首的保皇派则以梁启超主编的《新民丛报》为阵地，双方展开了一场针锋相对的大辩论。

论战的主要内容是：

第一，革命，还是保皇？保皇派认为：清朝统治的"盛德"为各国所未有，实行君主立宪，四万万人就会有政治自由。他们把专制政治统治下的中国说成是王道乐土，人民早已享有民主自由，中国不需要暴力革命。他们说：法国大革命杀人如麻，血流成河，各党各派，皆辗转相杀，乱党乱民，无一免者，革命就要亡国。革命派对保皇派的论调予以严厉的驳斥。他们列举了清朝统治阶级发动的大量暴行暴政，并指出，革命流血是不可避免的，因为"病入膏肓"的清政府，非用刀砍不行。针对革命就要亡国的无稽之谈，他们指出：与其作奴隶而生，不如为革命、求共和而

战死，只有革命，彻底推翻满清政府，才能拯救民族危亡。

第二，是开明专制，还是民主共和？保皇派用君主立宪，开明专制对抗民主共和。他们认为共和政体还不适合今日之中国，中国只能由君主专制到君主立宪，再发展到共和，不能"躐等"。革命派对改良派的民智未开论、不能躐等论、国家大乱论，一一给予了驳斥。章太炎说，人的智力是通过竞争、通过斗争、通过革命发展起来的，革命本身就可以提高人们的觉悟。孙中山也批判了不能躐等论。他说，铁路之于机车，最初的铁路是非常之粗恶的，后来铁路改良了，难道中国现在修铁路还要用当初的粗恶铁路吗？针对"天下大乱论"，孙中山指出，共和政体所说人人参政，并非全国人民都直接干预政权，而是指人人都有资格参政，其法律之权利，在于选举产生的行政司法部门。

第三，要不要实行"土地国有"，"平均地权"？梁启超认为："平均地权"就是实行社会主义公有制……私有制度"为现社会一切文明之源泉"和经济之最大动力……有敢言土地国有者，"其人即皇帝之逆子、中国之罪人也；虽与四万万人共诛之可也。"革命派则看到中国革命实质上是经济地位最低下的"佃民"农民革命，不解决土地问题，革命就不能成功。

这场论战，革命派顺应历史潮流，赢得了群众；而保皇派逆历史潮流，失去了群众。

同盟会举行起义

光绪三十二年（1906）起，同盟会在各地组织发动了多次起义。

同盟会成立后，便谋划在长沙流域联络会党，准备发动武装起义。由于湖南会党势力强大，又深受排满思想的影响，起义首先在湘赣边界爆发。起初同盟会派刘道一、蔡绍南从日本回湖南展开活动，在萍乡、浏阳、醴陵一带联络会党，成立了以龚春台为首领的洪江会。光绪三十二年（1906）十月十九日，龚春台发动萍浏醴起义，宣告推翻清专制政体，建立共和民国，实现地权平均。但不久起义被清军镇压，蔡绍南、刘道一等首领10人死难，会众万余惨遭杀害。这次起义影响深远，此后同盟会又在全国各地相继发动起义。

光绪三十三年（1907）四月十一日，黄冈起义爆发。仓促举事的起义军700余人于次日攻占广东潮州饶平县黄冈镇，擒杀当地清军首领。陈涌波、余既成以革命军正、副司令名义发布檄文，宣布同盟会宗旨。由于革命军起义仓促，主要领导人许雪秋尚在香港，内部意见纷纭，又未集中兵力迎敌，虽经多次激战，终因寡不敌众、粮械缺乏而于十六日解散。此次战役起义军战死94人，被捕60余人，余既成等逃亡香港。

同年四月二十二日，同盟会会员邓子瑜闻黄冈猝然举事，立即派人集合三合会

1907年同盟会黄岗起义时革命军誓师出发的情形

党众，在惠州府归善县七女湖发动起义，起义军与清军激战10余日，屡败敌军。但由于黄冈起义失败后别处并无响应，惠州革命军孤立无援，邓子瑜被迫在梁化圩解散队伍，将武器埋于地下。起义军大部分

隐入罗浮山区，小部分逃亡香港。此后，同盟会又发起组织了一系列的起义，比较著名的有：光绪三十三年七月二十六日，同盟会员王和顺等发动的钦廉防城起义；同年十月二十七日，同盟会领导的镇南关起义；次年三月二日，同盟会黄兴领导发动的马笃山起义和四月一日发动的河口起义。上述起义在清廷优势兵力的镇压下，均先后失败。

清廷实行宪政

光绪三十二年（1906），清王朝开始准备实行君主立宪制度。

维新变法失败后，慈禧太后废弃了一切新政。然而八国联军之役使清廷遭到空前的打击，且排满革命风起云涌，各省督抚和绅商亦对满清贵族专政渐生不满，君主立宪的呼声越来越强烈。为平息反清情绪，巩固其统治地位，慈禧乃派载泽等五大臣出国考察宪政，为君主立宪作准备。

光绪三十二年（1906）夏秋之交，出洋考察的大臣们先后回国，载泽等上奏：立宪可以永固皇位，减轻外患，内乱可弥。清政府遂于同年七月决定预备仿行立宪，从官制改革入手。次年又宣布筹备在中央设资政院，各省设立资议局，成立宪政编查馆，可是对具体的立宪日期却迟迟不加确定。朝廷颁诏后，顽固官僚们因立宪可无限期拖延而松了一口气，而真心立宪的人士则对清廷的敷衍态度十分不满，开始酝酿大规模的促进立宪运动。光绪三十二年十一月一日，张謇、汤寿潜联络江苏、浙江、福建三省绅商代表，在上海成立预备立宪公会。该会推举郑孝胥为会长，张謇、汤寿潜为副会长，以"奉戴上谕立宪，开发地方绅民政治知识"为宗旨。该会成立后，积极策划地方自治，发动国会请愿活动，扩大势力，俨然成为立宪运动的首领。国内第一个立宪政治团体——预备立宪公会的成立，促进了国内立宪运动的进

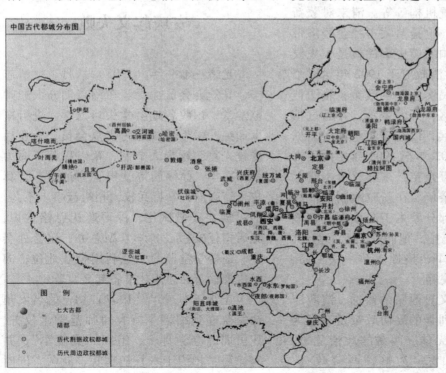

中国古代都城分布图

中国古代都城分布图。中国历代都城的嬗递，从一个侧面反映了历史和文明的发展、进步。一座都城就是一个朝代的缩影。昔日的古都，在大一统之后，虽然失去了都城的地位，但仍不失为当地的政治、文化中心。不少有过古都的历史城市，后来均成为各省的省会。

一步发展。此后湖北、湖南、北京、广东纷纷成立了类似的团体，并在宣统二年（1910）兴起三次大规模的国会请愿运动，迫使清政府宣布缩短预备立宪期限并提前召开国会。然而，不等国会召开，辛亥革命爆发，清朝垮台，立宪终成泡影。

清廷在蒙古西藏实行新政

进入20世纪，出于新的形势需要，清朝政府不得不改变对蒙古、西藏的政策，在两地实行新政。

清朝的对蒙政策，最初是实行盟旗制度、封禁政策。鸦片战争以后，由于内外危机紧迫，清政府对蒙古的原有种种禁令，呈现逐步松弛的趋势。

1906年，清廷委派肃亲王耆善往内蒙古东部实地考察，筹办"新政"措施。而后，清政府在蒙古地区陆续推行了一些新的政策措施。其中主要有：开办银行；兴办工矿企业；增置机构等等。清末对蒙新政最主要的内容，也是给蒙古社会经济带来最大变化和影响的历史事件就是大规模的"移民实边"。清政府于1902年始对蒙古地区推行"移民实边"的政策，企图把汉区农民移入蒙区，开发蒙荒，并通过拍卖荒地来筹饷练兵，以充实边疆防务。据粗略统计，自1902年至1908年，内蒙古西部共垦丈757万余亩，东部哲里木盟七旗共放垦245万余垧。在新政改制潮流的影响和推动下，部分蒙古王公也在管辖境内实行一些改革措施。他们分别上奏朝廷，要求在蒙旗练新军、整顿旗政、兴工商、开矿修路、办学校等。

随着帝国主义对西藏的渗透、清政府在西藏问题上对列强的妥协政策及有泰等驻藏大臣的腐败无能，西藏的政治危机、边疆危机不断加深。为整顿西藏政务，

1906年，清政府派张荫棠（？～1935）为驻藏帮办大臣，进藏"查办藏事"。

张荫棠进藏后，经过周密调查，参劾辱国丧权的驻藏大臣有泰及10余名满、汉、藏官员贪污腐化的罪行，清政府将有泰等人革职查办，任命联豫为驻藏大臣，由张荫棠筹办"新政"。

张首先向清政府奏陈《治藏刍议》19条及《西藏地方善后问题》24款。他还建议在拉萨分设交涉、巡警、督练、盐茶、财政、工商、路矿、学务、农务九局，以重分工。这为后来西藏地方噶厦以下的机构组织划出一个轮廓。

张荫棠颁发《训俗浅言》，宣传汉族的伦理道德规范，另外还颁发《藏俗改良》，作为建设西藏，改革藏俗的指南。他在拉萨创办汉藏文报纸，设立学堂，传播改良主义和维新爱国思想，还亲自到大昭寺为藏族官员宣讲《天演论》和强种强国的救国之道。

安庆起义失败

光绪三十一年（1905）八月，反清志士、光复会会员徐锡麟在绍兴创办大通师范学堂，招收各地会党头目入学，进行军事训练，学生入校即为光复会员，毕业后受校光复会领导人节制，藉以积蓄革命力量。次年，徐锡麟筹款捐官为道员，打算打入清政府，掌握兵权，相机起事。不久，徐锡麟在安徽试用，深得巡抚恩铭赏识，先后担任安徽武备学堂副总办、巡警处会办、巡警学堂监督。他利用合法地位，向学生灌输革命思想，准备起义。

光绪三十三年（1907）初，著名女革命家秋瑾到绍兴主持大通师范学堂校务，积极训练会党骨干，组织"光复军"，并与徐锡麟相约于六月初在皖、浙两省同时

秋瑾像

起义，然后分兵取南京，占江苏、安徽、浙东各省要地。不料五月初，绍兴会党过早暴露形迹，清当局四处缉拿革命党人，秋瑾将险恶情形通知徐锡麟。徐锡麟怕日久生变，遂决定乘巡警学堂举行毕业典礼时，杀死恩铭等大员，占领安庆，发动起义。二十六日毕业典礼上，徐锡麟突持双枪射杀恩铭，其余文武各官仓皇逃遁。徐立即率人占领军械局，不幸被清军包围，双方激战6小时后，徐锡麟等20余人被

徐锡麟像

捕。徐锡麟在刑场上大义凛然，自称革命党首领专为排满而来，被清吏剖腹剜心杀害。同时，浙江巡抚张曾扬得奸人告密，立即派兵往绍兴缉捕秋瑾。六月三日，清军包围大通师范学堂，秋瑾知道徐锡麟就义后痛不欲生，拒绝避走，遂被清兵捕获。绍兴知府贵福连夜提审，秋瑾坚贞不屈，拒答讯问，写下"虽死犹生，牺牲尽我责任；即此永别，风潮取彼头颅"的绝笔书，牺牲时年仅31岁。

安庆起事，加速了长江流域革命势力的发展，给湖北革命党人极大的鼓动。

光绪慈禧相继去世

光绪三十四年（1908）三月以后，自戊戌政变失败即丧失权柄与自由的光绪皇帝，因长期抑郁寡欢，且一直患有痨瘵痼疾，病情日趋恶化，到十月中旬，光绪皇帝已病入膏肓，御医诊断皇帝随时可能死

河北遵化清东陵中慈禧寝陵隆恩殿前的陛石，凤在龙之上的图案是帝后关系错位的具体反映。

去。慈禧太后遂于福昌殿召见军机大臣张之洞、世续、醇亲王载沣等人商议立嗣一事。慈禧太后欲立溥仪继嗣，并以溥仪生父载沣为监国摄政王。张之洞、世续怕出现光绪皇后垂帘听政局面，主张直接立载沣为帝。但慈禧太后认为同治、光绪已是兄弟相继，若再立载沣，三代均兄弟传承，史无前例。于是最后决定立溥仪继位。十月二十日，正式谕诏载沣为监国摄政王，其子溥仪入宫读书。二十一日，光绪皇帝终因心力衰竭而亡于瀛台涵元殿，慈禧太后即颁懿旨以溥仪为嗣皇帝。当年九、十月间，慈禧太后亦有咳嗽、肋痛、口渴、舌干及肢体倦怠无力等症状。光绪皇帝病逝之日，慈禧太后开始不思饮食，翌日午时，太后刚用过饭，忽然晕过去，为时甚久。醒后，太后自知末日将至，便急召光绪皇后、监国摄政王，赋予摄政王载沣有裁定政事之权。是日（十月二十二日），慈禧太后病死于中海仪鸾殿。二十五日，载沣等定建元年号为宣统。十一月九日，举行溥仪登基大典。先由载沣抱着溥仪在中和殿接受侍卫大臣们叩拜，继而在太和殿龙椅上接受文武百官朝贺，并定翌年（1909）为宣统元年。

庚子赔款退还促进留美

光绪三十四年（1908），美国政府决定退还部分庚子赔款。这笔总数约为10785286美元的退款，规定用做资助中国留美学生的经费。经中美双方协议，从拨还退款第一年起，头4年里中国每年遣派100名学生赴美留学；从第5年起，每年至少续派50名。

自光绪七年（1881）留美幼童中途撤回以后，中国留美教育一直处于低温状态，从彼时至光绪二十六年（1900）的20年间，留美人数仅15人。从光绪二十七年（1901）起，清政府在实施政治、军事、文化、教育等方面的改革过程中，陆续颁布了一些有关留学教育的法令和章程，使得留学教育逐步规范化。清政府逐步增订奖励游学的条例，允诺留学生学成归国后将分别得到进士出身或举人出身的奖赏。经过一系列法令章程的实施及新学制的颁布，留学教育日渐发达起来。

伴随着留日热潮的出现，留学欧美也吸引着许多人。留美教育开始复苏的光绪二十七年，留学生人数增至12人，到光绪三十三年（1907）增至69人，这无疑也是得益于清政府鼓励留学教育的政策。

庚子赔款给赴美留学带来了新的契机。宣统元年（1909），中国游美学务处在东城侯拉胡同的一所民房里正式成立。学务处立即起草了《游美学处暂行章程》及其《附则》，并于次年将游美肄业馆改建为清华学堂，培养送美留学的学生。

清华学堂位于京西清华赐园旧址，学堂分为初、高两等级，学额500人，学习年限为初等4年、高等4年。每年定额招生，高等科参用美国大学课程设置。学生预备选送赴美留学，而未被选送出国的，

1910年，广州至九龙的铁路建成后的第一班火车。

则留馆修习各种专门学科。所以，渐渐地，清华学堂不限于留美预备学校的专一职能，而具有了常规学校的性质。

宣统三年（1911），游美学务处制定了报考清华学堂的章程和《清华学堂章程》，至此，留美预备教育的体制大体成型。

宣统元年（1909）八月，游美学务处成立后还立即举办了选拔首批留学生的考试，630名考生中有47人被录取；次年又从400多人中选出70人赴美留学；宣统三年再送63人留学。同年还有12名十一二岁的幼童考中，并于1914年赴美读中学。

用庚子赔款所实施的留美教育，固然是西方资本主义国家对中国进行文化渗透的一种有效手段。但毕竟对中国留学教育产生了积极的影响。

长沙出现抢米风潮

宣统元年（1909）春夏间，湖南各县暴雨成灾，大批饥民逃往长沙。翌年春，湖南巡抚岑春煊等官吏、地主豪绅、外国洋行及奸商乘缺米之机，竞相抢购谷米，囤积居奇，并将大量粮食运往邻省，牟取暴利。当时长沙饥民无数，人多粮少，粮价一日数涨，有百姓购粮无着，愤而全家投水自杀。消息传出，民众愤极，要求减

低米价禁止奸商外运谷米，但官府对民众呼声置之不理。三月三日，长沙百余饥民捣毁抬价的碓房，迫使善化县令郭中广答应于次日开仓平粜救济饥民。但官府次日却失约捕人，激起民众义愤，沿途汇集饥民万余人冲到巡抚衙门口，高喊口号，要求减价粜米，并捣毁衙门设施。当夜，长沙城内外各碓坊碓站之米被抢劫一空。岑春煊下令军队开枪，当场打死20余人，伤40余人。饥民毫无惧色，徒手与清军搏斗。群众愈聚愈多，两日间迅速发展到2万多人，捣毁米店，焚烧巡抚衙门，还捣毁焚烧了外国教堂、公司、洋行、驻华领事馆、邮局等等。巡抚岑春煊走避，清军开枪镇压，民众又有死伤。九日，英、美、日、法、德各国派军舰闯到长沙，配合清军镇压饥民，逮捕数百人，饥民伤亡不计其数，舆论大哗。湖南全省沸腾，各地群众相继而起响应长沙。清政府被迫罢免岑春煊，出示公告平粜济民，长沙抢米风潮遂逐渐平息。

汪精卫谋刺摄政王

宣统二年（1910），汪精卫因谋刺摄政王被判终身监禁。

同盟会成立后，革命党人频繁起事，但屡遭挫折、失败，渐生悲观情绪，于是许多人开始热衷于进行暗杀清廷要员的行为，认为只有冒险成功，才能"挽回党人的精神，使灰心者复归于热，怀疑者复归于信"。从此暗杀行动此起彼伏，以吴樾炸五大臣首开其端，而以汪精卫刺杀摄政王载沣达到高潮。汪精卫（名兆铭），广东番禺人。青年时留学日本，加入同盟会，曾任《民报》主编和同盟会南方支部书记，因革命艰难，遂萌暗杀之志，与黄复生等人组织暗杀团。宣统二年（1910）二

汪精卫像

于宣统二年正月宣布革去十三世达赖喇嘛名号，并令驻藏大臣另找灵童代替之，结果引起藏民的一致反对。清廷鉴于情势严重，乃收回成命，并派人劝达赖回国，但是毫无结果。辛亥革命后，达赖才在英国的保护下返回西藏。

月，汪精卫等潜入北京，策划在什刹海旁的甘水桥炸死摄政王载沣。由于他们的预谋被当局侦破，汪精卫等被捕入狱。开始被判处死刑，但清政府后来认为杀一二人亦难阻革命，不如慢慢软化，遂判其终身监禁。辛亥革命以后，汪精卫等获释出狱。

清廷另立达赖

宣统二年（1910）正月，清廷欲另立达赖。

西藏十三世达赖由北京返藏后，开始靠拢英国，疏远清廷中央政府。当时驻藏大臣联豫在西藏推行政治改革，并请中央速派川军入藏巩固边防，以资弹压。川军入藏，导致清中央政府与西藏上层关系的急剧恶化。宣统二年（1910）正月，川军击败藏军的最后抵抗，进入拉萨。这时达赖尚无逃亡的决心，待川军在城内开枪殴伤人命，造成秩序大乱后，达赖才在英国人的怂恿下，从拉萨逃亡印度，寻求英国人的庇护。此后，英国利用达赖，放手策动西藏脱离中央政府。达赖逃亡后，清廷

达赖行使权力用的金印

广州起义

宣统二年（1910）正月三日，同盟会会员倪映典发动广州新军起义。

倪映典（1884～1910），一名端，字炳章，安徽合肥人。1904年，他弃医从戎，考入安徽武备学堂，次年加入岳王会。随后至南京进入江西陆军学堂炮兵科，毕业后充新军第九镇炮标队官，并参加同盟会。光绪三十四年（1908）秋，因与熊成基密谋安庆起义事泄，避走广州，由赵声推荐担任广州新军炮兵排长。倪映典在广州新军中积极开展活动，宣传三民主义，揭露清廷暴政。到宣统元年（1909）冬，广州新军及下级军官的半数以上加入同盟会，革命党人认为组织一场大规模起义的条件已经成熟，决定在次年（1910）正月十五日举行起义。不料当年十二月三十日，一

新军士兵因与警察发生冲突而被捕，次日，又爆发大规模的军警冲突，新军群情激奋，要求立即起义。突发事件打乱了同盟会的预订起义计划，只得提前起义。倪映典于宣统二年正月二日从香港赶回广州，三日枪杀一营管带齐汝权，宣布起义，自任总司令，率新军2千多人分3路进攻广州。义军由沙河向大东门进军时与清军在牛王庙遭遇。清军发炮轰击，起义军伤亡惨重。倪映典拒绝清水师提督李准的请降后，中弹牺牲，义军伤亡百余人，遂向燕塘溃退，清军四出搜捕，起义军先后被捕百余人，逃到香港百余人，起义失败。

黄花岗起义

宣统三年（1911）三月二十九日，同盟会在广州起义，伤亡惨重，全国震动，是为"黄花岗起义"。

同盟会领导的起义屡遭挫败，部分革命党人精神上渐生失望。孙中山坚守革命必胜信念，于去年十月，在槟榔屿召集同盟会骨干及南洋和东南各省代表秘密会议，决定在广州再次起义。会后，孙中山、黄兴等亲自到华侨中募捐，集得港币19万元，遂派人到日本购买武器。十二月，黄兴、赵声等到香港组成了起义领导机关统筹部，黄兴被推举为部长，赵声为副长。除分派革命党人前往长江流域联络反清革命团体响应外，即着手发动广州新军、防营、巡警及番禺、南海、惠州等地会党参加起义。他们以同盟会会员为骨干，精选出一支由800人组成的先锋队，在广州设立了秘密据点38处。

同月十日，统筹部拟定十五日起义，分10路进攻广州。由于温生才刺杀广州将军孚琦，广州戒严，起义被迫延期。二十五日，黄兴潜入广州，于本日起义。黄兴

黄花岗72烈士墓

率一路进攻总督衙门；另一路攻广州北小门，接应参加起义的新军进城；第三路守大南门；第四路袭取巡警教练所。黄兴率120余名先锋队员攻入总督衙门，张鸣岐逃走。起义军纵火焚烧了总督衙门，继续前行。在东辕门外，起义军与清广州水师提督李准卫队遭遇，展开激烈巷战，战斗持续了一昼夜，伤亡重大，最终被清军击败。黄兴伤右手，断两指，仍坚持指挥，直到只剩孤身一人时才躲入一家绸布店，经同志护送到香港。林时爽、林觉民等70余人死难。事后收殓遗骸72具，合葬于黄花岗。这次起义，是孙中山领导和发动的最后一次起义，震动了全国，直接刺激了长江流域的革命运动。

保路运动兴起

宣统三年（1911）四月，湘、鄂、川、粤4省掀起保路运动。

皇族内阁成立，激起中国人民普遍不满，对清政府彻底绝望。宣统三年（1911）四月十一日，清政府悍然宣布铁路国有政策。声称干路均归国有，支路准各省绅商集股自修。如有违抗，即照违制论。二十二日，邮传部大臣盛宣怀与英、美、法、德四国银行团正式订立《粤汉川汉铁路借款合同》二十五项，借款600万

四川成都辛亥（1911）秋保路死士纪念碑

英镑，将光绪三十一年（1905）中国人民争回的路权再行出卖。光绪三十、三十一年川汉、粤汉铁路收回后，清政府已定为官督商办。四川、湖北、湖南、广东4省铁路公司到宣统三年已筹集资金4千余万两，除广东全部为商股外，其他3省则募集了大量民股。所谓民股，即由地方政府在税收项目下附抽米捐股、盐捐股、房捐股等。特别是四川、湖南两省，清地方当局还"按亩派捐"，使广大农民负担沉重，许多"无产可破者，至鬻子以相应"，这种捐股在两省股款中，占了很大比重。因此路权的得失，涉及4省持有股票的地主、商人、资产阶级和广大城乡劳动人民的利益，致使这4省民众的反清保路斗争愈演愈烈。

本月，保路运动首先在湖南爆发，粤、鄂两省响应。次月，川省股东在成都开会，成立四川保路同志会，宣示"拒借洋款，废约保路"。保路运动迅速扩大到4省，引起全国瞩目。七月，清政府派端方率军入川镇压，并命川督赵尔丰解散同志会。赵尔丰诱捕同志会首领薄殿俊，枪杀请愿群众，制造"成都惨案"。八月，吴玉章在荣县宣布独立。各路保路同志军包围成都，把四川保路运动推向高峰。

亲贵内阁成立

宣统三年（1911）四月，清廷设责任内阁，以奕劻为总理大臣，是为"皇族内阁"。

自颁布预备立宪诏书后，立宪派开始敦促清政府成立责任内阁，速开国会。清朝王公贵族唯恐鼎祚潜移，而欲藉立宪之名以行集权之实。

清廷诏令裁撤军机处、会议政务处等机构，颁布新订内阁官制，设责任内阁。摄政王载沣任命庆亲王奕劻为内阁总理大臣，由他筹组新内阁。新内阁旋即成立，奕劻（皇族）为内阁总理大臣，那桐和徐世昌为协理大臣；下设外务、民政、度支、学、陆军、海军、法、农工商、邮传、理藩等10部，以耆善、载泽、载洵、荫昌、绍昌、溥伦、寿耆、梁敦彦、唐景崇、盛宣怀为各部大臣。是为"皇族内阁"或"亲贵内阁"。

皇族内阁一经产生，即引起舆论界的广泛不满。立宪派发表《宣告全国书》，批评清政府"名为内阁，实则军机，名为立宪，实则专制"。待辛亥革命爆发，清政府屈从于袁世凯的压力，只得把皇族内阁解散。

武昌起义

宣统三年（1911）八月十九日，湖北革命党人发动武昌起义，各省响应，纷纷宣布独立。

辛亥革命武昌首义的重要遗址——起义门（原为中和门）

湖北武汉位处9省通衢之地，战略地位十分重要。自科学补习所成立以后，革命党专注运动新军。经过不懈努力，革命党在新军中的势力已蔚然可观。时黄岗起义引起全国震动，保路运动风起云涌，革命时机成熟。宣统三年（1911）八月三日，湖北革命团体共进会与当地新军中的秘密革命组织文学社合并，同时建立领导起义的机构。文学社首领蒋翊武为总指挥，共进会首领之一孙武为参谋长，他们对在武昌发动起义进行了部署。只因被邀为统帅的黄兴迟迟未到，一直引而未发。

昨日，孙武在汉口俄租界制造炸弹爆炸，起义总机关迭遭破坏。湖广总督瑞澄在武汉三镇大肆搜捕革命党人。本日晚革命党人被迫提前起义，工程第八营熊秉坤等首先率领新军举事，晚上7时，士兵程正瀛打响了第一枪，熊秉坤带工兵营迅速占领楚望台军械库。其他各路军中革命党闻枪而动，按原定部署，向各自的目标发起攻击。二十日清晨，总督衙门被攻克，瑞澄逃至楚豫号兵舰，第八镇统制张彪逃

往汉口，武昌遂为起义者占领。二十一日，汉阳、汉口均告光复。时孙武、蒋翊武等革命党首领逃亡在外，新军协统黎元洪被推为都督，组织湖北军政府，宣告湖北独立。

孙武像

武昌起义后，清王朝统治者惊恐异常。宣统三年（1911）八月二十一日，清政府即谕令派陆军两镇，由陆军大臣荫昌督师南下；令海军提督萨镇冰率海军溯江而上；令程允和率长江水师会集武汉；又命河南巡抚宝棻派新军52标赴汉口，与张彪残部汇合，共同围剿武汉起义军。八月二十七日，武汉保卫战拉开序幕。九月七日，清军经大智门攻入汉口市区，革命军依断墙残垒与清军展开巷战，九月十一日，汉口

蒋翊武像

沦入清军之手。十月一日，清军向汉阳发起攻击。汉阳于十月七日失守。长达一个半月的武汉保卫战虽以失败告终，但牵制了清政府大部分精锐部队，使各省相继光复，对全国革命形势的发展，做出了极大的贡献。

武昌起义后，湖南、陕西、山西、云南、江西、贵州、湖北、江苏、广西、安徽、福建、广东、四川等 14 省相继宣布独立，形成全国规模的辛亥革命。武昌起义最终导致了清王朝的灭亡。

1911 年 10 月 11 日，起义军占领武昌全城后，建立湖北军政府。

第二节 文化中兴：艺海拾贝 科技撷英

《四库全书》

清代统治者自入关后很重视搜集和编纂古代典籍，顺治、康熙、雍正时期编修书籍甚多，其中如大型类书《古今图书集成》，荟萃群书，融贯古今，有一万卷之巨。到乾隆年间，清朝进入鼎盛阶段，国家富足，社会也较为安定，为更大规模的书籍编纂工作提供了条件。

贡院

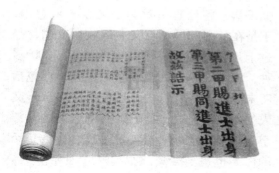

大金榜

乾隆三十七年（1772年）正月，乾隆帝谕令全国各省官员广泛搜集前代遗书和本朝人的著作。谕令说："今内府藏书，插架不为不富。然古今以来著作之手，无虑数千百家，或逸在名山，未登柱史，正宜及时采集，汇送京师，以彰千古同文之盛。其令直省督抚会同学政等，通饬所属，加意购访。"谕令下达后，安徽学政朱筠于十一月提出了搜访校录书籍的四条建议：一是抓紧搜集罕见的旧刻本和抄本；二是充

分利用皇家藏书，公布内廷藏书目录，并组织人员从内廷收藏的残本《永乐大典》中辑录佚书；三是著录与校勘并重；四是对于金石、图谱，也要留心搜集。朱筠的建议引起了乾隆帝的重视，交军机大臣讨论后决定：选派翰林官员开馆编辑自《永乐大典》中辑出的佚书与各省采进的书籍，成书后总名《四库全书》。

《四库全书》在乾隆三十八年（1773年）二月正式开馆，馆址设在北京东安门外的翰林院。四库全书馆设有正、副总裁，

《四库全书》书影

总纂官、总阅官、总校官、纂修官，以及提调官、监督官、监造官等。在前后九年时间里，正式任命的纂修官员先后共计360人，此外还征用了大量的抄写人员和勤杂人员，四库全书馆里聚集了全国最有名望的专家学者，人才济济，极一时之盛。其中最为著名的有纪昀、戴震等人。

纪昀是直隶献县人，才思敏捷，学问渊通，自开馆即充任总纂官，与修书活动相始终，对《四库全书》的编纂工作出力最多。全书的体例、分类和各种类中书籍的排列次序等都是由纪昀一手确定。他把一生精力备注于《四库提要》及《目录》之中，"凡六经传注之得失，诸史之异同，子集之支分派别，罔不抉奥提纲，溯源彻委"，编成《四库全书总目》二百卷，成为目录学史上总结性的著作。由于他在编纂《四库全书》工作中做出的巨大贡献和表现出的卓越才华，纪昀被人称作"一代文宗"。

充任纂修官的戴震是极负盛名的汉学大师，皖派领袖，以举人身份而蒙特召入馆，负责辑校《永乐大典》中的佚书和校勘古籍。他的学问根基深厚，馆中其他人遇有疑难，经常向他求教，他总是竭诚相助。戴震在馆数年，晨夕披检，靡间寒暑，辑出久已亡佚不传的《算经五书》，并且校订整理了《水经注》、《仪礼集释》等大量古籍，为《四库全书》的修纂做出了突出的贡献。由于积劳成疾，戴震于乾隆四十二年（1777年）于馆中逝世。

为了编纂《四库全书》，清廷进行了大规模的征集图书的工作。自乾隆三十七年至四十三年（1772年至1778年），乾隆帝多次下诏求求图书，还特别宣布：凡进书献五百种以上者，奖给《古今图书集成》一部，一百种以上者，奖给《佩文韵府》一部；还将在被收录的图书的提要里记上藏书者的姓名；进献图书特别名贵的，皇帝将亲自在书上题诗，用后尽快送还。由于朝廷的不断督催和各地官员的努力，自各地征集到的图书总数达13000多种，其中有许多是举世罕见的珍本秘籍。这些书籍大部分征自文化特别发达的浙江地区，当地的一些著名藏书家，如扬州马裕、宁波范懋柱等人，进献图书都在六百种以上。这样一次规模空前的征集图书活动为《四库全书》的纂修提供了丰富的基础材料。

在征集到的大量图书中，包括一部分不利于清朝统治者的文字，特别是明清之际的一些野史稗乘，颇多"违碍悖逆"之词。乾隆帝征集图书，修纂《四库全书》，目的在于巩固其统治，对这些不利于其统治的书籍当然不会等闲视之，因而在乾隆三十九年（1774年）八月，就谕令四库馆和各省官员，一定要趁此征书之机，大力查禁一切违碍图书，尽数销毁。其时文字狱正盛，各处官员对禁书之令不敢怠慢，于是在征书的同时，又大肆收缴禁书，经过十几年的时间，查缴禁书竟达3000多种，15万多部，而且查禁的范围不但包括明末清初的稗官野史，还包括许多学士文人的文集、笔记、奏疏以及剧作曲本，甚至一些宋、元时代有关抗击辽、金、元兵的作品也遭到毁禁。在编纂《四库全书》的过程中，还根据乾隆帝的指示，对许多

北京国子监牌坊

古籍中一些"违碍"的章节、段落和字句进行了削删窜改，使得一些珍贵典籍面目全非。

经过近十年的努力，第一份《四库全书》于乾隆四十六年（1781年）十二月正式修成。这部巨大的丛书集古今图书3500多种，共计79000余卷，内容包罗万象。全书分经、史、子、集四部，部下分类，共四十四类，其中十五类下又分为六十五属。其基本分类为经部，易类、书类、诗类、礼类、春秋类、孝经类、五经总义类、四书类、乐类、小学类，共十类；史部，正史类、编年类、纪事本末类、别史类、杂史类、诏令奏议类、传记类、史钞类、载记类、时令类、地理类、职官类、政书类、目录类、史评类，共十五类；子部，儒家类、兵家类、法家类、农家类、医家类、天文算法类、术数类、艺术类、谱录类、杂家类、类书类、小说家类、释家类、道家类，共十四类；集部，楚辞类、别集类、总集类、诗文评类、词曲类、共五类。所收书籍不但包括一般著述，还包括一部分丛书以及如《册府元龟》和《佩文韵府》这类的巨型类书和工具书。《四库全书》"以万千之遗书而汇为一团，以多数之简册而勒成一部，不唯齐整，易于保存，且完备，易于寻觅。吾国先人之宝籍得赖以不坠者，亦斯役之力也。"

在编纂过程中，《四库全书》的编者为收入全书和未收而存目的书籍共10200余种撰写了提要。每篇提要都开列书名、

清代皇室藏书处：故宫文渊阁

卷数、采进来历，考证作者名号经历，介绍书籍的性质与内容大要，评论其得失利弊，说明其流播与影响。这些提要由纪昀编排统稿，按《四库全书》的部类次序编辑成书，即所谓《四库全书总目》。由于各书提要均出自渊深学者之手，概括明晰又常有独到见解，再配合以《四库全书》严密精致的分类框架，所收书目又数量宏大，这部《四库全书总目》因而成为我国目录学中最高成就之作，对后世的学术影响巨大。《四库全书总目》二百卷，最初于乾隆六十年（1795年）由内廷刊刻，后来民间依殿本翻刻，得在全国广泛流传。

《四库全书》卷帙浩繁，没有刊印本，编成后仅抄写了七份，各装订成三万六千多册，分别　于北京大内文渊阁，圆明园文源阁、承德避暑山庄文津阁、沈阳故宫文溯阁和扬州文汇阁、镇江文宗阁、杭州文澜阁。抄成后又多次重校、补校。后来由于战乱，文源阁本、文汇阁本和文宗阁本都荡然无存；文澜阁本毁损过半后补抄完整，与文渊阁本，文津阁栈、文溯阁本现在分别珍藏在杭州、台北、北京和甘肃兰州。

清代文字狱

封建社会中，因文字著述被罗织罪名、酿成冤案的，称为文字狱。从明代开始，封建中央集权得到加强，文字狱的发生，也走向高潮。清朝取代明朝后，由于满洲

"万世师表"匾额

贵族以少数民族统治中国，社会矛盾十分尖锐，为了镇压下层人民和知识分子中的反抗，清政府制造的文字狱也达到了顶点。粗略计算，从清顺治二年（1645 年）僧人函可作私史被流徙案到清乾隆五十三年（1788 年）生员贺国盛上"筹国策"案，共发生有案可查的大小文字狱 110 余次，因之被杀、被流放者达二百余人之多。这些文字狱，按其性质，大致可分为三个阶段。

从顺治初年到康熙末年，为第一阶段。这个时期的文字狱，主要表现在部分明朝遗民、下层士人对清满洲贵族"以夷凌华"不满，从而在撰述中仍用明朝纪年，甚至诋毁清政权，遭致镇压的几件大案。顺治二年，僧人函可在自撰诗文野史中流露出留恋明朝、攻击清朝的思绪，被人举报，清政权将函可流放东北，禁止刊行其诗作。顺治五年（1648 年），安徽人黄毓祺因写反清诗被杀，江南士人钱谦益等也受株连。同年文人毛重倬刊刻《制艺序》不写顺治年号，只用干支纪年，毛等四人被杀。顺治八年（1651 年）大学士刚林、祁充格因任实录总裁，撰写清太祖实录，被指控为替已死的摄政王多尔衮隐匿罪行，二人俱斩。顺治十八年（1661 年），浙江发生了清初最大的文字狱案——庆廷钺《明史》案。浙江富户庄廷钺购到明末文士朱国桢所撰《明史》稿本，窃为己作，并补写了崇祯朝和南明史事。其中奉南明弘光、隆武、永历政权为政朔，又有指斥清朝词句。被人告发，酿成大狱。已死的庄廷钺被剖棺戮尸，其弟庄廷钺等 72 人被杀，株连下狱的族人邻里达上千人。被害人中还包括江南名士查继佐、潘柽章、陆圻等多人。此案至康熙二年（1663 年）才结案。康熙四年（1665 年）江南人邹流骑因刊刻其师吴伟业著《鹿樵纪闻》被下狱，焚书。同年山东即墨文士黄培诗集中

故宫保和殿

有怀恋旧明、攻击清朝诗句，黄被处死，200 余人下狱，江南名士顾炎武也被株连。康熙六年（1667 年）江南民人沈天甫做诗，委托名士黄尊素等 170 人名，被指控谋逆处死。康熙二十一年（1682 年）湖广术士朱方旦刊刻《中质秘书》，被指控"背叛孔孟"，朱及弟子三人处斩，与其来往密切的清宗室将军、湖广巡抚革职囚禁。康熙五十年（1711 年）的戴名世《南山集》案，是当时另一桩大狱。翰林院编修戴名世在明史馆修明史时，把明朝遗老记述收入已作《南山集》，根据安徽桐城文士方孝标《滇黔纪闻》议论南明史事，认为顺治朝不属正统。被御史赵申乔告发，戴名世处斩，江南名士方苞、王源等大族三百余人或下狱，或流放东北为奴。

雍正朝为文字狱的第二阶段。这一时期，由于康熙多位皇子之间发生夺位之事，雍正帝继位后便以文字狱形式剪除敌对势力，许多文字狱表现了统治阶级内部矛盾。雍正三年（1725 年）权重一时的大将军年羹尧引起雍正帝猜忌，抓住他奏折中"夕惕朝乾"四字写错，定下数十条大罪将其处死抄家。年氏朋党官员五十余人受株连革职。其中年羹尧门下幕僚汪景祺在所作《西征随笔》中为功臣受贬鸣不平，并有影射攻击雍正帝、诽谤满族的词句。汪景祺被处斩，亲族流放东北为奴。次年，年羹尧的另一幕僚钱名世因曾写诗吹捧年氏，

戴震·《孟子字义疏证》书影

雍正帝将其圈禁，特制"名教罪人"匾额加以羞辱。同年，内阁学士查嗣庭在任江西主考官时，雍正帝以其出试题荒谬，有"百室盈止，妇子宁止"，是把雍正"正"字拆成"一止"；又有依附权臣隆科多，对康熙时《南山集》文字狱不满等罪状，将查氏处死，家人流放。雍正五年（1727年）太常寺卿邹汝鲁进献《河清颂》，被指控有"悖逆"、"讥讪"之语，遭革职发配。雍正六年（1728年）发生了雍正朝最大的文字狱曾静、张熙投书案。湖南文人曾静令其弟子张熙投书川陕总督岳钟琪，称他是岳飞后人，劝其起兵反清，并列举雍正有弑父篡位，杀兄屠弟的罪行。岳立即向朝廷举报，将曾、张拘捕。在审理中，查出曾静的思想是读了清初学者吕留良著作后产生的，宫中记述来自被镇压的雍正诸弟胤禩、胤禟手下太监。于是雍正把吕留良的子孙及胤禩、胤禟余党尽行下狱。并发布多次谕旨，批驳对他的攻击，汇成《大义觉迷录》一书，广为刊刻发布。已死的吕留良及其子吕葆中开棺戮尸，其余儿子、弟子多人处死，族人大批流放为奴。曾静、张熙作为自新之人释放，但乾隆时又被处死。雍正七年（1629年），生员陆生楠作《通鉴论》，被指责"妄言议政"

和死。同年御史谢济世因注《大学》，定为"毁谤程朱圣人"，革职充当苦差。

清代文字狱的高潮是在第三阶段，即乾隆朝。这一时期清统治进入相对稳定阶段，民族矛盾、内部矛盾相对缓和，而阶级矛盾、社会矛盾日益尖锐。清朝廷一方面实行文化专制的高压手段，另一方面利用修书来羁縻上层知识分子。文字狱表现的特点是案例繁多，大案却少；无辜受害者多，有意攻击者少。乾隆十六年（1751年）的一件震动全国的文字狱——伪孙嘉淦奏稿案可算作一个例子。乾隆四年（1739年），京师曾有传闻，指斥朝中权要张廷玉、鄂尔泰等。至乾隆十六年云南忽然发现一份流传于商人中的工部尚书孙嘉淦奏折底稿，稿中指责乾隆帝犯有"五不解、十大过"，如征金川恣意用兵，南巡费用无度等。乾隆帝下令在全国追查，发现传抄者极广，遍及十几个省内，上至提督，下至贩夫走卒，近至京师官学，远至土司边寨。追查中被株连下狱者达数千人，仍不知首作者下落。两年多以后，只得指控江西千总卢鲁生、刘时达父子为罪魁，处

戴震像

死结案。其后，在乾隆十七年（1752年）盛京礼部侍郎世臣"诗稿怨望"案；乾隆十八年（1753年）刘震宇"治平新策案"，丁文彬"逆词"案，王尽性刊刻歌词案；乾隆十九年（1754年）福建生员李冠春献策案；乾隆二十年（1755年）扬淮震投献霹雳神策案。乾隆二十年胡中藻《坚磨生诗钞》案是一件影响较大的案件。乾隆前期，雍正帝老臣鄂尔泰、张廷玉两人势力极大，党附颇多，互相攻击排挤，乾隆帝抓住鄂门下弟子胡中藻诗中一些字句捕风

雍和宫建筑图

捉影，对两派都进行了打击。同年，还有程 《秋水诗抄》案，刘裕后《大江谤书》案。乾隆二十年至四十年（1755～1775年），发案极多，先后有：朱思藻吊时案，段昌绪藏吴三桂檄文案，王自成、张世禄"古圣遗书"案，彭家屏藏明末野史案，陈安光著书案，章知邺献诗册案，刘德照选逆词案，朱尚柄藏逆书案，沈大章刊悖逆书案，张照《白云亭诗卷》案，林志功捏造诸葛碑文案，阎大镛《俣俣集》案，余腾蛟诗词讥讪案，李雍和潜递

呈词案，王寂元投词案，蔡显《闲鱼闲闲录》案，齐召南《天台山游记》案，王道定《汗漫游草》案，徐鼎试卷案，李绂诗文案，李浩《孔明碑记图》案，李超海《武生立品集》案，安能敬试卷诗案，钱谦益《初学集》案，陶汝鼐违背诗集案，冯王孙《五经简咏》案等。乾隆四十年以后，随着《四库全书》的修撰，全国掀起了一场查抄禁书浪潮，发生的文字狱多与此有关。先后有：秦功德刊刻劝化台案，陆显仁《格物广义》案，沈德潜选辑《国朝诗别裁集》案，王锡候删改《康熙字典》案，沈大绶《硕果录》、《介寿辞》案，黄廷桂刻奏疏案，智天豹编造本朝万年书案，石卓槐《芥圃诗抄》案，祝廷铮《续三字经》案，李磷《虬峰集》案，王仲儒《西斋集》版本案，艾家鉴试卷条陈案，刘遴宗谱案，魏塾妄批《徒戎论》案，戴移孝《碧落后人诗集》案，梁三川《奇冤录》案，叶廷推《海澄县志》案，游僧昙亮经卷案，吴碧峰《孝经对问》案，高治清《沧浪乡志》案，屈大均诗文案，卓长龄《忆鸣诗集》案，回民海富润回字经案，吴文世《云世草》案，戴如煌《秋鹤近草》案，冯起炎注《易》、《诗》案，韦玉振刊刻行述案，黎大本《孝资集》案，陶煊《同朝诗的》案，段宝山《刍荛之献》案，徐述夔《一柱楼诗稿》案，王尔扬墓志案，袁继咸《六柳堂集》，龙凤祥《麝香山印存》案等。乾隆朝最后一案是乾隆五十三年（1788年）生员贺国盛上《笃国策》案。这类案例是前朝较少的。一些下层知识分子或是出于恃才自傲，或是出于谄媚当朝，或是迂腐透顶，往往要上书荐言，犯了干政的大禁。如乾隆四十四年（1779年），民人智天豹向巡幸中的乾隆帝进献本朝万年书，本想博取欢心，谁知他为乾隆朝预定的年数比康熙朝少，引起乾隆的不快，遭致杀身之祸。在著书

乔家大院正院

立说中，除徐述夔《一柱楼诗稿》有较明显的反清意向外，其余多是牵强附会、捕风捉影的冤案。

乾隆朝以后，由于川陕五省白莲教大起义给统治者以沉重打击，使其无暇顾及文化方面的控制，文字狱急剧减少，惩治也渐渐宽松。如嘉庆四年（1799 年）江苏监生周砢上条陈指责朝政，达几十款之多，嘉庆帝并未如乾隆例予以严惩，仅令送回原籍管束了事。

清朝文字狱是封建社会的必然产物，对中国文化思想的发展产生了巨大的阻碍作用。

李雍和之狱

1. 告苦乞怜

江西省吉安府泰和县有位读书人，为了申诉自己数年来的困苦与委屈，乞求官府帮助，于乾隆二十六年（1761 年）六月间，趁学政按临吉安府主持科举考试之机，将三纸呈词悄悄放入学政行李内，由此引发了又一起家破人亡的文字狱。

这位儒生名叫李雍和，原名李必亨。读书几十载，连个秀才都没有考中。然而，这位老先生倒也想得开，不但不因此感到难堪，反而在穷极无聊之际常常以读书人自居，口出狂言，毫不在乎亲戚、邻居的白眼。乾隆十七年，李必亨抛妻舍子，出外谋生，漂流于四川各州县算命度日。由于单身往来，又无行李，所以常常受到地方官吏的盘问稽查，他只有一次又一次地忍气吞声、不厌其烦地为自己剖白。

测字算命，终究难于糊口，困苦潦倒之中李必亨想出了一个赚钱的高招：每到一地就访问地方富绅姓名，官府所在，然后撰写呈词，渲染自身的穷困与可怜，请求对方资助他旅费以便回籍。呈词或者递入官府，或者送入士绅家，或者粘贴于街市。就这样，边算命边告苦乞怜，历时一年多，也没有感动一位绅士或者官府。乾隆十九年，李必亨游荡到简州龙泉驿，被当地巡检拿住盘问并解送州府。知州先检查了他携带的字纸，发现均是测字算命的东西或告苦乞怜的呈词，审问。李后又觉得其言语像个疯子，于是留下他所带的字纸，给了些盘费，将他递解回籍。

回到家乡后，李必亨依然想靠告苦乞怜得些钱财度日，所以又跑到吉安府知府王铭宗处求助，王没有接受他的呈词，李便贴之于知府衙门前。数月之后，李仍旧难于安分，再次跑到代理知府庐陵县知县周作哲处叫苦，周把他当成了疯子，在留下其呈词备案后，即命人将他解回泰和县原籍管束。

屡屡告苦求助，却屡屡受到冷遇，甚至被当成疯子，失望与怨恨之余，李必亨不再往官府跑了，而是重操测字算命的旧业，后来又靠在本村祠堂教孩子们认字维持生计。然而，告苦乞怜未得帮助的往事却始终让他耿耿于怀，全没了科考上的大度。乾隆二十五年七月的一天，李必亨不

2607

知因为什么事触动了哪根神经，又想起了辛酸的旧事，羞辱与愤怒交织在胸中，他再也按捺不住自己的情绪，挥笔写就一纸冤单，历述自身的困顿与冤屈，发泄久积心头的牢骚和愤慨，行文中有怨天、怨孔子，指责乘舆的话，谈及君父直称"尔""汝"，这在当时简直是大逆不道。冤单写好后，李必亨无意投递官府，便将之暂时收存起来。

乾隆二十六年六月，吉安府的科考之期来临了，李必亨很清楚自己在官绅心目中形象，为了避免被排除在科场之外，他改名李雍和前去应考。临行前，他又一次萌发了顺便告苦求助的念头，也许学政大人能够可怜他治下的学子。于是，他又写了两纸状词连同去年七月份写的那份冤单一起带往吉安。在应考的几天内，李寻机将呈词偷偷地放入学政的行李内。

2. 立功心切的学政

学政谢溶生回到省城后，发现行李内放着三纸呈词，一纸是冤单，两纸是状词。阅罢内容，谢一则以惊，一则以喜。惊的是竟有人如此大胆，造作逆词，潜投学政；喜的是，这一下可有了向皇上报功请赏的机会。

按照清朝官制，学政发现逆词要案，可以直接拟折上奏，同时也要知会地方督抚合力查办。谢溶生好不容易碰上一件逆词案，生怕被别人抢了功，所以采取了两项措施：一是暂不通知巡抚，直接饬令吉安知府火速搜查李家，捉拿李雍和；二是，在说明李雍和潜递呈词，情词悖谬的同时，将有悖逆文字的冤单牢牢抓在手上，只将告苦乞怜的两纸状词发送吉安知府。

吉安知府王铭宗接到学政的饬令后，立即带人前往李家将李雍和锁拿并起获呈词四纸。接着，王一面及时向学政报告情况，一面又将案情禀明巡抚衙门，并附上抄录的呈词数纸。护理江西巡抚汤聘与同僚反复研阅李的呈状，发现均为告苦乞怜之语，并无悖逆之处。求教学政的结果，得知李还有冤单一纸，内有怨天、怨孔子、指斥乘舆等文字。汤聘要取阅逆词，谢溶生则以此事正在拟折上奏，冤单亦须进呈御览，不便给看为由拒绝拿出。

汤聘心里很清楚，学政是怕别人抢功，他又不好发作，所以便飞饬吉安知府将案犯迅速押至巡抚衙门审问。

大堂之上，李雍和供称，在学政行李内共潜置三纸呈词，其中呈状二纸，冤单一纸。汤聘等随即命其据实默写冤单，结果并无悖逆之语。

碧玉龙凤花插

第二天，学政谢溶生传令吉安、南昌两知府前往学署会审李雍和，并将李的逆词拿给两知府阅看。两知府发现这份冤单与李昨日默写者迥不相符。学政逐条讯问，李供认不讳。审完后，两知府赶紧前往巡抚衙门禀报。汤聘闻知，随即复审李雍和。这次，李再也蒙混不下去了，只好老实招认，学政所持的冤单系其一时糊涂乱写而成。

至此，李雍和之罪已经昭然，汤聘立刻拟折奏报皇上。学政谢溶生岂能落在汤聘之后，他早已用五百里紧急驰奏的方式递折到京了。

乾隆看到谢溶生的奏折后，连降两道圣谕，对江西、四川等省的地方官吏大加申斥，在他看来，像李雍和这样一个造作逆词的重犯曾在许多州、县屡递呈词，地方官或视之为疯癫，或含混了事，致使其逍遥法外至今，倘若没有谢溶生禀报，李还不知要猖狂到几何。

另一方面，聪明的乾隆也意识到，谢溶生遇逆词重案未与抚臣合折上奏，而是打破常规自行奏闻且动用限行五百里紧急驰奏递折进京，意在抢功，"汲汲据为己有"。如此居心行事，地方官员怎能和衷共济，于是，乾隆又传旨申饬谢溶生。

等乾隆接到汤聘的奏折后，获悉谢溶生为邀功不仅自行拟折上奏，而且在办案过程中竟存掣肘之心，不与抚臣合作，这实在有碍官场风气，因而立刻降旨，说谢溶生"居心行事，任私戾谬"，着交部议处。同时命汤聘严审李雍和，定拟其罪，并查明当年受理过李呈词的地方官为何姑息养奸，不绳之以法。

最后，李雍和被凌迟处死并枭首示众，其弟李大有无辜受累，被判斩监候，秋后处决。李雍和之妻胡氏及其幼子、幼侄给付功臣之家为奴，家产没官。

因此案受到牵连的江西、四川两省的地方官多数免议，因为李雍和当年在各地投递的呈词并无悖逆语言，只是告苦求助而已，惟泰和县知县和吉安府知府因为对李这种被递解回籍、交保管束的人，不加留心，任其改换姓名参加科考，乃属失职，着交部议处。

李雍和潜递呈词案至此方告了结。

王道定之案

1. 姓名之谜

乾隆三十三年（1768年）八月二十四日，浙江省富阳县典史邹宗洪来到县城的一家饭店，盘查有无形迹可疑者，一位姓于名魏号景阳的投宿客人引起了他的注意。这位客人有柄扇子，上书："仆有无价之珍，非有大福量大因缘者不能承受"等语。在他房间里发现船票一张，上写"孙客"。典史疑心顿起：此人口称姓于，船票上为

葫芦式金执壶

何写姓孙，这里必有文章。接着，邹又查出客人随身携带的书籍一包，其中一部诗稿内有"断缰脱锁入行舟，客路也知成罪放"等语，像是犯罪脱逃者的抒怀之句。问其何处人氏，答曰湖北荆门州人。邹宗

洪闻言猛然想起，不久前湖北出过一起叛逆案，为首者名为孙大有，案中的几个要犯如今依然在逃，面前这位可能姓孙的湖北人，说不定就是此案的逃犯。假如我真的抓获了朝廷钦犯，那可就立了大功，奖赏是少不了的，保不准还能升官晋级。想到这里，典史不由分说将投宿客人带往官府问话。

万树园赐宴图

来到官府后，邹宗洪一口咬定，于魏必是孙大有案内的逃犯。这下于魏可傻了眼，因为他知道孙大有叛逆案非同一般，牵入此案非得落个家破人亡的结局不可，于是赶忙辩白，他既不姓于，也不姓孙，实际上姓王，学名王道定，是位秀才，与孙大有等毫无瓜葛。典史不但不信，反而更胸有成竹地断定面前这位花言巧语的湖北人定是逃犯无疑。所以，他一方面声色俱厉地逼其自写供词，另一方面又诱骗说，只要我处问供有案，他处即可免掉讯诘。在典史的一再威逼和诱使下，于魏只好写下一份供词，说他本人因为附近地方发生孙大有叛逆案，怕有牵连，故而脱逃，但坚不承认自己就是朝廷通缉的案犯。邹宗洪虽然没有完全达到目的，但手握这份供词，便可以报县审理了。严刑之下不怕你不招。

富阳知县听罢邹的汇报，看罢于魏的供词，也认为此人十有八九就是孙大有案内逃犯。开始，于魏还想为自己辩解，后

来，知县说要动刑，于心中害怕，只好供认自己本姓孙，孙大有是其族侄。今年孙大有谋为不轨，将他的姓名登记入册。后来官兵追剿，自度簿内有名，不敢回家，乃改名于魏，漂游浙江。

然而，知县阅罢卷宗后，发现楚省通缉的孙大有案内逃犯并无于姓、孙姓或王姓之人；年龄分别为十六岁和三十余岁，而于魏已年近六十；逃犯相貌亦与于魏迥不相符。这到底是怎么回事？知县与典史如坠五里雾中。最后，他们只好将于魏解往省城，听候上司处理。

2. 原是算命炼丹人

浙江巡抚觉罗永德接案后，先查阅了于魏随身携带的书籍，发现其中有黄帝的《阴符经》、老子的《道德经》、魏伯阳的《参同契》、张伯端的《悟真篇》、集古的《诸真录》等道家著作，均言阴阳五行、刚柔克协，去邪存诚，修炼还源等道家理论，另外还有些讲究黄道吉日的杂书，都算不上悖逆文字，唯有一本题为《汗漫游草》的诗稿，字义隐跃，不知所指。扇面上所书的"无价之珍"等语也甚为荒诞。

觉罗永德随即率领同僚会审案犯，一番严鞫，方得悉内中隐情。

原来，案犯真名王道定，系湖北省安陆府荆门州人。雍正十六年（1732年）考中秀才，如今年已59岁，家中有一妻三子六孙。王平素擅长勘察地理、风水，行医签卜，并喜欢练习道家的修炼之法。近来因家道贫困，欲出外觅食。原想去河南访友谋生，行至樊城适值河道干涸，遂掉头南向，搭便船到了汉口，随后又前往安庆、江宁、苏州、杭州等地，最后行抵富阳。

由于穷途潦倒，靠卖卜为生，怕人耻笑，因而隐匿真名实姓，或捏名于赤川，或捏名于景阳，或捏名于魏。及到雇船起票时又捏称姓孙。旅途无聊之中自做诗稿

一本，题曰《汗漫游草》，出于贫苦流落的窘境，字句之间多感慨、牢骚。又由于平时爱读道家著作，喜讲修炼之法，便想凭此骗些银钱度日，所以在扇面上写了"仆有无价之珍"等语，渴望有人请他去讲长生不老之学。

没料到在富阳被典史邹宗洪疑为逃犯，逼写供词，到知县衙门后，又因畏刑屈认为孙大有案内逃犯。实际上他与孙大有毫无关涉。

最后，王道定还为自己辩解说：假如生员是孙大有一族人，船上就不写姓孙了。另外，如果生员与孙大有逆案有牵连，纵使本人逃出家中，妻室子孙 20 余口，岂能漏网。

听完王道定的供词后，觉罗永德等人又就其诗稿种种隐跃诧异之句逐条讯问，如《赠翁秩群诗》内有"奇干偏争制胜兵"一语，是何立意？翁秩群又系何人？王答曰，翁乃是曾经同船而行的一位客人，他很有才学，却不去做官，只愿当个小小的书办，所以借用"制胜奇兵"来赞他。又问《酒肆诗》内"乾坤半输纵横计"系何立意，王供称自己少年读书，费尽苦工，未能出人头地，如今物换星移，日月消磨，年已过半百，故有此慨叹。

王道定对自己所作之诗一一剖辩清楚后，觉罗永德等人又问他，既习炼丹之法，能否试验。这一下可撞到了王道定的话匣子上，不知是为了讨好公堂上的大人们还是为了显示自己的真才实学，他竟忘乎所以，滔滔不绝地讲起道来：修炼之法存在于男女阴阳交合事中，取女子天癸之气，运入丹田等。搞得觉罗永德等人哭笑不得，只好喝令其闭嘴。

公堂讯问结束后，觉罗永德马上咨文湖北查询孙大有案内逃犯有无王道定。得到否定的回答后，王的逆案逃犯嫌疑终于被去除了。

郎世宁·慧贤皇贵妃像

3."造妖言惑不及众"

王道定虽然不是逆案逃犯，但却不能白白地开释了事，既然进了衙门，就得剥你一层皮。在如何给王道定定罪的问题上，地方大员们着实费了一番脑筋。王所带的道家著作不是悖逆文字，其所作之诗因引喻错谬而显得荒诞、隐跃，虽其中透着牢骚之情，但终究不能算作阴谋不轨。唯一可以做文章的是他假借炼丹修养之术，扇中妄书狂言，远赴外省，图利惑人。然而大清律例内没有惩治此等情事的量刑标准。怎么办呢？想来想去，最后决定"比照造妖言惑不及众"律，将王杖责一百，流放3000里。王道定这位素心筮卜的算命先生，却算不出自己作为大清臣民的命运，只好自认学业不精了。

86 岁老翁刘翱之狱

乾隆四十三年（1779 年）五月初四日，一耄耋老者来到湖南巡抚衙门投书自呈。巡抚颜希深检视其书，见其中字句"多有悖逆之处"，遂命将此人押下，随即会同在省司、道官员进行审讯。

老者名叫刘翱，湖南省安化县人，家境穷苦，幼时曾读过几年书，粗知文理，

粉彩象驮宝瓶瓷塑

后因家贫而辍学，农耕度日。

雍正年间，皇上曾经降旨令大小臣工"条陈利弊"。刘翱得知后，便想将自己平日对时政的看法写下来，呈请地方官员转奏，冀得寸进。于是，他于雍正八九年间，"来本省现办事件，谬参己见，妄议更张"，编成一书，取名《供状》。雍正十三年（1736年），刘翱来到省城长沙，意欲将书呈给学政，因学政不在，心愿未遂。乾隆四年，他将书呈给安化县知县力暄春，禀请转呈，被知县批饬发还。乾隆十年，他又把书呈给当时的巡抚蒋溥，结果被巡抚"逐条指驳示谕"。屡次呈书皆被驳回，刘翱心灰意冷，此后多年没有再呈。

乾隆四十一年（1777年），皇帝下诏令各省查缴违碍之书。刘翱呈书之念又起。此时的刘翱已不再有邀恩录用的念头，只是觉得自己为编这本书花费了数年心血，书中记载的虽是些陈年旧事，但其中或有可采之处亦未可知，不甘心被埋没。刘翱还认为，皇帝下诏查缴违碍藏书，必是怀疑士民妄生议论，但"我朝圣圣相承，恩深百姓，纵有昧心狂笔，何忍存留？"实无查缴的必要。因此，他天真地决定把自己的书献出来，"少释圣疑，冀免查缴"。为表示自己甘冒重罪、犯颜直谏的决心，他在书前加上前任巡抚蒋溥的驳语，书后添入"自古国运接续之际，妄生议论者何代无之"、"是非之心人皆有之，不得已之鸣，不揣狂妄，愿发部律拟，重罪甘心"等语，然后请侄子刘维经将全书重新誊抄了一遍。乾隆四十三年，刘翱以赴益阳就医治病为名，辞别家人，前往长沙呈书。

这一年，刘翱已八十六岁，"衰惫龙钟，两耳重听"。但他不顾年老体弱，长途跋涉前去省城献书，足见他对朝廷的一片忠心。然而这一次呈书，等待着他的又会是什么样的结局呢？乾隆不高兴。

湖南巡抚颜希深的警惕性比前任巡抚蒋溥和安化知县力暄春都要高得多，他不但一眼就看出刘翱"行踪诡异"，而且立即从他的书中找出了若干罪证：

查刘翱以一介小民辄敢妄谈国政，已属狂诞，且捏造圣祖仁皇帝（康熙皇帝）谕陈鹏年之谕旨，并妄论世宗宪皇帝（雍正皇帝）由藩夷承继大统之语，毫无忌惮；其指斥吕留良、曾静之处又系从何考据？书尾所称"接续之际妄生议论，何代无之"，又云"是非之心人皆有之"，其居心更不可问。

有了这些罪证，颜希深便决定要重治刘翱"其罪"了。他一面将刘翱收监，严加看管；一面委派长沙府蒋曾炘率同试用知县汪朝銮迅速赶赴安化县归化乡刘翱家中，"逐细搜查，提同犯属、地保一并拿解来省，逐一严审。"

然而，乾隆皇帝对颜希深的处理并不满意。他于五月二十四日和五月二十七日连续两次发出谕旨，批评颜希深"办事不精细"。谕旨指出了颜希深的两点错误：其一，委员未妥。乾隆指出，长沙知府蒋曾

土尔扈特部游牧图

炘系苏州吴县人，与前任巡抚蒋溥同府同姓。蒋溥在刘翱呈书时，"不即究治，转为逐条批驳，本属错误。"现在派蒋曾炘去安化县查办，"安知其不为回护，亦岂可不避嫌疑？"应选派别籍不同姓官员前往查办。其二，处置不当。乾隆认为，似刘翱此等狂诞之徒，竟敢妄谈朝政，即使书中没有不法字迹，也应立即流放外地，而不应继续留在内地滋事。因此，必须将刘翱发遣乌鲁木齐等处，不得因其年已八旬而稍为姑息。

面对皇帝的严厉批评，颜希深唯有表示"悚惶无地"、"如梦方觉"，好在此时他已改任兵部侍郎，刘翱一案转由继任巡抚李湖办理了。

乾隆四十三年六月初二日，新任巡抚李湖到任。上任之初，李湖即认为湖南"民俗刁悍"，"士习浇漓……动辄掉弄笔墨，冒上无等，锢习相沿，恬不为怪。"为了"明刑弼教"、"除莠安良"，李湖决定抓住刘翱一案，重治其罪，"示以创惩"。他一面率同两司提出刘翱，"亲加查验"、"悉心细讯"；一面遵旨另派衡永郴桂道汪新星夜赶赴刘翱家中详细搜查，并"就近讯究有无同著伙党、代为隐匿情弊"。

六月初九日，汪新到达安化，第二天即与县令詹斌前往离县城70里地的刘翱家中彻底搜查，但没有查出"悖逆不法字迹"。传讯其族亲邻人，皆说"刘翱平日

性情暴戾，行事乖张，为乡党所共恶，不与往来，并无同编伙党，亦无代隐不法字迹。"

本来，乾隆皇帝并不想要刘翱的老命，而是指示将其流放乌鲁木齐。当然，八十六岁高龄的刘翱是经受不起旅途的折磨的，即算不死在途中，亦必很快埋骨新疆，对刘翱来说，流放与死刑无异。但是，李湖认为："该犯以一介小民，不知安分守己。从前私编《供状》，妄干朝政，已属狂诞，今又以查缴禁书，妄揣圣意，甘冒重罪，陈词冀免查缴，更属不法。虽查其家别无悖逆书籍，亦无同编之人，似此狂诞不法之徒，若不明正典刑，不足以儆嚣论而惩锢习。"因此，李湖请旨照"妄布邪言为首斩决"例判决刘翱死刑，"即行正法"，并将其犯事经过缘由遍谕通省士民，"以昭炯戒"。至于刘翱的亲属，因"均属乡农，不知文义，审无知情同谋"，概予省释。

蒙古盟长印

清初农业生产的恢复和发展

经过明末战乱，清建立之初，经济遭到很大破坏，在康熙、雍正、乾隆统治时期，农业生产逐渐走向恢复的发展。

《农事图》·耕田　　《农事图》·甘蔗

这时期农田面积大大增加，水利得以兴修，商品经济在农业中有一定的发展，这些都为清王朝奠定了丰富的物质基础。

农业的发展首先表现为耕地面积的扩大。据康熙二十四年（公元1685年）奏销册统计，直隶、山西、山东、河南、江南等地的耕地面积比以前都有一定的扩充。山东、河南比顺治时期各增约200万余顷。江南在顺治十八年（公元1661年）为95.3万余顷，康熙二十四年（公元1685年）至100万顷，乾隆十八年（公元1753年）为150余万顷。抛荒最多的四川地区，顺治十八年才1万余顷，到乾隆十八年已增至45.9余顷。

清统治者还采取了种种有利于农业发展的措施，鼓励农业发展，奖励垦荒。特别是在少数民族地区，政策更是宽大。鼓励少数民族垦荒。这对当时耕地的增加，农业生产的恢复都起了一定作用。

清朝初年在兴修水利方面也取得了很大成就。康熙时黄河多年失修，淮阳七州县也是"一片汪洋"，又影响运河阻塞，漕粮不能北达。康熙终于把"淮黄故道，次第修复，而漕运大通"。使河淮一带的农业生产在一段较长时期内，减少了水患的威胁。黄河在清朝屡次决口，河工也始终不断，但以康熙初年成绩最大，积累的经验也最多。

公元1713年，清朝政府又完成了永定

河的修浚工程，农民得以回到原来被淹没的地区从事生产。雍正时扩大修筑江浙的海塘也是当时最大的水利工程之一。其他如对于修浚苏松的河道，开直隶的水利营田，疏通全国各地的河渠，清朝都很重视。在同一时期，还在宁夏开凿了大清渠、惠农渠、七星渠和昌润渠，原来的唐徕渠、汉延渠也都经过疏通和扩建。

清初手工业生产水平的提高

随着清朝农业的发展，手工业也取得了巨大进步。

顺治二年（公元1645年）一度宣布取消匠籍并免征代役银，表明国家对手工业工匠的控制和束缚有了前所未有的减轻。但到顺治十五年（公元1658年），全国即将统一，企图恢复"班匠银"，明谕"京班匠价，仍照旧额征解"。但全国各地多是匠户逃散，籍名空寄，无法征收。康熙二年（公元1664年）下令将班匠价银，改入条鞭征收，自此以后，各地陆续将"班匠银"摊入地赋中征收，匠籍也就随之逐渐的废除。废除匠籍表明手工业者对国家的人身依附关系的进一步松弛。匠籍废除后，官府以"当官"或称"应官"为名，对工匠铺户进行科派的现象仍很严重。雍正二年（公元1724年）废除工匠当官差的制

商业会馆

度，乾隆年间，又多次重中这一禁令。废除"匠籍"、禁止"当官"之后，官府役使工匠，普遍地采取雇募的办法，这种办法的实施，是有利于私人手工业的发展的。

清朝时的税收在雍正时实行"摊丁入人亩"的政策，城市工商业者不再有丁银的负担，这也鼓励了手上业的发展。

乾隆年间，在一般手工作坊内为坊主工作的雇工，很多都和主人同坐共食，并无主仆名分。这些现象也标志着清朝的手工业者、小商人和手工业工人的社会地位，比以前有一定的提高。

清统治者为了鼓励手工业发展，放宽了民营的范围，除军器铸钱官营及景德镇、南京、苏州、杭州等地少数瓷窑丝织手工工场官营外，都允许民营。例如：开矿，清廷本来一直严行禁止，其原因在于害怕"聚众生事"。康熙十四年（公元1675年）曾一度放宽矿禁，但只限于恢复旧矿。其后，逐渐允许民间开采铜、铁矿，把冶铜和煮盐都改为私营或官督商办。铜矿控制较大，生产物的一部分作为矿税上缴，另一部分必须由官府用低价收买，严禁私销。原来规定私人织机不得超过一百张的禁令，后来也取消了。这都说明清朝时民间手工业的种种限制已有相对的放宽。这些措施对当时工商业的发展是起了积极作用的。手工业者对国家封建依附关系的减弱和民间手工业的发展，是清代手工业发展的一个重要表现。

最重要的手工业是纺织业，包括棉纺织业、丝织业及相关的染踹业。棉纺织业处在家庭副业和小商品生产阶段，但包买商相当活跃，掌握着棉花原料的收购和纱布产品的运销，棉纺织手工业者外在商业资本的控制之下。布匹的踹光染色也有发展，苏州一地即在染坊、踹坊数百家，踹匠多至一万余人。丝织业较为集中的南京、苏州、杭州等冶业中，云南铜矿的规模最大，资本雄厚，工人众多，组织严密，采炼技术达到相当水平，全省铜产量最高时（乾隆中叶）达一千数百万斤，但在官府的严密控制下，发展速度十分缓慢。采铁、冶铁，既供军需，亦供民用，清廷的控制也很严格，官府资金虽未渗入铁矿业，一般均由商民申请开采，但开采、冶铁、招工、设炉、运销均须报官批准、发给执照。广东佛山是冶铁中心，佣工数万；汉口铁业亦盛，有铁匠五千余人。煤炭为民用必需，各地小煤窑很多，但清廷对采矿的总政策长期摇摆，金铜煤铁利益甚薄，为官方民间之必需，不能禁绝，但又害怕聚集大批矿工，反抗闹事，故矿场时而被禁、时而准开。制瓷是重要的传统手工业，景德镇瓷业最发达，内部分工很细密，工艺精致，在色彩、厚度、形制、上釉方面达到了很高的水平。此外，熬盐、伐木、制烟、榨糖、造纸等手工行业均有相当的发展。

清代手工业很繁荣，无论生产规模、雇工数量、分工细密、技术水平、产品质

绸布店

量方面，都达到了中国封建社会历史的最高水平，并出现了资本主义的萌芽。但是，较先进的经济因素集中在长江、珠江下游和某些地区、某些行业内。广大的腹地、山区、边疆，经济文化很落后。整个中国，农业和小手工业相结合的自给自足的自然经济占主要地位，封建经济远没有解体。中国和当时先进的西欧国家相比，存在着很大差距。

苏州繁忙的怀胥桥商市

清代商业贸易的发展

清朝时期，商业贸易较明朝有了更大的发展。

国内市场的发展状况是国内商品经济发展程度的重要标志。明清时期，随着农产品商品化程度的提高和手工业生产的发展，国内市场更有了显著扩大。

随着经济的发展，城市也相应地发展起来。

在康熙、雍正、乾隆时期，许多城市恢复了明代后期的繁盛，有些城市，如南京、广州、佛山、厦门和汉口，则较明代更加发展。长江沿岸的无锡是著名的"布码头"，汉口是"船码头"，镇江是"银码头"。北京是全国的首都和政治文化中心，仕商群集，各地商货荟萃，传统的手工艺产品有景泰蓝、雕漆、玉器等，前门外是繁华的商业区。北京城在明朝修建的基础上，屡加修葺，形成了西郊园林区，有三山五园（畅春园、圆明园、万寿山清漪园、玉泉山静明园、香山静宜园）。宫殿坛庙、

北京前门商业区

街道河流亦经大力建修浚，形成了近代的北京城。扬州位于长江北岸，濒临运河，是淮盐的集散地，经济发达，财贸殷富，多富商大贾。南京、苏州、杭州都是丝绸、布匹及其他手工业品的产地，产品远销各地，城内商铺林立，作坊星布，附近土地肥沃，富农桑鱼米之利；且文化发达，风景优美，苏州有园林之趣，杭州有自然之胜。广州是对外贸易的口岸，是封闭的封建中国与外国发生关系的窗口。

虽然商业在清朝有所发展，但是，清政府把工商视为末业，执行"抑商"政策。对于那些有大利可图及有关国计军需的手工行业，政府插手干预，指定官商，实行垄断。对于其他手工行业，允许商民经营，但控制亦严，且高额征税，低价收购，无偿摊派。手工业中还普遍存在着有浓厚的地域性、排他性的行会组织，这些都妨碍手工业的自由发展。

从俗从易的政策

在封建社会，少数民族备受歧视和压迫，在清朝即是统治者是满族，其他民族也不例外，例如回族，遭受的压迫很重。

苏州的商业贸易情景

雍正时期，有些汉族官吏对回民的风俗信仰，语言服饰很看不惯，总是怀着"非我族类"的小人之见，加之为了取媚满族统治者，曾经多次密折汇报，要求"严加惩治约束"。对此，雍正帝却别有见地，并于七年四月初七下了一道圣谕说："直隶各处皆有回民居住，由来已久。其人既为国家之编氓，即俱为国家之赤子，原不容异视也。数年以来，屡有人具折密奏'回民自为一教，异言异服。且强悍刁顽，肆为不法，请严加惩治约束'等语。朕思回民之有教，乃其先代留遗；家风土俗，亦由中国之人籍贯不同，则嗜好方言，亦遂各异。是以回民有礼拜寺之名，有衣服

清代节日集市

文字之别。要只从俗从宜，各安其习，初
（殊）非作奸犯科、惑世诬民者比，则回
民之有教，无所容其置议也。……至于贤
愚不一，回民中固有刁悍为非之人，而汉
人中能尽无乎？要在地方官吏不以回民异
视，而以治众民者治回民；为回民者亦不
以回民自异，即以习回教者习善教。则赏
善罚恶，上之政自无不行；悔过迁善，下
之俗自无不厚。"

　　雍正实行开明的民族政策，认回族的
民族信仰，尊重他们的生活习俗，认为回
族的风俗与"作奸犯科"不相干。尽管他
的出发点是为了巩固封建统治，但他的思
想方法还是正确的。不管你是哪个民族的
人，服从清政府的统一管理，"俱为国家之
赤子"。假如不服从这个统治，即使是汉
人、满人，也是"作奸犯科、惑世诬民
者"。换句话说，是否"作奸犯科、惑世
诬民"，不能以民族来区分，而应以其行

金佛塔

动、政治态度来区分。这道上谕，极大地
缓和了清朝这一多民族国家的民族矛盾。

陈潢治河

　　陈潢（公元 1637 年～公元 1687 年）
字天一，号省斋，浙江秀水（今嘉兴）
人。他平生留心于"经世致用"之学，尤
其注意水利的研究，成为一位平民出身的
卓越的水文地理学家和治黄专家。陈潢青
年时代受聘做了安徽巡抚靳辅（公元 1633
年～公元 1692 年）的幕客，在兴修水利、
开垦荒地等方面取得了显著的政绩。
　　陈潢进一步阐明了明代潘季驯的治水
理论，认为流水有一定规律，治水应掌握
其规律因势利导。他认为流水最主要的规
律就是"趋下"。因此流水避逆而趋顺，

乾隆年间造金嵌珠立佛像

壁壅而趋疏，避远而趋近，避险阻而趋理易。黄河的三大特点是"善淤、善决、善徙"，而善淤是其根本之点。

陈潢正确地认识治河必先治沙，要治沙就要对黄河全盘考虑，才能达到治本的目的。在治黄方面上，陈潢继承和发展了潘季驯筑堤束水，以水攻沙石思想，但同时了也采取因地制宜、勘察审视的方法，主张河水该分则分，该合则合。另外，陈潢还创造性地发明了测水法，相当于现在的测量流速流量的方法。这是陈潢对中国水利事业的重大贡献。陈潢为后人留下了《河防述盲》及《治河方略》两部著作，都是中国古代治黄的重要著作。

清初学术思潮

明朝时，由于长江流域经济发达，思想文化极其活跃，到清时，统治者提倡理学，使其盛极一时。另一方面，剧烈的时代动荡，更进一步促使一些思想家去思索社会问题，以致在学术上也形成了反对宋明理学的抽象纷争，注重经世致用的实学，诞生了一代新的治学风气。

典型的是桐城派，桐城派的最早人物是方以智，他写了《通雅》和《物理小

顾炎武像

识》两部书。前书广泛记叙日用的各个方面，广泛涉猎天人、礼乐、律数、声音、文字、书画、医药等，以"备物致用，采获省力"。后书系依张华《博物志》、赞宁《物类相感志》及其老师王宣的《物理所》等书推衍撰成。解释事物的所以然，提出寓"通几"于"质测"的科学治学方法。顺治十年（公元1654）年，方以智北归后居南京高座寺开始写作《药地炮庄》一书，是"以庄子之说为药而已解为药之炮"。在这些著作中，方以智尤为注重对自然现象的实证研究，并从中阐发他的哲学理解，认识到哲学与社会科学、自然科学之间的相通性，并始而注意吸收新传入的西学科学成就。

王夫之是湖南衡阳人，他一开始是读书和注解《易经》后投入到抗清运动中。

在衡阳举兵起义战败后到肇庆，厕身于永历朝廷，走广西梧州，又因内部斗争而离去，流寓于零陵、常宁一带的荒山之中。顺治十二年（公元1655年）开始撰写《周易外传》、《老子衍》、《黄书》。《周易外传》借论述《周易》研讨哲理和抒发政治抱负，提出"天才惟器而已矣"，"据器而道存，离器而道毁"，"推故而别致其新"等命题，发展和总结了前人的知行观与易学辩证法。顺治十五年（公元1658年），颜元开始写《存治编》，提出了"井田、封建、学校皆斟酌复之"的致用思想。

余姚人（浙江）黄宗羲早期与两个兄弟一起组织抗清"世忠营"，又在清兵占领浙东后率五百残兵结成队伍，反抗清朝，后兵败，专心研究学术，因"感四国之虞，耻经生之寡术"，他开始收集史书中有关地理沿革的记载，并参考各郡县志书及章奏文册，进行实地探访，结合当时社会经济变化，开始撰写《肇域志》和《天下郡国利病书》。顺治十九年（公元1662年），《天下郡国利病书》成，以实证的方法，

2619

王夫之像及其所著《宋论》

将研究与国计民生结合一体，开辟了别具一格的治学方向。在这些日子里，他奔走于山东、湖北、山西、陕西一带，广为学游，结识了一大批如刘孔怀、傅山、王宏、李二曲等观点相同的学者，并开辟撰写《日知录》、《音学五书》等充分运用实证方法加以研究的著述，这两本书所采用的治学方法曾给后来清代学术带来了重大的影响。

清康熙四年（公元 1665 年），王夫之于隐栖中写成《读四书大全说》，对宣扬理学的《四书大全》逐条进行批判，论证了"致知格物亦有行"的论题，驳斥理学家的"存天理，灭人欲"的观点，强调"人欲之各得，即天理之大同"。

在这期间，黄宗羲仍致力于主讲证人书院，并于康熙七年（公元 1668 年）在鄞县举办了"讲经会"，以扩大他的学术影响。为讲学的需要，也为给自己的理论提供系统的依据，他系统检阅了宋元迄明末六七百年间的学术文献。

通过这些人的学术创作，为清朝初起学术发展作出了巨大贡献。

《长生殿》

《长生殿》的作者是洪昇（公元 1645 年～公元 1704 年），他是清代杰出的戏曲作家。其家庭曾遭清廷的迫害，长期怀才不遇，因而对现实多所不满，养成了狂放、孤傲的性格。他文学修养极高，善写词曲，所撰有《长生殿》、《四婵娟》、《回文锦》、《天涯泪》等剧本多种。康熙二十八年，因在佟皇后丧期内演唱《长生殿》，为人所劾，被革去国子监生的资格。康熙四十三年，于吴兴醉后失足落水而死。洪昇的《长生殿》是清代传奇中最有名的一个。

《长生殿》是写唐明皇和杨贵妃的爱情故事。洪昇继承和发展了前代有影响作品的成就，经过十多年的努力，三易其稿，写成了《长生殿》这部在同类题材中成就最高、影响最大的戏曲作品。《长生殿》

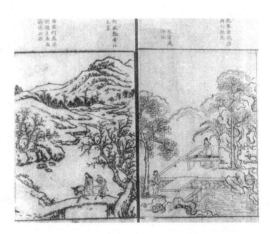

清版《西厢记》插图

中国通史

最新整理图文珍藏版

抒情的色彩极为浓厚，曲词清丽流畅，充满诗意，遣词用韵，非常讲究。《长生殿》写出后，经常被演出，在戏曲史上占有一定的地位。

《长生殿》全剧共五十出，以唐朝安史之乱为背景，描写唐明皇李隆基和贵妃杨玉环的爱情悲剧。作品深刻的暴露了封建统治阶级内部的矛盾，歌颂了民族气节，

清·康熙刻本《长生殿》书影

鞭挞了在外族入侵面前的无耻投降行径，抒发了人们对国家兴亡的感慨。作品没有揭示出问题的本质，因而它并未从根本上否定封建制度，但是它却是一部现实主义与浪漫主义结合的优秀作品。

《古今图书集成》

《古今图书集成》是在康熙年间由陈梦雷主编而成的。

陈梦雷是福建侯官人，康熙九年（公元1670年）进士，授编修。三藩之乱时，陈梦雷正在福建家中，因与同官好友李光地约定，陈梦雷伪降耿精忠以为内应，李

《钦定古今图书集成》书影

光地为清军秘送情报助清军恢复，一旦形势转变则相互提携、作证。后三藩之乱平，李光地受上赏；而陈梦雷却以通逆之罪被遣戍辽东。康熙三十七年（公元1698年），康熙帝东巡辽东，陈梦雷献诗称旨，因召还京师，命侍皇三子诚亲王允祉。允祉在康熙诸子中最为崇尚学问，身边聚集着一批颇具学识的知识分子。由于康熙帝非常重视纂修书籍一类文化事业，其时编辑著述之风十分盛行，因而诚亲王允祉积极赞助陈梦雷编修一部包罗万象的大型类书，务求做到"凡六合之内，巨细必举"。

在陈梦雷的主持下，招集众多学者，经过多年努力，终于在康熙四十五年（公

《古今图书集成》书影

元1706年）四月编纂完成，定书名为《文献汇编》。

《文献汇编》，分为6汇编，6000多部，共辑成3600百余部，荟萃了古代各类书籍。这部巨型类书后由诚亲王允祉进呈康熙帝，康熙帝很表欣赏，赐名《古今图书集成》。但康熙帝认为此书还不够完善，于是命儒臣进一步补充、编排、校定。由于这是一项极其巨大的工程，因此直至康熙六十一年（公元1722年）康熙帝逝世，仍然没有完成。

雍正帝即位后，由于忙于对政敌的斗争。因而把编书工作暂时放下。后来，为了消除对与他较量过的兄弟的影响，雍正帝决心重新修书，并颁布诏书："陈梦雷原系叛附耿精忠之人，皇考宽仁免戮，发往关东。后东巡时，以其平日稍知学问，带回京师，交诚亲王处行走。累年以来，招摇无忌，不法甚多，京师断不可留，著将陈梦雷父子发遣边外。……陈梦雷处所存《古今图书集成》一书，皆皇考指示训诲，钦定条例，费数十年圣心，故能贯穿今古，汇合经史，天文地理，皆有图记，下至山川草木，百工制造，海西秘法，靡不备具，洵为典籍之大观。此书工犹未竣，著九卿公举一二学问渊通之人，令其编辑竣事，原稿间有讹错未当者，即加润色增删，仰副皇考稽古博览至意。"雍正帝无端借故处理陈梦雷，显然是为了打击其兄诚亲王允祉，好在他尚没有因人废文，仍然重视《古今图书集成》的编修工作。雍正年间，礼部侍郎蒋廷锡主持了校勘和重编工作，至雍正四年（公元1726年）而终成。

最后编定的《古今图书集成》共1万卷，约1.6亿字，分6汇编，32典，6109部。其中历象汇编分为乾象、岁功、历法、庶征4典共112部；方舆汇编分为坤舆、职方、山川、边裔4典共1187部；明伦汇编分为皇极、宫闱、官常、家范、交谊、氏族、人事、闺媛8典共2987部；博物汇编分为艺术、神异、禽虫、草木4典共1120部；理学汇编分为经籍、学行、文学、字学4典共235部；经济汇编分为选举、铨衡、食货、礼仪、乐律、戎政、祥刑、考工8典共450部。是书所录常常是将原书整部、整篇或是整段抄入，并注明出处，由于分类细密，条理清晰，非常便于检索。像这样编排细密、汇集广泛、规模宏大的类书在我国古代学术史上是空前绝后的，在学术上具有极大价值。

《古今图书集成》编成后由内府用铜活字印制65部，雍正六年（公元1728年）完成，共装订成5000册又目录20册，分装576函。这种殿本的铜活字版《古今图书集成》印制极其精美，堪称古代印刷艺术的杰作。《古今图书集成》是康熙时期一批官修或半官修图书中最有价值的一部，也是我国古典百科全书发展的最高峰。

考据学派

考据学是清代出现的一种特别的学派，它以考据为治学内容。它尊崇、提倡汉代对经学的解释，采用汉朝儒生训诂考订的治学方法，因此又称"汉学"，又因这一学派贵朴素、重证据、也称"朴学"。它源出于清初，形成于乾嘉，衰落于道光，所以又称乾嘉学派。

清代考据学派的出现和盛行有其多方面的社会原因。首先，乾嘉时期国内基本统一，经济有所发展，清朝统治不断加强，但是这一时期土地兼并加剧，阶级矛盾激化，封建统治日趋严酷与黑暗，特别是屡兴文字狱，迫使文人不敢研究现实，只好

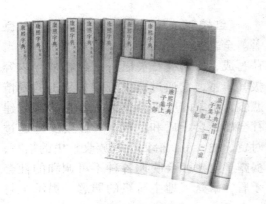

《康熙字典》书影

把精力放在古籍整理上。其次，考据学的出现，也是明末清初理学发展的必然结果。自宋代以来，理学统治思想界和学术界已五百多年，至清初已明显的暴露了它的腐败和空虚。考据学正是作为理学的对立物应运而生。清朝统治者在初期曾大力提倡理学，但很快就发现考据学对于他笼络文人，粉饰盛世，巩固统治有很大好处，因此大力提倡对古籍的考据和整理，并组织大批文人进行大类书和大丛书的修纂，因而乾嘉时期考据学大盛。

考据学也有一个产生、发展的过程。

清初，考据学尚未形成为一个学派，但它的一些重要特征在某些学者的治学方法上已经存在。最早可上溯至黄宗羲和顾炎武。他们提倡读书，强调实用，贵重证据，"取代近理明义精之学，用汉儒博物考古之功"。他们并不独尊汉学，而且主张"经世致用"。考据学的奠基人应是胡渭、阎苦璩。他们敢于怀疑，长于考证，治学态度严谨，治学方法精密。但他们对黄顾的"经世致用"精神已淡薄，开始钻进古书堆里，对现实问题不予问津。胡渭（公元 1633 年 ~ 公元 1714 年），字胐明，浙江德清人。其著作《易图明辨》，考证《河图洛书》是五代道士陈搏所造，在一定程度上消除了易经研究中的神秘色彩。另一人阎若璩为淮安人，其名著《古文尚书疏

证》，"引经据古，一一陈其矛盾之故"。无可辩驳地证明古文《尚书》二十五篇和《孔安国传》都是东晋人伪造的。

乾隆、嘉庆时期是考据学的兴旺时期。这个时期考据学派又分吴、皖两大派系。吴派以惠栋为代表，皖派以戴震为代表。惠栋（公元 1697 年 ~ 公元 1758 年）字定宇，江苏吴县人。他的学生余肖客、江声、钱大昕、王鸣盛等又都是苏南人，因此这一派称为吴派。这一派治学的重要特点是尊崇、信守汉儒的说经，即所谓"凡古必真，凡汉必好"。惠栋是一个名副其实的汉学大家，并且他在《易经》研究方面有突出成就。

总之，清朝时期考据学相当兴盛，并且取得巨大成就。主要表现在第一，古文字学和古韵的研究成果突出，超出前人。段玉裁的《说文解字注》和朱骏声的《说文通训定声》及王引之的《经传释词》，都是考据学派关于文字学的重要成就。段书由音韵考订文字并对中国文字构造原则的"六书"（象形、指事、形声、会意、转注、假借）的意义作了进一步阐明。《经传释词》从古书中归纳了 160 个虚词，并考订了它们的渊源、演变，解说其意义、用途。此外，江永的《古韵标准》、戴震的《声类表》、《声韵考》、段玉裁的《六书音韵表》对古韵学都有重要的创见。段玉裁的音韵学成就已超过戴震。戴震是依据心目中的音理作主观演绎，段玉裁是在《诗经》里作客观的归纳。还有，戴震已正确认识了人的发音与口腔牙齿喉舌的关系，钱大昕发现了古人舌音多变齿音等规律。第二，对古籍的整理、考订、校勘、辨伪和辑佚工作取得了显著成就。考据学派学者整理和考订古籍的论著甚多，仅阮元辑的《皇清经解》及王先谦辑的《皇清经解续编》所收书籍就有 389 种、727 卷之多。还有一些学者专门从事古籍的校勘

和辨伪工作，对《荀子》、《墨子》、《管子》、《逸周书》、《战国策》、《竹书纪年》、《山海经》和《水经注》等书，都做了认真的校勘，订正了许多脱漏和错误。姚际恒的《古今伪书考》，对《易传》等91种书的真伪都进行了辨证。对散佚古籍的辑佚工作成果也很显著。如从《永乐大典》辑出已佚的古籍就有300余种。第三，考据学派严谨的治学态度和重视客观资料的收集、归纳、考证、研究，不以主观想象轻下结论的治学方法，对后来的学术发展也起了一定的积极作用。但是应该指出，考据学派存在着严重的缺点：一是他们厚古薄今，脱离实际，为考据而考据；二是只讲证据，不讲规律，繁琐细碎。这种脱离实际的消极的学风是符合清朝文化统治要求的。它束缚了人们的思想发展，影响了清代学术的活跃。

曹雪芹和《红楼梦》

曹雪芹名霑，字梦阮，汉军旗人，其祖先为朝廷官员，少年时代，过着贵族的豪华生活，晚年贫困潦倒，写成《红楼梦》。

曹雪芹像

《红楼梦》是一部伟大的现实主义巨著。全书共一百二十回，前八十回由曹雪芹写成，原名《石头记》；《红楼梦》内容极其丰富，它通过贾宝玉和林黛玉的爱情悲剧，形象的反映了18世纪中叶中国封建社会的社会矛盾和危机。《红楼梦》通过对贾、史、王、薛四大家族衰亡史的描写，揭露了封建社会晚期各种不可调和的社会矛盾，暴露了地主阶级的罪恶，揭示了封

《石头记》书影

建制度濒于崩溃和必然灭亡的历史趋势。《红楼梦》深刻地揭露了封建统治阶级贪污纳贿，仗势欺人，官官相护，草菅人命，收租放债，残酷的压迫与剥削劳动人民的罪行。"贾不假，白玉为堂金作马；阿房宫，三百里，住不下金陵一个史；东海缺少白玉床，龙王来请金陵王；丰年好大'雪'，珍珠如土金如铁"就是四大家族财势逼人的形象概括。贾府修造的省亲别墅——大观园，则是统治阶级骄奢淫逸腐朽生活的艺术写照。《红楼梦》作者以极大的同情，热情歌颂了被奴役、被蹂躏的奴婢向封建势力、封建制度挑战的反抗精神，特别是塑造了贾宝玉、林黛玉两个封建贵族叛逆者的形象。

他们要求婚姻自由、个性解放，并对封建礼教和整个封建制度进行了猛烈抨击和尖锐的讽刺。《红楼梦》的艺术成就是卓越的，是中国古典小说的高峰。它情节

双玉读曲

复杂，事件纷繁，人物众多，但是结构紧严，脉络分明，语言洗练，形象动人。由于阶级和历史的局限，《红楼梦》还存在一些伤感、厌世的消极情绪、虚无主义和宿命论思想。但是《红楼梦》不愧为中国古典小说中思想性最强，艺术性最高的一部伟大作品。

相传，《红楼梦》的前八十回为曹雪芹所著，而后四十回则由高鹗和程伟元所著。

公元1791年（乾隆五十六年）经高鹗续补后四十回的《红楼梦》一百二十回本出版。

高鹗（公元1738年～公元1815年），字兰墅，清代文学家；因酷爱《红楼梦》，别号"红楼外史"；祖籍铁岭（今属辽宁），汉军镶黄旗内务府人，寓居北京。高鹗熟谙经史，热衷仕进，但屡试不第。乾隆六十年中了进士，任过内阁侍读、刑科给事中等官职。他通晓诗词、小说、戏曲、绘画及金石之学，著作如林，但唯有续补《红楼梦》得以传世。也有一说是高鹗与

刘姥姥醉卧怡红院

程伟元共同续成《红楼梦》后四十回。程伟元（？～约公元1818年），字小泉，苏州人氏，科场失意未能入仕，流寓京师时结识高鹗。乾隆五十六年（公元1791年），高、程二人首次以活字排印出版了一百二十回本《红楼梦》。自此《红楼梦》的版

四美钓鱼

本系统大致有二：一为带脂砚斋批语的八十回抄本系统，题名《石头记》，有甲戌本，乙卯本、庚辰本、戚序本等；一为一百二十回印本系统，程、高首次活字排印本称程甲本，次年修订再印的称程乙本。现在通行的是以程乙本为根据的一百十回印本。

高鹗能根据原书线索，悉心揣摩曹氏的创作意图，在全书的总体构思上一脉相承，把结局处理成悲剧，使《红楼梦》成为一部情节首尾齐全、结构完整的义学巨著。如贾府危机四伏、大祸迭起终至家败人散；黛死钗嫁宝玉出家，爱情婚姻的主线以悲剧告终等等，这些重要情节的发展都能与前八十回相呼应，具有一定的艺术感染力。续作中不乏精彩生动的章节，如黛玉焚稿，袭人改嫁等。而最大的败笔则在于写宝玉中举、贾府复兴、"兰桂齐芳"等等，这显然有违原著精神。

《红楼梦》后四十回虽然在思想意义、艺术价值和审美情趣等方面都与曹雪芹所作的前八十回有着相当的差距，但由于续作能遵循曹氏原著中的隐喻暗示，大体实现了曹氏的悲剧构思，故得以随曹著前八十回广泛流传。高鹗的贡献在于使《红楼梦》成为完璧，促进了这部有巨大社会意义的经典之作的传播。

吴敬梓与《儒林外史》

吴敬梓（公元 1701 年～公元 1754 年）字敏轩，安徽全椒人。他写的《儒林外史》是一部优秀的古典讽刺小说。

全书共计五十五回，笔锋所指遍及封建社会各个角落，集中揭露了封建科举制度的腐败，讽刺了利欲熏心的封建文人，从一个侧面深刻的反映了封建制度必然灭亡的历史趋势。首先，作品对封建的八股科举制度做了深刻的揭露。作品从一开始就借书中人物之口，反对明太祖制定的八股考试制度，指出这是一代文人的厄难。接着他通过塑造的两个封建文人周进和范进的典型形象，揭露了一心往上爬的封建文人，一旦出仕即为贪官污吏的丑恶，无情抨击了科举制度的虚伪及其所造成的社会罪恶。其次，作品有力的痛击了封建官府和官僚政治的腐败。他形象的描绘了封建官吏的昏聩无能和爱钱如命，他们念念不忘"三年清知府，十万雪花银"。他们

红楼
梦怡红院

中国通史

最新整理图文珍藏版

满口仁义道德，实际却是男盗女娼。作品在讽刺、揭露儒林群丑的同时，还塑造和歌颂了一批寄托作者理想的正面人物。书中的杜少卿是一个反对科举制度，鄙视功名利禄，蔑视八股文和封建礼教的叛逆者。沈琼枝则是一个敢于向封建势力挑战，自食其力，要求妇女独立，追求个性解放的新型女性。但是《儒林外史》也有其时代的和阶级的局限，在他描写的正面人物身上，仍然不乏孔孟之道的色彩，缺乏进取和朝气。

清晚期胡开文款龙纹八宝奇珍黑墨

《儒林外史》书影

小说界革命

公元 1896 年，梁启超在他著名的《变法通议》一文中，首次提出了革新小说的主张。他认为通过提倡革新小说内容可以发挥小说的社会教育作用。光绪二十三年（公元 1897 年），他为《蒙学报》、《演义报》作序，又从外国小说中意识到小说的社会政治作用，认为小说是救国的最有效的工具。一改过去轻视小说的传统观念，改变了中国文学诸品种之间的结构关系。

戊戌政变之后，梁启超逃亡日本。光绪二十四年（公元 1898 年）10 月创刊《清议报》，在该报"规例"中，梁启超第一次提出"政治小说"这一新的概念，并亲自翻译日本柴四郎的小说《佳人奇遇》，标以"政治小说"加以刊布。11 月在《清议报》上发表小说论文《译印政治小说序》，这是他提出小说界革命的前奏。文章进一步强调小说与政治的密切关系，认为小说应成为推动政治进步的重要手段，自觉地把革新小说与政治斗争有机地联系在一起。

光绪二十八年（公元 1902 年），在《新民丛报》创刊号上，梁启超发表了两篇未完剧作（《劫灰梦传奇》、《新罗马传奇》）进一步阐明创作小说戏曲的目的，务在"振国民精神"。经过这长期的理论酝酿和创作实践，于是年冬，在他主编的《新小说》创刊号上发表了著名的小说论文《论小说与群治之关系》，正式开始鼓吹提倡小说界革命。这篇文章就是他发起小说界革命的正式宣言。

文章高呼"改良群治，必自小说界革命始；欲新民，必自新小说始"。抓此关键，就能无往而不立，所以"欲新一国之民，不可不先新一国之小说"。他视"小说为文学之最上乘"。认为小说既有"启迪民智"的知识意义，又有改造人类灵魂的作用。梁启超还针对中国的小说现状和社会现状，抨击了旧小说和当时的小说创作。他认为当时社会上存在很多腐朽思想和黑暗现象，都是受旧小说影响的结果，即旧小说的不良影响是"中国群治腐败之总根源"。他批判了正统派文人不重视小说的错误观点，鼓动把小说的创作权从"华士坊贾"的手中拿过来，创作新小说，以达其为改良主义政治服务的目的。《论小说与群治之关系》一文，从其资产阶级改良主义观点出发，对小说的社会作用、文学地位、艺术特点等都作了较系统地论述，提出了小说必须革新的强烈要求。

清代送报图

小说界革命的号召提出后，立即在文坛上发生了巨大的影响，掀起了一个规模大、声势强的小说改良运动。再加上当时印刷新闻事业的发展，使其传播更容易而且广泛。自此，一向受歧视的小说在清末

升价十倍，出现了空前繁荣的局面。首先，以刊登小说为主的小说杂志，自《新小说》后大量出现，为新小说建立了阵地；小说家和新小说作品如雨后春笋。当时最有名的小说家均办有杂志。如李伯之的《绣像小说半月刊》、吴趼人的《月月小说》、曾朴的《小说林》等。小说内容从封建思想束缚下摆脱出来，而以改良群治为主旨。新小说以压倒优势取代了才子佳人、狭邪小说等旧小说的统治地位。新创小说和新译小说以其崭新的内容强烈地吸引着读者，风行于社会。其次，随着新小说创作的繁荣，在小说理论批评、考证、研究方面，也有了空前的发展而极尽一时之盛。第三，由于对小说作用的强调和小说与政治密切关系的认识，则大大提高了小说的地位。小说界革命还有力地促进了清末文学通俗化运动的发展，推动了文言小说向白话小说过渡的进程。总之，小说界革命给文坛带来的积极影响和梁启超所做出的贡献，是应该充分肯定的。但同时，也产生了一些消极影响。比如在偏重小说的内容时却忽视了小说的艺术性，使许多作品流于政治说教。另外，他们也过分夸大了小说的地位和作用，甚至说小说是"国民之魂"。这种小说至上观贬低了政治斗争的意义。第三，他片面夸大中国传统

北京
颐和园

中国通史

最新整理图文珍藏版

小说的消极作用，而一概加以否定，带有民族虚无主义色彩。

晚清四大谴责小说

20世纪初叶的十年间，在资产阶级改良主义思潮的影响下，一批作家企图通过揭露政治腐败，谴责现实黑暗，提倡社会改良，以达到"救亡图存"的目的。他们多以报刊杂志为基地，创作出大量的暴露性小说，以区别于优秀的讽刺小说，鲁迅根据其内容特点，名之为"谴责小说"，并举例称其中的《官场现形记》、《二十年目睹之怪现状》、《老残游记》、《孽海花》四部作品为晚清四大谴责小说。

《官场现形记》六十回，作者李伯元（公元1867年~1907年），名宝嘉，江苏武进人。该书由许多短篇故事集纳而成，以揭露清末官场的黑暗腐败为主旨，用讽刺与夸张的漫画化笔调，描绘形形色色的封建官僚群像，演述了清代官吏"迎合，钻营，蒙混，罗掘，倾轧"的种种故事。为了升官发财，上至军机大臣，下至州县杂役，无不暗使机关，甚至明火执仗。儒家的纲常名教，所谓的"为民做主"的做官之道，不过是他们升官发财的"敲门砖"和遮羞布。小说中所描写的官吏，或爱钱如命，或鱼肉百姓，心狠手辣；而对洋人却奴颜婢膝，丑态百出。作者从改良主义的立场出发，"归罪于官声"，寄希望于整肃，没有也不可能彻底批判揭露封建制度的弊端，集中刻画出一幅晚清官场的百丑图，使人们可以从中领悟了解清末的官场形象。

《二十年目睹之怪现状》一百零八回，作者吴趼人（公元1866年~1910年），名沃尧，号我佛山人，广东南海人。小说带有自传性质。叙写署名"九死一生"的"我"在清帝国这个鬼蜮世界里二十年来所见所闻的种种怪现状，揭示出官场的堕落、商场与洋场的肮脏、封建道德的沦丧、社会风气的极度败坏，绘声绘色地描画了一幅帝国行将崩溃的广阔社会图卷。其中贯串了近二百个小故事和繁多的人物，涉及面广，反映了光绪十年（公元1884年）中法战争后到20世纪初期的现实生活。该书暴露的重点仍是官场，摹画"洋场才子"的丑态甚为逼真；同时，书中也寄寓了作者慨叹现实的感伤情怀。此书在当时影响很大，以至"妇孺能道之"。

《老残游记》二十回，最初发表于光绪二十九年（公元1903年）。作者刘鹗（公元1857年~1909年），字铁云，江苏丹徒人。该书署名洪都百炼生作。小说描写一个名铁英号老残的江湖医生在游历途中的所见、所闻、所为，比较广泛而深刻地反映了清末的某些社会现实。通过对玉贤、刚弼两个酷吏所施暴政的描写，揭露、批判了封建社会中为人们称颂的所谓"清官"犯下的罪恶，给人以振聋发聩之感。作者站在洋务派的立场，将社会弊病归罪于国家缺少航行的"罗盘"，而认为"驾驶"航船的人（暗指清廷统治集团）并没有错。作者主张办洋务，向西方学习，以此来达到改良社会的目的。第一回的隐喻式描写即是表达这种政治见解。该书在艺术上历来为人称道。一些片段绘景状物传神入化，如诗如画，意境盎然，大大提高了这部小说的吸引力。

《孽海花》三十五回。作者曾朴（公元1871年~公元1935年），字孟朴，江苏常熟人。该书成书过程比较复杂，前后经二十多年艰苦创作始成。小说的前十回发表于光绪三十一年（公元1905年）。最后一回发表于民国十九年（公元1930年）。小说以金雯青和傅彩云的故事为主要线索，串连起封建官僚、文人、名士的许多琐闻轶事，展示了清末同治初年到甲午战争失败这三十年间的政治、经济、外交和社会

《新建陆军兵略录存》书影

生活的情况，在一定程度上揭露和批判了封建统治阶级的腐败无能和帝国主义的侵略野心。书中绝大多数人物有所影射（如金雯青影射洪钧，傅彩云影射赛金花），并直接描写了以孙中山为首的资产阶级民主革命运动，肯定并宣扬了"天赋人权，万物平等"的民主主义启蒙思想。缺点在于这本书中存在一些缺少批判的轶闻艳情的描写。该书出版后风靡一时，两三年间再版十五次，行销不下五万部。其评论、考证，续作纷纷出现，影响颇大。

以上四大谴责小说代表了晚清谴责小说的总体特征。其共同点是：暴露社会弊病，提倡改良主义；而又往往张大其词，极度夸张，"辞气浮露，笔无藏锋"，未能达到优秀讽刺小说《儒林外史》那种"秉持公心"、"旨微而语婉"的艺术境界。鲁迅称之为"谴责小说"，恰如其分。谴责小说是清末小说中的主流。但随着辛亥革命的失败，这类小说渐渐失去其曾有的一点思想光彩，演变为专以"揭阴私、翻底细"为指归的"黑幕小说"，甚至成为专门诋毁私敌的"谤书"和介绍作恶手段的"犯罪教科书"。

京师同文馆

咸丰十年（公元1861年），清政府设立了总理各国事务衙门（简称总理衙门），负责对外事务。次年，咸丰皇帝应总理衙门大臣奕䜣的奏请，设立京师同文馆，作为附属于总理衙门的一所外国语学校，培养对外人员。公元1862年，京师同文馆在北京正式开办，最初设英文、法文、俄文三馆，只招收14岁以下的八旗子弟，公元1866年，总理衙门又奏请皇帝，要增设天文、算学科目，聘请洋人来教习，于是陆续增设了算学（包括天文）、化学、格致（包括办学、水学、声学、气学、火学、光学、电学）、医学四馆。录取学生的方法也相应变动。规定由京内外各衙门保举30岁以下的翰林院庶吉士、编修、检讨及五品以下由进士出身的官员，或举人，贡士等未仕人员，最后由总理衙门考取入学。学生的生活待遇从优，先是每月每人给膏火银3两，后改为每人每月薪水银10两，并供给饭食。

同文馆设立之初遭到清政府内极端守旧派人士的反对。监察御史张盛藻认为强盛中国的办法依旧是尧舜之道，只有通过

北京同文馆大门

精读孔孟之书，明体达用，才能使国家规模宏大，所以他极力反对向洋人学习制造轮船、洋枪技术，大学士倭仁也不断提出"立国之道当以礼义人心为本，未有专恃术数而能起衰振弱者。天文、算学只为末议，即不讲习，于国家大计亦无所损。"从此，守旧派与洋务派在同文馆的设立上发生了激烈争论。倭仁在当时声望在学界很高，是理学权威，他的反对应者颇多。这样，京师同文馆虽然设立了讲习天文、算学等自然科学的科目，但投考的人却寥寥无几。

1874年，在李鸿章为首的实力派大肆倡导下，办洋务已成为一种时尚，于是同文馆也随之逐步兴盛起来。在此之前曾增设了德文馆。这以后又增设了东文馆。规定学生增加到120人。后改学制3年为8年，课程包括汉文、外文、天文、算学、物理、化学、世界史地和万国公法等科目。此外设有为教学服务的化学实验室、物理实验室和博物馆、天文台等。在此之前，还于同治十二年（公元1873年）设立了印书处，有中体和罗马体活字4套，手摇机7部，承印同文馆和总理衙门所翻译的数、理、化、医学历史等书籍和文件等。

京师同文馆的总教习多由外国人担任。同文馆的经费、人事等方面多为总税务司英国人赫德所控制。同文馆先后聘请了外国传教士包尔腾、傅兰雅、丁韪良等担任教习或总教习，其中由赫德提名的总教习美国传士丁韪良总管校务近30年。按规

定，同文馆不允许传播西方宗教，但实际上洋教习们总是借机进行传播。

光绪二十七年初（公元1902年），京师同文馆并入京师大学堂。

京师大学堂

在戊戌变法之前，就曾有大臣上书给光绪帝，提出在京师设置一个比较"专精"的学堂。1898年2月，御史王鹏运上奏光绪帝再次提出开办京师大学堂。光绪帝下谕："妥速办理"。6月11日，光绪帝颁"明定国是"诏，实行变法。随后，命军机大臣和总理衙门妥议开办京师大学堂事。决定由梁启超参考日本和西方各国学制起草《京师大学堂章程》，章程分八章五十二条。规定：京师大学堂的办学方针为："中学为体，西学为用，中西并用，观其会通"。课程分为普通学和专门学两类。以经学、理学、中外掌故学、诸子学、初级算学、格致学、地理学、文学及体操学为普通学科；以各国语言文学、高等算学、格致学、政治学、地理学、农学、矿学、工程学、商学、兵学、卫生学为专门学科。章程还规定"各省学堂皆归大学堂统辖"。同时提出"宽筹经费"、"宏建学舍"、"慎选管学大臣"、"简派总教习"等建议。7月3日，朝廷批准设立京师大学堂。将原设官书局和新设译书局并入大学堂。光绪

清末新政气象——学堂书报馆

二十四年（公元1898年）8月9日，京师大学堂正式开学，学员不足百人，多为世家官宦子弟及少数各省中学堂选送的高材生。12月30日，又设立师范斋，规定于前三级学生中选其高材生为师范生，专讲

通商银行发行的银票

求教学之法，为以后派往各省学堂充当教习之用。次年9月，又设立史学、地理、政治三学堂。改派许景澄为管学大臣，黄绍箕为总办，刘可毅、骆成骧仍为教习。光绪二十六年（公元1900年），义和团运动在京津一带兴起，京师大学堂内师生对此议论纷纷。管学大臣许景澄与京官袁昶等力主镇压。不久许以"极谏"围攻使馆和排外宣战的罪名而被清廷杀戮，教习刘可毅也被杀害。消息传来京师大学堂学生四散离去，校舍封闭，藏书损失殆尽。9月，慈禧太后下令停办京师大学堂。

光绪二十八年（公元1902年）1月7日，慈禧太后从西安返京筹办"新政"。10日，派张百熙为京师大学堂管学大臣，命其修改办学章程，扩办学堂规模。京师大学堂重新恢复。2月13日，张百熙奏陈筹备情况：一、准备设

预科，预科分政科和艺科两门；设速成科，分仕学馆、师范馆。二、添建讲舍，在原有140余间的基础上添盖120余间。购西城瓦窑地方土地1300亩盖房。落成后除预备、速成两科外，新奏旨送大学堂仕学馆学习肄业的进士，附设医学馆的学生一并迁入。三、附设译局，译局由官书局筹办。四、经费：由华俄银行拨发百万，各省每年拨2万；中省1万；小省5000。又决定任命吴汝纶为大学堂总教习等，慈禧太后批准了以上建议。10月14日，京师大学堂正式举行招生考试。速成科学生考试科目有史论、舆地策、政治策、交涉策、算学策、物理策及外国文论七门。师范馆由各省选送学生若干，考试科目有：修身伦理大义、教育学大义、中外史学、中外地理学、算学、代数、物理化学、浅近英文、日文等。仕学馆由各省推荐，不参加考试。结果共录取学生92名。后来又扩招90名。12月17日，京师大学堂正式开学。光绪二十九年（公元1903年）2月，又增设了进士馆、译学馆及医学实业馆。毕业生分别授给贡生、举人、进士头衔。1个月之后北京掀起了拒俄运动，4月30日，京师大学堂300余学生，鸣钟上堂，发起声讨沙俄罪行大会，会后起草《京师大学堂师范、仕学两馆学生上管学大臣请代奏拒俄书》。当晚，部分学生退学参加了拒俄义勇军。

光绪三十四年（公元1908年）6月，京师大学堂又增设满蒙文学，7月，附设博物品实习科。次年，建立京师大学堂图书馆，清政府将热河文津阁的四库全书拨给京师大学堂图书馆。宣统二年（公元1910年）改设分科为经、法、文、格致、农、工、商七科。民国一年（公元1912年）5月3日，袁世凯批准京师大学堂改名为北京大学。

画家吴昌硕

吴昌硕（公元 1844 年～1927 年），是晚清著名的绘画大师，名俊卿，一名俊，字昌硕，一作仓石、号缶庐，吾铁，晚号大聋，浙江安吉人。他自幼受到家庭熏陶，成年后刻意求学，30 岁方从任颐学画。在任颐的指点下，他博采众家之长，终于在绘画史上独树一帜，成为近代最杰出的花卉写意大师。

吴昌硕像

吴昌硕爱画梅、菊、兰、竹、牡丹、水仙等，寓意清高超逸，章法结构突兀，左右互相穿插交叉，紧密而得对角之势。

吴昌硕作画参悟篆法、草书的笔意，篆刻的行笔、运刀及章法体势，促成大气磅礴、颇具金石味的独特画风。比如画梅即脱胎于篆隶之法，所谓"蝌蚪老苔隶枝干"；写葡萄、紫藤则有狂草的奔放笔致，所谓"草书作葡萄，动笔走蛟龙"。

敷色方面，吴昌硕打破明清以来文人写意画的陈旧格调，喜用西洋红，有时画花就大胆地把这种红色（或大红）堆上去；画叶子又用很浓的绿、黄及焦墨，这正是吸取了民间画用色的特点，画面上的色彩浑厚复杂，对比强烈，而又显得凝重

含蓄，冲突中有和谐。

吴昌硕的存世作品很多，例如《葡萄葫芦图》、《紫藤轴》、《水仙天竹轴》、《秋菊延年图轴》、《桃实图轴》、《墨荷图轴》等等。

光绪三十年（公元 1904 年）吴昌硕与吴隐等在杭州西湖孤山创立西泠印社，由他担任社长。其书画篆刻对近现代画家颇具影响，尤受日本画界推崇。有《缶庐集》、《缶庐印存》等作品集传世。

吴昌硕·岁朝清供图

2633

幼童出洋留学

19世纪60年代末，日本掀起明治维新，上层人物纷纷出洋考察，青年学生中掀起到欧美留学的浪潮，这个消息，引起我国少数清醒人物的注意。首先是容闳，这个士大夫阶层中唯一的留美学生，不断向丁日昌和曾国藩反映和建议。同时美国驻华使馆在作长远打算："哪一个国家能做到教育年轻一代的中国人，它将在精神上和商务影响上取回更大的收获。"于是热心地从旁策动，愿意尽可能提供方便。清廷随即批准了派遣幼童赴美留学的计划。专门选派幼童的原因是因为当时的青少年只读四书五经，年龄大些的要从头学习外语和数理是较困难的。

日本的情况则不同，幕府统治的黑暗与残暴虽然并不亚于清廷，可是它敌视西学实行海禁却没有清朝那么严，因此，青年们有机会冒险秘密出国，例如井上馨14岁到英国学艺徒，边工边读，10年而归。伊藤博文年轻时到英国，后来因为感觉到"即使我们个人学识丰富了，国家灭亡了又有何用"，提前归国了。加之，幕府时期某些藩立学校已经开始削减儒教教育的比重，代之以西方军事学和有利于作育人才的"实学"，读外语的人也多起来。有此基础，明治元年海外留学生虽仅50人，不到几年就成倍成10倍地增加了起来。清廷的闭塞程度远过于日本幕府，直到咸丰年间，一般还认为读洋文是受人耻笑的事情，所以筹办留学事，一举步就感到艰难。计划规定幼童年龄为13岁到15岁，因为到了国外几乎要从小学开始读起，所以把学程定为15年。共分四批出国，每年每批30人。就时间上说，这是个太"长远"的计划；就数量上看，正如"杯水车薪"，是救不了急的。

虽然如此，也还是阻力重重，上层百般刁难，社会上反应麻木。同治十年夏，上海的预备学校贴榜招生，竟是门庭冷落。当时人们都有"安土重迁"观念，放子弟们少小离家，中年才回来，是件了不起的犯难事。江苏省算是比较开通些，报名者不过3名（其中上海、川沙儿童各一名），内地更不用说了。容闳发了急，赶回香山，动员家乡子弟；又到香港，在港政府所设学校中遴选了几个，这才凑足名额，第一批30人在翌年出国。留学监督的负责人，正手是不通外文但属正途出身的翰林员陈兰彬，一手经办的容闳则充他的副手。到光绪元年止，四批出国完毕，学生中"北人应者极少，来者多粤人，粤人中又多半为香山籍，120名官费生中南人十居八九"。这件事情，前前后后遭到不少的非议和责难，从此草草收场。10年后，因美国翻脸变卦，国内又是一片反对声，学员仅少数读完学程，大多数半途而废，提前返国。

不过，出洋留学还是取得了一定成就的。19世纪70年代，清政府先后选派一百多名幼童赴美留学，他们有的考入大学，有的考入工业专科学校，分别学习机械、造船、采矿。他们学习用功，成绩优良，品行端正，深得美国人的好评。回国以后，留学生大多数人成为各界栋梁。他们当中，有中国近代著名工程技术专家詹天佑、中华民国第一任国务总理唐绍仪等。

改造故宫

清朝定都北京之后，基本上是完整地继承了明代的所有建筑，北京宫殿仍然沿用前代，总体布局没有变更，只不过将原来明代宫殿的名字改为新名，表明已经改朝换代了。清代还将在战争中毁于兵火的殿堂全面修复，使过去那种恢宏、整一的故宫建筑群得以重现。

清代对故宫的改造只是局部的。清初，将皇后居住的坤宁宫按照满人的居住习俗进行内部改造，成为祭神之所；在中间几间按照满族样式在南西北三面砌上大炕（称万字炕）及连炕大灶，作为祭神时聚会和烧制胙肉的地方；将宫殿的入口改在东偏，东暖阁改成皇帝大婚的洞房。

另一项重要的改造是西六宫前的养心殿。养心殿做成工字殿形式，前殿有5间，前面再加3间抱厦。殿内明间设宝座，按照正式朝仪布置室内的陈设。明间的左右是两间东西暖阁。东暖阁是皇帝日常起居并处理政务和召见近臣的地方，室内装修极为精美，南端设有木炕，东端则设有宝座，北半部则隔成两个后室，供皇帝就寝。西暖阁是皇帝的机要办公处，窗外的抱厦加设了一层"木围"，以防窥视。西稍间又隔出一小室，这就是著名的三希堂。养心殿后殿则供皇后居住。

清代对故宫布局最大的改造是在外东路明代的仁寿宫、哕鸾宫、喈凤宫的旧址上兴建宁寿宫。它完全仿效宫城中轴线上外朝内廷的格局，前后分别建皇极殿、宁寿宫一组和养性殿、乐寿堂一组。在乐寿堂的东侧又建作为皇帝看戏和礼佛的畅音阁和梵花楼，西侧则建有俗称乾隆花园的

故宫中心宫殿鸟瞰

遂初堂、符望阁等园林建筑。宁寿宫的建筑非常完整，全面，可以称之为独立的小皇宫。

总之，清代对北京宫城的改造，进一步保护并加强了中轴对称布局，利用环境气氛的感染力突出了皇极至上统驭一切的威严气势，另外对生活的适用性和装饰设施的华丽方面也进行了大量的改造。

西方数学涌进中国

西方数学大规模地涌进中国，是从明末开始的，并一直持续到清雍正初年，促成了中西数学的交流和发展。

清初传入中国的数学，包括年希尧所著《视学》中涉及的透视画法，和引导明安图、董佑诚计算级数的杜氏三术，另外，还有筹算、对数、三角及其他内容。

筹算是清初（1645）传入中国的。明亡之后，德国耶稣会士汤若望（1591～1666）将《崇祯历书》改为《西洋新法历书》，为了专门介绍英国数学家纳贝尔（1550～1617）发明的算筹，他在书中增加了《筹算》和《筹算指》各一卷。筹算因此而被介绍到中国。清初很多数学家都致力于研究算筹，其中梅文鼎的贡献最大。他根据中国文字的特点将筹改造成为中国式的纳贝尔筹，后来这种被改造过的筹运用到了手摇计算机上。顺治三年（1646），波兰传教士穆尼阁（1611～1656）来华，带来了纳贝尔的另一项数学发明——对数。他和薛凤祚（？～1680）一起编译了一批天文历法及数学著作，如《比例对数表》和《比例四线新表》等，首次向中国介绍了对数；同时，也有一些新的三角公式，如球面三角学的半角的和、差的正切公式、半角的正弦公式和半边余弦公式等，随着对数的传入而传入了中国。

甘肃夏河拉卜楞寺小金瓦殿

西藏拉萨布达拉宫全景

清康熙帝非常热爱数学，他对西方数学的渴求促进了一些新内容的传入。传教士们为了教学的方便，为康熙编写、翻译了一批教材，包括满汉两种文字的《几何原本》、《算法原本》、《借根方算法节要》、《勾股相求之法》、《测量高远仪器用法》、《比例规》、《八线表》、《算法纂要总纲》等等。另外，傅圣泽编的《阿尔热巴拉新法》、康熙主编的《数理精蕴》，都包含有不少中国人以前不了解的数学内容，如借根方比例、符号代数、有关椭圆的知识等。

西方数学的大量涌入，是明清数学史上的重大事件，它使"西学中源"说和"汇通中西"成为清代中西数学交流中最有影响的观点和方法，从而使清代前期200年间成为中国数学的复兴时期。

布达拉宫重建

清顺治二年（1645），西藏五世达赖喇嘛兴工重建布达拉宫。

梵语里的"布达拉"是"佛教圣地"的意思。布达拉宫位于拉萨旧城西面两公里的红山（北玛布日山）上，始建于吐蕃赞普松赞干布时期，9世纪毁于西藏战火。后经五世达赖以及以后50余年的重建，逐

渐成为中国喇嘛教首领达赖喇嘛的驻地，和清朝中央政府驻西藏的行政、宗教机关的所在地。

布达拉宫建筑雄伟，它包括山顶的宫室区、山前的宫城区及后山湖区3个组成部分。

山顶的宫室区由红宫和白宫为主体的建筑群构成。红宫因建筑外墙涂红色而得名，作为布达拉宫唯一的红色建筑，它是达赖喇嘛从事宗教活动的场所，也是存放已故达赖灵塔的佛殿，建筑面积为16000多平方米。红宫总高9层，下面4层为地垅墙组成的基础结构，屋顶多为藏式平顶，有7座殿顶为汉式屋顶，覆以镏金铜板瓦。第五层中央为西大殿，是达赖喇嘛举行坐

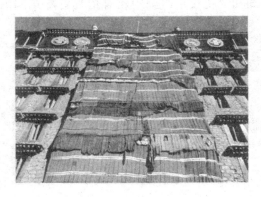

布达拉宫红宫

床（继位）及其他重大庆典的场所。大殿上面4层中部为天井，四周建有4座安放达赖喇嘛遗体的灵塔殿，20多座佛殿和供

拉卜楞寺闻思学院彩画

养殿。白宫因外墙涂白色而得名。它位于红宫的东侧，是达赖喇嘛处理政务及生活居住的宫室。高7层，有内天井，多作藏式平顶。底层是用地垅墙分隔成的库房，第二层东端有白宫的门厅，第三层是夹层，第四层中央是白宫的东大殿，大殿之上有回廊，沿回廊布置经师、摄政的办公和生活用房及侍从用房、厨房、仓库等。最高层为达赖居住的东日光殿和西日光殿。

在红宫前有西欢乐广场，白宫前有东欢乐广场，西欢乐广场下面依山建造赛佛台，高9层，上面9层开窗，与红宫9层立面组合，故有布达拉宫13层高之说。

山前的宫城区，外有南、东、西3座

布达拉宫白宫大门外之松赞干布像

城门和2座角楼，城内是为整个布达拉宫提供服务的管理机关、印经院、僧俗官员住宅、监狱、马厩等建筑。

后山湖区有两片湖水，西湖岛上有一座4层楼阁，藏语中是"龙王宫"之意。

依山而建的布达拉宫，在道路的设计上简洁明了。在南面山坡上有一主蹬道直达中央赛佛台东侧大平台。从这里一分为二，西面进宫门后入红宫，再出广场西门与僧房相通，是朝佛之路。东面经过曲折的通道至东欢乐广场，从广场西的扶梯直入白宫，是朝拜达赖喇嘛之路。

布达拉宫的室内设计更是精美绝伦。门厅、佛殿、经堂、日光殿等的室内梁柱饰满雕刻和彩画，宫内供奉着众多的神色各异的佛像，增加了布达拉宫的神秘感。这些带有浓厚宗教性质让人感到扑朔迷离的宫内装饰，也为了解西藏文化、艺术、历史、民俗提供了宝贵资料。

从整体上看，布达拉宫依山而立，根扎山岩之中，随山就势，错落有序，山丘浑然一体，烘托出建筑的豪华与雄伟。

布达拉宫的建造，集中体现了藏族工匠的智慧和才华，突出反映了藏族建筑的特点和成就。

清政府尊孔崇理学

清朝建立和入主中原后，为了巩固政权，开始从以武力平天下转向以文治国，其中重要的一个措施就是尊孔崇理学。

清的建立者满洲人以异族入主中原，一方面为了笼络汉族士儒，并使汉族民众归顺满清政权，另一方面为了使满洲人适应新的形势的变化，学习治国所必须的有关汉文化知识尊孔崇儒，以程朱理学为正宗，振兴文教。清廷尊孔祭孔之礼日渐隆备，祭孔礼仪及其活动不仅有政治、宗法、

北京孔庙外的"官员人等至此下马"石

宗教方面的含义，同时也成为国家最隆重的官方教育典礼，具有指导全国教育发展方向的象征性政策意义，备受政府重视。顺治朝便已大体恢复了前期祭孔典礼，以后诸朝又在此基础上进一步增益，使得清代文庙祀典礼大大超过前朝，清皇帝多以撰写谕文、表赞，或为孔庙、学宫题书赐额形式彰明尊孔崇儒的文教宗旨。如康熙朝时，御书"万世师表"额，悬挂于孔庙大成殿并颁直省学官。御制《孔子赞》，序颜、曾、思、孟四赞，刻石颁于直省，乾隆时，增京师孔庙大门先师庙额，御书殿门榜字；又将旧制向孔子位行二跪六拜之礼，特改为三跪九拜之礼；诏令于太学集贤门内修建辟雍，恢复了废弃500余年的帝王临雍讲学之礼。雍正帝正式颁旨，规定每年农历八月二十七日为先师孔子诞辰日，将孔子生日由朝廷正式定为官方节日，全国致斋一日。为表彰儒术，清廷又扩大招纳汉族士儒的名额，并优礼名士硕

儒，"崇儒重道，培养人才"，大大刺激了士儒读书进取之热情，开崇儒尚文之风。清政府还十分重视发展地方教育和书院教育，以不同形式奖励地方办学，著书撰文倡言教化之道。这些措施成为尊孔的主要方面。

清政府在尊孔崇儒方面的另一个主要内容则是强化理学教育的主导地位，以此对抗刚刚崛起的启蒙学派，维护孔教理学正统。清廷一再诏封朱熹后人承袭五经博士，又将朱熹由孔庙从祀之列的地位抬升于十哲配享之列，位居孔庙从祀之列的宋元诸朝先贤先儒，也几乎全部都为理学名家。康熙帝强调，万世之道统与统，均包含在程朱所表彰的《四书》之中，程朱理学为"入圣之阶梯，求道之涂辙"。要求士儒穷心学习。科举考试也以"四书"为主，而"六经"之学以程朱理学之说为本，研读"四书"、"六经"稍有不合程朱之说者，即视为离经叛道，甚至招来杀身之祸。康熙帝还命人编撰《四书解义》刊行天下，"以此为化民成俗之方，用期夫一道同风之治"，即要用程朱理学统一士心与民心。

清政府尊孔崇理学，推动了儒学和理学的发展，促成了人们思想上的统一，在一定程度上巩固了清朝的统治。

大清皇帝册封至圣先师孔子五代王碑

河南内乡县衙门楣上赫然挂着"天理国法人情"的横匾，浸透了儒家治国思想的全部要旨。

朱之瑜东渡日本

顺治十六年（1659）冬末，学者朱之瑜东渡日本，开始了10余年的讲学、传艺和著述生涯。

中日文化交流源远流长，图为日本医学家冈本竹（1655～1716）著作《针灸阿是要穴》书影。

朱之瑜，字鲁与，生于浙江绍兴府一个世宦之家。明崇祯十一年（1638），他曾赴京应礼部试，取恩贡生。弘光政权建立后，朱之瑜因不屑于与阉党马士英为伍，遭到通缉，被迫逃往舟山，为原江北总兵黄斌卿规划抗清战事。顺治十六年

（1659）冬末，他孑然一身东渡日本，在长崎上岸，开始了在日本20余年的讲学、传艺和著述生活。流离日本后，他以家乡水名取号舜水，广泛交结日本思想、教育、学术界朋友，并把中国古代工程设计、建筑技艺的许多经验带给了日本。水户地区的封建诸侯德川光国奉他为宾师。在他的影响下，光国开馆修《大日本史》，提倡"大义名分"，形成有名的"水户学派"，该学派对后来的明治维新产生了一定的影响。

内阁大库建成

清初，在北京紫禁城内阁大堂东侧设内阁大库，归属内阁掌管，收藏中央政府和宫廷重要档案及其他文献资料。这是中国最早设立的中央档案馆。分红本库（俗称西库）和实录库（俗称东库）两座库房。红本库主要收藏清入关后历朝每年六科缴回的红本（即经内阁阅批的题本）；实录库主要收储明代档案、满文老档、实录、圣训、起居注、史书、敕书、诏书、表章、舆图、黄册、乡试录和各种书籍等。内阁下设典籍厅和满本房掌管其事。典籍厅掌管红本及书籍表章，满本房掌管实录、圣训、起居注、史书及其他档案。因管理不善，历朝档案均有较大损毁；又因档案数量太多，库房不敷应用，多次销毁档案。宣统年间，又一批档案拟销毁，后经学者力阻，改为移交学部。大量内库档案由此流散社会。

内阁大库总建筑面积1295平方米。砖木结构，门窗以铁皮包裹，窗中装有铁栏以防盗，有通风设备，并以穴窗防尘。但室内木质构建较多，不利防火。

中华人民共和国成立后，内阁大库多次修缮，条件大为改善。1976年，库藏档

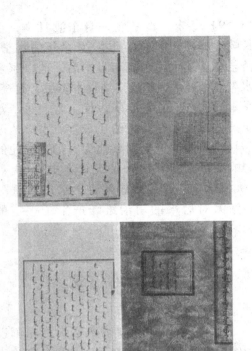

满文老档

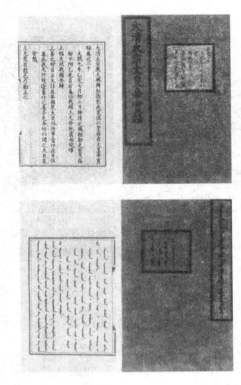

《清实录》中的《太宗实录》

案迁进西华门新建库房，由中国第一历史档案馆保管，内阁大库改藏文物。

手摇计算机出现

康熙年间，为了康熙帝学习数学和编制《数理精蕴》的需要，制作了一大批数学器具，包括各种立体几何模型、分厘尺、角尺（一种量角器）、矩尺、半圆仪、双半圆仪、画图长方半圆仪、仰角仪、比例规、纳贝尔筹、各种计算尺等等。其中最为重要的是原始手摇计算机。

手摇计算机分为盘式和筹式两大类。盘式的由上下两层圆盘组成，上盘不动，下盘可转动。圆盘分大、小两种，较大的有 12 个，较小的有 10 个，圆盘的个数与可计算的数位数相同。这种计算机可以做算术四则运算，使用方便。筹式计算机包括三种型号，利用梅文鼎总结改革的中国式纳贝尔筹的计算原理制成，可以做开方、乘方运算，计算的最大数字为 12 位数或 10 位数。现存盘式计算机 6 台，筹式的 4 台，均收藏于北京故宫博物院。

手摇计算机的出现，预示着中国的数学成就在当时已走在世界的前列。

伤寒学派形成

"伤寒"一词屡见于《内经》，后成为外感受热性疾病的总称。东汉末年张仲景著《伤寒论》一书，对伤寒进行辨证论治，成为伤寒病的临床经典著作。后世围绕着《伤寒论》及其所涉及的范围，对伤寒的病因、病机、证治规律进行系统阐发，至明末清初之际，终于形成中医学术史上影响最大的伤寒学派。伤寒学派共产生了数百位名医，伤寒类医著则多达400余种。

晋代王叔和最早对《伤寒论》进行整理、补充和编次，名为《金匮玉函经》，使该著作得以流传下来。王叔和重视治法。唐代孙思邈著《千金翼方》，用以方类证的办法整理《伤寒论》，以利临床检用；以麻黄、桂枝、大青龙汤这三方三法治疗伤寒。

宋代以前，张仲景的医书甚少流传，研究的人也寥寥无几。北宋校正医书局校正印行的《伤寒论》为学者研究提供了定本。朱肱著《伤寒类证活人书》以经络论六经，最先触及了《伤寒论》六经实质这一重要问题。金代成无己著《注解伤寒论》是全面注解《伤寒论》的第一家。成注以释仲景辨证施治的道理，开引经析论、以经解经的研究法之先河。此后一段时间，伤寒病研究处于低潮。

明末，伤寒病流行，研究《伤寒论》的学者渐次增多。明末方有执重订编次《伤寒论》，著《伤寒论条辨》，创立错简重订派。清初喻嘉言（喻昌）在方有执的基础上创"三纲鼎立说"，以"冬月伤寒"为大纲，订正伤寒397法。和之者有张璐、程应旄、章楠、周扬俊、黄元御等，并称为错简重订派。同时期，以张遂辰及其弟子张志聪、张锡驹，以及清代陈修园（念祖）等人为代表，认为旧本《伤寒论》不能随意改订，被称为"维护旧论派"。

清代柯琴（韵伯）著《伤寒来苏集》，尤怡著《伤寒贯珠集》，徐大椿（灵胎）著《伤寒论类方》等，则属辨证论治派。辨证论治又有许多支派。柯韵伯、沈明宗、包诚等人主张分经类证；徐大椿主张据方分证，方以类从，方不分经。钱黄和尤在泾则主张以法类证。

清末民初，在临床治疗上又有时方派与经方派之分。时方派主张临证处方，择善而从，故而能随机应变，自创新方。经方派则谨遵张仲景原方、原量及服法。时方派人数占优，而病人多从之；经方派与风气相左，在理论上较少发挥，然于实践则有独到之处，故而亦占有一席之地。

伤寒学派的各种学术观点争奇斗艳，在清代达到高潮。这些观点从不同角度对《伤寒论》的理论构成、六经实质、辨证方法、论治精髓等进行讨论，从而活跃了医家辨证论治的思路，大大提高了中医临证水平。

顾炎武"明道救世"

康熙二十一年（1682）正月八日，学者顾炎武去世。

颐炎武被称为清朝"开国儒师"、"清学开山"始祖，是著名经学家、史地学家、音韵学家。他一生辗转，行万里路，读万卷书，开创了一种新的治学门径，成为清初继往开来的一代宗师。

顾炎武（1613～1682），原名绛，清兵攻占南京后改名炎武，字宁人，江苏昆山人，因故居旁有亭林湖，人们称之为亭林先生。他出身于"江东望族"，自幼过继给叔母，嗣母和嗣祖常以民族气节和关注社会现实熏陶他。14岁时即参加复社活动，与复社名士议论学术和国家大事。乡试落第后，毅然摆脱科举考试的桎梏，发愤钻研"经世致用"的实用之学。他辑录了历代文书、方志中有关全国各地山川形势、农田、水利、兵防、物产、赋税、交通等大量资料，撰写了《天下郡国利病书》和《肇域志》。

清兵攻陷南京后，他侍奉嗣母避乱于常熟，因感激明朝旌表之恩，其母义不受辱，绝食七日而死，并遗嘱顾炎武读书隐居，不仕二姓。他深受感动，积极投入昆山人民的抗清武装斗争。失败以后，他开

顾炎武像

始了漫长的逃亡生涯，频繁地往来于江苏、浙江、山东、河北、河南、山西、陕西各地。用马骡驮着书籍，行万里路，读万卷书。风尘仆仆，颠沛流离，与各地遗民和抗清志士广泛联络，企图发动抗清武装斗争。当清朝廷征召他赴博学鸿词和参修国史时，他都断然拒绝，说人人都可以仕，唯他一人不能，并以身殉难来抗命。

顾炎武广泛接触了社会现实，搜集了大量的第一手资料，与许多知名学者深入探讨学术和各方面的问题，实地考察了西北山川地理，发现与典籍不符的，立即进行校勘，以严谨的作风，在极度艰苦的条件下，完成了传世之作《日知录》。

清道光刻本《天下郡国利病书》

顾炎武丰富的著作，始终贯穿着"明道救世"的经世思想。认为探索"国家治乱之源，生民根本之计"是当务之急。因而他一开始就大胆而有力地揭露明中叶以来严重的土地兼并的黑暗现实及赋税繁重不均等社会弊端，并以大量的著作讨论其产生的社会历史根源，表达了要求社会改革的希望并提出了改革军制、田制、钱法的一些设想。在《郡县论》中，主张将县令固定于某一地，对其政绩长期考核，如果合格可令其世袭或举荐继承者，并将其家眷迁往住所，除上缴国家所规定的赋税以外，剩余部分由自己支配，似乎有将国有资产和土地承包经营的思想。这种变革郡县制的思想一方面是对封建专制制度的否定，另一方面也顺应了资本主义萌芽的社会条件下生产力发展状况的要求。甚至可以认为他是中国国有土地私有化思想的首创者。对私有制的大胆肯定反映了新兴市民阶层的思想意识。顾炎武还提倡"利民富民"，并认为"善为国者，藏之于民"。他大胆怀疑君权，并提出了具有早期民主启蒙思想色彩的"众治"的主张。他所提出的"天下兴亡，匹夫有责"这一口号，意义和影响深远，成为激励中华民族奋进的精神力量。

明中叶以后，宋明理学日趋空疏，在这一历史趋势中，顾炎武尖锐地抨击理学，从而建立了他自己的以经学济理学之穷的学术思想。这种对心学以至理学的批判建立在总结明朝覆亡的历史教训的前提之下，在他看来，阳明心学的空谈误国是明亡的最根本原因。并且指出渐遁禅学的心学与儒学原有的修齐治平思想的根本背离。进而批判以程朱理学为唯一内容，八股文为考试形式的科举选士的弊端。在《生员论》中，他极力揭露科举以及与之相关的政治、吏治和社会状况。认为天下约 50 万人的生员，学习制艺之文的目的都是出于名利，而不可能产生国家所需要的"经世"之材，废除了生员就可使"官府之政清"，"百姓之困苏"，"门户之习除"，"用世之材出"。这种对理学统治下的封建政治的否定态度十分深刻，否定之后建构起来的就是使"用世之材出"的经世致用的实学。正是在这一指导思想下，顾炎武开创了清初的实学之风。

顾炎武行万里路，读万卷书，使他不仅"博学于文"，而且广泛接触了社会实际，理论和实践的结合，产生了清初崭新的学风。顾炎武的这一开创影响十分深远，直至今日，这一方法还在指导我们的学术活动。

江苏昆山顾炎武墓地

清宫医药体系完成

历代帝王对自身的健康长寿尤为重视，宫廷设置医药由来已久。到了清代，宫廷医药档案留有大量资料，可以了解清代医药学的重要方面，以及清宫医药体系的完成。

清胡庆馀堂粉碎粗料药材的药具

清代在明代太医院旧址继续设置太医院，官职亦因袭旧制。太医院医学分科，清初大体沿袭明代十三科，后多次减并，至光绪朝，有大云脉（内科）、小云脉、外科、眼科、口齿科，共计五科。

清代宫廷用玉柄水晶按摩器

按照清宫规定，太医院院使、院判及其属员，依据各自的等级和专业，轮流值班。太医入宫给帝后看病，须有专职御药房太监带领，事后要具本开载本方药性治症之法，于日月下署名，以备查考。

太医院设教习厅和医学馆作为培养人才的学校，由御医、吏目之品学兼优者充任教习，进院业医暨医官子弟，均送教习厅课读。这是太医院医生来源之一。太医院培养人才的方法大都率由旧章，以《内经》、《脉诀》、《本草》等书为基本教材。太医院医务人员，除了教习厅和医学馆培养外，大都来自地方，由地方官举荐，赴京经太医院考试，合格者入院补用或授官阶。太医们的医术都有相当造诣，由于负有保护皇家蹉康的重任，太医平时也注意医药理论的修养，因而太医院藏书丰富，包括汉文、满文、外文3种文字，其中绝大多数为中医书籍，既有理论又有临床，既有经典医籍又有专科著作，内容广泛。

除太医院外，顺治年间成立的御药房也是清宫医药体系的重要组成部分。御药房的药品主要来源有四：一是由各省出产药材地方征收而来，这是御药房药品的重要来源，二是各省督、抚大吏进"土贡"，内有药物一项；三是从国外进口，为数不多，四是由京城地方药商采买，这在乾隆

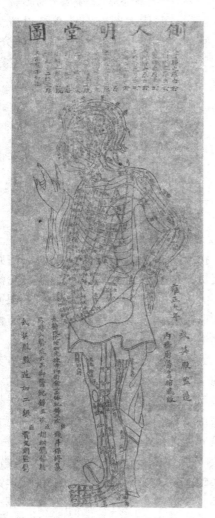

清《明堂经络图》。中医整体观的一个基本思想是认为人体内外各组织器官是一个不可分割的有机整体，而人体整体性的关键在于脏腑和经络。

之后成为宫中用药的主要来源，这种采办机构以同仁堂最为著称。

清代宫廷医学是与清代医学发展密切相关的，而其直接因素又与宫中御医的医学水平、医疗对象以及御医的职责相关。御医多精通医理，疗效卓著，具有较高的水平。其医疗对象主要是帝王后妃，故而御医在临证时亦多认真谨慎，这是提高疗效的重要环节，而疗效也是御医升迁的重要标准。这样，倒成了清代宫廷医学独具的特色。

清代宫廷医学已成了一个体系，它始终以辩证论治、崇尚实效为宗旨，故而能创造出不拘一格的医方医法，丰富和发展了中医药学，并成为近代中医学的重要组成部分。

巴黎出版《康熙皇帝》

康熙三十六年（1697），法国传教士白晋所著《康熙皇帝》在巴黎出版。

白晋，1656年生于法国曼城，康熙二十四年（1685），他受法王路易十四的派遣，随法国天主教传教团前来中国，康熙二十七年（1688）抵达北京，颇受康熙皇帝赏识。他曾为康熙帝讲授天文历法及医学、化学、药学等西洋科学知识，与康熙过从甚密。康熙三十六年（1697），康熙帝特封白晋为"钦差"，回法国招聘耶稣会士。白晋带着康熙帝送给路易十四的礼品抵达布雷斯特后，即向法国当局传达了康熙帝的旨意，同时向路易十四上一奏折，即《康熙皇帝》一书。该书简要叙述了康熙帝的文治武功，比较详细地介绍了康熙帝的品德、性格、生活、爱好等情况。白晋的这一奏折引起了法国当局的重视和兴趣，从而使之以书稿形式出版发行。在白晋的介绍和号召下，康熙三十八年（1699），又有10位经过挑选的耶稣会士随白晋来华，大多是精通天文、历算、舆地、

医学等专门知识的人。

避暑山庄开始修建

康熙四十二年（1703 年），避暑山庄在承德开始兴建，至四十七年（1708），

避暑山庄正宫的正门五体文字门额

初步建成。初称热河行宫，五十年（1711），康熙帝亲笔题名为避暑山庄，也称承德离宫。玄烨在避暑山庄处理朝政，举行大典，接见臣工、各少数民族领袖。避暑山庄成为清廷又一政治中心。它包括宫殿区和苑景区两大部分，总面积为 564 万平方米。宫殿区，在整个山庄的南部，是皇帝处理政务和居住的地方，包括正宫、

避暑山庄正宫的正门

松鹤斋、万壑松风、东宫四组建筑。苑景区，又可分为湖区、平原区、山区三部分。康熙帝在其统治的中晚期兴建避暑山庄，是北方民族固有习俗的体现。因为秋冬违寒，春夏避暑，两地移住，是我国北方游牧、狩猎民族向来的生活习俗。满族是我国的北方民族，避暑山庄建成以后，康熙帝几乎每年中都有半年的时间住在这里，这正是满族习俗的体现。

《康熙字典》编成

康熙四十九年（1710），清帝康熙下谕令张玉书、陈廷敬参照明代梅膺祚《字汇》和张自烈《正字通》编纂大型字典。康熙五十五年（1716）编成，刊印发行全国。原名《字典》，因作于康熙年间，后世俗称《康熙字典》。它是中国第一部用《字典》命名的字书，也是中国第一部官修字典，"字典"之名从此成为同类辞书的通名。

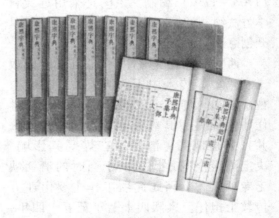

武英殿刻本《康熙字典》

《康熙字典》体例完全仿照《字汇》和《正字通》，沿用其 214 个部首，以十二地支分 12 集，每集又分上、中、下三卷。首列总目、等韵、检字、辨似等，末附补

遗、备考。《检字》为检查疑难字而设；《辨似》为辨别笔画近似的字。部首和部中之字，各依笔画多少顺序排列。释字先音后义，注音以《唐韵》、《集韵》、《韵会》、《洪武正韵》的反切为主。这些韵未收之字，采用他书之音。反切之后，解说字的本义，再列此字的别音别义和古音。每个字如有古体，列于本字之下，重文、别体、俗书、讹字，附于注后。对音义有疑的则加按辨析。字义之下都引经、史、子、集文句为证，但引文错误较多。

《康熙字典》收字 47043 个，在 1915 年中华书局出版《中华大字典》之前，一直是中国收字最多的字典。不少冷僻字，它书不见，往往于此书可得。

《皇舆全图》

《皇舆全图》，清康熙时绘制的中国地图。又称《皇舆全览图》、《清内府一统舆地秘图》。康熙四十七年至五十八年（1708～1719）编制。该图是采用近代科学方法绘制的第一张中国全图，因此极具开创意义。

西方的测绘地图技术在明末由传教士利玛窦等传入中国，清入关后很受重视。清初，传教士汤若望、南怀仁相继任职钦天监，其教友则游历中国各地，并且测绘地图，清圣祖玄烨受其影响，决定测绘全国地图。由于当时的清朝缺乏专项人才，因此此项工作主要由西方传教士担任。康熙四十七年至五十四年，他们采用当时世界先进的经纬度测绘法，在中国大部分地区进行实地测绘。后由法国传教士白晋等统一审校、缀合，于五十八年完成。

《皇舆全图》计全图一张，离合共 32 帧。另外还有分省图，每省各一帧。全图

皇舆全览图

之比例尺约为一百四十万分之一，长宽各数丈。凡山川、府州县城及镇、堡等，都有所载。内地各有注记用汉文，边疆地名则用满文。该图开中国实测经纬度地图之先河，是当时最详细的地图，也是研究中国清朝康熙以来历史地理变化的重要资料。其测绘方法虽不甚精密，西藏部分也有错误，但直至清末，其仍为绘制新地图的依据，在中国地图发展史上有着重要地位。

《皇舆全图》铜版由于在巴黎制造，因此该图流传到了国外。在国内，因图定为内府秘籍，故外间很少流传。直至 1921 年，该图才于沈阳故宫博物院发现，题名《清内府一统舆地秘图》，后由该院石印出版。

乾隆时曾以康熙《皇舆全图》为基础，于乾隆二十四年（1759）完成改订西藏部分错误和新疆测量工作，编绘《乾隆十三排地图》，全图共 104 帧。1925 年北京故宫博物院发现铜版 104 方，1931 年审定为乾隆时《皇舆全图》，并由该院重印，题名《清乾隆内府舆图》。

旗人中流行子弟书

子弟书是清代曲种。因首创于以满族为主体的八旗子弟故名。曾流行于华北、东北等地区。子弟书渊源于清代军中流行的巫歌、俗曲。清代初年，大批旗籍子弟远戍边关，常利用当时流行的俗曲和满族萨满教的巫歌"单鼓词曲"曲调，配以八角鼓击节，编词演唱，借以抒发怀乡思归的心情，或反映军中时事以为娱乐。这类演唱，通称为"八旗子弟乐"，后来传入北京。约在乾隆初年，北京的一些旗籍子弟以此种曲调为基础，参照民间鼓词的形式，创造出一种以七言为体、没有说白、以叙述故事为主的书段，演唱时仍以八角鼓击节，正式称为子弟书。早期的子弟书，重书词创作，轻演唱，曲调也比较简单。作者以满族子弟为主，兼有汉军旗籍人士参加。当时由这些人组织的书社（或称诗社），往往演唱作者自己的新作，通过互相探讨，提高创作技巧，联络情谊。

子弟书的曲调分为东城调和西城调两种。东城调粗犷沉穆，善唱慷慨激昂的历史故事，西城调低缓萦纡，善唱委婉绮丽的爱情故事。

清代末年，约在1850年前后，北京又出现了南城调、北城调两个支派，以曲调流畅、节奏较快受到民间的喜爱。嘉庆三年（1798），东韵随北京闲散清室人员被遣送盛京（今沈阳市）而传入东北。子弟书至1900年左右已见衰竭。

子弟书的作品甚多。在清代主要靠北京百本张书铺以抄本流传；据傅惜华《子弟书总目》著录有446种。有影响的作者，早期为罗松窗，传世的代表作品有《红拂私奔》、《杜丽娘寻梦》等数种；晚期作者以韩小窗最为著名，有影响的作品有《长坂坡》、《露泪缘》等35种之多。

圆明三园建成

清乾隆九年（1744），圆明三园基本建成。它位于北京西北郊，是圆明园以及它的附园长春园和绮春园的合称。也是清代北京西北郊五座离宫别苑即"三山五园"（香山静宜园、玉泉山静明园、万寿山清漪园、圆明园、畅春园）中规模最大的一座，占地面积为347公顷。咸丰十年（1860）为英法联军所毁。

作为三园之中规模最大的圆明园，原是明代私家园林，清康熙四十八年（1709）赐给皇四子胤禛，改名圆明园。胤禛登位后，扩建为皇帝长期居住的离宫。后来，乾隆皇帝6次下江南，凡是他所中意的名园胜景都命画师摹绘下来作为建园的参考，因此，圆明园在乾隆时再次扩建，在继承北方园林传统艺术的基础上，广泛汲取江南园林的艺术精华，建成一座具有极高艺术水平的大型皇家园林。作为一座集锦式园林，它以宫殿区为中心，周围在河湖各处散落布置了近百座建筑群。其中由乾隆皇帝题咏的共40处，称为圆明园四十景。

圆明园长春园中谐奇趣西洋楼及方壶胜境图

2647

长春园建于乾隆十四年（1749）。它位于圆明园的东侧，是乾隆皇帝归政后的游乐之地。园内湖堤纵横，散落着倩园、茹园、建园、狮子林等30处景点，这就是所谓的长春园三十景。另外，在长春园北墙内东西狭长地带，建有6幢欧洲巴洛克风格的砖石建筑，以及西洋喷泉和动物雕刻，这一景点被称为西洋楼。

绮春园又名万寿园，在乾隆三十七年（1772）由长春园南边的几个小园合并而成。有著名的绮春三十景。嘉庆十四年（1809）建成绮春园大宫门，拓展西路，并入含晖园和寓园。

圆明三园全部由人工起造。造园匠师运用中国古典园林掇山和理水的各种手法，创造出一个完整的山水地貌作为造景的园林结构。圆明三园最大的特色就是水多，水域面积占全园面积的一半以上。回环萦绕的河道构成全园的脉络和纽带。叠石而成的假山，聚土而成的岗阜，以及零落散布的岛、屿、洲、堤，构成了山重水复、层叠多变的山水景观。

圆明园内有类型多样、各具特色的建筑物。如"武陵春色"，取材于陶渊明的《桃花源记》；"蓬岛瑶台"，寓意神话中的东海三神山；"福海沿岸"，摹拟杭州西湖十景；而九岛环列的后湖则代表"禹贡九州"，体现"普天之下，莫非王土"。

圆明园作为皇帝长期居住的离宫，兼有"宫和苑"两重作用。在园的正门建有一个相对独立的宫廷区，包括皇帝、皇后的寝宫、皇帝上朝听政的"正大光明"殿、大臣议事的朝房和政府各部门的值房，实际上是北京皇城大内的缩影。

圆明三园都是集锦式的山水园林。尽管在布局和造园手法上各有千秋，但总体而言，它们是清代皇家园林中的精品，被世人誉为"万园之园"。

大规模整理传统数学

清从雍正时期开始，对带来西方科学技术的传教士实行禁压政策，中西交流的渠道被严重阻塞；对本国知识分子则加强思想统治、大兴文字狱，大批知识分子因

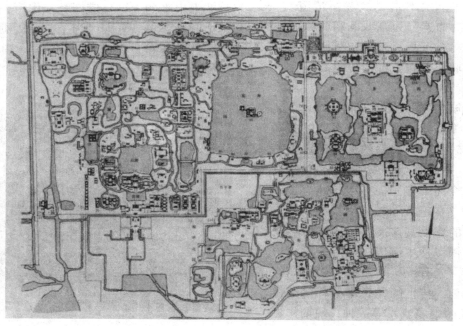

圆明园、长春园、绮春园总平面图

清代银制带有滑尺的对数尺

此转向研究古籍、考据经典，从而使中国数学研究的热点也发生了显著的变化。至乾嘉时期，数学家们对西洋数学的兴趣明显降低，乾、嘉、道三朝的著名学者如戴震、李潢、阮元、焦循、汪莱、李锐、罗士琳等都投身于大规模整理、发掘传统数学成就的浪潮中，使大批古算书重放异彩，并取得了一批新的成果。

银制桌面上刻有三角函数表和对数表的
康熙皇帝御用炕桌

清初虽然有梅文鼎和《数理精蕴》汇通中西数学，但宋元时期及其以前的数学成就还没有被发掘出来，古代数学经典极稀，《古今图书集成》收录数学书籍寥寥无几就是证明。到乾隆时期，《四库全书》的编纂开始拉开大规模整理传统数学著作的序幕，数学家们为此做了大量的工作：

戴震在整理古算书上的成就十分突出。他从明《永乐大典》中辑出了许多数学书籍并进行修订整理。《四库全书》中收入了经他整理的《算经十书》，后来孔继涵刊刻的微波榭本中又收入了戴震的《勾股

割圆记》和《策算》。在此基础上，李潢做了大量的工作。他致力研究《算经十书》，著成了《九章算术细草图说》、《海岛算经细草图说》和《辑古算经考注》等书，并对这 3 本书进行反复校勘、疏通，从数学算理上加以研究，补绘了大批精美图形。另外，屈曾发也刊刻了《九章算术》的第一个单行本，并对《九章》和《海岛》等书作了研究，著有《九数通考》一书。

阮元则对宋元数学著作的整理倾注了许多心血。他广泛收罗古算书，组织人力校勘整理一些名著，如《四元玉鉴》、《益古演段》、《测圆海镜》及《杨辉算书》。此中做大量具体工作的是李锐、罗士琳、沈钦裴和宋景昌等人。李锐校勘了《测圆海镜》和《数书九章》；宋景昌研究了《数书九章》；罗士琳和沈钦裴为《四元玉鉴》补草。特别是罗士琳，在整理研究传统数学方面做了大量重要工作，除《四元玉鉴》24 卷外，朱世杰的《算学启蒙》也是经他整理校勘并刊印的，前者还是研究阐发朱世杰的四元术的最有影响的著作。他还整理校订刊刻了明安图的《割圆密率捷法》，使这部重要著作得以公诸于世；刘衡的《六九轩算书》五种也是在刘氏死后40 多年才由罗士琳排比定稿的。

此外，鲍廷博、郁松年等人在刊刻宋元著作方面出了不少力，《知不足斋丛书》和《宜稼堂丛书》中都收录了不少数学书籍。

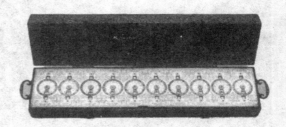

清代的十位圆盘计算器

焦循、汪莱、李锐等人还在发掘、整理传统数学典籍的基础上，展开了他们的研究工作，他们分别著有《显堂学算记》、《衡斋算书》、《李氏遗书》等著作，使传统数学得到发展。

乾嘉时期众多学者对古算书的整理，基本上把宋元以前的主要数学著作都发掘出来并加以重新研究，使大批数学遗产重放光彩，促进了我国数学的发展。

西学东渐成潮流

清代后期，整个社会发生了空前未有的大动荡，古老的中华面临几千年未遇的大变革，西学东渐成为历史的必然趋势，一个尚未解体的封建社会艰难地迈向现代化。

中国是一个历史悠久的文明古国，自古以来形成了一套独具特色的科学与技术传统。科学从未与哲学分离，在"天人合一"的有机自然观支配下，人们凭着朴素的直观、天才的思辨与经验的积累，探求人与自然界如何达到和谐一致的完美境界，旨在为现实的社会政治经济服务。这种着眼于治理社会、注重实用价值的科学与技术观念，对促进中国封建社会政治、经济、文化的发展起过积极作用，对整个人类文明的发展也做出了重大贡献。可是到了16、17世纪以后，中西科学文明在发展上开始发生逆转变化。欧洲经过文艺复兴和宗教改革运动，提前结束封建制度，在资本主义产生的同时，出现了脱离神学与哲学束缚的、与古代科学迥然有别的近代科学。

明清交嬗之际的中国，统治阶级急需修订历法、制造火炮，以应付局面。可发展缓慢的传统科技不能满足这一需求，虽有中西交流，但为期不长。就在中国自我封闭期间，外部世界发生了巨大变化，西方资本主义国家的科学技术日新月异。科技是生产力，西方资本主义列强凭这一优势迅速发展。而扩张和侵略又是资本主义的本性，晚清时期，他们凭着用先进科技装备起来的坚船利炮向中国发动了侵略战争。

面对西方文明的挑战，中国人的第一个回应是"师夷之长技以制夷"，这也是为抵御外侮、制服侵略者的第一个价值选择。这个口号最先由魏源、林则徐提出，

近代科学家徐寿、李善兰、华蘅芳在江南制造总局翻译处

中国通史 最新整理图文珍藏版

而由清政府中的洋务派官员付诸实行。"师夷长技"一反传统地提出以夷为师，向西方学习，的确是开近代风气之先。两次鸦片战争的失败，也使清政府中的有识之士痛切感到，只有打破传统思想的束缚，提倡洋务，主动引进西方的科学技术，步西方工业化的后尘，才是上策。这样，西方科技知识大量传入。

清代后期，列强的大炮破坏了中国皇帝的权威，加之一系列不平等条约的签订，却使西学传入的渠道日渐通畅。大批传教士可以自由来往于中国的沿海和内地，自由地与中国人士交往，建立教堂，兴办学校，设立书馆，成立学会，出版书刊，传播宗教和西方各种科学知识。另一方面，鸦片战争的失败，使中国的知识分子不仅看到西方的"船坚炮利"，也痛感朝廷的腐败和中国科学技术的落后，激起了科学救国的热望。许多具有专门知识的学者如李善兰、王韬、张福僖、徐寿、华衡芳等都主动与西方学者交往，进行学术交流。

值得注意的是，19世纪60年代兴起的洋务运动是西学传入中国的一条最重要的途径。其特点是中国官方运用国家权力和资金，主动引进西方的技术设备，首先是造船造炮的整套设备。这批军事工业对我国近代科技的发展、各类人员的训练培养都起了一定作用，科学技术书籍的编译出版工作受到重视，从此产生了我国的新式造船业、机器制造业和化学工业。

西学的强大冲击和中国主动引进西方科技的结果改变了传统科学的布局和结构，除了传统医学仍保持原有的自我循环体系外，其他各门学科无一不融入西学而起了变化。然而，各门科学发展很不平衡，其轻重缓急与整个社会政治与经济文化状况息息相关，也与各学科所积累的知识与人才成正比。所以，清代后期，尽管有西学的输入和近代工业的出现，但由于整个社会物质基础薄弱，封建制度腐朽，帝国主义侵略，根深蒂固的儒家思想影响，都严重地阻碍着中国科学的迅速发展。

因此，清后期科学和技术的发展虽然为中国科技的近代化准备了知识和人才，有其历史功绩，但它毕竟属于中国科学技术近代化的初始阶段，同时也显示出中国科技近代化进程的曲折和艰难。

《申报》创刊

同治十一年（1872）三月二十三日，英国商人美查等四人在上海合资创办《申报》。

晚清新闻业逐渐发达，各类报刊纷纷刊行。其中影响最大、历史最久的就是上海《申报》。

《申报》开始是用油光纸以铅字排印，隔日出版一张。4个月以后，由于销路逐渐看好，改为日报。当时的办报宗旨是"为间阎申疾苦，为大局切维图"，编辑和

送报图

经理也都聘请中国人担任，时事政治、社会新闻、商业信息等等，无所不载，涵盖了社会生活的各个方面。《申报》主要行销上海，也向各通商口岸发行。宣统元年（1909），由于营业额下降，发行不景气，被该报华人经理买办席裕福（子佩）收买。民国初年（1913）席裕福将《申报》转让给史量才等人。史量才等人接办后，使《申报》成为著名大报。1949年5月上海解放时，该报停刊。

容闳开拓留学教育

容闳像

同治十一年（1872），中国开始派遣学生出国留学。

从创办新式学堂、设立机器制造局、正式实践"师夷长技以制夷"开始，洋务派始终戒备洋人的把持和要挟。有识之士从长远的国际意义上考虑，坚持培养自己的人才，由自己人掌握西方先进科技。

19世纪70年代，容闳向洋务派重臣提出了一个划时代的建议：派幼童出国学习，从此揭开了中国留学教育的序幕。

容闳（1828～1912），是中国留学美国并获耶鲁大学学位的第一人。他从小就读于澳门的英语学校，19岁赴美留学，虽然自幼接受教会教育并得到外国教会的资助才得以完成大学学业，但他始终牵挂祖国的前途和命运。

容闳早年便立志以开拓教育为救国之

1872年，清政府首次选派30名学童赴美留学，其中有詹天佑。

中国通史

最新整理图文珍藏版

道，欲使更多的人能像他一样享受文明教育，因此大学毕业后立即回国，争取实施他的留学教育计划。

在遭到太平天国干王洪仁玕的拒绝后，他转而向曾国藩、丁日昌等洋务派重臣献策。他认为派幼童留学好处有四：一是年龄小，学话容易；二是在国外可系统学习第一手的知识；三是幼童在外日久，能拓宽视野；四是幼童长成后便成为专门人才，从此不必怕外国人拿捏。

在曾国藩、李鸿章的努力下，清廷委派刑部主事陈兰彬及容闳为正副委员，常驻美国，主持留学教育的一切事宜。

从同治十一年（1872）起，中国连续4年每年派遣幼童30名赴美留学。这些幼童多来自广东、浙江、江苏一带沿海开放省份。他们在美国每2人一组住进美国人家中学习外语，然后就近入学，并陆续进入美国各大学开始深造。从同治十三年起，还建成了留学事务所的永久办公所。

但守旧派如陈兰彬之流却不断打击、毁谤留学幼童，诬指他们失去爱国心、全盘西化，导致清政府于光绪七年（1881）六月电令留美学生全部撤回。这批幼童尽管回国后遭遇坎坷，但经过艰难曲折的奋斗，多数仍成长为国家栋梁之材，如民国首任总理唐绍仪、海军元帅蔡廷干、著名工程师詹天佑等，便是其中的佼佼者。

清政府为这批留美幼童大约花费白银60万两，但其远期效益和社会影响却十分广泛，其价值是不能用区区60万两白银来衡量的。

颐和园建成

光绪二十一年（1895），颐和园建成。

乾隆十五年（1750），乾隆皇帝兴工修建颐和园。它位于北京西北郊，是清代

中国著名的古典园林、清代行宫花园——颐和园。

北京著名的"三山五园"（香山静宜园，玉泉山静明园、万寿山清漪园、圆明园、畅春园）中最后建成的一座。

金、元时期，颐和园所在地就已成为著名的风景区，称为瓮山和瓮山泊。明代在这里建造了好山园，改瓮山泊为西湖，在瓮山南麓和西湖岸边建造圆静寺十刹，称为"西湖十景"。

清乾隆十五年，乾隆皇帝为其母孝圣宪皇太后祝寿，于瓮山南坡正中圆静寺旧址建大报恩延寿寺，扩展西湖并点缀亭、台、殿、阁等，成为著名的清漪园。同时改瓮山为万寿山，改西湖为昆明湖。咸丰十年（1860），园林被英、法侵略军焚毁。光绪十二年（1886）开始重建。光绪十四年，改名为颐和园。光绪二十一年（1895）工程结束，是慈禧太后挪用海军经费修建的。光绪二十六年（1900），八

颐和园须弥灵境建筑群俯视

国联军入侵中国，颐和园再次遭劫。翌年重修，成为今天的规模。

颐和园的建造，是以万寿山、昆明湖为基础，以杭州西湖风景为蓝本，吸取江南园林的设计手法而建成的一座大型天然皇家园林。

全园由宫殿区和园林区两部分组成。

颐和园佛香阁

宫殿区不大，在全园主要入口东宫门内，东去只通圆明园，北达前山，西南为前湖，位置适宜，是慈禧皇太后居住和处理政务的场所。在东宫门内建有宫廷区，作为接见臣僚、处理朝政的地方。宫廷区规模为对称布局，内建有殿堂、朝房、值房等建筑群。

园林区以万寿山、昆明湖为主体，分为前山前湖和后山后湖两部分。

前山（万寿山的南坡）及山前的前湖（昆明湖）是全园的主体。这里，湖、山、岛、堤相结合形成一幅如锦似绣的风景画。内有中央建筑群，包括帝、后举行庆典朝会的"排云殿"和佛寺"佛香阁"。佛香阁建在山南正中高台上，体量雄伟、造型敦厚，器宇轩昂，成为颐和园的构图中心。与中央建筑群相呼应的是横贯山麓、沿湖北岸东西逶迤的"长廊"，它是中国园林

中最长的游廊。整个前湖区，色彩富丽，金碧辉煌，极富皇家气派。前湖开阔浩渺，是清代皇家诸园中最大的湖泊。湖中一道长堤——西堤，它把整个湖面划分成 3 个水域，每个水域各有一个湖心岛，岛上建有龙王庙、治镜阁、藻鉴堂，三岛象征中国古老传说中的东海三神山——蓬莱、方丈、瀛洲。其中龙王庙岛最大，有石砌 17 孔桥和湖东岸相接。西堤以及堤上的 6 座桥摹仿杭州西湖苏堤的"苏堤六桥"，使昆明湖更神似杭州西湖。

后山（万寿山北坡）和后湖（一串人工小湖），其景观与前山前湖迥然不同。后山清净而富野趣，后湖曲折而深邃。后山的建筑物数量不多，除中部的佛寺"须弥灵境"外，其他都各自成小园林。或踞山头，或倚山坡，或临水面，随处而立，装饰清雅质朴，与整个环境气氛十分协调。后山、后湖山嵌水抱，"虽由人作，宛自天开"。后山有谐趣园、霁清轩，其中谐趣园是仿无锡寄畅园而建的园中之园，甚为精致，富于诗情画意。

颐和园作为大型皇家园林，是中国目前保存得最完整的一座行宫御苑，它集中体现了中国古代园林建筑艺术的卓越成就。

京师大学堂改名为北京大学

同治二十四年（1898 年 7 月），清政府光绪皇帝下令在北京开办京师大学堂，作为戊戌变法的新政措施之一。

京师大学堂的部分前身是 1862 年清政府在总理衙门设立的京师同文馆。京师同文馆主修外国语言，后增设有关自然科学科目，并延请外国人担任教习，具中等专科学校性质。1896 年，御史陈其璋奏请整顿同文馆，重订课程计划。同年，刑部左侍郎李瑞棻奏请在京师设立大学堂。1898

京师大学堂门额

年康有为在《清开学校折》中重申此意。同年6月，光绪帝下诏变法，强调要开办京师大学堂，后由梁启超草拟大学堂章程。7月，光绪帝正式下令批准设立京师大学堂。12月正式开学，有学生近百人。先前之京师同文馆于1902年正式并入京师大学堂。

京师大学堂初以"广育人材，讲求实务"为宗旨，议设道学、政学、格致、农、工、商等10科，戊戌政变后，实际只办了诗、书、易、礼四堂及春秋两堂，每堂不过十数人，其性质与旧式书院无异。1900年八国联军入侵北京后，京师大学遭破坏，一度停办。1902年复校，由张百熙任管学大臣，设预备、速成两科。预备科又分政、艺两科；速成科分为仕学馆及师范馆。1903年增设进士馆、译学馆及医学馆。同时办分科大学。1910年改设经、法、文、格致、农、工、商、医等8科46门。京师大学堂是中国近代最早的国立大学。

辛亥革命推翻清王朝后，1912年，京师大学堂正式改名为北京大学，首任校长严复。1917年，著名学者、教育家、民主主义革命家蔡元培出任校长，

推行"思想自由，兼容并包"的方针，对学校进行了整顿和革新，设文、理、法3科14个系，并成立了文、理、法3个研究所。先后聘请陈独秀、李大钊、鲁迅、钱玄同、胡适、刘半农等具革新精神和丰富学识的著名学者到校任教，使学校的学术空气为之一新，北京大学遂成为新文化运动的中心。

《马氏文通》出版

马建忠于光绪二十四年（1898）著成中国第一部系统的语法书《马氏文通》。该书使汉语语法研究走向科学化、系统化的道路。

《马氏文通》的作者马建忠（1845～1900），字眉叔，江苏丹徒人。幼年学习拉丁文、希腊文、英文和法文。1876年，他以郎中资格由李鸿章派往法国留学，后来又兼任当时驻法公使郭嵩焘的翻译。回国后，参加了洋务派集团。出于"因西文已有之规矩，于经籍中求其所同所不同，曲证繁引，以确知华文义例之所在"的目的，他在1898年写成《马氏文通》。

《马氏文通》第一次将汉语的词从语法的角度划分了词类，并且分为实词和虚词两个部分。同时，该书还系统地讲解了句法结构，初步建立了词法和句法的语法体系。这一工作，是参照拉丁语系的语法而完成的，其中不免有将汉语牵合拉丁语

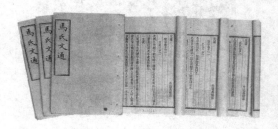

1898年上海商务印书馆出版的《马氏文通》

系语法的痕迹。但《马氏文通》并不是完全生搬拉丁语法，在不少地方仍考虑了汉语的特点。

《马氏文通》有很多优点。首先，它广为搜集例句，全书大约有 7000 多句古汉语例句。其次，他不以分类、举例为满足，还注重对语言规律的探讨。他也不愿把自己局限在严格意义的语法范围之内，而是结合修辞，注重语义。在阐述语法的过程中，他注意概念的界定，并讲究逻辑，打破了训诂学用语含混、关系不明确的旧习惯。《马氏文通》虽有很多局限，如所用的还是文言文，在语法体系上也存在不少漏洞，但该书对后来以至现代汉语语法体系的建立，有着极深的影响。

严复引进西方思想

19 世纪末叶，一批先进的知识分子为了拯救民族危机，纷纷把目光转向西方，寻求救国救民的真理。严复是最早比较系统地把欧洲资产阶级的自然科学理论和哲学、政治经济学、政治学、社会学等知识介绍到中国来的启蒙思想家。

严复（1854～1921），字又陵，福建侯官人，清光绪三年（1877）留学英国，在学习海军驾驶技术的同时，广泛接触和研究了西方资产阶级的自然和社会科学学

严复为《天演论》写的序言手稿

福州阳岐严复出生地

说。回国后长期在北洋水师任职。甲午战争的失败，使他看清了洋务运动并不能拯救中国，因此投身到资产阶级改良派的维新变法运动。1895 年，他在天津的《直报》上发表了《论世变之亟》、《原强》、《救亡决论》等重要文章；1897 年与夏曾佑等一起创办《国闻报》；1898 年出版了他所翻译的赫胥黎的《天演论》。戊戌政变后，他译有亚当·斯密《原富》、斯宾塞《群学肄言》、约翰·穆勒的《群己权界论》、孟德斯鸠的《法意》等书。他从西方搬来了进化论、经济学、社会学、法学、政治学、逻辑学等知识，在政治上成为当时中国资产阶级要求摆脱民族危机、进行社会改革的理论根据，同时也促进了中国资产阶级意识形态的形成和发展。

严复所介绍的西方资产阶级思想主要有下列几个方面：

一、宣扬西方的进化论。达尔文主义在于论证"物竞天择，适者生存"的自然规律，它对欧洲宗教神学和封建反动的"目的论"进行了沉重打击。严复作为把达尔文的进化论系统地介绍到中国的第一人，以进化论为武器，观察、认识、分析中国的历史和现状，进而提出"变法图

强"的政治主张。

二、宣传西方的科学与民主精神。严复认为西方资本主义国家之所以国富民强，就是有着科学与民主这两面大旗。他主张要破除一切神学和迷信，弘扬真理，崇尚科学；反对君主专制，提倡西方资产阶级的民主、自由、平等、博爱。

严复像

三、介绍和宣传资产阶级的"天赋人权"说。他认为人们的自由权利是天赋的，是神圣不可侵犯的；人民是国家的主人，国家是人民为保卫自己的权利和自由而结成的社会契约关系，如果统治者违背了这种契约关系，人民有权起来推翻它。

在此基础上，他进一步提出：中国要由弱变强，必须实行君主立宪制；要在中国实现君主立宪制必须"鼓民力"、"开民智"、"新民德"、"兴教育"。

四、提倡西方资产阶级新文化。他在《论世变之亟》中具体指出了西学和中学的8大区别，通过比较，他认为西学优于中学。

严复把西方近代先进的思想文化成果介绍给国人，在当时起到了发聋振聩的思想解放作用，为维新变法运动提供了理论武器。

中医出现中西汇通派

19世纪中末期，随着西洋医学的大量传入，我国中医学出现了中西医汇通派。

第二次鸦片战争以后，在西洋医学的猛烈冲击下，中国传统的医学受到重大的影响。西洋医学的优点逐渐被医学界所接受，认为中医和西医各有优、缺点，应相互学习，取长补短，才能使中国传统医学接受新鲜事物，继续发展，以达到一个新阶段。中西医汇通代表着近代中医发展的正确方向，著名的代表人物有朱沛文、恽铁樵、张锡纯等人。

朱沛文（约1805～?）从生理解剖学的角度入手，认为中医精于穷理而拙于格物，西医则长于格物而短于穷理，主张二者应结合起来。但他的汇通只局限在理论方面，还没有深入到临床应用阶段。恽铁樵（1878～1935）对西医作了较深入的研究学习，从理论上阐明中西医汇通的意义，积极主张引进西学以改进中医，但应以中医学术为主体，通仲景之学，以"发皇古义"，不可舍本逐末。他主张欲昌明中医，须沟通中西，融汇新知，取长补短，使新中医"不中不西，亦中亦西"。张锡纯（1860～1933）主张以中医为主体，取西医之长补中医之短，倡导"衷中参西"。在理论上，他将中医脏象学说与西医解剖生理互证，力图沟通中西医。他不仅从理论上进行中西医学汇通的尝试，更进一步注重临床，在中药和西药的结合方面付诸实践。

中西汇通派是中国传统医学发展史上为探索自身的进一步发展，摸索新的道路的一种努力。它是近代西洋医学与中国医学相互作用的结果，代表着近代中医发展的正确方向，形成了近代中医发展史上一

甘肃敦煌莫高窟

股强劲的潮流，对近代中医产生了极为深远的影响。

梁启超提出新史学

光绪二十七年（1901），29 岁的梁启超在《清议报》上发表《中国史叙论》一文；次年，他又在《新民丛报》上发表长文《新史学》。这两篇论文，是中国资产阶级史学家批判传统史学、试图建立新的史学理论体系的重要标志。《中国史叙论》是作者计划撰写一部中国通史的理论构想。《新史学》是作者在《中国史叙论》的基础上，就普遍的史学理论问题作进一步阐发。作者以"新史氏"自称，呼吁"史界革命"，倡导"新史学"。

历史学应以进化论为指导思想，考察和叙述种种进化的现象，这就是"新史学"的本质。

关于历史哲学和史学的社会作用，作者指出："历史'撰述'者，叙述人群进化之现象而求得其公理公例者也。"这里说的"公理公例"，就是他说的历史哲学。作者认为：史学（即关于历史的研究和撰述）是由"客体"和"主体"结合而成的。所谓客体，"则过去、现在之事实是也"；所谓主体，"则作史、读史者心识中所怀之哲理是也"。《新史学》第一节首论"中国之旧史"，是梁启超为创"新史学"而对中国"旧史学"展开批判的论纲；而这种批判又贯穿在《中国史叙论》、《新史学》二文的始终。梁启超肯定中国传统史学是发达的，但是，他对这种"发达"是持否定态度的。他说："兹学之发达，二千年于兹矣。然而陈陈相因，一丘之貉，未闻有能为史界辟一新天地，而令兹学之功德普及于国民者，何也？吾推其病源，有四端焉。"他说的"病源"四端是："一曰知有朝廷而不知有国家"；"二曰知有个人而不知有群体"；"三曰知有陈迹而不知有今务"；"四曰知有事实而不知有理想"。

科学家徐建寅去世

光绪二十七年（1901）二月十二日，中国近代著名科学家、军工兵器专家徐建寅在汉阳试制无烟火药时不幸失事身亡。

徐建寅，字仲虎，江苏无锡人。其父徐寿是晚清著名科学家，曾翻译了《汽机发轫》、《化学鉴原》等近代科学著作，为近代化学在中国的传播作出了巨大贡献。受其父影响，徐建寅对近代自然科学产生了浓厚的兴趣。同治四年（1865），他协助其父完成了木壳轮船"黄鹄号"的制造。同治五年（1866），徐建寅开始参与翻译近代科学书籍的工作，翻译出《化学分原》、《声学》、《电学》、《兵学》、《器象显真》、《测地捷法》、《轮船布阵》、《石板印法》、《造铁全法》、《汽机新制》等科学、兵法新书 20 多种。同治十三年（1874），徐建寅调到李鸿章创办的天津制造局负责研制火药必需的硝酸并获成功；光绪元年（1875），调任山东机器局总办筹办一座新型枪炮弹药工厂；光绪五年（1879），以驻德参赞名义，到德、英、法考察造舰及军事工业。其间他写了《游欧杂录》，详细介绍了许多当时世界上最先进的金属加工工艺和设备，如模锻、挤压、冲制成型、仿形切削、转炉炼钢、电冶铜等，给中国近代工业的发展以十分有益的启示和影响。戊戌变法时期，他被派任新设立的农工商总局督理，后来受张之洞之邀，到湖北帮助兴办工业和训练新军。八国联军入侵中国后，外国停止向中国供应火药，徐建寅认为：列强交迫，军火尤为重要，遂赶赴汉阳钢药厂研制硝化纤维无烟火药，终获成功，并准备大量生产。光绪二十七年（1901）二月十二日，徐建寅与工匠们一起拌和药料，因机器摩擦过热，起火炸裂，徐建寅与在场的 13 人同时遇难。

梁启超像

梁启超著《新民说》

梁启超（1873～1929），字卓如，号任公，广东新会人。早年深受康有为变法维新思想的影响，后成为戊戌变法维新运动中一位杰出的宣传家。

梁启超学识十分渊博，才华卓著，思想较为庞杂而不够严谨。他于 1902 年发表的《新民说》，可以视为系统阐述他的道德伦理思想的代表作。戊戌维新变法失败后，梁启超目睹八国联军的野蛮入侵，《辛丑条约》的丧权辱国，愈加感到政府的腐败，民智民德的"愚陋怯弱"。因而他取《大学》"作新民"之义，著《新民说》。其意图，正如他在《新民说·叙论》中所

说的："余为新民说，欲以探求我国民腐败堕落之根原，而以他国所以发达进步者比较之，使国民知受病所在，以自警自厉自策进。"即试图通过中、西方的比较研究，从道德伦理方面探寻"我国民腐败堕落之根原"，以激励人们"自警厉自策进"，从而达到救国救民的目的。这有其可取之处，但把社会道德伦理的"腐败堕落"看成是中国"积弱"的根源，陷入了本末倒置，反映出认识上的局限性。然而，《新民说》中表达了他的爱国思想，以及对封建道德伦理的抨击，仍有一定的积极意义。

首先，他从改造国民性中的弱点出发，要兴四万万人的民德民智民力。梁启超在《论中国国民之品格》一文中指出，中国国民性的弱点主要表现在爱国心之薄弱、公共心之缺乏和自治力之欠缺这三方面。因而，他认为要救治中国，不能仅仅期望于"一时之贤君相"或"草野一二英雄崛起"，而在于国民之文明程度的提高，故务必要大力提高"吾四万万人之民德民智民力"。也就是说，要着力改造国民性的弱点，即"新民"。他还针对爱国心之薄弱这一国民性的弱点，提出要增强国民的民族主义精神，继承发扬民族文化的优秀传统，革除其中"愚陋怯弱"的东西；同时对西方各国民族，也要"汇择其长者而取之，以补我之所未及"（《新民说·释新民之义》）。

此外，梁启超还抨击了专讲君臣、父子、夫妇等关系的"中国旧伦理"（或称"家族伦理"）。他认为，这种伦理所注重的只是"一私人对一私人之事"的"私德"，讲求的只是"存心养性"、"束身寡过"的修养方法。这最多只能养成"独善其身"。因而，他提倡讲"公德"的"社会国家伦理"（亦称"泰西新伦理"）。他认为这种伦理不仅讲家族伦理，而且着重讲求"一私人对于一团体之事"的社会伦理和国家伦理，其基本准则是讲求"公德"，在于"利群"，并进一步把"利群"、"益群"的道德高标准赋予"爱群、爱国、爱真理"的具体内涵；同时他并不排斥"利己"的个人利益，主张妥善处理好"利己"与"利他"的关系。可见《新民说》一书既是对封建伦理观念的批判，同时也是梁启超的资产阶级国家现在伦理思想上的体现，具有时代的进步意义。

章炳麟重订《訄书》

章炳麟（1869～1936），后改名绛，字枚叔，号太炎，浙江苏杭县（今属余杭）人。早年提倡维新变法，曾任《时务报》撰述。戊戌政变后被清政府通缉，逃往台湾、日本，阅读了大量西方资产阶级思想家的论著，萌发了反对清政府的革命思想，并参与了孙中山领导的资产阶级民主革命。

章炳麟于光绪二十六年（1900）初将光绪二十三年（1897）以来撰写的50篇论文编集为《訄书》出版。该书在政治上鼓吹变法维新，在哲学上体现了倾向于唯物主义和进化论的自然观。

章炳麟于光绪二十八年（1902）至光绪二十九年（1903）重订《訄书》，在哲学上继续保持唯物主义和进化论的思想倾

向，政治上已由赞成维新变法转变为鼓吹"排满"革命，反映其政治思想的急剧转变。在重订本中，章炳麟对1900年以前的尊清思想进行了自我批判，并严厉批判了维新派，号召推翻满清政府的反动统治。他对1900年初刻本进行了大幅度的增减，主要增加了1900年以来所写的文章。重订本共收入论文63篇，"前录"2篇，"附录"4篇，1904年由日本东京翔鸾社刊行，1906年再版。《訄书》的重订，反映章炳麟接受了西方资产阶级民主主义思想并走上了革命道路，对当时资产阶级民主革命运动起着积极的推动作用。

章炳麟像

《訄书》在内容上涉及的学术领域十分广泛，包括中国古代各时期各流派的学术思想以及历史、哲学、文学、社会风俗、民族、经济等。其中《天论》《公言》、《原学》、《原人》、《原变》、《通谶》等篇，代表了他这一时期的思想成就。在这些文章里，章炳麟利用近代自然科学的一些新成果，论证了各原质成于以太、万物成于各原质的自然观，否定了天命论的说教。在发展现问题上，章炳麟接受了进化

梁启超题章太炎《訄书》初刻本封面

梁启超发动诗界革命

论思想。他认为从无机物到高等动物的进化都是"原质"发展和变化的不同形态，自然界和人类社会都经历了不断进化的过程，包括人在内的各种事物的发展变化都是没有穷尽的。生物的变化是生存竞争的结果，绝不是什么上帝的意志决定的。由此可见，章炳麟继承我国古代无神论的传统，结合西方近代的生物进化论，驳斥了"上帝造万物"的目的论，从而在根本上否定了为封建政权作辩护的宗教迷信和"天命论"。在《订孔》、《学变》等篇中，章炳麟还对中国哲学史上自先秦诸子下至明清各家的思想作了评判，认为孔子的道德和学术都不能和先秦诸子相比，更不能和荀子相比，并批判了孔子的"虚誉夺实"和尊孔派的"苟务修古"，在思想界引起强烈的反响。

《訄书》文笔古奥，较难索解，但它作为章炳麟最早的论文结集，每个议题大都联系历史，引古证今，是一部半政治半学术的评述著作，对全面深入研究章炳麟早期的政治和哲学思想具有重要的意义。

到了 19 世纪末，在资产阶级改良运动的推动下，清代后期进步诗歌潮流得到进一步的发展。在 1896～1906 年（光绪二十二至三十二年）之间，梁启超、夏曾佑、谭嗣同等提出"诗界革命"的口号，并试作"新诗"或"新学之诗"。在戊戌维新变法前一两年，梁启超和夏曾佑、谭嗣同曾试作"新诗"，反映了对新思想、新知识的要求。后来梁启超在办《清议报》、《新民丛报》、《新小说》等杂志中，登载了改良派及其他作者的许多诗篇，并不断发出了"诗界革命"的呼声。他的"论诗宗旨大略"已见于光绪二十五年（1899）十一月由日本去夏威夷舟中的《日记》，而充分的论述则见于光绪二十八年（1902）二月《新民丛报》开始连载的《饮冰室诗话》。后来梁启超在《新小说》中登载《杂歌谣》，形式语言都趋向通俗化，又赞许其与音乐结合，使之能歌唱，似传统乐府诗而又有新面貌新精神，发挥诗歌的社会教育作用，这是诗界革命又一重要内容。

梁启超作诗较晚，绝大部分是流亡国外的作品，今存古近体诗 360 多首，词 60 多首。他热心提倡"诗界革命"，但并不以诗人自命，而以余事为诗。其诗歌颂献身革命的精神，歌颂新天地、新思想、新文化，突出地歌颂爱国主义，有进步意义和认识意义。作品表现了自己诗论的特点，即旧风格含新意境，亦不排斥新名词。其诗总体上热情奔放，直抒胸臆，朴实晓畅，格调妥当，足称一种"新派诗"。他自认"诗半旧"，亦符合实际。

诗界革命的旗帜是黄遵宪（1848～1905）。黄遵宪认为诗歌创作应该"我手

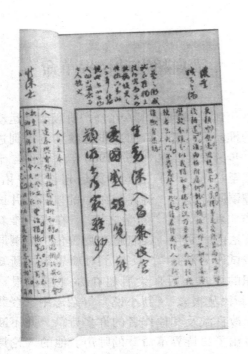

梁启超诗稿手迹（康有为眉批）

写我口"（《杂感》），要求"诗之外有事，诗之中有人"，在《人境庐诗草序》中主张表现"古人未有之物，未辟之境"，明确标称自己的诗是"新派诗"。他一方面主张向古人学习，取径要广，而最终"要不失乎为我之诗"；一方面主张学习民歌，博采俗语，并吸收散文的特点和句法入诗。黄遵宪的诗作内容极为丰富，堪称一代诗史。有的作品反映了帝国主义和中华民族的矛盾，歌颂爱国将领，批判投降派丧权辱国的行为，如《香港感怀》、《羊城感赋》、《冯将军歌》、《哀旅顺》、《哭威海》、《降将军歌》、《度辽将军歌》、《书愤》等。有的作品辛辣地批判封建顽固派，批判封建文化，抒发维新变法、振兴中华的愿望，如《感怀》、《杂感》、《赠梁任公同年》、《感事》、《己亥杂诗》、《军歌》等。此外，他还有不少描写海外风物的诗篇，如《日本杂事诗》200 首，这些诗空前地扩大了中国古典诗歌的表现领域。

"壬寅学制"形成

戊戌变法失败后，教育改革的呼声并未消沉。光绪二十七年（1901），清廷在经历了一系列"创痛钜深"的沉重打击之后，被迫重新讨论制定新学制的问题，"壬寅学制"因此产生。

张百熙被委任为管学大臣，主持筹办京师大学堂和制定学制章程。1902 年 8 月，张百熙拟定了《钦定学堂章程》，提出吸收欧美日本的成法，修订中国 2000 年旧制，并进而颁布了《京师大学堂章程》、《蒙学堂章程》、《小学堂章程》、《中学堂章程》、《高等学堂章程》、《考选入学章程》等具体细则。因这一年是农历壬寅年，所以这一套学制被称为"壬寅学制"。

根据"壬寅学制"，学校划分为 7 级，修业年限共达 20 年：幼童自 6 岁上学，须完成 4 年蒙学堂，再读 3 年寻常小学堂，接着读 3 年高等小学堂（或读 3 年简易实业学堂），再读 4 年中学堂（或读中等实业学堂），然后是 3 年高等学堂及大学预备科（或读高等实业学堂），最后是 3 年大学堂，毕业后可进入大学院。进入大学院时，学生已经 26 岁了。

"壬寅学制"是官方拟定的第一个较完备的学制系统。但仍有许多不完善之处。比如：初等教育年限过长，达 10 年之久，不利于推广义务教育；中学仅有 4 年又过短，不利于打好基础；高等学堂和大学预科平等，也是不科学的；而且"壬寅学制"中，也完全没有女子教育的地位。因此，"壬寅学制"还未得到具体执行，就被更为完善的"癸卯学制"所取代。

《革命军》刊行

光绪二十九年（1903）四月，邹容所著《革命军》一书在上海刊行。

邹容（1885～1905），四川巴县人，幼习经史。时值外寇侵入，国难时艰，他从介绍西方近代文明的新书时报中接受了维新思潮的影响，东渡日本留学，寻求强国的真理。在日本为西方民主思想所吸引，遂舍弃改良维新而走革命排满道路，著《革命军》一书。

同盟会成立前，革命书刊如雨后春笋，而影响最烈的莫过于邹容所著的《革命军》。

《革命军》书影和邹容像

邹容在《革命军》中以澎湃的激情、通俗的语言第一次系统地、旗帜鲜明地宣传革命，宣传资产阶级民主共和国的思想。他以进化论立论，宣讲"革命者，天演之公例"，"革命者，世界之公理"，反复强调"中国欲独立，不可不革命"，革命是"起死回生之灵药，返魄还魂之宝方"，阐发"欲御外患，先清内患"，推翻满清政府，建立中华共和国的论证。在清政府大失民心，革命运动呼之欲出的时刻，《革命军》给予思想巨大的冲击，受到知识分子的崇信。该书请章炳麟作序，刚一刊行，立即不胫而走，辗转翻印，逾百万册，被《苏报》刊文誉为"今日国民教育之一教科书"。

商务印书馆开始出版业务

光绪二十八年（1902），张元济进入上海商务印书馆，改变该馆业务范围，从印刷业走向出版业。

商务印书馆成立于清光绪二十三年（1897），为夏瑞芳、高凤池、鲍咸恩等人创办，初期主要从事商业簿册报表之印刷业务。1905年与日商合股，改组为股份有限公司。印刷出版的范围更加广泛，遍及大、中、小学教科书、自然科学、社会科学、应用技术、工具书、儿童读物、古籍、文学艺术等书籍，并且发行期刊。影响越来越大，在香港、新加坡等地设有分馆。

1932年"一·二八"事变中，该馆大部分遭日军炮火焚毁。后部分恢复。1954年，总馆迁址北京。根据国家规定的出版方针，商务印书馆的主要任务为编译出版世界哲学、社会科学方面的古典学术著作，介绍各国当代的社会、哲学、政治、经济、历史、地理各学科各流派的代表性著作及知识读物等。作为中国近代出版事业中历史最悠久的出版机构，商务印书馆自开馆以来，出版印行各种图书2万多种，受到中外学者的普遍赞誉。在继承、发展和传播中国传统文化及介绍新知识方面作出了重要的贡献。

《猛回头》、《警世钟》刊行

光绪二十九年（1903），反清爱国主义运动活跃分子陈天华所著的《猛回头》、《警世钟》两本小册子先后在日本刊行。

陈天华及《猛回头》书影

陈天华生于光绪元年（1875），湖南新化人，戊戌变法时期，接触新思想，积极要求变革。特别是到日本留学后，在日益高涨的革命气氛感染下，他逐渐成为反清爱国运动的活跃分子。受邹容《革命军》的启发，陈天华决心用民间通俗说唱体裁撰写警世之作。他奋笔疾书，写成了《猛回头》和《警世钟》两本小册子。他在书中大声疾呼，中国已经到了被列强瓜分的危靠关头："俄罗斯，自北方，包我三面；英吉利，假通商，毒计中藏；法兰西，占广州，窥伺黔桂；德意志，胶州领，虎视东方；新日本，取台湾，再图福建；美利坚，也相要，割土分疆。这中国，哪一点，还有我份；这朝廷，原是个，名存实亡。"他号召国人奋起反抗列强侵略，推翻替列强做"守土官长"的清封建王朝。"猛睡狮，梦中醒，向天一吼！百兽惊，龙蛇走，魑魅逃藏。改条约，复政权，完全独立。雪仇耻，驱外族，复我冠裳。到那时，齐叫道：中华万岁！才是我，大国民，气吐眉扬"，"洋兵不来便罢，洋兵若来，奉劝各人把胆子放大，全不要怕他。读书的放了笔，耕田的放了犁耙，做生意的放了职事，做文艺的放了器具，齐把刀子磨快，子弹上足，同饮一杯血酒，呼的呼，喊的喊，万众直前，杀那洋鬼子，杀投降那洋鬼子的二毛子。……那些贼官若是帮

助洋人杀我们，便先把贼官杀尽。手执钢刀九十九，杀尽仇人方罢手！我所最亲爱的同胞，我所最亲近的同胞，向前去，杀！向前去，杀！杀！"陈天华的小册子充满爱国激情，激发了国人强烈的爱国主义精神，一版再版。陈天华也因这两部深受欢迎、流传甚广的小册子，被人们称为"革命党之大文豪"。

《铁云藏龟》出版

光绪二十九年（1903），由刘鹗所编的《铁云藏龟》抱残守缺斋石印本印成刊行，这是中国历史上第一部著录甲骨文字的书籍。在此之前，《老残游记》作者刘鹗发现当时作为中药的龟板甲骨上刻有文字，便收购了大批有文字的甲骨，总共收藏达5千余片。经过一番整理挑选和仔细研究之后，他精选出1058片，著录成《铁云藏龟》一书。

甲骨文

该书编者刘鹗精通算学、乐律、医学、治河等，又信仰泰州学派，喜欢金石碑版，是我国最早收藏并研究甲骨文的人之一。刘鹗生平曾奉命督治黄河，任过知府，并曾为英国福公司管理过山西煤矿。1900年，当八国联军侵入北京的危难时刻，他购得俄军掠夺的太仓储粟，设平粜局赈济

中国通史

最新整理图文珍藏版

饥民。1908 年，刘鹗被人诬告私散仓粟及为外国人在浦口购产而被遣戍新疆，次年病死。

新式学堂广泛采用现代体操

体操一词来源于希腊语 gymnós（即裸体的意思），希腊人把跑、跳、投掷、攀登、摔跤、舞蹈、骑马等统称为体操。体操在 19 世纪中叶传入中国。英美等国在鸦片战争后陆续在中国开办教会学校，成立青年会，并设置健身房和体操器械，在部分青年中开展了体操运动。清末在北洋水师学堂和武备学堂等军事学校中，有外国教官讲授兵式操、徒手操和单杠、双杠、木马、平台、肋木、平梯等器械体操。

新军操练

洋务派编练新军、设立学堂客观上对西方体育的传入和发展起了积极作用。从 19 世纪 60 年代起，洋务派就主张使用外国武器，练习洋操以求自强。这就使具有近代体育性质的兵操活动首先在军队中推广。当时来自英、美的兵式体操，主要内容是队列训练。1879 年，李鸿章以德国陆军步队尤精，得力在每日林操，遂选卞长胜等 7 人去德国学习林操。德国林操主要是单兵教练和队列训练，但也教习单杠、双杠、木马、平台等器械体操。1895 年，张之洞仿德国军制，聘德国人为教习训练军队，此后新军中德国兵操日益受到重视。外国兵操的传入对中国近代体育的形成和初步发展产生了相当的影响。

洋务运动过程中，各地官员创办了一批工业学堂和军事学堂，如福建船政学堂（1866）、天津水师学堂（1880）、天津武备学堂（1885）、广东水师学堂（1887），这些新式学堂一般开设体操课。学堂体育课的内容有击剑、刺棍、拳击、哑铃、跳远、跳高、游泳、平台、单双杠等。上课一班有 30 人，一般全是头三班全体出操。1900 年，张之洞创办的湖北武备学堂出版《湖北武学》作为体育教材，全书共 6 卷，内容有二，一是德国兵式体操；二是普通体操。兵式体操主要包括田径的走、跑、跳跃；普通体操包括徒手操、单杠、独木活动、攀缘登高及武装超越障碍等。

1903 年，张之洞、张百熙、荣庆合订《奏定学堂章程》，把普通体操和兵式体操列为小学、中学、高等学堂及师范的体育课教学内容，这是洋务运动以来学习欧美的必然结果，对清末民初学校体育的形成和发展有着重要影响。

古越藏书楼对外开放

光绪三十年（1904），徐树兰在浙江绍兴建成古越藏书楼，与中西学堂相辅而行之，并对外开放。标志着中国私人藏书楼开始向公共图书馆过渡。徐拟制的《古越藏书楼章程》仿照东西方各国图书馆之成例，分列藏书、管理和阅书规程。藏书楼设总理、监督、司事、门丁、庖丁及杂役各 1 人，司书 2 人，各有职责范围。编有书目供人查阅，初分为经、史、子、集、

2665

国子监一条街入口

时务5部，35卷；继分为学部与政部，20卷。类目多因袭旧有名称，但子类显示出中外学术统一立类的倾向，反映了中国图书分类已向近代迈开了一大步。

1911年该藏书楼曾一度停办，1915年复办。所藏图书既有传统的古籍，也有已译或未译东西各学著作，并有各种图画、报刊、物理化学器械以及动、植、矿样本等。

"癸卯学制"

"壬寅学制"产生后，经过重新修订，在光绪二十九年（1903），由张百熙、张之洞、荣庆联名提出《奏定学堂章程》，并获批准颁布实施，成为中国历史上第一个正式实行的近代学制章程。因本年是癸卯年，所以新的学制就称为"癸卯学制"。

当时清王朝最大的疑虑，是担心在新学制推行之后能否继续有效地控制全国教育的发展方向，能否继续严密地监督全国士儒的思想和言行，"癸卯学制"迎合了这一点，注入了一系列强化封建专制集权的内容，如崇奉儒家经典，反对民权，反对女权，反对学生干预国政等等。因此，癸卯学制是在一种现代教育体制形式下，进行封建专制文化教育的学制形式。

但不管如何，就具体的学制条款而言，"癸卯学制"确实比以前任何一种学制进步。首先，它改革了中国古老的国子监那种学政合一的传统，将学校教育系统和行政系统分开。新学制专门设立总理学务大臣，主管全国学政，下设属官六处，初步形成了中央一级的教育行政机构。其次，"癸卯学制"承认了女子在家庭范围内接受教育的权利。其三，"癸卯学制"降低蒙童入学年龄，并将初等教育年限压缩为9年。其四，从初小开始增设艺徒学堂，使儿童从小可为将来就业多作准备。其五，提高中等实业学堂教育程度，允许他们升入专科，以期扩大中高级实学人才的培养规模。其六，中学毕业后选择深造的途径增多。其七，扩大师范学校类型，加强了师范教育。其八，着意推广官音，统一各地方言，并加强外语教育。

按照"癸卯学制"的设置，幼童在6岁以前可按受4年蒙养教育，6~11岁念完初等小学，11~15岁念完高等小学，15~20岁念完中学，中学毕业后可多向选择，选读师范、译学馆、方言学堂、大学预科、高等实业学堂等。最后，还可进入道儒院进行为期5年的学习。从就业角度考虑，幼童也可从6岁起就读艺徒学堂，然后依次升入初等实业学堂、中等实业学堂、专科、高等实业学堂。

"癸卯学制"的颁布施行，标志着中国现代教育的发端。这一学制在宣统年间又经过多次修订和改进，最终确立了在中国教育领域的主导地位。

尽管"癸卯学制"在许多方面和国情并不吻合，但不论如何，直到这一学制产生后，中国教育制度才从封建旧教育范畴正式转化为近代教育的体制。这个过程还包含了一系列重大的教育变革（如废除科举、建立学部等等）。其象征性意义被中外教育史家所公认。

中国通史

最新整理图文珍藏版

地毯工艺勃兴

清代地毯工艺已形成不同特色的地方体系，得到了很大的发展。地毯生产仍以北方与西北地区为主，著名的有北京地毯、宁夏地毯、新疆地毯和西藏地毯。

金线地几何团花栽绒丝毯。此毯具有甘肃宁夏织毯特点，构图均匀，色彩典雅，编织精细，剪绒较长而平整，结实耐用，是清代重要作品之一。

北京地毯，即燕北地毯，晚清又称东陵地毯。其产品有宫廷制造与民间织造两种。

民间地毯构图严谨规矩，其标准格式是：四面用三道边围绕，四角有角云，中间一夔（团花）；或四角有拐子草龙，中间一夔；或中间配福、寿、五团花、折枝花及其他几何、器物图案。使用色线多则10多种，少则5种，常用色线是深蓝、浅蓝、月白、白色、驼色、铁锈红等。配色方法有正配（深地浅边）、反配（浅地深边）、透地配（边地同色）、素配（不同程度的同类色相配）、彩配（不同色彩作系列相配或点缀相配）等；敷色以平涂为主，配色讲求暗中显亮。其工艺方法有抽铰和八字扣拴结两种。经线为棉线，纬线为羊毛，起绒高10毫米以上，栽绒直立，毯背坚实细密。宫廷地毯多由宫廷如意馆画师设计彩色小样，后交发毯坊制作。其构图式样比民间地毯更加繁复多样，富丽庄严，与宫殿室内装饰以及礼仪要求一致。

宁夏地毯采用质地优良的滩羊毛编造，其经纱、纬纱均用毛线，毯绒呈圈状，做工精细。

西藏地毯的特点在于色彩鲜艳。所用染料为当地所产红花。另有一种氆氇，用羊毛织出条纹，或用绞缬法制成十字纹、菱形纹等，质朴美观。

金线地花卉栽绒地毯。此毯由新疆传统的花卉图案组成严谨的四方连续纹样，花纹丰满，配色鲜明，编织细密，起绒短而平滑，耐磨力强，是清代新疆地毯的珍品。

新疆地毯多用几何形骨架组成装饰图案，布满地毯全部装饰面。其经线用羊毛，纬线为棉线，并杂用丝绒，配色讲究"五色相间"，色彩鲜艳夺目。

1903 年在美国圣路易斯城举办的"万国博览会"上，北京地毯荣获一等奖；1905 年前后，北京地毯作坊增多。

中华药学会成立

光绪三十三年（1907）冬季，在日本东京的中国留日研习药学的留学生王焕文、伍晟等人发起、成立了我国最早的学术团体——中国药学会。当时定名为东京留日中华药学会，提倡医药并重，组织学术交流，以推动我国药学教育、药学研究及制药业的发展。

1909 年，学会在东京召开了第一届年会，王焕文担任会长。1910 年后学会迁回北京。1912 年召开第二届年会，改称"中华民国药学会"。1936 年在南京举行大会并改名"中华药学会"。1942 年抗日战争时期，在重庆重新组织了学会，更名"中国药学会"。1945 年抗战胜利后，学会迁至上海。1909～1948 年期间，学会共召开12 次大会，先后建立了上海、杭州、南京、成都、永安（福建）、安顺（贵州）、北京、昆明、台湾等分会，会员共 2000 多人。自 1936 年起，学会还不定期出版《中华药学杂志》（1943 年改名《中国药学会志》）、《医药学》、《药和化学》、《药讯期刊》等。

1951 年学会会址再度迁至北京。1952年召开建国以来第一次年会。

中国药学会分别于 1948 年 4 月和1949 年成立了台湾药学会及香港药学会。

孙诒让研究小学

光绪三十四年（1908），清末经学家、校勘训诂学家、古文字学家孙诒让去世。

孙诒让（1848～1908），字仲容，号籀庼，浙江瑞安人。同治六年（1867）乡试中举，任官不久即称病还乡，专心著述。善于利用古籍中的有关资料研究金文。其治学的主要成就是整理古籍和古文字研究。古籍整理方面的代表作有《周礼正义》（1905）、《墨子间诂》（1894）和《札迻》（1894）等书。古文字方面的著作主要有《古籀拾遗》3 卷、《古籀余论》2 卷、《契文举例》2 卷和《名原》2 卷。《古籀拾遗》刊行于光绪十四年（1888），订正了宋代薛尚功《历代钟鼎彝器款识法帖》、清代阮元《积古斋钟鼎彝器款识》和吴荣光《筠清馆金文》这 3 种金文著录书中的考释错误。《古籀余论》1903 年写成，但直至 1929 年才刊行。它订正了清吴式芬《捃古录金文》中的考释错误。《契文举例》1917 年由罗振玉影印出版，是中国最早的一部研究甲骨文的专著。《名原》写成于光绪三十一年（1905），刊行于民国初年，是孙诒让研究甲骨、金文成果的总结，探索了汉字的原始情况、历史演变和演变原因，代表了清代古文字学的最高水平。

南社成立

南社成立于 1909 年 11 月 13 日，社名取"操南音不忘其旧"之意。发起人为同盟会会员陈去病、高旭和柳亚子。活动中心在上海。社员总数 1180 余人。1923 年解体。

1907年8月15日（旧历七月七日），陈去病与吴梅、刘季平等11人于上海愚园集会，组织神交社。1908年1月，柳亚子与陈去病、高旭等在上海决定成立南社。1909年11月13日，南社在苏州虎丘张国维祠举行第一次雅集，陈去病、柳亚子、朱锡梁、庞树柏、陈陶遗、沈砺、朱少屏、

清蜡笺，为清宫用品，五张一卷，有大红、橙黄、天蓝、淡黄、紫红等色，背面洒金。

诸宗元、景耀月、林之夏、胡颖之、黄宾虹、蔡守等17人出席，其中14人为同盟会会员。会议宣告南社成立，选举陈去病为文选编辑员，高旭为诗选编辑员，庞树柏为词选编辑员，柳亚子为书记员，朱少屏为会计员。1911年，绍兴、沈阳、广州、南京等地相继成立越社、辽社、广南社和淮南社。

南社成员欢欣鼓舞地迎接武昌起义。淮南社发起人周实、阮式等在故乡淮安率众响应，被清政府杀害。柳亚子等以上海《天铎报》为据点，撰文和南京临时政府机关报《民立报》论战，反对妥协，主张北伐，彻底推翻清朝政府。这一阶段是南社最有光彩的时期。

民国初年，南社发展顺利，社员遍布全国各地许多报馆。在反袁斗争中，南社社员牺牲的除宋教仁外，还有宁调元、杨德邻、范光启、程家柽、吴肖、仇亮、陈以义、陈其美、陈子范等。南社积极搜集他们的文稿、诗稿，为他们作传，借以表彰革命精神。1917年，正当张勋复辟前后，南社内部因对"同光体"的评价而发生争论。姚锡钧、胡先骕、闻宥、朱玺等吹捧陈三立、郑孝胥等遗老诗人，柳亚子、吴虞则持激烈的批判态度。由此引起内讧，1923年5月，柳亚子等另组新南社。

《申报》改由中国人所有

1909年，《申报》中方经理席裕福购进该报产权，从此，《申报》为中国人所有。

《申报》原名《申江新报》，由英商美查于1872年4月30日创刊于上海。初为隔日报，第5期起改为日报，是一张以牟利为主要目的的商业日报，由中国人出任主笔。内容上注意迎合不同读者的需要，较为丰富。重视引进和采用西方通信、印刷等方面的先进科学技术和报业管理经验。

为了向读者及时提供更多的信息，该报重金聘请特约访员。创刊不久，就在杭州设立了第1个外埠通讯点，以后又陆续增设，在北京、天津、南京、汉口、福州、广州、长沙、四川等省市和香港建立起通讯网络。该报十分注重利用当时先进的通讯设备来加速新闻的传递。1881年，上海至天津的有线电报开通。次年1月6日，《申报》就刊出由天津访员发至上海的电讯稿。

席裕福购进《申报》后，基本沿袭过去的风格，未作大的改进，只是国内新闻注重报道清政府的各项"新政"措举和立宪派在各地的活动。1912年，张謇、史量

清代翠玉白菜，以一块天然玉石巧妙雕琢而成。白菜象征清白，菜叶上攀爬的一对"蝈蝈儿"象征子孙众多，是一件吉祥之物。

才、赵竹君、应德宏、陈冷5人合股接办《申报》，次年起由史量才独资进行。史量才接办后，业务大有起色，更新了印刷设备，扩建馆舍，成为著名的大报。

1930年，《申报》馆设立总管理处，进行了一系列改革，邀请爱国进步人士黄炎培、陶行知、戈公振进报馆设计部。1931年九·一八事变后，《申报》反对国民党一党专制，主张实行宪政，要求抗日，大力宣传宋庆龄、蔡元培等人发起组织的"中国民权保障同盟"的活动，独家发表宋庆龄的《国民党不再是一个革命集团》的重要宣言。改革副刊"自由谈"，聘黎烈文任主编，大量发表鲁迅、茅盾、巴金等进步作家的作品。从1932年7月起至1933年底，兴办了申报流通图书馆、申报妇女补习学校等多种社会公益事业。此外，还出版了《申报月刊》、《申报年鉴》，使报纸发行量由初创时的600份增加到15万份（1932年），在社会上产生广泛影响。1934年，史量才被国

民党反动派杀害，《申报》言论趋向保守。1941年12月上海"孤岛"沦陷后，《申报》在日伪控制下出版。抗战胜利后被国民党接收，成为CC派报纸。1949年5月上海解放时《申报》停刊。

《申报》是旧中国第一大报，所载内容涉及社会、政治、经济、军事、文化等各个方面，是研究中国近代史的"百科全书"。《申报》在中国近代报刊业务改革上经常处于领先地位，影响极为广泛，在中国近代新闻出版史上占有重要地位。

中国地学会成立

宣统元年（1909），当时任天津北洋女子高等学校校长的张相文，为了发展中国地学，和好友白毓昆等一起，于天津河北第一蒙养院创建中国地学会，1912年会址迁至北京。

张相文（1867～1933），字蔚西，中国现代地理学先驱者之一。他所创建的地学会，有其独特的活动宗旨和特点。

一是旗帜鲜明，爱国当先。张相文目睹当时国弱民穷的现状，心存忧患，亟欲唤起民众，特别是想通过地学知识的传播和爱国思想的宣传，使国民提高认识，以求达到强国富民、振兴中华的目的。二是广泛团结，不拘一家。张相文不抱成见，把各方面的、志同道合的人士吸收入会，为了共同目的，团结一致，共同奋斗。当时，直隶提学使傅增湘、北洋大学校长蔡儒楷等官员、教育界及实业界知名人士、知名学者都是学会的积极支持者，有的还担任学会的重要职务。三是旧学新知，兼容并包。从地学会的组织来看，张相文善于引进年轻有为的新人，领导地学会向崭新的方向发展。四是承先启后，积极开拓。张相文领导的中国地学会，一方面继承和

挖掘我国故有的文化遗产，一方面大力加强与外国的联系，以便沟通信息，扩大交流，开拓学术研究的新局面。五是经世致用，联系实际。张相文主张探求有益于国计民生的学问，希望地学联系实际，能够解决一些实际问题。中国地学会在扭转地学发展方向、引导地学研究途径方面，发挥了重要作用。

总之，中国地学会不仅是我国最早有组织有计划的地学学术团体，而且也是在辛亥革命前成立的少数科学团体之一。

冯如制成飞机

宣统二年（1910），冯如所制双翼飞机试飞成功。

冯如，广东恩平人，生于光绪九年（1883），因家境贫寒，自幼即随亲眷赴美国，在旧金山和纽约等地做工谋生。在纽约工厂里，他刻苦钻研，掌握了不少机械技术、机械学知识及电学理论。光绪二十九年（1903），莱特兄弟发明的飞机试飞成功，冯如深受影响，遂立志从事飞机制造。光绪三十二年，冯如回到旧金山，开始钻研飞机的设计和制造。在旅美华侨的热心资助下，冯如于次年在旧金山以东的奥克兰制造飞机，并于宣统元年（1909）建立了广东飞行器公司，同年制成一架飞机。八月八日，冯如驾机在奥克兰试飞成功，美国新闻界报道了这次试飞的消息。宣统二年，冯如又制成一架当时世界上性能较先进的双翼飞机，从八月末开始试飞和表演，飞行高度310米，时速105公里，大获成功，受到孙中山的赞许，成为我国第一个航空设计师和飞行员。

宣统三年（1911）正月，冯如拒绝了英美各国的重金聘请，与助手携带两架飞机回国，并准备将设在美国的广东飞行器公司迁回广州，企图发展祖国的航空事业。但由于当时的清廷对航空事业毫无兴趣，使冯如的一腔爱国热情化为泡影。辛亥革命时，宣布独立的广东军政府曾组织飞行队，冯如被委任为队长，准备率机北上参战。但因南北议和、清廷逊位而作罢。1912年8月25日，冯如在广州的一次飞行表演中因飞机失事，不幸牺牲。遗体安葬在广州先烈路黄花岗烈士陵园。为了表彰冯如的功绩，国民政府追授其为陆军少将军衔，并立碑纪念，尊名"中国创始飞行大家"。

《书林清话》总结古籍版本学

清末，叶德辉以笔记体著《书林清话》10卷，总结古籍版本学。叶德辉（1864～1927），字奂彬，号直山，又号郎园，湖南长沙人。光绪进士，授吏部主事。后返乡从事著述。所著及刻书共百数十种，编为《郎园丛书》。叶德辉工经学、小学、喜刻书，尤以版本目录学精研最深。在《书林清话》中均有反映。《书林清话》卷一总论刻书之益，说明古代书籍和版本的各种名称。卷二至卷十，分别说明宋、元、明、清四朝刻书的规格、材料以及工价的比较，印刷、装订、鉴别、保存等方法，以及古代活字版印刷、彩色套印的创始与传播。同时，还介绍了四朝刻书的主要内容、特征，以及与书有关的各种掌故逸闻等；兼及雕版书籍的各项专门知识。是中国古籍版本学的总结性研究著作。对研究中国书籍发展的历史和考订四朝典籍版本的真赝有重要的参考价值。

1928年，叶德辉之侄叶启鋆以叶氏未完成的稿本印行《书林余话》2卷。1936年《文澜学报》发表《书林清话校补》，补正了原书的缺失。1957年，古籍出版社将上述二书与《书林清话》汇编成册出版。

罗振玉开拓甲骨金文研究

罗振玉自青年时起酷好金石考订之学，生平著述130余种，刊印书籍400多种，对中国的甲骨金文研究作出了开拓性的贡献。

罗振玉（1866～1940）字叔蕴，一字权言，号雪堂，浙江上虞人。15岁中秀才，当过塾师。曾在上海创办农学社、东文学社，并出版《农学报》。光绪二十八年（1902）任南洋公学虹口分校校长。光绪三十年（1904）创办江苏师范学堂，任监督。光绪三十二年（1906）奉召入京，任职于学部。思想顽固守旧，主张恪守旧制，反对任何改革。辛亥革命后，逃往日本，以清朝遗老自居，图谋复辟。九·一八事变后，参预制造伪"满洲国"的活动，曾任监察院院长等职。

罗振玉平生搜集和整理甲骨、铜器、简牍、明器、佚书等考古资料，均有专集刊行。在甲骨金文研究方面的代表作是《殷虚书契前编》和《三代吉金文存》。《殷虚书契前编》是最重要的甲骨集之一。宣统二年（1910），罗氏作《殷商贞卡文字考》时，全国所见甲骨不过数千，罗本人收藏七八百片。他命古董商赴安阳搜集，先后所见达3万片。从中选编《殷虚书契前编》20卷，至宣统三年告成。在《国学丛刊》第1～3册连续用石印发表了前3卷，共有甲骨294

片。辛亥革命后罗到日本，重编《殷虚书契前编》8卷，1913年在日本出版印行，1932年又在上海重印，共有甲骨2229片，所收比20卷本略有增加。1914年，罗把所藏甲骨及字细难拓的小片甲骨编为《殷虚书契菁华》1卷，共收甲骨68片。1916年，又选录所藏《前编》未收者为《殷虚书契后编》2卷，共收甲骨1104片。1933年，罗再把平时所得各家甲骨拓片编为《殷虚书契续编》6卷，共收甲骨2016片。

《三代吉金文存》共20卷，收录传世的殷、周青铜器铭文拓片4835件，从食器到兵器20余类，分别按铭文字数之多少排列，搜罗颇富。但分类略显不当，且无图像说明。

罗振玉平生整理、记集、出版的甲骨金文著作，保存了大量甲文金文研究资料，为后来学者提供了巨大方便，开拓了中国甲骨金文的研究，在中国古文字研究史上占有重要地位。

章黄学派总结传统小学

中国近代著名学者章炳麟和他的弟子黄侃，在汉语言音韵训诂研究领域，长期耕耘，成就斐然，提出了许多独创性的见解，自成一派，在汉语言音韵训诂学研究史上具有重大意义。

晚清时期，传统"小学"在经过乾嘉学者的大力发展后，进入了总结阶段。在西学的影响下，章炳麟第一次将"小学"明确改称"中国语言文字学"。标志着现代语言文字学的诞生。

章炳麟9岁开始习诵儒家经典，22岁到杭州诂经精舍师从俞樾学习经史小学，后又接受西方语言学理论的影响，不仅精通传统小学，而且把传统小学的研究和西方语言学理论结合起来，在使传统小学摆脱经学的

甲骨文

附庸地位、成为独立的语言科学方面起了巨大作用。他的主要著作包括《文始》、《新方言》、《小学答问》、《国故论衡》等等。

章炳麟在总结传统小学时，建立了一套在中国语言学史上前所未有的理论体系。这套体系包含以下几个部分：第一，语言文字发生发展的理论。他提出先有物然后有言语，其后才有文字，而文字则是一种区别物象的符号，先由图画而起，渐渐由繁而简，并依孳乳之规律而发展。第二，汉语和汉字形音义结合的理论。其中汉字形音义统一论，是章炳麟语言文字学的基本方法论。第三，语言文字进化、统一的理论。包括社会盛衰决定语言文字的进化或退化说、语言文字发展不平衡说、方言的差异与统一说等。

章炳麟这一整套语言文字学的理论体系，既吸取了明末清初顾炎武等人以来清代小学的最佳成果，又受到了20世纪初迅速传入中国的世界科学先进方法的启迪和影响，因而能在继承中创新，不仅为旧的经学小学作了全面总结，而且为新的语言文字学的创建和发展构筑了框架。

黄侃（1886～1935），字季刚，号量守居士，湖北蕲春人。师从章炳麟，先后在北京大学、东南大学、武昌高等师范学校、金陵大学担任教授。长期从事学术研究，著有《声韵通例》、《尔雅略说》、《尔雅郝疏订补》、《文心雕龙札记》等书。

黄侃在音韵学领域主要提出三个观点：一是古韵分28部。他继承前人的研究成果，吸取戴震入声独立的见解，采用古韵三分法，把古韵定为28部。晚年又提出闭口韵平入各分三部的见解；二是古音分19纽。在前人研究的基础上，黄侃认为凡是在一、四等韵（即古本韵）中出现的声纽就是古本纽，共有19个；三是古音上声作平声。他还认为在《诗经》时代没有上声，《广韵》上声在《诗经》时代与平声是同一个声调。

文华公书林向社会开放

1910年，M. E. 韦棣华在其创建的武汉华林文华学校阅览室的基础上，扩大馆舍，开设文华公书林，作为文华中学、文华大学学校图书馆，向社会开放。学校师生和社会人士均可借阅图书。馆内设编目室、参考室、阅览室、报纸杂志室、书库、研究中国的外文书籍专藏室等。图书以当时世界上较为流行的《杜威十进分类法》进行分类。所收藏图书，据1918年盘查，计中文书籍1012种，11771本；外文书籍6704本。每季阅览人数7238人。

文华公书林还开展多种形式的图书宣传活动，组织名人讲演，发展读者队伍等。已具有现代公共图书馆的雏形。1920年，文华大学设立图书科，成为该专业的实习图书馆，学生协助管理。后又成为武昌文华图书馆学专科学校的图书馆。对中国图书馆事业的发展起了积极的作用。

《东方杂志》大改良

宣统三年（1911年1月），《东方杂志》从第8卷第1期起实行从外观到内容的全面"大改良"。

《东方杂志》于光绪三十年（1904年3月11日）创刊于上海，32开本，每本10多万字，由商务印书馆编辑出版，负责人是徐珂。由于创刊初期正值日俄战争，故该刊内容大多为一些社论和从其他报章上所摘录的一些时论、政事、要闻、诏书和奏折，以"启导国民、联络东亚"为出版宗旨，极力宣扬对外联日抗俄和对内君主立宪。

1911 年，《东方杂志》进行"大改良"。首先，在外观上，由以前的 32 开本，每本 10 多万字改为 16 开本，每本 20 万字。纸张全部采用洁白报纸，装订方法采用西方装订。其次，在内容上，取消诏书和奏折等官方文件，按照现代学科分门别类，包括文学、历史、哲学、工业、商业、理化、博物等，文章大多由当时学术界的大家撰写，使得该刊具备很强的学术性和可读性，成为现代化的综合刊物。另外，每期的卷首都用铜版复制了 4 到 10 幅外国同期刊物上的精美图案。改良后的《东方杂志》与同时期的其他刊物相比，字数更多，装潢更精美，但售价却相对较低，因此在读者群中享有很高声誉，受到普遍欢迎，销售量高达 1 万份以上，这在当时的杂志中是不多见的。

"大改良"以后，《东方杂志》对时事发展持密切注视的态度，相继发表出版了一批配合时局动态的好文章，如 1919 年五四运动后，刊出大量介绍社会主义新思潮的文章，1932 年，刊出一批介绍苏联社会主义、揭露德、意、日法西斯势力猖獗的文章，特别是 1937 年抗日战争爆发后，系统地论述"持久战、运动战、游击战"等战略对策，号召全民联合抗日。

1937 年抗战爆发后，《东方杂志》先后迁往长沙、香港、重庆等地，1945 年 8 月抗战胜利，又迁回上海，直至 1948 年底停刊，前后历时 45 年，共出版了 44 卷，是中国近代史上刊行时间最长的大型综合性刊物。

杨文会振兴佛教

清末，佛教寺院僧团势力不断衰退，与此同时，居士佛教却对佛学复兴发挥了越来越重要的作用，成为当时佛学的主流。杨文会便是其中最著名的人物。杨文会

（1837～1911），字仁山，安徽石埭人，出生于仕宦之家。从小研读诗书，长大后又练习骑射击刺之术。太平天国时，因"襄办团练"深得曾国藩、李鸿章赏识。1863 年父亲逝世后，他开始研读《大乘起信论》、《楞严经》，被佛教深深吸引，以后倾心于佛教研究，曾力辞曾国藩、李鸿章的聘任。他常与其他居士一起讨论佛学，刊刻单行本藏经广为发送。光绪二十三年（1897）在南京延龄巷住处设"金陵刻经处"，4 年后将房产捐给刻经处作为永久产业。他专心从事佛经刻印流通工作，前后刻成佛典 3000 余卷，带动了上海、北京等地的佛经发行工作。

清菩提叶绘观音像。观音不仅是楚楚动人的女性形象，"仙境"中亦出现浓郁的生活气息。

1879 年，杨文会受邀出访英、法，得知许多散失佛经在日本尚有保存，回国后便托人搜购 200 余种回国刊行，使唯识、华严等宗许多绝灭多年的著作重见天日，激发了佛学界的研究兴趣。光绪二十年（1894），他与西方传教士李提摩太将《大乘起信论》译成英文，推动了佛教向西方传播。光绪三十四年（1908），他创办佛

教学堂"祇洹精舍"，开近世创办佛教学堂风气之先，影响巨大，曾培养名僧太虚和著名居士欧阳渐，谭嗣同、章太炎也曾向杨文会学佛。宣统二年（1910），杨文会在南京创立佛学研究会，在《佛学研究会小引》一文中指出清末佛教衰落的事实。

杨文会毕生从事佛教理论研究工作，留下大量著述，主要有《大宗地玄文本论略注》、《佛教初学课本》、《十宗略说》和《论语发隐》等一系列《发隐》作品。他的佛学著作多基于对传统经典的阐述传播，而一系列《发隐》则是佛化儒学、佛化道家之作。

《大同书》

《大同书》是康有为后期所作的反映其政治思想的一部书。

戊戌变法失败后，康有为流亡国外。先后游历了日本、美洲、欧洲、印度等地，亲眼目睹了西方社会的文明和危机；此外，还接触到空想社会主义思潮。光绪二十七年（公元 1901 年）——光绪二十八年（公元 1902 年）康有为避居印度，他重新操笔对其《人类公理》进行充实、增补、征述了不少游历欧美后的所见所闻，并大量添加了有关印度之事，写成《大同书》草稿，康有为在《大同书题辞》中写道："廿年抱宏愿，卅卷告成书。"可见，此书饱含了他二十余年的艰辛。

《大同书》集中表达了康有为的政治思想。书中糅合了儒学、佛学、西方民主思想，以及某些空想社会主义思潮，描绘了一幅理想社会的因素，认为人类经过进化，可达到一种大同世界。此书揭露了人世间因不平等而产生的各种苦难，主张建立没有私产、没有家族、没有国家、没有帝王，人人相敬相亲，人人平等互爱的理想世界。他认为只有广泛宣传，大同世界就会如江河日下，自然而成。康有为反对通过暴力去实现大同世界，宣扬君主立宪。反映了他改良主义的思想。

《大同书》草稿写成后，梁启超向康有为建议，请他将这书刊布出来。康有为认为"方今为国党之世，"不同意马上把此书公布于世。尔后，他又多次对此书进行修订。宣统三年（公元 1911 年），辛亥革命爆发，次年康有为组织孔教会，发起"定孔教为国权"运动。中华民国二年（公元 1913 年），康有为将《大同书》甲、乙两部分在《不忍杂志》上发表。后来，《不忍杂志》停刊，《大同书》尚有八部分没有继续刊出。民国六年（公元 1917 年）康有为参加张勋复辟活动，旋即失败。两年后，甲乙两部分合订为单行本问世。民国十六年（公元 1927 年），康有为去世，《大同书》其余八部分未及刊出。民国二十四年（公元 1935 年），康有为弟子钱定安将甲、乙两部和经他整理的丙、丁、戊、己、庚、辛、壬、癸八部汇集起来，由上海中华局正式出版。

诗界革命

"诗界革命"，是一批标榜自由思想的维新派诗人在戊戌变法前后掀起的诗体革新运动，是当时改良主义文化启蒙运动的一个组成部分，以扫荡封建正统文学的"薄今爱古"颓风，推动中国文学复兴为己任，力图以新理想使民开化，而为维新派的君主立宪、变法图存的政治纲领服务。

"诗界革命"的理论前驱与杰出实践者是黄遵宪（公元 1848 年~1905 年）。早在同治七年（公元 1868 年），黄遵宪就在《杂感》一诗中提出"我手写我口，古岂能拘牵"的创作原则，成为最早的"诗界革命"的宣言。他认为写诗应该反映现实，反映社会，反映思想，应该蕴含真情。而反对"尊古"、"剽盗"，要求写人间"真意"，自我"心声"。此后，黄遵宪以外交官资格，遍游日本、美、英、新加坡，长达十七年。西方资本主义的产业文明，与卢梭、孟德斯鸠的政治学说，开拓了他的视野，形成了他既批判封建专制，但又"守渐进主义，以立宪为归宿"的改良主义政治观。从而，对其后期文学思想的发展，产生了积极的影响。

光绪十七年（公元 1891 年），黄遵宪在伦敦作《〈人境庐诗草〉序》一文，根据"今之世导于古"的进化观点，强调今人应抛弃古人的糟粕，而不为古人所束缚，今诗必须"别创诗界"，而"自立"于古人之后。文中又提出"诗之外有事，诗之中有人"的重要命题，对"新派诗"的创作原则和本质特质做了完整的理论阐释。所谓"诗之外有事"，就是要在现实生活中拓展创作题材，以国内外大事入诗，更以"欧洲诗人"，"鼓吹文明之笔"为模式。所谓"诗之中有人"，就是要求诗有鲜明的艺术个性，"要不失乎为我之诗"，同时要渗透新的时代精神，塑造新的诗人自我形象。黄遵宪反对拟古，但并不盲目拒绝传统文化遗产。他主张"复古人比兴之体"，"取离骚之神理"，"不名一格，不专一体"，形成独立的艺术风格。在诗歌形式上，要"以单行之神，运排偶之体"，即以古文家之法入诗，使诗散文化，加强诗的表现力。《〈人境庐诗草〉序》，在文学发展论、创作论、风格论诸方面都具有近代的控理论色彩，是"诗界革命"的理论纲领。黄遵宪自称其诗为"新派诗"，梁启超则称黄为"近世诗家三杰"之一。康有为序《人境庐诗草》称"上感国变，中伤仲族，下哀生民，博以寰球之游历，浩渺肆恣，感激豪宕，情兴而意远"。黄诗

是晚清诗坛中，继龚自珍后的又一高峰，《悲平壤》、《哀旅顺》、《哭威海》、《台湾行》、《渡辽将军歌》、《聂将军歌》等诗，确实已"弃史籍而采近事"，洋溢着爱国反帝精神，是"诗界革命"的实绩。《今别离》、《登巴黎铁塔》、《樱花歌》、《锡兰岛卧佛》等诗，写域外生活，为晚清诗开一生面。

《旭书》书影

继黄遵宪之后，夏曾佑、丘逢甲、谭嗣同、蒋智由、金天羽等相继竞为"新诗"，梁启超及一般晚清文学编年，据此认定"诗界革命"的勃兴，就在这一时期。夏曾佑、谭嗣同的诗，被梁启超批评为"操扯新名词以表自异"，并无实绩可言。甲午战后，丘逢甲主张新诗要开拓新视野，寻求新题材。以史学为诗，寓兴亡之感，则是他所追求的理想境界。丘逢甲曾亲率军民，御倭寇于台海，失败后内渡，居广东，与康有为、梁启超有所过从，与黄遵宪则为诗友。丘逢甲感事忧国，对时势之危殆，体认较深，"大禽大兽知何日，目极全球战正酣"。内渡之后，写成一千七百余首诗。其中《愁云》（公元 1895 年）、《春愁》（公元 1896 年）、《元夕无月》（公元

1898 年)、《题兰史〈罗浮纪游图〉》（公元 1902 年）等名作，抒发台湾沦陷后志士之悲愤，抨击清廷之腐败卖国，指控列强之暴虐无行，不遗余力。上承杜甫、陆游，慷慨放言，悲凉壮美，遂震动一时，被目为"诗史"。梁启超推之为"诗界革命之一钜子"。

华兴会部分成员会影（摄于日本）

梁启超是"诗界革命"的热情鼓动者与权威理论家。在百日维新失败以后，梁启超避地日本，先后创办《清议报》、《新民丛报》、《新小说》、《国风报》等杂志，继续宣传变法主张，并创办"新民体"，推动"文体解放"，梁启超在《新民丛报》发表黄遵宪、康有为、夏曾佑、丘逢甲、蒋智由等人的大量新诗，以及与黄遵宪论诗通讯等文章，耸动国内，"以诗界革命之神魂，为斯道开辟新土"。"诗界革命"步入高潮。

光绪二十八年至三十三年（公元 1902 年至 1907 年），梁启超撰《饮冰室诗话》一书，专论"诗界革命"。梁启超的理论贡献可概括如下：

一、以社会进步固"远轶前代"，"并世人物"亦不"让于古"的改良主义进化观，作为指导文学革新运动的指南针，坚持"文学之进化"，反对"薄今爱古"的文学退化论，认为"非有诗界革命，则诗运将绝"。

二、总结"诗界革命"兴起后，新派诗创作的成败得失，批评"以堆积满纸新名词为革命"的幼稚倾向；品评"诗界革命"诸家，以"公度（黄遵宪）、穗卿（夏曾佑）、观云（蒋智由）为近世诗家三杰"，丘逢甲为"天下健者"，"诗界革命一钜子"，黄遵宪"为诗界开一新壁垒"，从而为黄、丘奠定诗界地位，扩大诗界革命在海内外的影响。

三、继黄遵宪之后，对"诗界革命"理论进行了更富于革命性的概括。提出"以旧风格含新意境"，"熔铸新理想以入旧风格"的创作原则，主张"竭力输入欧洲之精神思想，以供来者之诗料"，并"熔铸进化学家（达尔文）言"。虽然，"当革其精神，非革其形式"，"保持旧风格"之说，带有"旧瓶装新酒"的不彻底性，但旗帜鲜明地要求以"新意境"，宣传"新理想"，以诗歌"为精神教育之一要体"，而致"改造国民之品质"的社会效果，都具有进步意义。

四、肯定中国文学史上的"俗语文学"，认为"祖国文学之大进化"，当在俗语文学大发展。在散文创作上主张"言之合"，在诗歌创作上则主张诗与乐合、俗语入诗。"新歌"要斟酌于雅俗之间，以合于"讽诵"。赞扬丘逢甲"以民间流行最俗最不经之语入诗"，推许黄遵宪《出军歌》、《学校歌》等通俗歌词是"中国文学复兴之先河"。

甲骨文面世

19 世纪末 20 世纪初，甲骨文的发现可以说是中国考古学界的一件大事。

甲骨最初被人们认为是"龙骨"，是一种药材，这种药材售价很低，一斤仅值六文钱。光绪二十五年（公元 1898 年）年初，国子监祭酒王懿荣首先发现了这种被当做药材的龙骨上面有一些符号，他认为这可能是一种很古老的文字。关于王懿荣发现甲骨文一事，长期以来流传着这样一个故事：

王懿荣，字正儒，一字廉生，谥文敏，山东福山人。当时他在北京做官，任国子监祭酒。一次他患了疟疾，便叫手下的人去药铺买药。药买回来后，王懿荣在药中发现有一片龙骨，出于好奇，他便仔细端详，发现骨头上刻有一种符号。王氏是一位金石学家，对古玩颇有癖好，对这种刻有符号的龙骨产生有大兴趣，便派人去四处查访，得知这种龙骨来自于河南等地，是由药材商人贩卖的。王氏便出重金大量收购刻有符号的甲骨。后来，王氏结识了山东古董商人范维卿，从他那里又得到了大约二三百片刻有符号的龙骨。经过考证，王氏发现许多符号记载的是商代帝王的名字，而且形体奇特，于是就断定这符号是一种古老的文字，这种龙骨是殷商遗物。这个传说，有许多不符合史实之处，但是有一点可以确认，王懿荣是第一个认识甲骨文的人。

王懿荣认识了甲骨文后，便开始出重金大量收购刻有文字的甲骨，在一年期间收集了一千五百片甲骨。八国联军攻占北京后，王懿荣投池自尽。当初，王氏大量收购刻有文字的龙骨时，就曾向研究金石、古董的人透漏过，当时的金石学大师吴大澂以及叶昌炽都闻得了这个消息。刘鹗跟吴大澂关系密切，与王懿荣也有过交往，对有字的"龙骨"颇感兴趣。刘鹗，是当时的一位奇人。王懿荣殉难后，王氏后人为了还清凤债，便开始变卖家产，出售家藏古董。刘鹗闻讯后，就出资将王懿荣收藏的一部分甲骨片搜购起来，约有千余片，王氏所藏的另一些甲骨片，赠送给天津新学书院，后由美国人方法敛，编入《甲骨

慈禧寝陵隆恩殿前的陛石

卜辞七集》；另有一小部分由唐兰编为《天壤阁甲骨文存》一书。此外，刘鹗还跟北京琉璃厂的古董商来往甚颇，从他们手中收购了不少甲骨片。赵执斋是位古董商，当年曾受王懿荣之托收购甲骨片，如今又为刘鹗四处奔走，收购了三千余片甲骨。方药雨是刘鹗的朋友，见刘鹗如此热心搜集甲骨，就把自己从古董商范维卿手里购得的三百多片甲骨片，转让给刘鹗。后来刘鹗又派他的第三个儿子刘大绅亲自去河南搜罗，共得甲骨千余片。

罗振玉，字督蕴，一字叔言，号雪堂，晚年又号贞松老人，浙江上虞人。他曾于光绪二十年（公元1894年）在刘鹗家做过家庭教师，与刘鹗交往甚密，并把他的长女嫁给了刘大绅为妻。罗振玉也是位精于古董的专家，所见颇广。当他看到刘鹗所藏的甲骨片时，也对甲骨产生了极大的兴趣，便劝刘鹗选择一些带字的甲骨片拓印出来刊行。在他的怂恿下，刘鹗于光绪二十九年（公元1903年）出版了《铁云藏

龟》。这是第一部将甲骨文著录成书的专著，是甲骨学的开山之作。

当甲骨片流传于世时，收集甲骨片的人还有天津的王襄和孟定生。王、孟两人最初搜购到甲骨五六百片，后来王襄在京津两地陆续搜购到四千余片甲骨。此外还有清朝大臣端方。除了中国人以外，西方在华人士也开始搜集甲骨片。光绪二十九年（公元1903年），美国驻山东潍县传教士方法敛和英国浸礼会驻青州传教士库寿龄在潍县合伙搜购甲骨片，此外德国在华人士威尔茨、日本人西村傅、加拿大人明义士等也都广泛搜集。

在甲骨片流行初期，甲骨片的收藏者和研究者都不知甲骨片出土的确切地点。而知道真相的古董商唯利是图，故意制造玄虚，有时诡称出自河南的汤阴，有时又说出于卫辉，致使当时的学者都受骗上当。刘鹗在《铁云藏龟自序》中说："龟版己亥岁出土在河南汤阴县属之牖里城。"罗振玉在《殷商贞卜文字考自序》中也说："光绪己亥，予闻河南之汤阴发现古龟甲兽骨。"后来，罗振玉经过四处询问，才知道甲骨片并非出自汤阴、卫辉，而是出土于安阳西北五里的小屯村。光绪三十四年（公元1908年）罗氏从山左估人范某处得知甲骨片出土地是"洹滨之小屯"。于是就派人去安阳搜购甲骨片，民国四年（公元1915年），他又亲赴安阳做实地考查，确定了小屯村是甲骨的出土地点。后来李济对小屯村做了一番认真考察，更加确定甲骨文出土的确切地点，科学的发掘也就开始了。

《新民丛报》

在资产阶级民主革命思想广泛传播之时，保皇党人也利用自己的阵地，大肆攻击革命，鼓吹改良。这块阵地便是《新民丛报》

戊戌变法失败后，梁启超流亡日本。1902年2月，梁启超联合其他同仁，在日本横滨创办了《新民丛报》。在第一期的《本报告白》中宣布了三条办报宗旨："一、本报取大学新民主义，以为欲维新吾国，当先维新吾民。中国所以不振，由于国民公德缺乏，智慧不开，故本报专对此病而药治之。务采合中西道德以为德育之方针，广罗政学理论以为智育之本原。二、本报以教育为主脑，以政论为附从。但今日世界所趋重在国家主义之教育，故于政治亦不得不译。唯所论务在养吾人国家思想，故于目前一二事之得失，不暇沾沾词费也。三、本报为吾国前途起见，一以国民公利公益为目的，持论务报公平，不偏于一常派；不为灌夫骂座之语，以败坏中国者，咎非专在一人也；不为危险激烈之言，以导中国进步当以渐也。"梁启超为办此报，花费了大量精力，每天写作五千余字，重要的文章，大都出于他的手笔，先后以"中国之新民"、"饮冰子"等笔名，撰写了《新民说》、《新民议》等大量政论文章、知识性文章和时事评论。梁启超十分注重西方思想文化的宣传，报中专门介绍了西方学者培根、笛卡尔、达尔文、孟德斯鸠、卢梭、康德、黑格尔、圣西门等百余人的思想，涉及范围也十分广泛，凡西方政治、经济、军事、哲学、法律、历史、地理、文学及自然科学，无不尽力加以介绍。创刊第一年共发二十四号，属于介绍西方思想文化的就有二十三号。

第一年共开设二十四个栏目，分论说、学说、时局、史传、教育、学术、小说、名家谈丛、国闻短评、海外汇报、海外奇谈、新知识之杂货店等内容，每一号经常保持十至十五种栏目。

丛报的撰稿者所写文章大都语言明白

民报

流畅，文笔生动犀利，深受读者欢迎。创刊后不久就发行五千余份，有时达到一万多份。寄售点多达八九十处，除日本外，在国内有江苏、浙江、安徽、湖南、湖北、江西、广东、广西、四川、福建、山东、直隶、上海、天津等省市，国外有朝鲜、越南、暹罗、檀香山、美国、加拿大等地。其销量之多，影响之大，是当时任何报纸都无法相比的，成为备受人们注重的综合杂志期刊。发行一年后，就将借款还清，改为股份经营，分为六股，梁启超居两股，冯紫珊、黄为之、邓荫南、陈侣笙各占一股。实际上的主编是梁启超。

光绪二十九年（公元 1903 年）2 月，梁启超赴美游历，丛报由蒋观云主持编辑。11 月，梁启超由美返日，继续担任主笔。这次游历回来，梁的政治态度和言谈大变，宣称自己"宗旨顿改，标明保皇，且声言当与异己者宣战。"明确将矛头指向革命。相继发表了许多反对革命的言论和主张。光绪三十一年（公元 1905 年）8 月，同盟会成立，并在日本出版机关刊物《民报》，较为系统地宣传革命主张。次年，《民报》

和《新民丛刊》就革命与保皇、民主共和与君主立宪及"土地国有"等问题展开了激烈的论战，影响很大，不少报纸杂志也相继加入论战之中。经过一年多的激烈争论，以《新民丛刊》为首的立宪派一方声势骤减已不能按期出版，先后为《新民丛报》撰稿人有：马君武、黄与之、吴仲遥、康有为、章太炎、蒋方震、冯邦干、麦孟华、徐勤、韩文举、欧榘甲、汤启勋、杨度、徐佛苏、熊知白、黄国康以及黄遵宪、严复等百余人。

1906 年 11 月 20 日，《新民丛报》停刊，至此，一共出了九十六号。

数学家李善兰

李善兰（公元 1811 年～1882 年），字正叔，号秋纫，浙江海宁人。从小喜爱数学，1852 年到上海参加西方数学、天文学等科学著作的翻译。以后又任曾国藩的幕僚，1868 年后任北京同文馆天文学算馆总教习。他在数学方面的成果集中在《则古昔斋算学》中，包括十三种数学著作。其中关于幂级数展开式方面的有《方圆阐幽》、《弧矢启秘》、《对数探源》。李善兰创造了一种"尖锥术"，即用尖锥的面积来表示 X^n，用求诸锥之和的方式来解决各种数学问题。虽然在此时他还没接触微积分，但实际上已得出了有关定积分公式。在《垛积比类》中，李善兰利用和"开方作法来源图"相类似的数表，列出一系列的高级等差级数求和的公式。这就是国际数学界感兴趣的"李善兰恒等式"。他在数论方面论证了著名的费尔玛定理（见《考数根法》）。而且，沿用至今的不少数学名词，如"代数"、"微积分"、"积分"等都是李善兰所创造的。当时与李善兰一起参加翻译工作的伟烈亚力对李工作评价颇高。所以，就当时中国科学各学科远远落后于西方而言，数学还算是有些成绩的。

化学家徐寿父子

徐寿（公元 1818～1884 年），江苏无锡人。1861 年入曾国藩幕，1867 年入上海江南制造局，参加西方科技书籍的编译工作，时间长达十七年之久。所编译书籍为十三种，大多数是化学方面的，《化学鉴原》是其中比较重要而彰殉较广的一部，它概略地论述了一些基本理论和各种重要元素的性质，对西方近代化学知识在中国的传播起了一定作用。在译书中，徐寿首创以西文第一音节造字的原则（即取西文名字第一音节造新字命名），被后来中国化学界所接受，一直沿用至今。陈译书外，徐寿还与人发起创办了格致书院（公元 1885 半左右），并举办一些讲座或科学讨论会，向听讲者作示范的化学试验，可视作中国化学知识普及教育的最初尝试。徐寿不仅是当时国内的著名科学家，而且在国际上也颇有名气。日本曾派柳原前光等人来向其学习。当时主持江南制造局译书事宜的傅兰雅，对其也非常佩服。

徐寿的儿子徐建寅也是一位科学家，译过《化学分原》等多种科学著作。1901年在武汉试验无烟火药时，不幸身亡，为科学研究献出了自己的生命。

建筑师詹天佑与京张铁路

詹天佑（公元 1861 年～1919 年），原籍安徽、生于广东南海，十二岁考取容闳所倡"留美幼童预备班"，赴美国留学。1878 年入耶鲁大学土木工程系学习铁路工程专业，1881 年回国。1888 年到唐津铁路工地工作，此后主持修建了滦河铁路大桥，是为中国工程师主持修建的中国第一座近代铁桥。1894 年，詹天佑以其在铁路工程中的杰出成就，被英国工程师学会选为会员。詹天佑最杰出的贡献是主持并建成了联结北京和张家口的京张铁路，这是一条完全由中国人自己筹资，运用中国自己的工程技术力量，自行勘测、设计并利用中国自己的工匠施工建成的铁路。在京张铁路的工作中，充分体现了这位科学家的家国情怀，他曾对参加勘测的工程人员说："全世界的眼睛都在望着我们，必须成功"，"不论成功或失败，决不是我们自己的成功和失败，而是我们的国家！"

在设计最艰难的关沟路段时，詹天佑经过仔细测量，使隧道长度比原来英国工程师金达设计的方案减少了二千米。为了减少线路的坡度和山洞长度，他在青龙桥东沟采取了"人"字形爬坡路线，并且用两台大马力机车调头互相推辕的方法，解决了坡度大机车牵引力不足的问题。这些都是他在设计过程中的独创性。在施工中，詹天佑还因地制宜，就地取材，用自造的水泥和当地的石料建成了一些石桥以代替铁桥，使线路的成本大为降低。这是我国第一条由中国人自己设计的铁路。

魏源与龚自珍

魏源（公元 1794 年～1857 年）是晚清著名思想家、史学家，原名远达，字默深，湖南邵阳隆回人。

魏源青年时随父入京，得刘逢禄、龚自珍等人指教。二十九岁中举人，助江苏布政使贺长龄编《皇朝经世文编》。晚年信佛教，法名承贯。

嘉道之时，清朝已入衰世，魏源以天下为己任，讲求经世之学，力图以此谋求

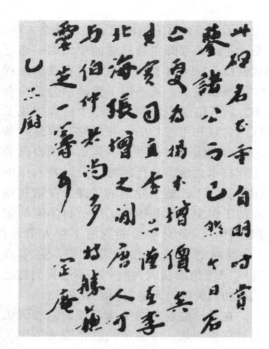

龚自珍墨迹

国富民强，从而成为晚清学术的开风气者。他由习王守仁心学而改从今文经学，论学以"通经致用"为宗旨。对于充斥朝野的考据学风和理学的性理空谈，皆加贬斥，提出了"变古愈尽，便民愈甚"的变法主张。

道光初年，魏源曾先后任江苏布政使、巡抚幕僚，主持《皇朝经世文编》纂辑事宜，对海运、水利诸政多所建言。鸦片战争爆发，在两江总督裕谦幕府，曾痛斥琦善，参与浙东抗英战役。兵败，感愤时事，撰成《圣武记》十四卷。

当时，魏源的友人林则徐写成了《四洲志》后，又委托魏源写一部关于这方面的书，于是，魏源据林所主持译编的《四洲志》，参以历代史志及两人记录，辑为《海国图志》五十卷，后续增至一百卷。《海国图志》率先介绍西方各国历史地理状况，主张学习西方的先进科学技术，提出"师夷长技以制夷"，是中国近代向西方寻求救国真理的先行者之一。

道光二十五年，魏源得中进士。之后，任扬州兴化知县，高邮知州。1853年太平军攻至扬州时，参加抵抗和镇压活动，以迟误驿报免职。后居兴化寺潜心佛典。咸丰七年（公元1857年）三月，在杭州僧舍病故。

魏源有经学、史学、文学、佛学著作多种存世。1976年，中华书局集魏源诗文杂著合为《魏源集》刊行。

龚自珍（公元1792年～1841年）是晚清著名思想家、史学家、文学家，一名巩祚，号定盦，浙江仁和人。是一位对晚清历史变化有着深刻影响的人。

龚自珍塑像

龚自珍27岁为举人。道光元年（公元1821年）官内阁中书，任国史馆校对官。九年始为进士，官至礼部主事。为汉学家段玉裁外孙，自幼受汉学训练，后渐涉金石、目录，泛及诗文、地理、经史百家。但他在青年时就鄙薄汉学考据，而"究心经世之务"，从常州学派的刘逢禄学《公羊春秋》，探索经书的"微言大义"，成为嘉道间提倡"通经致用"的今文经学派的重要人物。

青年时代自珍所撰《明良论》、《乙丙之际著议》等文,对封建专制的积弊,进行揭露和抨击。中年以后虽然志不得伸,转而学佛,但是"经世致用之志"并未消沉。支持林则徐禁烟,主张加强战备,移民西北,巩固边陲。

在社会观上看到封建社会已进入"吸饮暮气,与梦为邻"的"衰世"(《明良论》),指出种种弊端,提倡"更法""改图",主张按宗授田,恢复三代古制,"不拘一格降人才"。

在哲学上,认为"自古及今,法无不改,势无不积,事例无不变迁,风气无不移易"(《上大学士书》),强调万事万物处在变化之中,阐发佛教中天台宗的观点,主张"性无善无不善"说,批判孟子"性善"说和荀子"性恶"说,认为人如"各因其性情之近"而"自尊其心",就能成为政治改革的动力。在自然观上以"我"(即心力)为世界根源。认为"我气造天地"(《壬癸之际胎观》)。

在史学上,发出"尊史"的呼吁,并潜心于西北历史、地理的探讨。晚年思想深受佛教天台宗影响。

散文奥博纵横,诗尤瑰丽奇肆。如《尊隐》、《明良论》、《乙丙之际著议》等文和《己亥杂诗·九州生气恃风雷》等诗篇,皆为其代表作。

著作有《定盦文集》等,今人辑有《龚自珍全集》。

龚自珍也是对晚清政治发展有着深刻影响的人物,他对当时的社会沉闷局面深感忧虑,提出了积极的改革措施,但却不为统治者所理解,龚自珍大才难得施展。抒发自己的抱负只能付之于文章。他曾写了《病梅馆记》,是传世名篇。

四王垄断清初画坛

清入关后,大力提倡绘画艺术,也设立画院。清代画家人数之多,流派之杂,形式技法之变,都比前代尤甚,其中以董其昌的"松江派"势力最大,其代表画家就是王时敏、王鉴、王原祁、王翚,画史上称为"四王",因为他们的笔墨技法以临古为主,所以画坛上也称他们为"正统画派"。

"四王"画派在画风上具有工整稳健、明净清润的共同特色。他们迷信笔情墨韵的效果是画家的素养以至创作的最终目的,在平淡安闲的理想境界中体现出所谓的"士气"和"书卷气"。他们的笔墨技法也是在反复观临古人的作品,总结古人笔墨布局上的成就之后,发展起来的。正统画派由于过分重视笔墨技法。忽视了对自然山水的观察,因此他们的作品往往缺乏主观情致的抒发,前人的技法规则变成束缚自己的清规戒律。"四王"都以山水见长,皇室权臣对其大加鼓吹、提倡,一时被奉为正宗,风靡朝野,代表着清初画坛的主流。"四王"中又可分为两支:一是太仓王时敏、王原祁祖孙,独师黄公望法,画法细腻精致,追随者很多,世称"娄东派";一是太仓王鉴、常熟王翚师徒,并不专仿某家,能够兼容并蓄,虽然仍不能脱离古人窠臼,却能在一定程度上抒发自己的感受,尤以王翚成就突出,学者称之为"虞山派"。

王时敏(1592~1686),字逊之,号烟客,晚号西庐老人,江苏太仓人。崇祯(1618~1644)初以恩荫仕至太常寺奉常。清兵南下时,王时敏在太仓迎清兵入城,所以深得清朝统治者的优遇。有学者认为"四王"画派之所以被指为正统派,与王

《仿高房山云山图》轴。王原祁绘。

时敏这种政治态度不无关系。据说，王时敏少年时就为董其昌、陈继儒赏识，成为"画中九友"之一。他富于收藏，每次遇

《仿古山水册》。王鉴绘。

到名迹，总是不惜以重金收买。他对于古人传统的学习极为刻苦，曾经把古人有代表性的作品缩小摹绘共二十四幅，装裱成一巨册，出入随身携带，反复体会古人用笔运墨之道。王时敏的山水主要师法于黄公望，用笔含蓄，笔墨圆润醇厚，风格苍秀，但丘壑少有变化，大多是模拟之作。他的代表作为《仿黄公望山水图轴》、《浮岚暖翠图轴》、《秋山白云图轴》等。

王鉴（1598～1677），字圆照，自号湘碧，又号染香庵主，江苏太仓人，曾做过廉州太守，故而世称"王廉州"。他的早期山水大多是仿古之作，他也宗法于黄公望，但又不拘泥于黄公望一家，又能上溯到董源、巨然，下仿董其昌；他还善画青绿设色山水，艳丽秀润，明朗洁净，自具风貌。他的代表作有《长松仙馆图轴》、《仿黄公望山水图轴》，《仿巨然山水图轴》、《夏日山居图轴》等等。

王原祁（1642～1715）字茂京，号麓台，石师道人，江苏太苍人。他是王时敏的孙子。康熙进士，由知县擢翰林、户部右侍郎，甚得康熙帝的恩宠，供奉内廷，为宫廷作画和鉴定古画，任《佩文斋书画谱》纂辑官和《万寿盛典图》总裁。王原祁的山水自幼在王时敏、王鉴的指导下以摹古为方向，早年深得家学，尤皈依黄公望之法，面目和王时敏相类似，但更喜用干笔焦墨，层层皴擦，用笔沉着，自称笔端有"金刚杵"。他设色长于浅绛；其重彩之处，青绿朱赭，相映鲜明，有独到之处，具有"熟不甜，生而涩，淡而厚，实而清"的艺术特色，功力很深厚，只是丘壑缺少变化。他的代表作品有《华山秋色图轴》、《仿董巨山水轴》、《仿黄公望夏山图轴》、《溪山别意图轴》等。王原祁由于受到皇室恩宠，官高权重，声势煊赫，追随者很多，王时敏开创的"娄东派"，到他这里几乎独霸当时画坛。

《仿巨然山水图》轴。王翚绘。

王翚（1631～1720），字石谷，号耕烟山人，乌目山人，清晖主人，江苏常熟人。少时即承家学，酷爱绘画，专学仿古山水技法，后师从于王鉴、王时敏，相随游历大江南北，观摩宋元名家巨迹，画艺精进，遂成一代大家。康熙三十年他奉敕绘《南巡图》，深得皇帝赏识，于是声名鹊起，晚年甚至有"画圣"之誉。王翚的山水画，早年多仿黄公望，也临摹荆关、王蒙，却不拘泥于个别大家和派系的风范，广采博览，冶各家技法于一炉，也不像其他三家虽博采众长，但仍以黄公望为归依。清人周言工说他"天资高，年力富，下笔可与古人齐驱，百年以来，第一人也"。王时敏则赞扬他"罗古人于尺幅，萃众美于笔下者，五百年来，从未之见，唯吾石谷一人而已"。王翚的作品虽多仿古，但在一

定程度能把临古与写景相结合，有一定的生活气息与实境的感受，风格清丽深秀，晚年略为奔放，有苍茫之致，但用笔略嫌刻露草率，显得含蓄不足。他的代表作有《仿赵大年水村图轴》、《秋树昏鸦图轴》、《夏木垂阴图轴》、《仿黄子久富春山居图卷》、《沧浪亭图卷》等。由于王翚的画学成就极高，又受到皇帝的器重，所以从学者很多，形成"虞山派"，极大地影响了清初的画风。

昆腔统治戏曲舞台

清朝初年，由明嘉靖年间魏良辅等人改造的昆腔，已经历了100多年的发展，万历末，徽班进京，使其在北方开始流传并迅速盛行起来。康熙以后，昆腔开始了其在戏曲舞台上长达百年的统治。

牛皋（昆）。梅氏缀玉轩藏清初昆、弋脸谱（摹本）。

在南方的苏州、扬州、杭州、南京等地和北方的清朝首都北京，昆剧的演唱并未受到明清易代时的战乱冲击，昆腔家庭戏班和民间职业演出十分活跃。从明中叶起，家庭戏班就是十分普遍，康熙年间，这种家庭戏班仍相当盛行。如清初成就最突出的戏曲家和戏曲理论家李渔，自顺治

最新整理图文珍藏版

五年（1648）起，移居杭州，专门从事小说、传奇创作，顺治十四年（1657）迁居金陵后，组织戏班。亲自编戏排戏，率领由其姬妾组成的戏班到各地贵族家中巡回演出，历时 20 年，足迹遍及秦、楚、闽、豫、江浙、晋、鲁等地，甚至西部和南部边陲。以其为代表的苏州作家群，人数众多，包括李玉、朱雀等一大批思想情趣相投，热衷于戏曲创作的平民作家，他们从现实生活中取材，题材范围广泛，因而在戏曲创作和演出实践中取得了很高成就，著名的剧目有李玉的"一人永占"《一捧雪》、《人兽关》、《永团圆》、《占花魁》、《清忠谱》，朱雀《十五贯》、《翡翠园》、《九更天》，朱佐朝的《渔家乐》，邱园的《党人碑》，叶时章的《琥珀匙》，张大复的《如是观》，盛际时的《胭脂雪》等，有些很快就成了各地舞台上的保留曲目。

廉颇（弋）

在苏州作家群括跃于舞台的同时，"南洪北孔"成了屹立于清初剧坛的两座对峙的主峰。洪升的《长生殿》以李隆基、杨玉环爱情悲剧为线索，展示了安史之乱的历史画面。孔尚任的《桃花扇》，则以南明王朝的覆亡为背景，以侯方域和李香君的爱情纠葛为线索，写出了这一段沉痛的历史。这是两部在艺术上获得极大成功的昆剧作品，上演以后，很快风靡南北，从

而构成了昆剧艺术史的巅峰。

除了家庭戏班和著名文人参与戏曲创作及演出活动，构筑起昆腔艺术的主峰以外，无数活跃于民间的职业戏班则若环绕并拱立主峰的群山。雍正、乾隆两朝，官宦人家蓄养戏班的活动被禁止，却没有禁锢官吏雇用戏班演唱，因而这些活跃于城市的戏院、茶馆，城乡庙台、草台的戏班在营业性演出之外，也承担官府、士绅、商贾的娱乐需要，有些艺人的技艺也十分精湛，集秀班的艺人就曾受到乾隆皇帝的褒奖。这些民间艺人从各方面继承和光大了昆腔表演艺术的优秀传统，对昆腔的发展影响很大。

昆剧创作和演出实践有力地推动了戏曲理论的发展。在各地巡回演出长达 10 余年，有丰富的创作和实践经验的李渔，结合前人的理论成果和创作经验，撰写了戏剧理论专著《闲情偶寄》，提出了许多精辟的理论见解，其内容包括创作和演出几乎所有方面的内容，比较深入地探索了戏曲艺术的奥妙，尤其是其以不读书之妇人小儿为接受对象而"贵浅不贵深"的创作主张，一切以观众为中心的立论基础是很有见地的。昆腔在创作、演出实践和理论等方面的巨大成就，奠定了其在清初剧坛

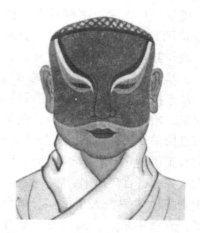

关羽（弋）

包拯（弋）

上占居统治地位的坚实基础。直到清中叶以后，昆腔的统治地位才逐渐衰落。

八大山人积愤为画

清朝的山水画确切地说是从"八大山人"开始的。"八大山人"即清初著名书画家朱耷。1626 年生于南昌，为明朝宁王朱权后代，一生经历坎坷，少年时应试得中诸生，19 岁时国破家亡，为表达自己的悲愤之情，遂装哑不语，削发为僧，拜耕庵老人受戒。后又返俗，36 岁时回到家乡南昌经营青云谱道院，任道院主持，并改名朱道朗，字良月，号破云樵者，又号净月、破云等。一生擅长诗、书、画，他的画押落款很奇特，如"三月十九日"、"相如吃"、"拾得"等等，意义都是奇异深刻，特别是署款"八大山人"，常联缀似哭似笑之状，以表达自己誓不与清廷合作的倔强狂怪性格。

朱耷的书法，行楷源于王献之、颜真卿等人，纯朴圆润，完全摆脱了明人那种颓废习气，狂草更是落拓不羁，自成一家。

朱耷的绘画最负盛名，尤擅长画山水花鸟。他的山水画源于黄公望，在构图上又颇受董其昌的影响，但用笔干枯，看上去一片荒凉气象。花鸟在沈周、陈淳、徐渭水墨花鸟画的基础上，树立更加特殊的风格，简单奇异，不落俗套，而用笔用墨，于豪放中有温雅，于单纯中有含蓄，能用极少笔墨表达极复杂的事物，与石涛书画有着异曲同工之妙。

朱耷早期多画花卉、蔬果、松、梅等，比较精细工致，劲挺有力；中期喜画鱼鸟，草虫构图险绝，好作扁方斫削之势；晚期绘画艺术更趋成熟，造型极度夸张，构图

《荷石水禽图》轴。朱耷绘。

简略奇突，用笔凝重清润，格调朴茂雄奇。他善于用书画表达自己的傲兀不群、愤世嫉俗的感情。画鸟只画一足，画眼则眼珠向上，所谓白眼看"青"天，以寓其内心

《花鸟图》册。朱耷绘。

不平之气。65 岁所作的《牡丹孔雀图》，在站立不稳的尖石上蹲着 2 只孔雀，尾巴 3 根花翎，以影射清王朝贵族大臣的奴才相。68 岁时的《杂画卷》，栖息岩隙的鹌鹑，屹立石巅的乌鸦，站在地面上的小鸟，均拱背缩颈，眼珠顶着眼圈，露出一副孤傲不屈的神情。72 岁画的《河上花图》，荷叶、山石泼墨淋漓，笔意纵肆，烘托出画家虽近暮年，傲气依在的民族气节。

朱耷是一位很有名望的书画家。当时直接从师受教的有牛石慧、万个等人。牛石慧是朱耷的弟弟，也是明弋阳王之孙，出家南昌青云谱为道士，所画山水花鸟，酷似朱耷。落款署名"牛石慧"也常是狂草联缀，细看起来像是"生不拜君"四字，借以表达对满清王朝的愤慨不满。

朱耷的山水花鸟画对后世中国画坛影响巨大。清代著名画家如华岩、扬州八怪、赵之谦等人大都是步其后尘，近现代的齐白石、张大千等人更是继承朱耷等古代山

《河上花图》卷（之一）。朱耷绘。

水画的优良传统，并进一步发扬光大。

相声形成

相声大约于乾隆年间（18 世纪中叶）形成。它最初流行于北京、天津地区，20 世纪 30 年代，相声演员开始到南方演出。在相声形成的过程中，广泛地从口技、莲花落、把式（武术）、戏法儿、说书等艺术中汲取营养，融汇其他艺术的长处，丰富了相声的表演艺术。相声的特点是寓庄于谐，即运用轻松诙谐的形式表现严肃的主题。它的特殊表现手段"包袱儿"，是根据促使人们发笑的心理作用和艺术手法

《河上花图》卷（之二）。朱耷绘。

民初的马麻子、朱绍文（艺名"穷不怕"）和继起的李德钖（艺名"万人迷"）、焦德海、张寿臣等人。

《仿董北苑山水图》轴。朱耷绘。

而组织起来的笑料。

相声表演方式分单口（一人独说）、对口（二人合说，一为逗哏、一为捧哏）、群活（三人合说，也有三人以上合说的）。

一段相声通常由以下部分组成："垫话儿"、"瓢把儿"、"活"、"底"。这大致与文章的引子、过渡、正文和结尾相当。垫话儿的作用是在撂地演出时招徕和等待观众，或在剧场中吸引和集中观众注意力。于是"瓢把儿"成了"引子"。"活"是一段相声的主要内容，"底"是用以结束全段表演的"包袱儿"。

对现代相声的发展和趋于成熟有重要贡献并起到承前启后作用的艺人，有清末

郑板桥画墨竹

郑燮（1693～1765），字克柔，号板桥、理庵，江苏兴化人，扬州八怪之一。他曾经任山东范县、潍县知县，颇有政声。在潍县遇到连年灾荒时，他打开官仓，赈济灾民，他在送给山东巡抚的《风竹图》上题诗说："衙斋卧听萧萧竹，疑是民间疾

郑板桥小像

苦声，些小吾曹州县吏，一枝一叶总关情。"但却因此事得罪乡绅，横遭诬陷，于是愤而辞官，回到扬州过着他那"二十年前旧板桥"的卖画生活。

郑板桥绘画主要以兰竹石为对象，其次是松、菊、梅，其中墨竹画得最为出色。尽管他表白自己"无所师承"，画竹学文同、苏轼、徐渭、高其佩、石涛、禹之鼎、尚渔庄。他不仅学习古人和今人，更重视向自然学习。他画竹、种竹、爱竹成癖，朝夕与竹相伴，他说："非唯我看竹石，即竹石亦爱我也。"他的墨竹图，不论是新老之竹、风雨之竹，还是水乡之竹、山野之竹，都有独特的性格和生命。在章法则能以少胜多，重在意境创造；在笔墨上则"忽焉而淡，忽焉而浓"，浓淡相宜，干湿并兼；他笔下的竹，往往是竹竿瘦而挺，富有弹性，枝叶颇简，称"减枝减叶法"，以突出竹子的"劲节"，叶子又肥，以加强竹子的青翠感。郑燮之竹以意取胜，竹叶往往似桃、柳之叶，但却能神完气足，意境幽远，令人观之忘俗。

板桥画石强调骨法用笔，以白描手法，寥寥数笔，勾出坚硬的山石轮廓，稍作横皴，不施渲染，一般是"石不点苔，惧其浊吾画气"。他画兰则多写山中之兰，取其"各适其天，各全其性"之意，兰叶常常画得肥而有劲。

郑板桥的兰竹石对后世影响很大。乾隆三十年（1765），郑板桥因病去世，享年72岁。

皮影戏进入全盛时代

据古籍证明，皮影戏是在宋代京城卞梁诞生并兴盛，后传至陕西得免战火毁灭失传之灾，再后来便由陕西向全国各地传播开来的。

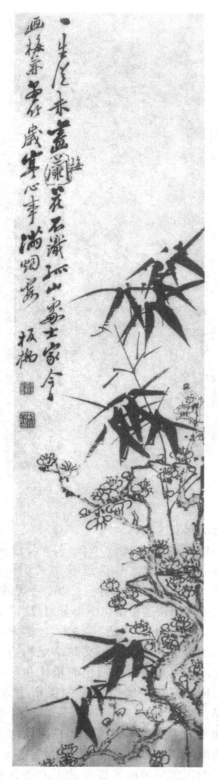

《梅竹轴》。郑燮绘。

中国通史

最新整理图文珍藏版

《丛竹图》。郑燮绘。

黑龙江皮影头楂

到了清代，随着商业、手工业的发展，皮影戏空前地发展并普及开来，几乎遍布

四川西路皮影人

大半个中国。陕西称之为"影戏"、"影子戏"，河南称为"驴皮影"，河北称"滦州影"，江苏、浙江称"皮团团"，广东称"纸影子"，四川称"灯影戏"，福建称"抽皮猴"。

皮影戏在传播过程中，受到各地具体条件、地方剧种的风格以及民间传统审美习惯的影响，经过各地皮影戏艺人的再创造，形成各地不同的造型风格和流派。如陕西皮影便分东西两路，东路（即咸阳以东关中地区）皮影造型精巧细致，装饰严密，刻工讲究，影人较小，高仅九市寸左右，生旦脸部造型中额头突出，鼻子秀气，嘴形很小。西路（咸阳以西至宝鸡地区），造型粗犷有力，装饰简洁，质朴大方，影人高十二市寸，花脸多圆鼻深眼，生旦脸型多通天鼻，演出照射效果好。北京城皮影也有东城派与西城派之别，东城派（即

滦州影）脸谱较夸张，装饰性强，脸型轮廓较明显；西城派（涿州影）雕工精细，着重不同的特征；两派影人高度仅七八市寸。其余省份也有风格特征各不相同的不同派别。此外皮影戏唱腔因各地戏曲的不

豫西皮影头楂

同也有不同的种类。唱腔较多的地区有陕西和湖北，湖北计有七种，陕西则有十多种，流行较广的有老腔、碗碗腔、阿宫腔、弦板腔、秦腔等五大调，陕北、陕南、关

中又有各种道情，安康还有地方特色浓厚的越调。

皮影戏的人物与剧目也越来越丰富多样。主要剧目有《三国》、《封神演义》、《东周列国》、《两汉》、《说唐》、《西游记》、《杨家将》、《岳飞传》、《飞蛇传》等，还有民间话本改编的小剧目和时事性民俗性的剧目，如乾隆年间，陕西东路碗碗腔皮影戏兴起，举人李十三（芳桂）受"经世致用"思想影响，写了八折影戏，抨击清廷和官府的腐败，颂扬复汉雪耻，号召推翻"金轮皇帝"，并第一次喊出婚姻"不用三媒六证，何须月老系红绳"反封建声音，影响深远，也震动了清统治者。有的地方皮影剧目多达一二百种，有的全本影戏甚至能连续演十几个夜晚。随着剧目的增多，影戏角色与背景造型也愈来愈多样化。以陕西皮影戏为例，东路影人的头部与身子的造型，多达三四百种，西路也有一百多种，虽以戏曲的生、旦、净、丑等行当分类，但在每个行当中又有很多不同人物类别。如艺人的影人头包就分文武生、文武旦、将帅、官帽，以及神仙头、妖魔头、番兵番将等十多个分目。衬景也是复杂多样，有龙廷宝殿、兵营虎帐、将相府第、绣房楼阁、内宅花园、天堂地狱、神仙洞窟、舟桥野景、车辇仪仗、室内陈设、四时花木，以及云霓、海浪等等。这些复杂多样的造型以及雕刻技艺已经形成

涿州影戏《混元盒》

了独特的体系。

清代皮影戏因为演出灵活轻便，形象生动，且富有神奇的幻想，可以让观众看到戏曲舞台上无法看到的景观，深受农民

山西纸窗皮影人毛遂

和城市居民的欢迎，同时也为宫廷所享用。清嘉庆年间（1796～1820），每逢年节和喜庆日子，嘉庆皇帝便把皮影班传进内宅，供王妃和阿哥们观赏。各王府还出资置办戏箱，重金聘请艺人长期为他们演出。有些王公贵族十分酷爱皮影艺术，不仅自己参加演唱，还亲自设计雕刻影人。如清末贵族戴光臣仿京剧舞台演出雕刻的影人，堪称北京皮影艺术的珍品。由于满清皇亲贵族们的喜爱，北京影戏班生意兴隆，甚至许多著名京剧演员也参加影戏的演唱，谓之"钻统子"（因影戏后台很窄俗称统子）。最兴盛时影戏班子多达 30 个。各地的影戏班除了极少数进城开设剧场外，多数是非脱产性的，农忙时务农，农闲时排练。每到阴历十月以后，便以 5 人至 7 人组成一个戏班，到各处村镇巡回演出，直到来年开春才回家。

皮影戏的兴盛，不仅给当时人们提供了丰富的娱乐活动，而且也为我国综合艺术增添了新的瑰宝。

珐琅工艺全面发展

珐琅工艺是金属工艺中的一种，由明代景泰蓝（掐丝珐琅）发展而来。清代宫廷内务府造办处设有金工作坊，工部也设有类似作坊，其中就有珐琅作坊，专门制作宫廷需要的精致华美的珐琅工艺品。

清代宫廷珐琅工艺继承明代景泰蓝传统，又有了进一步发展，到乾隆时期，珐琅工艺水平达到顶峰。珐琅工艺技术及珐琅釉色均有增多，创烧出粉红、翠绿、黑等新色，使珐琅色彩更加丰富多样；铜胎制作厚重，镀金光亮，釉面光滑，没有沙眼气泡，质量上乘；此外珐琅工艺应用器形范围扩大，大到家具、佛塔，小到鼻烟壶、文房用具，都可用珐琅制作。

清代珐琅工艺的杰出成就是引进西方珐琅技术并加以改造，采用中国传统青铜器、瓷器、漆器的器形与纹样，创烧出中国自己独特的画珐琅与錾胎珐琅。由这两种工艺制作的工艺品器形厚重端庄，纹样精致典雅，色彩含蓄秀丽，具有浓厚的民族特色。

画珐琅，即铜胎画珐琅，又叫"烧瓷"。其制作常采用锦地开光的形式，也就是在铜胎上涂满仿锦缎的纹样，作为底色，经烧制后再在"锦地"底色上画花纹装饰，称为"开光"。开光绘画有山水、花鸟、人物等，与清宫粉彩情况相似，随时代风尚而不断改变，康熙时多为色地花卉，雍正时多仿中国传统工笔重彩画，乾隆时仿西洋画，多画西洋风景人物。画珐琅一般有两大类，一类为装饰品，多为家具。钟表的嵌件，一类为实用品，如瓶、盘、

掐丝珐琅薰炉

碗、罐、盒、香炉、鼻烟壶等。

錾胎珐琅制作与画珐琅不同，先要在金属胎上锤打、錾刻，作出浮雕纹样，然后填充珐琅釉料，最后焙烧、磨光、镀金。乾隆时錾胎珐琅器形多仿古铜器，纹样凸起，珐琅内点，焙烧后如同宝石镶嵌一般。又有一种仅在金属胎上錾刻花纹，表面平滑光亮，珐琅半透明，金属胎上花纹隐约可见，非常含蓄。

乾隆后期珐琅工艺到处滥用，导致珐

画珐琅山水纹炉

琅工艺整体水平下降。后来随着宫廷工艺的衰落，清宫珐琅工艺也传入民间，产地有北京与广州。产品主要是铜胎掐丝珐琅（景泰蓝）和铜胎珐琅（烧瓷），大多出口海外。

画珐琅花卉纹水丞

扬州八怪风格独异

　　清代中叶，扬州一带有一批书画家，书画风格独异，时称扬州画派。其中以罗聘、李方膺、李鲜、金农、黄慎、郑燮、高翔和汪士慎八人为代表，被人统称为"扬州八怪"。

　　扬州八怪是一群在理想上不甘人下而在现实中却又落拓失意的中下层知识分子。他们多以寄情笔墨描写梅、兰、竹、松、石，表现其清高、孤傲、脱俗，并运用象征、比拟、隐喻等手法，赋予作品深刻的社会内容和独特的思想表现形式。同时，扬州八怪对人民的疾苦，官场的腐败，富商的巧取豪夺，感受最深。加之自身的不平际遇，往往借作品表现出来，因而其作品较少士大夫的精细，而多不同流俗的狂野；在笔墨上，则不受成法的约束，直抒胸臆。

　　扬州八怪发展了中国传统水墨写意画

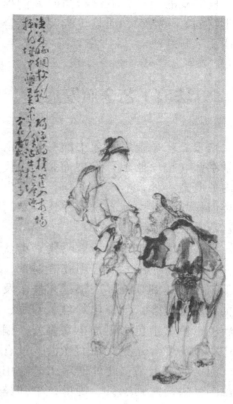

《渔翁渔妇图》轴。黄慎绘。

的技巧和意境，尤其在思想上有重大的突破，在历代画坛上独树一帜。

　　罗聘（1733～1799），字遯夫，号两峰，别号花之寺僧。安徽歙县人。后迁扬州定居。家贫，幼年丧父，跟随金农学画。布衣终身。罗聘的画题材广泛，笔法凝重，而思致渊雅常借物抒怀，讽时喻世。所画人物、肖像、山水、花卉等均有很高的造

《鲇鱼图》轴。李方膺绘。

中国通史

最新整理图文珍藏版

诣。代表作还有《冬心先生蕉荫午睡图》、《药根和尚像》、《墨梅图》等。著作有《香叶草堂诗集》。

《山水花卉册》。罗聘绘。

李方膺（1695～1755），字虬仲，号晴江，别号秋池、抑园。江苏通州（今属南通市）人。曾任知县、知州、县令等。乾隆十六年（1751）被人诬告罢官。与李鳝、金农、郑燮等时相往来，而画风也互为影响。主张师法自然，独创门户。自谓"庭前老树是吾师"。绘画不守矩度，尤少大幅。擅长梅、兰、竹、菊、松树及诸小品等。常以诗补隙，古趣盎然。酷爱梅花。所画梅花笔法苍劲老厚，剪裁极其简洁，表现出一种宁折不弯的倔强性格。画竹则重写意，不拘形似。代表作还有《梅花图》、《墨竹图》等。著作有《梅花楼诗钞》。

李鳝（1682～?），字宗扬，号复堂，别号懊道人、墨磨人。江苏兴化人。康熙五十年（1711）中举，因善画而随侍内廷，为画供奉；不久即遭忌离去。继任山东滕县知县，又因触犯上司被罢官，流落扬州，以卖画为生。始终追求独立的人格和个性的表现，画风在不断探索中经过数次变化。早期曾随蒋廷锡、高其佩学画；笔法严谨，合于法度。后受石涛作品的影响，以破笔泼墨作画，风格变得大胆泼辣不拘墨绳，而感情充沛，天趣盎然。喜在画幅上长题满跋，于质实中见空灵，使画面气韵淋漓酣畅。画风被清末批评家指为有"霸悍之气"，"失之于犷"等，最受攻击。代表作有《土墙蝶花图》等。

金农（1687～1764），字寿门，号冬心，别号稽留山民等。浙江仁和（今属杭州市）人。善画梅、兰、竹及人物、佛像、山水、马等。反对泥古不化，陈陈相因。绘画笔墨奇古，构思奇特，构图别致，笔法古拙，令人玩味。画中多诗，书合一。著作有《画竹题记》、《画梅题记》、《冬心集》、《砚铭》、《印跋》等。

黄慎（1687～1768）字恭寿、恭懋，号瘿瓢子，别号东海布衣。福建宁化人。家境贫寒，少年丧父。后寄居扬州，学画以谋生计。与郑燮、李鳝往来友善。人物、花鸟、山水、楼台、虫鱼等，无所不能。早年用笔工细，中年以后运用狂草，形成"初视如草稿，寥寥数笔，形模难辨，及离丈余视之，则精神骨力出"的粗犷画风。人物画最具特色，多取材民间，如《丝纶图》、《群乞图》、《渔父图》等。

汪士慎（?～1759），字近人，号巢林。安徽歙县人，寓居扬州。清贫困顿。工诗书画，尤以画梅花、水仙见长。所画梅花，千花万蕊，管领冷香，俨然灞桥风雪中。晚年双目失明，以手摸索写字作画，亦奇绝。

高翔（1688～1753），字凤冈，号犀堂、西塘，别号山林外臣，扬州人。布衣

《采菱图》。金农绘。

《白云松舍图》轴。华岩绘。

《镜影水月图》轴。汪士慎绘。

《山水图册》。吕焕成绘。

终身。与石涛友善。以山水画闻名。其山
水画师法弘仁之意趣，简淡和石涛之纵恣
苍莽，而加以创新，形成清奇高古的风格。

代表作有《樊川水榭图》、《弹子阁图》等。著作有《西塘诗钞》。

徽班进京

徽班，是以安徽籍（特别是安庆地区）艺人为主，兼唱二簧、昆曲、梆子、啰啰腔等腔的戏曲班社，开始多活动于皖、赣、江、浙诸省，尤其在扬州地区，更以"安庆色艺最优"。清乾隆五十五年（1790），扬州"三庆"徽班被征调进京，为高宗弘历祝寿，成了徽班进京的开始。此后，四喜、启秀、霓翠、和春、春台等徽班相继进京。六徽班在不断的演出中，逐渐合并成三庆、四喜、春台、和春四大徽班。

当时，正是地方戏曲勃兴的时期，不少新兴的地方剧种已先流入北京。如高腔（时称京腔）和秦腔。徽班特别吸收了秦腔在剧目、声腔、表演方面的精华，又合京、秦二腔。四大徽班在适应北京观众多方面的需求和发挥各班演员的特长的同时，逐渐形成了各自不同的风格：三庆擅长连演整本大戏；四喜擅长演唱昆曲，和春擅于演武戏，春台以童伶戏见长。所以有"三庆的轴子，四喜的曲子，和春的戏子，春台的孩子"之说，出现了四徽班各擅胜场的局面。清嘉庆、道光年间，汉调（楚调）艺人进京参加徽班演出。徽班又兼习楚调之长，为汇合二簧、西皮、昆、秦诸腔向京剧衍变奠定了基础。

四大徽班进京被视为京剧诞生的前奏，在京剧发展史上具有重大意义。

四大名绣登峰造极

清代民间染织业空前发展，刺绣也很

发达，宫廷、民间以及边远少数民族刺绣

粤绣百鸟朝凤镜芯

全面发展，三者互相影响，互相竞争，既自成体系，又各有千秋。产品除民间自用外，还作商品出售，清代后还大量出口外国。刺绣的商品化大大推动了各地民间刺绣的大发展，尤以江南民间刺绣水平发展最快，出现了苏绣、湘绣、蜀绣、粤绣等

顾绣《西湖图册》之"柳浪闻莺"

苏绣是指江苏地区以苏州为中心的刺绣。宋元时苏州已有作坊集中的"绣线巷"，明末出现顾绣，清代更称苏州为"绣市"，并且设苏州织造局。苏绣制品由于使用要求不同，大体上形成两种不同的风格的刺绣品种，一类主要是欣赏品，多以名画为稿本，作工精细，多出自名门闺媛之手，又称"闺阁绣"。一类主要为日用品，多出于民间作坊与农村妇女之手，题材多为花鸟蝶鱼，寓意吉祥如意。此类日用品又有服饰品、床上用品与佩饰品三种。苏绣特点是典雅秀丽，绣工精细。苏绣针法很多，有套针、抢针、打子、拉梭子、盘金等，尤以套针为主，绣线套接不露针迹。常用三四种深浅不同的同类色或邻近色相配，套绣出晕染自如的色彩效果。花纹边缘留有水路，针脚整齐，绣面厚密

顾绣《西湖图册》之"双峰插云"

微突，有薄浮雕之感。纹样富于装饰味，构图紧密。此外清代苏绣还出现了双面绣，能在一次刺绣过程中使绣品具有两面完美的刺绣效果，更是刺绣中的珍品。

粤绣包括广绣和潮绣。据说唐代已有，明代中后期已形成独特风格。清代粤绣制品主要有实用品与装饰品两种，又因为用料不同，又分为绒绣、线绣、钉金绣、金绒绣等四种类型，其中尤以加衬垫的钉金绣最著名。其特点是：多用马尾毛、孔雀羽刺绣，配色讲求明快华美艳丽，并喜用金线作轮廓线，花纹繁茂，色彩富丽，金碧辉煌，充满热闹欢快的气氛；常采用百鸟朝凤、海产鱼虾以及佛手瓜果一类题材，具有浓厚的地方特色。最主要的针法为撇和针、套针和拖毛针。绣工与其他地区不同，多为男工。清代中期后，粤绣大量出口。光绪二十六年（1900），经广州海关出口的粤绣价值高达496750两白银。为适应海外要求，粤绣由写意转向写实，用色讲求明暗效果，出现异国风味。

蜀绣是以四川成都为中心的一种刺绣。其历史悠久，汉末三国时就与蜀锦并称，五代两宋进一步成熟，清代中后期形成体系。其特色是采用本地软缎彩线，厚重鲜丽；用针工整，平齐光亮，丝路清楚，花纹边缘针脚如刀切般整齐。产品多以生活用品为主，也有部分装饰品，多表现花草鸟鱼，如平沙落雁、黄莺翠柳、玉猫千秋、芙蓉鲤鱼等，富于诗情画意，又自然淳朴，具有民间特色。

湘绣是指湖南地区以长沙为中心的刺绣。早在汉代（1972年长沙马王堆汉墓出土刺绣）就已出现，清代后期形成独具风格的刺绣体系。其特点是擅长表现走兽，富于写实，追求刻画形象的逼真，具有浓厚的生活气息；劈丝细若毫发，且经荚仁液蒸发处理，不起毛；针法以参针为最有特色，可点染阴阳浓淡，形成色彩渐变效果，还可表现物象的立体感；配色以深浅灰及黑白为主，素淡雅致。产品以画绣欣赏品为主，也有日用装饰品。

清代民间刺绣除了江南四大名绣，北方还有京绣、汴绣（河南开封）、鲁绣（山东）等，多富于北方地方特色与艺术情调。

景德镇陶瓷

清政府众多的御窑厂中，以景德镇御窑规模最大，清宫廷所使用的瓷器大多来自景德镇，集中体现了清代陶瓷工艺水平。因此景德镇实际上已成为清代宫廷陶瓷生产中心。

雍正年间的斗彩花卉纹双耳扁瓶

清代景德镇陶瓷工艺水平在明代的基础上又有了进一步的发展，不仅造型品种有所增加，而且在烧制技术上有所改进，有所创新，主要成就表现在釉上彩、单色釉、青花等瓷器的生产上。

釉上彩是在烧成的陶瓷上进行敷色彩绘，然后置于窑中低温烧烤而成的一种瓷

康熙年间的五彩龙凤纹盖罐

器。中国釉上彩始于宋代红绿彩。清代釉上彩除了继承发展明代的五彩、斗彩、单彩、素三彩之外，还创烧出了新的釉上彩——粉彩。

清代五彩陶瓷色彩种类有所增加，以康熙时的最精彩，又称"古彩"或"硬彩"。所谓"古彩"是指继承明代传统技法而言，其画风古朴刚劲，豪放浑厚。所谓"硬彩"，是相对于雍正时烧制的粉彩而言，因其敷色单纯浓重，烧成后色彩晶莹明亮，有一种坚硬的感觉。

斗彩是指在釉下青花轮廓内填釉上彩，使釉上、釉下相斗。清代斗彩瓷器比明斗彩色彩更丰富，康熙时在青花轮廓里填五彩，雍正时填粉彩，乾隆时还能分出深浅层次，且多为图案化处理。在装饰题材风格上，明斗彩多画人物花鸟，用笔潇洒、清淡典雅，而清斗彩多画花草、吉祥图案，色彩浓厚富丽，描绘精致。

雍正年间的粉彩人物笔筒

粉彩的出现是瓷绘画法上的一大进步。粉彩，也叫珐琅彩，又叫瓷胎画珐琅，因在瓷胎上摹仿当时新兴的铜胎画珐琅而得名。其制作程序是先在素烧瓷胎上用一种不透明的玻璃粉打底，再在白粉上涂色渲染，而后再用双勾画法勾勒缠枝花草纹样，染出明暗浓淡。由于这层白粉的衬托，烧成后的彩绘不像五彩那样浓艳强烈，而给人一种柔和淡雅的感觉，故也有"软彩"之称。雍正以后，粉彩的烧制更加成熟、

第五编　明清两朝时期

最新整理图文珍藏版

2699

普遍，并开始代替五彩，成为清代釉上彩的一个重要品种。

乾隆年间的黄地粉彩龙凤纹印盒

清代单色瓷器生产技术在明代基础上继续发展，除了原来明代已有的原色釉外，又创造出多种中性间色釉，大大丰富了中国陶瓷生产中的颜色釉。

青花瓷器在清代陶瓷生产中继续保持主流地位，制作技术又有所改进，尤以康熙朝青花最有特色。它采用云南的珠明料烧制，彩绘用色更为成熟细致，有深浅变化，层次丰富，色调鲜蓝青翠而不火气，明艳清朗而不俗气。后雍正、乾隆宫廷青花多不如康熙朝青花。

景德镇陶瓷以御窑厂为制瓷中心，御窑厂的工艺技术、艺术风格对景德镇民窑及全国的陶瓷制作均有较大影响。

杨柳青年画行销北方

杨柳青镇位于天津城西，古称"柳口"，地处运河、子牙河、大清河沿岸，水陆交通便利，市肆林立。这里是北方木版年画的重要发源地。

杨柳青年画始创于明代，最早的画铺有戴廉增和齐健隆两家，后来逐渐发展扩大为廉增、美丽、廉增丽、健隆、患隆、健惠隆六家，甚至扩展到北京、绥远等地。较大的作坊，一家能有50多个画案，200多名工人，每年印制年画100万张以上。

晚清天津杨柳青年画《双美图》

至清代中晚期，杨柳青及其周围30多个村庄都从事年画的生产，以至于"家家都会点染，户户皆善丹青"；产品行销北方各省以及东北、内蒙古、新疆等地，成为北方年画的主要产地。

杨柳青年画题材范围较广，包括风俗、历史故事、戏曲人物、财神、娃娃、美人、花卉、山水、神码、楼阁、走兽、博古以及十样锦、吉祥富贵图样等，其中大多数题材都是北方人民所喜闻乐见的，这是杨

清初天津杨柳青年画《竹报平安》

中国通史

最新整理图文珍藏版

柳青年画之所以大受欢迎的主要原因之一。

　　杨柳青年画制作精细，分画、刻、印、描开脸等多种工序，以线刻单色版加人工刷色为制作特征，其风格受北方版画和清代院体画的影响；用线精细纤巧，柔丽妩媚，用色追求沉着协调而色彩秾丽的强烈对比效果，与清代丝织刺绣等的用色有一定联系。

　　因时尚的变迁，杨柳青年画在题材与风格方面在不同时期各有变化。清代乾隆、嘉庆年间，是杨柳青年画最兴盛的时期，由于社会安定、经济繁荣，年画题材以历史、戏曲题材为主，场面热闹，绘制细致，设色雅丽。鸦片战争后，国势渐衰，国难危殆，社会思想动荡活跃，除了表现民众美好理想的题材，如发财致富、五谷丰登、山河壮美、除暴安良等以外，反映时事的作品不断出现。如讥讽慈禧的《回銮图》、赞扬人民起来反抗的《京师女子学堂》，还有表现中国人民反帝斗争的年画，如反映1870年天津教案的《火烧望海楼》等。太平军进驻天津时期，杨柳青年画则以花鸟山水为题，绘制清隽。清末，上海画家钱慧安来杨柳青绘稿，初期追求文雅，多拟典故与前人诗句，赋彩淡匀，代表了文人画题材、作风，后期渐转向世俗化。钱氏对杨柳青年画改进产生了一定影响。清代末年，杨柳青年画尚有一定规模，但已日趋衰落。

　　杨柳青年画行销于北方各省，其线刻精工细腻，染色强烈鲜丽的风格对河北武强年画、山东杨家埠、高密及陕西凤翔等地的年画创作产生了极大的影响。

清代园林建筑艺术

　　清代是中国园林的最后兴盛时期，此期的园林建筑艺术显露出地方特色，形成

北京颐和园昆明湖的玉带桥

北方、江南和岭南三大体系。

　　北方园林以北京最为集中，除皇家宛囿外，城内颇具规模的宅园达150处之多，园林建筑呈现厚重朴实刚健之美，具有浑朴、凝重、粗放的艺术特色。江南园林集中在扬州、苏州、南京、杭州等地，宅园建筑轻盈空透，空间层次变化多样，建筑色彩崇尚淡雅，粉墙青瓦，赭色木构，有水墨渲染的清新格调，独具婉约、柔媚、通透的艺术风貌。岭南园林以广州附近东莞、番禺、佛山等地的园林为代表，还包括福建、台湾的宅园。因受气候影响，岭南园林更加通透开敞，同时吸收西方规整式园林的风格，水体和装修多呈几何形式；建筑密度高，姿态丰富，体型呈向空间发展，以幽奥、丰富、装饰性强的风格见称。

岭南庭园的代表——广东东莞可园

2701

　　在建筑艺术方面，清代的造园技艺已经达到炉火纯青的地步，创造了许多

苏州园林的杰作——建于清代的网师园

空间——环境处理方面的巧妙手法：小园有一套小中见大、以少胜多、逐步展开、引人入胜、步移景异、余意不尽的手法；大面积苑囿则有另一套依山就水、巧于因借、园中有园、模仿名胜。主次相成、对比变化等手法。园林建筑形成了空间通透、格局多变、造型轻巧、平面自由等特色，还创造了其他建筑无法与之比拟的漏窗、门洞、窗洞、花街铺地等式样。叠山艺术方面也形成以土为主和以石为主两种风格。

　　清代园林富于意境之美，同山水诗画有着共同的艺术目标。它往往采用提炼概括和写仿寓意等手法，集自然美景于有限

扬州瘦西湖畔的五亭桥

的空间，形成咫尺山林。清代园林在模仿自然的基础上，呈现丰富多彩的园林意境，主要有海岛仙山、田园村舍、诗情画意、各地名胜等。海岛仙山以大池为中心，象征东海，池中堆土或叠石为岛，象征传说中的海上仙山，圆明园中的"蓬岛瑶台"、杭州西湖的"小瀛洲"、苏州拙政园的"小蓬莱"等都采用东海仙岛的构想。田园村舍的意境构想也被清代帝苑吸收，如圆明园就有"牧童牛背村笛"的田园风光，还有"映水兰香"、"多稼如云"、"杏花春馆"等景点，构成一片水乡村景。清代园林以各种点景题额、楹联、书画及叙园景的诗篇、画幅而富有诗情画意，也常吸取诗意、画意作为造景的依据。如圆明园"夹镜鸣琴"一景即取李白"两水夹明

清代园林代表作、苏州四大名园之一——留园

镜"诗意而造。清代园林还写仿各地名山胜景，把各地名胜引入园中。如圆明园移植了杭州西湖柳浪闻莺、断桥残雪、平湖秋月等景点，清漪园则模仿西湖堤、岛布置方式。此外，清代园林还有曲水流觞、梵刹琳宇、街市酒肆等意境构思，尤其是寺观园林为清代帝苑提供了丰富的造景借鉴。清帝苑中常设佛寺，如承德避暑山庄有永祐寺、珠源寺、水月庵等建筑，圆明园有观音殿、舍卫城，颐和园有佛香阁。私家园林也设立佛堂。可见，清代园林意境内容丰富，形式不一，极具艺术创造性。

中国通史

最新整理图文珍藏版

苏州四大名园之一——拙政园

清代园林的全盛时期，皇家帝苑和私家园林竞相发展。清代帝苑代表了此期园林艺术的最高成就。与私家园林相比，帝苑构图严整、景点集中、装修华丽、规模巨大，显示出雍容华贵的皇家气派，以表现承天奉运、天子独尊的封建统治意图。御苑集江南私家园林及各地名山胜水景观于一园，南北造园艺术得到交流，提高了构思深度，也丰富了创作思路。清代私家宅园也达到宋明以来的最高水平，园林规划由住宅、园林分置逐渐向结合方向发展，提高了园林的生活享受职能。宅园用地宝贵，在划分景区和造景方面善用曲折、细腻的手法，空间不断变幻，开合、收放、明暗、大小、精粗等不断转换，表明对比统一构图规律在宅园造园艺术中已被纯熟运用。清代私家园林创造了丰富多彩的艺术形式，呈现出有别于皇家帝苑的民间风格。

清代还出现了我国第一部系统总结园林艺术和技术的理论专著——《园冶》。这本书在较高层次上总结了历代造园实践的经验，形成了系统的学说，是一部划时代的巨著。

从总体来看，清代园林堪称中国古典园林发展的一个高峰。清代造园艺术对其他少数民族的建筑也有一定影响，西藏的罗布林卡即模仿汉族离宫的样式建造，回族的住宅中也另辟园林式庭院，养花种草以改善居住环境。

西洋音乐进入中国

清代后期，随着教会音乐的传播和教会学校的建立，西洋音乐逐步进入中国。

教会音乐就是圣咏，即教堂的唱诗祷告，以及沿街布道时以风琴或其他乐器唱和的圣诗。所唱的诗大都是原文翻译，沿用原有圣咏曲调。自嘉庆十五年（1810）至光绪元年（1875）的60多年中，传教士在中国编印的书刊有1000多种，其中有很大部分便是圣咏书谱。为使中国人容易接受，有些传教士也曾以中国传统曲调填配圣咏和采用中西乐理对照的编写法出版圣咏书谱，如1872年出版的狄就烈的《圣诗谱》、1883年出版的李提摩太的《小诗谱》和《中西乐法撮要》等。

为了系统培养掌握西方文化和音乐的人才，教会便在所创办的学校中，开设传授西洋音乐的课程，如上海的"汇文"、"慕真"、"育英"、"贝满"、"崇实"、"崇德"等教会学校，均设有音乐课程。1849年由法国天主教耶稣会创办的徐汇公学，除设有多种音乐课程外，还组建了一支由学生参加的西洋管弦乐队，该乐队曾演奏过海顿的交响曲。1892年，美国监理会教士林乐知创办中西女中，"教授西洋音乐"便是其办学四条宗旨之一；三门选课中，音乐是其中一门，并以钢琴为主，包括声乐或弦乐器，而约有1/3的学生选学钢琴。且至少要12年，才达到琴科毕业（包括小学）。该校经常举办演奏会以使学生得到锻炼，每年还向全市举行一次公开的大型演奏会。这一时期，传入中国的西洋音乐，除圣咏外，大多是一些西洋通俗歌曲、舞曲和"沙龙音乐"。

仕女画兴盛

　　清朝中后期的人物肖像画主要是仕女图。其中有以古时才女佳话为题材的，也有描写神女仙姑或古今美女等，不一而足。画中仕女都纤瘦柔弱，削肩长颈，垂目低颐，有病态美，符合当时士大夫的审美趣味。画中仕女的情态冷漠伤感，有"愁"、"怨"、"悲"、"凄"、"慵"、"冷"等多种情态。

　　道咸间出现了一些有成就的仕女画家，最出名的当数改琦和费丹旭，二人并称"改费"。

　　改琦（1774～1829），字伯蕴，号香白，又号七芗，别号玉壶外史。回族人，其先祖为新疆人，后迁居松江。改琦工于填词，"工山水、人物，有声苏、松间"。特别长于仕女画，以此名闻于海内。他笔下的仕女，形象纤弱，运笔轻柔，设色清雅。在刻画人物心理状态和经营景物方面极有特点。他创作的《红楼梦图》，共有100多个人物，基本上是一人一图，选择人们最为熟悉的情节，如《宝钗扑蝶》、《晴雯补裘》等，形象绢秀，线条流畅，但大多数人物失之造型雷同，缺乏个性。存世画迹除了《红楼梦图》外，还有《元机诗意图》轴、《执扇仕女图》轴、《文姬归汉图》扇面等等。

　　费丹旭（1801～1850），字子苕，号晓楼，浙江乌程（吴兴）人。他年幼时已经工于画美人，年长之后，更加精绝。他是继改琦之后画仕女而名动江左的又一人。主要宗法于崔子忠和华岩，但形成了自己的风格。他的画形象清秀，用笔飘逸，设色轻淡；又长于写真，能以形写神；所画之仕女形象大多秀美颀长，体态婀娜，反映了当时的审美趣味。存世的仕女画代表

竹下仕女图轴（改琦）

作有《十二金钗图册》、《秋风纨扇图》轴等。他的儿子费以耕也擅长画仕女图。

交际舞进入中国

　　清代后期，近代欧美舞蹈通过种种途径传入中国，而其中较早为中国人接受的当推交际舞。

中国通史

最新整理图文珍藏版

秋风纨扇图轴（费丹旭）

较早接触交际舞的便是教会学校的学生。每逢"愚人节"、"复活节"、"圣诞节"等西方节日，教会学校必举行盛大的庆祝仪式、茶会和舞会，并以此向学生宣扬"欧美文明和生活方式"，使他们在潜移默化中接受和掌握了这种社交性的舞蹈。

另外，交际舞作为西方人的一种娱乐和社交方式进入了租界，且最初只局限在外侨的生活圈子中。道光三十年（1850）

上海租界举行了第一次舞会。但由于洋人中男女比例悬殊，加之中国传统观念的阻碍，舞会在早期的上海等大城市还是罕见。在一些沿海开放城市，随着租界中"华洋杂居"局面的出现，一些涉足洋人生活圈的上层社会的中国人也逐渐进入附设在洋人开办的酒楼、餐馆以及一些娱乐场所中的舞厅，参加侨民举办的舞会。继而，在上海的"张园"、"一品香旅社"等中国人接办或开办的娱乐场所也引进了这种西方娱乐形式。交际舞逐步受到中国人的青睐而在近代中国出现了发展的势头。

京剧形成

清同治、光绪年间，京剧形成于北京。京剧的前身是徽剧，通称皮簧戏。徽剧进京后，吸收其他地方戏的优点，在艺术形式上进行革新，形成一个崭新的剧种——京剧。京剧在近百年间遍及全国，成为中国影响最大、最有代表性的戏曲剧种。

故宫重华宫漱芳斋室内小戏台（凤雅存）

京剧由皮簧戏演变而来，大致经历了两次合流：秦徽合流与徽汉合流。乾隆年间，徽班进京，以唱二簧调为主，兼唱昆腔、吹腔等各个腔调，很快压倒秦腔。秦腔班的演员有些加入徽班，形成徽、秦两腔合作的局面。徽班在徽调的基础上吸收京秦两腔，在京师取得了主导地位。作为一个剧种的二簧调开始取代昆曲，独尊剧坛，风行一时，成为京剧形成的最早萌芽。道光年间，湖北演员王洪贵、李六、余三胜等入京，使湖北的西皮调与安徽的二簧调第二次合流。湖北的西皮调与北京的二簧调结合以后，经过一段时间的发展，京师梨园出现一番新的气象，领班的主要演员的行当有了改变，其主要演员由旦角变为生角，演出的剧目改以老生为主，且都是唱功戏和唱做并重的戏。名重一时的"同光十三绝"皆为同治至光绪初期活跃在舞台上和观众心目中的各行名角。光绪、宣统年间，北京皮簧班到上海演出，以悦耳动听的京调取胜安徽皮簧班，人称"京戏"。"京戏"一名，遂由上海传至北京。

清代《升平署扮相谱》中《取荥阳》的项羽扮相

在改革皮簧戏，由皮簧戏过渡到京剧的过程中，起了重要作用的演员有程长庚、张二奎、余三胜，被人们赞为"三鼎甲"、"老生三杰"。程以声情并茂取胜，张以直率奔放独树一帜，余则以曲调优美深受欢迎。三人在唱念上各带乡音，形成徽（程）、京（张）、汉（余）三大流派。对皮簧戏进行全面改革的人物首推谭鑫培和王瑶卿。谭鑫培对皮簧戏的最大影响，在

于他统一了当时舞台上所使用的字音。光绪中叶，他采用以湖广音夹京音读中州韵的方法，形成一种念法，以后逐步予以规

女蟒

范化，成为京剧字音的标准。王瑶卿的贡献在于他为京剧旦角的表演方法开辟了新的道路。他把青衣、花旦、刀马旦、闺门旦的各种表演艺术糅在一起，大大丰富了旦角的表演艺术。京剧四大名旦都经他亲自传授，通过他的后辈演员，京剧艺术形成百花齐放的大好局面。

京剧的艺术特点从其剧目、声韵、场面、行当、妆扮几个方面体现出来。京剧的剧目非常丰富，不但有二簧、西皮、吹腔、四平调、拨子等属于二簧系统的剧目，还有昆腔、高腔、秦腔、罗罗腔、柳枝腔、银纽丝调以及民间小调等声腔的剧目。京剧的声韵采用以湖广音为基础读中州韵，现代京剧有逐渐向普通话音靠拢的趋势。京剧的场面按乐器的性能，分为文场和武场。文场中有弦乐器胡琴、京二胡；弹拨乐器乐琴、弦子；吹管乐器笛子、唢呐、海笛和笙。武场以鼓板为主，大锣、小锣次之，合文场的胡琴、月琴、三弦，称六场通透。京剧的行当分为生、旦、净、末、丑、副、外、武、杂、流十行。各个行当都有一套表演程式，在唱念做打的技艺上各具特色。京剧的妆扮很有特色。京剧服装援皮簧班四箱的旧例发展为六箱，文服

颐和园德和园戏楼

火爆勇猛取胜，宫廷气息比较浓重，纯朴、粗犷的风格相对减弱。它的表演艺术趋于虚实结合的表现手法，最大限度地超脱了舞台空间和时间的限制，表现生活的领域宽，塑造的人物也多，创造舞台形象的艺术手段也更丰富。

蟒、帔、官衣等入大衣箱；武服大靠、箭衣等入二衣箱；彩裤、水衣等入三衣箱；巾帽、髯口、翎尾入盔头箱；刀枪把子入把子箱；旗帜、帐帔等入旗包箱。京剧服装式样和色彩均丰富多彩。京剧的脸谱是历代艺人长期以来创造的一种富有装饰性和夸张性的人物造型艺术，它以各种鲜明对比的色彩和各具规则的图案，显示人物的性格。色彩斑斓的京剧脸谱已成为中国戏曲的象征。

京剧舞台艺术在文学、表演、音乐、唱腔、锣鼓、化妆、脸谱各方面，构成了一套相互制约、相得益彰的格律化和规范化的程式。京剧表演要求精致细腻，唱腔上要求悠扬委婉、声情并茂；武戏也不以

大龙蟒

京剧形成之初便进入宫廷，在皇室的提倡下得到迅速发展。京剧艺术在历代名家的努力下更臻完美，形成了不同于地方剧种的艺术特色。近百年来，京剧遍及全国，成为中国最有影响的戏曲剧种。

电影艺术传入中国

清光绪二十二年（1896）八月十一日，上海徐园内的"又一村"放映了"西洋影戏"，这是中国第一次电影放映。

光绪二十三年（1897）七月，美国电影放映商雍松来到上海，先后在天华茶园、奇园、同庆茶园等处放映电影。光绪二十五年（1899），西班牙商人加伦百克来上海放映电影。光绪二十八年（1902），北京也开始放映电影。当时，有一个外国人携带影片、放映机及发电机来到北京，在前门打磨厂租借福寿堂映演。影片内容多为"美人首旋转微笑，或着花衣作蝴蝶

故宫宁寿宫阅是楼大戏台（畅音阁）

北京丰泰照相馆拍摄的中国第一部舞台艺术短片《定军山》，主演者为京剧名角谭鑫培。

舞"以及"黑人吃西瓜"、"脚踏赛跑车"等。次年，中国商人林祝三从欧美携带影片、放映机等返国，也在打磨厂借天乐茶园放映。这是中国人自运外国影片在国内放映的开始。

光绪三十年（1904），慈禧太后70寿辰时，英国驻北京公使曾进献放映机一架和影片数套祝寿。影片在宫内上映时，放映了3本，发电机就发生炸裂，慈禧认为不吉利，清宫内从此不准放映电影。光绪三十一年，清政府派五大臣出国考察，五大臣之一的端方在回国时也曾带回放映机一架，并在次年宴请载泽时，"演电影自娱"，还令通判何朝桦在旁边作解说员，但演至中途，猝然爆炸，何朝桦等人均被炸死。

光绪三十一年（1905），北京丰泰照相馆拍摄了中国最早的一部戏曲片《定军山》。这也是中国人自己摄制的第一部影片。光绪三十二年（1906）以后，北京城内电影放映就逐渐多起来，如北京西单市

场内的文明茶园和大栅栏的庆乐茶园，便开始放映有故事情节的侦探滑稽短片。

在香港，大约在光绪三十年至光绪三十一年（1904～1905）间，第一家电影院——比照影画院在中环的云咸街建成。在上海，意大利商人A·雷玛斯经营电影放映，赢利颇丰，并在光绪三十四年（1908）建起了一座可容纳250人的虹口大戏院，这是上海第一家正式修建的电影院。

此后，电影放映在中国，就逐渐遍于南北、深入内地了。电影艺术也进一步为国人所接受和得到发展。

裕容龄姐妹学习西方现代舞

清末一品官裕庚的女儿裕容龄和裕德龄，从小接受文明教育，性格活泼，喜好歌舞。光绪二十年（1894），她们随父出任清廷驻日公使而赴日，被日本舞所迷，便向日本女仆学习了《鹤龟舞》等。后来裕庚还专门请来名师教授姐妹俩。

慈禧与宫廷贵族妇女（左一为德龄，右一为容龄）

光绪二十四年（1898），裕庚奉调出使法国，她们又随父来到巴黎，师从现代舞之母伊莎多拉·邓肯学舞3年。裕容龄因成绩优异而被邓肯选中在其创作的舞剧中扮演主角。她以高超的技艺逼真而生动地表演了希腊神话的意境。后来，她去了

法国国立歌剧院，师从名教授萨那夫尼那学习芭蕾；接着又进入巴黎音乐舞蹈学院深造，并在巴黎公开登台表演了体现邓肯个性解放思想的《希腊舞》和《玫瑰与蝴蝶》。她以清新动人的表演博得了观众的好评。

光绪二十八年（1902），姐妹俩随父回国，成为慈禧御前女官。因为慈禧的支持，容龄得以在宫中研究舞蹈并演出西洋舞蹈和自己创作的《如意舞》等，使慈禧和皇族们大开眼界。出宫后，20年代她曾以"唐宝潮夫人"之名在天津等地的慈善机构演出。遗憾的是由于她的贵族身份及活动范围的局限，致使这位在西方舞蹈文明培育下成长起来的中国近代舞蹈家舞蹈活动的社会影响不大。

黄遵宪创作新派诗

黄遵宪是近代著名诗人。他出身于由商人致富的官僚之家，生于鸦片战争爆发后8年。太平天国起义和英法联军入侵等重大历史事件对他的少年时代有深刻震撼。后来他赴广州、北京等地参加科举时，到过香港、天津等地，目睹了鸦片战争后中国社会内忧外患的严酷现实。光绪三年（1877），黄遵宪被派为驻日本使馆参赞，此后他又被派驻美国、英国、新加坡。在十六七年的外交生涯中，他受到资本主义社会政治、文化和科学的影响，思想和创作都发生了变化。回国后他参加了以康有为、梁启超为首的"强学会"，成为维新运动中的活跃分子。戊戌变法失败后，黄遵宪归乡隐居，以诗人终。

改良运动的有机组成部分之一就是诗歌改良运动，即梁启超等人倡导的"诗界革命"。黄遵宪最早从理论和创作实践上给"诗界革命"开辟了道路。他提出了"我

手写我口"的进步创作主张，要求"诗之外有事，诗之中有人"，即诗歌应反映现实生活，为事而作；要表现自己的思想感情，建立个人风格。黄遵宪反对泥古不化，但主张继承古人的优良传统："一曰复古人比兴之体；一曰以单行之神，运排偶之体；一曰取《离骚》、乐府之神理，而不袭其貌；一曰用古文家伸缩离合之法以入诗。"黄遵宪的诗论主张体现了变古革新的精神，其创作也表现出"新派诗"的风貌。

黄遵宪诗作今存约1000余首，内容极其丰富，堪称一代诗史。其中最突出的是在诗中表现了中国近代史上的一系列重大历史事件，反映了中国近代社会的严重危机和主要矛盾，特别是帝国主义与中华民族的矛盾，歌颂了爱国主义精神，批判了投降派丧权辱国的行径。这类诗有《逐客篇》、《冯将军歌》、《香港感怀》、《哀旅顺》、《哭威海》、《台湾行》、《降将军歌》、《书愤》等。在这些诗中，鸦片战争

广东梅县黄遵宪故居——"人境庐"

及第二次鸦片战争、中法战争、甲午战争等均得到系统反映，诗人的忧国忧民之心贯穿始终。在关注民族危机的同时，黄遵宪对封建顽固派和封建文化进行了批判，抒发变法维新，振兴中华的抱负，这些诗有《杂感》、《感事》、《感怀》、《赠梁任公同年》、《己亥杂诗》、《军歌》等。黄遵宪诗的另一重要内容是描写海外风物及

新的思想文化。黄遵宪长期出使国外，"百年过半洲游四"，新世界、新生活给他的诗歌创作带来了新源泉、新意境。这类诗有《今别离》、《日本杂事诗》等。这些诗中描写了轮船、火车、电报、照相、东西半球时差等新事物，反映了近代社会生活的巨大变化，空前地扩大了中国古典诗歌的表现领域，是一种有历史意义的创造。

黄遵宪诗作采用了现实主义的创作方法，在艺术上有如下特色：首先，善于铺展恢张，写作汪洋广博的鸿篇巨制，给人以五光十色、博大宏深的感觉。如《锡兰岛卧佛》，长达2000余字，是中国古典诗中少见的长诗。其次，在表现手法上，他善于状物写事，刻画鲜明的形象；同时，他努力使新的内容与传统的诗歌形式谐和，使散文化的笔法与严整的韵律谐和，创造了"旧风格含新意境"的新派诗。

黄遵宪的新派诗反映了新世界，尤其重要的是反映了中国近代史上的一系列重大事变，充满强烈的爱国主义精神，堪称"诗界革命"的一面旗帜。

《官场现形记》连载

光绪二十九年（1903）至光绪三十一年（1905），《官场现形记》在《世界繁华报》上连载。

《官场现形记》是晚清四大谴责小说之一。作者李宝嘉（1867～1906）是晚清小说家，又名宝凯，字佰元，江苏武进（今江苏常州所属）人。

作品以官场为描写对象，揭露各种官僚的"龌龊卑鄙"、"昏聩糊涂"，集中暴露晚清官场的污浊，吏治的败坏和统治集团的腐朽。

作品涉及的大大小小的官僚们，为了升官发财，蝇营狗苟，迎合、钻营、蒙混、罗掘、倾轧，极尽卑污苟贱之能事。他们对帝国主义奴颜婢膝，丧权辱国。反映出近代中国半封建、半殖民地社会的黑暗现实，并触及了近代社会的主要矛盾，包括人民大众和封建主义的矛盾，中华民族和帝国主义的矛盾。

清代官员

《官场现形记》的问世，提高了人们对腐朽不堪的清王朝的认识。由这部小说起，逐渐形成了晚清谴责小说的高潮，描写他界如商界、学界、女界等"现形"之书也陆续出版。

刘鹗作《老残游记》

光绪二十九年（1903），刘鹗的小说《老残游记》在半月刊《绣像小说》上发表。刘鹗（1857～1909），近代小说家，字铁云，别署洪都百炼生。江苏丹徒（今镇江市）人。出身官僚家庭。刘鹗不喜欢科场文字，致力于数学、医学、水利等实际学问，纵览百家。

《老残游记》是刘鹗的代表作，晚清的四大谴责小说之一。小说写一个被称为老残的江湖医生在游历中的见闻和作为。老残作为体现作者思想的主人公，浪迹江湖，以行医糊口，自甘淡泊，不入宦途。

中国通史

最新整理图文珍藏版

但是他关心国家和民族的命运，同情人民群众的痛苦，是非分明，侠胆义肠。书中尽显清末山东一带的社会风貌。小说的突出之处是揭露了过去文学作品中很少揭露的"清官"暴政。"清官"，其实是一些急于做大官而不惜杀民邀功，用人血染红顶子的刽子手，有些清官貌似贤良，实质是昏官。小说中所写的人物和事件不乏真人真事。《老残游记》的艺术成就在晚清小说里较为突出，在语言运用方面有其独到之处。在写景方面自然逼真，有鲜明的色彩。鲁迅称赞它"叙景状物，时有可观"。

丰泰照相馆

　　中国人尝试拍摄影片，是在光绪三十一年（1905）的秋天，由开设在北京琉璃厂土地祠的丰泰照相馆摄制的。

　　丰泰照相馆的创办人任景丰，沈阳人，青年时代曾在日本学习过照相技术。光绪十八年（1892），他在北京开设的丰泰照相馆，是当时绝无仅有的一家，因此生意非常兴隆。后在前门外大栅栏开设大观楼影戏园，放映外国电影。因感于片源缺乏，产生了摄制中国影片的念头。正好那时德国商人在东交民巷开设了一家祁罗孚洋行，专售照相摄影器材，任景丰便从那里购得法国制造的木壳手摇摄影机1架及14卷胶卷，开始拍摄影片。

　　丰泰照相馆拍摄的第一部影片，是由我国著名的京剧演员谭鑫培（1846～1917）主演的。谭鑫培为我国京剧老生表演艺术中"谭派"的创始人，戏路极为宽博，文武昆乱，无所不能。谭鑫培主演的第一部影片是《定军山》中"请缨"、"舞刀"、"交锋"等场面。谭扮黄忠，技艺精湛，动人地表现出古代名将的英雄气概。当时为了利用日光，影片的拍摄是在丰泰照相馆中院的露天广场上进行的。摄影师是该馆技师刘仲伦，前后拍摄了3天，共成影片3本。这部短片是我国最早的一部戏曲片，也是中国人自己摄制的第一部影片。我国第一次摄制影片就与传统的民族戏剧形式结合起来，这是很有意义的。

中国最早的电影放映场所之一——北京西单商场文明茶园

　　光绪三十二年（1906）以后，丰泰照相馆又在原地拍摄了《青石山》、《艳阳楼》、《收关胜》、《白水滩》、《金钱豹》等剧的片断。光绪三十四年（1908）还拍摄了小麻姑表演的《纺棉花》一剧的片断。为了适应无声电影的特点，这些戏曲片拍的都是一些武打和舞蹈动作较多或富有表情的场面。这些影片，先后都在北京的大戏院放映过，"有万人空巷来观之势"。光绪三十五年（1909），丰泰照相馆遭受火灾，机器设备毁于一炬，从此结束摄影业务。

吴沃尧创作谴责小说

　　晚清之际，清政府镇压戊戌变法，出卖义和团，内政官场腐败至极，外交软弱无能。具有不同程度改良思想的作家纷纷通过小说来抨击时弊，吴沃尧就是晚清四大谴责小说家之一。

吴沃尧（1866～1910），字小允，号茧人，祖籍广东南海佛山镇（今佛山市）人，自称我佛山人。《二十年目睹之怪现状》是吴沃尧的代表作。写于光绪二十九年（1903），成于光绪三十一年（1905）。全书通过主人公"九死一生"的经历为主线，从他奔父丧开始，至其经商失败终止，通过他20年间的遭遇和见闻，广泛揭露了从光绪十年（1884）中法战争前后至光绪三十一年（1905）左右清末社会的黑暗现实，并从侧面描绘出帝国主义的疯狂侵略。作品写了200来件"怪现状"，勾画出一个到处充斥着"蛇鼠"、"豺虎"、"魑魅"的鬼蜮世界。

小说开篇主人公遇到的第一桩怪现状就是贼扮官、官做贼，从而隐寓"官场皆强盗"的黑暗现实。主人公无意仕途，志在从商，因此，小说主要描写商界斗方名士、洋场才子的真本相。如李玉轩故作狂态以买名，唐玉生胸无点墨而故弄风雅，江雪渔有点技艺却大话瞒天等等。官场、洋场、商场沆瀣一气，集中体现了封建社会的纲常名教、伦理道德在金钱势力的冲击下土崩瓦解。作者还对士民社会做了淋漓尽致的描写。如"道学先生"符弥轩平素高谈仁义道德，却对抚养他长大成人的老祖父百般虐待。黎景翼图谋财物，逼死胞弟，又将弟妇卖到妓院。苟龙光杀父又奸娶父妾等等。作者通过社会种种丑怪现状的描写，真实地暴露了封建大厦将倾之际，人们精神生活的堕落。

作者在抨击社会弊病的同时，也提出了改良社会、重致富强的愿望。对内主张澄清吏治、改革弊端；对外，一方面要充实海防、边防，加强军事，另一方面要学习外国"讲究实学"的经验。

吴沃尧的另一部谴责小说是《痛史》，大致与《二十年目睹之怪现状》同时成书。作品演述南宋亡国历史，痛斥权奸贾似道等人的欺君误国，歌颂文天祥等人英勇抗敌的民族气节，借古鉴今，以激发当时形势下的反帝救国热情。

《九命奇冤》是一部公案小说，吴沃尧所写案件为清雍正年间发生的实事。它和以前的侠义公案小说不同，意在谴责社会，揭露官场黑暗和人情险诈。

吴沃尧是位多产的作家，他的长篇小说还有《恨海》、《新石头记》、《糊涂世界》、《劫余灰》、《发财秘诀》、《近十年之怪现状》等；短篇有《黑籍冤魂》、《立宪万岁》、《平步青云》等。总之，他借小说抒发对黑暗社会现实的不满，嘲讽鬼蜮世界的丑恶，题材广泛，手法丰富，在晚清小说界影响甚大。

春柳社演出现代话剧

20世纪初，一些中国热血青年东渡扶桑，寻求救国之路。在日本，他们发现新派戏剧中富含民主精神，立即被深深打动，并于1906年成立"春柳社"，从事戏剧工作，创始人有李叔同、曾孝谷。

成立伊始，他们就公然宣扬戏剧所独有的社会功能，它不像图画，有形无声；也不像演说，有声无形；而是声情并茂，在社会舆论的制造方面，独树一帜。在戏剧实践上，他们也毫不逊色，演出了大量的多幕剧和独幕剧。代表作有《黑奴吁天录》和《热血》。《黑奴吁天录》完全用口语写成，是由曾孝谷根据林纾、魏易所翻译的美国斯托夫人的小说《汤姆叔叔的小屋》改编过来的，作者在保留原作精神的基础上，进行创造性的加工，极力突出了黑奴的反抗精神。《热血》讲述的是革命党人在狱中不停地同反动当局进行斗争，最后慷慨就义的故事，在中国留日学生特别是同盟会成员中引起了强烈的反响。

春柳社在日本的戏剧活动可称为"前期春柳"。辛亥革命后，春柳社员陆续回国，1912年初，以陆镜若、欧阳予倩、马绛士、吴我尊为主，又成立新剧同志会，亦称"后期春柳"。后期春柳与前期春柳在办社宗旨及演出风格上基本上没有太大的变化。他们以上海为主要活动场所，演出了大量的"有益社会、发人猛省之剧"。代表剧目有《社会钟》、《猛回头》、《运动力》、《宝石镯》、《家庭恩怨记》、《鸳鸯剑》、《不如归》等。在这些剧中开始出现阶级观念和社会革命思想的萌芽。

俞樾只知著书

光绪三十三年（1907）十二月二十三日，近代著名学者俞樾逝世，享年87岁。

俞樾（1821～1907），字荫甫，号曲园，祖籍浙江德清。道光年间中进士，曾任翰林院编修、河南学政。后罢官寓居苏州，在紫阳书院主持讲学，晚年又到杭州诂经精舍讲学，著名国学大师章太炎就是他晚年的得意门生。俞樾长于经学研究，所著《群经平议》、《诸子平议》、《古书疑义举例》等书，均为乾嘉学派后期的代表作品。俞樾还写有大量的笔记，所著《春在堂随笔》、《茶香室丛钞》等，搜罗甚广，保存了丰富的学术史和文学史资料。他还很重视小说、戏曲剧本的研读，强调其教化作用，并将石玉昆所著的《三侠五义》改编成《七侠五义》。

俞樾一生著述不倦，成果颇丰。不仅善诗词，又工隶书，且学识非常渊博，对群经诸子、语文训诂、小说笔记等造诣很深，其作品辑为《春在堂全书》。当时，社会上有一句流传颇广的玩笑话，叫做："李鸿章只知作官，俞樾只知著书。"

王国维著《人间词话》

王国维是近代思想家，也是著名的学者和词人，在史学、美学、文学方面都有很深的造诣。1908年发表的《人间词话》是他文学批评的代表作，具有广泛的影响。

王国维是中国近代美学的开创者之一。《人间词话》虽为论词而作，但涉及面很广，融汇了中国古典文论和西方哲学、美学，建立起一套文艺理论体系。在这本书中，王国维探求了历代词人的创作得失，在此基础之上，结合本身的艺术创作及鉴赏的经验，提出了"境界"说。所谓"境"是对自然人生之事实的描写，"意"即对这种事实的主观态度，"境界"是"意"与"境"的统一共名。境界不仅指景物、喜、怒、哀、乐，也是人心中的境界，所以能写"真景物真感情"的作品就有境界。有境界的作品形象鲜明，富有感染力。他认为艺术创作的根本要求是合乎自然，他崇尚真实，反对矫揉造作。围绕

清末北京西四牌楼的商业景观

青年时代的王国维

曲研究方面的一部总结性著作。在这部著作中，他对历来认为文格卑俗的戏曲作了高度的评价，对有关戏曲专题作了独到的分析，且进一步系统地论述了戏曲的形成和发展过程，对现存的元杂剧作品也作出了精辟的论断。这部书既有开创性，又有权威性。

王国维在诗词创作方面也颇有成就，他的词讲究意境，锤炼字句，有独自的风格。其词作有《观堂长短句》、《苕华词》。王国维是近代学术界最早把乾嘉朴学的治学传统和西方近代治学方法融会贯通，从事创造性研究工作的代表人物之一。他在哲学、美学、文学、史学、文字学等各个领域的研究成果，都有承前启后的意义，是中国近代罕见的杰出学者。

曾志忞致力音乐教育

清代后期在学堂乐歌活动中，出现了中国近代第一代音乐家，其中致力于音乐教育的代表人物就是曾志忞。

曾志忞（1879～1929），上海市人。早年在南洋公学教书，后留学日本学习音乐，曾参与发起组织"音乐讲习会"，成立"亚雅音乐会"。1905年10月与朱屏山在东京发起"国民音乐会"，专门研习近代音乐。梁启超称他为"我国此学先登第一人"。

曾志忞从日本回国后，于1908年在上海创办贫儿院，亲任院长，并设音乐部，积极推行音乐教育。还在该院办起我国第一支西洋管弦乐队，自任指挥。辛亥革命后他到北京，创办中西音乐会，研究西洋歌曲和京剧改良问题，并进行了大胆尝试，在京剧伴奏中引进西洋乐器。同时在《顺天时报》上发表了一系列有关文章。此后他仍致力于音乐教育，编著了多种音乐理

境界这一中心，他进一步论述了"写境"与"造境"、"有我之境"与"无我之境"、景语和情语、"隔与不隔"等内容，对一些文艺创作中的基本问题作了精辟的分析，见解独到。该书不仅继承了中国古代的文学批评思想，也吸收了近代西方美学的观点，从而突破了清代词坛的门户之见，独树一帜。

此外，王国维在中国古典小说、诗词和戏曲研究方面都卓有贡献。除《人间词话》外，他还著有《红楼梦评论》、《宋元戏曲考》两部巨作，代表了他在中国古典小说和戏曲研究方面的成就。《红楼梦评论》第一次对《红楼梦》的精神和美学价值作了较系统的探索和评价，批评了旧红学派的"影射"说和"自传"说。他认为文学艺术作品所描写的不是个人的性质，而是全人类的性质，因为文艺作品崇尚具体，所以将全人类的性质放在个人的名下。这种思想已经包含了典型化和文学的形象化的特质，是红学研究的一大突破，影响了新红学派。《宋元戏曲考》是王国维戏

论和乐歌教材，其中影响最大的要数《乐典教科书》和《教育唱歌集》，为传播西洋基础乐理作出了贡献。另外，他对乐歌和当时音乐创作理论也颇有研究。他还提出了普及音乐的思想，在《音乐教育论》中说道："际此新旧交并时期，患不能输入文明，而尤患输入而不能用。"他认为"输入文明，而不制造文明，此文明仍非我家物"，因此反对"泥古"、"自恃"的保守思想，主张学习西洋音乐，研究其道理，创造一种"二十世纪之新中国歌"，即创造中国自己的新音乐，第一个提出了"新音乐"的概念。在我国近代音乐文化中，曾志忞的音乐理论和思想占有独特的重要地位。

上海新舞台成立

光绪三十四年（1908年7月），京剧演员潘月樵、夏月润、夏月珊与上海信成银行协理沈缦云集资创建上海新舞台。这是中国近代第一个具有新式设备的剧场，也是从事戏曲改良的演出团体。主要编演京剧。

辛亥革命前后，民主思潮高涨，新舞台的成立，是资产阶级戏曲改良活动的产物。它将茶园改为新式剧场，改带柱方台为半月形的镜框式舞台，又运用灯光布置加强演出效果，这些在中国戏曲史上都是创新之举，形成了当时舞台美术的一个新流派。新舞台还实行卖票制；取消了旧剧场中泡茶、递手巾、要小账等弊病；改称伶人为艺员，演员一律用其名而不用艺名，拒唱堂会等，以提高艺人的地位。

新舞台的主要演员除潘、夏等人外，还有冯子和、周凤文等。在辛亥革命中，新舞台首创募捐义演，支援革命。孙中山曾书"现身说法"匾额以表彰他们的功

绩。新舞台还演出了宣传革命、反帝反封建的时装新戏，如《潘烈士投海》、《黑奴吁天录》、《黑籍冤魂》、《玫瑰花》、《波兰亡国惨》、《中国国会万岁》、《血泪碑》、《新茶花》、《华伦夫人》等。当时一些从事文明新戏创作的著名演员，如欧阳予倩、刘艺舟、王钟声、汪优游、沈冰血等，都参加过新舞台的演出，推动了资产阶级的戏曲改良活动，新舞台成了辛亥革命前后宣传革命、汇演新戏的重要场所。受新舞台影响，后来在北京，武汉等地都建立了类似的剧场。

1907年6月春柳社在东京演出《黑奴吁天录》时的海报

辛亥革命失败后，在殖民地商业化倾向影响下，新舞台渐趋衰落。1924年，剧团解散。

《孽海花》出版

清末，近代小说中思想和艺术成就较

高的长篇小说《孽海花》出版。

《孽海花》由近代小说家、出版家曾朴所著。曾朴（1872～1935），字孟朴，又字小木、籀斋，号铭珊，笔名东亚病夫。江苏常熟人。出身于官僚地主家庭。他自幼笃好文学。光绪二十九年（1903）后，舍弃仕途，先经营蚕丝业，后经营出版业。

《孽海花》是曾朴的主要代表作。书中以主人公金沟、傅彩云的经历为经，串连一大批高级士子，通过他们的活动，描写了从同治初年到甲午战败止30年间"文化的推移"和"政治的变动"。书中记录了中法战争、中日战争等重大历史事件的爆发，帝党、后党的激烈斗争，顽固派、洋务派、改良派、革命派等政治势力的消长演变，以及与之相伴随的思想、学术、文化的变化。小说揭露了帝国主义的侵略野心，清政府的腐败无能，封建士大夫的昏庸堕落。全书200多个人物，从最高统治者慈禧、光绪，到官场文苑的达官名士，再到下层社会的妓女、小厮，涉及朝廷宫闱、官僚客厅、名园文场、烟花妓院直至德国的交际场，俄国虚无党革命等，广泛反映出当时的社会生活面。

《孽海花》追求轶事的趣味性，对赛金花的风流逸事大加渲染。此书出版后风靡一时，并形成一股"赛金花热"，其社会影响也有消极的一面。

李叔同创作歌曲

清代后期著名的学堂乐歌音乐家之一李叔同（1880～1942），原名文涛，字叔同，别署甚多，原籍浙江平湖，生于天津。青少年时擅长书画篆刻，工诗词。1898年入上海南洋公学，便接触了救亡图存的维新思想。1903年又从沈心工处接受了乐歌和西洋音乐知识。随后不久，即编选出版了《国学唱歌集》，这是早期重要的歌曲集之一，集中选编具有爱国情绪的古典诗词和近代诗人的词入曲。

李叔同在春柳社首演《茶花女》时饰玛格丽特

他根据日本留学生传唱的《大国民》改编的《祖国歌》，表现了他的爱国热情，且被广为传唱。1905年，李叔同赴日本学习西洋绘画和音乐，也就在这一年，他自编了我国近代最早的音乐刊物《音乐小杂志》。1910年回国后主要从事音乐、美术教育工作，并再次投入乐歌创作活动。

李叔同的乐歌作品，有选曲（用既有的词）、填词、作词、作曲4种方式，风格则有表现爱国热情的《大中华》、《出军》、《扬鞭》、《婚姻祝辞》等以及风俗性和抒情性的独唱和小型合唱，后一种有的思想倾向较为消极。他的《送别》、《西湖》等优秀作品，文词秀丽、形象鲜明，富于意境，具有较完美的艺术性。他创作的3首作品，都具有含蓄、典雅的风格，如《春游》，刻画春回大地，人们怀着激动的心情游春的情景。旋律轻柔跳荡，严整和谐，完美地抒发了时代的感情，是近代创作中的优秀之作。

戏曲改良运动兴起

辛亥革命前后，在我国近代民主和爱国思潮的推动下，戏曲改良运动兴起。所谓戏曲改良就是戏曲革新运动。

19世纪末20世纪初，以康有为、梁启超为代表的资产阶级改良派开展变法维新运动，以达到救亡图存、发展资本主义的目的。他们提出利用小说、戏曲"使民开化"、"启迪民智"。戊戌变法失败后，以孙中山为首的革命党主张利用戏曲来宣传民主革命，这样，从戊戌变法前后至1905年，出现了主张改良旧戏的理论文章和新编的传奇、杂剧、地方戏剧作，这些都是具有改良政治和民主革命思想的文人之作，促进了戏曲改良。1905年至辛亥革命时期，上海、广州、北京等地出现了大批戏曲改良的团体和活动家，从而出现了戏曲改良运动的高潮。他们编演新戏，革新舞台艺术，改革旧制。时装戏和时事戏大批涌现，他们编演反映民族危亡的社会现实的新内容戏，宣传民主、爱国思想，取材西方资产阶级革命时期"可惊、可愕、可歌、可泣之事"，借以激励大众的民族观念。提出改良戏本，以广开风气，普及教育。在艺术形式上，采用西方模式来改进舞台艺术，丰富演出形式，用演说讲道理增长人的见识，采用光学、电学改进舞台演出条件。为适应广大观众的欣赏习惯，反对言语曲调与今异，使人生厌的昆曲，采用容易让人们听懂的剧目，进行普及。在编写新戏中，改良新戏的作者把写现实生活题材剧本提到显要位置，写国内现实和外国的维新变法，革命以及抗击侵略的故事。如反映沙俄侵占东北的《黑龙江》、日本侵略朝鲜的《亡国恨》、徐锡麟安庆起义的《徐锡麟》、康有为变法的《维新梦》等。这个时期，许多具有先进思想、革命热情的有志之士参加了戏曲改良活动，结成了许多戏曲改良团体，如北京的玉成班，上海的新舞台，陕西的易俗社等。上海的新舞台上演新戏《新茶花》、《秋瑾》等，在"救亡图存"的爱国精神与民主革命思潮不断高涨的形势下，这些剧本反映了人民的意愿，起到鼓舞作用。最受人们敬仰的戏曲改良志士是汪笑侬、刘艺舟。汪笑侬原为官宦家庭出身，后弃官投艺，编排剧目很多，才器不凡，创造出自己的演唱特色与演出风格，世称"汪派"。刘艺舟为同盟会员，立志以戏剧宣传民主爱国思想，将演戏与革命斗争结合起来。这些戏曲改良志士和改良团体推动了戏曲改良运动的发展。

辛亥革命失败后，袁世凯篡夺了辛亥革命的果实，民族再一次陷入苦难，戏曲改良运动因失去活力而以失败告终。但它推动了当时戏曲的发展，对民国以后的戏曲发展也有着积极的影响。

学堂歌曲《革命军》配制

辛亥革命时期，著名的学堂乐歌音乐家沈心工配制了一首学堂歌曲《革命军》，这是一首具有爱国主义和民主主义思想的作品，也是他的代表作之一。歌词共四段："吾等都是好百姓，情愿去当兵，因为腐败清政府，真正气不平。收吾租税作威福，牛马待人民，吾等倘使再退缩，不能活性命。……"表现了当时人们反封建的革命意志，革命者豪迈、无畏的气概和斗争的决心。

沈心工（1870～1947），名庆鸿，号叔逵，字心工，上海市人。早年就读于南洋公学师范班，随后在其附小任教。光绪二十八年（1902）游学于日本，并创办"音乐讲习会"。1903年回国后继续任教于南洋公学附小，从1911年起任校长达27年之久。同时还兼任务本女塾、龙门师范、沪学会等处的乐歌课。

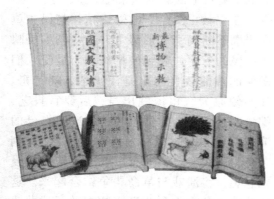

1904年出版的中小学课本

沈心工在乐歌创作和早期音乐教育方面贡献突出。他用乐歌向青少年宣传民主、爱国思想，鼓励青年努力奋发，且反帝反封建的意识较鲜明。这类作品除《革命军》外，还有《国胞同胞需爱国》、《革命必先格人心》、《缠足苦》等。还有许多是反映儿童天真活泼的性格、嬉戏的情景，传授生活常识、文化知识，并从中进行道德、品质教育的作品，如《地球》、《旅行歌》等。他在配制学堂歌曲的同时，也开始进行歌曲创作，如《黄河》（杨度作词），全曲"沉雄慷慨"。

沈心工特别注重学校音乐的教育作用和音乐教学法的运用，1904年编译出版了日本石原重雄所著的《小学唱歌教授法》；1904～1907年编写出版了《学校唱歌集》共3集，这是我国近代最早的音乐教科书，影响很大；1913年编有《民国唱歌集》4集出版。1936年他将编创的乐歌，编选出版了专集《心工唱歌集》。

中国通史

最新整理图文珍藏版

第三节　社会生活：生活百科　民俗缩影

自然经济状况

　　以小农业和家庭手工业相结合为基本特征的自给自足的自然经济，一直是中国封建时代的社会经济基础。从明朝中叶开始，中国封建社会母体内商品经济的发展，已经孕育着资本主义的萌芽。到鸦片战争前夜，在丝织、棉纺织、陶瓷、煮盐，采铜冶铜、采铁冶铁、制茶、制糖、造纸、木材加工等行业中，更出现了具有资本主义性质的手工工场。但是，清政府一直推行"重农抑商"政策，把先进的工业技艺视为"奇技淫巧"。根深蒂固的封建势力，阻碍了资本主义因素的发展。因此，在鸦片战争前，中国仍是以自然经济为主导。

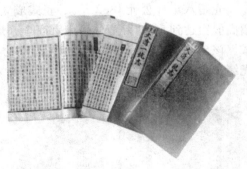

《大清一统志》书影

　　小农业和家庭手工业密切结合着的自然经济，对西方工业品的侵入起到了有力的抵抗。清朝限制对外通商的政策，即所谓闭关政策，也起着保护封建经济的作用，

　　英国急于输出的棉、毛纺织品，在中国都缺乏销路。毛织品的滞销是由于不合内地穿着习惯。外来棉布价格既高又不耐久，不能和土布竞争。印花布虽然在19世纪20年代初叶被认为"愈洗愈鲜"，胜于"一洗即模糊"的内地印花布，但实际销路更有限。棉纱输入值也远不及印度进口的棉花（鸦片战争前夕，印棉进口年约25万包，值100多万英镑）。30年代初叶，英国人已经了解：中国自己植棉很广，但消费棉花数量甚大，在中国市场上容易推销的是棉花而不是纱、布等制成品。从20年代末叶到鸦片战争前夕，英国输华棉布虽然增加了1倍多，棉纱增加了5倍多，但每年总值不及70万英镑，加上其他制造品也不过100万英镑左右。而中国销英茶叶每年约值1000万银元，丝和丝织品约有二三百万银元，合计在600万英镑以上。正当的贸易平衡有利于中国，这是英国资产阶级认为不利的情况，还要提到的是，在19世纪20年代，中国每年经英、美商人输出土布多至300多万匹，远销美国、南美洲。在30年代输出量减少，但经英商输出的每年也还有几十万匹。

洋务派创办近代民用企业

　　洋务运动时期，为了解决军事工业的资金问题，洋务派打出"求富"旗号，创办了一批民用企业。

　　从19世纪70年代开始，洋务派采取

大清户部官票·壹两

了官办、官督商办和官商合办的形式，举办民用工业，包括采矿、冶炼、纺织、交通运输等等，到90年代中期，共办几十个企业。

同治十一年（公元1872年），李鸿章派漕运委员朱其昂创办轮船招商局，这是洋务派办民用工业的开端。轮船招商局共招商股73万多两银，海关拨官款190多万两银，官督商办。总局设在上海，在上海天津等地设码头，代政府运漕米等。

光绪二年（公元1876年），李鸿章派唐廷枢筹办开平矿务局，光绪三年（公元1877年）九月在开平正式建立，招商股八十多万两银，官督商办。光绪三年（公元1878年）开井，次年使用外国机器，按新式方法开采。光绪七年（公元1881年），开平矿务局每日出煤"五六百吨之多"，十余年后，开采量增加，每日"可出煤一二千吨"，且"煤质极佳，甲于地处"。

光绪五年（公元1879年），李鸿章在大沽和北塘海口炮台试架设电报到天津，

"号令各营，顷刻响应"。光绪六年（公元1880年）九月，李鸿章在天津设电报总局，由盛宣怀任总办。电报线由天津沿运河南下至上海等地，以后又架设了上海至南京及南京至汉口的线路，光绪八年（公元1882年）四月，电报局改为官督商办，招商股80万元。光绪十年（公元1884年），电报总局迁往上海，并在各地设电报分局。光绪十六年（公元1890年），即电报总局成立十周年时，电报线已遍布全国各地。

光绪七年（公元1881年）成立黑龙江漠河金矿，商股七万两银，官款13万两银，官督商办，李鸿章派吉林候补知府李金镛办理。光绪十五年（公元1889年），用新式机器开采，这一年产金18961两。

同年两广总督张之洞主持兴办汉阳铁厂，由清政府拨款200万两银作资金，光绪十六年（公元1890年），在大别山下动工兴建，光绪十九年（公元1893年）完工，共计10厂。官办无款可等，后由盛宣怀接手，改为官督商办。

光绪二年（公元1876年），李鸿章和两江总督沈葆桢开始议办上海机器织布局，光绪五年（公元1879年）派郑观应筹办。

光绪八年（公元1882年），正式成立。招商股银达到5000万两，采用官商合办形式。该局享有十年专利，不许民间仿办。光绪十六年（公元1890年）开工，营业兴

三希堂的文房四宝

隆。光绪十九年（公元1893年）失火、损失约70多万两银。

光绪二十年（公元1894年）又设华盛纺织总厂，下设10个分厂。光绪十六年，张之洞任湖广总督时，将原设广东织布局移至武昌，建立湖北织布局。光绪十五年（公元1889年）八月底，张之洞在两广总督任内奏准在广东设织布局，后张奉调湖广总督，织布局随之迁往湖北，由于筹办资金困难，张之洞先后向英国汇丰银行借款16万两银，于光绪十七年（公元1891年）开始建造厂房，光绪十八年（公元1892年）底才正式开工，尚有盈余。

洋务派在70年代后的20几年里，先后创办了41个资本主义性质的企业，到光绪二十年（公元1894年）尚存30个，共有资本约计3900万元。这是中国早期的官僚资本。

洋务派所办的企业尽管仍带有浓厚的封建性；但已采用资本主义的生产技术和方法，产品主要销售于市场，经营目的是为了利润，基本上是资本主义性质的。

洋务运动时期的商办企业

在洋务派创办官督商办企业的同时，中国社会还出现了一些商办企业。这是近代中国民族资本工商业的发端，也是中国社会经济发生重要变化的一个标志。这些商办企业主要是由一些官僚、地主、买办和商人投资而来的，也还有一些是从原来的旧式手工业工场、作坊开始采用机器生产转化而来的。自公元1869年至公元1894年，商办企业只有五十多个，资本共有五百余万元。虽然数量很少，实力甚微，但它却是一种新生的社会经济力量。其中比较重要的有：

公元1869年，方举赞在上海采用机床生产，创办了发昌机器厂。它的主要生产业务是为外商船厂制造配修零件。由于沿海和长江航运兴起，它的业务发展也比较迅速，到公元1877年，已能生产轮船机器和车床、汽锤等机器产品。80年代，它还兼营进口五金，成为当时上海民族机器工业企业中规模最大的一家。

公元1872年，华侨商人陈启源在广东南海县设立第一家继昌隆机器丝厂，以蒸汽机为动力，雇用工人六七百人，产丝精美，行销国外。两年之后，南海又建立了四家缫丝厂，至80年代初增至11家，共有缫车2400架，每年产丝1200包。到90年代，顺德县的丝厂也很快发展起来，多达35家。

上海豫园

公元1878年，轮船招商局会办朱其昂在天津设立贻来牟机器磨坊，雇用工人十余人，用机器生产面粉，"面色纯白，与用牛磨者迥不相同"，打破了传统手工业磨面的旧式生产方式，效率大增。

公元1879年，汕头的一家豆饼厂开始用机器榨油和压制豆饼，第一年每日生产豆饼200块，次年增至300块，公元1881年又增至400块。公元1883年又增设一厂，日产豆饼600块，大大提高了生产效率。豆饼所用原料大豆，均从华北购进，制成品则在本地和台湾市场销售。

公元 1881 年，黄佐卿在上海设立公和永缫丝厂，共投资本 10 万两，投丝车 100 部，次年投产。开始数年，营业不佳。公元 1887 年后，生产逐渐发展，丝车增至 900 部。此后，上海缫丝业日益兴起，至公元 1894 年已有丝厂 5 家，其中最大的坤记丝厂资本达到 20 万两。

曾国藩像

公元 1882 年，徐鸿复、徐润等在上海设立同文书局，购置石印机 20 台，雇用职工 500 人；先后翻印《二十四史》、《古今图书集成》等重要古籍。公元 1893 年，该局不幸失火，损失颇重，但因事先投了火灾保险，得到赔偿，仓库、宿舍亦未殃及。后来由于积压资金过多，遂于公元 1893 年停办。

公元 1886 年，官绅杨宗濂、买办吴懋鼎、淮军将领周盛波等在天津合资设立"自来火公司"（火柴厂），资本 18000 两。公元 1891 年投产不久，即发生火灾，厂房被焚。后来又公开招股，资本增至 45000 两，由吴懋鼎任总办，聘请英、俄商人购办机器，并帮同管理账目，但洋商不参股。

火柴多行销于河南等地。

公元 1890 年，上海商人设立燮昌火柴公司，资本 5 万两，生产木梗火柴，所需化学原料从欧洲购买，木梗、箱材等使用日货，每日生产硫磺火柴 20 余箱，但质量较差。产品多销售于江西、安徽等内地省份。

此外，在上海、广州、北京等地还有少数小规模的商办企业，有些忽开忽停，举步艰难。

从 19 世纪 60 年代末期到 90 年代初，历时 20 多年，在中国出现的近代商办企业，可说是小农经济与家庭手工业经济汪洋大海中的若干小岛，不但进程缓慢，而且投资和规模很小，设备简陋，技术落后，产品也主要是日用轻工业商品。但它们毕竟是近代中国第一批民族资本主义工业。

广州开设十三行

康熙二十五年（1686）四月，清政府在广州创立洋货行，又名十三行。作为官设的对外贸易特许商，十三行经营"外洋贩来货物及出海贸易货物"，向海关承担代缴进出口洋船各项税饷，并代官府管理外商和执行外事任务，形成清代重要的商人资本集团。

康熙二十四年，清政府设粤海关以对外通商，没有专营外贸的商行。为了区分国内商税和海关贸易货税，两广总督吴兴祚（1632 ~ 1698）、广东巡抚李士桢（1619 ~ 1695）和粤海关监督宜尔格图共同商议，以本省内陆交易之一切落地货物为住税，由税课司征收；以外洋贩来货物及出海贸易货物为行税，由粤海关征收，并相应建立两类商行——金丝行和洋货行，分别经理贸易税饷。以洋货十三行为外贸专营行商和外贸税饷事务专理商的广州洋行制度正式形成。（十八世纪外商在华设立商行，亦称为洋行。但清朝文书中提及之洋行，仍指外洋行或洋货十三行）。十三行行数并非固定 13 家，乾隆初年有 20 家，1829 年权存 7 家，1837 年复有 13 家。1720 年，曾由 16 家洋行组成"公行"，垄断外贸，排除公行以外私商的权力。此后，公行时有时无。1782 年，十三行商人重组公行，专揽茶丝及大宗贸易，而将小宗货物委于公行以外的行商经营。

乾隆年间的广州十三行

为加强对十三行行商的管理，清政府于乾隆十年（1745）建立保商制度，即从广州 20 多家行商中挑选资本较厚的 5 家作为保商，保商的职责是承保外国商船到广州贸易和纳税等事，承销进口洋货，采办出口丝茶，为外商提供仓库住房，代雇通事杂役等。保商对承保的外国商船货物享有优先权，但当其他各分销行商交不出进口货税时，保商必须先行垫付；外商向官府交涉禀报诸事须由保商通事代为转递；保商并有权约束外商之一切不法行为。保

商制度造成不少弊端，一方面，外商对此制度一直不满，认为不利通商，分散利润，因此既忌惮官府，又忌恨保商；另一方面，保商处在官府与外商之间，只有少数投机取巧者可以巧为周旋，获利致富，多数成为官府与外商夹击的牺牲品。鸦片战争后，根据《中英南京条约》第四条规定：废除中国贸易"向例全归额设行商，亦称公行者承办"的制度，嗣后"凡有英商等赴各该口贸易者，勿论与何商交易，均听其便"，"不必仍照向例"。洋行制度就此废除。道光二十三年（1843），广州在条约规定的五个通商口岸中首先被开放，但十三行行商多数行商对自由通商作了种种抵制，力图保住昔日的外贸独占地位。咸丰六年（1854），发生火灾，十三行行馆多被焚毁，从此一蹶不振。

清行白银制钱

清代的货币制度是"用银为本，用钱为末"（《皇朝经世文编》卷 53），制钱一般是在民间小额交易中使用，大额交易则通用白银，政府的财政收入也始终以银为准，白银在流通中始终处在主币的地位，所以清行白银制钱。

清代流通中的白银有马蹄银、银锭、元宝以及散碎银子，还没有发展到铸币型式，当时习惯上对白银的泛指名称是纹银。纹银是全国性的假设的标准银，成色为935.374‰，"用银之处，官司所发，例以纹银"（《清文献通考》卷 16）。但实际上流行的银两并无统一的规定，各地的名目也不一样，如山西有西镨及水丝等银，四川有土镨及茴香等银，江南、浙江有元丝等银，陕甘有元镨，广西有北流等名色，成色不等。在福建、江浙、两广一带，还流通着外国流入的银元。因此，白银使用

清代官钱局银锭足银拾两

时察看成色，都折合成纹银计算。

清代尽管以银为主币，但国内的白银产量并不丰富，远不能满足流通的需要，要靠海外流入的白银加以补充。康熙中叶开海禁后，中国丝、茶等物的大量出口，为清政府换回许多白银，缓解了国内制钱白银的紧缺状况。据估计，从康熙四十七年（1708）至乾隆二十二年（1757）间共有650万英镑的白银运到中国；乾隆三十六年（1771）至乾隆五十四年（1789）间，各国输入中国的银子超过3100万元。到了清末叶的道光年间，仍约有8000万两以上的白银流入我国，假如加上菲律宾和日本等亚洲国家的白银，则有几亿两之多。

乾隆五十八年（1793），在西藏铸造了我国最早的银铸币新"章卡"。新"章卡"正面铸有"乾隆宝藏"字样，边缘铸年号，背面铸有藏文。此后还铸有嘉庆宝藏、道光宝藏，等等。这些白银铸币使用并不广泛，占据银流通主要地位的仍是银锭或碎银，故清政府有多种秤银的量器，如征收租税用库平，征收漕粮折色用漕平，

对外贸易用的是广平，征收进出税用的为关平，等等，手续比较麻烦。

银是本身具有价值的金属，其市场价格受到供求关系的影响，常常发生上下波动。因为在交易中制钱和白银需要互相兑换，因此清廷通常以增加或减少制钱的重量和年铸造量来保持银和制钱比价的相对稳定。

中国钱庄成熟

清代前中期使用的货币主要有两种：白银和制钱。在交易中，这两种钱经常需要相互兑换，因而经营银、钱兑换等业务的金融机构钱庄、银号也随之出现，并逐渐发展成熟。

钱庄又称钱铺，最早出现于明代中期，但规模小功能单一，主要是经营银、钱兑换。到了清朝，商业发展货币流通量大速度也快，钱庄的设立也就变得广泛，其功能也不断增加，不单进行银、钱的兑换业务，后来还经营储蓄和放贷，并且发行钱票。另外还有一种金融机构，其业务范围和钱庄相似，只是发行的兑换券称银票，这种机构称为银号。钱庄、银号的普遍建

清《盛世滋生图卷》中苏州半塘桥商业区，桥下为钱庄。

中国通史

最新整理图文珍藏版

清同治元年（1862）裕茂恒号钱庄的银钱票

如山西行用的钱票已有凭帖、兑帖、上帖、期帖等名目，凭帖是本铺所出之票，兑帖是此铺兑与彼铺使用的票，上帖分当铺给钱铺和钱铺给当铺的两种，期帖则是要到规定期限满后才能兑换的票，兑换时可以得到一定数额的利息，即所谓的"多得钱文"。后来随着商品经济的不断发展，到18世纪末，山西平遥人雷履泰创立了一种以经营汇兑业务为主的票号，即商人在购货地点设立分号以吸收现款以支付购货所需费用，减免现银运输的麻烦。此项业务既方便，又能获取很多利润，于是迅速推广开来。冯桂芬《显志堂稿》（卷11）中记载："山西钱贾，一家辄分十余铺，散布各省，会票出入，处处可通"，就是指的这类钱庄。因为开设票号的多是山西商人，故票号被称为山西票号。

立使得钱票和银票的流通遍及全国，给人们的日常生活带来极大的便利。单北京就有千余家钱铺，大铺开出的钱票都不下一二十万串，中等钱铺亦不下于数万串，商人将钱票携至目的地就可以兑成现金，而不用再担心因银钱过重给旅途带来各种不便。上海的豆、麦、棉花、布等交易有许多以银票支付，避免了许多麻烦。

钱票的普遍使用使之分类愈来愈细，

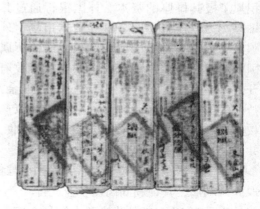

清光绪十三年（1887）的"条银版串"

除此以外，在北方有私银冶铸的组织称为"炉房"，兼营存款、放帐、汇兑等项业务，功能和钱庄并无两样。

清代钱庄发展成熟，为后来银行的建立和发展提供了基础。

外国银行、企业入华

道光二十五年（1845），中国领土出

清圣宗康熙通宝

现第一家外国银行——英国资本经营的丽如银行。其后，英、法、德、日、俄、美、荷兰、比利时等国相继在中国设立银行。这些外国银行统称"外商银行"，以示与中国自办的"华商银行"相区别。至1913年已有21家外国银行，分支机构达100多处。至20世纪30年代中期，全国共有外国银行逾50家，大部分是外国银行设在中国的分行，且集中在沿海通商口岸。其中，实力较强的主要有：英国的汇丰银行、麦加利银行（渣打银行）、有利银行；美国的花旗银行、大通银行；俄国的华俄道胜银行、日本的横滨正金银行、三井银行、三菱银行、住友银行等。

外国银行的进入并未获得中国政府的许可，它们利用不平等条约授予的特权，在中国滥发纸币，招揽存款，操纵外汇，积累了极其雄厚的资本。外国银行通过其雄厚实力，控制中国金融和资本市场。外国在华银行不受中国法律约束，而依所属国的法律和条例行事。由于中国从清政府开始，举借外债即用关税、常平税、厘金、盐税等作担保，在路矿借款中则往往以产权作抵押，使外国银行得以乘机掌管税收，并进一步控制中国的财政。

外国在华银行通过这些特权在中国赚取高额利润，其纯利润高踞各业之首。

也是在1845年，苏格兰人柯拜在广州黄埔建造"柯拜船坞"，雇佣中国工人从事船舶修理工作。柯拜船坞是中国最早的外国船舶修造工业，也是外国人在华设立的第一家工厂。

外国银行、企业入华，对中国社会生活产生相当大的影响，大批外国银行侵入中国，逐渐把持了中国的财政命脉。另外，它也在一定程度上刺激了中国金融机构的发展、变化。随着外国银行的不断设立，中国旧有的钱庄、票号等逐渐被近代意义的银行所代替。而"柯拜船坞"的建立，开始了外国船舶修造工业对中国传统，旧式的造船业的排挤，压抑了中国新式民族造船业的发展。自"柯拜船坞"建立以后，各种加工工业如茶叶加工、机器、缫丝、制糖、制革等外资工厂相继建立，对中国民族工业的发展十分不利。

上海崛起

城市是人类社会发展进步的产物。中国城市众多、历史悠久。中国古代城市的兴建往往是出于政治、军事的需要，所以它们的政治功能异常突出，商业功能只居于从属次要地位。鸦片战争后，随着对外贸易和工商业的发展，中国城市开始突破旧有格局和发展模式，以工商业活动为主要依托的新兴城市相继出现，在推动中国社会发展进程中发挥出越来越大的作用。在这样的背景和动力下，近代中国最大的通商口岸——上海崛起，成为中国一大批新兴城市的突出代表。

由于具备优越的地理位置和自然条件，上海在鸦片战争前就已发展成为东南沿海著名的商业都市和贸易大港。但上海主要是进行中国沿海各地的转口贸易和长江及内河的航运贸易，对外仅与南洋、朝鲜和日本保持传统的贸易，因此它只属于一个面向国内市场的中等海口城市，其城市规模和地位一直无法和苏南地区的苏州相匹敌，各种地理、经济优势在传统经济背景下难以施展。

道光二十三年（1843），上海开埠，成为外国资本主义对华经济侵略的主要口岸，英、美、法等国相继在此强行开辟租界，并开办银行、建造码头仓库、设立船舶修造厂以配合其商品倾销。上海的进出口贸易总额也因此不断上升，到咸丰三年

（1853）它已超过广州而成为近代中国位居第一的外贸口岸。

上海作为近代城市的形成，是与外国资本主义的入侵和租界的设立联系在一起的。以租界为中心，经销进出口货物的店铺相继开张。如专销洋布的商店从19世纪50年代末到1884年，由十五六家增至62家。外商为适应他们在华活动的需要，在上海陆续开办面粉厂、汽水厂、酿酒厂、制药厂、制酸厂、印刷厂等。除轻工业和食品加工业外，还创办了服务于进出口贸易的船舶修造业。上海的公用事业也在此基础上开始建立和发展起来，煤气、电灯、电话、电报、自来水相继出现，大大促进了工商业的繁荣和发展，使近代西方的物质文明和科学技术较为广泛地进入上海城市的生活领域。

1857年的上海黄浦滩

上海遭受外国资本主义的冲击格外强烈，使之具备了产生资本主义生产方式的各种客观条件，为中国资本主义近代工业的兴起准备了必要物质前提。19世纪六七十年代后，在外资企业大量开办的同时，一批洋务企业及民族资本主义企业也纷纷在上海创办，开始用先进的机器生产代替传统落后的手工业生产方式，从而推动了商业、金融、交通运输、市政建设、城市科技和教育等各个方面发展。上海早在1863年就开设了新兴学堂广方言馆，后来一些旧式学堂为适应经济、文化、科技发展的需要，也纷纷开设西式课程。1897年，上海交通大学前身——南洋公学成立；

第二年，中国人自办的第一所女子学堂——经正女塾创办。与此同时，一批有近代意识的科学家积极从事近代科技知识的引进和应用。近代新闻事业也在上海兴起和发展，加速了资产阶级民主思想的传播，为中国资产阶级积聚力量、组织团体、培养知识分子、宣传政治主张和开展政治活动提供了某些便利。

20世纪初年，上海的资本主义工商业、市政设施和管理、新式科技、文化、教育事业等，都已有较大发展。上海已从一个旧式县城发展成中国最大的近代城市，成为中国近代的工商业中心。

中国现代工业兴起

鸦片战争后，中国进入半封建半殖民地社会。在外国资本主义的刺激下，传统自然经济分解，商品经济得到发展，并开始了资本的原始积累，中国现代工业因此而兴起。

19世纪60年代初开始的洋务运动，揭开了中国兴办现代工业的序幕。这是在镇压太平天国的过程中，以曾国藩、李鸿章等人为代表的一批官僚，抱着挽救日益衰弱的清王朝的目的而发起的引进西方科学技术、发展军事工业和民用工业的运动。

洋务运动创办的首批现代工业是军事工业，包括1861年曾国藩在安徽安庆创办的内军械所，1862年李鸿章在苏州设立的洋炮局，1865年李鸿章在上海设立的江南制造局（这是清政府所办的规模最大的军用工业），1866年左宗棠在福州开办的福州船政局，等等。从1862年至1894年间，清朝政府在全国各地共开办了19家军用工业，雇佣了1万多名工人。这些军用工业的企业由官方拨充经费，制造出来的产品

1896 年陆润痒在苏州创办的苏纶纱厂

如枪炮、弹药、轮船等，不直接以商品形式进入市场，而是由政府统一调拨供军队使用。经营目的也并非着眼利润。因此它除了采用机器生产和雇佣劳动外，资本主义成分很少，基本上是属于封建性的官办工业。

为了适应军用工业对燃料和原材料的需求及获取利润补充军用工业的不足，从19 世纪70 年代开始，洋务派开始陆续举办轮船、煤矿、冶铁、纺织等民用工业，1872 年至1894 年22 年间，洋务派官僚共举办民用工业27 家，雇佣3 万多名工人，

1898 年孙多森在上海创建的阜丰面粉公司

包括中国第一家资本主义性质的近代航运企业、1872 年在上海开办的轮船招商局，当时规模最大的近代煤矿开平矿务局和第一家近代棉纺织厂上海机器织布局等等。这些都属于资本主义性质的近代企业，大多为从事商品生产的工矿业和对外营业的交通运输业，采用雇佣劳动，以营利为目的。

周延弼在江苏吴县创办的苏经缫丝厂的车间（摄于1897 年）

在洋务派官僚兴办民用工业的前后，另有一些民间资本，独立创办了一批近代民族资本主义企业。如1869 年起开始使用车床的中国第一家民族资本主义企业——上海法昌机器厂，1872 年陈启源在家乡南海创设的继昌隆缫丝厂，1894 年朱鸿度在上海投资建成裕源纱厂等等。截至1894 年，民族资本创办的近代工业先后约有100 余家，主要分布在缫丝、棉纺织、面粉、火柴、造纸、印刷、榨油等业。民族资本也有投资在采矿业和机器制造方面的，不过规模都很小，其中机器制造工业只能进行修理和配制零部件。所以，民族资本企业主要集中在轻工业而无冶金等重工业，一直到甲午战后至20 世纪初，仍是如此，且无法摆脱资金薄弱、规模狭小、技术落后等种种弱点。

另外，也有由城乡手工业改组的工业，如金属冶炼业、棉纺织业和丝织业、湖南陶瓷业、浙江竹器业等等，都有一定的生产规模。

中国现代工业兴起的过程中，一直受到帝国主义和封建主义的压迫和控制，发展速度十分缓慢。

江南制造总局开办

同治四年（1865 年 6 月 8 日），江南制造总局正式开办。

1865 年，曾国藩和李鸿章收购美商佛而士在上海虹口开办的旗记铁厂（修造轮船），并将原设上海的两个洋炮局并入，成立江南制造（总）局，又称上海机器制造局。不久，容闳（1828～1912）从美国购买机器百余台全部投入该局。对该局前后投资合 200 万两白银，经费主要来源淮军军需项下筹拨和江海关之二成洋税。

1867 年，局址由虹口迁到城南高昌庙，分设机器厂、汽炉厂、铸铜铁厂、熟铁厂、木工厂、轮船厂、船坞、煤栈等。至 1893 年，又先后增设黑火药厂、枪子厂、炮厂、炮弹厂、水雷厂、炼钢厂、栗色火药厂和无烟火药厂，生产枪、炮、水雷、弹药、钢铁、机器和修造轮船等。所生产的军火弹药和各种军用物资通过清政

1869 年江南制造总局建立的炮厂

1890 年江南制造总局建立的炼钢厂，次年在此炼出了中国的第一炉钢。

府调拨，供应各地清军军营、各地炮台、炮舰和军械所需用，只有很少部分计价收费。另设有一个工程处和广方言馆、工艺学堂、翻译馆等。该局共有各种机床 662 台，职工达 3500 余人。成为当时中国规模最大、最早使用机器生产的大型综合性军事工业企业，是中国按西方工业模式自办近代工业的开端。它制造出中国第一艘近代兵轮——恬吉号；冶炼出中国第一炉钢水；创办了中国第一所机械工业制造学校（工艺学堂）；最早从外国引进先进技术。

江南制造总局注意到各种国外先进生产技术，为加以引进，于 1868 年 6 月设立翻译馆，介绍西方科技情况和成就，有译员 60 余人，共计译书 178 种。其中，李善兰所译的《代数学》是中国第一本符号代数学著作，李善兰所译的另一本著作《代微积拾级》是中国最早介绍微积分的著作，许多数学术语一直沿用至今。还出版季刊《西国近事汇编》108 期。

甲午战争后，江南制造总局生产明显锐减。1905 年 4 月，江南制造局实行局坞分家，所属造船厂改称江南船坞，归海军领导，但实行商务化独立经营，为修造中外兵商轮船服务，是为江南造船厂之前身；而制造军火部分则改称上海制造局，至 1917 年改称上海兵工厂，1932 年淞沪

抗战后停办,设备拆迁内地。1912年江南船坞改称江南造船所,归北洋政府海军部管辖。1916年造船所船坞拓长,可以生产万吨以上的船只,成为当时上海最大的船厂,主要为外国客户修造船只。至1926年共新造各种船舰505艘,其中外国船舰318艘,占63%,新造船舰总吨位为165133吨,其中外国船舰122950吨,占74.5%。

中国兴办邮政事业

同治五年(1866),清政府委托海关总税务司英人赫德在全国范围内开办国家邮政,由各地海关办理。

在此之前,太平天国的洪仁玕最早提出兴办邮政,惜未实施;清地方政府又曾在台湾实行改驿归邮,但只是小范围实施。经过海关兼办邮递和试办邮政阶段,清政府于1898年3月正式批准成立大清邮政,海关总税务司赫德兼任总邮政司。1911年邮政脱离海关,由邮传部接管。盛宣怀先后任邮传部尚书和邮传部大臣。1912年中华民国建立后改称中华邮政。1914年加入万国邮政联盟,主要经营函件、包裹、汇兑与储金。

清同治年间官方传递文书所用的官用封套

清光绪年间民信局所用的实际封

1904年全国有邮政局所1319处,至1936年增至72690处;邮政员工1911年有15288人,至1936年增至28007人;邮运工具从早期的肩挑、马驮等逐渐发展为利用汽车、火车、轮船,并开办了航空邮路;邮路总长度从1904年的50500公里发展到1936年的584816公里。

在清代和北洋政府统治时期,中国邮政控制在外国人的手里。1928年后逐渐转由国民党政府控制。但由于邮政实行独立经营,绝少受军阀混战和政局变动的影响,有较高的信誉;又由于它在经营上实行垂直领导、高度集中、全程全网、联合作业、人有专责、事有定章、纪律严明等,因而从1915年即开始盈利。

左宗棠创立马尾船政学堂

同治五年(1866)五月,左宗棠在福州船政局内创设马尾船政学堂,它是中国最早的海军学校。学堂分为前后两部分:前学堂又称法文学堂,学习法文和造船;后学堂又称英文学堂,学习英文、驾驶和管轮。学习期限均为5年。学习科目有数学、物理、化学、天文学、地质学、画法

左宗棠像

徒"，边工作边学习。船政学堂学生出洋留学，亦有绘事院"画图生"林日章、"艺徒"裘国安等在内，这是中国最早的工人留学生。

1884年中法战争中，船政学堂遭到严重破坏，终至一蹶不振。

铁路进入中国

19世纪后半期，铁路作为近代文明的一种标志，伴随帝国主义列强侵略的步步加深而进入中国。铁路出现给中国带来了屈辱和痛苦。

中国最早出现铁路是光绪三年（1876）。上海英商未经清政府同意，在上海和吴淞口之间修筑了一条淞沪铁路，该铁路长只有5英里，行车时速24公里。清政府认为洋商擅自修建铁路容易滋民扰事，一些地方官吏把铁路看成是破坏祖宗成法的怪物，竭力反对和排斥，最后不惜花费28.5万两银子，连同车辆一并购回后拆毁。实际上在此以前，英商曾在北京宣武门外建筑一条500米长的小铁路，但只能供人玩赏。

随着洋务运动的深入发展，洋务派认为自强之路在于急造铁路。1880年前直隶总督刘铭传奏请朝廷"师西人之长技建造铁路"。1881年，李鸿章为开滦煤矿运煤

等。船政大臣沈葆桢又令学生课余诵读《圣谕广训》、《孝经》等。教师聘自英法；教学体制参照英法海军学校。招收16岁以下资质聪颖、粗通文字的男童就读，称为"艺童"。学额初定60名，后扩为140余名。"艺童"毕业或授水师官职；或充监工、船主；或留校任教；或派赴出洋。马尾船政学堂培养了中国第一批海军科技人员，对近代中国海军的建立和工业的发展起过一定的作用。从1876年到1896年的20年间，先后四次派遣"艺童"出洋留学，在英法等国学习驾驶和造船。1876年的第一批出国留学生为中国首次公派留欧学生，其中严复、萨镇冰均为清末民初知名人士。该校毕业生许寿山、叶琛、陈英、邓世昌均在中法战争和中日甲午战争中英勇作战，为国捐躯。

1867年，沈葆桢又在马尾船政学堂下设马尾绘事院，招收学生学习制作船图和机器图。学生称为"画图生"。课程有法文、算学、量绘、船机等。次年又设"艺圃"，招收年纪稍长的青年为"艺

矗立在京张铁路八达岭站的詹天佑像

京张铁路通车典礼

需要，经清政府同意，在唐山和胥各庄之间修建一条铁路，并造了一辆机车头。由于运煤的迫切需要，这条铁路保存下来了。这条铁路标志着中国铁路运输业的真正起步。中国铁路自唐胥铁路诞生为起点，以后逐渐向两端扩建延伸，成为通往东北区的干线——京沈线。

中法战争爆发后，刘铭传认为台湾孤悬海外，难以设防。为了海防和商务需要，他在台北招商兴建铁路，除利用原吴淞铁路弃置的器材外，所有铁轨、车头均购自外国，1891 年通车到基隆，1893 年通到新竹，全长 193 公里，这是我国台湾省最早的 1067 毫米轨距的铁路。1894 年甲午中日战争后，帝国主义列强开始对中国铁路建筑权、借款权、合办权进行疯狂争夺。俄国于 1898 年强行在中国建筑自满洲里至绥芬河的中东铁路和自哈尔滨至大连的南满铁路，这两条铁路按俄国铁路标准修筑，采用 1524 毫米宽轨距。这是中国东北地区最早的铁路。

此外，日本修建了安东至沈阳和沈阳至新民屯的窄轨铁路；德国兴建了胶济铁路；法国建造了滇越铁路。英、法、比、德、美各国还分别通过贷款完成了京奉、粤汉、津浦、道清、苏杭甬、正太、汴洛等路线。由于帝国主义建筑铁路标准不同，

且路网分布不合理，因此为维护修路主权和统一工程标准，中国人民掀起保路运动，各地先后集资修建了新宁、漳厦、苏路、南浔及粤汉铁路在粤、湘两省境内的部分区段。

在自办铁路的高潮中，出现了中国铁路事业的先驱、杰出的爱国工程师詹天佑。詹天佑从 1905 至 1909 年主持了我国第一条自行勘测、设计和施工的铁路——京张铁路的兴建。京张铁路是连结华北和西北必经的交通要道，具有重大的经济、政治和军事意义。从此中国铁路建设进入新的历史发展阶段。

中国兴办电信事业

光绪六年（1880）八月，北洋通商大臣李鸿章奏请筹设津沪电报线，在天津成立官办的津沪电报总局，委派盛宣怀为总办。光绪七年（1881）十一月津沪线完工前，正式命名为中国电报总局。

早在 1869 年，丹挪英电报公司、丹俄电报公司和挪英电报公司联合组成大北电报公司（总部设在丹麦首都哥本哈根）。次年，该公司为将电报线路从日本展设到中国海岸，成立大北中国电报公司，开始在香港、上海之间以及上海、长崎之间敷设海底电缆，并擅自将电缆接通至上海租界。1871 年，英国大东电报公司从印度敷设海底电缆至香港。1877 年，清政府开始自办有线电报。

津沪电线通报后，从光绪八年三月起，中国电报总局改为官督商办，招股集资，以充经费。十二月，李鸿章设苏浙闽粤电线；第二年，两江总督左宗棠奏设江宁至汉口的长江电线，都由中国电报总局办理，于光绪十年建成。同时扩大招股，又将总局由天津移到上海，一方面与外商公司交

涉折冲电报利权事宜，另一方面统筹各路电线的架设，陆续建成干线多条。

光绪二十年（1894）开始，盈利显著增加。光绪二十八年，北洋大臣袁世凯奏准电报收归官办，自兼总办，引起商股的反对。光绪三十三年，改中国电报总局为上海电政局。光绪三十四年，邮传部收赎了商股。宣统三年（1911），上海电政局移至北京，为电政总局。

电报总局的设立，使中国新式通讯业得以产生，从而改变了延续数千年的驿站通讯方式。

中国最早的葡萄酒公司成立

光绪十八年（1892），爱国华侨张弼士在山东烟台独资创办中国最早的葡萄酒公司——张裕酿酒公司。张弼士先后从国外引进雷司令、贵人香、玛瑙红、蛇龙珠、赤霞珠、梅鹿辄等120多种优质葡萄品种，在烟台建成两座葡萄园；又从国外引进先进的酿酒设备，并聘请意大利酒师，终于酿制出风格独特、名闻遐迩的葡萄酒，其品牌有可雅白兰地、红葡萄酒、味美思、雷司令干白葡萄酒等。1915年，可雅白兰地在巴拿马赛会上获得4枚金质奖章和最优等奖状，遂更名为金奖白兰地。

中学为体，西学为用

光绪二十四年（1898），洋务派大官僚张之洞著成《劝学篇》一书，在总结洋务运动经验教训的同时，提出了"中学为体，西学为用"的理论口号。

所谓"中学"，指的是两千年来在封建社会里一直占统治地位的儒家学说——孔孟之道。这是整个封建思想文化体系的核心。其基本内容是维护封建统治秩序的思想和制度，包括社会政治生活准则、道德规范——三纲五常。张之洞引用董仲舒的"天不变，道亦不变"的教条，论述封建道统、伦理纲常是不能变更的。一切都可以变，只有这种天道不可变。他进而指出，要讲西学，必以中学为先。

所谓"西学"，指的是西方资本主义的政治学说和自然科学。"西学"也有"体"和"用"两个方面。西方资产阶级上升时期充满着反封建的革命精神，这个"体"，在张之洞看来是万万用不得的，君主立宪、民主共和、天赋人权等等，都是不符合封建道统与法统的东西。张之洞要用的"西学"主要是"应世事"和"济时需"的部分，即：学习西方资本主义国家的矿学、化学、电学、植物学和公法学，涉及练兵、制器、办厂、开矿、兴学等方面。总之，只学习外国的科学技术，而不引进西洋的政治制度。

作为封建统治阶级当权派的洋务派不能容忍有关资本主义思想的宣传。"中学为体，西学为用"的本质意义就在于清统治者为保护自己的腐朽统治，所以要办洋务、引进西方的坚船利炮；但他们又害怕输入西方的自由民主思想，破坏了封建的统治秩序，废除了他们的统治特权，因而特别强调君臣之义、三纲五常之类的伦常关系。

"中学为体，西学为用"作为洋务派的理论纲领，确是帝国主义与封建主义反动同盟的特殊产物。一方面，它同顽固派的思想是息息相通的；另一方面，它同帝国主义的奴化思想也是彼此呼应的。

张謇提倡棉铁主义

20世纪初期，中国民族资本有了长足发展，代表民族资产阶级利益和要求的经济学说，也开始推进到一个新的、较为成熟的历史阶段。其中，张謇的"棉铁主义"则是其中一种较为典型的经济学说。

张謇是近代中国"实业救国论"的主要倡导者和身体力行者。他根据自己经营近代企业的体验和对国内外经济形势的考察，提出了棉铁主义，希望通过优先发展棉、铁工业，全面振兴实业，促进国家的工业化。

张謇像

张謇认为，欧美国家的工业革命开始于棉纺织业，后随着对生产资料需求的增长带动钢铁业的发展。中国由于经济力量薄弱，在筹划振兴实业时，应有所侧重，切不可各部门齐头并进互相牵扯。而棉、铁一来是人们日常生活必须品，二来也是制造生产工具、发展机器工业的主要原材料，与国计民生关系最密切。因此，他主张以西方国家为榜样，优先发展棉、铁两种工业部门，再有步骤地建立和发展其他工业部门，达到全面振兴实业的目的。从而增强国力，抵制外国经济侵略，实现经济独立和国家富强。

在棉、铁两种工业中，张謇更重视发展棉纺织业，一再强调"棉尤宜先"。因为当时外国在华企业以纱厂最多，促使张謇重视发展国内同行企业，针锋相对地与之抗衡。而且，棉、铁相比，兴办棉纺织业投资较少，周转期短，利润率高，在振兴实业初期，先侧重发展棉纺织业，比较符合中国的实际情况，在针对反抗外国资本输出、抢先占领国内市场的较量中见效快。

总之，通过振兴棉铁工业，抵制洋货倾销，改变贸易逆差，从而实现实业救国，使中国成为一个经济发达的工业国家，是张謇提倡棉铁主义的目标。另外，张謇的棉铁主义，也表现了民族资产阶级上层谋求独占垄断的倾向，如他在创办大生纱厂时，就向商部提出 20 年内百里之间不得有第二厂的要求，后来他设立其他企业也有类似的举动。

张謇的实业思想和他兴办实业的实践，开中国近代实业救国的先声，对发展中国民族工业起了一定的作用。

清宫办银行

光绪三十一年（1905），清政府开始办银行。20 世纪初，基于财政需要，清政府迫切需要兴办银行，加上 1897 年 5 月已成立了中国第一家近代银行——中国通商银行，提供了一定的借鉴经验，中国设立新式银行的条件已具备。于是，清政府着手办银行。

光绪三十一年（1905 年 8 月），清政府正式兴办国家银行，即由户部奏准在北京设立的户部银行。同年又在天津、上海设立分行，1906 至 1907 年间，在汉口、济南、张家口、奉天、营口、库伦等地也陆续开设了分行，目的是辅助空虚的国库和执行币制的改革。

银行享有铸造货币、代理国库、发行纸币的特权。1908 年，户部银行改名为大清银行。到 1911 年 6 月，该行在各地（包括香港）共设有 21 处分行，35 处分号，涉及地域广泛，成为清末规模最大的一家近代银行。1912 年后，在原有条件的基础上，银行改组为中国银行。

继户部银行开办的是北京交通银行，1908 年由邮传部奏准，官商联合办理。后逐渐在天津、上海、汉口、厦门、镇江、广州设立了分行。设立该行旨在经办轮船、铁路、电报、邮政系统所属各局、所的存款、汇兑、拆借等业务，以改变过去款项分头存储、周转不便的状况；同时也承做普通商业银行的存款、放款、汇兑、贴现、买卖金银、代客保管贵重物品和发行银行兑换券等业务，以便筹集资金，用于发展交通事业，减少举借外债、备受盘剥的损失。

大清户部银行兑换券

在清政府中央一级银行设立的同时，各省政府也纷纷设立省级银行，称为官银钱号，经营存放款业务，也发行地方钞票。后因不计后果滥发钞票遭致币值惨跌而信用尽失。清政府办银行，不论是中央还是地方银行，目的主要都是缓解财政困难，对促进社会经济发展作用有限。

民族工业发展的困难

中国民族资本主义工业是在极其困难的社会历史条件下产生的。当时外国资本

聊城山陕会馆

主义势力通过不平等条约强迫中国开辟了多处通商口岸，操纵了中国的海关，降低中国进出口税率，控制了中国沿海和内河航运，把中国变成了它们的商品市场和原料供应地。外国资本主义不但不能促进和支持中国资本主义的发展，反而凭藉种种特权限制和打击这种发展。中国资本主义企业，无论在产品销售或原料收购方面，都受到外国资本主义的巨大压力。而经常面临巨大困难，当这些初生企业的产品出现于市场的时候，外国侵略势力不惜采取降价倾销的办法，予以打击。中国企业所需的原料，也受到外国洋行抢购的威胁。外国洋行通过中国买办商人，在原料产地广设采购站，力量薄弱的中国民族资本主义企业无法与之竞争。

中国资本主义企业不仅要遭受外国经济势力，经济特权的打击，还受到国内封建势力的压制和摧残。在中日甲午战争以前，商办企业始终没有取得清政府的正式承认，在设厂、经营和产品销售方面，没有任何法律的保障，完全听任地方官吏随

意处置摆布。例如，公元 1881 年南海知县徐赓陛以继昌隆丝厂"专利病民"、"夺人生业"、"男女（工人）混杂，易生瓜李之嫌"为由，下令予以封闭，该厂被迫迁往澳门。直到徐赓陛调离后，才又迁回南海。又如公元 1893 年武举出身的李福明在北京东便门设立机器磨坊，被清朝官吏视为"不安本分"的"刁商"，"经都察院奏准，饬令撤去"。而许多地方官吏，还对商办企业横征暴敛，敲诈勒索，大大加重了这些企业的负担。

在外国资本主义和国内封建主义双重压迫困厄之下，中国民族资本主义工商业举步维艰，困难重重。

中国半殖民地半封建的社会历史条件极大阻碍了中国资本主义的发展。

太极拳形成

清代初年，太极拳形成并逐渐发展成为清代的一大拳系。

太极拳的创始人是河南温县陈家沟陈氏第九世陈王廷。陈王廷是明末武庠生，清初文庠生。明亡后隐居乡里，自造拳术教授弟子儿孙，以后陈家沟人不学外来拳法。

陈氏拳法最早的套路有太祖下南唐、长拳一百零八势，太极拳五路和炮捶两套，另有短打、摺手、搋手、三十六滚跌、金刚十八拿法等。以后陈家沟专演太极拳第一路和炮捶一路，其中陈氏太极拳第一路又演变出杨式太极拳及武氏太极拳。

太极拳的拳理以古代哲学中的太极说、阴阳说为基础，陈王廷著有《拳经总歌》，阐述太极拳的理法和技法，从中可以了解太极拳防身自卫、健体强身等价值。拳理与拳法相结合，使太极拳在清代迅速发展，成为中国最有代表性的武术派系，影响极

为深远。

清代官服形成

清朝建立之后，清宫廷、官员的制服即确定。除要求本民族属员保持民族习俗外，并强迫汉人遵从满族的衣著与服饰习尚。正因如此，清代前期的衣著时尚较之前代而言，为之一变，显现出迥异的新的特色与个性。

清代前期，皇帝的服饰的样式、规仪，既因其所在的场合、所司职责的不同而异；更因其一年四季的变化而发生更易。

最具特色的是清官员的服装。官员系指异姓封爵的民公、侯、伯、子、男、文武一品至九品官员、未入流的品官以及进士、举人、会议中式贡士、贡生、监生、外郎耆老、从耕农官；一等、二等、三等侍卫、蓝翎侍卫、侍臣等人而言。这些人的冠服，其具体制式，按官阶的高低、品位，均有严格的规定。

官员品级高低的最大差别与标志，主要表现在朝冠的顶子之上：文武一品，顶红宝石；文武二品，顶珊瑚；文三品，顶珊瑚；武三品，顶蓝宝石。文武四品，顶青金石；文武五品，顶水晶；文武六品，顶砗磲；文武七品，顶素金；文武八品，阴文镂花金顶；文武九品，阳文镂花金顶；未入流者，同文九品。进士、状元，顶金三枝九叶。举人，贡生、监生顶金雀。生员，顶银雀。从耕农官，顶同八品。一等侍卫，顶如文三品。二等侍卫，顶如文四品。三等侍卫，顶如文五品。蓝翎侍卫，顶如文六品。

吉服冠顶子：文武一品，顶珊瑚；文武二品，顶镂花珊瑚；文武三品，顶蓝宝石，文武四品，顶青金石；文武五品，顶水晶；文武六品，顶砗磲；文武七品，顶

素金；文武八品，顶同朝冠；文武九品，顶同朝冠。未入流者，顶同文九品。进士、状元、举人，顶素金。贡生，顶同文八品。监生和生员顶素银。一等侍卫，顶如文三品。二等侍卫，顶如文四品。三等侍卫，顶如文五品。蓝翎侍卫，顶如文六品。

清代前期，官员服饰最具代表性、穿用场所和时间最多的是"补服"（或称"补褂"，前后各缀有一块补子）。能表示官职差别的补子，即是两块绣有文禽与猛兽的纹饰。据《大清会典图》载，品官补子所绣纹饰为：文一品，绣鹤；武一品，绣麒麟。文二品，绣孔雀；武二品，绣狮。文三品，绣孔雀；武三品，绣豹。文四品，绣雁；武四品，绣虎。文五品，绣白鹇；武五品，绣熊。文六品，绣鹭鸶；武六品，绣彪。文七品，绣鸿鹚；武七品，绣犀。文八品，绣鹌鹑；武八品，同武七品。文九品，绣练雀；武九品，绣海马。

此外，在时令、品级、场合上还有多种规定，其体制丰富多彩。帝后、官员的服饰礼仪，内容丰富，它既是清代服饰文化的重要内涵与组成部分；更是这种物质文明在更高层次的升华并与中国古代传统礼教相结合的生动体现。

琉璃厂书店街形成

清康熙后期，琉璃厂书店街开始形成。北京琉璃厂书店街又名琉璃厂文化街。此处原为元、明两代的官办琉璃窑厂，专为宫廷烧制琉璃瓦件，因此得名。康熙后期，北京的春节集市移至此处。一时百货云集，图书充栋，宝玩填街。很多书商纷纷移市此处，逐渐形成书店街。又因各省会馆多建于琉璃厂附近（宣武门外至前门

一带），会馆里来往的官员、应考的举人和商贾以及很多住宅在这一带的汉官、文人，大多嗜书如命，更加促进了琉璃厂书市的发展。

乾隆三十八年（1773），北京开设四库全书馆。这些人因校阅、考典之需，归寓后经常到琉璃厂书肆寻访。江浙书商亦因有利可图，趋之若鹜。据记载当时已有书肆 31 家，其中五柳居、文萃堂最为有名。其他还有古玩店、文具店、碑帖书画店等。书店街贩书的规模在全国是最大的。如五柳居、文萃堂每年都整船整船地从苏州购书运进京师。许多书肆主人频繁来往于藏书家及达官贵人之门，收购与售卖各家古书。五柳居主人陶正祥，善于鉴别版本，所藏善本秘书是官僚学者竞相收购的目标。朱筠曾推荐其为四库馆搜访异本秘书。

书店街除兜售图书外，还从事刻书事业。如五柳居刻印的《十三经注》、鉴古堂刻印的《辑宋诗抄》、文萃堂刻印的《新刻校正买卖蒙古同文杂字》等，字体工整，字形隽秀，显示出清代精湛的刻印技术。

琉璃厂书店街贩书刻书的繁荣，对京师民众文化生活和文化教育的发展，具有不可抹杀的功绩。清代中叶以后，琉璃厂从事刻版印书，较著名的坊有老二西堂、三槐堂、聚珍堂、文有堂、文禄堂、修绠堂、富文堂、善成堂、正文斋、来董阁、邃雅斋、通学斋等。

鸦片战争和太平天国运动以后，琉璃厂古旧书业萧条。甲午战争后，废科举、兴新校、谈新学之风气日盛，新书业应运而生。只有厂桥东仍然是善本旧书集中之地。

北京琉璃厂书店街是在国内外具有较大影响的古旧书店街，对传播、交流、保存中国古代文化典籍有较大的作用和意义。

舞狮舞龙遍及全国

"龙舞"，是中华民族历史中最为悠久、最具代表性的民间舞蹈种类之一。不仅在汉族，在许多少数民族中也极盛行。清代"龙舞"的样式很多，在制作工艺和舞蹈表演方面，已发展到了相当高的水平。其表演遍及全国，逢年过节以及喜庆时都少不了舞龙，舞龙成为中国生活方式的一个组成部分。

清代的"龙舞"以"龙灯"的形式表演为多。这种"龙灯舞"表演起来，忽而像飞龙冲天腾跃而起，忽而如飞瀑直下伏地盘旋，鼓声隆隆犹雷鸣，光曳珠耀似闪电，气势磅礴，震撼人心。

"灯舞"又称"舞灯"，是历史悠久的汉族传统民间舞蹈。乾隆时人赵翼《檐曝杂记》卷一"烟火"条，记载了清宫主办的一次盛大"灯舞"活动："上元夕，西厂舞灯、放烟火最盛……楼前舞灯者三千列队焉，口唱《太平歌》，各执彩灯，循环进上，各依其缀兆，一转则三千人排成一'太'字，再转成'平'字，以次作'万'字，'岁'字，又依次合成'太平万岁'字，所谓'太平万岁字当中'也。舞罢，则烟火大发，其声如雷霆，火光烛半空，但见千万红鱼奋迅跳跃于云海内，极天下之奇观矣"！

"狮舞"，也叫"耍狮子"。是历史悠久的汉族代表性民间舞之一，在清代已经完全形成，清人的记载已与流传至今的《狮子舞》极为相似了。披毛制狮皮，用绣球引狮、逗狮的舞法，至今仍广泛流传于广大民间。光绪年间的《京都风俗志》"太少狮，以一人举狮头在前，一人在后为狮尾，上遮宽布，彩色绒线，如狮背皮毛状，二人套彩裤作狮腿，前直立，后伛偻，

舞龙活动在民间一直延续至今，图为湖南南岳地区百姓舞龙的场面。

舞动如生，有滚球、戏水等名目"。在广泛流传中各地群众创造了多种多样的《狮子舞》：有威武矫健、穿插着许多翻滚跌扑技巧表演的"武狮"；诙谐风趣逗人喜爱的"文狮"；用板凳装饰成狮形耍舞的"板凳狮"，舞时狮口喷火的"火狮"等等。

莫高窟藏经洞发现

光绪二十五年（1899）五月二十五日，甘肃省敦煌莫高窟人员在清除第16窟淤沙时，偶然发现一个小洞，门仅高出地面一米，洞长2.7米，宽2.5米，高3米，顶呈覆斗状，空间约为19立方米。洞内有长方形禅床式低坛，上塑高僧洪辩的坐像。洞的北壁绘有比丘尼与侍女图，西壁嵌有洪辩的告身敕牒碑。

这个藏经洞中最重要的发现是5万多件经卷、文书、织绣、画像等文物。其中大量的文字典籍文卷，除汉文写本外，还有1/6的藏文、梵文、佉卢文、粟特文、古和阗文、回鹘文等各种民族文字写本；另有绢本绘画、刺绣等美术品共几百件。写本中除佛经、道经、儒家经典外，还有史籍、诗赋、小说、民间文学、地志、户籍、账册、历书、契

据、状牒、信札等，包括从公元 4 世纪近 10 个朝代的文物图书。其中以唐、五代人的民间文学的变文抄本为最多。这些文本的内容可以分为两类：一类为演绎佛经的故事；一类为古代的历史故事、民间传说和当时的人物故事，如《降魔变文》、《秋胡变文》等。

莫高窟藏经洞的发现，是 19 世纪、20 世纪交接时震惊中外学术界的大事。由此在社会科学领域里形成了"敦煌学"这一专门学科。但在同时，该窟也引来了各国文物强盗的疯狂掠夺。

学堂乐歌活动兴起

19 世纪末，西方列强大举入侵中国，民族危机日益严重。为了救亡图存，一些先进知识分子极力提倡效法日本明治维新，主张废除科举，创办新式学校，并在所开办的新式学校中开设音乐课程。中西学堂、南洋公学、两江师范、中西女塾都在图画工艺课和体操课中附教音乐唱歌，当时称为乐歌。在此后所建立的新学中乐歌课必不可少，学堂乐歌活动从此开始兴起。

作为一种新的音乐文化，学堂乐歌引进了外来曲调，填以反映新思想和新内容的歌词，构成了一种与我国传统庙堂音乐完全不同的新体裁。其内容包括反对列强侵略、瓜分，歌颂祖国历史和大好河山，揭露清王朝腐败统治，唤起民众为拯救危亡中的中华民族而奋斗的斗志，民主思想和爱国主义精神十分强烈。如《中国男儿》、《何日醒》、《祖国颂》等，这些歌曲多借用外来曲调，显示出将西洋音乐与中国歌相结合的气象，它无疑是我国近代歌曲创作的开端。这一时期乐歌简洁鲜明，高昂有力，极富感召力。

学堂乐歌活动的兴起是废除科举、兴办学校并传播新思想的结果。戊戌变法失败后流亡日本的知识分子中，出现了沈心工、曾志忞、萧友梅、高寿田、冯亚雄、李叔同等一批专门学习音乐或考察教育的人士。当时流亡日本的梁启超也积极参与推动学堂乐歌发展的活动，他不仅宣传和评述作家、作品，而且还自己创作乐歌。1902 年 2 月由沈心工、曾志忞在东京创立的"音乐讲习会"，是中国人举办近代音乐讲习的首创。随后《浙江潮》、《江苏》、《新民丛刊》等先后发表了《中国音乐改变》、《音乐教育论》等论文，积极宣传乐歌，从而极大地促进了我国乐歌活动的发展。

国内的学生，已普遍开设了乐歌课，1904 年，沈心工、高砚云等在上海发起的"美育音乐会"，积极从事研究和促进乐歌创作的活动。在这一年，乐歌宣传和创作活动达到高潮，发表作品达 80 首，同年，中国第一部学校音乐教科书《学校唱歌集》第一集出版，曾志忞译补了《乐典教科书》。这些学堂乐歌成果，对于这一活动和中国近代音乐史都具有重要的意义。

当时的学堂乐歌多以合唱形式出现，流传广泛且鼓动性极强。1903 年国民总会在上海集会，1905 年上海反美爱国运动，群众都是高唱学堂歌曲以鼓舞士气的。辛亥革命前后，乐歌活动更呈现出一派欣欣向荣的局面，为凝聚民众精神起到了巨大的作用。

基督教在华传教事业达到顶峰

鸦片战争后，西方列强用大炮打开了中国大门，基督教随之而来。至清朝末年，基督教在华传教事业达到了顶峰。

1842 年，英国与中国签订的第一个不平等条约——《南京条约》规定："耶稣、天主教原系为善之道，自后有传教者来到中国，一体保护。"此后在 1844 年中美《望厦条约》、1844 年中法《黄浦条约》这些不平等条约的保护下，基督教各派在口岸城市迅速传布。

然而，外国传教士并不满足于仅在口岸城市传教，他们以各种形式向内地渗透，而且获得了购置田产的权利。这样，基督教各派势力在各地就迅速发展起来。鸦片战争前共有 5 个天主教传教会在华活动，为西班牙多明我会，巴黎外方传教会，方济各会，遣使会和耶稣会。

鸦片战争后，不仅原有的教派继续发展，而且又有许多新的修会相继来华。其中有密良外方会（1869），圣母圣心会（1865），奥斯定会（1879），圣伯多禄圣保禄修会（1885）德国司带尔圣言会（1879）等等。修女会也不甘落后地来到中国，如仁爱修女会（1842），沙德圣保罗女修会（1848），加诺萨女修会（1860），拯亡会（1867），包底欧上智会（1875），多明我女修会（1889）等，接踵来华。他们盖教堂，发展教徒，办医院、孤儿院、留养院以及各类学校，出版图书报刊，成为一股庞大的以宗教形态出现的殖民势力。

基督新教传入中国较晚，但鸦片战争后的发展则比较快。随着教会各派传播活动的展开，华人牧师和教徒人数不断增加。到 1914 年新教徒人数达到 25 万，外国在华传教士 5978 人。基督礼教与天主教一样，在宗教活动以外，也建学校、办医院、出版图书、从事慈善福利事业。

东正教在中国发展相对较慢，但到清末也有一定规模。东正教先后在哈尔滨、沈阳、旅顺、上海、天津、青岛、新疆等地建立教堂。至 1917 年，属于俄罗斯东正教北京教团的有教堂 37 所，神学院 1 所，男女学校 20 所，气象台 1 座，企事业机构 46 家，财产 150 万卢布。因东正教修士大司祭、修士司祭、辅祭等多不通汉语，故对中国人影响一直不大。据 1906 年统计，中国籍信徒仅 725 人。

第一届全运会举行

宣统二年（1910 年 10 月），上海青年会借南京筹办南洋劝业会之际，假劝业会场，发起组织了一次较大规模的运动会——"全国学校分队第一次体育同盟会"，后称"第一届全运会"。

这次全运会为期 5 天，观众达 4 万多人，以华北（京、津）、华南（港、粤）、华中（武汉）、吴宁（苏州、南京）和上海共 5 个区为参赛单位，运动员共计 140 名。其中华北队 20 名，华南队 28 名，武汉队 21 名，吴宁队 31 名，上海队 40 名，分别佩带青、紫、黄、蓝、红 5 色的佩带以示区别。竞赛项目有田径、网球、足球和蓝球，田径又分为高等组、中等组和全国各校联合比赛组进行比赛。每组每项取前 3 名，以 5、3、1 计分，依次奖金、银、铜牌。此外，大会还奖励得分最多的锦标队银杯 1 个。由于大会对各组运动员资格的限制并不严格，因此参加高等组亦可参加中等组比赛。比赛结果，获高等组第一名的是上海队，第二名华北队，第三名华南队。获中等组第一名的是华北队，第二名华南队，第三名上海队。学校联合组第一名是圣约翰大学，第二名南洋公学，第三名天津青年会日校。华南队获足球冠军，华北队获篮球冠军。圣约翰大学的学生囊括了网球前 4 名，但未决赛。

虽然这次运动会被称为首届全运会，但参加的代表队多数是沿海少数城市的学校队。这反映出当时体育发展的不平衡状况。此外，这次大会的发起和组织者主要是青年会的外籍体育干事，大会的重要文件及比赛术语等多为英文，比赛也按英文规则执行，清末体育半殖民化特征由此表露无遗。但应该肯定的是，这次运动会所设的项目主要是田径和球类，说明了田径和球类活动在当时已得到了一定的重视和发展。而且这次运动会又使人们进一步认识和了解到这些项目的活动特点和比赛规则，对全国各地的田径、球类活动都有较大的促进作用，也为后来参加远东运动会等大型运动会奠定了基础。

出现钱荒

清代曾在清初和18世纪后期出现过两次钱荒。

白银在明代后期开始就已逐步确立了主币的地位。清建国以后，又通行用白银制钱。中国白银的产量并不丰富，要解决白银的紧缺就必须大量地输入外国银。明末东南沿海出现资本主义萌芽，以及与外国贸易的活跃，使得外国的白银源源不断地流入中国，故白银的使用并未有很大的紧张。到了清初，统治者害怕沿海居民和郑成功联合起来共同抗清，强令"迁海"，并推行严厉的海禁政策，白银流入的渠道被阻断，因而发生了严重的银荒问题。直到康熙二十二年（1684）开海禁以后，白银来源重新开通，钱荒才逐步缓和。

清政府和外国贸易一直处于入超局面，大量白银流入我国。但到18世纪后期情况开始发生变化，英国等西方列强竟然把鸦片当作商品向中国倾销以谋求厚利，从而改变了在对华贸易中一直入超的局面，以致白银大量外流，造成了前所未有的银荒。这次货币危机与清初银荒的原因和背景都不同，属于内外交困的产物，不仅加重了人民的生活负担，造成商业衰落，也大大影响了清廷的财政收入，各省因税收困难拖欠日多，揭开了清帝国没落的序幕。

周懒予棋艺无敌天下

在明代的基础上，清代的围棋活动又有了新的发展，棋坛新人辈出，棋艺高超，棋谱大量涌现。

在清代众多围棋手中，以清初的周懒予最有名。周懒予幼时即常常观看其伯父周慕松弈棋，已懂得攻守应变之法。他还在少年时就达到了国手的水平，明末第一名手过百龄当时被奉为国手，"天天言弈者，以无锡过百龄为宗。"其后周懒予奇峰突起，棋力超过了百龄。周懒予的棋变化多端，轻巧玲珑，处处争先，他曾屡次与过百龄对弈，胜多败少，成为清初弈坛承前启后的人物，真可谓"无敌天下"

温补之风起

温补之风，明代薛己、张介宾、赵献可等人倡导于前，清代前期的高鼓峰、吕留良、张璐、黄元御等又呼应于后，所以温补之风盛极一时。

高鼓峰（1623～1670），习儒精医，其医学宗旨接近张介宾，不论内科杂症治疗，还是外感热病，都喜用温补疗法，不乏用参、附等热药治热病。他的成就经验都总结在《四明心法》和《四明医案》里。吕留良（1629～1683），32岁时和高鼓峰相识，得高鼓峰传授医术。他本是一代著名学者，半路出家学医，因此受高鼓峰影响颇觉，对赵献可、张介宾的温补学说也颇有研究，不仅曾评注赵氏的《医贯》，又自撰《东庄医案》，临证验案，也多属温补，以吕留良的身份来提倡温补，大起推波助澜的功效。

温补学派的另一重要代表，是清初医学三大家之一的张璐（1617～1699），他擅长医治内科杂症，其疗法多取自朱丹溪、薛己和张介宾，医论则多学王肯堂的《证治准绳》，对于血证、痢病等温热病也以温脾健阳、滋养肺肾为法，临床用药以温补见多。张璐是大名医，又耗时50年撰成《张氏医通》16卷，对当时医学风气影响极大。高、吕、张逝世后，温补学发展之盛趋向极端。儒生出身的黄元御（1705～1758），因为庸医误用寒凉药，损伤其左目，遂发愤习医，所以对降火滋阴说有很大成见，而极力提倡温补阳气的学术观点。

温补学说发展至此，堪称盛极一时，后学无知或庸医之流，偏听盲从，不论何病，都"专用温补"，遂造成新的流弊，于是引起了反温补派的反戈一击。徐大椿（1693～1771）、陈修园（1753～1823）有感于滥用温补的流弊，极力批判医生以补药媚人，又因补药而误人。这种学术异见的出现，活跃了当时的学术气氛，更促进了医学的发展。

锣鼓流行于江南

明末清初，十番鼓、十番锣鼓等流行于江苏南部无锡、苏州、常熟、宜兴等地。当时，十番鼓、十番锣鼓多用于民间的喜庆婚丧和节日娱兴等活动，也用来做道场、法事等。

十番鼓多由民间音乐组织或世间吹鼓手演奏。乐队5～10人不等。乐器有曲笛、箫笙、小唢呐、二胡、板胡、小三弦、琵琶、板、点鼓、板鼓、同鼓、云锣、木鱼等。鼓、笛为主奏乐器。演奏曲目一类是不用鼓段的小型吹打曲，如《醉仙戏》等，另一类是用鼓段的吹打套头，如《满庭芳》等。优秀的击鼓手陆勤泉，号称"霹雳"，闻名江南。

十番锣鼓分为只用打击乐器的"素锣鼓"和兼用管弦乐器的"荤锣鼓"两类。荤锣鼓根据主奏乐器和演奏形式不同，又分为"笛吹锣鼓"、"笙吹锣鼓"、"粗细丝竹锣鼓"、"粗吹锣鼓"等多种。素锣鼓分为"粗锣鼓"与"细锣鼓"两类。十番锣鼓最少由6人演奏，即同鼓、板鼓、双磬、小木鱼、汤锣1人；笛、七钹、小钹1人；笙、大锣、中锣、春锣1人；拍板、木鱼1人；三弦、大弦1人；二胡、喜锣1人。笛吹锣鼓以笛子为主奏乐器。其他乐器有招军、笙、箫、二胡、板胡、三弦、琵琶、月琴及粗锣鼓等乐器。笙吹锣鼓以笙为主奏乐器，其他乐器有长尖、箫、弦乐器与笛吹锣鼓同；打击乐用细锣鼓或粗锣鼓编制。演奏曲目主要有笛吹粗鼓曲《下西风》、《翠凤毛》、《万花灯》、《大红袍》、《喜元霄》；笙吹锣鼓曲《阴送》；笙吹细锣鼓曲《寿亭》；粗细丝竹锣鼓曲《香袋》、《十八拍》；丝竹细锣鼓曲《三阳开泰》；粗吹锣鼓曲《将军令》；以及清锣鼓曲《十八六四二》、《擒锣》、《清钹锣鼓》等。

民间竹刻兴盛

竹刻因其材料低廉易得成为清初民间主要雕刻艺术品之一。清代民间竹刻受到文人绘画艺术风格影响，竹刻技法不断创新，体现出自我表现、标新立异的风格。

嘉定为民间竹刻主要产地，风格自成体系，被称为嘉定派。清代前期100多年中，嘉定竹刻继续并发展了明代嘉定派的风格，进入鼎盛时期。在这段时期里，嘉

清贴黄春字四子盒

定竹刻品种齐全多样，高手众多，其中较有影响的竹刻家有吴之璠、封锡禄、周颢、潘西凤等，被称为"竹刻四大家"。

吴之璠，字鲁珍，号东海道人，擅长多种竹刻技法，如立体圆雕、透雕、高浮雕等，而且还另出新意，发明浅浮雕技法，能运刀于纸发之际、丝忽之间，见微妙之起伏。后人称为"薄地阳文"，代表作品如《松荫迎鸿》、《滚马图》、《牧年图》等刻件。而且他善于利用景物的遮掩压叠，在浅浮雕的有限高度上刻出远近不同的层

次，颇有透视的效果。此外，他还善于利用竹子的质地构造，朴质无华的素地与肌肤润泽表层上的精刻细雕的图文形成对比，相映生色。由于吴之璠的竹刻技法颇多创新，影响很大，其嫡传弟子以及受其影响的艺人很多，以致在康、雍之际（1662～1735）形成了一个以吴之璠为首的竹刻流派。

封锡禄，字义侯。其兄弟3人都善刻竹，康熙四十二年（1703），他们3人同时入值养生殿，名噪一时。锡禄擅长圆雕，传世作品仅存上海博物馆藏罗汉像。可见其刻技神采。周颢，字芝岩，号雪樵，尧峰山人，晚号髯痴。善绘画，古贤山水、人物画皆工，尤好画竹。他"以画法施之刻竹，合南北宗为一体"，擅长以多种刀法刻画各种题材。其中尤以阴刻山水，掺有南宗画法，最为时人所称道。代表作品有《松壑去泉》、《溪山渔隐》等笔筒。他是中国竹刻史上第一个将南宗画法融入竹刻的艺术家。潘西凤，字桐冈，号老桐，浙江新昌人。自幼饱学经书，因困顿维扬，才以刻竹为生。他擅长浅刻，随意刮磨而有朴实自然之趣。此外，清代前竹刻大家还有邓孚嘉等。邓氏擅圆雕，又以善刻折枝花卉著称于世。

清代中期以后，贴黄器制作兴盛，竹刻工艺逐渐衰落，代之而起的只有平面的刻画、刻字，竹刻艺人也沦为刻工了。

武术门派繁盛

清代武术门派繁多，出现了各种拳术套路、器械套路和拳械对练套路。各种民间拳术和器械体系日趋完备，且进一步门派化、理论化，特色更为鲜明。

据《清稗类钞》记载，清代拳术有少林拳、太祖拳、梅花拳、十八滚、三步架

清贴黄龙纹竹丝编织笔筒

等六十二个套路。事实上，清代民间拳、械门派还有太极、八极、劈卦、翻子、形意、八卦等。能反映这一时期拳法发展特点的拳系有太极拳、形意拳、梅花拳和八卦拳。

太极拳是中国武术的一大拳系，清代有陈氏太极拳、杨式太极拳和武式太极拳三种。陈氏太极拳产生于河南省陈家沟，创始人是陈氏第九世陈王廷。陈氏拳法的最早套路有太祖下南唐、长拳一百零八势、太极拳五路和炮捶两套，下传到十四世陈长兴时专演太极拳第一路和炮捶一路及双人推手。后来的杨式和武式太极拳即由陈氏太极拳第一路演变而来。陈氏器械最早有枪法、盘罗棒、旋风棍、单刀法、单演及对演双刀法、双剑法、春秋刀法、扑镰法、双铜法等。

形意拳也是清初一大拳种，又名六合拳。六合即心与意合、气与力合、筋与骨合、手与足合、肘与膝合、肩与胯合。六合拳法始出自山西龙凤姬先生，姬后将拳法传于郑氏，郑传李姓弟子和曹继武，曹再传于山西戴龙邦和河南马学礼，戴马各有传人。形意拳的内容在各地传人的演练中不断充实、变化，又分成山西、河南、河北各派，风格特点不一。形意拳的理论和技术体系在清代已经完整化，其拳谱中有双手、拳经总论、解法必用、手足妙用、锦囊、短手、十九问答、六合十大要序、总打、十二上法易筋经贯气决等二十二目，拳理相当完备。

梅花拳在清代民间社团中广为传播。他始人不详，据史料记载，康熙年间的杨丙是这一派的重要传人，人称其为梅花拳的第一辈。以后杨丙传齐大壮，齐传唐恒乐，唐再传冯克善，梅化拳习练者日益增多。从清中期开始，梅花拳从河南传到山东临清、德州、直隶等地，不断繁衍传播。

八卦拳也属于民间团体中发展起来的

少林寺壁画·技击

拳系，其发展状况与梅花拳相似。据史料记载，乾隆年间民间流传学习八卦掌。到嘉庆年间，习练者入八卦教学八卦拳，清朝中期以后，八卦拳发展为一大拳系。

清代拳法通过宗教团体的方式传播，或者以宗族为核心发展，还可以通过授徒在各地形成派别。各家拳法通过这几种方式迅速繁衍，套路不断增加，内容日趋复杂。从清中期开始，中国武坛门派林立，呈现一派繁盛景象。

江南盛藏书

清代，江南江浙一带盛行私人藏书。江浙在明朝已成为南方经济比较发达地区，经济的发展带动了文化的进步，也促成了当地大量书籍的积聚。因此，早在明中期，江浙一带就出现了许多著名的私人藏书楼，到清代，收藏图籍之风气愈加盛行。

清人藏书多崇尚宋元版本，此风在明万历之后已见端绪，入清以后，愈演愈烈。因为宋元版本多为珍本，而且多保留了古文献的真实面貌，有利于清代学者从事古文献的考订校勘工作。但是宋元版本毕竟有限，所以，江浙藏书家除想方设法收集明代的稀世传本外，还在藏书家之间互抄珍本。

浙东余姚的黄宗羲是清初著名的大学者，也是闻名全国的大藏书家。他家经营的续抄堂，藏书来源广，数量多，一部分是收购旧藏书家的藏本，另一部分则为抄本。因为黄氏与诸藏书家交际广泛，曾借抄于世学楼、澹生堂，也曾数次前往南京名藏书家黄居中千顷斋观书抄写。康熙年间，范氏家人还破例带领黄宗羲登著名的天一阁观书。黄氏藏书可谓富而精，多罕见之本，因其藏书与学术研究密切相联，所以在社会上影响颇大。

浙西嘉兴的朱彝尊，也是清初一位卓越的学者，大藏书家，康熙年间，参加修撰《明史》，有机会见到史馆的众多珍本秘籍，遂暗地雇人抄书，结果被发现，受到降级处分。朱彝尊珍藏之书多为晚明史料，他的家人怕受文字狱牵连，乘其外出时，统统付之一炬。

杭州的鲍廷博，以收集珍书异书为乐事，建有知不足斋藏书楼。他的藏书除四方搜购外，多抄自江浙名藏书家的珍籍。乾隆年间响应朝廷号召，一次进献600余种，因而得皇帝御赐《古今图书集成》一部，在朝廷还书时，乾隆皇帝在一本《唐阙史》上题诗："知不足斋奚不足？渴于书籍是贤乎。长编大部都庋阁，小说卮言亦入橱"。一时荣耀之极。江苏常熟的钱谦益，其藏书之富夸称江南。他先后得到名藏书家刘子威、杨五川、赵汝师、钱功夫等家所藏。钱氏一生，不惜重金四处求购，很快成为雄居江南的大藏书家。晚年建成著名的绛云楼以藏古书，可惜顺治七年（1650），其幼女嬉戏楼上，引发一场大火，绛云楼也付之一炬。

江苏昆山的徐乾学，曾任明史馆总裁。明清战乱初定，很多藏书家的累世珍本，相继散落民间，徐氏借助其门生故吏的帮助，四处求购，结果其藏书大盛，并建七间书库以藏书。一日，徐氏引子女上楼，告诉他们说："我所能留给你们的，唯有满楼图书。"因名其楼为"传是楼"。

清代，江苏著名的藏书大家还有常熟的钱曾和苏州的黄丕烈等。

浙江瑞安玉海楼藏书楼

京师发生大地震

康熙十八年（1679）七月二十八日上午九时至晚七时，京师发生强烈地震。当时白昼昏黑，地声如雷轰，势如涛涌，震倒了顺承、德胜、海岱、彰仪等门，城墙坍毁，难以数计。宫殿、官邸、民居，十倒七八，官员士民死者不可胜记。二十九日、三十日，京师又大震，臣民露宿街头，八月八日、十二日、十三日又大地震，京师附近300里内，压死人民极多，二十六日晚和九月二十五日，京师再次大震，地震波及远近10省区。清廷命发内库银10万两赈济灾民，八月十五日，康熙帝派官告祭天坛。九月十八日，余震不止，康熙帝亲率诸王，文武官员到天坛祈祷。不久，清廷命酌情豁免发生灾情地区的地丁额赋。康熙十九年（1680）四月十八日上午九时至下午一时，京师再次大震，其声如雷。二十九日，从午五时起，连震四次，房屋摇动，官民只得再次彻夜露宿。五有十八日，余震仍未宁息。这一次大地震，给京师地区造成了极大损失，人员伤亡也十分严重。清政府对灾区进行赈济，并进行一系列救灾措施。

永远禁止妇女殉葬

康熙二十七（1688）五有四日，康熙下令永远禁止妇女殉葬之事。

康熙是就礼部题请表彰宣传山西省烈妇荆氏之事时，表明这一主张的。他说：人命至关重大，殉葬之事令人目不忍睹。现在京城以及各省中虽然经过多次禁止，但是殉葬的人依然很多，不能不令人惋惜，丈夫寿命短，也只能这样了，为何妻子一定要与丈夫一同死去呢？轻生一事太违反自然常理，如果因此而对这种殉葬人加以表彰，那么仿效这种作法的人会越来越多，屡禁不止，对国家、家庭、自身又有什么好处呢？从此以后，帝王以下乃至普通百姓，要永远禁止妇女从夫而死的类似事情发生。在康熙表示自己主张之后，国内妇女殉葬之事便慢慢禁绝了。

南方普降大雪

康熙二十九年（1690）冬，南方地区普遍降雪，天气出奇的寒冷。十一月，江苏高淳下大雪，冻死了许多树木；武进（今江苏常州）奇寒无比，树枝冻掉，树木冻死。进入十二月，庐江（今安徽庐江）也进入寒冷季节，竹子、树木也有许多被冻死；同时其他各地也纷纷下大雪，冻死树木，如当涂（今安徽当涂）大雪，

桔树橙树冻死无数；阜阳（今安徽阜阳）大雪，江河封冻，三天才消溶；湖北竹溪大雪纷飞，雪深达四、五尺，河水冰冻。这股寒冷空气甚至影响到广东一带，这一年广东海阳（今福建潮安）大寒，冻死了人畜；福建海澄（今福建龙海）也下大雪，冻死了牛、马。这场雪为历史上所罕见，其危害和影响都很大。

北京恭王府花园的垂花门。垂花门在四合院中是必不可少的，一般进了垂花门才是主人的正房。

北京四合院盛极

清代民居建筑发达，形成了丰富多彩的民族民居。这些民居按形制可分为庭院式民居、窑洞式民居、干栏式民居等七类。庭院式民居是以单间组成的条状单幢住房为基本单位，回环布置，组成各种形式的院落。合院是庭院式民居的一种，合院式民居中以北京四合院最为规则典型。

合院的特征是组成院落的各幢房屋相分离，住屋之间以走廊相联，各住房皆有外檐装修，住屋间所包围的院落面积较大，门窗朝向内院，外部包以厚墙。合院盛行于东北、华北、西北地区，它夏季可接纳自然风，冬季可获得充沛的日照，还可避免寒风侵袭，成为中国北方通用的民居形式。北京四合院是合院式民居的典型代表，它由三进院落组成，按南北轴线安排座房、

中国通史

最新整理图文珍藏版

垂花门、正厅、正房、后罩房。每进院落有东西厢房，正厅房两侧有耳房。院落四周有穿山游廊和抄手游廊，东南角开大门。四合院内各房有固定的用途，各房使用都按长幼工、内外、贵贱的等级进行安排，如正房为为家长及长辈居住，子侄辈住厢房等，可见北京四合院乃是一种宗法性极强的封闭型民居。

四合院在清代达到极盛。北京四合院属汉族的民居形式，满族入关后，很快便接受了这种民居形式。不但八族贵族的王府采用四合院建筑，他们还把这种民居形式传到满族的发源地——吉林。现永吉乌拉镇等地的满族民居大都是四合院

北京四合院还影响到回族、白族、壮族、彝族等许多少数民族的民居建筑。北京四合院在清代达到鼎盛，对当时和后代的民居建筑都产生了影响，成为一种富有特色的汉族民居建筑形制。

保存较好的一所清代四合院

祠堂体制完成

祠堂原称家庙或影堂，从《朱子家礼》一书起开始称为祠堂。根据《大清会典》记录，祠堂的格局是以官吏的级别而有定制的。

祠堂建筑是一个宗族的象征，是族人的精神支柱，因此成为封建社会中夸耀家族财力和地位的手段。很多家族都尽自己

江西省婺源县金家祠堂"玉善堂"门

最大的财力和物力，来修建自己家族的祠堂。使祠堂建筑在建筑技术和建筑艺术上都达到了很高的水平。祠堂建筑往往用料考究，加工精细，在装修工艺上也着意发挥了小木作、砖雕作、石刻作、粉塑作等高超的水平。

祠堂的营建按典籍的规定位置应定在宅东，称为"左庙右寝"，规模形制也根据官吏等级来定。但实际上却一味追求华美精致来夸耀财势地位，成为巩固家族统治的一种权力象征，因此往往规模宏大，装饰豪华，雕琢精致，建筑布局程式化，并表现出族权的尊严，成为对本族下层及

安徽合肥市包公祠大门

对立宗族的一种威慑。

祠堂建筑的功能除了祭祀祖先神灵之外，又象是公堂衙署，同时也作为宗族成员的社会交往场所。在祠堂中可以根据族规、族训来教育族人，由族长来行使族权。违训者必须在祠堂中的祖宗牌位前当众思过，严重的还要被逐出宗祠。因此祠堂也可以说是一种封建道德法庭，在建筑布局及装饰等艺术处理上又表现出庄重肃穆的气氛。

浙江省诸暨县边氏祠堂外观

祠堂中进行的宗族组织活动是对封建统治的一种补充。祠堂里还常附设有义学、义仓和戏台，形成一个庞大的建筑群，表现出公共建筑的民俗性质。在建筑空间的组织上，以及造型和装潢处理上，又溶进了民俗文化的艺术风格，有其鲜明的地方特色，为我国古代丰富多彩的地方建筑文化作出了突出的贡献。

湖北省襄樊市古隆中诸葛武侯词

清人婚丧礼仪定形

中国近代婚丧礼仪在清代基本定形。清代，皇帝结婚称为"大婚"。皇后选定以后，先要行"纳彩礼"、"大征礼"，迎娶时行"册立礼"、"奉迎礼"、"合卺礼"，婚后行"朝见礼"、"庆贺礼"和"赐宴礼"等。

皇帝的丧事在清代称为"国丧"，全国上下都要为之服丧。皇帝死后，在上谥号入葬之前称为"大行皇帝"。死之当日要进行"小殓"。继嗣皇帝、诸皇子、王公、百官、公主、福晋以下，宗女、佐邻、三等侍卫、命妇以上，男摘冠缨截辫，女去妆饰剪发。小殓后，当日或次日，或过几日进行"大殓"丧仪。清制：皇帝皇后用的棺木均用稀有的梓木制作，故称"梓宫"。梓宫必须按规定漆饰49次，四周油喇嘛敬缮西番字样，梓宫外边浑饰以金，内衬织金五色梵字陀罗尼缎五层，各色织金龙彩缎8层，共13层。大殓后，灵堂设在乾清宫内，正中宝床上停放梓宫。由于明清现代，乾清宫均属皇帝的寝宫，皇帝于此停灵，含有"寿终正寝"之意。在此期间，要向国内外颁发大行皇帝的遗诏，诏到各省时，文武官员要摘冠缨、穿素服，至郊外跪迎，从遗诏到时算起，27日后除

清朝凤舆（喜轿）

服，百日内不准嫁娶和作乐。

清代民人婚嫁的礼仪，虽因地因俗而异，但却不超出古时"六礼"的范围。所谓六礼，就是《仪礼》所载的纳采、问名、纳吉、纲征、请期、亲迎等六种礼仪。"拜堂"、"合卺"二礼，属亲迎范围。综合清代文献记述，民人婚嫁的仪礼程序是：其一，议婚；其二，订婚（要办理"纳征"、"请期"手续）；其三，结婚（其中有送嫁妆、迎亲、拜天地、入洞房、喝喜酒、闹洞房、开脸等礼仪）；其四，婚后礼仪（包括贺喜、上拜、拜街、认大小、倒宝瓶、拜祖宗、回门、下地饭、归宁等礼仪程式）。

清代，汉族的葬式一般采用土葬。丧葬仪礼程式主要有：停尸，这是民人死后的第一个仪式，须将死者安放在规定之处后，再行供饭和点灯。招魂，按古礼俗，招魂者自前方升屋，手持寿衣呼叫，死者为男，呼名呼字，共呼三声，以示魂魄返归于衣，然后从后方下屋，将衣敷死者身上。吊丧，丧礼的公开，先由逝者家属进行报丧，多由死者近亲晚辈到亲族家门口"叩头"报丧，通知死讯。丧期间，家属禁忌颇多，通常非丧事不谈，面垢禁洗，女忌脂粉；食米粥淡饭，不食果，以示哀恸。殡仪，又称"入殓"、"大殓"。有饰尸仪式，洗尸，按制更衣，入棺先书铭，定好枢位；入棺时，下铺上盖均十分严格；入棺的时辰要由家族占卜。后入棺盛殓，盛殓后设灵堂举行奠礼。送葬，又称下葬，是葬礼的最后和序。其中，先有掘墓破土卜吉仪式；至于送葬日辰、行列、祭品供物均有讲究。祭品包括猪、鱼、枣、栗等，按制分等；祭酒也有定制。而送葬行列更有繁简之异，富裕人家，从先导"打路鬼"、各仪仗、僧道锣鼓，直到杠抬灵柩，孝子驾灵扛幡，孝女及亲族送灵车等，甚为浩荡。

清初实行摊丁入地

康熙年间，人口增长快于耕地增长，因为流动频繁，使户丁编审十分困难。康熙五十一年（1712），清政府宣布以康熙五十年的人口（直省人丁24601334口）为准，固定丁银为3350000多万两，以后增加人丁不再加派丁银。为推行摊丁入地创造了条件。康熙五十五年（1716），广东省首先试行丁银摊入地亩征收税钱，开始了税收的新尝试。各省摊丁入地的时间相差很大，至雍正年间开始大规模推广。山西到光绪初年才最后完成。各省将丁银摊入地亩的分配办法也很不一致，有的将通省丁银摊入通省地粮，有的按各州县分别计摊。在计算方法上，有的按亩均摊，有的按田赋银数计摊，有的则按赋粮石数计摊。此外，向工匠、屯户和灶户征收匠班银、屯丁银和灶丁银也先后摊入地粮。

摊丁入地是明代一条鞭法的继续和发展，也是中国古代赋役史的一次重大改革。它将丁银并入田赋征收，实现了地丁合一，丁银成了田赋的一项附加数额，完成了古代赋役史上赋役合并即人头税归并于财产税的过程，使"地丁合一"成为封建赋税制度的最后形态。无地或少地的农民和工商业者不再负担丁银，基本上不再服徭役，使封建国家对劳动者的人身束缚相对削弱了，这是清代生产关系的重大变化。

康熙推广新稻种

水稻是我国主要粮食作物之一，又是高产作物，因此，康熙皇帝特别注重水稻栽培。他在宫内丰泽园种有实验田，以玉田谷种播水田数区，每年九月成熟收割。

一年六月下旬，水稻刚出穗，他去观察情况，突然发现一棵水稻比其他都高，而籽粒饱满，便将其收藏起来作种子。第二年试种果然又在六月成熟。经过几年的辛勤实验，康熙帝终于培养出了水稻新品种"御稻米"。这种稻米包微红而粒长，气香而味腴，生长期短，适于北方、南方，可以一年两熟。康熙五十三年（1714），康熙帝决定向大江南北推广新稻种。他把一石御稻种发给苏州织造李煦，命其推广，并试种双季连作。

新稻种在南方深受欢迎，几年以后，就传播到江苏、浙江、安徽、两淮及江西等地。康熙帝不仅在南方推广新稻种，而且也支持在北方通过实验逐步推广，结果，直隶、天津、承德种植新稻种都获得成功。

商业集团兴起

清代商业的繁荣和商人的活跃都达到了一个新的高度。商业活动和商品的流通与某些特定区域联系在一起，形成一个个以地域或经营项目区分的商业集团。

确切来说，在明末商业集团就已出现，如较著名的有徽州、山陕、福建和广东沿海以及江苏洞庭山、浙江龙游等地区的商业集团。入清以后，他仍占据着中国的商业舞台，其中徽商和西商，仍然是最大的商业集团。商人占据市场流通总额绝大部分的经营是粮食、棉花和棉布、生丝和丝织品、盐、茶这几项大宗商品，而其他商品的流通总额最高也不会超过 100 万两。如徽商经营粮食、布帛、茶叶、竹木、陶瓷、纸墨、铁器、钱庄、当铺等项目；西商则从事粮食、布帛、茶叶、皮毛、瓷器、铜铁、铁庄、当铺、票号等行当，许多省区都有他们设立的商号，他们的足迹遍及全国各地。但是，这两个商业集团中拥有

数十以至数百万资本的大商人都是盐业的经营者，他们和官府关系相当密切。由于清代仍袭明朝设立巡盐御史和盐运使司具体管理的制度，因此给实力雄厚根基牢靠的徽州和山陕的商业集团提供了钻营机会，只有他们才能花费极大钱财领到"引窝"（贩盐许可证），并从中大盈其利。后来，随着和外国商业交往的日渐密切，出现了另一个势力雄厚、与官府联系更强的商业集团——广东洋行商人集团。

康熙二十三年（1684）清政府开海禁，1685 年设立粤海关监督，称为"行商"。"夷人到粤，宜令寓居行商管束稽查"，洋人如果向当地官衙呈递禀贴也必须由行商转呈。行商负责经销洋商进口货物，替洋商购置货物，并代扣进出口税，成为中国地方政府与外商间的中介人。康熙五十九年（1720），16 家势力最大的行商订立公行行规，垄断对外贸易；乾隆二十五年（1760），潘振成等 9 家行商又呈请设立公行（又名官行），专门办理西洋货税。这就是清新兴的广东洋行商人商业集团。

除此以外，清代还有隶属于内务府的商人，他们在清兵入关前主持张家口贸易，清兵入关后直隶内务府，承办毛皮、盐业等多种业务，还经办军国急需物资，成为著名的"皇商"集团，具体由王登库、靳良玉、范永年、王大宁等 8 家主持，在清时属于"权"、"钱"一统的商业集团。

商业集团的兴起，使清商品流通总额较之明代要大得多。在鸦片战争前，粮食、棉花、棉布、丝、丝织品、茶、盐等 7 种商品在国内市场上的流通总额约为34962.6 万两。粮食主要是由开发中区域运往人口密度高、经济作物播种面积大而粮食紧缺的已开发地区，棉布和丝织品的运输则呈相反方向。盐是不可缺少的生活必须品，清产盐地区很多，盐商也极活跃，但每个盐区都有严格限定的行销区域，如

最大的盐产地两淮所产海盐供应江苏、安徽、两湖、河南、江西6省的250个州县。清代茶业除少数州县实行"茶引"（贩茶许可证）制度外，可以自由贸易，不仅国内各地运销，也出口外国，很是兴旺。

完善摊丁入地制

清雍正元年（1723），九月，清廷批准了直隶巡抚李维钧的建议，决定自明年起在全国实行摊丁入地政策。摊丁入地，又称"地丁合一"，"丁随地起"，是雍正朝开始向全国推行的一项赋役制度的改革，旨在改变丁税的征收方法，即将丁银摊入地亩一起征收。康熙朝时，实行的"滋生人丁永不加赋"政策，虽对无地和少地的农民有一定好处，但并没有解决赋役不均的问题。其时推丁入地制已在四川、广东等地有所萌芽，但由于地主的反对，这一措施未能向全国推广。现在各地巡抚的反复要求下，雍正帝终于下决心在全国实行摊丁入地的政策。具体办法是：把各省丁税原额分摊在各州县的土地上，每地税一两分摊若干丁银，自一二钱至七钱不等。这种方法使有田者增加赋役，贫者免役，改变了过去丁役不均、放富差贫的现象。

嘉庆十六年（1811）方汪氏卖地的地契

"摊丁入地"在全国实施后，立即遭到了地主阶级的强列反对，浙江、直隶、山西等地都发生了地主闹事事件。他们或聚集于官府前滋扰喧闹，或转向农民大辐度加租。但是，由于雍正帝决心已定，不可动摇，在他的坚持下，这项改革得以贯彻到底。全国范围内的摊丁入地到乾隆后期基本完成，只有山西省的某些州县到光绪时才最后解决。

推行宗族制

雍正二年（1729）二月二日，雍正帝下令刊刻《圣谕广训》，颁发全国。

《圣谕广训》第二条就表明本书是"笃宗族以昭雍睦"。他特别强调"凡属一家一姓，当念乃祖乃宗，宁厚毋薄，宁亲毋疏，长幼必以序相洽，尊卑必以分相联"。他号召宗族兴建祠堂，设立宗族学校，添置族产，纂修谱牒，并以这四件事当作维持宗族制度的要务。此书的颁发，采取了下达行政命令的方式，要求各地定期宣读。各州府县学，必备此书。凡童生的入学考试，必须会背诵其中的一条，否则不能入学。雍正四年（1726），雍正帝还下令在宗族设立宗正，负责考察族内民人的行为是否符合封建的道德标准，表彰贤者，惩治不肖者。而族正的人选，却要由政府指定，代表官方，以此加重宗祠的权力。后清政府又赋予了祠堂以惩治族人的某种司法权，这样，便通过宗族权力进一步控制了人们的思想，以维护、稳固清王朝"大一统"的统治局面。

民间木雕发达

清中期以后，竹雕衰落，木雕吸收竹雕圆雕、浮雕、透雕等多种技法，并广泛综合运用于建筑、家具、摆设、器皿等方面，开始进入兴盛时期。其中比较著名的有浙江东阳木雕、浙江黄杨木雕、福建树疤根雕、潮州金漆木雕等。

竹雕提梁卣

东阳木雕出自浙江有名的"木雕之乡"的东阳县。东阳木雕始于唐宋，主要雕刻佛像。明代木雕应用于建筑装饰，并形成自己的风格。清代东阳木雕开始用于家具装饰；清中叶以后得大量出口海外，对西方以及南洋的木雕都有一定的影响。东阳木雕多以浮雕为主，雕刻精细，且构图采用鸟瞰透视，层次清晰，主次分明，画面饱满；装饰性强。品种有欣赏品与实用品两大类，欣赏品多为屏风与壁挂，实用品多为家具装饰。内容以人物故事为主，戏剧性很强。

黄杨仕女

黄杨木雕主要产于浙江温州一带，始于清末。以采用质地坚韧、纹理细密的黄杨木面得名，其制品多以圆雕雕刻，内容多为人物。因黄杨木色黄温润，犹如象牙，年久色愈深，黄杨木雕更显得古朴美观。后出口海外，影响到东南沿海及南洋木雕。

福建树疤根雕，始于明末清初，以利用天然树疤树根雕刻而得名。自然生长的树疤树根形态诡异，雕刻艺人根据其具体形态构思，因材施艺，略加斧凿，即可化腐朽为神奇，达到"似与不似"的效果。其造型古拙质朴，耐人寻味。

潮州金漆木雕始于唐宋，兴盛于明清。多用樟木透雕，后经磨光、上漆、贴金而成。主要用于建筑装饰及挂屏等欣赏品，也用于家具及其他实用装饰。内容以人物故事为主，也有花鸟水族，祥瑞图案。构图饱满匀称，繁而不乱。整个制品玲珑剔透，金碧辉煌，很有地方特色，影响到福建、广东的金漆木雕。

清朝民间木雕发达，技艺高超，技法多样，品种与造型也是千姿百态，可谓是中国木雕的黄金时代。

博山玻璃工艺进入清廷

自元代以来，颜神镇一直是我国北方最大的玻璃生产中心。那里生产马牙石、紫石、凌子石、硝及丹铅、铜、铁等多种矿石，具备玻璃生产的天然条件。玻璃生产工艺继承前代传统，稍有发展，产品有青帘、罐、盒、果山、棋子、华灯、风铃、念珠、壶顶、簪、珥珰、葫芦、佛眼等，其中青帘尤为可贵，主要供清宫廷使用。康熙三十五年（1697），清政府在内廷设立玻璃厂，专门为皇室制造各种玻璃器皿。

雍正十二年（1735），在颜神镇设博山县。后来内务府玻璃厂开始招用博山玻璃工匠，博山玻璃工艺开始进入宫廷。乾隆时期，玻璃厂中的博山工匠仍占多数。

中国通史

最新整理图文珍藏版

清代造办处玻璃厂生产的器物多种多样，主要有炉、瓶、壶、钵、杯、碗、尊及烟壶等，颜色丰富多彩，有涅白、黄、蓝、青、紫、红等三十多种，装饰方式也有许多种，如金星料、搅胎、套料、珐琅彩等，其中"套料"装饰艺术是清代的创新，它是在白玻璃胎上粘贴各种彩色玻璃的图案坯料，然后经碾琢而成，其风格精致华美。光绪三十年（1905）清政府派遣山东督办胡廷干等在博山县东北设立玻璃公司，并聘请7名德国技师，引进欧洲平板玻璃的配方与技术进行现代的玻璃生产，清代宫廷玻璃生产再度回升。

《耕织图》中的秋收场面

直隶试行区田法

乾隆二年（1737）四月，朝廷于直隶试行区田法。雍正四年（1726），直隶巡抚李维钧在保定城内曾试行区田法。

区田法始于商代伊尹。据王祯《农书》推车记胜元区田法，以每田1亩广15步，第步5尺，计75尺；第行占地1尺5寸，计分50行；其长16步，每步5尺，计80尺；每行占地1尺5寸，计分53行。长广相乘得2650区，空1行，种1行，隔1区，种1区。留空以便浇灌，且可通风。除隔空外，可种662区。区隔1尺，用熟粪2升，与区土混和，布种匀覆，以手按实，使土与种相着。苗出时第1寸留1株，每行10株，第区10行，留百株。原任营田观察使陈时夏曾向乾隆帝进呈《区田书》，疏称：《农政全书》内，有营治区田法，于区田四面，凿井浇灌，以防干旱，对北方各省更有益。古时每亩可收66石，合今斗20石，少亦可得十三四石。乾隆二年（1737），乾隆帝命在直隶地方，选用贤官，暂租民地，试行区田法，官种官收，借给工本，秋收后还本。

中国书院极盛

雍正十一年（1733）以前的清代书院，大体还是私人办学为主。这一点，构成了元代及清代书院官学化进程之间的断层。这一时期书院的第二个显著特征，就是区域文化色彩浓厚。雍正十一年（1733）之前的清代书院，大体沿袭晚明书院讲学的习气，其分布也大体承袭晚明的格局，以江浙、关中、河南、河北一带最为鼎盛。江浙一带书院教育，多承姚江、蕺山、东林诸学余绪，而其影响范围又遍及全国。姚江后学传承余姚沈国模创办的姚江书院。史孝咸、韩当、邵曾可、邵廷采、王朝式先后主持书院局面，敦守师说，又先后与刘宗周、李塨结为师友，广益其学，致使姚江书院在顺康二朝称盛一时。江浙一带的顾高后学，以无锡东林书院为其正宗。一遵顾高旧学宗旨，讲学论道，吸引学子，使得无锡东林、道南书院成为清初继承明代东林学派传统的中心。江浙一带教育以蕺山后学势力最大，影响最广。关中一代书院，以"三李"（李颙、李因笃、李柏）最负盛名。李颙先后执教于道南书院、延陵书院，后归陕创办关中书院。

河南、河北一带书院，大体为一脉所系，不失中州古学风范。在顺、康二朝，中州一带以孙奇逢百泉书院的夏峰之学最负盛名；而河南襄城李来章、冉觐祖先后主讲的嵩阳书院，一时称为极盛。百泉、嵩阳之外，窦克勤于河南柘城东郊创建的朱阳书院，也颇具规模。上述三大书院既在相互间存在着师承关系，又与江浙、关中等地学者有着密切的学术往来。河北一带的书院教育，往往自成一体，区域文化传统的影响较为淡薄。但是，以颜李学派为首的学对书院教育给予特殊的重视，因而使河北一带的书院也在清初的书院教育领域占有特殊的地位。

除上述地区的书院之外，全国其他地方的书院也多具有鲜明的区域文化特色。诸如：江西信州（今上饶）的鹅湖书院（复建于1683年），山西洪洞范镐鼎于康熙十八年（1679）创建的希贤书院，广东潮阳的棉阳书院（建于雍正十一年）。

清代书院官学化的进程始于雍正十一年（1733）。在这一年中，雍正皇帝颁布上谕，正式命令各省省城设立书院。在朝廷的督谕下，京师设立了金台书院，各省省城书院陆续建成。直隶建莲池书院，山东建泺源书院，山西建晋阳书院，河南建大梁书院，江苏建钟山书院，江西建豫章书院，浙江建敷文书院，福建建鳌峰书院，湖北建江汉书院，湖南建岳麓书院和城南书院，陕西建关中书院，甘肃建兰山书院，四川建锦江书院，广东建端溪书院和粤秀书院，广西建秀峰书院和宣城书院，云南建五华书院，贵州建贵山书院，奉天建沈阳书院。在上述书院中，有的是新建的，有的是修复的，也有相当一部分是将原有的私人书院改造为官办书院。

由于清廷的谕准，各地兴起了创办书院的风气。除各省省城书院之外，府州县地方均先后涌现出一大批官办或民办的书院。清代书院数量从此大增，远逾前代。据不完成统计：清代新建、复兴、改造的书院，达1900余所，其中民办的仅有182所，不到10%。就各地书院增长的数额来说，以湖广、福建诸省增长幅度最大；就区域来说，以珠江流域增长幅度最大，其次分别为长江流域和黄河流域。

书院官办化之后就是学风的重大改变；乾嘉学派的学风入主各地书院，书院教育重视实学，以汉魏学术为中心。在这种学风下，书院的功能也有所扩大，不仅仅限于一般的知识传授和诵读课程，而是逐步具备集教学、研究与校勘、著述及印制图书多种功能于一体。

中国传统民居形制丰富

清代，各民族之间交往和融合逐渐加快，社会经济日益繁荣，在全国范围内逐渐形成了具有浓郁地方特色的民居建筑形制，基本可分七大类，即庭院式民居、干栏式民居、窑洞式民居、藏族民居、维吾尔族民居、毡房和帐房及其他民居。

庭院式民居是中国民居的主要形式，广泛应用于汉族、白族、满族、回族、纳西族地区，它是以三间一幢为基本单位，组成各式各样的生活院落。一般地又可分为三类：厅井式、组群式和合院式。厅井式居民主要流行于长江流域及以南地区，特别是江浙、两湖和闽粤地区，代表性的民居有苏州民居，它是由数进院子组成的中轴对称式的狭长民居，在中轴线，门厅、轿厅、过厅、大厅、女厅依次排列，但没有厢房，前后房屋的联系取决于两侧山墙外附设的廊屋。厅井式民居的其他代表还有徽州民居、湘西民居、潮汕民居、粤中民居、川中民居、东阳民居等等。组群式民居多应用于广东潮汕地区及闽西、粤东、赣南等客家人居住地区。它将很大一批院落聚集在一起，构成雄浑庞大的院落聚集体，带有很古老的封建传统。代表性的有广东梅县一带客家人居住的"三堂两横加围屋"式，即中部是三进厅堂，两侧为纵向房屋，称为横屋，在横屋北端有一圈半圆形的围屋，形成一个全封闭的家族式住宅。福建永定、龙岩、南靖等地区的客家人的圆形或方形的大土地楼是组群式居民的另一代表作，如永定的承启楼。合院式民居则是庭院式民居中另一个典型的形制，是中国北方地区民居的通用形式，盛行于东北、华北和西北地区，各幢房屋之间是分离的，通过走廊进行联系，住房之间包围有很大的院落，供人们自由活动，各幢住房的外部均包以原墙，门窗则全部朝向内院，合院式民居中最典型的当属北京四合院。

安徽黟县西递村民居

干栏式民居主要应用于气候炎热、潮湿多雨的西南亚热带地区，包括广西、贵州、云南、海南及台湾地区。由于这种民居下部架空，因此具有防潮、通风、防兽的优点。干栏式民居的代表作有壮族民居、傣族民居、侗族民居等。壮族干栏又称"麻栏"，下部架空处围以栅栏以作畜圈或杂用，上部一般是五开间，中间是堂屋，为日常起居、家庭聚会之所在，堂屋正中有火塘，用以取暖，堂屋两侧则为卧房。

窑洞民居即在黄土地断崖地区横向挖掘洞穴以作居室，是一种很古老的居住方式，盛行于少雨的北方黄土地带。按构筑方式的不同，窑洞又可分为靠崖窑、平地窑和锢窑。靠崖窑即利用天然断崖挖出的券顶式横穴；平地窑即在平地上向下挖深坑，再在坑底横向挖出窑洞，流行于河南巩县、山西平陆一带；锢窑即在平地上按发券方式建造窑洞，再在券顶上敷土做成平顶房，流行于山西西部及陕西北部一带。

吉林朝鲜族民居

藏族民居又称碉房，多为三层建筑，底层杂用或用作畜圈，二层为居室，三层为佛堂。毡房又称蒙古包，它以木条做成轻骨架，再在外边覆以毛毡，广泛运用于内蒙古、新疆、甘肃、青海的游牧民族地区。维吾尔维民居则是一种土墙、土平顶、

河南巩县下沉式窑洞民居

居室分为冬室的民居形制，广泛应用于新疆喀什一带。除以上所介绍的六种民居外，清代流行的民居还包括东北大小兴安岭林区、吉林敦化、云南宁蒗地区、西藏墨脱门巴族地区的井干式民居，延边自治州朝鲜族民居，台湾高山族民居等等。

清代各地民居的发展与盛行，对中国近现代的民居形制有很大的影响力。

啯噜子盛行

乾隆初年，湖广、江西、陕西、广东、福建等地流民大量涌入四川，就地觅食。开始时，还和当地人一样垦田种地，后来流民越来越多，一部分流民便找与外省或州县交界处，私自垦种。在受到地方政府的禁止后，他们便组织起来，交结本省"不肖奸棍"，身佩凶刀，横行乡镇，强乞强买，被当地人称为"啯噜子"。

啯噜子选出其中的强悍者作为组织的渠师。同时，又交相联络，相互应援，出没各有记认，党羽日多。捕役乡保，如查拿追捕，必遭惨毒。啯噜子公然成为当地一大害。乾隆八年（1743），十月，四川巡抚纪山张贴告示：如将著名啯噜子渠首拿获归案，立刻枷杖立毙。其它啯噜子，如系外来流棍，递回原籍；如系本省奸民，责令乡保管束，朔望点名稽查。乡保地保齐心协拿者，加以重赏；坐视放纵者，示以严惩。同时纪山还提出：查湖广等省外来人，都是因误听四川地广人稀之说，群思赴川垦田，岂知四川早已无荒可辟。要求以后除有亲族可依，来四川帮工为生的人之外，其它人一概不能随意入川垦田，以免滋事生非。然而，由于流民众多，啯噜子还是愈来愈多。

多熟制普及

18世纪中叶以后，我国北方除一年一熟的地区外，山东、河北、陕西的关中地区已经较普遍地实行了三年四熟或二年三熟制，而以三年四熟制为主。这种农作制经过逐步完善，到19世纪前朝已基本定型，并一直沿袭到20世纪50年代初。

康熙、乾隆时期，清政府曾大力提倡在珠江流域推行三熟制和在长江流域推广双季稻。当时广州地区通行双季连作稻，推行的是稻稻麦和稻稻菜的三熟制。康熙和乾隆帝都曾命人在南方江、浙、湖南推广过"御稻"和"双季稻"。他们虽没有达到在这些地方普遍推广双季稻的目的，但是却推动了多种形式两熟种植制的发展。

唐朝时期，在江、浙一带，"浙江东、春三月种稻，夏门月获，秋七月种菽，九月获"，即稻豆两熟。"浙以西，冬十二月种麦，夏四月获；五月种稻，秋九月获"，即稻麦两熟制。沿海种棉较多地区则实行稻棉两熟制。湖南省在湘东和湘北推行双季稻，在湘西和湘南则推行稻荞（麦）、稻麦、稻菜、稻豆等多种形式的两熟制。江西和四川省的情况也类似湖南省。台湾的双季稻以至三季稻也是清代发展起来的，在双季稻的基础上再加上冬种小麦，便成了我国南方麦稻稻的三熟制，但这种三熟制并不普遍，直到清代中期种麦的人仍然不多，以至地方官常常要提倡种麦。乾隆七年（1742）广东河源知县陈张翼履任，劝民多种二麦，推广了三年，终于"人情踊跃，虽云两造，实则三收"。清代中期，广东惠州府还推行了"稻稻麦"或"稻稻油菜"的一年三熟制。

禁止种烟

清初，烟草的栽培只在福建一省，康熙时，已遍布全国。因种烟收益大，福建一省，烟草种植，占耕地的十分之六、七；广西农民，十家有五家从事种烟；陕西沃田肥土，尽种烟叶。鉴于这种情况，江西巡抚陈宏谋以种烟耗农而妨地利，奏请乾皇帝从甲子年开始，令地方官通告禁止。

乾隆八年（1743）六月，大学士等会议认为：民间种烟，废可耕之地，营无益以妨农工，积习相沿，日以滋甚。如直隶、山东、江西、湖广、福建等省，种植尤多，种谷之地日益减少。遂请除城内隙地和城外近城畸零菜圃地外，野外阡陌相连大片田地，一概不许种烟。乾隆皇帝准旨按照大学士所议，在全国实行。

清廷赈救黄淮灾区

乾隆七年（1742）夏天，江苏、安徽、湖南、湖北、贵州、江西、浙江、山东等省均遭水灾。尤以江苏、安徽两省为重。两省估计灾民有数百万之多。

清政府闻报，立即指示江苏、安徽两省督抚，不拘常例，竭力拯救；水退之后，要倍加抚绥，毋致失所。乾隆帝降旨免除灾区本年额赋。又派熟悉水务的直隶总督高斌和刑部侍郎周学健为钦差大臣，前往南方办理赈济与水利诸事。乾隆帝还多次下谕，督令大学士、江南督抚、漕督、河督等调拨银粮，赈济灾民。八月发库银250万两，散救灾区。九月一日，又命江南、徐、淮等地所存仓谷共54万石，平粜赈灾。又借浙江仓粮10万石，截留山东漕米10万石运到江南备用。九月十六日，清

廷又陆续发下江藩、粮、盐三库存银94万两、米谷110余万石，上江库银80余万两、米谷120万石，今年盐课存银130万两。再从邻省拨银100万两，分贮江苏、安徽藩库，以便赈恤到明年麦收之前。

乾隆七年黄淮大水，由于政府采取了有效措施，避免了大的社会动荡。

永定河开渠筑坝

乾隆八年（1743）十一月，清政府依据直隶总督高斌的请求，由政府组织，在永定河上游开渠筑坝。

永定河又名桑干河或无定河。康熙年间，经于成龙等人治理，康熙帝赐名永定河。

乾隆六年（1741），山西大同、西宁两县居民愿意自筹资金在永定河上游开渠灌溉。署督史贻直派人查勘，发现事属可行，并上报直隶总督高斌，高斌再上奏清廷。高斌认为，兴修水利，不但有利于民田灌溉，而且可以减泄永定河水势，减少水灾。请于桑干河南北两岸，各开渠一道，所需工料银两，政府先行支付，待营田成熟后，按亩均摊还款。大学士鄂尔泰等人也认为：开渠既有益民生，就应如高斌所请，只是永定水势汹涌，若在下流层层栏筑，大水之年，上游则没坝可阴，还应详慎办理。高斌又复上奏：永定河上游桑干河自和合堡以下170里，皆两山相夹，桑干河和洋河等水在此段相汇，水势高大，可以在此建一玲珑石坝，以遏水势，遇讯涨时，水必漫坝而过，水势锐缓，这样就解决了开渠灌溉所带来的问题。

永定河通过开渠筑坝，既方便了上游两岸人民的农田灌溉，又减小了下游的水灾，直到同治年间，半个世纪里，永定河没有泛滥成灾过。

商业市镇兴盛

清初，由于人口压力和市场经济利润的诱惑，明代中期以后江南农业经营方式朝着商品化方向转变，农民越来越深地投身到市场经济体系之中。商业市镇就是伴随着商品性农业经营的发展，在集市的基础上，进入快速发展的时期，并且兴盛一时。

商业市镇往往出现在交通干线附近或商业性农业发达的地区，在很大程度上摆脱了以往集市的区域受自然经济的局限，对自然经济起着瓦解作用，在商业和金融技术方面发生突破性进展。清代商业市镇最兴盛的地带当属江浙，构成这里商品经济发达的重要因素是棉花种植和棉纺织业发达。江苏松江府及太仓州所属各县是清代重要的棉花产地，各县棉花的播种面积占总耕地面积60%以上，收获的棉花主要作为棉纺业的原料。与此相应，当时的重要棉市也都分布在这一地区，棉市的兴衰决定了市镇本身的繁盛与否。清代民间手工业的兴盛为市镇的繁荣提供了丰富的商品，在客观上刺激了市镇的发展。市镇进行的各种交易中，批发大于零售，有利于商业金融技术的改进，使商业市镇呈现出"都市化"倾向，是真正意义上的全国市场的一部分。

江南地区在清代，是城市最为密集的地带，一般都是有名的商业性市镇，它们构成一个严密的区域城市网，使这一地区成为一个有机的经济整体，有力地促进了经济领域的"传统内变迁"的进程。同时，市镇总数和市镇居民人数的增长证明了江南市镇的兴旺发达。根据方志资料的记载，16世纪（明朝后期）以后，江南的商业化市镇就已进入稳步发展时期，到清乾隆时代，市镇的数量已比明末增长两倍以上，而且许多市镇是在清初由乡村聚落快速发展成为地方贸易中心，并且成为拥有数千以至上万户人口的大市镇。据乾隆《吴江县志》估算，市镇户数占全县户数达35%，就江苏、浙江的平均水平而言，市镇人口所占比例也在10%至15%以上。

作为政治性城市的经济机能的加强，是与商业性市镇崛起相一致的。各个地区都有一个地区性的政治中心，如华北的北京、西北的西安、长江上、中、下游分别为重庆、武汉、上海，东南沿海为福州，岭南为广州，这些都会在清前就已存在，入清后继续发挥作用，只是加强了浓烈的商业色彩，在全国市场网中发挥着极大作用。而其中的上海、汉口、重庆和广州，由于地处交通枢纽，随着贸易的开展急剧膨胀起来，它们的商业性远远地超过了其政治职能，纯粹依靠经济条件而存在发展，其实是大规模的商业市镇，在传统中国的经济结构中具有特别重要的意义。

清《盛世滋生图》卷描绘的丝绸之府——苏州怀胥桥商市的繁忙景象

清初大移民

当满清统治者入主中原，是"一望极目，田地荒凉；四顾郊原，社灶烟冷"

的苍凉景象，这促使他们采取休养生息政策，减免各地田赋，并进行大规模的垦荒浪潮。这一系列行之有效的措施，不单使大片土地重新得到开发，也垦辟出大量荒地，耕地面积不断扩大。而荒地的开垦总是伴随着人口由密集地区向土地丰富地区的迁移。因此，随着清初的发展农业政策的推行，出现了大移民运动。

清初的移民运动主要是大量人口从已开发区域向开发中区域的迁移。所谓已开发区域，是指农业资源已充分开发、人地比例甚高、手工业比较发达的地区，包括东部的直隶、河南、山东、山西、江苏、浙江、安徽、江西、福建和广东10个省份。人口比例较低、自然资源正在逐渐开发的地区为开发中区域，包括东北、陕西、甘肃、湖北、湖南、广西、四川、云南、贵州和台湾。因而，清初最大的移民浪潮出现在由东南到两湖再到四川一线。向汉水流域的移民也有一定的规模，这一地带大抵包括湖北北部、河南西南部、陕西南部和甘肃的东南角。这一时期，华北的农民已开始向东北移徙，东南沿海居民也有一些冲破森严的海禁到台湾等地去谋生，不过规模都很小。

在明清交替的战祸中，四川社会经济遭受了最严重破坏，出现"民无遗类，地尽抛荒"的情形。清初，政府便鼓励倡导外省无地农民到四川垦荒，于是湖广农民掀起入川浪潮，其他邻近省份也纷纷响应。从顺治十八年（1661）到嘉庆十七年（1812），四川人口和田地分别增长了133073%和3816%。同样，移民对其他开发中区域如东北、两湖、陕西、甘肃、广西、云南、贵州等地的经济突飞猛进的发展，所起的作用亦是巨大的。

国家宗教体制形成

清入关建国以来，为了国家的长治久安，他们仍必须依赖包括传统的郊社宗庙祭典在内的中原传统礼乐典制，因此，顺治修礼书参酌往制，康熙时有《日讲礼记解义》，乾隆御定《三礼义疏》，是为清朝制礼作乐的理论依据。《大清会典》、《皇朝三通》规定了皇朝各种制度，《大清通礼》、《皇朝礼器图式》、《满洲祭神祭天典礼》是确定礼典的专书，完善了国家宗教祀典的各种规纪。其宗教政策也大体上沿习明朝，并且使国家宗教体制进一步完备，如极力推崇孔子和儒学，大力提倡尊孔读经，尤重祭孔，继续以程朱理学为官方哲学；同时崇信佛教和道教，而以佛教为重，承认伊斯兰教合法存在，允许天主教士在不违背中国礼仪传统前提下一定程度的合法活动，继续禁止白莲教等各种民间宗教等。

凡是国家宗教祭祀，都属于太常、光禄、鸿胪三寺，而综合于礼部统一管理，只有堂子祭天与内廷祭礼则归内务府司管。清初定制，祭礼分三等：大祀、中祀、群祀。一年之中有大祀13次，中祀12次，群祀53次。一般来说，大祀中的天地、宗庙、社稷由天子亲祭，其余的或亲祭或遣官祭之。凡到登基大典、上尊号、徽号、

天坛圜丘，明清两朝皇帝祭天的地方

祈年殿，清帝祈祷五谷丰登的主要地方

郊祀、万寿节、册立皇太子以及征讨、凯旋、谒陵、巡狩等，都要祭告天地、太庙、社稷或祗告奉先殿。

祭坛包括圜丘坛、祈年殿（原大享殿）、方泽坛、斋宫、社稷坛、太庙、朝日坛、夕月坛、先农坛和先蚕坛等，座落方位，建筑材料等各有讲究。祭设各有定制，仪注多沿用古礼而稍有增减。

社稷坛，清帝祭祀五土之神和五谷之神之处

朝廷一方面靠理学名臣加强对国人的思想钳制，另一方面则加强祭孔的活动，进一步神化孔子，给孔门披上更浓厚的宗教色彩，将其纳入国家宗教的范畴。尊孔、祭礼活动愈演愈烈。顺治时，以京师国子监为大学，立文庙，定称孔子为大成至圣文宣先师，春秋上丁遣大学士行祭，先贤先儒配飨。以后历代皇帝将祭孔礼仪规定得更为繁复。所有这些都是为了其统治的需要，即以礼乐治国，图长治久安。

所以，清前朝的国家宗教体制虽增加了许多的新的内容，但在理论上仍承袭前代，并无多大创新。

民间手工业勃兴

清代以来，统治者明确宣布废除元代以来的匠户制度，除豁各直省匠籍，免征京班匠价。这样，官府手工工场所需工人就必须由各地方官征募自愿充役者来充当。由于劳力的不足，清官府手工业渐渐没落，代之而起的是民间手工业的勃兴。民间手工艺在规模和经营形态上都取得了迅速的发展。

清嘉庆道光年间四川成都制造的蜀锦机

棉纺织业是中国总体规模最大的手工业，随着民间手工业兴盛，在某些地区——以苏州、松江为典型，棉纺织业已发展为商品性生产，但是仍未实现纺和织的分离，故清代棉纺织业未能摆脱传统耕织结合模式中的副业地位，产品大多自用或仅成为地方性市场上的交换品，与丝织业相比，它更具"民间"的性质。

传统的丝织中心苏州、杭州等地到康熙时期已经恢复了明代后期所呈现出的繁荣景象，雍正、乾隆时期更是盛况空前，在此基础上，建立了机工的机户的比较固定的雇佣关系，同时，也存在着大量的临时待雇机工。除苏、杭两地外，广东广州和佛山两地的丝织业也迅速崛起，丝织规模发展甚快，所产丝绸，"金陵、苏、杭皆不及"（乾隆《广州府志》）。清代丝织业的发达，使之有由乡镇向大城市集中的趋势，并伴随着商业资本的发达，商人支配生产的事例也屡见于记载，许多资本雄厚的商人都自设织机雇工经营丝纺织业。

另外，在采矿、冶铸和井盐工业中也出现了规模较大的工场手工业。清朝前期曾有"矿禁"规定，但并未真正取消民营矿冶业。到乾隆时期，禁令全部取消，政府还鼓励提倡民间商人开矿。于是矿业大发展，在陕南、佛山、云南等地出现了规模较大的经营方式。另一项生活必需品盐的生产规模随着人口激增而日益扩大。在18世纪中，全国产盐总量为20亿斤以上，与之相伴随的是盐场规模不断扩大，而盐场所需劳动力大多由雇佣而来。

清民间手工业的兴盛体现于各行各业。民间手工业的勃兴，蕴育着资本主义生产方式的萌芽，在文化史上具有深远的意义。

"花儿"在西北流行

"花儿"在明代已经兴起。清代初年，这种山歌已相当流行。"花儿"的传唱范围在西北地区的贺兰山以南、六盘山以西、岷县以北、日月山以东这一跨越宁夏、甘肃、南海三省、区的宽阔地带及新疆的昌吉回族自治州，是这一地区回、土、撒拉、东乡、以及藏、裕固等民族人民喜爱的一种山歌。在青海又称"少年"，其中的词则称"花儿"，演唱称"漫少年"。

"花儿"种类繁多，根据地理分布、传唱方式及文学、音乐特征等区分，分为两大系统，即洮岷花儿、河湟花儿。洮岷花儿流行于甘肃的洮河流域；河湟花儿流行于黄河湟水流域。洮泯花儿有深厚的叙述性；河湟花儿则有强烈的抒情性。"花儿"的曲调多以"令"称之。而在令之前，或冠以地名，如《河州令》、《门源令》；或冠以族名，如《土族令》、《撒拉令》；或冠以花名，如《白牡丹令》、《金盏花儿令》等等。每一令旋律大体相同，实际演唱时可以即兴发挥。"花儿"即兴编词，在山野之地独唱成互唱，不在室内或村内唱，故又称为"野曲"。其旋律高亢、奔放、粗犷、刚健，有鲜明的地域性和民族性。辈分不同或有血缘关系者，不能互相对歌。"花儿"的传唱有平日和"花儿会"之分。平日多在劳动场合中漫唱；"花儿会"则是规模盛大的音乐习俗；会期多集中在农历四、五、六月间，以六月初最盛；会场多选择风景秀丽或名山古刹座落的地方；会期一、二天或三、四天不等。最著名的"花儿会"有：甘肃康乐莲花山（农历六月二～六日）、岷县二郎山（农历五月十四～十九日）、政松鸣岩（农历四月二十七～二十九日）、青海民和峡门（农历五月五日）、互助五峰山（农历六月六日）、乐都曲坛寺（农历六月十四～十五日）等。

两湖平原大建垸田

垸田，又称"院田"，也有称为"垣田"的。垸堤的功用是御水，由于它的出现才使过去无法耕垦的土地免于洪灾而得以利用。不过，垸田生产要做到旱涝保收，高产稳产，还需要解决排灌和排蓄的矛盾。所以，开挖排灌渠系，兴建引排涵闸和保留蓄涝湖泊，也是必不可少的水利工程措施。

垸田是长江中游两湖平原水乡沼泽地区广泛分布的高产水利田。洞庭湖的垦殖活动历史很早，筑堤围垦，与水争地则始于宋代；明代垸田迅速发展，清代堤垸更是大量增加，清末垸田面积已近 500 万亩。当时人认为它是"化弃地为膏沃，用力少而获利多"（光绪《湖南通志》卷 46）。

江汉平原的自然地理条件是垸田发展的基础，它是典型的泛滥平原，绝大部分地区的地面高程均在江、湖、河的洪枯水位之间，汛期里则常低于河湖水位。于是，兴建堤防就成为开展垸田生产的前提和必须采取的重要农田水利工程措施，前人往往也把垸堤作为垸田的主要标志。

江汉平原垸田的大部分排灌渠道是利用垸内自然河汊，加以疏浚而成，少部分为人工开凿。大垸大多修建了主干与分枝两级渠系，排灌系统较为完善。进水排水涵闸沟通了垸内渠系与垸外水系的联系，一座垸田建闸的多少，视垸田的面积和其自然条件（包括地形、外河水文情况）而定。汛期，当垸外河湖水位高于垸内田面时，则闭闸防止洪水倒灌；待垸外河湖水位下降，低于垸内河渠水位时，就启闸自流排涝。如遇天旱缺水及其他需水的情况，因垸外水资源充沛，又可借外高内低的有利条件，开闸引水自流灌溉。

玻璃工艺繁荣

我国的玻璃工业生产在清代中叶十分繁荣，玻璃生产的产地分布很广，主要有清宫内廷玻璃厂、山东博山县、广州和苏州等地，不但玻璃产量和品种有较大的发展，而且在工艺制作上也达到了较高的水平。

关于清代玻璃的产量，可以内廷玻璃厂为例作一说明。嘉庆年间，内廷玻璃厂规模虽已不如乾隆时期，但在嘉庆初期，每年年节都要贡进玻璃盘碗盅碟 181 件，玻璃鼻烟壶 120 件；嘉庆后期改定年节贡进盘碗盅碟 100 件，鼻烟壶 60 件；还不

白地套蓝玻璃朝冠耳炉

包括其他的玻璃制品，如典章用品、室内陈设、文房用具、装饰品等。至于玻璃制品的种类也很多。据造办处活计档的记载，内廷玻璃厂制品有玻璃杯、盅、杯、镜、念珠缸、笔洗、瓶、如意等等，如果加上颜色与装饰的变化，种类就更多得不胜枚举了。

清代玻璃工艺制作水平很高，生产玻璃的用料种类、各种玻璃的不同配方以及熔炼成型加工技术都比前代有所提高和改进。

黄玻璃碗

黄地套绿玻璃瓜形盒

玻璃烧制的用料有所增加。据清内廷造办处活计清档的记载，乾隆十七年（1752）十一月至次年三月烧造玻璃灯、玻璃缸等22件玻璃器时，所用原料就有马牙石、盆硝、硼砂、砒霜、紫石、顶园紫、定粉、赭石、青紫、轿顶锡、开平土、红铜末、金叶等。另外博山玻璃用料种类也十分丰富。

清代各玻璃厂对各种玻璃烧制的用料配方积累了许多经验，并已能根据不同的用料配方生产出不同颜色的器物。如生产无色透明的水品玻璃配方是"白五之，紫一之，凌子倍紫"，蓝玻璃配方为"白三之，紫一之，去其凌，进其铜，去其铁"。据专家统计，清代玻璃器的颜色多达20多种。

玻璃成型加工技术在清代有两种，一种是普遍的成型加工，另一种是特殊加工。普通成型加工又分两种，实心玻璃器成型方式与空心玻璃器不同，后者用吹制法，吹力大小缓急都有讲究，"吹圆球者，抗之；吹胆瓶者，坠之。一俯一仰，满气为圆，微气为长……"实心玻璃器成型方式因造型不同而各有规矩，"围棋滴之，风铃范之，料方亦如之。条珠缠之，细珠写之，大珠缠之戛之。簪珥惟错……"特殊加工目的是提高玻璃器的艺术价值和审美功能，其技术大多吸收陶瓷、漆器、玉石、铜器

等的加工工艺，如纹丝、金星料、点彩、夹金、夹彩、套料、雕刻、描影、泥金、珐琅彩等。

维吾尔族清真寺兴盛

清初，当回族清真寺形成独特构筑艺术风格之际，维吾尔族清真寺也十分兴盛，形成了与回族清真寺有较大差异的构筑体系。

维吾尔族清真寺内一般都有较大的庭院，院内广场上的主景建筑为高大的穹窿顶拱门及邦克楼，华丽而醒目，庭院的入口一般就设在这里。

维吾尔族清真寺装饰一般简洁、明快、开敞，较少神秘感，礼拜殿内柱梁构架完全坦露，排列规整却平面简单，柱身一般用绿、赭、蓝等色装饰，天棚为白色，墙壁多为乳黄色或灰色。圣龛、藻井、花窗、柱头等部位装饰相对华丽。图案多为几何纹样的小木条组成，有斗方、卍字、套环、套八方等。这种藻井装饰为维吾尔族所特有。维吾尔族清真寺的柱身装饰随着时代的不同而不断发生变化，早期寺院柱子雕饰较少，柱头无雕刻，晚期则明显可分出柱头、柱身、柱裙之部分，柱头用放射状的小尖拱龛点缀，形同盛开的花朵，柱身、柱裙也富于装饰，并列、对称、交错、循环等构图方式被广泛运用，使图案变化无穷。

维吾尔族清真寺最杰出的构筑就是型砖拼花技术，高达40余米，吐鲁番额敏塔的塔身拼砖图案，纹饰富于变化，且随塔身直径的收缩率而调整型砖尺寸及砌筑灰缝，仍保持图案构图的完整。

清家具风格开始形成

清代内务府造办处设有木作坊，专门

紫檀蝠磬纹大罗汉床

按皇帝的要求制作各种家具。清初宫廷使用家具多仿明代式样，但又出现了新的作法、新的造型和新的装饰。据史籍记载，康熙年间供奉内廷的刘伴阮（名源）是一位多才多艺的艺术家，他曾创制过的新型木器。李渔也是这样，他既是戏曲家，又精于园艺设计与室内装饰，在《笠翁偶集》中他主张桌子要多安抽屉，立柜要多加阁板和抽屉。他的主张影响了清中时流行的家具式样。还有一位家具设计大师大汕，他是广州长寿寺的主持，常常以花梨、紫檀、点铜、佳石制作造型别致的椅、桌、屏、柜、盘等器物，送给当地官员，无不受到赞赏。他的家具制作对后来的广式家具很有影响。此外，在雍正年间供奉内廷造办处的海望、年希尧等也是家具设计师，对家具造型的创新作过一定贡献。

到乾隆时期，内务府造办处聚集很多来自各地的木匠，主要有广东与苏州两大流派。在他们的直接作用下，清代家具开

紫檀嵌桦木扶手椅

始出现新的式样和新的装饰风格。乾隆时的清宫家具大多用料精良，造型新颖，制作精细，综合运用多种工艺手法，除彩画、雕刻外，还广泛吸收漆艺装饰手法，甚至还镶嵌珐琅、瓷片、玉石、螺钿等，装饰富丽堂皇，反映了清代宫廷的艺术趣味。

嘉庆、道光以后，宫廷家具工艺水平逐渐下降。到清末，民间家具开始兴起，出现了"京做"、"苏做"、"广做"等三种地方特色深厚的家具体系。"京做"产于北京，直接继承清宫廷家具，但不及宫廷家具精细豪华。"苏做"产于苏州，固守

剔红百宝嵌屏风宝座

紫檀祿云龙纹绕丝宝座

中国通史

最新整理图文珍藏版

明代家具传统，风格有所变化。"广做"产于广州，受西方影响，品种增多，系列成套，雕刻繁缛，打磨光滑，刷漆明亮，仍保持着中国传统风格。清末广式家具大量出口海外，对西方家具有很大影响。

秧歌·高跷流行于北方

清中期，近代民间秧歌、高跷等已基本形成，广泛流行于中国北方。

"秧歌"，原指农民插秧及耕耘劳动中所唱的歌。但作为清代十分盛行于广大汉族地区的这种载歌载舞的民间表演艺术形式，其源头当是十分深远的。

"秧歌"在农村、城镇都有流传，多以舞队形式出现于大街小巷和广场（或麦场）。几十人甚至成百人的秧歌队，在锣、鼓、钹、唢呐等乐器伴奏下挥臂作舞。每当闹起秧歌，欢声鼎沸，万人空巷，热闹非凡。

"秧歌"从清初开始广泛流传，尤其北方各省更为盛行，且在长期实践中形成了不同地区形式风格的某些差异，如"陕北秧歌"的矫健豪放；"山东秧歌"的韧中带劲；"东北秧歌"的红火欢腾；"河北秧歌"的健朗风趣……又因舞时所使用道具的不同，产生了许多变种，如"地秧歌"，"高跷秧歌"、"鼓子秧歌"等。一直盛行于当今，成为中国人民最喜闻乐见的民间舞蹈形式之一。

"高跷"，原为古代的一种踏跷技艺。

"高跷"与"秧歌"的结合，是在表演实践中逐渐形成的，为使众多的围观者都能一饱眼福，起初出现了扛人于肩的表演。而踩上高跷表演时，犹如为自身装上了活动舞台，走到哪里，演到哪里，总是比观众高出一截，既便于人们观赏，又能灵活自如地施展舞者技艺，遂成为一种固定的表演形式。北京的高跷秧歌，约出现于乾隆三十二年（1767）左右。

承德外八庙建成

清康熙五十二年（1713），各蒙古王公为庆祝康熙帝60大寿请旨在中国河北省承德武烈河东岸平地上建溥仁寺、溥善寺。溥仁寺（俗称前寺）供观瞻，溥善寺（俗称后寺）供喇嘛习经。乾隆二十至二十三

承德普乐寺

德普陀宗乘之庙，金瓦顶，万法归一

承德须弥福寿之庙鸟瞰

承德普宁寺大乘之阁

年（1755～1758），为纪念平定厄鲁特蒙古准噶尔部族首领噶尔丹煽动的武装叛乱而建造了普宁寺。普宁寺分前后两部分，前部为一般汉族寺庙形式，后部是以大乘阁为首的一组建筑群。大乘阁内供奉千手千眼观音立像，高20多米，是中国现存最大的木雕像。乾隆二十五年，在普宁寺的东南方建普佑寺，安置喇嘛学习经文。乾隆二十九年，达什达瓦部迁承德定居，为满足他们的宗教要求，在武烈河东岸高地上，模仿位于伊犁河畔的固尔扎庙建安远庙，俗称伊犁庙。此庙有三层墙廊围绕，中为普渡殿。乾隆三十一年为庆祝土尔扈特、左右哈萨克、布鲁特等族回归清朝建普乐寺。寺后部是一座"阇城"（坛城），下为两层石台，台上建旭光阁。乾隆三十二年，为庆祝乾隆皇帝60寿辰和其生母80大寿，也为庆祝蒙占土尔扈特部历尽艰辛返回祖国而在行宫北部山麓，仿拉萨布

达拉宫建普陀宗乘之庙，俗称"小布达拉宫"。西藏达赖喇嘛到热河觐见皇帝时多居此处。乾隆三十七年，在普陀宗乘之庙以西建广安寺，又名戒坛，是为蒙古王公受戒和说法的寺庙。乾隆三十九年（1774），在广安寺以东仿造山西五台山同名寺院及北京香山宝相寺建殊像寺。同年又仿浙江海宁安国寺建罗汉堂，内有500罗汉木雕像。乾隆四十五年，为庆祝乾隆皇帝70岁生日，西藏六世班禅前来诵经祝贺。为了接待班禅，在避暑山庄以北山麓最东端建须弥福寿之庙。同年，特准诺门汗活佛在普宁寺以东自建广缘寺。这12座庙寺沿避暑山庄东、北两面山麓均匀布局，与山庄内的湖山亭阁及四周的奇峰怪石，共同组成了一幅色调绚丽的环境艺术长卷。又因其分属8座驻有喇嘛的寺庙管辖，故通称"外八庙"。

　　外八庙绝大多数是清王朝在解决边疆问题过程中，为来热河行宫朝见皇帝的蒙藏王公贵族而建造的，是一批政治性很强的纪念性建筑。因此，它的建造大都仿自西藏、新疆兄弟民族著名寺院。其特点不仅应用了琉璃瓦顶、方亭、牌楼、彩画等汉族建筑传统手法，同时也应用了红、白高台、群楼、梯形窗、喇嘛塔、镏金铜瓦等藏族、蒙古族的建筑手法，建筑形式别具一格。

　　承德外八庙，作为清代喇嘛教的中心之一，其建筑雄伟，规模宏大，反映出清代前期我国建筑技术和建筑艺术的卓越成就。

回族清真寺风格形成

　　在清代，伊斯兰教已发展成为一个信徒广泛的宗教，信徒达10万人以上，宗教色彩已渗透到伊斯兰教民族社会生活的一

承德普宁寺日光殿及白台

切领域，其建筑艺术也因此形成了鲜明的宗教和艺术特色，在这方面，作为宗教活动主要场所的清真寺则更具代表性。回族清真寺风格就是在此时最终形成的。

与所有伊斯兰教清真寺一样，回族清真寺的礼拜寺都面东背西，以使教民面对圣城麦加朝拜。由于各种原因，为了达到这一目的，不得不采用比较复杂的平面布局，使建筑布局艺术呈现多样化，如北京牛街清真寺、太原大南门清真寺等。由于聚居一地的教民都必须集中礼拜，因而礼拜寺面积一般较大，这就对屋顶的构筑提出了特殊的要求，同时，随着人口的增加，礼拜寺不得不不断扩建，因而回族清真寺的主体建筑往往面积大且富于变化，组合式坡屋顶被广泛采用，多者达五座屋顶勾联相接，如山东济宁西大寺的屋顶从前到后依次采用卷棚顶、单檐庑殿顶、重檐歇山顶，高台基有周围廊的重檐歇山顶等五种屋顶，层次清楚，气势联贯。

装饰华美是回族清真寺风格的另一个主要方面。图案以几何纹、植物纹和文字为主，无动物纹样。由于不设偶像，所以室内少了龛柜幡帐等装饰品，平面化装饰较多，因而更注重繁简对比变化，使构图均衡协调，形成了清新明快、富有生活气息的特色，无佛道建筑装饰中表现神秘怪诞的气氛。

回族清真寺最值得重视的风格则是完美地融合各民族建筑风格的特色。这种建筑物吸收汉民族建筑传统，采用院落式布局原则，有明确的轴线对称关系，大量应用中国特色的小品建筑如牌楼、影壁、砖门楼、屋宇式门房等，将主殿衬托得更加宏大，甚至其特色建筑——邦克楼，也被做成亭阁式样，中国特色十分明显，使这些东渐的宗教建筑富有浓郁的东方情调。中国传统的砖雕、木刻也在回族清真寺建筑中被广泛使用。

总之，回族清真寺建筑在中国民族艺术手法的统摄之下，将强烈的装饰性、浓郁的生活气息、大体量殿堂与高细的邦克楼相对比产生的特有的建筑轮廓完美地熔于一炉，构成具有伊斯兰教特色的宗教建筑，广泛地分布于中国各地。

说唱艺术极盛

清代前期，由于社会安定，经济繁荣，逐渐形成说唱艺术的极盛期。

这一时期，说唱艺术品种繁多，技艺精湛。它的题材无所不包；音乐结构上有曲牌体和板式体两类；伴奏乐器有丝弦鼓板等多种多样；重要类别有北京鼓词和南方弹词；品种有北京的单弦牌子曲、河北木板大鼓、苏州弹词、扬州清曲、福建南管、广东的龙州歌等约 200 个品种。

北京鼓词中产生较早的犁铧大鼓又叫梨华大鼓、山东大鼓，有郝老凤和王小玉姐妹（白妞、黑妞）等著名艺人。郝老凤主要在鲁中南一带演唱，唱腔保持了较多的乡土气，被称为"老北口"；后来犁铧大鼓进入济南等城市，唱腔中类似打夯的

《清人戏剧图》之《斩子》

玉堂富贵

江南曲艺中有弹词，流行于苏州、上海等地。表演者大都一至三、四人，一人者自抱琵琶弹唱，内容多是才子佳人悲欢离合的故事。清苏州年画《玉堂富贵》，描绘的是评弹艺人在为富有人家之妇女演唱（俗称"堂唱"）。背景衬一花台，台上瓶中牡丹、玉兰花开。借玉兰、牡丹（富贵花）之含意，喻富贵之家生活幸福。

音词被轻腔所代替，成为"小北口"；更受城市听众的欢迎；而王小玉姐妹则创造出柔婉曲折的新腔，即"南口"。在犁铧大鼓出现前后，北京还出现了西河大鼓、京东大鼓、梅花大鼓、东北大鼓等曲种。而在音乐上发展最为成熟的则是光绪年间产生的京韵大鼓，经过著名艺人刘宝全、白云鹏的悉心创造，成为在北京影响最大的说唱艺术。南方弹词则以历史悠久的苏州弹词为代表。清代前期苏州弹词形成不同流派，流传于江苏南部、浙江北部和上海等地，著名艺人王同士创办最早的弹词行会组织光裕会所，并留有"书品""书

忌"各14则，总结保留了他的演唱经验。嘉庆年间，又出现著名艺人陈遇乾、俞秀山、马如飞等，所创唱腔流派分别称为陈调、俞调、马调，三派各有特点，并衍生出新流派。

说唱艺术中重要的曲种还有从北京满族子弟中兴起的八角鼓，以伴奏乐器得名，以演员自弹自唱为特点。初期采用各种形式自娱娱人，后期才出现职业献艺，随旗籍官兵驻屯而流传开去，又逐渐分化出新品种。扬州清曲是时调小曲中的代表品种。它既可以只用一个曲牌演唱短段，也可以联缀多个曲牌演唱长篇故事，唱腔细腻抒情，流行于扬州、南京、镇江、上海等地，影响远及北京和滇粤。

清代说唱艺术达到高峰，现代仍流行的汉族说唱品种中约有七成形成于清代，可见其影响之深远。

弋腔衰落

清乾隆四十四年（1779），蜀伶魏长生到达北京，演唱秦腔而名噪一时，弋腔艺术纷纷依附秦腔戏班以谋生路，一度极盛的弋腔走向衰落。

弋腔即阳腔，与昆腔几乎同时成熟于明中叶，又称高腔。清中叶，属于花部的高腔与其他地方戏种一样，受到广大群众的欢迎，由于传入北京以后语言发生变化，以京音音字演唱，故又被称为京腔。乾隆年间有六大名班活跃于北京的戏剧舞台，著名的剧场"查楼"就曾是高腔的重要演出场所。清宫廷也离不开弋腔，王府还设立了弋腔戏班，公宴、庙会都不可或缺，为了对京腔加以规范，清王朝还指定王正祥编纂《新定十二律京腔谱》，对京腔的音乐特点作了描述。同时，对弋腔最有特色的演唱方式"滚白"作了深入的研究。

在清中叶的高腔音乐中，为了达到一唱众和的效果，加滚的演唱方式被充分发展。王正祥的论述很有见地，他说：滚白是京腔所必需，京腔区别于悦耳的昆曲的最重要特色，就是用滚白而非丝竹而使曲词的情感充分体现，写景、传情、过文可不用滚调，而闺怨、离情、死节、悼亡等一切悲哀之事就必须配合一、二段，使情文谐调。事实上，明代王骥德《曲律》已记述了"弋腔"中有滚唱的情状，称之为"流水板"。

乾隆中叶，京都弋腔走向衰落以后，各地的演出活动仍很盛行，传统剧目如《荆钗记》、《白兔记》、《拜月记》、《杀狗记》、《琵琶记》等传奇戏本仍在舞台上频频演唱，而目连救母、三国岳飞、孟姜女等内容的戏曲更受到民间的普遍欢迎，而且与各地民间音乐和语音相融合，形成高腔腔系的不同流派，地方特色十分浓郁。

弹词局限于江南

弹词在明代即已流行，出现了不少作品，南方北方都广为传唱。清初北京仍有弹词，但逐渐让位于符合北京音乐特点的鼓词。至清代乾隆年间，弹词流行的范围逐渐缩小，局限于江苏、浙江一带，和北方的鼓词对峙成为两大著名说唱艺术类别，产生了许多重要作品，至今仍然流传于民间。

弹词用三弦、琵琶伴奏，主要题材是才子佳人的爱情故事，风格婉转旖旎。它由说（说白）、噱（穿插）、弹（伴奏）、唱几个部分组成。说白部分为散文，唱词则基本上是七言韵文，其中略有变化，有衬字衬句，使句式更加多样。弹词作品多为长篇，一部作品往往要记上几个月。在语言上弹词有"国音"、"土音"之分，国音弹词用普通话写成，如《安邦志》、《天雨花》、《再生缘》等；土音弹词则用方言创作或夹杂方言，以吴音弹词为最多，如《珍珠塔》、《玉蜻蜓》、《义妖传》等。保存至今的弹词作品有270多种，其中不少为妇女作家之作，如《天雨花》、《再生缘》、《笔生花》等。

《天雨花》作于顺治初年，以明万历至天启年间朝廷内部斗争为背景，表现了有正义感的官员左维明和女儿左仪贞等人与奸臣魏忠贤一派的尖锐斗争。作品带有浓厚的政治色彩，在当时影响很大，是弹词作品中的杰作。《再生缘》为陈端生和梁德绳合编，写尚书之女孟丽君几经波折的爱情故事，刻划了一位压倒须眉的奇女子形象，但结局是三美共夫，流于俗套。《再生缘》问世后，许多曲艺、戏曲都加以改编，流传很广。《珍珠塔》也是广为人知的弹词作品，揭露了世态炎凉，有一定进步意义，但封建教义思想过于浓重。艺术上具有描写细致、语言生动流利的特色，不少片断流传至今。《义妖传》又名《白蛇传》、《雷峰塔》，比起民间传说稍有改动，白娘子娇气有所减弱，更具人情味，

苏州年画《小广寒》，图中画清代上海"小广寒"书场，台上7位弹词艺人或抱琵琶，或拉胡琴在为演唱艺人伴奏。

她的反抗更为合理，而法海形象则显得更为可憎。

乾嘉象棋隆盛

中国传统象棋随着康熙以后社会经济的恢复和繁荣，逐渐活跃起来，出现了王再越、周廷梅等棋坛高手和理论家以及 20 多种棋谱，如王再越的《梅花谱》等。

乾隆帝颇爱象棋，王公大臣也喜欢下棋，乾隆时期象棋盛极一时。当时民间有九大象棋流派，共 11 人。他们是："毗陵派（周廷梅、刘玉环）；吴中派（赵耕云、宋小屏）；武林派（袁彤士）；洪都派（乐子年）；江夏派（黄同孚）；彝陵派（汤虚舟）；顺天派（常用禧）；大同派（奇子年）和中州派（许塘）"。时称"江东八俊，河北三杰"。乾隆末嘉庆初，苏州的吴绍龙"弈品居第一"，同时期的象棋名手还有刘尚龄、施嘉谟、宣才定等人，但棋艺都不及吴氏。

康熙时代像《韬略元机》中出现的排局比较初级，而乾、嘉年代出现了相当高级的排局。当时研究残局的主要代表作有：薛丙辑著、吴绍龙校阅的《心武残编》6卷，共 148 残局；三乐居士著的《百局象棋谱》8 卷，共 107 残局，二者均以和局为主。嘉庆二十二年（1817）出现的《竹香斋象戏谱》则是排局即高级残局的集大成之作，共 3 集 8 册，196 局。作者张乔栋、字兰汀。在书中，他发挥丰富的想象，综合旧谱中简单的胜局和实用残局，并将其发展成深奥的排局，从反复变化中训练残局功力。以上 3 部棋谱构思精深，变化繁多，特别是《竹香斋象戏谱》，在综合了前人成果的基础上加以发展，对后世象棋产生了深远的影响。

钻井技术进步

清代中国钻井技术又有了进一步提高，其中尤其值得注意的是凿井工具转槽子已逐渐定型，补腔和打捞技术亦完善起来，打出了千米以上的深井。

转槽子是清初在明代撞子钎的基础上发展而成的，它由一扁长的铁条和附加部分组成；外壳是竹的，形似腰鼓，其上系绳索，下连钻头（即所谓的"锉"）。兼有吊锤、指示、震击、校正、松卡等功能。转槽子是我国古代劳动人民的杰出创造，在世界深井开凿史上占有重要的地位。

清代钻头也有了不少的改进。明代钻头主要有大小之分，"大窍，大铁钎主之；小窍，小铁钎主之"。清代钻头则形式较多，如自贡地区有鱼尾锉，下石圈后用来锉大口等；银锭锉，主要用于凿小眼；马蹄锉，主要特点是能使井眼圆滑；垫根子锉，兼具银锭锉和马蹄锉的一些优点。

清代盐井的补腔技术亦有很大的发展。由于钻井工具、补腔技术以及打捞技术等的发展，故井深亦不断增加。道光十五年（1835），焱海井凿及 1001.42 米，到达三迭系嘉陵江组地层的中部。焱海井的凿成，标志着我国古代钻井技术已发展到了一个新的阶段，在当时世界上也是遥遥领先的。

板腔体形成

清初，梆子产生之前，戏曲腔调的主流是昆山腔和弋阳腔，这两种戏曲腔调所使用的戏曲音乐结构形式是曲牌体。自梆子腔产生以后，各种地方戏曲腔调相继出现，其中所使用的戏曲音乐结构形式也发生了变化，变为板式唱腔的音乐结构体制，简称板腔体。

板腔体就是以一对上下乐句为基础，在变奏中突出节拍、节奏变化的作用，以各种不同的板式的联结和变化，作为整场戏或整出戏音乐陈述的基本手段，以表现各种不同的戏剧情绪。

板腔体在不同的戏曲腔调中具有不同的表现形式，这可从梆子腔和皮簧腔中看出来。在梆子腔中，各种板式用节拍形式固定下来，再冠以板式的名称，包括一板一眼、一板三眼、有板无眼、无板无眼。利用不同板式的相互衔接，梆子戏就可以表现一定的戏曲内容。在皮簧腔中，板腔体得到了进一步的发展和运用。由于皮簧腔是由西皮腔和二簧腔两种腔调组合而成，因此板腔体的使用又使得皮簧剧分化成了几种新的剧种。有专以西皮腔构成的剧种称西皮戏，有专以二簧腔构成的剧种称二簧戏，还有既唱西皮又唱二簧的剧种。在每一种剧种中，运用不同节奏、板式以表现复杂的戏剧情节和内容。除了在梆子腔系和皮簧腔系中运用板腔体作为音乐表现形式外，在当时流行的其他一些腔调如吹拨腔系和乱弹腔系中，板腔体也得到了一定的运用。

板式音乐结构形式的产生，对各地新兴的地方戏曲产生了很深远的影响。同时，板腔体与曲牌体并列，构成了中国戏曲音乐的两大结构体系。

潍县民间木版画产生

潍县年画始于明而盛于清，中心集中在杨家埠村一带。它的原稿，有的来自杨柳青和武强，有的出自当地画工之手，也有一小部分摹自石印年画。潍县旧年画的取材，多带有传统民俗多彩，比如："财神叫门"、"天赐黄金"、"灶马"和"门神"等等。解放后，其年画内容也大有改变，多是"新年吉庆"、"年年有余"、"胖娃娃"、"鹊报三多"、"四季山水"等反映人民兴趣爱好的内容。最能代表潍县年画内容的是"男十忙"、"女十忙"、"春牛图"、"渔家乐"等，表现了农民和渔民的生产劳动情景。"男十忙"描绘了农夫们耕地、播种、锄草和收获的情景；"女十忙"描绘了妇女照看孩子、轧棉、弹花、纺纱、整经的情景。另外以历史故事为题材的年画也很多，如"三国"、"水浒"、"岳传"、"西厢记"、"天河配"、"白蛇传"等。

潍县年画不仅讲究布局的虚实繁简和线条粗细刚柔的对比，更讲究色彩明度对比和寒暖对比。比如"童子逗雀"，运用黄、红、绿、紫、黑五色，加上白底纸本身共六色明暗度对比和各色寒暖对比，描绘出一幅新鲜悦目、人见人爱的美丽画面。

地方小吃兴起

清代后期地方小吃勃兴，名点与名小吃、风味食品、风味菜与宴席不但种类繁多，制作工艺独到，独具风味，而且这些地方名优特食品还有着地区性、时令性、阶层性、民族性和多样性诸特色。有许多名点与名小吃流传至今，仍在国内外享有盛誉。如西北的羊肉泡馍、牛肉面，山东的煎饼、锅馈，奉天（辽宁）的老边饺子，京师（北京）的烤鸭、涮羊肉、豆腐脑、豌豆糕、冰糖葫芦、押面，宁波的汤圆，广东的龙虎斗，广西的烤猪，山西的刀削面，长治"和合兴"作坊最负盛名的"上党自酥饼"，四川的榨菜、灯影牛肉、担担面、回锅肉，川式糕点中的糖皮点心"龙凤饼"，江苏的过桥面，云南的汽锅鸡、过桥米线，天津的"狗不理"包子等等，均为风味食品。

随着地方饮食文化的繁荣，在许多对外开埠的城市涌现出一批制作名点名吃名菜的铺、老字号和风味菜馆，而且通过各地方饮食文化的交流有所创新。如清末天津的"刘记炸糕铺"创制津门小吃"三绝"之一"耳朵眼"炸糕；当时上海从小东门到南京路已有上海菜馆一二百家之多。那时，上海菜馆的经营有三种不同类型：

第一种，许多中小型饭店都经营经济实惠的便菜便饭，同时兼营少数热炒菜。如上海早期出名的大众菜炒肉百叶、咸肉豆腐、肉丝黄豆汤、草鱼粉皮、八宝辣酱、炒三鲜、全家福等。第二种是一些大中型菜馆，以经营炒菜和"和菜"为主。和菜是上海菜馆的首创，它是把冷盘、热菜、大菜和汤配成一组供应，花样多，又比较实惠，当时十分盛行。第三种是一些大店名菜馆，以经营筵席和高档名菜为主。这种菜馆规模大，设备好，餐厅高雅，如上海最早的本地菜馆泰和酒楼、鸿运楼、大中园等。

各地方菜系（如鲁、川、扬、粤、湘、闽、徽、浙及北京、上海菜）都在地方饮食文化繁荣的基础上，进一步完善丰富发展和定型，进而使得各地方饮食文化的风貌更加多彩多姿，内涵更加充实，并对后世产生巨大影响。

民间剪纸兴盛

随着历史积累流传下来的民俗活动逐渐增多，人民生活逐渐安定，清代民间剪纸艺术与其他民间艺术一样得到了发展。按用途粗分，剪纸的种类就达10种，如窗花、刺绣画样、喜花、礼品花、灯笼花、墙花、扇花、挂钱、功笼花、功德花纸影戏人等。其中喜花、礼品花、灯笼花、挂钱、功德花纸等包含着浓厚的民俗意义；

窗花、墙花、扇花用来装饰居室或用具。

清代民间刺绣比较普遍，影响所及使刺绣花样发展增多。如同治十三年（1874）刊印的《吉金斋绣谱》，是当时女艺人郭梦针手刻的刺绣花样粉本，共有图20幅，有"拭牛"、"饮马"、"浴儿"、"宿后"、"读书"、"鸣鹅"、"花卉"等题材内容。又如木刻《刺绣花样范本》，收集了瓶口（钱袋）、烟袋荷包、扇套、眼镜盒以及鞋、帽、兜肚、衣襟、腰巾等物件上的各种画样，内容丰富，有"西厢记"、"苏武牧羊"、"张敞画眉"、"教子成名"、"百子图"和山水、花卉、虫鸟等等。此外还有手绘彩色的《绣花谱》，绘有渔樵耕读、四季美人等花样图案。除了这些绣谱之外，清代还有专门剪刺绣花样的行业。

窗花的图案也丰富多样，但大多数实物散落民间，有待收集。今见于书籍者，仅有《松筠剪纸人物图册》（光绪十八年），收录一些窗花稿样，多为吉祥人物，如"四妃十六子"、"八仙人物"、"排云谱"等，都优美可观。

"挂钱"又名"门彩"，是人们在新年时贴在门楣或佛龛前以祈平安幸福的剪纸，一般以红纸或五色纸雕镂而成。清代北京的挂钱花样尤多，大小、用途也不同。据富察敦崇《燕京岁时记》记载，长逾一尺的大挂钱，常挂在门前与桃符相辉映；挂钱上剪有八仙人物的，则用来挂在佛龛前面；还有小挂钱是一般商业店铺所用。"礼品花"是为祝寿、生子、中取、升官、迁居、开市等赠送贺礼时所用，一般剪有"一路福星"、"寿天百禄"、"当朝一品"等字样，也有绘画剪纸花样。嘉庆年间，有一进士梁章钜见"礼品花"转瞬毁于童婢之手，于是"杂取吉祥善事，剪作花样十六"分赠各家，希望能代替剪字图案。

此外，清代还有一些艺人把书法绘画

与剪纸结合起来，只凭一把剪刀，就能作出"骨法用笔"俱佳的作品来。乾隆年间，有一艺人江舟，善书画，尤工剪贴，能以剪纸摹仿古人书画真迹，剪成着色后几可乱真。其作品有《醉翁亭记》、《前赤壁赋》、《天马赋》以及《枯木寒鸦》、《兰竹》、《九狮》等，而且还总结自己的剪贴方法与经验，著有《兰圃碎金录》，可惜都未流传下来。道光年间又有一位善剪书画的奇人包钧，全椒知县陈文述有诗称赞其奇技云："剪画聪明胜剪花，飞翔化鸟泳萍鱼，"可见其剪纸技法之高明。

河北梆子兴盛

清中叶，山陕梆子流入河北，经数十年音随地改的衍变，于道光年间形成河北梆子，并于19世纪70年代到20世纪20年代末达到兴盛。出现了不少重要的班社和著名的演员。

河北梆子在北京兴盛以后，与锐气正盛的京剧争雄一时。光绪中叶，与二簧同班演出（叫"两下锅"），一度开梆簧合作演出之风。这时，河北梆子除盛行河北、天津、北京、上海、山东和东北三省的大部分城乡外，河北梆子班社也经常到苏州、扬州、武汉、开封等地演出。

河北梆子唱词及念白的发音，早期杂有山陕语言，自20世纪初杨韵谱成立奎德社开始，逐渐改以北京语言为基础，念白与京剧近似，但不念"上口字"。脚色行当分类及其表演程式，大体与京剧相同。

新式农业出现

鸦片战争以前，资本主义萌芽就已经在中国农村星星点点地出现，主要表现为个别地主、富农在农业生产中采用了雇工经营方式，与资本主义大农场相去甚远。19世纪末，随着中国农村传统自然经济的分解，农产品商品化日益提高，农村经济生活由自然经济向商品经济的演变不断的扩大和加深，资本主义生产关系在农业中出现并且不断渗透和延伸，掀开了中国农业发展史上崭新而重要的一页。其标志是新式农业出现，它在效法和引进西方资本主义国家农业生产经营方式和先进技术方面取得了一定成效。

1896年，早期资产阶级改良派陈炽（字次亮，? ~1899）就在他的代表作《续富国策》一书中，具体介绍了英、法等国的农业生产情况，认为"中国于此诚宜兼收并采，择善而从"，提出改变中国传统的农业生产方式，转而采用西方农业经营方式和生产技术的主张。而且在他之前，在天津还曾有过使用农业机械和筹组新式农垦企业的尝试，"概从西法，以机器从事，行见翻犁锄禾，事半功倍"（《益闻录》1880.9.11）。但因当时还缺乏必要的社会历史条件，这些主张和尝试并未能引起广泛的注意和积极响应，且很快归于沉寂。20世纪初，中国社会经济、政治发生了一些显著变化，如中国民族工业的发展，抵制美货、收回利权等爱国运动的兴起和华侨投资国内企业的潮流，以及清朝政府"新政"的推行等等，在主、客观上为新式农垦企业的兴起提供了很多有利条件。于是，效法和引进西方资本主义国家农业生产经营方式和先进技术的设想开始真正付诸实践，各地新式开办的农牧垦殖企业相继设立。

目前所知的中国第一家新式农垦企业，是1901年由张謇（1853~1926）在江苏省南通创办的通海垦牧公司。到1912年为止，全国就已有171家新式农垦农业，总共6351672元资本额。这些新式农垦农业直接仿效西方企业，农场的生产规模和资本主义经济成分，已非早先那些经营地主、富农所能相比，有利于采用和传播先进的农业生产技术。它们的出现，使中国农村中的资本主义生产关系被推进一大步。

第一批 171 家新式农垦企业的开办者，主要是一些民族资本家、华侨和商人，也有为数不少的官僚、绅士。其中民族资本主义经营范围不断扩展的一种尝试，希望以此保障工业原料供给，扩大生产规模，反抗外国资本主义的压迫。如张謇创办的通海垦牧公司，"广植棉产，以厚纱厂自助之力"（《张季子九录·实业录》卷 4）。广大爱国华侨、商人则是企图通过开办农垦企业，抗衡外国农副产品倾销，为拯救祖国、挽救民族危机尽力。另外，清政府也设立了路矿农务工艺公司等机构，准许放垦官荒，刺激一批封建官绅投资兴办新式农垦企业。所有这些新式农垦企业，经营范围多以农牧为主，地区分布也不均，主要分布在民族工业较发达的江苏、华侨较集中的华南地区以及新近垦殖的东北地区。

新式农业的兴起从一个侧面反映了清末中国农村经济的深刻演变，也反映出 20 世纪初资本主义经济关系和生产方式已从工商业向农业领域渗透和延伸。

内蒙古长济渠，黄河后套引黄灌渠，开凿于 1875 年。

近代农学兴起

19 世纪 90 年代，中国开始大量引进西方农业科学技术。西方近代学著作传入中国，出现了中国传统农学与近代农学的交汇，为 20 世纪中国近代农学体系的形成创造了条件。

中国近代农学的兴起主要体现在农业教育的兴起、农学报刊的发行以及农学著

清代缂丝耕织图

作的翻译等方面。兴办农业学校是发展近代农学的主要环节。1879年光绪帝曾下诏令兴农学、兴办农业学堂。1898年，中国最早的农业学校——浙江蚕学馆成立，它由杭州知府林迪臣创办，办学宗旨是除蚕微粒子病，制造良种，精求饲育，传授学生，推广民间。同年，张之洞在武昌创办"湖北农务学堂"，这是一所为改进农业栽培而兴办的中级农业学校，设有植物学课程。这两所学校的创立，揭开了中国近代农业教育史的第一页。此后，各类初、中、高等农业学堂相继设立，清政府陆续颁布了一系列有关发展农业教育的规章。1906年后，农业学堂在全国各地普遍开设起来，为中国培养出一批农业科学和技术人材。

创办农学报刊和翻译外国农学书籍也是中国近代农学发展的主要途径。1897年4月创刊的《农学报》是中国最早的农报。该报分为"文篇"和"译篇"两部分，内容大致可分为三类：第一类是各省农政，包括国内各级官员关于农业方面的奏折、公牍及官厅拟订的章程、规划；第二类是各地的农事消息和务农会活动情况；第三类主要是从国外书刊上翻译过来的文章。这些译文的内容包括农业原理、作物各论、土壤、肥料、气象、农具、水利、蚕桑、畜牧、林业、园艺、兽医、农经等方面的科学知识。《农学报》后来汇订成《农学丛书》七集，在当时成为中国引进国外近代农业科学的一个重要途径。

除了务农会组织翻译国外农学著作外，江南制造局也翻译了一些农学书籍。其中有些属当时世界上比较先进的农学著作，如1885年江南制造局根据19世纪前半期英国农业化学家约翰斯顿的《农业化学及地质学问答》一书翻译的《农务化学问答》，首次将西方近代农业化学的成果引入中国。这些农学译著使中国读者大开眼界，耳目一新，在中国近代农学的传播中起了重要的作用。

第六编

中华民国时期

1911 年 10 月 10 日，武昌起义爆发，全国各地竞相响应，使清王朝处于顷刻瓦解的境地。1912 年 1 月 1 日，中华民国临时政府成立，标志着中国历史上第一个资产阶级共和国的建立，宣告了延续 2000 多年的中国封建君主专制制度的结束。但随后不久，在国内外反动势力的支持下，1912 年 3 月，袁世凯窃取了中华民国的政权。

　　辛亥革命失败后，袁世凯极力打击革命力量，用阴谋手段控制了内阁，建立起专制独裁的统治。他对外出卖国家利益，对内专横跋扈，血腥屠杀革命党人，破坏《临时约法》，逐渐恢复清朝旧制，并一步步把中华民国引向中华帝制。袁世凯的倒行逆施，遭到了全国人民的强烈反抗。1916 年 6 月 6 日，袁世凯在举国唾骂声中，忧惧病死。袁世凯死后，从北洋军阀集团中分化出来的皖系、直系和奉系军阀相继控制北洋政府，其号令不能达于全国，中国处于四分五裂、连年混战的局面。人民居无宁日，陷于惶惶不可终日的境地。为了反对北洋军阀，孙中山先后发动了"二次革命"和护法运动，都以失败而告终，标志着中国旧民主主义革命的终结。

　　"五四"运动和在其先后兴起的新文化运动，促成了马克思主义和中国工人运动的结合，从思想上、组织上为中国共产党的成立作了准备。1921 年 7 月中国共产党成立后，集中力量发动和领导工人运动，并采取积极步骤，联合孙中山领导的国民党，为实现国共合作而努力。1924 年 1 月，中国国民党第一次全国代表大会在广州召开，国共合作正式形成，成为中国革命高涨的起点。在国共两党的共同推动下，以广州为中心，汇集全国的革命力量，很快开创了一个反对帝国主义和封建军阀的革命新局面，掀起了一场轰轰烈烈的国民大革命。1926 年 6 月开始的北伐战争，使国民革命达到了最高潮，但是，因为蒋介石集团和汪精卫集团先后叛变革命，国共合作破裂，国民革命失败。

　　1927 年 4 月 18 日，蒋介石成立南京国民政府。经过二次北伐及国民党的派系斗争和军阀混战，蒋介石集团逐渐巩固了自己的统治。大革命失败后，中国共产党团结人民，坚持战斗，逐步开辟出一条农村包围城市武装夺取政权的革命道路，掀起一场土地革命的风暴。从 1930 年底开始，国共两党开展了"围剿"和反"围剿"的长期军事斗争。但在第五次反"围剿"中红军由于"左"的错误而遭到失败，被迫进行了二万五千里长征，并胜利地转移到了陕北。

　　面对日益严重的日本侵略威胁，国共两党逐渐相互靠拢，并实现了两党的二次合作。1937 年 7 月至 1945 年 8 月，在抗日民族统一战线的旗帜下，在世界进步力量的支持下，中国人民经过艰苦卓绝的八年浴血奋战，付出了巨大的民族牺牲，终于打败了凶残的日本侵略者，取得了抗日战争的最后胜利。

　　抗日战争胜利后，中国共产党力图避免内战，争取经过和平的道路建设一个新的中国。国民党集团则坚持独裁、内战的方针，抢夺胜利果实，玩弄和平阴谋，并于 1946 年 6 月发动了对解放区的全面进攻。解放区武装被迫自卫，全面内战再次爆发。中国共产党放手发动群众，在解放区普遍实行土地改革，并运用正确的战略战术，在不到三年的时间内，打败了国民党军队。1949 年 4 月 24 日，人民解放军占领南京，蒋家王朝覆灭，结束了国民党在中国大陆的统治。1949 年 10 月 1 日，新中国诞生，中国历史从此翻开崭新的一页。

中华民国时期历史纪年表

年代	日期	事件
中华民国元年（1912 年）	1 月 1 日	南京临时政府成立。孙中山就任临时大总统，定国号为中华民国
	2 月 12 日	清帝溥仪宣布退位，清亡
	2 月 13 日	袁世凯通电赞成共和，孙中山向临时参议院提出辞职，15 日，参议院选举袁世凯为临时大总统
	3 月 10 日	袁世凯在北京就任临时大总统
	3 月 11 日	孙中山在南京公布《中华民国临时约法》
中华民国二年（1913 年）	4 月	中华民国第一届国会成立
	10 月 6 日	袁世凯威迫国会选其为正式总统
	11 月 4 日	袁世凯下令解散国民党，并撤销国民党籍国会议员
中华民国三年（1914 年）	5 月 1 日	袁世凯废除《中华民国临时约法》，公布《中华民国约法》
中华民国四年（1915 年）	12 月 12 日	袁世凯恢复帝制，改国号为"中华帝国"，以明年为洪宪元年
中华民国五年（1916 年）	3 月 22 日	袁世凯下令撤销帝制
	6 月 6 日	袁世凯死，黎元洪继任大总统。黎元洪令恢复《临时约法》，并任段祺瑞为国务总理。
	10 月 30 日	选举冯国璋为副总统
中华民国六年（1917 年）	8 月	冯国璋抵京就任代理大总统
中华民国七年（1918 年）	9 月 4 日	选举徐世昌为大总统
中华民国九年（1920 年）	8 月	张作霖、曹锟控制北京政府，以靳云鹏为国务总理
中华民国十年（1921 年）	5 月 5 日	孙中山就任中华民国非常大总统

	2 月	孙中山抵广州设大元帅府，以大元帅名义统率军政
中华民国十二年（1923 年）	4 月	黎元洪被迫离职，国务院宣告摄行大总统职权
	10 月 5 日	曹锟以贿赂当选总统
中华民国十四年（1925 年）	3 月 12 日	孙中山在北京逝世，留下国事、家事遗嘱和致苏俄遗书
中华民国十五年（1926 年）	4 月	段祺瑞临时执政下野，胡惟德摄行临时执政权
中华民国十六年（1927 年）	6 月 18 日	张作霖就任中华民国陆海军大元帅
中华民国二十一年（1932 年）	1 月	林森就任国民政府主席
中华民国二十五年（1936 年）	5 月 5 日	国民政府公布《中华民国宪法草案》
中华民国二十七年（1938 年）	4 月	蒋介石任国民党总裁
中华民国二十九年（1940 年）	3 月 30 日	汪精卫伪政权成立。伪华北政务委员会成立
中华民国三十二年（1943 年）	10 月	蒋介石就任国民政府主席
中华民国三十六年（1947 年）	1 月 1 日	国民政府公布《中华民国宪法》
1949 年	1 月 21 日	蒋介石宣布引退，副总统李宗仁代行职权
	10 月 1 日	中华人民共和国成立

第一章

民国时期

第一节 史海钩沉：重大事件 历史典故

中华民国成立

1912 年 1 月 1 日，南京临时政府成立。孙中山就任临时大总统，定国号为中华民国。

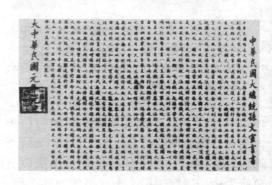

临时大总统宣言书

孙中山像

当武昌起事获得全国响应时，清王朝注定失败，革命派开始筹建共和国临时政府。但是，由于南方独立各省在鄂或沪建立政府上争执不休，临时政府迟迟不能建立。南京光复后，独立各省始决定临时政府设在南京，决定暂不选举临时大总统，虚位以待袁世凯，设大元帅暂且代理其职权。但是在大元帅人选上又争执不下，形成僵局。时孙中山返回祖国，抵达上海。1911 年 12 月 20 日，17 省代表会议在南京再度召开，决定成立临时政府，以 16 票的绝对优势选举孙中山为中华民国第 1 任临时大总统。

临时大总统府设在南京城内旧两江总督衙门内。当晚 11 时，举行孙中山大总统受任典礼。孙中山宣读誓词。同时发布《临时大总统宣言书》和《告全国同胞书》。宣言毕，即接受大总统印，并由秘书长将其盖于宣言等文件上。之后，孙中山下令定国号为"中华民国"，同时改用阳历。2 日，孙中山通电各省改历，并以 1912 年 1 月 1 日作为中华民国建元的开始。

孙中山、黄兴同陆军部成员合影

1912年1月5日，孙中山举行第一次内阁会议。右起：王鸿猷、王宠惠（外交总长）、黄兴（陆军总长兼总参谋长）、孙中山、陈锦涛、蔡元培（教育总长）、景耀月。

1912年1月3日，代表团依临时政府组织大纲举行副总统选举会，黎元洪以17票当选。1月11日，各省代表会议又议决以五色旗为中华民国国旗，十八星旗为陆军旗，青天白日满地红旗为海军旗，"请大总统颁令全国各省以为统一"。

新成立的南京临时政府是按照西方资产阶级民主政府三权分立的精神建立起来的。大总统代表临时政府总揽政务。总统府秘书长为胡汉民。掌握政府实权的是以孙中山、黄兴为首的一批同盟会员。同时，各省代表会议改组扩充为临时参议院，行使立法权，推举同盟会员林森为议长。临时政府成立之后，颁布了不少除旧布新的法令。临时参议院通过的具有宪法效力的《中华民国临时约法》，规定了资产阶级民主自由的一般原则，使共和国的方案具体化和法律化。南京临时政府的主要成员及其所推行的政策，说明它是一个资产阶级

参议院成立时，议员们合影。

性质的革命政府。它的成立结束了绵延2000多年的封建君主制，具有划时代的意义。

护法运动展开

张勋复辟引起全国上下一致反对。1917年7月2日，段祺瑞与徐世昌偕同靳云鹏、梁启超、汤化龙等人从天津乘汽车赶往马厂，确定以驻马厂的八师发起讨伐张勋的军事。与此同时，段派人运动驻廊坊的冯玉祥十六混成旅。

复辟后的溥仪，坐在乾清宫宝座上。

3日，驻保定第三师师长曹锟也参加讨逆军。当日，段在马厂召集军事会议，组成"讨逆军总司令部"，自任总司令。段祺瑞向全国发出反对复辟的通电。4日，段祺瑞、冯国璋联名通电，列举张勋等人破坏民国的八大罪状，宣布讨伐。同日，段芝贵自马厂誓师出发。

7月2日，广东省长朱庆澜邀请孙中山组织军政府。7月6日，孙率海琛、应瑞舰离沪赴粤，章太炎、朱执信、廖仲恺、陈炯明等同行。17日到达虎门，旋改乘江固舰抵黄埔。

19日，孙中山通过津、沪各报邀请国会议员南下护法，召开国会，以行"民国

中国通史

最新整理图文珍藏版

张勋复辟失败后，冯国璋（右）代行总统职，段祺瑞重任国务总理，段仍控制实权。

统治之权"。

21日，程璧光与第一舰队司令林葆怿率舰队自吴淞口开往广东，唐绍仪、汪精卫等同行。行前在沪发表《海军护法宣言》，宣布海军讨逆三大目标。

7月3日，冯国璋通电指斥张勋"逼勒清帝，擅行复辟"，表示要"誓扫妖氛，恭行天罚，刻日兴师问罪，殄此元凶"。

湖南督军谭延闿、湖北督军王占元、浙江督军杨善德、直隶督军曹锟、贵州督军刘显世、广东督军陈炳焜、山西督军阎锡山、山东督军张怀芝、河南督军赵倜、福建督军李厚基等也相继发表通电，反对复辟。

7月12日，讨逆军三路5万人总攻北京，张勋逃往荷兰使馆，"辫子军"全部投降。

在天津进行幕后策划的段祺瑞，立即重掌北洋政府大权，迎冯国璋代理大总统，并于8月14日对德宣战。段以"再造共和"自居，拒绝恢复《临时约法》和国会，1918年2月纠集官僚政客组成新国会（安福国会），选举徐世昌为大总统。

为恢复《临时约法》及国会，孙中山发动护法运动。他率领宣布脱离北洋政府的海军于1917年7月由上海到广州，联合两广、云贵地方实力派，召开国会非常会议，于9月组成中华民国军政府。孙中山任海陆军大元帅，云南督军唐继尧和两广巡按使陆荣廷为元帅。护法政府拟由湖南进军北伐。

9月18日，湘南宣告独立，组成护法军湘南总司令部，程潜为总司令。

至此，以南北对峙为主要形式的护法战争正式拉开了战幕。

15日，护法军在北军撤出衡山后，向北推进，连克湘潭、株洲，直趋长沙。王、范被迫逃往岳阳。18日，湘军第一师师长赵恒惕抢先进入长沙，21日，程潜赶到长沙。第二天，湖南各界代会议公举陆荣廷为湘粤桂巡阅使，谭浩明为湖南督军，程潜为省长。24日，程潜就任湖南省长。

11月1日，川边屯殖使张煦在西昌宣告独立，并致电军政府大元帅孙中山，表示"拥护真正之共和"。3日，颜德基以"四川靖国临时司令"名义，在绥定通电独立，宣布与西南一致行动。11月25日，焦子静等在陕西白水县通电宣布自立，筹

第一次出任大总统的黎元洪

建陕西护法军。11 月 26 日，宁波驻军通电宣告自主。同日，温州、处州宣布独立，与宁波取一致行动。绍兴、台州、严州等处也随之响应，或宣告独立，或声称自立。陆荣廷等为了和北洋军妥协，操纵非常国会于 1918 年 5 月改组并控制了军政府，迫使孙中山辞去大元帅，离粤赴护。

李大钊宣传共产主义

1918 年 11 月 15 日，《新青年》第五卷第五号发表李大钊的文章《庶民的胜利》。他在文中畅谈他理想中的未来中国。他说，我们这几天庆祝第一次世界大战胜利，究竟是为哪个庆祝？我老老实实讲一句话，这回战胜的，不是联合国的武力，是世界人类的新精神。不是哪一国的军阀或资本家的政府，是全世界的庶民。

劳工主义既然胜利，今后人人都成了庶民，也就都成了工人。

11 月 15 日，李大钊在《新青年》杂志上发表另一文章《布尔什维主义的胜利》，更明确地指出，第一次大战的结局"是民主主义的胜利，是社会主义的胜利，

《青年杂志》从第 2 期起改名《新青年》

是布尔什维主义的胜利，是赤旗的胜利，是世界劳工阶级的胜利，是二十世纪新潮流的胜利"；布尔什维主义就是俄国布尔什维克所抱的主义，他们的目的"在把现在为社会主义的障碍的国家界限打破，把资本家独占利益的生产制度打破"，"他们的战争，是阶级战争，是全世界无产庶民对于世界资本家的战争"，"试看将来的环球，必是赤旗的世界"！

五四运动全面爆发

1919 年 1 月，英、法、日等在法国凡尔赛宫举行和平会议。作为战胜国之一的中国派代表出席会议。但会议拒绝了中国代表团关于收回山东主权的合理要求，而决定将德国在山东掠夺的一切权益转让给日本。这个消息传到国内，群情激愤，舆论鼎沸。人们对帝国主义列强的幻想破灭了。

5 月 3 日夜，北京大学校园内一片沸

1918 年的李大钊

"五四"运动时的纪念章

腾，在法科礼堂聚集着千余名学生及外校学生代表，共同商讨行动方案。会议气氛异常激昂，大会推选北大法科学生廖书仓为临时主席，许德珩起草宣言。先由《京报》主笔、北大讲师邵飘萍报告山东问题。然后北大学生和各校学生代表相继发言。

大会议决办法四条：（1）联合各界一致力争；（2）通电巴黎专使，坚持不在和约上签字；（3）通电全国各省市于5月7日国耻纪念日举行群众游行示威；（4）5月4日齐集天安门举行学界大示威。

5月4日，中午，徐世昌在中南海总统府内设宴款待刚刚回国的章宗祥，作陪的有钱能训、曹汝霖、陆宗舆。就在他们

5月4日下午1时，北京大学学生从红楼出发向天安门广场集中。

举杯之际，"五·四"运动爆发了。

1时许，北京十余所学校的3000多爱国学生，齐集天安门，北大学生傅斯年作为总指挥。他们手执书有"还我青岛"、"保我主权"、"诛卖国贼曹汝霖、章宗祥、陆宗舆"等等标语。一面大白旗上写着的一副对联："卖国求荣，早知曹瞒遗种碑无字；倾心媚外，不期章惇余孽死有头。"学生在广场散发油印的《北京学生界宣言》。

消息立即报告到宴会中的徐世昌那里，徐世昌随即下令京师警察厅总监吴炳湘妥速解决，不许游行。席散后，陆宗舆先行离去，2时半左右，曹汝霖偕章宗祥乘车来到赵家楼曹汝霖住宅。这时，警厅派三四十名警察前来保护，但对曹汝霖说：上头命令，文明对待。

北洋军阀政府出动军警，逮捕在街头演讲的北京大学学生。

学生们在天安门举行集会后，决定到东交民巷向各国驻华使馆请愿。

游行队伍来到赵家楼胡同时，曹宅大门紧闭。此时曹汝霖仓猝避入一小储藏室中，章宗祥由仆人引到地下锅炉房躲藏。大门撞倒，学生蜂拥而入，到处寻找曹汝霖。未找到曹汝霖，愤怒的人群便放起一把火，章宗祥从锅炉房中跑出，被学生发现，将他痛打一顿。随后，警察总监吴炳湘率大批人马赶到，逮捕了32名学生。

北京专科以上学校学生罢课，通电全

2787

1919 年 5 月 9 日，清华大学举行国耻纪念大会，会后，学生在操场焚烧日货。

国各地表示抗议，要求释放被捕学生。天津、长沙等城市学生纷纷集会游行，声援北京学生。在巴黎的中国代表也拒绝签约。

6 月初，北京政府下令查禁学生联合会，逮捕上街讲演的学生近千人，激起了全国人民更大的愤怒。上海人民首先行动起来，学生罢课，商人罢市，六七万工人联合举行了政治大罢工。上海的"三罢"斗争，很快波及全国 20 多个省、150 多个大中小城市，形成了全国性的声势浩大的爱国运动，终于迫使北京政府释放了全部被捕学生，免去曹、章、陆的官职，并拒绝在和约上签字。五四爱国运动的直接目标得以实现。在这次运动中，中国工人阶级以独立的政治力量登上历史舞台，标志着中国新民主主义革命的开端。

孙中山就任非常大总统

1921 年 5 月 5 日，孙中山就任中华民国非常大总统。

自 1920 年 11 月广州军政府重建后，为使政府工作符合法治轨道，1921 年 4 月 7 日，在广州召开国会两院非常会议，出席议员 222 人，会议由林森任主席。议决废除军政府，通过《中华民国政府组织大纲》，并选举孙中山为非常大总统。

5 月 5 日，孙中山在广州就任非常大总统职，并发表就职宣言和对外宣言。在对外宣言中他表示："列强及其人民依条约契约及成例，正当取得之合法权利当尊重之。"对国内天然资源的开发则实行"开放门户主义，欢迎外国之资本及技术"。希望各国承认广州政府"为中华民国唯一之政府。"

5 月 6 日，非常大总统孙中山任命国务院各部长官。任命：伍廷芳为外交总长，唐绍仪为财政总长，陈炯明为内政总长兼陆军总长，汤廷光为海军总长，李烈钧为参谋总长，徐绍桢为总统府参军长，马君武为总统府秘书长。

1921 年 5 月，孙中山在广州就任中华民国非常大总统。图为宣誓就职后的合影。

中国通史

最新整理图文珍藏版

中国共产党成立

五四运动后，宣传各种新思潮的各种社团和刊物，如雨后春笋一般涌现。马克思主义开始在中国广泛传播，一批具有初步共产主义思想的知识分子于 1920 年先后在各地组成共产主义小组。次年 7 月，在共产国际的帮助下，各小组代表在上海召开了中国共产党成立大会。

1921 年 7 月 23 日晚 8 时，中国共产党第一次全国代表大会在上海租界贝勒路树德里 3 号开幕。出席会议的有国内各地和旅日共产主义小组的代表 12 人，他们是：毛泽东、何叔衡、董必武、陈潭秋、王尽美、邓恩铭、李达、李汉俊、张国焘、刘仁静、陈公博、周佛海，参加会议的还有陈独秀指派的代表包惠僧。共产国际代表马林、尼科尔斯基也出席了会议。会议原定由陈独秀主持，因陈未能出席，遂推举张国焘主持会议，毛泽东与周佛海任记录。

7 月 30 日，一个法租界的侦探闯进会场，环视一周后说"我找错了地方"，便匆匆退出。代表们迅速离开会场。十几分

中共"一大"会址——上海法租界贝勒路树德里，后称望志路 106 号，今兴业路 76 号现景。

1921 年 7 月 30 日晚，中共"一大"会议因遭法租界巡捕的搜查而中断，代表们分散转移到浙江嘉兴南湖，在一艘游船上结束了最后一次会议。图为该游船的复制品。

钟后，法租界巡捕包围了会场，结果扑了空。会议被迫中止。当晚代表们决定：大会转移到浙江嘉兴南湖的一艘游船上继续举行。陈公博和共产国际代表马林、尼科尔斯基等没有参加南湖会议。大会通过了中国共产党第一个纲领。

大会还通过了中国共产党的第一个决议《关于当前实际工作的决议》。决议确定党成立后的中心任务是，加强对工人运动的领导，组织工人阶级，大力发展工会组织，引导工人运动向着党所指引的正确方向发展。决议最后规定，中央委员会应定期向第三国际报告工作。

大会于 7 月 31 日下午闭幕。

大会选举产生了党的领导机关——中央局，推选陈独秀为中央局书记，张国焘为组织主任，李达为宣传主任。中国共产党宣告正式成立。

孙中山改组国民党

陈炯明叛变后，孙中山赴上海，共产国际代表马林向孙中山提出改组国民党的建议，李大钊也多次拜访孙中山，商谈国共合作。孙中山接受了改组国民党的建议，于 1922 年 9 月召开国民党在沪各省负责人

会议，拟定改组宣言及党纲党章。

9月4日，孙中山在上海召集各省国民党负责人53人，讨论改组国民党问题，陈独秀、马林、张太雷均应邀参加。孙中山解释了联俄、联共政策，马林讲了话。与会者一致同意改组国民党。9月6日，陈独秀被孙中山指定参加由丁惟汾、张秋白等9人组成的国民党党务改进起草委员会，起草国民党改组方案并草拟国民党党纲和党章草案。

9月18日，孙中山在上海发表了"致国民党员书"的党内通信，信中沉痛地回顾了同陈炯明的分歧、陈炯明叛变的始末及严重后果。他说，民国奋斗30年来，虽屡经失败，然"失败之惨酷、未有甚于此役者"。他在信中提出了今后的对策方针，并作了自我批评，"任用非人，变生肘腋，致北伐大计，功败垂成，当引咎辞职"，并决定联俄联共，彻底改组国民党，以重新振兴国民党的威望，实现国家的统一。

李大钊、陈独秀、蔡和森、张太雷等共产党领导人，以个人身份加入国民党。

1923年1月，苏俄政府代表越飞到达上海，与孙中山进行多次会谈，共同发表了《孙文越飞联合宣言》。随后，孙中山又指派廖仲恺去日本热海与在那里的越飞继续会谈。同时孙中山策动滇军和桂军将陈炯明逐出广州。1月16日，孙中山的军队重新杀回广州，陈炯明落荒而逃。在孙中山的策动下，联络了驻留广西的滇军朱培德部和杨希闵部，封杨为讨贼军滇军总司令，并联络了桂军刘震寰部，封刘为讨贼军桂军总司令，定于1922年12月10日向广东发动进攻。讨贼军进展非常顺利。1923年1月初占领封川、德庆、悦城等县，并于16日占领广州，陈炯明等残部逃往惠州。孙中山决定回广州重建大元帅府。1月26日，孙中山离沪赴广州重建大元帅府之前，发表《和平统一宣言》。

2月孙中山回到广州设立大元帅府，就任大元帅。继又聘苏联代表鲍罗廷为政治顾问，协助改组国民党。10月，孙中山指示召开国民党改组特别会议，委任廖仲恺、许崇智、谭平山等9人组成国民党临时中央委员会。

京汉铁路大罢工

1923年2月7日，京汉铁路工人举行大罢工。

1922年年底，京汉铁路各站先后建立

孙中山屡遭挫折后，决定改进国民党。1922年9月，在上海召开改进讨论会，任命陈独秀等9人为改进方略起草委员会委员。图为孙中山与与会者合影。左起，中排：1为廖仲恺，2为汪精卫，3为胡汉民，4为孙中山，6为张继，7为杨庶堪。

林祥谦（1892～1923），福建闽侯人。

了工会组织，全路共有工会 16 个，会员已达 3 万余人。为了统一领导，2 月 1 日在郑州召开了京汉铁路总工会成立大会。大会举行过程中，吴佩孚电令驻郑州的第十四师师长兼警备司令勒云鹗、郑州警察局局长黄殿辰和京汉铁路局局长赵继贤出动军警捣毁大会会场，并包围、搜查代表寓所。总工会决定举行总同盟罢工以示抗议，并将总工会迁到汉口江岸办公。1 月 2 日，发表罢工宣言，要求撤革赵继贤、查办黄殿辰，赔偿大会损失 6000 元，送还大会一切牌额礼物，并由地方官赔礼道歉。2 月 4

施洋（1889～1923），湖北竹山人。

日，京汉铁路工人在"争自由，争人权"的口号下举行全路大罢工。京汉全线 2000 多里、3 万多工人迫使客车、货车、军车一律停开，京汉路全线瘫痪。同一天，中国劳动组合书记部发表反对军阀破坏京汉铁路总工会成立大会的通电，号召全国工人"本阶级斗争之精神，切实援助"。2 月 7 日，武汉工会代表和江岸工人举行盛大集会和游行。

吴佩孚在北京公使团和英驻汉口总领事支持下，下令对江岸、郑州和长辛店的罢工工人进行血腥镇压，杀害工人 44 名，

1922 年 5 月 1 日，安源路矿工人俱乐部成立。图为俱乐部筹备委员会成员合影。

伤 300 余人，逮捕 60 余人，开除 1000 余人。工人领袖林祥谦、罢工领导人施洋等就义。随后，吴佩孚继续用武力强迫复工，不上工就处以严刑。但工人始终坚持，没有总工会的命令，决不上工。为保存力量，2 月 9 日，京汉铁路总工会和湖北工团联合会发出复工命令，罢工遂告结束。这次大罢工是中国工人运动高潮中的最大的一次斗争。

国民党一大召开

1924 年 1 月 20 日，中国国民党第一次全国代表大会在广州召开。大会代表 196 人，其中共产党员 24 人。孙中山以总理身

国民党第一次全国代表大会会场

份担任大会主席，并指定胡汉民、汪精卫、林森、谢持、李大钊五人组成主席团。

大会通过了《国民党章程》和《中国国民党第一次全国代表大会宣言》。宣言以反帝、反封建为主要内容，确定了联俄、联共、扶助农工三大政策，重新解释了三民主义，把旧三民主义发展为新三民主义。民族主义主张"一则中国民族自救解放，二则中国境内各民族一律平等"。民权主义主张权利"为一般平民所共有，非少数人所得而私也"。"凡真正反对帝国主义之个人及团体，均得享有一切自由及权利；而凡卖国罔民以效忠于帝国主义及军阀者，无论其为团体或个人，皆不得享有此等自由及权利"。民生主义，一是平均地权，国家依报价收买地主土地，给农民耕作；二是节制资本，由国家经营管理有独占性质的企业，或规模过大为私人之力所不能办的企业，"使私有资本制度不能操纵国民之生计"。这样解释的新三民主义，其主要内容和中国共产党在民主革命阶段的纲领基本是相同的，因而成为国共合作的共同政治基础。大会选出新的有共产党人参加的中央执行委员会。

随后，一届一中全会组建了中央党部，设立秘书处及组织、宣传、青年、工人、农民、妇女、海外、军事等八部。从此在国共合作统一战线的组织和领导下，国民革命运动在中国南部广泛展开，并迅速扩展到北方。

黄埔军校建立

1924 年 5 月，孙中山在苏联和中国共产党的帮助下建立了"陆军军官学校"（全名为"中国国民党陆军军官学校"）。因其校址设在广州的黄埔岛上，也称"黄埔军官学校"，简称"黄埔军校"。6 月 16 日开学。1926 年 1 月更名为"中央军事政治学校"，国共两党均派有重要干部到校任职。孙中山任学校总理，蒋介石任校长，廖仲恺为党代表。在校本部下设政治部、教授部、教练部、管理部等。学生组织，设总队，下设分队。周恩来、熊雄曾任政治部主任，叶剑英曾任教授部副主任。恽代英、张秋人、萧楚女、聂荣臻等均曾担任负责工作。孙中山亲自制定了"精诚团结"的校训。

黄埔军校自创建至 1927 年 4 月共举办四期，毕业学员 4981 人，培养了一支保卫广州革命政权和进行北伐战争的骨干力量。其中不少人成为中国共产党领导的军事力量的领导骨干。第一期 1924 年 5 月 9 日至 11 月 30 日，主要学习陆军术科，包括步兵操典，射击教范，战术、兵器、交通、筑城等四大教程及战术作业等。第二期 1924 年 8 月至 1925 年 5 月，开始分步兵、炮兵、工兵、辎重、宪兵五科。第三期

黄埔军校大门

1925 年 7 月至 1926 年 1 月。第四期 1926 年 2 月至 10 月，为提高学生水平，本期规定招收年龄在 18 岁以上 24 岁以下的高中毕业生，成立入伍生团，经训练后分别编入步兵军官团、步兵军官预备团及炮兵科、工兵科、政治科、经理科。此外，1925 年 6 月，为培养部队党代表及政治干部，新设政治训练班负责培训各部队所送之下级干部，并设军官政治研究班。1926 年 2 月又设宪兵教练所，3 月增设军医补习所。北伐战争开始后为适应战争之需要，1926 年 11 月，于军事科、无线电科、军用化学科等增设高级班，还专为孙传芳、吴佩孚所属投诚部队设置军官政治训练班。另外，黄埔军校附有两个教导团和潮州、武汉、长沙、南昌、洛阳五个分校。

黄埔军校虽然学制较短，但教学颇具特色，实行政治与业务、学科与术科并重的原则。学校除设政治课外，还颁行有"革命军格言"、"士兵日课问答练习"等以进行政治思想教育。此外还对学员进行群众纪律教育，教唱"爱民歌"。学员除学习军事科目外还积极参加实际战斗，如第二期学员参加了讨伐陈炯明叛变的"东征"战斗，为保卫广东革命政权、稳固北伐后方作出了贡献。黄埔军校是当时著名的革命军事学校，不仅学员积极参加了"五卅"、"沙基"和收回教育权等政治运动，而且毛泽东、鲁迅等许多知名人士曾亲临学校讲演。学校还出版有"黄埔小丛书"、《黄埔日刊》、《青年军人》、《中国军人》、《革命画刊》、《黄埔生活》等，并组织有"血花剧社"和"俱乐部"。1927 年 4 月 12 日蒋介石背叛革命后，国民党反动派在学校组织了清党运动，逮捕屠杀共产党人，至此军校的性质发生了根本性的变化，不久更名为"中央陆军军官学校"，并成为蒋介石破坏国共合作、反对民主革命的工具。

冯玉祥发动政变

1924 年 10 月，第二次直奉战争爆发后，直系将领冯玉祥率部进驻古北口，担任左翼作战军第三军总司令。冯与直系援军第二路司令胡景翼、京畿警备副司令孙岳秘密策划倒戈反直。

孙中山率国民党党政军要员出席黄埔军校开学典礼。左起，前排，5 为邹鲁，6 为胡汉民，7 为孙中山，8 为蒋介石，10 为许崇智，11 为王柏龄。

带兵进京的北京警备司令鹿钟麟

21日，冯玉祥命鹿钟麟率部以昼夜200里的速度驰赴北京。

鹿钟麟入城后，把北京全城控制在手中。6时许，他请孙岳派人将总统府卫队缴械，并囚禁了曹锟。整个政变过程，没有费一枪一弹，没有惊扰一个北京市民。

同日，冯玉祥、胡景翼、孙岳联名通电主和，同时要求曹锟下令停战，免去吴佩孚本兼各职。10月24日，冯玉祥召集胡景翼、孙岳、黄郛、王承斌等举行会议，一致决定立即电请孙中山北上主持国家大计，并商定先请段祺瑞入京维持局面；在孙、段入京前由黄郛组织内阁，处理政府事宜。会议还决定将冯、胡、孙所部定名为中华民国国民军，暂编三个军，推冯玉祥为总司令兼第一军军长，胡景翼为副司令兼第二军军长，孙岳为副司令兼第三军军长。会后，冯等联名电请段祺瑞任国民军大元帅，并联合奉系军阀张作霖，推举段祺瑞为北京临时政府执政。10月25日发出通电，请孙中山北上，共商国是。

11月10日，孙中山发表《时局宣言》并决定北上。孙在《时局宣言》中提出"召集国民会议，以谋中国之统一与建设"。11月11日，孙中山偕宋庆龄等乘永丰舰离广东北上。14日抵香港，17日抵上海。21日，孙离上海。23日，抵日本长崎，日本记者、政学各界及中国留学生约300人登船欢迎。孙中山答记者说："中国革命的目的和俄国相同，俄国革命的目的也是和中国相同，中国同俄国革命，都是走一条路。"30日，孙中山离开神户赴天津。

第二次直奉战争爆发

1924年9月，直、奉双方在山海关、热河一带发生激战。第二次直奉战争爆发。

曹锟贿选后，全国各阶层代表人物纷纷表示反对，北方政局也发生变化。浙江督军卢永祥通电断绝与北京政府往来，浙、沪一带成为反直的中心。卢永祥和奉天的张作霖及广东的孙中山建立了联系，形成反直三角同盟。吴佩孚派孙传芳进入福建，又支持江苏督军齐燮元，以威胁卢永祥。

1924年9月3日发生齐卢战争（又称江浙战争），10月15日卢永祥战败。

9月6日，败退回东北的奉军统帅张作霖重整旗鼓，重新杀回关内。曾与段祺瑞、冯玉祥订立反直协议的张作霖自任总司令，率领奉军17万之众乘机进关。9月17日，直系军阀曹锟发布伐张命令，任命吴佩孚为总司令，带领25万人马迎战。18日，直、奉双方在山海关、热河一带激战。第二次直奉战争爆发。

1924年10月，第二次直奉战争进行之时，直系将领冯玉祥率部回师北京，罢黜并囚禁大总统曹锟。图为冯玉祥率部队从前线返抵北京城，发动兵变。

10月中旬正当两军在山海关激战时，与吴佩孚素有矛盾的直军第三军总司令冯玉祥从热河回师，发动政变，软禁曹锟，吴佩孚在山海关一带被奉军战败，率残部自塘沽仓皇南逃。11月，张作霖、冯玉祥推戴段祺瑞为"中华民国临时执政"。奉系重新控制北京政权后，势力扩张到河北、山东、安徽、江苏等省及上海，与地方军阀产生矛盾。军阀间的混战状态仍然没有结束。

孙中山逝世

1925年3月12日上午9时30分，中华民国与中国国民党的缔造者孙中山先生因患肝癌医治无效，在北京东城铁狮子胡同5号行辕逝世，终年59岁。临终前，他说的最后一句话是："和平、奋斗、救中国。"

孙中山留有国事遗嘱，给家人的遗嘱和致苏联遗言。

孙中山的逝世，举国为之震惊。

中共中央发表《中国共产党为孙中山之死告中国民众书》，沉痛哀悼这位同中共正在密切合作的伟人。斯大林等许多国家

孙中山的灵柩运往西山的途中

领导人和知名人士发来唁电。

3月19日，由协和医院向中央公园移灵，沿途肃立的有十几万人，到处是花圈、挽联。直到晚上7时，送殡队伍尚未从公园散尽。

从3月24日至27日为受吊之期。数十万人前往中央公园公祭孙中山，以表达人们的怀念之情。30日，苏联赠送的玻璃棺由专人护送到京。从3月12日至31日，治丧处收到花圈7000多个，挽联、挽幅500余种。吊唁签名者达74万多人，连同接待的其他吊唁者共约200万人。

孙中山，名文，字德明，号日新，改号逸仙。1897年在日本时化名中山樵，遂以中山著称。广东香山人。1878年后在檀香山、香港求学。后入广州博济医院附属南华医学校、香港西医学院接受西学教育。1892年毕业后在澳门、广州设医房行医，酝酿反清政治活动。1894年春，上书李鸿章，提出改革主张，遭拒绝。是年赴檀香山组织革命团体兴中会，提出"驱除鞑虏，恢复中华，创立合众政府"的革命主张。1896年在伦敦被捕，获救后于次年回国组织武装起义。1905年中国同盟会成立后，孙中山被推举为总理，制定"建立民国，平均地权"的革命纲领，创办《民报》，揭示三民主义学说，主张用革命暴力推翻专制统治。曾多次组织起义，均遭失败。1911年武昌起义后，被选为临时政府总

孙中山夫人宋庆龄、儿子孙科在孙中山灵堂前

1925年3月20日，东征军与兴县民众集会，追悼孙中山，由总指挥蒋介石主持大会（站在最前者），总政治部主任周恩来宣读祭文（手持祭文者）。

统。1912年1月1日在南京宣誓就职，4月，被迫辞去总统职。1919年，将中华革命党改组为中国国民党。1920年组织中华民国政府，任非常大总统，筹划北伐。1924年改组中国国民党，重新解释三民主义，实行联俄、联共、扶助农工三大政策，创建黄埔军官学校。

"五卅"运动爆发

1925年4、5月间，日、英、美等帝国主义在华势力连续制造了几起屠杀中国人民的惨案，继福州惨案和青岛惨案之后，又在上海枪杀工人及学生60多人，造成五卅惨案。惨案引起了全国性的五卅运动。在中国共产党领导下，上海的罢工、罢课、罢市斗争，迅速波及全国。香港工人大罢工坚持一年多。在政治上、经济上给英帝国主义以沉重打击。五卅运动促进了全国革命高潮的形成。

5月7日，上海日本纺织同业会决定拒绝承认工人的工会组织，并要求租界当局及中国政府取缔工会。14日，内外棉第七厂的日本资本家又宣布闭厂，停发工人工资，不许工人上班。15日，该厂夜班工人数百名进厂与资本家交涉，双方发生冲突。日本大班率领打手开枪射击。工人代表顾正红身中4弹，同时受伤者十余人，并有多人被捕房抓去。顾正红在医院死亡。

日人此举引起工人极大愤慨。16日，内外棉第七、第八、第十二厂工人宣布罢工。上海的广大学生也纷纷走上街头，宣传讲演，支持工人。21日，上海文治大学学生在街上募捐救济工人，被捕房逮捕。

5月30日，上海大中学校2000余学生在公共租界散发传单，举行演讲，数十人被拘捕。下午，约近1万名学生和市民聚集在公共租界南京路的老闸捕房，要求释放被捕学生。租界当局命巡捕开枪驱赶，学生死5人，市民死11人、重伤8人、轻伤10余人。次日，英国巡捕及万国商团再次枪杀示威群众3人，伤18人。

6月1日，上海各工会联席会议决定正式成立上海总工会，由李立三担任会长。总工会代表数十万工人在《热血日报》上发布宣言。

2日，穿越苏州河到达南岸散发传单的工人与日本巡捕遭遇，被日巡捕开枪打死2人，重伤3人。同日，小沙渡工厂工人被厂方协同逮捕4人，当场枪杀后，沉尸苏州河中。3日，杨树浦恒丰纱厂的日本人又枪杀号召罢工者1人，伤2人，并打死过路1名大学生。

连日来的枪杀事件激怒了上海人。罢工的工人达20多万人，罢课学生5万余人，大多数商人开始罢市。至8日，各国

"五卅"惨案发生前聚集在南京路上的民众

顾正红（1900～1925），江苏阜宁（今滨海）人，中共党员。

迅速派军舰进入上海。"海军陆战队"、"万国义勇队"在上海登陆，并进入租界区驻防。

6月5日，中共中央发表《为反抗帝国主义野蛮大屠杀告全国民众书》，说"血肉横飞的上海，现在已成为外国帝国主义的屠杀场了！"与此同时，长沙、青岛、天津、广州等数十个城市的群众亦纷纷罢工、罢市、罢课，以声援上海工人。上海各界组成此次三罢的领导机构——上海工商学联合会。16日，北京政府派蔡廷干为代表赴沪；英、日等国也派出了6名代表，双方开始谈判。谈判前，租界当局被迫释放了被捕人员。

6月26日，声称每罢工一日，损失30万元收入的上海商人宣布单独复市，退出"三罢"运动。罢工的工人陷入孤军奋战的境地。策动这次罢工的中国共产党决定改变罢工策略，以一定的经济要求及地方性的政治要求为最低条件逐步复工，以等待时机，积蓄力量。28日，上海纱厂总工会领导日资纱厂工人同日方资本家进行复

工谈判。双方达成下列协议：日方资本家不得携带武器，抚恤顾正红家属1万元，赔偿工人罢工期间损失10万元，处分凶手等。上海各行业的罢工工人陆续复工。

省港大罢工

1925年6月23日，英国海军陆战队在广东朝游行中的中国老百姓突然开枪、开炮，当场打死59人，重伤172人，轻伤者无数。

6月21日，为声援上海罢工者，香港、沙面工人也实行罢工，工人纷纷离职返回广州。23日举行大规模的示威游行。下午1时，广州各界20多万人在东校场举行市民大会，一致通过援助沪案条件16

1925年6月23日，为声援上海"五卅"运动而罢工的香港、广州工人和各界群众10万多人，召开示威运动大会后，举行游行。

1925 年 7 月 3 日，省港罢工委员会成立，图为部分成员合影。左 5 苏兆征，左 6 邓中夏。

条。会毕进行游行。工人、商人、学生、黄埔学生等依次由东校场出发，经惠爱东路、永汉中路，直出长堤西壕口，过沙面租界河对岸的沙基。午后 3 时，当游行队伍行经沙面英、法租界对岸之沙基西桥口时，早已布置好的英、法海军陆战队，从沙面突然向示威群众开机枪扫射。游行队伍猝不及防，四散躲避，当场死亡 59 人，重伤者百余人，轻伤者无数。同时，驻扎在白鹅潭的外国兵舰也开炮向北岸示威。

惨案发生以后，广东革命政府立即以广东省长胡汉民的名义向英、法、葡驻广州总领事提出最严重的抗议。

29 日，广州各团体要求对英实行经济绝交。同日，香港 25 万工人举行全面总罢工，并有 13 万人陆续撤回广州。

7 月 3 日，省港罢工委员会成立，苏兆征任委员长。

省港罢工委员会成立后，命令纠察队

沙基惨案现场一角

封锁香港。纠察队驻在东至汕头，西到北海，蜿蜒数千里海岸线上的各港口，维持地方治安，扣押英国货物，严禁粮菜外流，封锁香港、澳门与沙面之间的交通。香港顿时交通瘫痪、商务停顿、商店关门、食品奇缺，成为"死港"。

戴季陶主义出笼

孙中山逝世不久，戴季陶即于 1925 年 6、7 月间相继抛出《孙文主义之哲学基础》和《国民革命与中国国民党》两本小册子，提出一整套反动理论，戴季陶主义正式出笼。

1925 年 7 月 1 日，中华民国国民政府在广州成立，由汪精卫任主席。

戴季陶（1891～1949）名存贤，又名良弼，字选堂，又字季陶，号天仇，又号孝园，原籍浙江吴兴（今湖州），生于四川广汉。1905 年赴日留学，参加中国同盟会。1910 年在上海主编《中外日报》和《天铎报》。1911 年在上海面谒孙中山，深为赏识，任孙的秘书兼翻译。积极参加"二次革命"。1914 年帮助孙中山在日本组建中华革命党，主编《民国杂志》。1917 年任广州护法军政府法制委员会委员长兼军政府秘书长。1919 年与沈玄庐办《星期评论》。1920 年戴曾参与中国共产党上海发起组的活动，后退出。1924 年任国民党中央执行委员会委员。对孙中山改组国民

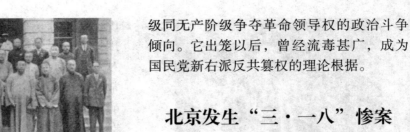

国民政府委员会会议合影。前排，左起：3 为孙科，4 为蔡元培，5 为胡汉民，7 为戴季陶。

党实行国共合作，持消极、反对态度。

戴季陶主义的主要内容是：在思想上，提出唯心主义的道统说来歪曲孙中山的三民主义，反对马克思主义的唯物史观。认为孙文主义是以中国固有的伦理哲学和政治哲学的思想为基础，是继承尧舜以至孔孟而中绝的思想。阉割孙中山思想中的革命灵魂，在理论上反对马克思主义的唯物史观，说孔孟之道是中国的国粹，只有继承中国传统的三民主义才能作为指导国民革命的最高原则，马克思主义的唯物史观不符合中国的传统思想，不能指导中国革命。

在政治上，反对马克思主义的阶级斗争学说，宣扬阶级调和。认为革命不是由于阶级压迫而引起的，否认中国存在阶级对立，中国只有觉悟者和不觉悟者的对立。说仁爱是人类的天性，国民革命是要恢复各阶级的仁爱性能。极力诬蔑共产党制造阶级斗争。其实质是维护地主阶级的剥削和压迫，反对工农的阶级斗争。

在组织上，反对中国共产党加入国民党，反对国共合作。认为国共两党没有"共信"，共产党员信仰共产主义，国民党员信仰民生主义，就不能"互信"，也不可能团结。要求参加国民党的中国共产党人放弃自己的共产主义信仰，服从国民党的统一性，受其支配。

戴季陶主义反映了统一战线中资产阶级同无产阶级争夺革命领导权的政治斗争倾向。它出笼以后，曾经流毒甚广，成为国民党新右派反共篡权的理论根据。

北京发生"三·一八"惨案

1926 年 3 月 12 日，冯玉祥国民军与奉系军作战期间，两艘日舰护卫奉军舰进入大沽口，并炮击国民军。国民军开炮还击，将日舰逐出大沽口。事后，日本借口国民军破坏《辛丑条约》，纠合英、美、法等 8 国公使向段祺瑞执政府发出最后通牒，提出拆除大沽口国防设施等无理要求，否则以武力解决。各国军舰云集大沽口，以武力威胁。

3 月 18 日上午 10 时，北大、清华、师大、师大附中等 80 多所大中学校和北京市总工会、国民党北京特别市党部、北京学生总会等 140 多个团体 5000 多人，在天安门前召开国民会议，大会通电全国民众，表示坚决反对八国最后通牒。大会还通过驱逐八国公使出境、宣布《辛丑条约》无效、督促政府严厉驳复八国通牒等项决议。会后，与会群众举行示威游行，前往铁狮子胡同，向执政府请愿。李大钊、陈乔年等参加了示威游行。在执政府门前，卫队

3 月 18 日，北京各界民众在天安门集会抗议，会后游行前往执政府请愿。段祺瑞下令开枪，并用大刀砍杀群众。当场打死 47 人，伤 200 多人。鲁迅称这一天为"民国以来最黑暗的一天"。图为请愿群众与执政府卫队对峙。

杨德群（1902～1926），湖南人，北京女子师范大学学生，"三·一八"惨案中遇难。她曾多次愤慨地说："处在这个内敌外侮交相逼迫的次殖民地之中国，倒不如死了干净。"

突然向群众开枪，打死47人，打伤150多人，失踪者40人。

段祺瑞政府指使卫兵枪杀学生事件，举国为之震惊。各大报纸纷纷报道，指责政府这一卑劣行径。

中山舰事件发生

孙中山逝世后，国民党内右翼集团妄图改变孙中山三大政策，猖狂进行反共活动。坚持三大政策的国民党左派廖仲恺在广州被刺杀，谢持、邹鲁等在北京西山非法召开所谓国民党一届四中全会，提出"弹劾共产党书"。接着在上海另立所谓中央党部，与广州的国民党中央相对抗。国民党中央执行委员会在广州召开国民党一届四中全会，宣布北京西山会议为非法。

1926年1月又召开第二次代表大会，重申接受孙中山遗嘱，完成国民革命的决心，对右派分子给予党纪处分。新成立的中央常务委员会，由汪精卫、蒋介石、谭延、胡汉民、林祖涵、陈公博、甘乃光、杨匏安等9人组成。担任第一军军长的蒋介石也被选为中央委员。在反击国民党右派的过程中他一跃而成为国民党的重要人物。但蒋介石随着地位的上升，暗中加紧了反共夺权活动。通过中山舰事件和整理党务案，他削弱了共产党人在军内的力量，并将共产党人排斥出国民党中央领导机构。汪精卫被迫出国之后，他出任军事委员会主席，掌握了军政大权。

1926年3月18日，黄埔军校交通股股长兼驻广州办事处主任欧阳钟到海军局称："转蒋校长命令，着即通知海军局迅速派兵舰两艘，开赴黄埔，听候差遣。"当中山舰于19日开抵黄埔时，蒋介石称："并无调遣该舰之命令。"令该舰即日开回广州。20日晨3时，有人说"中山舰无故生火游弋"，"显系共产党阴谋暴动"，"要把蒋介石劫去"。蒋介石表示"惊异"。为防止中

中山舰

李之龙（1897～1928），湖北沔阳人。1921年加入中国共产党。1928年2月8日，被国民党杀害于广州黄花岗。

山舰"有变乱政局之举"，蒋擅自下令宣布广州戒严；任命欧阳格为海军舰队司令，令其派兵逮捕李之龙，占领中山舰；调动军警包围省港罢工委员会和苏联顾问住宅，并软禁布勃诺夫使团一行；收缴罢工委员会纠察队和苏联顾问团卫队的枪支；扣压黄埔军校和第一军中以周恩来为首的共产党员。

3月22日，在汪精卫床前开了一个小时的中央政治委员会，作出了限制共产党、令苏联顾问季山嘉等回国、停止省港大罢工等决定。23日，蒋介石解散了"青年军人联合会"；又向军委会自请处分，说"此次事起仓猝，处置非常，事前未及报告，专擅之罪，诚不敢辞"，"自请从严处分"，并同时解散了"孙文主义学会"。

国民革命军誓师北伐

1926年7月9日，国民革命军在广州举行北伐誓师典礼。5月初，国民革命军第四军叶挺独立团和第七军第八旅第十五团，分别自广东肇庆和广西桂林挺进湖南，援助唐生智，揭开北伐序幕。6月4日，国民党中央执行委员会临时全体会议通过国民革命军出师北伐案。6月5日，广州国民政府任蒋介石为国民革命军总司令。6月28日，蒋介石命第四军第十、第十二两师自韶关出发援湘。

7月1日，蒋介石发布北伐部队动员令。7月4日，国民党中央临时全体会议通过《国民革命军北伐宣言》。7月9日，在广州东校场隆重举行蒋介石就任国民革命军总司令和国民革命军北伐誓师大会。党政军负责人和各界民众5万余人参加大会。国民政府代主席谭延闿授印，国民党中央党部代表吴稚晖授旗，蒋介石谨受宣誓毕，致答词，并举行阅兵式，由李济深任总指挥，张治中任司礼。蒋介石发表宣言、通电和告广东军民书等。蒋介石以国民革命军总司令名义，宣告北伐战争正式开始。

同日，国民革命军总司令部成立。由蒋介石制定、国民政府颁布的《国民革命军总司令部组织大纲》规定，凡国民政府下之陆、海、空各军，均归其统辖；国民革命军总司令，对国民政府与中国国民党，在军事上完全负责并兼任军事委员会主席；出征动员令下后，即为战争状态。凡国民政府所属军、民、财政各部机关，均须受总司令指挥，秉其意旨，办理公事。

蒋介石在北伐誓师大会上发表讲话。

7月11日，国民革命军进占长沙。国民革命军自出师以来，进展迅速。7月6日，国民革命军第七、第八军在湘潭以西强渡涟水，攻占娄底镇；9日晨，湘军向常德、长沙溃退。7月9日，国民革命军第八军占领湘乡，7月10日进占湘潭市，7月11日占领长沙。

北伐顺利进行

北伐时，北方军阀混战加剧，北京政变后奉系军力膨胀，总兵力达35万人。奉军入关，并南下控制了江苏、上海一带。孙传芳联络长江下游直系军阀驱逐奉军，拥兵20万，割据于苏、浙、皖、赣、闽五省。吴佩孚乘东南战争之机于两湖东山再起，并攻入河南。在京津地区，奉军与国民军矛盾激化。郭松龄发动反奉战争失败被杀。国民军乘机控制了直隶全境。由于国民军的革命倾向日趋明显，1926年初，奉、直两系在讨赤的名义下勾结在一起，从南北夹击国民军。吴佩孚沿京汉路北上，奉军占领天津。冯玉祥被迫通电引退。北京发生段祺瑞政府枪杀请愿群众的"三·一八"惨案。至4月中旬，段政府垮台。国民军由北京向南口撤退，直、奉军占领北京后，攻击南口，双方激战达4个月之久。

北伐军"中山号"装甲车

北伐军在武昌城下挖战壕

正当南口激战时，广州国民革命军开始北伐。国民革命军共八个军，约10万人，分三路北进。北伐军主力四、七、八军担任湖南、湖北正面主攻。由于工农群众运动的有力支援，北伐军节节取胜。10月攻占武昌，消灭了吴佩孚的主力部队。北伐军于9月初命二、三、六军进攻江西，11月初，四、七两军东下增援，北伐军于南昌一带歼灭孙传芳军主力10余万。12月北伐军第一军由福建经浙江北上，次年3月中旬抵上海附近。上海工人举行第三次武装起义，21日占领上海。与此同时，沿江东下的北伐军于24日占领南京。长江以南广大地区全为北伐军占有。同时在北方，退到绥远的国民军在苏联和中国共产党的帮助下，从五原绕道宁夏、甘肃攻入陕西、河南，有力地配合了北伐进军。

冯玉祥五原誓师

冯玉祥一行于1926年8月17日乘火车离开莫斯科动身回国，随行的有共产党员刘伯坚、苏联顾问乌斯曼诺夫等人。9月3日，冯玉祥一行抵达库伦。冯玉祥决心收拾残局，重振旗鼓。国民军的流散部队，听说冯玉祥回国，纷纷携枪归队。冯玉祥于五原召集国民军将领鹿钟麟、宋哲元、方振武、弓富魁、何其巩、石敬亭、孙岳、徐永昌等，以及国民党中央执行委员于右任开会，商讨国民军大计。决定成立国民军联军，推举冯玉祥任国民军联军总司令。

9月17日，国民军在五原城内举行了誓师授旗典礼，冯玉祥宣布成立国民军联军总司令部，并就任联军总司令。于右任以中国国民党中央执行委员会常务委员的身份授旗并监督。参加典礼大会的有国民

冯玉祥（1882～1948），曾任国民军总司令、国民政府委员、行政院副院长等职。

各地的冯玉祥旧部来投者，已达6万余人。国民军准备重振军威，向陕甘一带进军。

中国收回汉口、九江租界

在北伐胜利进行的形势下，已经为北伐军解放的长江沿岸掀进了革命高潮和爱国主义激情。

1927年1月1日，武汉各界庆祝北伐

五原誓师。图为总司令冯玉祥（左1）和总政治部副部长刘伯坚（左3）在誓师大会上。

军一、二、三、五、六各军官兵万余人。誓师会上还举行了易旗仪式，将五色旗更换为青天白日旗。冯玉祥当场宣布：为表明国民军忠于孙中山的三民主义，决心出师北伐，国民军全体将士加入中国国民党；并郑重地向全国发出誓师宣言。

誓师大会后成立了国民军联军总司令部，鹿钟麟任总参谋长，聘请乌斯曼诺夫为政治军事顾问。同时，选派政治工作人员分赴各军，成立政治处。至月底，散驻

国民革命军总政治部苏联顾问铁罗尼和总政治部主任邓演达在武昌城下督战。

"一三"惨案发生后，国民革命军一部开入汉口英租界。

胜利和国民政府由广州迁都武汉。武汉中央军事政治学校成立宣传队，3日下午，政治科学生30余人的宣传队，到汉口江汉关码头宣传讲演，英租界的印度巡捕，越过租界线到华界内进行干涉，听众不予理睬。靠在英租界江面的英国兵舰水兵，冲上岸来，用刺刀将海员李大生腹部戳穿，当即亡故。又有码头工人宿明生腹部被刺，市民祝香山、张文贵、方汉生等均受重伤，轻伤者30余人。群众徒手夺下了英水兵马枪一支，作为罪证。

当晚，以码头工人和海员为主体的群众向英租界集中，在工人纠察队的带领下，集体冲进英租界。当晚，武汉国民政府外交部长陈友仁就汉口惨案，向英国驻汉口领事葛福提出口头抗议，要求其立即下令撤退武装水兵，由中国军警接防。

4日，英国水兵撤退江岸。同日，武汉各界在总商会议定对英办法，共八条。并请政府根据八条向英领事提出严重交涉，限24小时内圆满答复。如答复不圆满，则请政府封锁汉口英租界；收回汉口英租界；收回海关；通知英政府不负在华英人治安责任。

4日下午，英领事及英国侨民仓皇逃往英国兵舰和商轮，英巡捕和水兵也撤至兵舰不敢上岸，汇丰银行和各洋行亦均完全停业，其银钱财物全运兵舰，妇孺则登德和轮停泊江心，准备离汉。4日晚，工人纠察队和少数卫戍部队，开进英租界，驻扎英巡捕房和附近仓库，维持租界治安。5日晚间，国民政府成立英界临时管理委员会，由外交部长陈友仁任管委会主席，主持英租界一切公安、市政事宜。

2月9日，英政府被迫与武汉国民政府签订协改，无条件将汉口、九江的英国租界交还中国。

毛泽东考察湖南农民运动

随着北伐节节胜利，中国共产党在各地掀起农民运动，中国南方农村被农民运动震动，也引起社会各界的关注和疑虑。

1927年1月4日，毛泽东开始对湖南的湘潭、湘乡、衡山、醴陵、长沙五县进行考察。5日，到湘潭银田寺，受到农会会员的热烈欢迎。在欢迎大会上，他作了《打倒土豪劣绅，一切权力归农会》的讲演。随后到韶山冲，召开调查会。10日，到湘乡县考察，发现有不少农会委员长、农会委员被关押，他当即指示中共湘乡县委要坚决斗争，释放被关押的干部，并要放鞭炮迎接他们出狱。15日，毛泽东来到衡山县，对农运干部说，在革命时期必须

湖南衡阳农民运动讲习所证章

中国通史

最新整理图文珍藏版

2804

《大公报》，清末，民国时期的著名日报之一。

建立农民的绝对权力，把一切绅权打倒。否则，一切减租减息、要求土地和其他生产手段的经济斗争，决无胜利的可能。27日起，他冒雪到醴陵县城、东富寺、伏波岭等地考察，了解农运情况。

3月5日，中共湖南省委机关刊物《战士》周刊公开发表了毛泽东的《湖南农民运动考察报告》。

报告总结几个月来农民在农民协会领导下作了十四件大事。最后说，这十四件大事就其基本精神来说、就其革命意义来说，哪一件不好？

报告不但总结了北伐时期农民运动的状况，也为毛泽东的中国农村问题战略打下了基础。

上海工人第三次武装起义

1927年，在北伐节节胜利的形势下，上海工人发动第三次武装起义。这次起义吸取了前两次起义失败的教训，组织严密，行动迅速，获得成功，有力地支援了北伐军。

3月21日，上海工人发动第三次武装起义。

武装起义由中共中央军委书记兼江浙区军委书记周恩来任总指挥，同中共江浙区委负责人罗亦农、赵世炎一起负责领导工作。为确保武装起义胜利，上海区委组织5000人的纠察队，秘密进行政治、军事训练。派一部分工人打入敌人的"保卫团"，掌握一部分武器，借敌人的训练和装备，扩大工人纠察队的武装和军事素质。又在市民、特别是贫苦市民中进行广泛细致的政治工作。并根据敌人所在地区力量的强弱，划分了七个作战区域，规定了各区工人纠察队的任务，将敌人兵力较强的闸北区作为起义进攻的重点区。起义前十天，铁路工人中断了铁路运输，使北洋军阀在上海的警备司令毕庶澄部3000人和当地警察2000人处于孤立无援的境地。

3月21日，中共上海区委于上午9时正式作出发动第三次武装起义的决定。中午12时起，在周恩来等的领导下，上海80万工人开始罢工，学生开始罢课，商人开始罢市。总罢工实现后便马上转入武装起义。

武装起义以工人纠察队为先锋，按照预定计划攻打各警署和兵营。起义工人攻下市电话局、电报局，占领警察局和兵营。在战斗中，市民奋勇助战，为起义工人修筑工事；大小饭店的店员赶

第三次上海工人武装起义时，邮务工人驱车闸北参战。

制食品，供应前线，袖带红十字的男女济难会员奔跑于前线和后方，救护起义的伤员。在工人武装的强大攻势下，敌人挂起白旗缴械投降。

21日晚，各路起义武装先后占领南市、沪东、沪西、浦东、虹口、吴淞六个区，只有闸北仍在激战。22日晚6时，起义工人攻占上海北站，消灭了闸北最后据点。这次武装起义有300多位工人牺牲，1000多人负伤。

22日，上海市民代表会议召开，宣布上海特别市临时政府成立。

《中央日报》创办

1926年冬，中国国民党中央在广州筹办中央机关报，命名为《中央日报》，并于1927年3月22日在武汉创刊。

由于《中央日报》是国民党中央的机关报，所以负责人由官方人士担任，当时的社长是颐孟余，总编辑是陈启修，副刊主编孙伏园。报面是每天4开5张，每逢星期天还增出一张《我们的世界》，同时出版英文版《中央日报》。《中央日报》初创时全力支持北伐战争，但不久就被汪精卫集团所把持，"七·一五"政变后，《中央日报》被迫停刊。

1928年元旦，《中央日报》又在上海复刊，1928年11月又迁往南京，1929年2月1日起在南京出版发行，版面是每天对开2张，历任社长有丁维汾、叶楚伧，历届总编辑有彭学沛、查光佛、严慎予、鲁荡平、刘芦隐、赖琏等，出版宗旨改为为国民党的清共政策和清除反对派系的政策进行辩护，出版量高达每天2万份。《中央日报》的宗旨随国内革命形势的变化也不断变化，日本入侵中国后，极力宣扬国民党当局的"攘外必先安内"的反动政策，

同时反对学生的爱国运动，并在"西安事变"期间主张武力解决张学良、杨虎城两位爱国将领。

1937年，抗日战争全面爆发，《中央日报》社先后迁往武汉、长沙、重庆等地，历任社长有程沧波、何浩若、陈博生、陶百川、胡健中，总主笔有陈德征、陶希圣，总编有詹辱生、袁业裕、陈训念。抗战初期积极宣传抗日，但不久就开始为国民党的反共政策摇旗呐喊。

1945年9月，抗战胜利，《中央日报》社迁回南京，马星野任社长，陶希圣任总主笔，李荆苏任总编辑，先后建立重庆、上海等十多个地区分版。1947年5月，成立"中央日报股份有限公司"，设立董事会、股东会、监事会，实行报纸经营企业化，并提出报纸杂志化设想，出版了十多个专刊。

1949年4月13日，南京《中央日报》寿终正寝。但由于在这之前，台湾已有台湾版《中央日报》出版，故国民党逃到台湾后立即在台北复刊《中央日报》。

蒋介石发动"四·一二"政变

北伐军之所以能取得迅速胜利，与国共合作领导这次战争是密不可分的。共产党人发动和领导工农运动，有力地推动了北伐胜利进军，党的组织也随之发展，1927年初全国共产党员已达57000多人。北伐战争的胜利发展和工农革命运动的高潮，使帝国主义列强十分恐慌。他们一面推行炮舰政策，在各地制造惨案，屠杀中国民众；另一方面则加紧在革命队伍内部寻找代理人。1926年12月，广州国民政府及国民党中央迁武汉。武汉政府初期在国民党左派和中国共产党人的共同领导下，继续执行孙中山的三大政策，提高了党权。

这引起蒋介石的不满，他由南昌到达上海后，便与帝国主义和大资产阶级势力勾结在一起，在国民党右派的支持下发动"四·一二"政变，在南京另立国民党中央和国民政府，对共产党人和革命工农群众进行血腥大屠杀。

"四·一二"政变时军队杀害共产党人的现场之一

1927 年 3 月 28 日，中国国民党中央监察委员紧急会议在上海召开。这是一次决定反共清党的秘密会议。参加会议的国民党监察委员、候补中央监察委员未超过半数。会议决议"采取非常紧急措施"，对共产党实行大捕杀。会议还确定了应首先看管者的名单，有鲍罗廷、陈独秀、李大钊、邓演达等共产党人和国民党左派人士共几百人。

4 月 11 日，蒋介石在南京密令："已

"四·一二"事变中被关押的民众

光复的各省，一致实行清党。"

4 月 12 日，蒋介石在上海发动政变，白崇禧在上海具体执行蒋介石的政变计划。凌晨，早已准备好的全副武装的青洪帮、特务约数百人，先后在闸北、南市、沪西、吴淞、虹口等区，袭击工人纠察队。工人纠察队仓猝抵抗，双方发生激战。事先埋伏在工人纠察队周围的大批军警，以调解"工人内讧"为名，强行收缴枪械。上海 2700 多名武装工人纠察队被解除武装。工人纠察队牺牲 120 余人，受伤 180 人。当天上午，上海总工会会所和各区工人纠察队驻所均被占领。在租界和华界内，外国军警搜捕共产党员和工人 1000 余人，交给蒋介石的军警。

为了抗议血腥暴行，当天，上海各区工人分别召开了几万人以至几十万人参加的大会，并立即召开工人代表大会，决定 4 月 13 日上午 10 时举行总同盟罢工。

4 月 13 日，总工会在闸北青云路广场召开工人群众大会，会后约有 10 万人整队去周凤岐二十六军二师司令部请愿。二师司令部已经接到蒋介石命令，当请愿队伍走到宝山路时，用机枪猛烈扫射，当场被枪击而死者在百人以上，伤者无数，被捕 200 余人。

从 4 月 12 日至 15 日的 3 天内，上海被屠杀者 300 余人，被拘捕的共产党人

白色恐怖笼罩了上海

"四·一二"事变后，奉系军阀张作霖在天津枪杀了国民党天津党部常委江镇襄等17人。图为被害的天津革命人士。

南京、武汉政府分裂

"四·一二"政变后，1927年4月17日，武汉国民党中央发出免除蒋介石本兼各职的命令："蒋中正屠杀民众，摧残党部，甘心反动，罪恶昭彰，已经中央执行委员会议决，开除党籍，免去本兼各职。着全体将士及革命民众团体拿解中央，按反革命罪条例惩治，此令。"

此外，还决定国民革命军第一集团军所辖之一、二、三、四方面军，均归军事委员会直辖。

20日，中共中央发表《中国共产党为蒋介石屠杀革命民众宣言》，表示完全赞成武汉国民党中央"罢免蒋介石国民革命军总司令，开除党籍和拿办的决定"。

宣言进一步指出：工农运动的兴起，使国民党之资产阶级与封建派发生恐慌，"他们出卖党的主义，污辱孙中山先生的遗嘱，出卖整个国家，蒋介石代表的就是国民党内反革命的封建资产阶级分子之反革命的倾向"。

22日，武汉国民党中央委员会和国民政府军事委员会40人联名讨蒋，号召全体党员、革命军人和人民群众依照中

1000多人，流亡失踪者5000多人。工人领袖赵世炎等被杀。

4月初，李济深在上海参加蒋介石的秘密反共会议后，回到广州，与古应芬、钱大钧等人密谋"清共"。15日，李济深命令国民党军钱大钧部、李福林部，搜查封闭了中华全国总工会广州办事处、省港罢工委员会、铁路工会、农会等革命组织和团体，包围了苏联顾问住宅，解除了黄埔军校和工人纠察队的武装。逮捕屠杀延续一周之久。共产党人及群众死难者达2000余人，被捕2000余人。共产党人萧楚女、熊雄、邓培、李启汉等在事变中牺牲。

南京国民政府部分成员

央命令，展开讨蒋活动。中央军事政治学校的学生和各民众团体也纷纷通电讨蒋。武汉、长沙等地举行了声讨蒋介石的大规模群众集会，群众罢工、罢市、罢课，以示抗议。

以后，宁、汉两个政府经过一段时间的对峙和谈判，至7月中旬武汉政府主席汪精卫公开宣布"分共"，解散工农团体，镇压共产党人。中共中央和国民党左派宋庆龄发表声明，揭露蒋、汪背叛革命，宣布退出武汉政府，国共合作至此破裂，国民革命宣告失败。

李大钊从容就义

1927年4月6日，张作霖搜查苏联大使馆，逮捕了在这里避难的李大钊等共产党人和国民党左派人士。

4月28日，李大钊等20人被奉系军阀处以绞刑。首登绞刑台者为李大钊，他神色未变，从容就义，时年38岁。

李大钊，河北省乐亭县人。1913年留学日本，1916年回国，历任北京《晨钟报》总编辑、北京大学经济学教授兼图书馆主任、《新青年》杂志编辑。十月革命后，他接受并宣传马列主义，领导"五·四"运动。1920年在北京组织共产主义小组。中国共产党成立后，任中国共产党北方区执行委员会书记。在国共合作期间，帮助孙中山确定联俄、联共、扶助农工三大政策，领导改组后的国民党在北京的组织。

南昌起义

1927年8月1日2时，在周恩来、贺龙、叶挺，朱德、刘伯承的领导下南昌起义开始。

起义总指挥部设在江西大旅社，按照中共前委的作战计划，由贺龙指挥的第二十军第一、第二师，向旧藩台衙门、大士院街、牛行车站等处守军发起进攻；由叶挺指挥的第十一军第二十四师向松柏巷天主教堂、新营房、百花洲等处守军发起进攻。经5个小时的激战，全歼守敌3000余人，缴获各种枪5000余支，同日下午，驻马回岭的第二十五师第七十三团和第七十五团，在聂荣臻、周士

部分参加南昌起义的人员抗日战争时期在皖南合影。

起义总指挥部旧址——原江西大旅社

第率领下参加起义，于 2 日拂晓开到南昌，与主力部队会合。

起义部队沿用"国民革命军第二方面军"的番号，由贺龙兼代总指挥，叶挺兼代前敌总指挥，刘伯承任参谋长，郭沫若任政治部主任。下辖 3 个军：第十一军由叶挺任军长，聂荣臻任党代表；第二十军由贺龙任军长，廖乾吾任党代表；第九军由韦杵任军长（未到职），朱德任副军长，朱克靖任党代表。

南昌起义打响了共产党武装斗争的第一枪，是中国共产党拥有独立的武装力量的开始。

井冈山根据地建立

由于国民党当局的残酷镇压，各地起义均遭失败。毛泽东率领秋收起义的队伍撤退到井冈山，创立了第一个农村革命根据地，为中国革命开辟了农村包围城市的道路。此后，朱德、陈毅率领南昌起义保留下来的部队，彭德怀率领平江起义部队先后到达井冈山，壮大了革命队伍。

1927 年 10 月，中共红色军队开始在井冈山创立其第一个农村根据地。井冈山根据地位于湖南、江西两省边界罗霄山脉中段，包括江西的宁冈、永新、莲花、遂川和湖南的酃县、茶陵等县。

秋收起义部队在三湾改编后，10 月 3 日到达江西省宁冈县的古城，前敌委员会召开会议，总结了起义的经验教训。然后起义部队沿罗霄山脉南下，且走且战，行程约千里，于 27 日到达井冈山地区，在宁冈、永新、茶陵、遂川等县恢复和建立了党的地方组织，建立工农兵政府，建立各县农民赤卫队，将当地袁文才、王佐领导的两支地方武装，经改造编为工农革命军第一师第二团，为建立井冈山根据地奠定了基础。

1928 年 2 月，朱培德趁井冈山工农革命军主力在遂川分兵发动群众之际，以第二十七师第七十九团一个营进驻宁冈新城，会同当地靖卫团，对井冈山革命根据地发动第一次"进剿"。井冈山前委决定运用毛泽东提出的"分兵以发动群众，集中以应付敌人"的战术原则，消灭该敌。中旬，毛泽东率工农革命军第一团由遂川返回茅坪，与第二团会合。18 日，工农革命军第一、第二团在赤卫队和群众的支援配合下，一举攻占新城，首次歼敌正规军一个营，俘敌 300 余人，粉碎了国民党军的第一次"进剿"。

毛泽东领导秋收起义

1927 年 8 月 7 日，中共中央在汉口召开紧急会议，纠正和结束了陈独秀右倾投降主义路线，并决定在湘、鄂、赣、粤四省趁秋收时节发动农民暴动。毛泽东以中央特派员的身份到湖南领导湘赣边界秋收起义。

9 月初，毛泽东在安源张家湾召开军事会议，将参加起义的武装编为工农革命军第一军第一师，卢德铭为总指挥，余洒度为师长，下辖 3 个团，起义总兵力达 8000 人。

9 月 9 日，湘赣边界秋收起义爆发。起义部队分 3 路向长沙进攻。第一、第四两团从修水出发，向平江进军，经长寿街时，由于第四团叛变，第一团腹背受敌，损失较大，被迫撤出战斗，向浏阳方向转移。10 日，第二团在安源起义，攻占醴陵、浏阳县城。11 日，第三团在毛泽东领导下于铜鼓起义，占领白沙镇和东门市。鉴于 3 路进攻部队均受挫，毛泽东命令各团向浏阳县城东南之文家市集中。

19 日，工农革命军 3 个团的余部陆续到达文家市集中。当晚，中共前委召开会议，同意毛泽东提出的放弃攻打长沙，沿罗霄山脉南移，寻求立足点的计划。

中共发动广州起义

1927 年 12 月 11 日，中共广东省委根据中共中央的指示，决定趁粤、桂军阀混战，广州城内兵力薄弱之际，发动起义。中共广东省委书记张太雷任革命军事委员会委员长，叶挺任总指挥，叶剑英任副指挥，徐光英任参谋长。起义以国民革命第四军教导团、警卫团一部及广州工人赤卫队为主力。

凌晨起义爆发，部队向广州市各要点发起突然攻击，仅 2 小时，广州大部分市区解放，经十余小时奋战，市区国民党政府军及保安队大部被歼。当天上午，广州苏维埃政府宣告成立，并发表宣言。

参加秋收起义的部分人员于 1937 年在延安合影

广州起义中战死的起义者

广州起义震惊了国内外。在英、法、美、日等国支持下，张发奎、李福林等调集9个团的兵力，从东、南、北三面围攻广州，起义军未能立即主动向农村转移，遭到严重损失，张太雷中流弹牺牲。经3天浴血奋战，起义军余部撤出广州。一部分在花县编为工农革命军第四师，转至海丰、陆丰，参加了东江地区的革命斗争；一部分退至广西左、右江，参加了后来的左、右江起义；少数人北至韶关，加入南昌起义部队，上了井冈山。

12月15日，共产国际发表《为广州暴动告全世界工人兵士及被压迫民众宣言》，指出："广州在革命斗争之中，顿开一新的局面"，"广州工人空前的英勇精神实在是世界历史上伟大的事实"。并断言，虽然"红色的广州已经失陷了，现在正在大批的屠杀工人与共产党员，但是中国革命工人的红军已经突出重围，准备卷土重来"。号召全世界的工人和被压迫民众"赶快起来，赞助中国的苏维埃"！

日军济南屠城

1928年5月1日，北伐军队进入济南。

5月3日，北伐军宣传员在济南魏家庄贴标语，日兵无理阻挠，开枪射击，造成数人伤亡。同日，有一中国士兵徒手经过日军警备区域，因语言不通与日兵发生误会，日兵开枪将其击毙。各地日兵闻枪声，亦纷纷放枪射击。日军包围单独驻扎的北伐军一营，该营因未接到抵抗命令，被日军缴械俘虏。晚9点，30多名日军闯进交涉署掳掠，将国民党青天白日旗和孙中山先生遗像统统撕毁，将外交文件弃置满地。一个日本士兵将前来交涉的蔡公时的两耳割掉，蔡公时大喊："日本人杀我！日本人对我如同古时氏族社会对待俘虏的办法割耳朵、挖眼睛来对我！"日本兵转过去杀被捆的其他外交官员。杀完之后，再回来将蔡的鼻子割下，其他日本兵在旁狞笑欣赏。折磨一个多小时，才将蔡公时枪毙。全署28人皆遭残杀。市民猝不及防，许多人避入邮局。日军包围邮局，将里面的中国人一一捆绑，囚禁于地下室中，断绝其饮食，并且终日毒打不休，时有被提出去遭枪杀者。被囚者约1600余人，其景况惨不可言。

5月8日清晨，日军开始用大炮向济南城猛烈轰击，并以飞机散发传单，勒令中国军队缴械。济南城内守军在卫戍副司令苏宗辙的指挥下紧守城垣，但奉令不得还击。中午，日军对全城实行总攻击。晚10时，守军退入内城。日军跟踪入城，用煤油在顺河街一带放火。至

日军刺杀中国人

中国通史

最新整理图文珍藏版

1928年5月，日军入侵济南时，当地一个卖糖果的儿童被日军抓住，查出篮里有中央银行的钞票3角，随即把他系在路旁树上劈杀。

10日晚，济南城已成一片瓦砾焦土，全城精华尽毁，中国军民死于炮火之下者达4000人以上。

11日晨，中国军队撤出济南，日军占领全城。日军入城后即大事搜索，中国百姓无辜被杀者不可胜计。西关江家池市民医院内伤兵被日军全部杀害，西门外前方医院伤兵250余人亦遭日军残杀，散住在各医院的伤兵约300人亦均被日军屠杀，伤兵被杀总计约700余人。

经日军血洗，济南市街犹如死城。据查在日军血洗济南的暴行中，中国军民死亡约6100余人，伤1700余人，财产损失2962万余元。

5月4日，国民党军驻济南部队，接到了蒋介石的电令："济案由国府经外交途径和平解决。严律所部，避免冲突，晓谕地方，毋相惊扰。"蒋介石还告诫受害群众不要反抗。

5月9日，蒋介石就济南惨案发出"避免冲突"通令，命令全体军人务须仰体中央意志，忍耐处置，所有民众集会及游行，应绝对禁止参加。10日晚，蒋介石电令守城士兵"暂行让步"，退出济南，不留一兵一卒。

蒋介石宣布北伐胜利

1928年7月6日，蒋介石率北伐军各路总司令、各路总指挥在西山为北伐成功祭告孙中山之灵。

上午8时10分，祭典开始，由蒋介石主祭，冯玉祥、阎锡山、李宗仁襄祭；与祭的还有北平政治分会与工商学界代表共数百人。

蒋介石依靠其掌握的军事实力，于1928年1月东山再起。通过国民党二届四中全会，蒋介石出任中央政治会议主席、军事委员会主席。谭延闿为国民政府主席。蒋介石虽然掌握了中央政权，但还没有力量控制地方，不得不于广州、武汉、开封、太原设立四个政治分会，分别由李济深、李宗仁、冯玉祥、阎锡山担任主席，表示承认地方实力派的地位。

当南方政局陷入混乱之际，盘踞北方的张作霖及孙传芳乘机反攻，对国民党实

1928年7月6日，蒋介石率各集团军总司令在西山为北伐成功祭告孙中山之灵，前左，冯玉祥；中，蒋介石；右，李宗仁。

1928年2月2日，国民党二届四次会议中央执行委员会在南京举行，蒋介石复职。

张作霖（1875～1928），奉系军阀首领。

力派构成严重威胁。因此，南京国民政府决定继续北伐。蒋介石担任国民革命军总司令兼第一集团军总司令。第二、三、四集团军总司令分别由冯玉祥、阎锡山、李宗仁担任。1928年4月，北伐军沿津浦、京汉两铁路向北推进。张作霖的安国军节节败退。5月3日，北伐军攻入济南，日本军队悍然进行武装干涉，制造惨案。北伐军绕道北进，6月初逼近京津，张作霖见大势已去，便退回关外，北伐军进入北京。张作霖于撤退途中被日军炸死。其子张学良继任"东北保安司令"。经过半年的谈判，张学良于12月29日通电服从南京国民政府，改易旗帜。至此，中国南北实现了形式上的统一。

日军炸死张作霖

1928年6月4日，张作霖被日军炸死在沈阳皇姑屯车站附近。

1927年蒋，汪合流北伐，张作霖节节失利。为了保持实力。1928年5月30日，张作霖召集张作相、孙传芳、杨宇霆、张学良举行会议，决定下总退却令。

张作霖历来亲日，为日军扶持，但在出卖东北利益问题上与日军发生冲突。

张作霖退出北京之前，日本军部特别是日本关东军，坚决主张"为伸张日本的在满权益，必须使用武力"。关东军司令官村岗长太郎中将决定："干掉张作霖。"张作霖为防意外，先宣布6月1日启程，后改为2日，最后在3日离京。

张离京前，日本驻北京公使芳泽谦吉到中南海逼张作霖在《日张密约》上签字。张作霖拒不接见。

晚8时，专车从北京车站开出。4日5点23分，当张作霖乘坐的专车钻进京奉铁路和南满铁路交叉处的三洞桥时，日本关东军东宫铁男大尉按下电钮，一声巨响，三洞桥中间的一座花岗岩石的桥墩被炸开，桥上的钢轨、桥梁被炸得弯弯曲曲，抛上天空，张作霖的专车被炸得只剩一个底盘。张作霖被炸出三丈多远，咽喉破裂。

奉天省长刘尚清闻讯赶到现场。张作霖被救至沈阳"大帅府"时已奄奄一息。死前张对卢夫人说："告诉小六子（张学良的乳名），以国家为重，好好地干吧！我这个臭皮囊不算什么，叫小六子快回沈阳。"

邓小平发动百色起义

1929年12月11日，中共中央代表邓小平和共产党人张云逸、雷经天、韦拔群等，领导在共产党掌握和影响下的广西警备第四大队、教导队和右江农民军，在广西右江百色县举行起义，占领了右江区域内的百色、田东等十余县，建立了红军第七军，张云逸任军长，邓小平任前委书记兼政委。接着，红七军在平马召开右江工农兵代表大会，成立了以雷经天为主席的右江苏维埃政府。

中原大战爆发

1930年发生的蒋阎冯大战，历时7个月，双方死伤30多万人，这是民国史上最大的一次军阀混战。

1929年初，蒋介石召开"编遣会议"，企图裁减冯玉祥、阎锡山和李宗仁的军队。

这就激化了他与地方实力派之间的矛盾。同年3月，首先爆发的是蒋桂战争，以桂系失败告终。接着发生蒋冯战争、第二次蒋桂战争和蒋唐（生智）战争。以国民政府名义下"讨伐令"的蒋介石在这些战争中都取得了胜利。

战争期间，国民党改组派、西山会议派等反蒋派别在北平联合召开了国民党中央党部扩大会议，成立了以阎锡山为首的国民政府。1930年4月1日，阎锡山就任"中华民国军总司令"，冯玉祥、李宗仁就任副总司令，三人分别在太原、潼关、桂平宣誓就职。冯玉祥在就职宣言中指斥蒋介石为国家动乱不安的祸根，历数了蒋介石践踏民主，弄权卖国的种种恶端，并发誓要为国家除此祸害。

但随着阎、冯不断失利，张学良率东北军入关支持蒋介石。9月18日，张学良通电拥蒋，旋即派东北军12万人入关。蒋、冯、阎中原大战正在胶着之时，东北军大兵入关，双方天平迅即倾斜。21日，东北军占领天津，23日占领北平。晋军力疲不当，一触即溃，迅速西退。阎、冯联盟崩溃，蒋、张联盟胜利。

11月4日，阎锡山、冯玉祥通电下野，至此，历时7个月的中原大战结束。大战中，蒋介石与阎、冯、李双方投入兵

中原大战前，蒋介石与冯玉祥（左）、阎锡山合影。

中原大战前，冯玉祥的部队在潼关红场整装待发。

力多达 110 万，伤亡 30 余万。战线东起山东，西至襄樊，南迄长沙，绵延数千里，战火席卷中原大地，生灵涂炭。

红三军攻占长沙

1930 年 7 月 27 日，红三军团攻占长沙。

自 6 月中旬，红三军团趁国民党军何健部主力南追张发奎部和李宗仁部之

1930 年 8 月 1 日，红 3 军团占领长沙，举行 10 万民众大会。

际，由湖北大冶地区向西南进击，继克通山、崇阳县城后，于 7 月 4 日攻占岳阳，旋即南进至平江地区。7 月下旬，红三军团、湘赣边红军独立师趁长沙守军薄弱之机，于 25 日沿平浏边界进击长

长沙街头的标语和文告

沙。27 日攻克浏阳河东岸的椒梨，渡过浏阳河，突破敌军的防线，迅速迫近长沙，战至黄昏，分由雨花亭、五里牌突入城区，于午夜完全占领长沙。是役，共俘敌 4000 余人，缴枪 3000 余支，获迫击炮 20 余门，山炮 2 门、电台 9 部及大批弹药、物资。

30 日，在长沙组成湖南省苏维埃政府，以李立三为主席，杨幼麟为副主席，彭德怀、李宗白等 13 人为委员。省苏维埃政府颁布了《暂时劳动法》、《暂行土地法》和苏维埃政纲等文件。长沙城内成立了市苏维埃，区苏维埃及中共区委。新政府没收富户粮食，分给贫民，没收军阀及外国公司财产，释放政治犯。

蒋介石第一次"围剿"失败

1928 年夏，中国共产党在莫斯科召开了第六次代表大会，决议展开土地革命，创建工农红军，建立苏维埃政权，以武装斗争推翻国民党统治。此后，工农红军和革命根据地都有很大发展。毛泽东、朱德率领红四军主力，开辟了中央革命根据地，包括湘赣、赣南、闽西、

参加反"围剿"战斗的工农红军第 1 师军旗

湘鄂赣和闽浙赣等几个地区。此外，还有鄂豫皖、湘鄂西、左右江、陕北等十几块根据地。各根据地先后开展了土地革命，打土豪，分田地，变封建地主所有制为农民的土地所有制，使红色政权获得深厚的群众基础。1931年11月，中华苏维埃共和国临时中央政府在江西瑞金成立，毛泽东任主席。

对中国共产党人的革命斗争，特别是红色根据地的发展，国民党十分恐慌。从

苏区少先队

采取"分进合击，长驱直入"的作战方针，向中央苏区进行第一次"围剿"。11月1日，毛泽东、朱德签发了红军第一方面军命令，一方面军约4万人，主力转移到赣江以东的新淦、吉水、永丰、乐安、宜黄、崇仁等地。5日，国民党军向袁水流域推进，继向赣江东岸逼进，寻求红军主力决战。26日，红军主力全部退到东固、南垄、龙冈地区。不日，又秘密转移到黄陂、小布地区，隐蔽待机。

12月，毛泽东指挥红一方面军约4万余人，采取诱敌深入的战略，已将主力移至根据地腹部的黄陂、小布地区整训备战。国民党军分路进至吉安、吉水、永丰、东安、宜黄等地后，增兵至9个师，16日，

被红军俘虏的国民党军队第18师师长张辉瓒

1930年蒋阎冯大战结束后，一方面在其统治区内加强对文化教育事业的控制，发动新生活运动，对进步文化实行文化"围剿"。一方面抽调庞大兵力，由蒋介石指挥，对革命根据地连续发动四次军事"围剿"。

1930年10月，蒋介石调集10万兵力，以江西省政府主席兼第九路军总指挥鲁涤平为总司令，师长张辉瓒为前线总指挥，

鄂豫皖根据地赤卫队缴获的敌军飞机，后命名为"列宁号"，配合红军参加过黄安战斗。

由吉安、建宁一线分 8 路纵队大举进攻根据地中心区。25 日至 27 日，第五十师、第二十四师、第八师相继进占源头、洛口、头陂。29 日，前敌总指挥兼第十八师师长张辉瓒率师部及两个旅进至龙岗，第二十八师一部进攻约溪，红军以小部兵力钳制东面源头、洛口、头陂等地之敌和西面进攻的约溪之敌；主力由于 30 日突攻龙岗，激战至晚，全歼第十八师，生俘张辉瓒。红军乘胜追击，于东韶一带又歼第五十师大半，破蒋军第一次"围剿"。

国民党第二次"围剿"

第一次国剿中央苏区失败后，蒋介石就筹备进行第二次围剿。

1931 年 3 月 28 日，国民党南昌行营对中央苏区第二次"围剿"部署就绪。是日下达总攻击令，限各部 4 月 1 日开始分路向苏区攻击前进。

行军中的红军队伍

4 月 1 日，蒋介石调集 20 万兵力，以何应钦为总司令坐镇南昌指挥，从江西吉安到福建建宁 800 里战线上，中央军以"稳扎稳打，步步为营"为方针，分兵 4 路向中央革命根据地分进合击。

4 月 17 日，由任弼时、王稼祥、顾作霖组成的中央代表团从闽西到达宁都的青塘，与中共苏区中央局成员毛泽东、朱德、项英会合。是日，在宁都青塘召开会议，作为中共苏区中央局第一次扩大会议的继续。

毛泽东留在苏区打的主张得到多数赞同，并采纳了毛泽东提出的"先打弱敌"的具体作战方针，决定先集中兵力打富田地区的王金钰这一路国民党军。会后，朱德、毛泽东、周以栗、彭德怀、林彪等去前方，陈毅去赣西南特委任书记，苏区中央局由项英、任弼时、王稼祥三人主持工作。

由于采取了毛泽东的正确战略，红军机动灵活，在苏区人民的配合下粉碎了第二次围剿。

国民党第三次"围剿"

国民党军队第二次围剿中央苏区失败，硝烟尚未散尽，蒋介石就进行第三次围剿。

1931 年 6 月 22 日，蒋介石带英、日、德等国军事顾问由南京抵达南昌，策划对中央苏区进行第三次"围剿"的军事部署。

25 日，蒋介石自任"围剿"军总司令，任命何应钦为前敌总司令兼左翼集团军总司令，陈铭枢为右翼集团军总司令等。随后，调集 23 个师又 3 个旅，约 30 万人的兵力，采取"分路围攻，长驱直入"的方针，准备对中央苏区发动第三次"围剿"。

7 月中旬，红一方面军为击破国民党军第三次大规模"围剿"，继续实行诱敌深入的方针。时红军主力远在闽西，且未得到休整和补充，只有 3 万余人。为应付强大之敌，毛泽东提出"避敌主力，打其虚弱，乘胜追歼"的作战方针。

10 日前后，毛泽东、朱德指挥方面军

红军中的女兵，后排左1为康克清。

主力从闽西北等地区出发，绕道千里回师赣南，于22日前抵达雩都以北的银坑、琵琶垄地区，并与由湘赣苏区转来的红七军及红二十军第一七五团会合。

随后，部队稍事整顿，于28日转至中央革命根据地后部兴国县高兴圩地区寻机破敌。

9月初，对中央苏区进行第三次"围剿"的国民党军，在根据地军民连续打击下，全线撤退。红一方面军乘机对退却之敌实施追击和截击，进一步扩

红1师官兵帮助农民收割庄稼

大战果。

15日，红一方面军主力在江西兴国县方石岭地区全歼国民党军第五十二师、第九师炮兵团和一个步兵营，俘敌5000余人，缴各种枪4500余支，子弹120余万发。至此，红一方面军历经一个多月作战，六战六捷，共歼敌17个团3万余人，缴枪万余支，粉碎了国民党军对中央革命根据地的第三次"围剿"。

"九·一八"事变爆发

1931年9月18日，日本关东军制造"柳条湖事件"，对中国东北地区发动了武装进攻。

18日22时20分，以爆炸声为信号、早已准备好的全副武装的日军，便向预定目标攻击，同时沈阳站附近的日军大炮向北大营猛烈轰击。柳条湖事件发生后，日

日本攻占沈阳，在城墙上射击。

军连夜向沈阳增兵。由于东北军绝大多数部队执行了蒋介石"不准抵抗"的命令，一夜之间，日本侵略军便轻而易举地占领了沈阳城。

9月18日夜里，关东军在南满铁路沿线展开了全面攻势。19日，日军攻占南满、安奉两铁路沿线的重要城镇营口、田

在长春火车站下车时的日本关东军司令本庄繁（正中挥手者），其后为参与策划"九一八"事变的关东军高级参谋坂垣征四部。

庄台、盖平、复县、大石桥、海城、辽阳、鞍山、铁岭、开原、昌图、四平街、公主岭、安东、凤凰城、本溪、抚顺、沟邦子等地。19 日凌晨 4 时，日军向长春发动总攻，中国守军奋起抵抗，后在吉林军署参谋长熙洽"毋须抵抗"的命令下含愤撤退。当日 22 时许，长春陷落。

事变时，张学良传达蒋介石的命令不抵抗。张学良说："蒋指示暂不抵抗，准备好了再干，一切事先从外交解决"。不抵抗主义，从中央到地方层层下达。

事件爆发后，蒋介石仍令不抵抗。留居北平的张学良一夜之间十几次致电南京蒋介石请示，均不准抵抗。

战后成了一片废墟的东北军北大营

从 9 月 18 日至 25 日一周内，关东军占领辽宁、吉林两省的 30 座城市，并完全或部分控制了 12 条铁路线，完成了"九·一八"事变军事进攻的第一阶段。

1932 年 1 月 1 日，日本侵略军从三面向锦州发动总攻，3 日占领锦州。中国驻军 3 万余人奉国民政府命令，稍作抵抗即撤入山海关内，东北全部沦陷。

中华苏维埃共和国成立

1931 年 11 月 7 日至 20 日，中华苏维埃第一次全国代表大会在江西瑞金召开。中央、闽西、湘鄂赣、湘赣、湘鄂西、豫东北、琼崖等各苏区及红军各部均选派代表出席，共 610 人参加。

大会通过了《中华苏维埃共和国宪法大纲》、《中华苏维埃共和国劳动法》、《中华苏维埃共和国土地法》、《中华苏维埃共和国关于经济政策的决定》等文件，发表了《中华苏维埃共和国临时政府对外宣言》和《中华苏维埃第一次全国代表大会告全中国工人与劳动民众书》。

大会产生了中华苏维埃共和国临时中央政府，并选出 63 人为中央执行委员。25 日，组成中华苏维埃共和国中央革命军事委员会（也称中国工农红军革命军事委员会），以朱德为主席，王稼祥、彭德怀为副主席。27 日，中央政府执行委员会举行第一次会议，选举毛泽东为中华苏维埃共和国中央执行委员会主席，项英、张国焘为副主席。

1933 年 1 月，中共临时中央政治局被迫由上海迁至中央革命根据地瑞金。临时中央政治局主要成员博古、张闻天、陈云于 1932 年底先后由上海出发，经福建永定、上杭，于本月初抵达瑞金。临时中央迁到苏区后，中共中央政治局总

中国通史

最新整理图文珍藏版

负责人为博古，组织部长为任弼时，宣传部长为张闻天，毛泽东被补选为政治局委员。

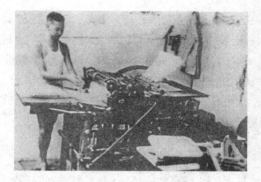

中华苏维埃政府印刷厂在用简陋的设备印刷书报杂志

新华通讯社创办

1931 年 11 月 7 日，新华通讯社的前身——红色中华通讯社创办，简称"红中社"，它是中国共产党在江西革命根据地建立的中华苏维埃共和国临时中央政府的机关通讯社，1937 年 1 月，改名为新华通讯社，简称"新华社"。

红中社创办后，1931 年 12 月 11 日，中华苏维埃共和国临时中央政府的机关报《红色中华》创刊。红中社便与报社合为一个机构。红中社新闻广播以 C. S. R. 为呼号，即英文 Chinese Soviet Radio（中华苏维埃无线电台）的缩写。红中社作为中华苏维埃临时中央政府的喉舌，在指导各个革命根据地的发展过程中起了很大作用。1934 年 10 月，由于"左倾"错误路线的

指挥，红军第五次反"围剿"失利，被迫进行长征，红中社停止了对外新闻工作，但收报工作一直没有中断。

1935 年 10 月，中央红军到达陕北后，11 月就恢复了红中社广播工作，使各革命根据地、全国人民都重新以红中社的对外广播了解中国共产党，了解红军的抗日策略。1936 年 12 月西安事变发生，以周恩来为首的中共中央代表团赴西安调停，并在此建立了红中社西安分社，随着西安事变和平解决，分社于

中共苏区中央局委员合影。

1937 年 3 月停止活动。为适应发展抗日民族统一战线新形势，及时传播党的抗日救国的各项主张，1937 年 1 月，根据中共中央决定，红中社改名为新华社，《红色中华》报改为《新中华报》，正式用新华社名义向全国发布新闻。

红军总政治部出版的《红星画报》

随着抗日战争进入相持阶段，为适应形势发展的需要，让新华社担负起应尽的历史任务，1939 年党中央决定新华社与《新中华报》分开单独成为一个独立的组织机构，新华社开始踏上独立发展的新阶段，开办广播电台，在各抗日根据地成立分社，向全国宣传中共的抗日路线、方针、指导各地的抗日运动。在第三次国内革命战争时期发展更为迅速，强大编辑阵容组成军事记者或前线记者团，在各野战军中成立总分社、分社、支社，宣传我军的战斗情况，暴露国民党军队的腐败。肩负起党报、通讯社和广播电台的任务，代表党中央发布新闻、发表社论、时评，加速了全国解放战争的胜利。

新华通讯社的创办，在宣传中国共产党的各项主张、领导全国人民取得革命胜利的过程中，发挥了极大的作用。新中国成立后，新华社便成为统一的集中的国家通讯社，继续发挥其作用。

上海"一·二八"抗战爆发

1932 年 1 月 18 日，日本驻沪公使馆武官田中隆吉与日本女特务川岛芳子，故意制造事端，引起义勇军杀死日本僧人。于是在上海的日本人大肆冲击中国居民。

22 日，日本驻上海舰队司令部在各报发表恫吓性的声明。24 日，日本特务机关派人纵火焚烧了日本公使重光葵的公馆，然后诬指是中国人干的。日本以此为借口，大量向上海增兵。23 日至 28 日，日军在上海集结了军舰 23 艘，飞机 40 余架，海军陆战队 1830 余人及武装日侨三四千人，分布在日租界和黄浦江上。

1 月 23 日，第十九路军召开驻上海部队营长以上干部紧急军事会议，并电告中央政府，决心抗战，而南京当局命令十九路军撤退，上海市长还取消各种抗日团体，接受日本的无理要求。

1 月 28 日 23 时 30 分，日本海军上海陆战队在指挥官鲛岛上校指挥下，以 20 余辆装甲车为前导，在炮兵支援下，向各路口中国守军阵地进攻。防守闸北的中国第十九路军第七十八师第一五六旅，依照总部 23 日下达的密令第二项之规定，当即奋起还击，前来接防的宪兵第六团一部亦奋起抵抗，双方展开激烈巷战。天亮以后，日军在装甲车的掩护下，连续发起猛攻，日机也由航空母舰起飞，对闸北、南市一带狂轰滥炸，战火迅速蔓延。守军第一五六旅所部，顽强抗击日军的进攻，以集束手榴弹对付日军的装甲车，组织敢死队以潜伏手段炸毁敌装甲车，坚守第一阵地，并在炮火掩护下适时向敌实施反击，打退日军的连续进攻。29 日 17 时，第一五六旅主力加入战斗，进行反击，夺回北站及天通庵车站，并乘胜追击，一度攻占日军

19路军在闸北与日军巷战

上海陆战队司令部，迫使日军退至四川路以东、靶子路以南地区。日军首次进攻以失败而告结束。

2月4日，日军发动第一次总攻，以数千人分三路会攻闸北，数百人攻击八字桥。但在中国守军的顽强抗击下，日军承认"进展不易"，被迫于午后撤回原进攻出发阵地。5日，日军再次进攻闸北，守军顽强战斗，阵地失而复得。至此，日军发动的第一次总攻被粉碎。

增援上海的日军混成第二十四旅，于2月6日在佐世保集中起航，驶向吴淞口。为掩护该部登陆，日本上海陆战队在植松少将指挥下，从7日7时50分开始，集中全力进攻吴淞。守军浴血抗击，战至12时，将日军击退。

8日拂晓，日军混成第二十四旅分三路向张华浜、蕴藻浜、吴淞镇进攻。至傍晚，日军攻击达10余次，均遭失败。10日至15日，日军多次组织进攻，均无收效。至此，日军已无力组织新的进攻，被迫原地固守待援，并在英、美、法、意等国公使出面调停下，再次处于休战状态。野村企图从几路包抄吴淞中国守军的计划，终被粉碎。

2月11日，中共临时中央发出《致上海反帝大同盟党团的一封信》。信中说："目前反日反帝运动的一切宣传及行动，必须与武装拥护苏联，反对世界大战，拥护红军苏维埃等更紧紧地适合地联系起来。同时，对于目前像改组派、第三党、社会民主党、新生命派、托陈取消派等一切反动的或妥协的派别，必须对他们实行更锐利的斗争。"2月14日，中国工农红军总司令朱德、总政治部主任王稼祥联名发表《中国工农红军为日军进攻上海告十九路军士兵书》，赞扬第十九路军士兵奋起抗日的英勇行为。2月15日，中共临时中央发出《中央为上海事变给各地党部的信》。信中指出："上海目前所进行着的反日战争""明显地带有民族革命战争的意义"，"因此，我们党的任务，不是抵制这一战争，而是积极的加入这一战争"。

2月13日，根据日本天皇敕令，日军参谋总长闲院宫载仁急令陆军第九师火速增援上海。此时，在沪日军已达3万余人，野炮近70门，飞机60余架，并有舰艇数十艘集中于吴淞口。

18日下午，植田向第十九路军军长蔡廷锴发出最后通牒。第十九路军收到日军

第19路军军长蔡廷锴（1892~1968），字贤初，广东罗定人。保定军校毕业。

开赴淞沪前线的抗日部队

的通牒后，召开了高级军官会议，与会者群情激愤，怒不可遏。指挥部立即令前线部队集中炮火向日军阵地猛轰，作为对植田通牒的回答和警告。

20日7时30分，日军从正面向闸北至吴淞发起全线进攻。22日拂晓，日军再发起攻击。总指挥蒋光鼐于9时决心由江湾镇、庙行镇、蕴藻浜三个方向同时实施反突击，合围歼灭庙行镇之敌。至15时左右，各部到达出击位置，即全线向日军展开反突击。进攻庙行镇的日军全部陷入反突击部队的包围之中。经数小时激战，日军大部侥幸乘夜间突围逃窜，一部被包围歼灭于金穆宅。大小麦家宅一带。由于进攻庙行方向的日军遭到第十九路军反突击的沉重打击，陷入危境，使日军全线进攻破产。

2月25日，日军改用重点进攻突破一点的战术，以第九师主力在飞机、炮兵支援下，分三路同时向江湾、小场庙、庙行镇猛攻。26日拂晓，守军为改善防御态势和收缩兵力，主动放弃突出的江湾阵地，退守金家塘至竹园墩之线。17日下午，日军进占江湾镇。

3月1日，日军在上海发起全线攻击。总攻之前，上海日军已达7万余人，飞机约150架（另有海军飞机160架）和海军第一、第三舰队。此时，中国第十九路军（包括第五军）总兵力只有4万余人，并

已相对减弱。3月1日6时30分，日军对淞沪地区发起全线攻击。守军在优势日军总攻之下，虽阵地多次被日军突破，但仍顽强与敌反复争夺。

正当第十九路军和第五军与日胶着在整个正面战线上顽强奋战之时，日军第十一师从3月1日6时开始，分别从七丫口、杨林口和六浜口登陆。当浏河危急之时，第十九路军无机动兵力可以增援，曾请求军政部速派两师兵力驰援浏河，但军政部置之不理。浏河失陷，使守军侧面及后方均遭严重威胁，不得已于3月1日晚全军退守第二道防线（即黄渡、方泰、嘉定、太仓之线）。

日军发现中国军队全线撤退后，于3月2日占领了闸北、大场、真如，3日进抵南翔。3月3日，国联开会决定，要求中日双方停止战争。至此，淞沪战事乃告结束。

伪满洲国成立

日军占领东三省后，一直寻求将占领合法化的手段，而隐居天津的溥仪等人在日本利诱下，叛国潜往东北，投靠日军。

1932年3月1日，日本假借"满洲国"政府的名义，发表《建国宣言》，正式宣布"满洲国"成立。同时，按照关东军的安排，张燕卿、谢介石等到达旅顺"请驾"。溥仪表示"暂任执政一年"。

1932年3月9日，在日、伪军的护卫下，溥仪的汽车驶向执政麻，举行就任仪式。

1934 年 1 月，溥仪在日本的操纵下，成为伪"满洲国皇帝"。图为溥仪"登基"后着元帅装的留影。

3 月 6 日上午，溥仪和婉容以及郑孝胥等人，在日本特务的严密监视下，乘火车离开旅顺。

3 月 8 日，火车到达长春。

3 月 9 日，举行溥仪"就职典礼"。"满铁"总裁内田康哉、关东军司令官本庄繁、参谋长三宅光治、参谋板垣等都到场。

10 日，溥仪根据关东军司令部提出的名单，任命了伪满洲国的官吏。伪满洲国

1932 年 3 月 9 日，溥仪（中坐者）在就任"满洲国"执政典礼的仪式上。其左为日本关东军司令本庄繁，右为国务总理郑孝胥。

的各级政权组织均设日本顾问和官吏以掌握实权。

3 月 10 日，伪满洲国"执政"溥仪与关东军司令官本庄繁以换文形式，签订了一个出卖中国东北主权的密约，其主要内容为：

（1）"满洲国"的"国防"及治安，全部委托日本负责；其所需经费则由"满洲国"负担。（2）"满洲国"的铁路、水路、空路及新路之修筑，由日本管理。（3）日本军队所需的各种设施，由"满洲国"尽力供应。（4）日本人可以充任"满洲国"官吏，由关东军司令官推荐和解职。（5）日本有权开发中国东北的矿业资源；

李顿调查团在东北进行了一个多月的调查。图为调查团成员在伪"满洲国"执政府会见溥仪。

为"国防"计，日本所取得的采掘权，俱无期限规定；"满洲国"在制定或修改有关"国坊"上所需要的矿产法规时，应事先征得日本的同意。（6）将来由两国缔结正式条约时，要以此密约所列的各项宗旨和规定为立约之基础。

日本进攻华北

日军占领东三省后，就力图向中国内地进攻，其首攻目标是山海关。

1933年1月1日23时，日军守备队长落合策划制造了在榆关宪兵分遣队前面的手榴弹爆炸事件，并指挥部队向南关和车站进攻，又电关东军和天津驻屯军司令官请援。当晚来攻日军均被中国守军击退。

2日凌晨1时许，日方向中方提出四项条件：（1）南关归日方警戒；（2）撤退南关驻军；（3）撤退南关警察及保安队；（4）撤退城上守兵，并限即时答复。

战壕中的中国战士

3日10时，日军增援部队加入战斗，在飞机、军舰和坦克的掩护下，向东南城角和南门附近发起重点进攻。榆关遂被日军占领。

8日，日本关东军与在中国的驻屯军制定了《山海关事件处理方针及纲要》，说榆关事件是"为中国驻屯军执行任务上的一局部地区问题和以后用兵不受约束的原则处理"，并要求张学良军今后不得向榆关一定距离以内"侵入"。

中国军队在喜峰口与古北口之间的罗文峪布防

在罗文峪前线工作的北平人民自卫会救护队队员

2月17日，日本关东军司令官武藤下令进攻热河，令第六师团主力于2月23日从打通路沿线出发，向天山下洼、朝阳一线进攻，尔后向赤峰及林西、多伦方面扩展；以一部兵力从朝阳寺附近出发，向赤峰方面进攻；以一部兵力控制界岭口、冷口、喜峰口等长城要隘，掩护主力攻占承德、古北口。

喜峰口第二十九军大刀队准备肉搏

张学良要求大家誓守热河，雪"九·一八"之耻。同日，27名东北军将领由张学良领衔从承德发出通电，呼吁全国一致支援。

3月3日下午，日军一部乘汽车向承德追击。汤玉麟闻讯惊慌失措，假说去前线督战，征集大批汽车，满载财宝、鸦片向天津租界输送，本人亦于4日晨率部离开承德，向滦平逃跑。当日11时50分，日军先头部队128人兵不血刃地侵占了

中国军队开赴长城前线对日作战

承德。

3月4日，日军占领承德后，即以第八师主力向古北口方向追击。11日拂晓，日军第八师主力，在炮兵火力掩护下，开始向守军发起进攻。防守古北口正面的第一一二师未尽力抵抗即放弃了第一线阵地，日军迅速占领古北关口，并乘胜向守军第二十五师右翼龙儿峪阵地包围攻击。13日，日军占领古北口。

3月9日，日军步骑联合部队和伪军一部，乘万福麟部和二十九军三十七师交接阵地之时，向喜峰口外约20里的一个前哨据点孟子岭发起猛攻。傍晚，日军占领高地，控制了口门。王长海团以半天时间，前进100多里，从遵化赶到喜峰口。王团天黑时，潜登山头，以大刀砍杀一批日军，将制高点夺回。当夜，一〇九旅旅长赵登禹派两个营出潘家口外夜袭日军。10日凌晨3时，中国军队乘黑夜出敌阵烧毁敌行李车数十部，歼敌约500余人。

11日，战斗在铁门关、喜峰口同时展开。日军向喜峰口西侧发起进攻，激战至午后3时，中国军队伤亡众多，西侧高地遂为敌占。赵登禹于午后4时令二一九团拼力反攻，肉搏近2小时，日落后又将阵地夺回，歼日军三四百名，中国军队伤亡300余人。

11日夜，二十九军进行潘家口外的第二次夜袭。入夜，董升堂团攻入三家子小喜峰口，将日军骑兵一连、步兵二连全部

砍死。王长海团则占领狼洞子及白台子日军炮兵阵地，砍死敌兵600余名，缴获铁甲车和炮18门、枪支数千，并予以破坏，歼敌1600人。

12日，双方在炮楼两侧发生激战。14日上午，喜峰口外小岭、白台子日军因伤亡过多，开始后撤。经过七昼夜的激烈战斗，中国军队坚守阵地，敌未能突破。此后，两军对峙。

蒋介石第四次"围剿"

1933年1月22日，蒋介石向鄂豫皖三省"剿共"部队发出特急令，疾呼："限期肃靖残匪已三令五申，各部兵力十倍于匪……残匪猖獗如故，言之痛心。现限期已到，望各将领督饬所部，淬励精神，抱除恶务尽之心，为一劳永逸之计。"

29日，蒋介石到达江西省南昌，坐镇指挥对中央革命根据地进行第四次大规模"围剿"。

2月，中央红色根据地第四次反"围剿"开始。蒋介石调动兵力50万，分中、左、右三路军对中央革命根据地实行第四次"围剿"。中路军共12个师，由前敌总指挥陈诚率领，采取分进合击的战略，组成3个纵队，从乐安、南城、金溪等地进击广昌。红军以少数兵力诱敌第二、第三

红3军团第3师教导队第3期学员毕业合影

2827

纵队往黎川方向，主力则移至敌之右翼，在广昌以西的东韶、洛口、吴村集结。26日，敌第一纵队分由乐安、宜黄进击广昌。

红军大学学员在唱歌

27日至28日，当敌人第五十二、第五十九师进入伏击圈后，红军左右两翼在黄陂地区的登仙桥、蛟湖和霍源等地，将敌分割包围。经两天激战，将敌人两个师基本歼灭，敌师长李明、陈时骥以下官兵1.3万余人被俘，缴步枪1万余支，迫击炮40余门，短枪500余支，轻重机枪300余挺，子弹数百万发，无线电1台。

3月15日，对红色根据地进行第四次"围剿"的中路军主力，在黄陂遭到打击后，即改变部署，将其"分进合击"的作战方针改为"中间突破"。是日，以6个师分成两个梯队由宜黄地区出发，经东陂、甘竹直扑广昌，寻求红军主力决战。红军先以第十一军将敌先头4个师向广昌方向吸引，主力则埋伏在草台岗、东陂地区。21日晨，红军主力突然向进至草台岗、东陂一带的敌人后尾两个师发起攻击，激战一日，歼敌第十一师大部和第九师一部。余敌仓皇撤退。红军共歼敌近3个师，俘敌1万余人，缴枪1万余枝，解除苏区危机。中央苏区与闽浙赣苏区连成一片，红军迅速扩大到8万多人。

抗日同盟军成立

1933年5月26日，冯玉祥、吉鸿昌、方振武在张家口宣布组建"察哈尔民众抗日同盟军"，冯玉祥任总司令，方振武任前敌总司令，吉鸿昌任前敌总指挥。

同日，冯玉祥发表就职通电说："日本帝国主义对华侵略得寸进尺，直以灭我国家，奴我民族，为其绝无变更之目的。握政府大权者，以不抵抗而弃三省，以假抵抗而失热河，以不彻底局部抵抗而受挫于淞沪平津。"他还说："率领志同道合之战

周恩来、朱德指挥红军打败国民党第四次"围剿"后，与红一方面军的部分领导人在福建建宁合影。

军长吉鸿昌题赠

八八奋勉，利国
体毅刚；有攀
固之国体，殇
民，我不死
能振，顾兴诸同
以生存，顾兴诸同
志共勉之。

察哈尔民众抗日同盟军第 2 军军长兼北路军前敌总指挥吉鸿昌

士及民众，结成抗日战线，武装保卫察省，进而收复失地，争取中国之独立自由。有一分力量，尽一分力量，有十分力量，尽十分力量，大义所在，死而后已。"

7 月 1 日，同盟军左路收复宝昌，乘胜发起多伦战斗。7 日 23 时，同盟军分路发动进攻，经两天三夜激战不下，吉鸿昌乃亲率敢死队，赤膊匍匐前进，连续三次登城，仍未奏效，伤亡 200 余人。12 日晨 1 时，吉鸿昌利用夜暗再次组织猛攻，城内鸣枪响应，同盟军终从北、西、南三门攻入城内，经 3 小时巷战，收复多伦，为"九·一八"以来中国军队首次收复失地之举。

消息传开，全国振奋，而南京政府反而派兵压迫同盟军。

方振武、吉鸿昌所率抗日同盟军连日受到国民党军及日军的围攻，又遭飞机轰炸，伤亡惨重。10 月 16 日，北平军分会派北平慈善团体代表刘砥泉等 4 人到战地

晤方、吉，促其罢兵；日军限其下午 3 时前退出战区。方、吉被迫派代表到顺义第三十二军商震部洽商解决办法。下午 2 时，方、吉至马家营与商震、徐庭瑶晤面。下午 4 时半，方、吉通电申述抗日经过及不得已离军之苦衷，旋被押解北平。二人中途脱逃，吉避入天津租界，方则辗转流亡国外，所部 6000 余人被缴械。抗日同盟军在日军蒋军的夹击之下到此完全失败。

蒋介石第五次"围剿"

1933 年 9 月 25 日，蒋介石集中了 100 万军队，200 架飞机，向各红色根据地发动第五次军事"围剿"。其中，用于进攻中央苏区的兵力达 50 万，这些兵力分成四路：北路以顾祝同为总指挥，以陈诚兼任前敌总指挥，指挥约 22 个师又两个旅，是为蒋军"围剿"的主力；西路以何键为总指挥，指挥约 14 个师又一个旅；南路以陈济棠为总指挥，指挥约 14 个师又两个旅；东路以蒋鼎文为总指挥。

蒋介石鉴于前四次军事"围剿"的失败，改变了"长驱直入"的作战方法，采取"步步为营、堡垒推进"，企图逐步紧缩苏区，消耗红军有生力量，最后寻求红军主力决战，以达到消灭红军的目的。是日，国民党北路军的 4 个师向中央苏区的战略要地黎川进攻，宣告了第五次"围

国民党军队在中央苏区边沿修筑碉堡

剿"的开始。

中央苏区"国门"黎川失守，中革军委仍企图"御敌于国门之外"，命红一方面军主力北上恢复黎川。国民党军在硝石至资溪桥不到 20 公里的一线上集中了 7 个师又一个旅的兵力，企图完成构筑黎川、硝石之间的碉堡封锁线。中革军委不顾情况变化，命红军继续进攻。10 月 18 日，红一军团由抚河以西进到抚河以东，红三、五、九军团在资溪桥地区同敌人决战。22 日，红五、九军团进攻资溪桥和潭头市，连攻 4 天未能占领。红军开始丧失主动。

红军开始长征

1934 年 10 月，中央红军主力及中央机关共 8.6 万余人，从福建长汀、宁化和江西瑞金出发，开始长征。

"九·一八"事变以后，日本连续进攻中国，东三省沦陷，华北落入日本控制。对日本侵略者奉行退让政策的蒋介石，对共产党领导下的革命根据地却不断发动军事"围剿"。1933 年 7 月，他在庐山举办军官训练团，聘请德国军事顾问和教官，训练了大批军事人员；并于 9 月集中了 100 万军队、200 架飞机，向革命根据地发动了第五次军事"围剿"。其中用于进攻中央革命根据地的兵力就有 50 万。当时，由于共产党内"左"倾冒险主义在中央占了统治地位，致使国民党统治区的共产党组织遭到严重破坏。1933 年初，中共临时中央局被迫由上海迁入中央革命根据地。为了全面推行左倾错误路线，他们开展"反右倾机会主义"的斗争，借此排斥毛泽东所代表的正确路线，终于导致第五次反"围剿"战争的失败。1934 年 10 月，中央红军主力及中央机关共 8.6 万余人，从福建长汀、宁化和江西瑞金出发，开始长征。

1934 年 5 月 16 日，国民党东路军第十纵队第八十八师孙元良部，在其北路军第三、第八纵队和空军的配合下，攻占建宁。其后，红军在古龙冈以北地区多次进行反击作战，均未奏效。中央红色根据地日见缩小。鉴于广昌失守后，国民党军已开始迫近中央苏区腹地，从事内线作战已十分困难，中共中央书记处在瑞金召开会议，决定红军主力撤离中央苏区，进行战略转移，并将这一决定请示共产国际批准。

7 月，中共中央令红七军团组成"中国工农红军抗日先遣队"。7 月 6 日，红七军团从瑞金出发。7 月 15 日，中华苏维埃共和国中央政府、中国工农红军革命军事委员会发表《为中国工农红军北上抗日宣言》。宣言说，苏维埃政府和工农红军绝不能坐视中华民族沦亡于日本帝国主义的侵略，故在同国民党优势兵力决战的紧急关头，苏维埃政府和工农红军不辞一切艰难，以最大决心派遣抗日先遣队北上抗日。

10 月 10 日夜间，中共中央和红军总部悄然从瑞金出发，率领红一、三、五、八、九军团连同后方机关共 8.6 万余人进行战略移。

10 月 10 日，根据中共中央对于主力红军退出中央根据地后的部署，苏区中央分局、中央军区、中华苏维埃共和国中央办事处成立。苏区中央分局由项英、陈毅、贺昌、邓子恢、张鼎丞、谭震林、梁柏台、陈潭秋、毛泽覃、汪金祥、李才莲等组成，项英任书记，直接指挥红军第二十四师和独立三、七、十一团及赣南军区、闽西军区的地方部队，共计三四万人兵力，坚持游击战争，保卫苏区。

10 月 16 日，中央红军南渡贡水，19 日全部进入突围集结地域。

21 日，中央红军从王母渡、新田之间突破国民党军的第一道封锁线。

中国通史

最新整理图文珍藏版

11月5日，红一方面军进入汝城、城口间第二道封锁线。

8日，红一方面军全部通过第二道封锁线。

11日，红一方面军攻占宜章县城，越过粤汉路进入浆水、麻田、梅田，次日经香花岭向临武、嘉禾推进，开始冲越第三道封锁线。至15日，由良田至宜章间全部通过国民党军第三道封锁线，进至临武、蓝山、嘉禾地域。随后兵分两路西进，先后占领道县、江华，渡过潇水。

12月1日，中共中央机关和红一方面军主力全部渡过湘江，突破了国民党军第四道封锁线。但红五军团第三十四师、红

长征前的红军队伍

三军团第六师第十八团因未能过江，全部被歼；红八军团被击溃，仅剩1/10。至此，红一方面军从长征开始时的8.6万人锐减为3万人。

中共中央举行遵义会议

1935年1月1日，红军抢渡乌江成功。1月8日，红军总司令部进驻遵义。

1月15日至1月17日，中共中央政治局在贵州省遵义召开扩大会议。出席会议的有中央政治局委员毛泽东、朱德、周恩来、张闻天、陈云、博古，政治局候补委员王稼祥、邓发、刘少奇、何克全，红

遵义会议室内景

军总参谋长刘伯承，总政治部代主任李富春，各军团主要负责人林彪、聂荣臻、彭德怀、杨尚昆、李卓然，中央秘书长邓小平，共产国际军事顾问李德及其翻译伍修权等。

毛泽东在会上作了重要发言，对第五次反"围剿"和长征以来的"左"倾军事路线进行了分析批判。到会的许多同志发言，支持毛泽东的意见。经过讨论，通过了《中共中央关于反对敌人五次"围剿"的总结决议》。决议明确指出红军第五次反"围剿"的失败以及退出根据地后遭到的严重挫折，主要原因是博古和李德在军事指挥上犯了一系列原则错误。

会议选举毛泽东为中央政治局常委，取消了博古、李德的最高军事指挥权，决定由中央军委负责人周恩来、朱德负责军事工作。随后根据会议精神常委进行分工，由张闻天代替博古总负责，毛泽东、周恩来负责军事。这次会议结束了王明"左"

遵义会议会址

倾冒险主义在中央的统治，确立了毛泽东在中共中央的领导地位。

在毛泽东指挥下，中央红军连续取得胜利，佯攻贵阳，直逼昆明，四渡赤水。

5月1日，红一方面军主力开始抢渡金沙江。红军分三路抢渡：红一军团抢占龙街渡，红三军团抢占洪门渡；中央军委纵队和红五军团抢占皎平渡。抢渡金沙江后，红一方面军跳出了几十万国民党军围追堵截的包围圈，把尾追之敌全部甩在金沙江以南。

5月29日，红军强渡大渡河成功。

兴建中的钱塘江大桥。该桥于1935年开工，1937年建成。

红一、四方面军会师

1935年6月12日，中央红军翻越夹金山。中央红军强渡大渡河，在汉源击溃川

长征到达陕北后的红1、2、4方面军与红15军团团以上干部在陕西宫和镇合影

军杨森部后，经天全、芦山抵宝兴。6月12日，自宝兴县硗碛村出发，翻越长征以来的第一座雪山夹金山。此山海拔4000多米，一上一下70里路，高山缺氧，积雪终年不化，行人翻越十分困难，有些人坐下休息就再也起不来。

同日，红一方面军先头部队翻越终年积雪的夹金山后，到达四川懋功达维地区，与李先念率领在此迎接中央红军的红四方

面军第三十军会合。14日，中共中央、中革军委到了达维镇。接着在懋功以北的两河口举行红一、红四方面军会师大会。毛泽东、朱德、周恩来和领导红四方面军的张国焘都出席了大会。两大主力红军会师，增强了红军的战斗力，总兵力达10多万人。

会师后中共中央与张国焘意见不统一，未能解决统一行动问题。

8月21日，红一、红四方面军混编为左、右路军后，开始穿越草地。是日，红军右路军由毛泽东、周恩来、徐向前等率领，自毛儿盖出发，进入草地。这里荒无人烟，到处是野草覆盖的沼泽和黑色淤泥潭，稍一不慎，踏入泥潭，就可能被吞没，许多官兵因此牺牲在草地中。27日，右路军走出草地到达巴西地区，等待左路军前来会合。此时，红军左路军由朱德、张国

定县的"平教会"

1935 年，当涂铁路桥竣工后首次通车。

燾、刘伯承等率领，由卓克基出发，也穿过草地，到达阿坝地区。

8 月 29 日，中共中央率领右路军到达班佑、包座地区。徐向前、陈昌浩指挥第三十军全部和第四军一部，进行了包座战斗，共歼国民党军 5000 余人，俘国民党军 800 余人，击毙国民党军师长伍诚仁，于 31 日占领包座。这次战斗的胜利，打开了红军北上的门户，为实现北上战略方针创造了极为有利的条件。

9 月 8 日，张国焘在阿坝致电中革军委，坚持"乘势南下"的主张，密电右路军中的前敌总指挥部政治委员陈昌浩，命令他率军南下，分裂和企图危害中共中央。前敌总指挥部参谋长叶剑英发现这个电报，立即报告了中共中央和毛泽东。中共中央政治局立即在巴西召开紧急会议，决定率领右路军中的第一、三军和军委纵队 8000 余人继续北上。

9 月 12 日，中共在四川北部的俄界召开中央政治局扩大会议。会议揭露和批判了张国焘的退却、军阀主义和反党、分裂红军的错误。会议决定将第一、第二军团改组成中国工农红军陕甘支队，由彭德怀任总司令，毛泽东任政委，继续北上。

15 日，张国焘在阿坝召开"川康省委扩大会议"，并作出《阿坝会议决议》，称中共中央北上抗日的路线为"机会主义"、"右倾逃跑"。同日，张国焘以"中国工农红军总政治部"名义下达《大举南进政治保障计划》，17 日，发出南下命令。

18 日，红军指战员忍受饥饿、疲劳和寒冷，再次穿越草地南下。

长征结束

1935 年 9 月 16 日，陕甘支队抵达甘肃南部的天险关隘腊子口。国民党军鲁大昌部 3 个团据险阻击红军前进。当天，红军正面强攻，未能突破国民党军防御阵地。17 日，红军两个连攀悬崖陡壁，穿插国民党军侧背，一举将守军击溃。天险腊子口突破后，中央红军进入甘南开阔地带，北上陕甘地区的通道开辟出来了。

22 日，毛泽东等在哈达铺期间，通过国民党的报纸了解到陕北红军的大致情况。

27 日，中共中央政治局在榜罗镇召开会议，正式决定以陕北作为领导中国革命的大本营。

9 月 16 日，红二十五军与陕甘红军会师。

10 月 19 日，红军陕甘支队到达陕甘革命根据地的保安县吴起镇。至此，中共中央、红一方面军主力历时一年的长征结束。途经福建、江西、广东、湖南、广西、贵州、云南、四川、西康、甘肃、陕西 11 个省，行程二万五千里。

红军长征时通过的泸定桥

长征到达陕北后的（右起）毛泽东、朱德、周恩来、秦邦宪

一年前，红一方面军撤出中央苏区踏上长征路途时，有近10万之众，而到达陕北的陕甘支队，人数不满8000。

11月23日，中央红军和陕北红军联合作战，发动直罗镇战役。中央红军到达陕北后，蒋介石调集东北军5个师的兵力，分两路向红军大举进攻。毛泽东决定集中兵力，先在直罗镇地区摆下"布袋阵"。是日，东北军一〇九师被诱入直罗镇，红

红军走过的雪山

军主力分南北两路夹击，全歼该师，活捉师长牛元峰，同时又在阻击援兵中歼灭敌一〇六师1个团，取得直罗镇战役的胜利。

华北事变

1935年，日本军国主义的魔爪已经伸入华北，他们不断制造事端，向中国政府提出攫取华北统治权的无理要求。

该年5月，日本特务4人潜入察哈尔境内进行军事侦察活动，6月5日在张北县被中国驻军扣留。日本竟以"张北事件"为借口，提出无理要求。6月27日以换文方式达成协议，时称《秦土协定》。

一批批开驻平津地区的日军

这个协定的主要内容是：1. 向日军道歉，撤换与该事有关的中国军官，担保日本人在察哈尔省可自由活动；2. 取消察哈尔省境内一切国民党机关；3. 成立察东非武装区，中国军队第29军从该地区全部撤退；4. 将察哈尔省主席宋哲元撤职。

日本侵略者为进一步控制华北，又借口天津两个汉奸报社社长被杀和东北义勇军孙永勤部进入滦东"非武装区域"，指责中国方面"破坏"《塘沽协定》，由日本天津驻军参谋长酒井于5月29日向国民政府提出交涉。同时，自东北调遣日本军队入关，以武力相胁迫。6月9日，日本东北驻屯军司令官梅津美治郎向国民政府北

平军分会代理委员长何应钦提出"党书"及附带事，主要内容是：中国政府在河北的党政机关要取消，中国驻河北的中央军和东北军一律撤退，禁止一切抗日活动。7月6日，何应钦复函梅津，全部承诺日方的无理要求，即达成《何梅协定》。于是，中央军和东北军撤离河北省，河北省和平、津两市的国民党党部也撤退，日本侵略军占领了平、津一带战略要地，中国在河北和察哈尔两省的主权大部分被日本军国主义攫取。

接着，日本侵略者又策动汉奸制造所谓华北5省"自治运动"，企图使河北、察哈尔、绥远、山东、山西等省脱离中国政府。10月，日本派特务唆使汉奸、流氓在河北省东部的香河县举行暴动，占领县城。11月，汉奸殷汝耕在通县成立所谓"冀东防共自治委员会"（后来改称"冀东防共自治政府"）。面对各方面的压力，国民政府于12月指派宋哲元成立冀察政务委员会，想以此来应付当时的危局，但华北已名存实亡，政治、经济实权都已落入敌手。

日本军国主义者在1935年侵略华北的这一系列事件，其目的是炮制第二个伪满洲国——"华北国"。时局的演变，使全中国人民加深了对民族危机的认识。

"一二·九"运动爆发

1935年12月9日，北平学生"一二·九"抗日救亡运动爆发。

1935年下半年，由于日本侵略者的步步紧逼，国民政府的步步退让，处在国防前线的华北同胞，满怀亡国灭种，大祸在即的忧患。

民族多难，失地丧权。在这危急关头，中国共产党北平临时工作委员会组织领导

北平学生的反日示威请愿活动影响到全国各大中城市。图为天津学生游行。

北平爱国学生数千人，于12月9日上午10时半，齐集新华门前请愿，高喊"打倒汉奸"、"反对华北自治运动"、"打倒日本帝国主义"、"停止内战，一致对外"等口号。随后，举行了声势浩大的示威游行。游行队伍在西单和东长安街与军警发生了冲突。学生们像醒狮一样怒吼，把"九·一八"以来郁积在心头的仇恨和愤懑，都喷发了出来！第2天，北平各校学生宣布总罢课。12月16日，北平44所大、中学校学生和市民1万余人，又先后集合在天桥广场和正阳门前召开市民大会，通过《不承认冀察政务委员会》、《反对华北任何傀儡组织》和《收复东北失地》等议案。学生们还分别向市民讲演，全体学生哭声凄怆，围立两旁的市民无不洒泪呜咽。

北平学生的游行队伍

学生的队伍冲破层层封锁，向前门进发。

这一天，学生的游行队伍又遭到军警的水龙扫射和皮鞭、大刀的袭击，不少学生受伤被捕。但是，北平学生的爱国行动迅速影响全国各地，扩大成了全国各阶层人民声势浩大的爱国反日浪潮。

1936年12月12日，北平学生又举行第5次示威游行，中共党组织执行抗日民族统一战线的方针，喊出了"援助绥远抗战"、"各党联合起来"等口号，得到北平军警的配合，获得成功。"一二·九"运动对进一步唤起民众，推动国共两党再次合作，建立抗日民族统一战线，以及实现全面抗战，起到了重要的历史作用。

学生被警方逮捕

西安事变爆发

红军到达陕北后，消极抗日的蒋介石全力"围剿"红军。当时奉命在西北"围剿"红军的是张学良的东北军和杨虎城的西北军。他们对蒋介石的内战政策不满，并同共产党建立了抗日合作关系。

1936年10月22日，蒋介石到西安，分别召见张学良、杨虎城，宣布进一步"剿共"的计划。张学良不赞成，并说东

张学良将军

北军将士不同意继续"剿共"、打内战。张学良对蒋介石阻止人民抗日救亡的做法十分愤慨，他趁在洛阳向蒋祝寿之机，单独会见蒋，要求领导抗日救亡。蒋大发雷霆说："我就是革命，我就是政府，只有我可以代表整个国家、整个民族，反对我，就是反对政府，就是奸党暴徒。"

12月3日，张学良由西安飞抵洛阳，向蒋介石要求亲率东北军到绥远前线抗日，遭到蒋介石的拒绝。12月4日，蒋介石在

洛阳等地完成了"剿共"的部署后再度飞往西安，以临潼华清池作为"剿共"的临时行辕。

12月7日，张学良到临潼华清池向蒋介石"哭谏"：国家民族的存亡，已到最后关头，非抗日不足以救亡；非停止内战，不足以抗日，继续剿共，断非出路。蒋介石又听到张的抗日议论，并涉及部队情绪，勃然大怒，骂张年轻无知，受了共产党的迷惑。两人争论长达3小时。

杨虎城像

12月11日，张、杨决定兵谏，并布置了行动。12月12日，凌晨3时左右，东北军外线部队包围华清池。4时许，内线部队一营一连解除了华清池外院的一排宪兵武装，随即与二营先头部队冲入二道门，与内院的蒋介石卫队30多人展开枪战。经过猛烈攻击后，一部分人冲入蒋介石居住的5间厅内。

王玉瓒、孙铭九带领所部分别从左右侧上山搜寻，在半山腰一块大石头后面的乱草丛中，发现了躲藏着的蒋介石。兵士们把蒋介石唤出来，送入新城大楼。同时，

中共参与西安事变谈判的代表：秦邦宪、叶剑英、周恩来（左起）

陈诚等国民党军政大员也被拘留。

当天，张、杨发表《对时局宣言》，并电请中国共产党和红军派代表到西安共商抗日救国大计，处理捉蒋后的善后事宜。

12月12日上午，中共中央紧急召开政治局会议，讨论西安事变问题。决定：采取不与南京对立的方针，不组织与南京对立的政权；中共中央暂时不发表宣言。

西安事变引起全国震动，何应钦力主讨伐张杨，而孙祥熙、宋美龄等则力主和平解决。

12月17日，中共代表周恩来、秦邦宪、叶剑英等乘张学良所派专机抵达西安。

12月19日，中共中央政治局再次召开扩大会议，讨论对西安事变的方针。毛泽东根据对内战与抗日两种前途的分析和会议讨论的意见，进一步确定与完善了中共中央和平解决西安事变的方针。会后，中共中央发出《关于西安事变及我们任务

西安事变和平解决后，周恩来等回到延安时受到毛泽东等的欢迎。

的指示》，指出：我们解决西安事变的基本方针是："坚持停止一切内战一致抗日的组织者与领导者的立场，反对新的内战，主张南京与西安间在团结抗日的基础上，和平解决。"

12月22日，宋美龄、宋子文等抵西安。12月23日上午，三方开始正式谈判，宋子文代表南京方面，张学良、杨虎城代表西安方面，周恩来作为中共全权代表参加。

12月24日，张学良、杨虎城、周恩来与宋子文、宋美龄谈判达成协议：（1）孔、宋改组行政院，肃清亲日派。（2）中央军撤兵并调离西北。（3）蒋允许回归后释放爱国领袖。（4）苏维埃、红军仍旧。蒋停止"剿共"，红军改番号，统一指挥，联合行动。（5）开放政权，召集救国会议。（6）分批释放政治犯。（7）抗战发动，共产党公开。（8）联俄，与英、美、法联络。（9）蒋回去后发通电自责，辞行政院长职。

蒋介石答应停止内战、共同抗日后被释放。他一回到南京就扣押了张学良，并将东北军和西北军调离西北。但迫于全国要求抗日的政治形势，他不得不在实际上改变十年来的内战政策，开始与共产党谈判。西安事变的和平解决是国共两党重新合作和民族和解的起点。

抗日民族统一战线形成

1937年2月15日至22日，国民党五届三中全会在南京举行。

国民党虽然没有根本放弃反共立场，没有制定明确的抗日方针，但在中国共产党的推动和国民党内进步人士的积极努力下，内外政策上不得不都做了某些重要调整。在对内政策上，基本确定了停止内战，实行国共合作的原则；在对外政策上，公开表示"如果让步超出了限度，只有出于抗战之一途"。这次会议是国民党向着对内和平和对外抗日的方向转化的开始，标志着国共合作的抗日民族统一战线的初步形成。

周恩来、叶剑英与国民党谈判代表张冲（中）在红军驻西安联络处合影

2月11日，中共代表周恩来同国民党代表张冲、顾祝同在西安开始就国共合作的具体问题进行谈判。

2月12日，中共代表周恩来同国民党代表顾祝同继续会谈，双方达成协议：（1）共产党承认国民党在全国的领导，停止武装暴动及没收土地，实行御侮救亡的统一纲领。国民政府分期释放政治犯，对共产党员、中共组织不再逮捕、破坏，容许共产党适时公开。（2）取消苏维埃制度，改为中华民国特区政府，受国民政府领导，实施普选制。（3）红军改编为国民革命军，接受国民政府军委会与蒋介石的统一指挥和领导。（4）共产党派代表参加国民会议，派军队代表参加国防会议。（5）希望国民党三中全会对和平、统一、团结、民主、自由有进一步的表示。

9月22日，国民党中央通讯社发表《中国共产党为公而国共合作宣言》。

23 日，蒋介石发表《对中国共产党宣言的谈话》，承认中国共产党的合法地位。国共两党合作关系正式建立，以国共两党合作为基础的抗日民族统一战线正式形成。

卢沟桥事变爆发

1937 年 7 月 7 日，日军进攻卢沟桥，驻守卢沟桥的中国军队第 29 军吉星文团坚守阵地，击退日军。史称"卢沟桥事变"。从此揭开了中国全面抗战的序幕。

卢沟桥横跨永定河，属河北省宛平县管辖，距北平仅 30 里，是捍卫北平的屏障。驻守在平津一带的中国军队是第 29 军，总兵力约有 10 万人。

宛平城守军闻日军侵犯，紧急出城赴战。

7 月 7 日夜 10 时，驻丰台日军河边旅团第一联队第三大队第八中队，由中队长清水节郎率领，在卢沟桥以北地区举行以攻取卢沟桥为假想目标的军事演习。11 时许，日军诡称演习时一士兵离队失踪，要求进城搜查。在遭到中国驻军第 29 军第 37 师 219 团团长吉星文的严词拒绝后，日军迅即包围宛平县城。翌晨 1 时，第 29 军副军长兼北平市长秦德纯为防止事态扩大，经与日方商定，

1937 年春，中国军队第 29 军高级将领在北平举行军事会议后合影。

双方派员前往调查。

但日军趁交涉之际，于 8 日晨 4 时 50 分，向宛平县城猛烈攻击，并强占宛平东北沙岗，打响了攻城第一枪。中国守军忍无可忍，奋起还击。日军在同一天内，连续进攻宛平城三次，均遭中国守军的英勇抵抗。

日本帝国主义为了实现其征服中国的计划，于 1937 年 7 月 7 日在北平西南的卢沟桥进行武装挑衅，并由此发动大规模的侵华战争。

日本的侵略激起中国人民的无比愤慨，促使爱国的各种政治势力团结御侮，共赴国难。驻守平津的中国二十九军官兵奋起抗战。中国共产党发出通电，号召"全中国人民、政府和军队团结起来"，抵抗日本的侵略。国民政府军事委员会委员长蒋介石一面密令军队北上增援，一面在庐山发表谈话，表示事变的任何解决，都不得侵

进攻卢沟桥的日军魁首牟田口廉也（左 2）

害中国主权与领土完整，否则只有抗战到底。国民政府的抗日决策，得到全国人民的拥护和支持。政府虽表明应战决心，但仍幻想英、美列强出面干涉。

29军因孤军奋战失利，平津终被日军占领。日本侵略者又于8月13日侵犯上海。蒋介石下达全国总动员令。淞沪地区的70余万中国军队奋勇抵抗达3个月之久。日军以死伤5万人的代价于11月初攻占上海。中国军民损失惨重，但使日本3个月内灭亡中国的梦想破灭。

由于日本侵华战争的迅速扩大，造成中华民族的严重危机。国民政府召开国防最高会议，决定以军事委员会为抗战最高统帅部，蒋介石出任陆海空军大元帅。另设国防参议会，以各党派的领导人和社会名流为参议员。军事委员会将全国划分为五个战区，颁布战争指导及作战指导计划。蒋介石、阎锡山、冯玉祥、何应钦、李宗仁分别担任各战区司令长官。经过国共两党谈判，国民党在政治方面作出若干改革的许诺，承认了中国共产党的合法地位，并释放了政治犯。

9月22日、23日，以国共两党合作为基础的抗日民族统一战线正式形成。22日，国民党中央通讯社发表《中国共产党

第29军第110旅219团团长吉星文，率部在卢沟桥与日军激战23天，歼敌千余人。

为公布国共合作宣言》。23日，蒋介石发表《对中国共产党宣言的谈话》，承认中国共产党的合法地位。国共两党合作关系正式建立。

抗战开始不久，中国共产党即公布了《抗日救国十大纲领》，阐明动员全国人民实行全面抗战的主张，并派周恩来、朱德、叶剑英等人参加国防最高会议和国防参议会。为了表示共御外侮的决心和诚意，共产党宣布取消中华苏维埃政府名称并停止土地革命，成立陕甘宁边区政府，红军改

守卫卢沟桥的战士在掩体后面准备战斗

编为国民革命军第八路军（总指挥朱德、副总指挥彭德怀，下辖三个师，共4万余人）和陆军新编第四军（军长叶挺），相继奔赴抗日前线。第二次国共合作的形成，对抗日战争的胜利起了决定性的作用，为中国革命开辟了新纪元。

淞沪会战爆发

1937年8月13日，日军在上海发动"八·一三"事变，淞沪会战开始。

日本侵略者在进攻华北的同时，又制造"虹桥事件"作为借口，策划进攻上海。

上海是我国当时首都南京的门户，又是我国的经济中心和重要工业基地。日本军国主义者为了打击中国人民持久抗战的信心和能力，企图在挑起事端后，于上海及其外围地区与中国军队的主力决战，速战速胜，在短期内逼迫我国政府订立城下之盟。我国政府限于1932年"一·二八"战役后签订的《淞沪停战协定》的规定，上海及其邻近地区不得驻扎中国军队，只

1937年8月28日，日机轰炸上海南站，炸死200余人，伤者不计其数。

上海中国军队的圆形工事

能由保安团队及警察维持地方秩序。但为了积极备战，遂任命张治中将军为京沪警备司令，在苏州以中央军校野营办事处名义，主持京沪分区防御设施计划，构筑国防工事，铺设苏州至嘉兴的铁路。"七·七"事变后，又派正规军一个团化装成保安团，进驻上海虹桥机场，同时调集其他精锐，准备战事发生时先发制人，一举歼灭驻沪日军。

淞沪会战自1937年8月13日晨，日军以日租界和黄浦江上的军舰为基地，向闸北一带进行炮击，我军奋起还击开始，至11月12日我军西撤结束。这次战役，日军以松井石根大将为总司令，先后投入陆、海、空军与特种兵部队近30万人，动用舰船130余艘、飞机400余架、战车300余辆，狂妄地宣称1个月内占领上海。我国先由冯玉祥、后由蒋中正（兼）任第3战区司令长官指挥，下设左翼军（总司令陈诚）、中央军（总司令张治中、朱绍良）、右翼军（总司令张发奎），先后调集中央部队，广东、广西、湖南、四川、贵州、云南等地部队和税警总团，中央军校教导总队，以及部分省市保安总队，总计兵力约70余师，奋勇迎战。战争一开始，我军采取进攻态势，猛烈攻击日军在沪据点，压迫敌军滞于黄浦江左岸狭隘地区，予敌重创。8月下旬，日军大批援军在吴淞、川沙登陆，我军在宝山、月浦、罗店、浏河等地与日军反复争夺阵地。至9月17

中国第3战区司令长官冯玉祥（右）与淞沪警备司令张治中在一起研究作战方案

日，我军退守北站、江湾、庙行、罗店、双草墩一线，坚持防御。直至11月5日，日军在杭州湾北岸的金公亭、金山嘴等地登陆，对我上海阵地的侧背进行远后方的迂回，我军才被迫于11月9日开始从上海周围撤退。至12日，上海除租界"孤岛"外，全部沦陷。在历时3个月的淞沪抗战中，我广大官兵在上海人民和全国同胞的支持下，同仇敌忾，斗志昂扬，以劣势装备和血肉之躯，冒着敌人现代化装备和陆、海、空联合作战的猛烈炮火，前赴后继，奋力拼搏，所表现的爱国主义精神，撼天地，泣鬼神！

淞沪会战挫败了日军中央突破、速战速胜的战略意图，迫使日军在华北战场上转攻为守，在青岛地区暂停军事行动，打乱了日本军国主义者侵华的全盘计划，粉碎了他们3个月灭亡中国的迷梦。它是我国局部抗战转向全面抗战的历史转折点，在国际反法西斯斗争中占有极其重要的地位。这次战役，日军伤亡6万多人，被我击毁、击伤飞机200多架，舰船20余艘。中国军队的牺牲精神和战斗能力，赢得了各国军事观察家的高度评价。但是，我军以落后的武器死守被日军优势火力控制的战线，加上指挥失当，伤亡重大，有10多万将士献出了宝贵生命。

侵占杨树浦的日军向上海市中心炮击，双方展开巷战。

八路军成立

1937年8月25日，中共中央发布了改红军为八路军的命令。命令说：南京已经

八路军部分指挥员在黄河渡船上。

开始对日抗战，国共两党合作初步成功。为着实现中共中央给国民党三中全会红军改名之保证，推动这一抗战成为全民族的抗日革命战争，我们宣布红军改名为国民革命军第八路军。

前总指挥部改为第八路总指挥部，以朱德为总指挥，彭德怀为副总指挥，叶剑

八路军115师开赴抗日前线

英为参谋长，左权为副参谋长。总政治部改为第八路政治部，以任弼时为主任，邓小平为副主任。第一军团、十五军团及七十四师合编为陆军第一一五师，以林彪为该师师长，聂荣臻为副师长；二方面军二十七军、二十八军、独立第一、第二两师及赤水警卫营、前总直之一部等部，合编为陆军第一二〇师，以贺龙为师长，萧克为副师长；四方面军二十九军、三十军、陕甘宁独立第一、第二、第三、第四团等部，改编为陆军第一二九师，以刘伯承为师长，徐向前为副师长，以上各部改编后，人员委任照前总命令行之。

八路军成立后，即东渡黄河、奔赴抗日前线。9月25日，八路军在平型关大捷。

11月起，八路军、新四军各部队向敌后实行战略展开，创建敌后抗日根据地。

八路军第一一五师一部在聂荣臻率领下，以晋东北恒山地区为中心，开辟晋察冀抗日根据地；第一二〇师进入管涔山脉，创建晋西北抗日根据地；第一一五师主力转入晋西南，开创晋西南抗日根据地；第一二九师进入以太行山区为依托的晋东南地区，开始创建晋冀豫抗日根据地。

山东全省在中共山东省委发动下，相继有十几个地区爆发武装起义，先后建立了鲁南、鲁中、鲁北和胶东抗日根据地。

在华中，新四军指挥各部挺进长江南北，发动群众，开展游击战争，创建苏南、皖中、豫皖边区抗日根据地。

1938年7月1日，朱德在《解放》周刊第四十三、第四十四期合刊上发表《八路军抗战的一周年》一文，指出：八路军一年来已在晋西北、晋绥边、晋东北、冀察晋边、晋东南、冀鲁豫边等地建立了战略支点，并依托这些战略支点向前发展，东面已跨过平汉线，东北面已达北平附近的门头沟、昌平、丰台等地，北面已靠近平绥路，深入了敌人深远的后方和交通枢纽。

7月7日，武汉《新华日报》发表叶剑英的《八路军在晋绥冀察的一年》的文章，指出八路军参战10个月来同日伪军进行大小战斗638次，估计敌军伤亡3.4万人以上，俘日伪军2094人，缴获步、马枪6487支，我军伤亡20020名。在广大人民群众的支援下，敌后游击战争得到了发展，有力地打击了日军。

平型关大捷

1937年9月25日，八路军在平型关大捷，振奋全国。

在此之前，中日在平型关附近展开了

平型关战斗中的八路军第115师指挥所

多次战斗。

9月11日，日军进至河北蔚县附近，以一部南向涞源，一部西向山西灵丘进击。归属第二战区的第十七军及第七十三师与日军鏖战，逐步西撤至平型关一线。

22日黄昏，日军第二十一旅团向平型关进攻，被第七十三师击退。翌日，日军再度向平型关、团城口一线进攻。平型关守军第七十三师、第八十四师独立第八旅诸部，与日军展开血战。

为配合第二战区友军防守平型关至茹越口和雁门关的内长城一线，八路军总部令第一一五师进至平型关以西之大营镇待机。林彪、聂荣臻等决心抓住日军骄横、疏于戒备的弱点，利用平型关东北的狭窄谷道伏击歼敌。23日夜，第一一五师师部进至平型关以东之冉庄、东长城村地域。

25日拂晓，日军第五师团第二十一旅团一部及大批辎重车辆，沿灵丘至平型关公路西进。7时许，全部进入第一一五师之伏击圈。第一一五师乘机全线突然开火，予敌以大量杀伤，并发起冲锋。日军第五师团长板垣征四郎急从蔚县、涞源调兵增援，被第一一五师独立团、骑兵营阻击于灵丘以北及以东地区，并于腰站毙伤其300余人。战斗持续到13时，被围之日军全部就歼。

此役，第一一五师共歼日军1000余人，缴获步枪1000余支、机枪20余挺，击毁汽车100余辆、马车200余辆，我军伤亡600余人。

平型关大捷，振奋全国，各地纷纷电贺。26日，蒋介石特电朱德、彭德怀，称："二十五日一战，歼敌如麻，足证官兵用命，深堪嘉慰。"

月底，日军为报复平型关之失败，共屠杀灵丘城内和城关老百姓400余人，惨无人道的大屠杀一直持续了一个月，日军杀害灵丘城内外无辜群众2100余人。

中日忻口、太原会战

1937年9月初，大同失守，日军企图从山西北部南下，直取太原，以控制晋绥。

平型关战斗中，八路军与敌展开肉搏战。

中国第 2 战区司令长官阎锡山部署部队，凭借长城天险，阻止日军深入。9 月 22 日，日军第 5 师团第 21 旅团由灵丘南下，开始进攻平型关。我第 33 军 73 师和 84 师及傅作义所率预备队协同抵抗。至 9 月 24 日，双方伤亡惨重，日军虽有增援，正面攻击仍未得逞。这时向平型关以东日军出击的八路军 115 师，由平型关正面防御部队配合，迅速地在平型关东北 10 多公里的公路两侧高地冒雨设伏。9 月 25 日晨，敌板垣师团第 21 旅团进入预伏地区，我军突发猛攻，进行分割包围和白刃格斗，终日激战，歼敌 1000 余人，缴获大量辎重武器。这是中国抗战初期在华北取得的第一次歼敌大胜利。

中国第 94 师指挥员在前沿阵地指挥作战

日军在平型关受阻后，不得不改变计划，转攻茹越口。9 月 28 日茹越口陷落，第 2 战区决定缩短战线，防守太原以北要地忻口。我方防守忻口地区的部队以刘茂恩指挥的第 15、17、33 军为右翼兵团，王靖国指挥的第 9、19、35、61 军为中央兵团，李默庵指挥的第 14 军及 66、71、85 师为左翼兵团，以卫立煌为前敌总司令。日军板垣征四郎指挥的第 5 师团、关东军第 1、第 12 旅团及特种部队攻陷崞县、原平后，于 10 月 13 日猛犯忻口。因忻口两侧为五台山区与宁武山区，故日军取中央

突破战法，猛攻忻口西北侧我军阵地。我守军在南怀花、红沟与敌反复鏖战，白刃肉搏，夜以继日，阵地多次失而复得，第 9 军军长郝梦龄、第 54 师师长刘家麒在红沟西北高地督战时殉国。忻口战役，双方角逐 23 天之久，消耗日军兵力 2 万余人，创下了华北战场大举歼敌的纪录。中国守军虽付出了重大牺牲，但破坏了日军河北平原会战的计划，又为我军主力实施战略转移，部署新的作战，争取了时间。11 月初，日军沿正太铁路突破我军晋东防线，攻陷阳泉等地，太原告急。忻口前线我军于 11 月 2 日撤退。

忻口战役时，八路军在日军侧背牵掣敌人，并派出许多游击队在敌人后方交通线上进行袭击。115 师一部切断了平型关至张家口的运输线，120 师几次占领雁门关，阻断日军后方交通，129 师一部曾奇袭阳明堡机场，前后经大小战斗 40 余次，有力地支援了忻口正面的防御战。

忻口战役时，为掩护山西东侧背，由第 2 战区副司令长官黄绍竑统一指挥第 26、27 路军、第 3 军及第 17 师防守娘子关，进行正太路防御战。守军与来犯日军血战了 10 天，被迫于 10 月 26 日撤退。此间，八路军第 129 师在娘子关至阳泉以南地区猛烈袭击西进日军，有力地迟滞了日军的行动。

11 月 7 日，日军围困太原，孤守大原城的部队仅第 35 军的 9 个营及独 1 旅、第 213 旅等部的 10 个多营，战斗竟日。翌日，日军在飞机、大炮支援下突破了城垣东北角及西北角。守军奋勇截击，将其击退。黄昏后，日军一部空降在城中大机场，并四出袭击。晚 9 时，守军由南门突围，太原城沦陷。

忻口、太原会战坚持了一个多月，是中国抗战初期抵抗最坚决、最持久、战绩显著的四大会战之一。

新四军建立

1937年10月13日，国民革命军新编第四军（简称"新四军"）成立。抗战爆发后，国共两党就南方各省红军游击队改

新四军领导人

编问题举行了多次谈判。是日，国共两党达成协定，将在江西、福建、广东、湖南、湖北、河南、浙江、安徽等8省13个地区（琼崖除外）的红军游击队，改编为国民革命军陆军新编第四军。叶挺任军长，项

新四军军长叶挺

英任副军长，张云逸任参谋长，周子昆任副参谋长，袁国平任政治部主任，邓子恢任副主任。下辖4个支队，陈毅、张鼎丞、张云逸、高敬亭分任4个支队的司令员。全军共1万余人，归属第三战区。

南京保卫战开始

1937年"八·一三"淞沪抗战结束后，日军继续西犯南京，妄图以武力优势彻底摧毁我军战斗意志，迫使我以最屈辱的条件讲和，早日"解决事变"。守卫南京的中华儿女，面对强敌，展开了一场短暂而又壮烈的民族自卫战。

11月8日，日军分路直逼南京；两路尾随我左翼部队沿沪宁线西进；两路沿太湖南岸向湖州集结，企图切断我军退路。

11月中旬，我第23集团军刘湘部共5个师、两个独立旅奉命从四川千里迢迢赶赴广德、泗安、长兴一线，迎击侵略军。与此同时，第57军一部从河南直赴前线，该部第112师和上海撤下来的第103师奉命固守江阴，以江阴要塞为依托，阻敌继续西进。

川军刘湘部5个师集结在南京外围的广德、泗安间，与敌血战。

11月30日，广德失守，日军向南京右侧背迂回，形成对南京东南至西南面的包围。12月1日，江阴要塞失守。4月，日军完成了对南京东面的包围。这样，南京的第1道防线——江宁、牛首山、淳化、汤山、龙潭之线已暴露在敌军面前。

我军自决定固守南京后，将在宁的教导总队、首都警备部队和由上海战场调回南京正在整补的第74、66、83军以及第87、88、36师编成卫戍军战斗序列，同时又命第2军团徐源泉部由湖北星夜兼程开

日军围攻南京中华门

赴南京。我军投入南京保卫战的总兵力共10余万人。在南京第一线阵地开战后，日军不断增加兵力向我猛扑，-数以万计的炮弹、炸弹袭我阵地。我军将士殊死抵抗，给敌人以重创。

12月8日晚，卫戍司令长官唐生智下令第一线守军退守复廊、城垣阵地，继续抵抗。9日起，紫金山各要点、栖霞山、乌龙山、光华门、通济门、雨花台、中华门、水西门等地都激战终日。光华门城垣被敌军两次突入，但都被驻守在那里的教导总队谢承瑞团、第87师一部和第156师敢死队消灭。我第87师第259旅旅长易安华殉国。敌军在光华门受挫，便于11日将主力集中到雨花台和中华门，并对该地区

昼夜轰炸。我第88师官兵英勇抵抗，旅长朱赤、高致嵩和团长韩宪元、李杰、华品章等身先士卒，壮烈牺牲。在南京保卫战牺牲的团以上指挥官还有：肖山令、饶国华、罗策群、姚中英、司徒非、李少霞、程智、罗熠斌、谢承瑞等。由于我军火力不足，战至12日暮，紫金山第二峰和各城门均告失守。唐生智向守城部队下达了突围和撤退的命令后，率先由下关渡江，造成了严重失控和极度雍塞局面。

在方圆数十里的南京展开的这场为期8天的战斗，敌我双方投入兵力达几十万，战况空前惨烈。我守卫部队中大部分是入伍不久的新兵，在武器装备低劣的情况下，并没有被凶残强大的敌人所吓倒，为了祖国和民族的存亡，用鲜血在抗战史上写下了悲壮的一页。

日军南京大屠杀

1937年12月13日，日军侵占南京城，在日军司令官松井石根大将和第6师团师

2847

日军正待砍杀一个青年

被日军屠杀的中国人的尸体

团长谷寿夫中将等法西斯分子的指挥下，对我手无寸铁的同胞进行了长达 6 周惨绝人寰的大规模屠杀。

13 日晨，日军谷寿夫师团首先从中华门进入南京，血洗了聚集在中山北路、中央路的难民区，由此，一场惨绝人寰的大屠杀拉开了帷幕。次日，其他三个师团相继进入南京南北各市区，展开了大规模的屠杀。南京这座历史名都陷入了历史上最黑暗的日子里。

13 日，约有十余万难民和被解除武装的中国士兵，被日军围逼到燕子矶江边的沙滩上，数十挺机枪疯狂扫射，顿时间，尸体蔽江，水为不流，至少有 5 万余人惨遭杀害。14 日，日军在汉西门外又集体屠杀难民和非武装军警 7000 余人，江岸，尸体纵横，血流成河，汇向江流。15 日夜，被日军俘虏的南京军民 9000 余人，被押往上元门外鱼雷营江边，遭到集体屠杀，除 9 人侥幸逃生外，

余者全部遇难。16 日，日军在下关煤炭港，鼓楼四条巷一带屠杀我无辜同胞数万人。17 日，日军在下关上元门屠杀我同胞 3000 余人，在三叉河杀害四五百人。18 日，日军在下关草鞋峡将中国男女老幼同胞 5.7 万人集体残杀，"先用机枪扫射后，复用刺刀乱戳，最后浇以煤油，纵火焚烧，骸骨悉数投于江中"。在这前后，日军还在上新河一带残杀中国被俘军人及难民 28730 人。到处尸骸遍野，人血染地，南京成了一座血腥的人间地狱。

南京市崇善堂在难民区内组织了"崇字掩埋队"，下设 4 个分队，从本月起，南自中华门，通济门外，西自水西门外，东自中山门外，城内自城南经鼓楼至挹江门以东，共收尸 112266 具。

世界红十字会南京分会从 12 月 22 日开始收埋尸体，第一天在清凉山埋葬尸体 129 具，在中华门外望江矶等处埋葬尸体 650 具。12 月 28 日，一次收殓 6468 具，埋葬在中华门外普德寺，后来逐渐增加到 9721 具。他们的工作陆续做到第二年夏天还没有完结，到 10 月底，才把数字作一总结，共埋葬男女尸体 43071 具。

日军少尉向井、野田在南京紫金山下进行杀人竞赛。日本《东京日日新闻》对此津津乐道，称向井杀了 106 人，野田杀了 105 人，他们还要以杀 150 个中国人为目标比赛下去。

中国红十字会掩埋尸体 22300 余具。

此外，日军也处理了大量尸体。据日本南京碇泊场司令部少佐太田寿男交代，该司令部于下关地区"处理掉"尸体 10 万具，为此动用的船只有 30 只，卡车 10 部，负责搬运尸体的士兵 800 人。

日军活埋平民

这场大屠杀，被杀者大多是工人、商人、一般市民和农民，部分是放下武器的中国士兵和警察。

这场大屠杀，不但肆虐在民房、店铺，而且血溅到宗教寺院和慈善机构，连慈悲为怀的僧尼与清真教徒都不能幸免于难。

这场大屠杀，主要方式是集体枪杀和活埋。侵略者以机枪扫射成百，成千，甚至上万人，其间伴以步枪点射、刺刀捅戮，最后焚尸灭迹。

这场大屠杀，日军甚至以"杀人竞赛"的方式进行……

这场大屠杀，还伴随着劫掠、纵火和奸杀妇女，南京约 1/3 的建筑物和财产化为灰烬，无数妇女惨遭强奸。据战后国际法庭认定，日军侵入南京市内后的一个月中，发生了 2 万起左右的强奸案。从 10 来岁的幼女到 70 岁的老妇，不仅遭兽兵蹂躏，还遭到割乳、剖腹等凌虐。

毛泽东发表《论持久战》

1938 年 5 月 26 日，毛泽东在延安抗日战争研究会上作了《论持久战》的讲演。

他全面考察了抗日战争的发生和发展，指出：中日战争不是任何别的战争，在这场战争中，中日双方存在着互相矛盾的四个基本特点：第一，日本是个帝国主义强国，中国是个半殖民地半封建弱国；第二，日本的侵略战争是退步的、野蛮的，中国的反侵略战争是进步的、正义的；第三，日本战争力量虽强，但它是个小国，人力、军力、财力、物力均感缺乏，经不起长期的战争；第四，日本的非正义战争在国际上是失道寡助的，中国的正义战争却是得道多助的。第一个特点决定了日本的进攻能在中国横行一时，中国不能速胜，抗战要走一段艰难的历程。后三个特点决定了中国不会亡国，经过长期抗战，最终一定胜利。

《论持久战》预见到抗日战争将经过战略防御、战略相持和战略反攻三个阶段。在双方力量对比上，中国必将由劣势到平衡再到优势，而日本则必将从优势到平衡

台儿庄大战中，中国军队发起攻击。

再到劣势。《论持久战》强调"兵民是胜利之本"、"战争的伟力之最深厚的根源，存在于民众之中"，抗战胜利的关键在于实行人民战争。

台儿庄大捷和徐州会战

1937年12月日军占领南京、济南以后，企图沿津浦线对进，南北夹击，会攻徐州，以便沟通南北战场，进而击破陇海路我军防线，夺取郑州，武汉等地。

中国军队冲入台儿庄巷歼灭残敌

我国以李宗仁为第5战区司令长官，指挥我军同日本侵略者在以徐州为中心的津浦路南北的广大地域上，展开了一场大会战。

徐州会战共有3个阶段。第1阶段是津浦路沿线的初期保卫战。这一阶段，日军以津浦线南段为主攻，北段为助攻，向徐州推进。我李品仙部第11集团军、廖磊部第21集团军、于学忠部第51军等奋勇作战，阻敌于淮河南岸，使日军南北不能配合。津浦路北段保卫战，原由第5战区副司令长官兼第3集团军总司令韩复榘指挥，但他违反战时军法，擅自撤退，致使日军沿线长驱直入，遂任命韩部孙桐萱为第3集团军总司令，指挥所属部队反击，

孙震部第22集团军也急调增援，双方血战一个多月，形成对峙状态。

第2阶段即台儿庄大战。台儿庄，位于津浦路台枣（庄）支线及台潍（坊）公路的交叉点，扼运河的咽喉，是徐州的门户。日军由于前一阶段在津浦路南北的侵犯都无法进展，便改谋先攻下台儿庄，再围取徐州。1938年3月中旬，北线日军分左右两翼，向台儿庄进犯。左翼日军第5师团，自青岛崂山湾、福岛登陆后沿胶济路西进，以坂本支队向临沂猛攻。我军以庞炳勋第3军团第40军马法五师等部坚守临沂，调张自忠第59军，于3月14日向日军侧翼反击。经数日激战，有效地阻击了敌人，使日军攻占临沂的企图终未得逞。右翼日军第10师团濑谷支队沿津浦路南下，进攻滕县。我第22集团军122师与敌血战两昼夜，师长王铭章以下大部殉国。日军在攻陷滕县后移军东向，沿枣台支线进攻台儿庄。3月23日，日军开始猛攻台儿庄。我第2集团军池峰城率31师官兵坚守台儿庄城寨，与敌炮火、坦克相拼，至死不退，后又加入27师等部，于城外与日军浴血近战，反复肉搏冲锋，还组织敢死队夜袭。日军因第10师团伤亡惨重，便命临沂方向的败军第5师团坂本支队放弃进攻临沂，加入台儿庄方面作战，被我军击破。4月3日，第5战区指挥汤恩伯部第20军团由东向西、第2集团军由南向北、孙桐萱部第3集团军由北向南，大举反攻。日军遭我内外夹击，死伤枕藉，至7日夜，除小部突围逃跑外，大部被歼。此役，我军摧毁了日军第5、第10两个师团之精锐部队，歼灭日军1万余人，缴获了大批武器和装备，这是我国抗战以来正面战场取得的最重大的胜利。

徐州会战的第3阶段是我军主动突围。1938年4月，日本大本营震惊于台儿庄战役的失败，调整部署，调集侵华

华北方面军、华中派遣军共30万兵力，分6路对徐州进行四面合围。我军为了避免被优势之敌围攻，摆脱不利态势，保存有生力量以利持久战，立即作出放弃徐州，向豫、皖边界突围的决定。我军各部队在各线予敌人相当杀伤之后，除留少部在苏北、鲁中和鲁南开展游击战争外，主力于5月15日向豫东、皖北转移。19日，放弃了徐州，使日军聚歼我军主力的企图未能得逞。

中日武汉会战开始

1938年6月11日，侵华日军溯长江西上，进攻安庆，拉开了武汉会战的序幕。

武汉踞长江与汉水之间，是平汉、粤汉两铁路的衔接点，又是东西南北水陆交通的枢纽，属我国的心脏腹地，战略地位十分重要。自南京失守后，这里成了全国政治、军事和经济、文化的中心。

日本侵略者认为只要攻占武汉，就可以控制中原，进而支配整个中国，因

武汉会战期间，中国军队击落的日机残骸。

而企图迅速夺取武汉。1938年6月以后，中日双方在武汉外围展开了一场大战。日军以华中派遣军司令官畑俊六为

总指挥，分兵5路（其中江南2路，江北3路）进犯，另派波田支队及海军陆战队协同海军第3舰队沿长江西上。我军为保卫武汉，在江南组成第1兵团（总司令薛岳）、第2兵团（总司令张发奎），归第9战区（8月由武汉卫戍总司令部扩编）司令长官陈诚指挥，依托幕阜山、九宫山、庐山等山脉构筑阵地防守；在江北，组成第3兵团（总司令孙连仲）、第4兵团（总司令李品仙），归第5战区司令长官李宗仁指挥，依托大别山、富金山等山脉构筑阵地防守；并在马当、湖口、武穴和田家镇等江防要塞设防。

1938年6月11日，日军溯长江西上，进攻安庆，拉开了武汉会战的序幕。7月26日，日军攻陷九江，我第19军团退守庐山两侧，奋勇抵抗，全歼日军第145联队。10月上旬，薛岳兵团又歼敌4个联队，挫败日军突破南浔路的企图。在长江以南、长江沿线和长江以北地带、皖西及豫东南等各战场，我军官兵，英勇抵抗了日军的进攻，在马当、瑞昌、万家岭、马头镇、田家镇、固始和商城等战斗中，我军与敌浴血奋战，反复肉搏，前仆后继，英勇事例，不胜枚举。但是，由于单纯防御，逐次使用兵力，在日军优势火力进攻

武汉保卫战中，信阳中国军队向敌发射迫击炮。

万家岭战役中，中国军队阵地上的重机枪向敌扫射。

下，死守的防线一再被攻破。至10月中、下旬，日军已逼近武汉。我军于10月25日撤出武汉，江北及鄂北的部队撤往平汉路以西的沙洋和随县一带，江南的部队沿粤汉路撤至岳阳以南。在武汉会战中，日军为切断华南方面的中国国际补给线，以3个师团，在海军和航空兵的配合下进犯广东，于10月21日侵占广州。

武汉会战期间，国共两党为了抵御民族大敌，相互合作，动员全民投入保卫大武汉的战斗；国际友人也云集武汉，给中国人民以道义上和物质上的重要支援。武汉会战历时4个半月，战线扩大到皖、豫、赣、鄂4省数千里地。日本倾其国力，集结了14个师团又4个旅团及航空兵团和海军各一部，超过30万兵力（不包括在华南使用的第21军和第5舰队）。我军相对列阵，动员部署14个集团军共100多个师及海空军一部，约60万兵力。这一战役，中日双方投入兵力之多，战线之长，时间之久，规模之大，是抗日战争中任何战役所不能比拟的。会战结束后，日军由于战线延长，兵力与资源不足，加上敌后抗日根据地的日益发展壮大，不得不放弃"速战速决"的企图，侵略者已深陷"泥潭"，抗日战争以后便逐渐进入了相持阶段。

海军御敌

全面抗战开始，中国海军的广大官兵不畏强暴，争上战场，和陆、空军协同，向侵略者展开了英勇顽强的搏斗。

当时，日军凭借海上力量的绝对优势，以其第2、第3两大舰队的战列舰、巡洋舰、驱逐舰和第1、第2航空战队的母舰等30余艘，布置在舟山群岛和马鞍群岛附近，封锁长江口及其南北海岸，切断我海上交通。并以第3舰队的旗舰和第8巡洋舰队各舰侵入黄浦江，妄图迅速溯长江而上，配合其陆军水陆并进，南北合攻南京，从而一举摧毁中国政府的政治中心。

中国海军当时仅有战舰和辅助舰船约66艘，总吨位5万余吨，与那时号称世界海军第3强国的日本舰队总吨位110多万吨相比，远逊20倍。这支弱小的中国海军的第1、第2舰队和练习舰队，隶属中央海军部，驻防于东海和长江一带，第3舰队归山东省政府管辖，驻防于渤海和胶州湾，第4舰队归广东省政府管辖，驻防于南海和珠江，还有一些舰艇直属于军政部，驻在长江。国民政府军事委员会鉴于敌我力量悬殊，采取避免与敌争锋海上的战略，

"宁海"舰。"宁海"号为中国军队最优强的军舰。1937年9月23日的江阴血战中，战至炮弹告竭而中弹下沉。

集中力量守卫长江，在黄浦江和长江上筑起一道道防线，发挥要塞威力，粉碎了敌舰溯长江西犯的计划，达到了消耗敌军力量和持久作战的目的。

中国海军士兵

海军御敌可分两个阶段：

第1阶段为阻塞和防御战，中经淞沪、江阴、马当、湖口、田家镇、葛店、金口诸战役，直到武汉会战。这个阶段，我海军阻塞上海港汊和长江江面，袭击日军旗舰"出云"号，策应淞沪作战，保卫京畿安全，掩护政府后移及物资西迁，并在长江沿线节节抗击。在著名的江阴海空对战、马当保卫战和武汉周围与敌展开的多次血战中，我广大官兵在枪林弹雨中前仆后继，不断击落日机、击沉日舰，表现了英勇无畏的气概。同时，我方舰艇也壮怀激烈，伤沉殆尽。

第2阶段，在放弃武汉后，我海军采取游击姿态，发动敌后攻势，设防川江，拱卫陪都重庆，协同陆军坚持长期抗战。在这一阶段中，我幸存的海军官兵，一部分转为陆上战斗队，一部分组织起一支支海军游击队，活跃于广大的江河湖泊，实施水上布雷，收效甚大。在长沙会战和反攻宜昌的战斗中，海军紧密配合陆军作战，连日布放水雷，使日军首尾不能兼顾，水陆不能合作，兵力分散，给养断绝，而受到沉重的打击。在抗战期间，侵华日本海军共被击沉击伤舰船艇321艘，其中大多数为我水雷攻击所致。我军所用水雷均为自制，包括定雷9种，漂雷3种，发挥了巨大作用，使具有压倒优势的日本海军每每望水兴叹，视为荆棘畏途，始终不能有效地利用长江和其他水道进行军事进攻和运输。

空军御敌

"得遂凌云愿，空际任回旋……民族兴亡责任待吾望，长空万里复我旧河山。"这首激昂悲怆的歌曲，是抗日战争时期中国空军的心声。

1937年7月，全国抗战开始时，中国列入编制的飞机仅296架，性能大多很差，与拥有2000多架新式作战飞机和庞大飞机制造工业之后盾的日本空军相比，处于明显的劣势。但是，中国的飞行勇士奋起抵抗，8月14日首战告捷，以6比0取胜，振奋了全国人民的斗志。

来华参战的美国空军志愿队"飞虎队"的飞机，上面都画着鲨鱼的利牙大口。

抗战的第一年，中国空军共击落日机209架，炸毁日机179架，取得了辉煌的战绩。随后，由于损失的飞机没有足够数量的补充，我空军在相当长的时间内，一直坚持抗战于困境。广大官兵不畏强敌，勇敢顽强，用自己的智慧和生命，在祖国的万里长空谱写了无数可歌可泣的壮烈诗篇，涌现了高志航、李桂丹、刘粹刚、沈崇海、阎海文、乐以琴、陈怀民和周志开等大批威震敌胆的英雄。

1938年1月18日在武汉空战中击落12架日军飞机的中国空军官兵。

在中国上空与日寇进行的大空战中，还有苏联援华空军志愿队和美国援华空军志愿队参加，使得这个共同斗敌的空中场面更加宏大，更加震撼人心。

当中国空军的抗战处在最艰苦的时刻，苏联给予了我国无私的援助。据不完全统计，从1937年底到1942年的4年中，苏联共派遣了500多名志愿航空人员，支援了5批共785架飞机，先后有100多名苏联志愿空军人员献出了宝贵的生命，把他们的热血洒在了灾难深重的中国土地上。

美国援华空军志愿队的名字，始终是和陈纳德将军联系在一起的。早在1937年陈纳德就来到战火纷飞的中国，担任中国空军的顾问。1941年6月，他凭着正义感和坚韧的性格，建立了一支在机头上全画着大嘴巴鲨鱼的"飞虎队"，并在昆明指挥首战告捷，英名从此使日寇丧胆。1942年以后，美国增强了在中国战区的空军力量。1943年，将原来的美国志愿航空队正式编成美空军第14航空队，并组建了中美混合团。中、美空军共同使用南雄、柳州、桂林、遂川、赣州、衡阳、邵阳、芷江、老河口、恩施、新郑、西安和汉中等第一线野战机场，并在成都部署了当时被称为空中堡垒的B—29型战略轰炸机。从这些基地上起飞的中、美机群，不断袭击日军战役纵深与战略纵深的重要军事目标，远至日本本土和在海上航行的日本舰船，终于剥夺了日本在中国战区的空中优势。

在抗日战争中，中、美空军和中国民航还创造了40年代航空技术史上闻名世界的创举——驼峰空运。驼峰是一条从印度飞越喜马拉雅山到中国昆明的航线。在这条航线中，山峰起伏连绵，犹如骆驼的峰背，山高均在4500至5500米上下，最高处达海拔7000米。中、美两国的飞行人员驾驶着运输机，不畏险阻，夜以继日地空运战争物资，有力地支援了中国的抗日战争。

东北抗日联军英勇作战

在日本帝国主义发动"九·一八"事变、武装侵略中国以后，中国共产党就领导首遭战祸的东北人民拿起武器，抗击日本侵略军。1932年，抗日游击队就在东北各地出现。至1933年初，中共先后组建了磐石游击队、东满游击队、珠河（哈东）游击队、密山游击队、宁安游击队、汤原游击队和饶河游击队、巴彦游击队等抗日部队。

1933年5月，中共满洲省委根据中共中央的指示精神总结了经验，逐步改变了某些"左"的政策，积极开展反日

民族统一战线工作，团结和争取各种抗日武装共同对敌，从而使东北抗日游击

东北抗日联军第1路军的部分战士

战争得到了进一步发展。1936年2月至1937年10月，各抗日部队先后改编为东北抗日联军，共11个军。联军组成后，各军积极出击，以原来的山地游击区为依托，实行远征或转移，扩大了活动范围。全国抗战开始后，为适应联合作战、共同开辟新区的要求，各部队又组成3个路军的司令部，分别在南满、

赵一曼（1906～1936），四川宜宾人。1936年8月2日，在珠河县北门被敌枪杀。

东满和北满地区统一指挥。

第1路军由杨靖宇任总指挥，率部在辽宁东部和吉林南部战斗；第2路军由周保中任总指挥，率部在辽宁东北部和吉林东部战斗；第3路军由张寿篯（又名李兆麟）任总指挥，率部在松花江两岸、小兴安岭和黑龙江、嫩江平原战斗。这三路军的总兵力达到5万多人。他们到处打击日军，被日寇称为"满洲治安之癌"。从1936年到1937年，东北游击战争的广泛发展达到了最高峰。

1938年起，东北地区的抗日斗争进入了形势严峻的时期。日军调动大批兵力，对抗日联军和游击区进行大"讨伐"，实行"梳篦"式进攻，并广泛实行"保甲制"和"并户、归屯"政策，企图断绝人民群众与抗联部队的联系。我部队被迫撤离老游击区，转入深山老林，建立起军事密营，在极其艰难的条件下继续坚持斗争。

1940年冬，抗日联军受到严重挫折。为了保存实力，部分进入苏联境内，余部仍然坚持斗争。抗日联军在严酷环境中的长期斗争，紧紧拖住了日本关东军的主力，在战略上配合了全国的抗日战争，也使敌人无法放手向苏联进犯。

汪精卫集团叛国投日

1937年卢沟桥事变后，身为中国国民党中央副总裁、中央政治委员会主席、国民参政会议长的汪精卫，竭力鼓吹亡国论，并派代表高崇武、梅思平经香港到上海，和日本政府代表秘密谈判，准备投降。

1938年12月18日，汪精卫同周佛海、曾仲鸣等人秘密逃离重庆，经昆明到达越南河内。同月29日，在河内发表致蒋中正等人的通电（12月29日的电报代号为

最新整理图文珍藏版

2855

"艳"日，故又称"艳电"），表示响应日本首相近卫于22日提出的"调整中日关系三原则"，即"善邻友好"、"共同防共"和"经济提携"等条件，明确表示其卖国立场。

汪精卫公开投降日本帝国主义后，只有40几个人跟着他跑，全国各党各派各界人民都一致强烈声讨，要求通缉、惩治卖国贼。

1939年5月6日，汪精卫逃到上海，匿居在土肥原公馆。31日，他和周佛海等赴日本"访问"，与日本首相平沼，以及陆军、海军和外务等侵略者的头目"会谈"，策划建立伪政权。1939年12月30日，在上海同日本政府代表签订卖国条约《日华新关系调整要纲》及其附件。1940年3月，在日本帝国主义的指使下，在南京成立伪中华民国国民政府，自任主席兼行政院院长。

汪伪政权建立后，便积极在敌占区内建立各级伪地方政权，组建伪军，以"和平反共建国"为口号，破坏抗战，配合日本侵略军对我抗日根据地进行"清乡"、"扫荡"，残酷杀害沦陷区的人民。1940年11月30日，又在南京同日本驻伪政权大使阿部信行签订了卖国的《日汪基本关系条约》及附属秘密协约，签订了所谓《日满华共同宣言》。

中日长沙会战

在抗日战争的相持阶段，日军为打击中国第9战区军队的主力，解除其对武汉的威胁和策应南方及太平洋方面的作战，发动了3次长沙会战，都遭到了失败。

1939年9月中旬，日军以4个师团的主力和两个支队，10多万兵力，在舰艇、飞机的支援下，从赣北、鄂南、湘北3个方面向长沙发动进攻。第9战区代理司令长官薛岳指挥18个军约20万兵力参战，利用赣北、鄂南、湘北的有利地形节节阻击，并以有力部队侧击、各个击破的战术，挫败了日军的进攻。我军在赣北将日军第101、106师团击退；在鄂南将日军第33师团击退；在湘北对分4路进攻的日军第6师团等部，利用新墙河、汨罗江、捞刀河等河川地形节节阻击，随后实施反击。至10上旬，日军损失惨重，不得不向北败退。此役，敌伤亡达2万余人。

1941年9月，日军第2次进攻长沙。其左翼由平江至株洲一线包抄我军第9战区的主力部队，另一路沿粤汉路正面攻打长沙。第9战区司令长官薛岳指挥13个军约17万人，利用有利地形，在正面逐次抵抗，将日军主力诱往长沙东北和东面山地的既设阵地前，反而围而歼灭之；同时以7个军的重兵集团威胁左翼日军的侧翼和后方。在战役进行中，日军一度占领长沙，但随即被我反攻夺回。我军随即转入追击和截击，日军狼狈逃鼠。

此外，乘日军在汉口附近兵力空虚，我第5、第6两战区的部队向汉口以西一线的宜昌、荆门也发动了反攻。会战结果，

第1次长沙会战时，中国炮兵在洞庭湖沿岸，阻击日军。

中国通史

最新整理图文珍藏版

日军伤亡达 2 万余人，其中仅在长沙附近就遗尸 1 万多具，不得不于 10 月中旬撤回进攻出发地。

1941 年 12 月，日军第 3 次进攻长沙，调集兵力 12 万多人。第 9 战区投入战役的兵力有 13 个军，约 17 万人。计划先在湘北节节阻击，消耗日军兵力，将日军诱往浏阳河、捞刀河之间，集中主力包围歼灭之。12 月 24 日，日军强渡新墙河向南进犯；渡捞刀河后，于 1942 年 1 月 1 日向长沙猛攻。我长沙守军利用既设工事，连续打退日军 3 天的猛攻，战斗空前激烈。日军攻击屡遭挫折，死伤惨重，且粮弹将尽。这时，我置于长沙外围的部队，向长沙实施合围。日军不得不下令分路突围。我军乘胜堵击、侧击和尾追，扩大胜利战果，取得了长沙会战大捷。1 月 15 日，日军狼狈退过新墙河，双方恢复原来阵线。此役，共毙伤日军约 5 万人。

杨靖宇壮烈殉国

1940 年 2 月 23 日，抗日名将杨靖宇在与日军激战中壮烈牺牲。

杨靖宇所率抗联第一路军各部指战员在缺衣少食的条件下，与超过自己几十倍的敌人作战，困难日益加重。特别是进入冬季以后，指战员们常常冒着零下三四十度的严寒与敌搏斗，有时一日数战。许多优秀指挥员相继牺牲，部队减员很大。杨靖宇、魏拯民等领导人决定将各部编成小股部队分散活动，以冲破敌人的围攻。1939 年末，杨靖宇率领一部队伍转赴濛江县境活动，在江、辉南之间山区转战 50 余天，战斗达 30 次之多。1940 年 2 月 23 日，杨靖宇在濛江县保安村三道崴子被日伪军层层包围。杨靖宇毫无惧色，在数日粒米未进、身体极度虚弱的情况下，他背靠大

杨靖宇将军的遗体

树向敌群猛烈射击，最后在敌人密集射击下壮烈牺牲，时年 35 岁。

张自忠将军殉国

1940 年 5 月 16 日，第五战区第三十三集团军总司令张自忠在南瓜店残酷激战中壮烈殉国。据张自忠部下说，张将军身中数弹，前胸后背被鲜血染红。张自忠，字荩忱，山东临清人，国民党二级陆军上将。早年在冯玉祥的西北军中历任连长、营长、团长、旅长等职，1927 年后历任国民革命军第二集团军总司令部副官长、军官学校校长、第二十五师师长、第三十八师师长兼张家口警备司令等职。1933 年长城抗战时，任喜峰口第二十九军前线总指挥，积极抗击日寇。1935 年华北事变后，任察哈

张自忠（1891～1940），山东临清县人。

击战，迅速地开辟了敌后战场，建立了大小十余块抗日民主根据地，其中著名的有聂荣臻统率八路军一一五师创建的晋察冀边区，贺龙、关向应领导的八路军一二〇师建立的晋绥边区，刘伯承、邓小平、徐向前统率的一二九师建立的晋冀鲁豫边区，及叶挺、项英、陈毅等率领的新四军开创

晋绥根据地军民庆祝反"扫荡"胜利

尔省政府主席、冀察政务委员会委员兼天津市市长。"七·七"事变后，一度代理冀察政务委员会委员长、北平绥靖主任兼北平市长。日军占领北平后，他拒绝与日本合作，逃出北平，辗转到达南京参加抗日。1937 年 11 月，回部队任第五十九军军长。其后，率部参加了台儿庄战役、武汉会战，重创日军，升任第三十三集团军总司令兼五十九军军长。1939 年的随枣战役中，他指挥部队英勇杀敌，取得了田家集作战的胜利。在这次枣宜会战中，他奉命率部渡过襄河，侧击南撤的日军第三十九师团。在襄河东岸宜城的南瓜店，由于无线电报被日军破译，他所率的总部直属队和第七十四师遭到日军包围。张自忠率部与敌激战，在战斗中壮烈牺牲。

的江南、江北根据地。此外，还有东北抗日联军和广东华南抗日游击队建立的根据地或游击区。从 1938 年 7 月至 1941 年 5 月，八路军和新四军对敌作战 3 万余次，毙伤日军 12 万人，伪军 8 万余人。其中

八路军反"扫荡"胜利

正面战场国民党军队败退的同时，坚持全面抗战的中国共产党，领导八路军和新四军放手发动群众，开展独立自主的游

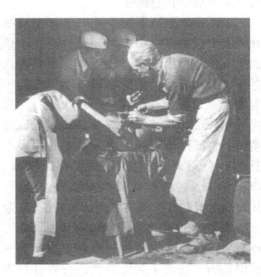

白求恩（右一）在为伤员做手术

中国通史

最新整理图文珍藏版

1940 年，八路军发动百团大战，持续作战 3 个半月，毙伤敌伪军 25000 余人。至 1940 年，抗日根据地人口发展到 1 亿，军队近 50 万。因此，敌后战场逐渐成为抗日战争的主要战场，吸引了侵华日军的主力和几乎全部的伪军。陕甘宁边区首府延安（中共中央所在地）成了全国抗日的中心。共产党在抗战中发展壮大，由抗战初期的约 4 万党员，增加到 80 万，成为完全成熟的全国性的大党。1941 年和 1942 年，由于日伪军的反复"扫荡"和华北地区严重的自然灾害，根据地范围缩小，人口和军队都有所减少。在极端困难的时期，中国共产党发动整风运动和大生产运动，普遍展开反扫荡斗争。至 1943 年底，根据地又恢复到 1940 年的规模，为实行战略反攻打下了基础。

1940 年 3 月 9 日，日伪 9000 余人，在 50 余门大炮和 10 余架飞机的配合下，分数路向八路军平西根据地中心斋堂地区进行合围"扫荡"，企图破坏春耕，摧毁根据地，迫使八路军退出平西。八路军冀察热挺进军对来犯之敌予以多次伏击和袭击，迫使"扫荡"日伪军于 22 日撤回据点，这次反"扫荡"，平西八路军共作战 30 多次，毙伤日伪军 800 余人，击落飞机 1 架。

1938 年秋季，日军对我北岳区发动进攻，我参战部队在五台山、冀西地区的山岭中。

4 月 1 日，晋西北抗日根据地反"扫荡"战役结束，这次战役是从 2 月 23 日开始的。日军为查明八路军在晋西北的兵力配备及作战能力，先后调遣 1.2 万余人的兵力，兵分六路进攻岚县、临县、方山、兴县等地，窜扰五寨、文水、交城、静乐、三交等地区，对晋西北抗日根据地作试探性"扫荡"。晋西北八路军与新四军采取游击战术打击敌人，而不与敌人进行大规模作战。在 38 天的反"扫荡"作战中，与敌交战 30 余次，毙伤敌军 1100 余名，俘敌 200 余名，收复方山、临县、岚县三座县城。

八路军在保卫阜平东西庄的战斗中与日军肉搏

5 月 7 日，在晨曦微露时，八路军第一二九师对晋东南地区的白（圭）晋（城）铁路长治以北各段展开的破击战胜利结束。今年春，日军为在华北推行"囚笼政策"，修筑白晋铁路以分割和封锁太行、太岳抗日根据地。八路军第一二九师于 5 月 5 日起，在太行、太岳 2 万余名群众和民兵的配合下，向白晋铁路长治以北各段展开大破击，并袭击了铁路沿线的来远、权店、漳源、固亦、沁县、南关等日军据点，至今日凌晨，破击战结束，共破坏铁路 50 余公里，毁大小桥梁 50 余座，炸毁火车 1 列，歼敌 350 余人，缴获炸药 1000 余箱及其他许多军用物资。

5月31日，伤亡惨重的日伪军大批地从冀中撤退，冀中反"扫荡"战役取得胜利。这次反扫荡战役是从上月10日开始的，当时日军乘八路军冀中部队赴冀南和太行地区参加反击国民党军作战之际，从津浦铁路和平汉铁路沿线，分四个地区，连续进行了50天的"扫荡"。针对敌情，八路军将后方机关和部分主力移往山区整训，将留下来的部队以营、连为单位分散坚持斗争，并相机集中，伏击敌军，袭击据点，破坏交通。八分区发动4万群众，破坏了沧县至石家庄的铺轨路基，挖毁公路80余公里；六分区发动7万群众，破坏了深县、晋县、安平段公路70余公里。经过大小90余次战斗，毙伤日伪军3300余人，迫使敌人于本月底撤走，取得了反"扫荡"的胜利。

6月27日，冀鲁豫地区八路军粉碎日军"扫荡"。6月20日起，冀南各路日军6000余人，汽车10余辆，坦克3辆，分途向冀鲁豫地区的威县、曲周、肥乡、广平、大名、冠县、馆陶一带进行"扫荡"。八路军各部队分别在魏县、平固、庵年、打虎寨等地侧击、伏击敌人，至27日，击退各路日军，毙敌500余人。

7月6日，在晋西北"扫荡"的日军和伪军全面溃退，八路军反"扫荡"取得胜利。

这次"扫荡"是从5月底开始的。日军首先切断八路军晋西北与陕甘宁边区的联系，尔后合围攻击晋西北抗日根据地中心区。6月7日，日军以2万余人的兵力从东、南、北三个方向多路向根据地进行大"扫荡"。八路军第一二〇师采取了分散转移到外线，打击敌人后方的作战方针，与敌周旋，7月4日上午，日军1000余人进至兴县以东二十里铺附近地区时，遭到伏击，700余人被歼。由于第一二〇师伏击部队未能按时形成包围圈，使余部日军得以逃跑与其友邻会合。第一二〇师主力乃撤出战斗。6日，日军撤出岚县城。此次反"扫荡"作战历时1个月，作战251次，毙伤日伪军4490人，俘53人，缴获枪支3000余支（挺），巩固了晋西北抗日根据地。

9月30日，八路军第一二九师发起的榆辽战役大获全胜。

八路军发动"百团大战"

1940年8月10日，八路军以凌厉攻势发动了"百团大战"。在华北辽阔的平原上，在日军控制的漫长交通线上，到处可听到巨大的震耳欲聋的爆炸声、枪炮声，到处可看到弥漫的硝烟和气浪。这是八路军第一次大兵团、大规模地打进攻战。

在战役发起前，八路军总司令朱德、副总司令彭德怀和副总参谋长左权于7月22日向晋察冀军区、第一二〇师、第一二九师下达了关于以破击正太路为中心的

八路军副总司令彭德怀在前线指挥战斗

中国通史

最新整理图文珍藏版

"百团大战"中在河北省怀来前线参战的
八路军炮兵

《战役预备命令》，并报中共中央军委。为创立显著战绩，破坏敌人进攻西北计划，兴奋抗战军民，争取时局好转，"决定趁目前青纱帐与雨季时节，敌对晋察冀、晋西北及晋东南'扫荡'较为缓和，正太沿线较为空虚的有利时机，大举破击正太路"。《命令》规定此次战役的目的是："彻底破坏正太线若干要隘，消灭部分敌人，收复若干重要名胜关隘据点，较长期截断该线交通。"

8月20日，正太铁路破击战按计划全面展开。尔后迅速扩展到除山东以外的整个华北地区和主要交通线。其中包括：冀察全境、晋绥大部和热河南部地区；正太、平古（北口）铁路全线，安阳以北之平汉铁路，德州以北之津浦铁路，临汾以北之同蒲铁路，归绥以东之平绥铁路，北宁铁路之山海关至北平段，白晋铁路之平遥至壶关段，以及正在修筑的德石铁路、沧石公路等。在这些地区和交通线，驻有日军3个师团的全部，2个师团的各2个联队，5个独立混成旅团的全部，4个独立混成旅团的各2个大队，1个骑兵旅团的2个大队，共20余万人，飞机150架，另有伪军约15万人。八路军参战兵力实际达105个团。计晋察冀39个团，第一二〇师（含决死队第二、第四纵队等）20个团，第一二九师（含决死队第一、第三纵队等）46个团，共20余万人。此外，尚有许多地方游击队和民兵参加作战。故称"百团大战"。

9月16日，八路军总部发出"百团大战"第二阶段作战命令。具体任务是要求各兵团继续破坏敌之主要交通，摧毁敌深入我根据地内的某些据点。

12月5日，八路军发动的"百团大战"基本结束。这次战役分为3个阶段。第一阶段（8月20日至9月10日）以正太铁路为重点，进行交通总破击战。第二阶段（9月12日至10月上旬），继续破击日军交通线，重点攻击交通线两侧和深入根据地内的日军据点。主要进行了榆（社）辽（县）和涞（源）灵（丘）等战役。第三阶段（10月6日至12月5日），粉碎日军对各根据地的报复"扫荡"。历时3个半月的"百团大战"，八路军在地方武装和广大人民群众的紧密配合下，共作战1800余次，毙伤日军2万余人，伪军5000余人；俘日军280余人，伪军1.8万余人；日军投降47人，伪军反正1845人；破坏铁路470余公里，公路1500余公里，桥梁、隧道260多处；缴获各种炮53门，各种枪5800余支。

全国大迁移

"九·一八"，从那个悲惨的时候起，中国的土地上就开始出现大规模的逃难、流亡和迁移，随着日本对华侵略战争的扩大，所波及的面越来越广。

1937年卢沟桥事变后不久，日本侵略

工人在搬运拆卸下的机器

满载内迁物品的船队，溯长江入川，水路险急处，纤夫们拉着纤绳，拖着船只艰难地行进。

者的炮火就逼近了上海，妄想迅速摧毁长江三角洲这个经济中心，从而达到控制我经济命脉的罪恶目的。我国为了保存经济建设的实力，生产支援抗战的军需物资，并开拓和发展大后方工业，东南沿海的爱国的实业家、工商业者和科学家纷纷集议，计划举厂内迁。国民政府行政院责成资源委员会主管迁移上海及沿海各地工厂的工作，对迁移地点、办法、运费及生活费等都作了详细规定；并在苏州、镇江和武汉等地设立了办事处，协助中途转运工作。

8月13日，上海的拆迁工作刚刚开始，淞沪战争的枪炮就打响了，敌机大举轰炸，到处硝烟弥漫，经过各界各方同心协力，第一批内迁工厂顺昌、新民、上海机器厂和合作五金厂等四家的机件，于当月27日经苏州河运出。而后，又有一些工厂和著名商业公司行号经苏州河陆续迁移。上海失陷后，迁移各厂不断改道易地，长途辗转，突破敌人封锁，历尽艰辛。

10月间，上海工厂迁移监督委员会工作结束，工厂迁移的重心移到了武汉。在武汉，刚迁来的工厂一面寻找场地复工，

及时赶制枪炮弹药和被服积极支援前线；一面还在从长计议，准备继续内迁。1938年6月29日，日寇逼近马当防线，武汉各厂又开始再拆再迁。

在上海工厂内迁的同时，沿海和其他各城市工厂的迁移工作也在积极进行。1938年春，我国北方最大的一家纺织厂豫丰纺织厂从黄河起步，将8000吨机器设备由铁路南运汉口，再换装380条小船，穿过水流湍急的三峡向四川驶去。其间有120条船沉入三峡，但其中99条又被船工打捞上来。不知经过多少艰险，终于在1939年4月到达重庆。

截至1939年底，各地内迁工厂共140家。其中包括：钢铁工业1厂、机械工业168厂、电器工业28厂、化学工业54厂、纺织工业92厂、食品工业22厂、教育用品工业31厂、其他工业14厂。其后，湘、赣、豫省工厂继续内迁，到1940年底，内迁工厂共639家，器材达12万吨，历时3年半的中国有史以来第一次工业大移动暂告结束。就这样，在以重庆为中心的西南川、黔、滇三省，建成了门类比较齐全的战时工业基地。

大学的搬迁工作，几乎和工厂的迁移同时进行。教育界的许多名流、学者、专家、教授和学校的师生员工，为了尽量避免敌人毁灭我高等教育，保存民族教育之国脉，组织濒临战争前线的平、津、京、

河南郑州的豫丰纱厂内迁到四川

沪、杭以及冀、鲁、晋、湘、鄂、粤、桂等省、市的高等院校，相继移迁西南大后方。当时形势严峻，在108所高等院校中，有94所不是内迁，就是被迫关闭。迁校工作在紧张地进行。当日军进入广州南郊时，中山大学的学生还在广州北郊撑着装有图书馆藏书的船坚毅地前进。各大学当局在克服了日机轰炸和战争绵延的种种困难，终于把许多高等学府分别迁到各安全地点。据1939年的统计，日军彻底破坏了我国54所大学和专门学校，使我国在文化教育上的损失达21700万元，当时的流亡大学有大学生4万多名。但是，1939年秋，我国的教育系统在内地又重新建立了起来。

这些内迁院校大多集中在重庆、成都和昆明附近。在国难当头的艰苦环境下，许多学者、教授枵腹从公、呕心沥血、为国育人，各校莘莘学子含辛茹苦，为拯救国家、民族的垂危奋力求学，并造就了后来建设祖国的重要力量。

当时工厂和大学的迁移是比较有组织的，而成千上百万农民和城市居民却被日军逼得四散流亡。他们有的步行，有的坐舢板或轮船，也有的乘火车或人力车，背井离乡。数千人挤在正通过三峡的轮船；几十万人就像密密麻麻的蚂蚁排列成蜿蜒曲折的队形在山道上行进，构成了不堪展读的"难民图"。没有人估计过因疾病、曝晒或饥饿而倒在路旁的人有多少，他们

成千上万担挑肩扛的人，拥挤在大迁移的道路上。

的白骨可能至今仍遗留在被迫涉足的小路上。

沦陷区人民的血泪

日本军国主义自1931年制造"九·一八"事变、侵占东北三省后，疯狂地扩大侵华战争，直至占据中国半壁河山，使广大沦陷区人民长期处于饮泪泣血、朝不保夕的苦难之中。

在沦陷区中，人民在政治上绝无自由。日伪军宪警特在任何地方都可以搜查、逮捕、侮辱和杀害中国人民。日本侵略军经常随口制造理由，集体屠杀平民百姓。被控制的邮电机关不断随意检查信件，对发现的所谓"思想不良"的中国人常严刑审讯，迫害致死。在经济上，由于日军的攫夺和焚烧，沦陷区粮食匮乏，粮价飞涨，大中城市都实行粮食配给制。群众普遍挨

迁徙中的难民

苍凉乱离后，几家一孤城。

饿，冻馁而死的人不计其数。在文化上，日伪强硬推行奴化教育政策，将中国原有的宣传出版机关、学校和图书馆等，或破坏，或改组，还残杀坚持抗日的学生、教员和其他知识分子。他们列日语为各级学校的必修课，强迫使用他们所编的贯串奴化教育思想的教材，删去历史和地理中激发爱国思想的内容，妄图使中国青少年都成为侵略者的"顺民"。日伪还暗中大量劫掠中国文化资料和历代珍贵文物运往日本，使中国文化蒙受了巨大的损失。

在沦陷区，日本侵略军为了镇压中国人民的反抗，用尽了炸杀、枪杀、烧杀、熏死、饿死、毒死、刀砍、刀刺、棒打、钉杀、刑杀、沉水、活埋等灭绝人性的残酷手段，在东北、华北、华东、华中和华南等地区，制造了前所未闻的无数惨案，成千上万无辜的中华儿女，乃至侨胞和盟

侵华日军在"无人区"残暴地进行"集家并村"，把小村子并到大村子里，称之为"部落"。这是名为"碾子沟"的"部落"。

友，都成了日本法西斯暴行下的冤魂。其中有难以数计的中国女性，包括老妇和幼女，还惨遭凌辱、强奸或集体轮奸，其疾痛惨怛之状，非笔墨所能形容。

更令人发指的是：日本侵略军竟将他们屠刀下的中国平民的肉，用糖、姜腌渍成人肉条，以供食用。据一位当年在中国被日军俘虏过的澳大利亚老兵控诉说：1943年2月，他运送过300箱人肉条到关押盟军战俘的集中营。部分日本士兵和1000多名盟军战俘吃了这些与自己同类的东西。

日军入侵上海，大批难民从虹口、闸北地区经外白渡桥逃入租界。

此外，日本侵略军为了支撑侵略战争，对中国的人力和物产资源也极尽掳掠之能事。他们到处驱逼劳工，修造各种军事工程，一旦工程遂成，就秘密杀害；还将劳工赶到中国的工厂和矿山，或押往日本当苦力，压榨得九死一生。他们全面推行以中国人的性命换取矿产资源的"人肉开采"政策。他们从中国掠去的是无数宝藏，而在各地留下的却是白骨枕藉的"万人

中国通史

最新整理图文珍藏版

日本侵略军把所杀的我同胞的首级挂起来
示众

坑"。

日本军国主义者发动的全面侵华战争是中国人民的大浩劫。

中国"金瓯"一半被铁蹄踏碎，富庶地区绝大部分被占领，遭破坏。据不完全统计，全国930余座城市曾被侵占，其中大城市占全国的80%以上。全国直接蒙受战争祸害的灾区人口达2.6亿以上，流离失所、饥寒交迫的难民难以计数。中国人民在这场战争中伤亡达3500万，直接财产损失600多亿美元。

皖南事变发生

1941年1月4日，叶挺、项英遵照中共中央命令，率领新四军军部、教导团、特务团和第一支队、第二支队、第三支队的两个团，共9000余人，由泾县云岭出发，计划经茂林，越丕岭，取道旌德、宁国、广德、郎溪到苏南溧阳，然后从镇江相机渡江北上。6日，新四军行至泾县茂林地区时，遭到国民党军的包围。顾祝同、

上官云相指挥国民党军新七师、第四十师、第十六师、第五十二师、第七十九师、第一〇二师、第八十三师、第一四五师、第六十五师、第一四四师以及两个炮兵旅，共8万余人，利用有利地形，作了周密布置，准备一举围歼新四军。

1月7日，毛泽东、朱德电令叶挺、项英："你们在茂林不宜久留，只要宣城、宁国一带情况明了后，即宜东进，乘顽军布置未就，突过其包围线为有利。"这时，北移新四军先头部队在星潭附近又遭顽军拦击。乘部队对星潭实施攻击的机会，项英在百户坑召集会议讨论部队行动方向。会议对攻下星潭后能否向苏南转移，认识不一致，争论达7小时之久。至晚12时，始决定部队改向西南方向行动，经廉岭和高岭转向太平，待机再向苏南转移。这一决定打乱了原定的行动计划，陷入国民党军的重围之中。8日夜，国民党军发起猛攻，包围圈愈缩愈小，叶挺果断指挥，身先士卒，率部突围。尔后转至茂林以东5公里的石井坑，正当整顿队伍，准备继续突围时，又遭顽军第四十师、第五十二师、第一〇八师、第一四四师等部的围攻。

11日，毛泽东、朱德、王稼祥将此情况电告周恩来，并要周在重庆向国民党当局提出严重抗议，坚决要求其在皖南停止

皖南事变发生后周恩来在《新华日报》发表的题辞

进攻，撤围让路。蒋介石一面口头答应下令查处，一面却督令顾祝同加紧围攻，务期"一网打尽，生擒叶项"。皖南新四军在叶挺指挥下，多次打退顽军的进攻，但因仓促应战，地形不利，寡不敌众，弹尽粮绝，经八昼夜血战之后，至14日，除2000余人分散突出重围外，新四军指战员部分被俘，大部壮烈牺牲。军长叶挺和新四军政治部敌工部长林植夫、政治部秘书黄诚在根据组织决定与上官云相谈判时被扣，政治部主任袁国平在突围中牺牲。这就是震惊中外的"皖南事变"。蒋介石一手制造了皖南事变之后，竟于17日以国民政府军事委员会的名义发布通令，诬蔑新四军为"叛军"，宣布取消新四军番号，并将叶挺军长"革职"、交付"军法审判"。至此，国民党发动的第二次反共高潮达到了顶峰。

1月18日，中共中央发言人对皖南事变发表谈话，谈话指出：新四军"转战大江南北，抗御强敌，屡建奇功，不但国人尽知，亦为环球所共见"。新四军在皖南事变中遭到围歼，"实系亲日派阴谋家及反共顽固派有计划之作品"。

1月18日发行的《新华日报》上登载着周恩来的题诗："千古奇冤，江南一叶，同室操戈，相煎何急?!"诗上首赫然入目地写着另九个狂草大字："为江南死国难者志哀。"

1月20日，中共中央军委发布重建新四军军部的命令。命令以华中总指挥部为

突围出来的新四军一部

叶挺被俘后，1942年11月21日在国民党渣滓洞监狱写下的诗《囚歌》。

基础，重建新四军军部。任命陈毅为新四军代理军长，刘少奇为政治委员，张云逸为副军长，赖传珠为参谋长，邓子恢为政治部主任。

八路军坚持敌后游击战

抗日战争开始后不久，日本侵略军占领了中国的许多大城市和交通要道，但由于兵力不足，无法占领广大的农村，使农村成了敌人统治的薄弱环节和后方。面对日军不断向我内地深入侵犯的形势，中国共产党领导的八路军和新四军，根据毛泽东的决策，分成许多支队，奋勇地向敌人的后方挺进，建立自己的基地，点燃游击战的烽火，在广阔的地域上开辟了抗日战争的敌后战场。

抗战初期，共产党在各地通过组织游击队、自卫队，进行战争动员、武装起义和争取、改编游杂武装等方式扩大了军队，新建了许多抗日武装。抗战中期，敌后战场已形成了主力军、地方游击兵团和人民自卫武装三种武装力量相结合的体制。于

是，以主力部队和地方基干兵团为骨干，以广大群众为基础，组织党、政、军、民各方面的力量，展开了群众性的人民游击战争，使侵略者在其整个占领区时时遭到

抗日民主根据地兵工厂

抗击，一刻也不得安宁。敌后也变成了抗日前线。主要由共产党领导的敌后战场与主要由国民党承担的正面战场相对独立，又相互配合，构成了中国抗日战争的整体。

敌后军民在游击战中创造和发展了许多灵活、巧妙的新战法，如地道战、地雷战、破袭战、"麻雀战"等等，经常有效地用于袭扰和消灭日军，使敌人攻防无措、疲于奔命。

地道战创始于华北的平原地区。最初只是构造了简单的地窖，作为秘密的战斗基点。随着斗争的需要，这些秘密地窖开始打通，发展为村村相连、户户相通、设有瞭望、射击、暗堡等设施的战斗地道。广大民兵和游击队以地道为依托，由村内打到村外，由地面打到地下，神出鬼没地打击敌人。

地雷战是一种群众性的游击战法。敌后战场的群众就地取材，自制各种地雷。他们在公路、铁路、村口、家门口到处布下地雷阵，就连儿童也学会了埋雷，使敌人寸步难行。

破袭战是迟滞敌人运动的一种战法。利用黑夜撬毁铁路，使敌人的交通运输瘫痪；破坏公路、桥梁，使敌人的摩托化部队无法通行；割断敌人的电线，使敌人的通讯联络失灵。此外，还动员广大群众平毁敌人的封锁沟或封锁墙，打破了敌人对根据地的分割和封锁。

"麻雀战"是到处散布许多小组武装，灵活而快速地对付敌人的战法。游击队和民兵三五成群，采取出没无常的行动，像麻雀一样到处速战速散，巧妙地杀伤、消耗、迷惑和拖倦敌人。

此外，还有敌后武工队，这是深入到敌后之敌人心脏里的精干的武装工作队，斗争方式多样，有文有武，有明有暗，经常配合外线部队作战，达到里应外合以摧毁敌伪政权的目的。

中国抗日战争演出了人类游击战争空前伟大的一幕。松花江畔，长城内外，中原大地，珠江两岸，五指山下，游击战的烽火遍地燃烧。特别是各抗日根据地，军民一条心，不怕物质条件的严重困难，充分发挥人的机智、勇敢，男女老少都直接参加战斗，甚至连儿童也参加站岗放哨。日本侵略者在正面战场和敌后战场的两面夹击下，首尾难以相顾，陷入到处挨打、饥疲交困、苦于奔命、焦头烂额的境地。

"地道战"、"地雷战"

1941年2月，侵华日军华北方面军根据大本营和派遣军总部的计划，下达1941年度的《肃正建设计划》和"剿共"政策纲要。为加强华北方面军，日军总部又从华中抽调第十七、第三十三师团到华北，从而使华北日军兵力达到11个师团另12个独立混成旅团共约30万人，另外，尚有伪军10万余人。在华北战场上，国民党军队约有50万，但不断向八路军抗日根

"狼牙山五壮士"中脱险的葛振林（右）和宋学义

据地进行军事进攻和经济封锁；同时，又有3万余人公开投敌，与日军的"扫荡"、"蚕食"、"治安强化运动"相配合，向八路军进攻，使华北敌后抗日进入严重困难时期。

随着反"蚕食"斗争的日趋尖锐、残酷，冀中蠡县一区的群众在斗争实践中总结经验，逐步把孤立的隐蔽洞改造成地道。冀中区党委及时推广了人民群众在对敌斗争中改造平原地形的这一创举，并在斗争中不断完善。许多地方形成房房相通，村村相连，进出方便，能藏、能防、能打、能机动的完整的战斗地道体系。地道战与地雷战和其他多种斗争形式相结合，成为坚持平原作战的有效办法。

6月，日、伪军2万余人分别由保定、固安、安新、新城等地出动，采取四面包

晋察冀边区的民兵在日军将要经过的河滩上埋地雷

围、逐步压缩的办法，向大清河以北八路军冀中第十军分区节节逼近。八路军第十军分区部队以分散的游击战与日伪军周旋。15日转至容城以西地区，日军追击，形成第二次合围。因众寡悬殊，再战不利，第十军分区除留少数部队坚持斗争外，机关及主力部队即转移至白洋淀附近地区，并在以民兵组成的白洋淀水上"雁翎队"配合下，利用湖泊、水荡、芦苇草丛，时而分散、时而集中、时而水上、时而陆地，灵活机动地打击"扫荡"之日伪军。

12月，冀中抗日根据地对1941年抗日军民反"蚕食"反"扫荡"斗争进行统计：从今年3月起，日军开始对冀中根据

抗日根据地军民进行地道战

地进行全面"蚕食"，到年底，日伪军在冀中建立了碉堡1026处，修公路2140公里，建封锁沟、墙1760公里。为配合"蚕食"，日伪军进行了68次"扫荡"，冀中根据地军民以游击战、地雷战、地道战来反击日伪军。一年中，主力部队作战1260多次，毙、伤、俘日伪军18.6万余人，攻克了安平、文安等县城，有力还击了日伪的"蚕食"和"扫荡"。但因敌强我弱，冀中根据地在这一年缩小了。

《解放日报》开办

1941 年 5 月 16 日，中共中央机关报《解放日报》在延安创办出版，取代了原机关报《新中华报》，毛泽东题写报头并撰写发刊词。

抗日战争进入相持阶段后，为了适应抗日民主根据地和中国共产党领导的抗日武装力量日益发展的新形势，加强宣传指导工作，中共中央决定将《新中华报》和专门刊载电讯新闻的小报《今日新闻》合并，出版《解放日报》。该报为对开 1 张。1942 年 8 月起兼中共中央西北局机关报。1947 年 3 月随人民解放军主动撤出延安后，出至 27 日停刊，共出 2130 期。1949 年 5 月 28 日在上海创刊的《解放日报》则为中共上海市委兼中共中央华东局机关报。

《解放日报》、《向导》等报刊

《解放日报》创办不到半年，苏德战争和太平洋战争先后爆发，该报科学地分析了当时的国际形势，明确提出建立世界反法西斯国际统一战线。在内容上初以刊载国际新闻为主，存在着脱离实际和群众的倾向。延安整风后，改以报道抗日民主根据地的新闻为主。中共中央和各中央局、分局的领导人经常在此发表文章。毛泽东的重要著作《改造我们的学习》、《反对党八股》、《整顿党的作风》、《在延安文艺座谈会上的讲话》都首先在该报发表。他还经常亲自为该报撰稿、修改社论、评论和消息。

该报在研究、阐述、宣传无产阶级的办报思想理论方面作了许多奠基性的工作，发表了大量这方面的文章和社论。如《把我们的报纸办得更好些》、《报纸和新的文风》、《党与党报》、《本报创刊一千期》、《新闻必须完全真实》和陆定一《我们对于新闻学的基本观点》和胡乔木《报纸是人民的教科书》等，对无产阶级新闻观和资产阶级新闻观的界限、全党办报的方针、党报的性质和作风及新闻工作的党性原则等基本理论问题作了较系统的论述。

作为中国共产党领导地区的第一个大型日报，《解放日报》在抗日战争和第三次国内革命战争初期发挥了党的喉舌的作用，是中国共产党的重要思想舆论宣传阵地并且在办报思想、方针、性质和作用及文风、新闻观等方面奠定了中国无产阶级新闻学理论的基础，其影响深而且远。

抗日战争进入新阶段

1941 年底，太平洋战争爆发后，中日战争进入新阶段。

12 月 6 日，日军攻占香港，又攻占厦门鼓浪屿。12 月 9 日，国民政府对日、德、意宣战，12 月同上，中共发表《中国共产党为太平洋战争的宣言》。12 月 10 日，中国军队入缅对日作战，中国战场与世界反法西斯战场联为一体，美、英与中国正式结盟，在重庆召开了"东亚军事会议"。蒋介石出任中国战区最高统帅，美国将军史迪威为总参谋长。中国远征军进入缅甸配合盟军作战，给日军以重创。1942年，中国从美、英国家得到大量贷款和军火物资援助。次年经过谈判，中国政府与

1942 年 1 月 5 日，蒋介石在重庆宣布接受联合国家的推举，就任中国战区最高统帅，中国战区正式建立。图为在夫人宋美龄的陪同下，蒋介石在就职书上签字。

美英等国签订新约，废除了不平等条款，取消了领事裁判权。中美英三国首脑举行开罗会议，商定了联合对日作战计划。此后作为世界四大国（美苏中英）之一的中国，积极参加组建联合国的活动。

中共延安整风运动开始

1941 年 5 月 19 日，毛泽东在延安干部会议上作了题为《改造我们的学习》的报告。报告深刻地批判了不注重研究现状、不注重研究历史、不注重马克思列宁主义的应用的主观主义作风，号召全党采取理论联系实际、实事求是的科学态度，有目的地去研究马克思列宁主义的理论，把马克思列宁主义的理论和中国革命的实际运动结合起来，依据马克思列宁主义的理论和方法，去研究周围的环境，研究近百年的中国史，废除静止地孤立地研究马克思列宁主义的方法。中共整风开始。

12 月，中共重要文件《六大以来》正式出版。这本书是毛泽东主持编辑的。《六大以来》包括自 1928 年 6 月党的第六次全国代表大会以来至 1941 年 11 月的 557 个文件。这本书是整风运动准备阶段高级干部学习的主要读物。这本书未编成以前，即以活页形式印发给在延安的高级干部学习。

1942 年 2 月，中国共产党在延安和各抗日根据地进行的整顿党的作风的运动，由准备阶段进入普遍整风阶段。针对党内存在的种种问题，去年 5 月，毛泽东作了《改造我们的学习》的报告，本月，又作了《整顿党的作风》、《反对党八股》的报告，毛指出整风运动的内容是"反对主观主义以整顿学风，反对宗派主义以整顿党风，反对党八股以整顿文风"。

自此，全党范围的整风运动开始。整风运动的学习文件是毛泽东的《改造我们的学习》、《整顿党的作风》、《反对党八股》，刘少奇的《论共产党员的修养》，陈云的《怎样做一个共产党员》，及其他有关文件和论著。整风运动的方针是"惩前毖后，治病救人"。其具体方法是：在学习文件的基础上，检查自己的工作、思想，开展批评与自我批评，找出错误产生的根源及克服错误的方法。党的高级干部还着重学习、讨论了党史。

八路军坚持敌后抗战

"五一大扫荡"后，华北局势恶化，在艰苦的条件下，八路军坚持敌后抗战，有力牵制了日军。

1942 年 9 月，日伪军频繁"扫荡"华北各抗日根据地，实施残酷的"封锁"、"扫荡"和"蚕食"。在冀东，日伪军纠集 4 万余人实施"治安强化运动"，采取"梳篦"战术，企图消灭八路军主力和地方武装。冀东根据地被分割为20多块，八路军主力部队被迫撤离，转入山区，该区大部变为敌占区和游击区。在冀鲁豫边区，日伪军调集1万多兵力，以10余辆坦克为先导，分8路对濮县、范县、观城中心区实行"铁壁合围"，妄图消灭该区中共党政军领导机关和八路军主力。中共边区领导机关和主力部队在敌尚未形成严密包围时，跳出日伪军的合围圈，向外线转移。在晋察冀，日伪军纠集1万余人进行"秋季大扫荡"，日军双路合击阜平，南路进至堂城，西路进至赤马场，28日占领阜平城。面对着抗日根据地日益缩小的情况，为了扭转被动局面，晋察冀军区司令员聂荣臻在平山县寨北村主持召开晋察冀党政军干部会议，他提出"到敌后之敌后去"的号召，作为目前展开对敌斗争的方针。

11月3日，中共中央军委制定《华北形势大纲》，总结华北敌后抗战形势。大纲指出：日军在作战内容上是"蚕食"，为"扫荡"作准备，"扫荡"为"蚕食"铲除障碍。"蚕食"以政治、经济、文化为主，"扫荡"则主要以军事为主，"蚕食"从属于"扫荡"。针对敌人这些特点，八路军作战原则应是"打下了就拖，拖不了就让"。作战方针是继续坚持平原，以保障晋、冀山区物资供给及晋、冀山区的联系。八路军作战内容是：反"蚕食"要以我之强对付敌之弱，反"扫荡"则要以我之弱对付敌之强。把根据地、游击区、敌占区的对敌斗争结合为一体，构成反"扫荡"的正面。反"蚕食"、反"扫荡"两者有机结合，以反"扫荡"为主。

11月，沁源抗日军民对日军展开长期围困战。山西省沁源县是太岳抗日根据地的中心区，战略地位十分重要。本月，日军第一军先以1万余人"扫荡"太岳抗日根据地，随后又以第六十九师团一部协同

华北民兵攻克曲阳县下河镇敌据点

伪军固守沁源县城及其周围据点，企图以此为基地，分割和"蚕食"太岳抗日根据地。中共太岳区委和太岳军区为粉碎日军企图，提出了"在党的一元化领导下，依靠广大群众，广泛开展群众性游击战争，实行长期围困，战胜敌人"的方针，由中共沁源县委与太岳军区第三十八团共同组成围困指挥部，领导对侵占沁源的日伪军实行围困战。以主力部队、县区基干队与民兵统一编组的游击分队，以麻雀战、狙击战、伏击战和地雷战的战法，对沁源县城及其周围据点展开群众性的长期围困战，大量消耗和疲惫日伪军，使其被迫两换守军，三缩阵地，直至将日伪军压缩在城西山头上。

中共开展大生产运动

1942年12月底，中共中央提出了"发展经济，保障供给"的方针，号召根据地军民自力更生，克服困难，开展大规模的生产运动。

自去年以来，由于日军的疯狂进攻和残酷"扫荡"，国民党的军事包围和经济封锁，以及自然灾害的侵袭，中共抗日根据地的财政、经济都遭到了极为严重的困难。中共中央于是为大生产运动制订了一

系列具体方针：在各项生产事业中，实行以农业为主，农业、畜牧业、工业、手工业、运输业和商业全面发展的方针；在公私关系上，实行"公私兼顾"和"军民兼顾"的方针；在上下关系上，实行统一领导、分散经营的方针；在生产和消费关系上，实行努力生产、厉行节约的方针；在组织形式上，实行合作互助、开展生产竞赛、奖励劳动英雄的方针。

八路军战士自己动手纺线

为推动大生产运动的发展，毛泽东、朱德等领导人还亲自参加生产劳动。在

抗日战争时期大生产运动中八路军指战员在南泥湾开荒。

"自己动手"、"丰衣足食"等口号的鼓舞下，根据地军民迅速掀起了以农业为主的大规模的生产运动。抗日民主政府兴办了一批自给性的工业；军队发展以自给为目标的农业和部分工商业；机关、学校人员也发展了自给经济；农民广泛组织起来发展农业生产。中共力图通过这一运动使所辖地区克服严重的物资困难，为坚持抗战，争取最后胜利奠定物质基础。

中国军队反攻缅甸

1943 年 10 月，中国远征军和杜聿明所率第五集团军开始接受美械装备。

1944 年元旦，中印公路通车至新平洋，新三十八师全部及新二十二师第六十五团同时到达。史迪威的指挥部和前方基地也推进至此。遂令新三十八师在左进攻太白家，第六十五团居右进攻打洛，第六十五团沿大奈河南岸利用森林掩蔽，开路前进，出敌不意，迂回到百贼河敌后，将日军包围。经过激战，于 1 月 25 日全歼晖冈田大队 700 余人，大队长冈田中佐跳河自杀，敌遗尸 670 具，被俘 20 余人，第六十五团缴获速射炮 2 门，迫击炮 4 门，重机枪 8 挺，轻机枪、步枪 500 余支，旋即占领打落，揭开了缅甸战争全面反攻的序幕。

1 月底，中国驻印军第三十八师发动进攻，孟关日军十八师团凭借孟关外围的原始森林和坚固工事死守。中国军整个部队愈战愈强，第一一四团在猛烈的炮火掩护下，把日军的据点一个又一个地攻下来，日军调集了大量军队企图向中国军队发动报复性袭击，第三十八师师部命令第一一三团立即跟踪向右翼展开大迂回，出敌不意地占领孟关以南的通路。日军后路被切断，立即引起混乱。第一一四团和第一一

中国军队在缅甸的密林中向敌射击

三团的全体官兵，在优势空军和炮火以及各种自动火力的掩护下，从南北两方向日军中心阵地夹击，将其外围据点一个一个摧毁、占领。紧接着将炮火指向核心阵地，大批日军知败势已定，无法挽回，而在阵地内自杀。

4月，第二个旱季攻势开始，中国驻印军新编第三十八师从密林中开路迂回到日军后方孟拱以北地区，占领了日军所设的仓库地带，新编第二十二师从正面压迫，前后夹击，日军开始全面崩溃，损失惨重，残余部队窜入了森林。驻印军主力向孟拱挺进时，新编第三十八师派出一个团的兵力从密林中开路前进，直向敌人的远后方——密支那潜行。总指挥部调新编第三十师全师兵力，在后方机场待命，并准备了大批滑翔机在机场待命准备牵引起飞。新编第三十八师派出去的这个团在密林中潜行了7天，奇袭密支那机场成功。电信传到后方机场，新编第三十师全部登上"空中列车"，一架接一架地在战火纷飞的密支那机场强行降落，很快肃清了机场周围的日军，向密支那进攻。孟拱方面的日军，在新编第一军、新编第六军强大攻势下全部崩溃，中国驻印军队占领孟拱车站与铁路沿线。

8月5日，缅甸密支那经中国军队80多天的艰苦攻击，终被克复。

中国远征军和驻印军，在美、英军的协同和当地民众、爱国华侨及印缅人民的支援下，以数万壮士的鲜血和生命换来了反攻作战的完全胜利。这场胜利，歼灭日军第18、第56两个师团大部，重创其第2、第33等师团，完全打通了中印公路，解除了日军对中国战场西侧的威胁，打破了日军对美国援华物资的封锁，同时也牵制了大量日军的兵力，从而减轻了盟国在太平洋战场上的压力，在国际上博得了崇高的荣誉。

八路军扭转大扫荡战局

在反对日军"五一"大扫荡的长期斗争中，八路军和华北人民经过艰苦战斗，逐渐扭转华北局势。

1943年8月23日，中国共产党针对蒋介石在中《中国之命运》中提出"没有国民党就没有中国"的观点，发表《国共两党抗战成绩的比较》和《共产党抗击的全部伪军概况》两个重要文件，指出抗战以来，共产党抗击了全部侵华日军共36个师60万人的55%，国民党仅仅抗击了42%；共产党抗击了全部伪军62万人的90%以上，国民党仅仅牵制伪军不足10%。

截至8月26日，太行、冀南八路军打胜了林南战役。庞炳勋、孙殿英投敌并被

冀东八路军某部指战员

编为伪第二十四集团军以后，纠集 2 万余人，在日军三十六师团的配合下，侵占林县县城和周围横水、姚村等地区，准备以此为依托，"蚕食"太行中心区。为确保太行抗日根据地的巩固和发展，八路军总部集中太行军区主力和冀南军区一部共 12

1944 年 9 月 14 日，八路军攻入晋中战略要地汾阳。

八路军在安阳战役中摧毁日军碉堡

个团的兵力，在地方武装和民兵的配合下，组成东西两个集团，向盘踞在林县城内及其南部地区的伪军发起进攻，经 9 天战斗，攻克日伪据点 80 余处，歼灭日伪军 7000 余人，解放人口 40 余万，开辟了林县以南、辉县以北的大片新区。

10 月 10 日，晋西北八路军在甄家庄歼灭日军 800 余人，伪军 100 余人。

10 月，日军华北方面军调集 2 万余人，在冈村宁次总司令的指挥下，采用多梯队反复"清剿"新战术，对太岳抗日根据地进行所谓"铁滚式三层阵地新战法"的大"扫荡"，企图消灭太岳根据地的有

生力量，建立起"山地剿共"实验区。开始，抗日军民对日伪军的"新战法"不适应，一度处于被动。10 月 17 日以后，八路军抓住日伪军兵力不足、顾此失彼的弱点，以广泛的群众性游击战争和内外线紧密配合的作战方针打击敌人，逐步扭转了被动局面。日军华北派遣军总司令冈村宁次亲自布置，从各地抽调 180 多名军官和参谋，组织"战地观战团"来太岳见习。

24 日 3 时，太岳第二军分区第十六团在临汾东北韩略村附近设伏。8 时，由临汾方向驶来日军汽车 13 辆（内有小汽车 3 辆）进入伏击区，伏击部队突然发起攻击，拦头击尾，与敌展开白刃格斗。经 3 小时激战，歼灭敌华北方面军为推广"新战法"所组织的战地参观团旅团长以下军官 120 余人，缴步枪 80 余支，击毁汽车

日军向八路军投降

毛泽东1944年检阅即将出发的由359旅主力组成的南下支队。左为朱德，右为359旅旅长王震。

13 辆。

1944 年 8 月，山东八路军发动秋季攻势作战。胶东区经过一个多月的连续作战，歼灭日伪军5000多人，解放了文登和荣城县城，攻克和逼退日伪据点138处；渤海区在8月的作战中，歼灭日伪军5000多人，攻克乐陵、临邑、南皮三座县城，解放了沾化、青城两个县的大部分地区；鲁中区在沂水城北采取伏击手段，歼灭日伪军1700余人，收复了沂水城和周围据点。在此期间，滨海区还粉碎了日伪军的"扫荡"。这次"扫荡"是日军第十二军军长山内亲自组织11000余日伪军发起的，企图合击山东区指挥机关，破坏根据地建设。滨海抗日军民采取内线与外线结合的战法，经10天的英勇战斗，于8月30日胜利粉碎了日伪军的"扫荡"。

中日豫湘桂会战

1943 年前后，国际形势发生了重大而深刻的变化。日本通往太平洋前线的海上交通已失去保证。1943 年 11 月，中、美、英三国召开了开罗会议，发表了"开罗宣言"，共同商定了对德、日作战的计划。

日本开始垂死挣扎，为了强行扭转军事上的不利态势，从 1944 年春开始，集中 50 多万侵华兵力，又向中国正面战场发动了一次长达 10 个月的战略性进攻（代号为 1 号作战），先后向平汉路中段、粤汉路南段、湘桂路及其附近地区发动进攻，实施打通大陆交通线的作战。这次作战可分为豫中会战、长衡会战、桂柳会战 3 个阶段。4 月 17 日，侵华日本华北方面军以第 12 军指挥约 7 个师团的兵力，在第 11 军一部的配合下，向豫中发动进攻。敌由邙山头、中牟两地突破中国守军黄河防线，激战于新郑、广武地区；继而向两个方向发起进攻。一路沿平汉路南下，与湖北长台北上之敌会师于确山，打通了平汉路南段；一路由郑州沿陇海路及其以南地区西进，与在垣曲地区南渡黄河之敌会合，遭到中国顽强抵抗后，仍于 5 月 25 日攻占了洛阳。

5 月 17 日，日军纠集 8 个师团的兵力，首先向粤汉线的长沙发动进攻。6 月 18 日攻陷长沙。尔后，又南下进逼衡阳。中国第 9 战区所属第 10 军，恁着坚固的城防工事血战了 47 天。8 月 8 日，衡阳陷落。9 月中旬，敌集中 8 个多师团的兵力，在新成立的第 6 方面军司令官冈村宁次的指挥下，沿湘桂线西江及越北、雷州半岛，分

会战中，中国军队中的炮兵。

北、东、南3路合击桂林、柳州与南宁。中国守军第4战区部队分别在上述地区进行抵抗，但未能阻止住敌人的进攻。11月11日，柳州、桂林相继失守。日军占领柳州后，继续西进，向贵州进攻。12上旬，占领贵州的独山和丹寨。中国急调第1、第6、第8战区各一部向贵州增援，终于击退入黔之敌。

桂柳战役结束后，敌又以一部兵力于1945年2月间打通了粤汉铁路广东段，并先后占领该路东侧之盟军空军基地——遂川、赣州。至此，日军虽一度在形式上打通了中国大陆交通线，但由于中国各战场的广大军民不断给敌以袭击和破坏，使敌无法取得预期的效果。

豫西鄂北和湘西会战开始

1945年3月，豫西、鄂北和湘西会战开始。

在中国正面战场上，中国空军首开反攻的先声。中国英勇的空中健儿和美国空军协同作战，不断袭击日本空军的重要基地，多次与敌40架以上的战斗机激战，并取得胜利。中国取得了制空权，为全面反攻的胜利奠定了重要基础。

1945年上半年，日军在中国广阔的战场上兵力日益分散，顾此而失彼，已陷入

中国第14航空队出发攻击日军

中国空军轰炸黄河铁桥和日军目标

全面被动和被包围歼灭的狼狈境地。但它仍妄图挽回败局，进行垂死挣扎。这时，中国战区最高统帅部已拟定出中国战区总反攻计划，再次调整了战斗序列，正面战场就从反击敌人进攻中，开始了神圣的反攻。1945年3、4月间，日军为破坏我国靠近前线的野战机场，阻止盟国空军使用中国机场对日作战，因此纠集重兵向豫西、鄂北和湘西发动进攻。

3月20日，敌华北方面军的第12军，以主力一部突破鲁山、舞阳、长水镇中国第1、第5战区防线后，进击西峡口、老河口之线。4月18日，占领老河口飞机场。随后，中国第1、第5、第10战区部队协力反击，收复襄阳、宜城、樊城等失地。5月底，中国军队在给日军相当的打击后，在豫陕鄂边区与敌形成对峙。

4月8日，敌第6方面军的第20军主力一部，在空军的配合下向湘西进犯，企图占领芷江空军基地。中国军队除第3、4两个方面军担任防御外，并将在缅北作战的新6军空运到芷江参加作战。在中国战区的中、美空军，也集中力量于芷江方面。由于制空权完全被中国掌握，日军陷入手足无措状态，几乎无法统率，侵华日军中国派遣军新任总司令冈村宁次被迫于5月8日下令停止攻击，狼狈逃窜。中国军队乘胜反攻，至6月7日，日军所占地区全部收复，并毙、伤日军24000余人，取得

豫西鄂北会战中，中国军队的战士在欢呼战斗胜利。

了湘西会战的胜利。

中国军队在湘西反攻胜利后，当即向桂柳地区撤退之敌发起追击。5月26日，第2方面军一部收复南宁。第3方面军一部在第2方面军的配合下，向柳州的日军发动总攻，6月30日收复柳州；然后分3路向桂林急进，一路追歼残敌。

中共七大开幕

1945年4月23日，中共第七次全国代表大会在延安开幕。大会选出毛泽东、周恩来、朱德、刘少奇等15人组成主席团，任弼时为大会秘书长。大会的中心任务是动员和领导全国人民最后打败日本帝国主义，建立独立、自由、民主、富强的新中国。毛泽东主持了大会并致开幕词。毛泽东在开幕词中指出：中国面临着两个前途和两种命运的斗争，党的任务是要用全力去争取光明的前途和光明的命运，反对黑暗的前途和黑暗的命运。

24日，在中共七大上，毛泽东作《论联合政府》的政治报告。报告总结了抗战胜利前夜的国内外形势和国共两党两条抗战路线斗争的经验。指出中共所面临的斗争是激烈的两个前途、两种命运的斗争。为了争取光明的前途，克服黑暗的前途，

党应有自己的政治路线，即："放手发动群众，壮大人民力量，在我党的领导下，打败日本侵略者，解放全国人民，建立一个新民主主义的中国。"

25日，在中国共产党第七次全国代表大会上，朱德作了《论解放区战场》的军事报告。报告主要论述人民军队和解放区的创造、发展过程，指出敌后解放区战场的伟大作用和战绩。说明抗日战争对中国共两党两条不同军事路线的原则区别。

5月14日，在中共七大上，刘少奇作了《关于修改党章的报告》。

中国共产党第七次全国代表大会于11日闭幕。自4月23日起至6月11日止，大会历时50天。代表着120万党员的547位正式代表和208位候补代表，聚集在自己所手创的新民主主义根据地陕甘宁边区首府延安，共开大会22次。大会制定了党的政治路线："放手发动群众，壮大人民力量，在我党的领导下，打败日本侵略者，解放全国人民，建立一个新民主主义的中国。"这是中国共产党有史以来最盛大的一次全国代表大会。

八路军新四军转入反攻

1945年4月，冀鲁豫八路军对日伪军的春季攻势作战取得了战果。这次攻势从1月16日发起，冀鲁豫八路军在宋任穷、黄敬等指挥下，首先进攻盘踞在大名地区的"东亚同盟自治军"，争取其"突击团"起义作为内应，一举攻克该城，歼日伪军800多人，击毙该军军长刘坤。21日，八路军发起道清战役，歼日伪军2500余人。4月24日，八路军发起南乐战役，27日攻下南乐县城及周围据点30多处，扩大了根据地。

4月，新四军第三师趁日军从盐城、

大反攻中正在行进的八路军

阜宁南撤，伪第二方面军第五军第四十一师等部忙于交接防务之际，集中11个团，1.4万余人，发起阜宁战役。随后，新四军乘胜扩大战果，收复了盐（城）阜（宁）公路沿线的大施庄、沟安墩、草堰口等据点，至此，历时3天的阜宁战役胜利结束。此役，共俘伪副师长以下2000余人，毙伤300余人，解放阜宁城及市镇20余处。5月1日，山东八路军展开反"扫荡"作战。八路军各军区采取相互协同动作，以部分主力结合地方武装和民兵，在内线展开广泛的游击战，以大部主力集中于外线，相机歼敌，并组织群众广泛袭击交通线。经过近1个月的作战，逼使日伪

八路军滨海部队攻克山东诸城后的入城式

军回窜，并歼敌3300余人，日军第五十四旅团长田坂被击毙，取得了反"扫荡"的胜利。

5月，华北各地区八路军开始陆续发起猛烈的夏季攻势作战。晋冀鲁豫部队向平汉铁路两侧及鲁西、晋南之敌发动进攻，5月中旬先后发起东平、阳谷等战役，歼

八路军冀察部队攻克察南重镇怀安县后，群众在欢迎八路军入城。

敌9000余人，收复东平、阳谷等16座县城；八路军太行军区主力部队发起安阳战役；太岳部队向晋南进攻，收复安泽、高平县城；八路军山东部队集中鲁中、滨海、胶东、渤海各区主力，向胶济铁路以南的安丘、诸城和路北的平度、寿光等地发起强大攻势，歼日伪军2万余人，解放大片国土；晋察冀部队在平绥铁路两侧和锦承铁路以南地区先后发起雁北、察南以及出击热河等战役，收复县城3座。同时，在北宁铁路以南、津浦铁路以西发起子牙河东、大清河北战役，收复县城3座，并逼近北平、天津郊区。八路军在5月间共歼日伪军6.8万人，收复县城33座，扩大解放区6万多平方公里，解放人口240余万

人，进一步将日伪军压缩到大中城市、交通要道和沿海一带。

6月12日，八路军冀热辽军区部队在粉碎日伪军4万余人对冀东根据地连续4个月大"扫荡"之后，组成3个挺进支队，分3路北出长城，发起热辽战役，解放了"集家并村"之"人圈"12座，粉碎了日伪军3万余人的反扑。整个攻势作战席卷雁北、察北、热河、辽西地区，逼近平、津、张地区。共作战2700多次，歼日伪军近2.8万人，拔除据点、碉堡790多处，收复县城15座，解放人口500多万人，扩大解放区面积13.5万平方公里，部队发展到11万多人，争取了战略上的主动权，为大反攻创造了有利条件。

国民政府宣布全面反攻

1945年7月7日，国民政府军事委员会宣布：战局现已转守为攻。公布八年抗战截止现今，计毙伤及俘虏日军250余万人；中国军队阵亡130余万人，负伤170余万人。

7月12日，中国伞兵首次作战。伞兵一队180人，凌晨3时从昆明起飞，8时抵广东开平县附近空降，对日军展开游击袭

整装待发的中国士兵

扰活动。

7月14日，中国陆军总司令部制定以桂林、雷州半岛、衡阳、曲江、广州、香港为作战目标的反攻计划。

中国士兵脚着草鞋，乘飞机开赴前线。

18日，中国伞兵在广西丹竹空降，在地面部队的配合下，一度占领日军的丹竹机场，袭击日军的补给基地。

7月21日，中国空军出击，轰炸河南遂平日军。夜，中国空军再次出击，猛烈轰炸汉口日机场。

7月24日，第二十军、第二十九军等部，分3路沿湘桂铁路及其两侧向桂林急进，至本日，连克中渡、黄冕、阳朔、白沙，并经激战夺占桂林南方门户永福。同日，第二十六军、第九十四军等部，自越城岭方面向桂林西北进逼，各路大军包围桂林。

7月25日，中美空军协同，以305架战机猛袭上海日空军基地。

7月27日，中国伞兵在湖南衡阳附近空降，伏击日军运输车队。同日，国军向桂林日军发起总攻，收复桂林。日军仓皇向广西全县方向逃窜，被追歼一部。

《波茨坦公告》发布

1945年7月26日，美、英、中三国发表《波茨坦公告》。7月，美、英、中三国

波茨坦会议会场

首脑和外长在柏林西南波茨坦举行会议。会议期间，三国首脑讨论了结束对日作战的条件和有关对日本战后处置的方针，并通过一项由美、英、中三国代表签署的决议，即《波茨坦公告》。

公告宣布：盟国对日作战将继续到日本完全停止抵抗为止，日本政府必须立即投降。公告还规定了盟国接受日本投降的条件，即铲除日本军国主义；对日本领土进行占领；实施开罗宣言之条件，解除日本军队的武装，惩办战争罪犯；禁止军需工业等等。

1945年6月，联合国在美国旧金山创立。图为中国代表团中的中共代表董必武在《联合国宪章》上签字。

1945年8月8日，莫洛托夫代表苏联政府发表声明对日本宣战。

7月27日，日本首相铃木召开内阁会议，决定不管美、英、中《波茨坦公告》的内容如何，都将予以不理，始终根据既定的根本方针，坚决为完成大东亚战争而迈进。

八路军、新四军全面反攻

1945年8月10日至11日，朱德连发七道命令，命令八路军及所属部队向全国各地进发，迫使日伪军投降。

八路军晋察冀部队解放赤城后，正在追歼逃敌。

8月，八路军各部队执行朱德总司令的命令，开始全面大反攻。晋察冀解放区担负着收复平绥路东段、平汉和津浦路北

中国通史

最新整理图文珍藏版

华中新四军在津浦路徐州至固镇段向敌发起进攻

段、北宁路南段及其周围广大地区的任务，并向北平、天津、保定、张家口、石家庄等大城市附近进攻。晋察冀部队解放了察哈尔省和热河省全境及其他一些大中小城市。晋冀鲁豫解放区军民向平汉、同蒲路沿线进攻，收复县城 30 多座，逼近开封、新乡等地，对拒绝投降的日伪军发起进攻，解放黄河沿岸地区。晋绥军区分南北两线反攻，北线占领归绥周围的敌伪据点，南线以太原为进攻中心，在同蒲路两侧展开进攻，解放了绥远和山西广大地区。山东

日本侵略军向中国军队缴械投降

军区部队组成五路大军反攻，歼灭日伪军 6 万多人，解放了山东 108 县中的 100 个县，山东各解放区连成了一片。中央和延安总部还从晋绥、察北、山东、冀热辽等部队抽调了大批主力部队进入东北，与苏联红军共同作战。

1945 年 8 月 28 日，八路军鲁中部队在渤海部队配合下，解放了山东工业重镇周村。

8 月 12 日，中共布置了新四军大反攻的任务：江南部队夺取周围的广大乡村和县城；江北部队力争夺取津浦路和长江以北、津浦路以东和淮河以北所有城市，并向陇海路东段进军以配合八路军占领陇海路。新四军苏浙、浙东、皖南、淮北、淮南、苏北、苏中、皖江各部队响应总部号召，立即展开了全面大反攻。至本月底，攻克县城及重要市镇 400 多个。又发动了淮阴、高邮、津浦路、陇海路东段等战役，对拒不投降的敌伪军进行反攻。

日本投降

1945 年 8 月 10 日下午，重庆中央电台播音室里人声鼎沸，日本通过瑞士正式向中国转达投降请求的消息传来，使大家全身为之战栗。

当晚，电台开始播音：

各位听众，现在播送重大新闻……日

最新整理图文珍藏版

中共中央所在地延安人民欢庆抗战胜利

本无条件投降了……

　　8月10日晚6时许，日本无条件投降的消息经重庆电台传出，重庆市民大放爆竹，欢欣之状空前高涨。重庆中央社内短而狭的灰墙上，贴出了"日本投降了"巨幅号外。几位记者驾着三轮车狂敲响锣，绕城一周，向市民报告日本投降、抗战胜利的消息。满街的人流，狂欢拍手。

　　重庆市鞭炮店生意大佳，爆竹瞬间售

1945年9月2日，在停泊于东京湾的美国"密苏里号"军舰上，举行了日本向盟国无条件投降的签字仪式。

空。入夜，爆竹大放，各路探照灯齐放，照耀得市区如同白昼。与此同时，昆明正在放映电影的影院内，当银幕上映出"日本无条件投降"的字幕时，观众一片欢呼。他们拿出帽子、手帕在空中乱舞。正在演戏的剧院里，有人听到胜利的消息后跳上舞台，抱住正在甩腔的大花脸狂呼："日本投降了！"台下观众狂喜，纷纷跑到街上欢呼胜利。

上海万众欢腾，纷纷上街游行庆祝抗战胜利。

在重庆的盟军驾车加入狂热的胜利游行队伍

晚上，古城西安，人们到处燃爆竹，钟楼附近变成了欢乐的中心。

8月11日晨，上海国际饭店之顶升起上海最高的一面国旗，临风招展，数千人仰头致敬。上海全市停业，爆竹声整天不绝，人们自发地上街游行，欢呼中华民族的解放和胜利。

在敌后的晋察冀、晋绥、冀鲁豫等抗日根据地，当边区政府和报社接到日本无条件投降的消息后，连夜组织宣传队奔赴附近农村，传播胜利的消息，赶印号外和传单，飞送各地。人们奔走相告，一群一伙的人们欢呼聚谈，庆贺胜利的到来。

8月12日，成千上万的重庆市民涌上街头游行。连珠炮似的鞭炮声、狂热的鼓掌声掩盖了整个山城。

8月15日，延安，中国共产党中央和八路军总部所在地，听到日本无条件投降的消息后，万人欢腾。街上张灯结彩，各处黑板报都用大字报报道了胜利的消息，各机关和群众的乐队、秧歌队纷纷出发游行。入夜，人们用柴棍扎起火炬，举行了火炬游行。

同日，蒋介石对全国军民和世界人士发表广播演说，他说："我们的'正义必然胜过强权'的真理，终于得到了它最后的证明……我们中国在黑暗和绝望的时期中，八年奋斗的信念，今天才得到了实现。"

8月14日上午，日本最高首脑在日本

涌上街头欢庆抗战胜利的张家口各界群众

皇宫防空室举行御前会议，讨论无条件投降的诏书问题。8月15日中午，日本天皇的《停战诏书》正式播发，宣布无条件投降。

国民政府争抢受降

抗战胜利，国民党马上竭尽全力抢夺胜利果实。

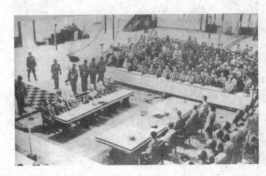

1945年9月9日，中国战区受降典礼在南京举行，日本侵华军总司令冈村宁次签署投降书。图为会场。

1945年8月11日，蒋介石连续发布三条命令，一条给八路军、新四军，要他们就原地驻防待命，其在各战区作战地境内之部队，应接受各该战区司令长官之管辖。一条给蒋军嫡系部队，要他们"积极推

1945年9月9日，在南京中国陆军总司令部大礼堂举行日本侵略军投降仪式。图为中国陆军总司令何应钦接受日本侵华军总参谋长小林浅三郎递交投降书。

日军炮兵向中国军队投降

进"，"勿稍松懈"。一条给伪军，要他们"切实负责维持地方治安"。随后，蒋介石又命令驻华日军在原地"作有效之防卫"，等待国民党军队受降。

8月18日，侵华日军总司令官冈村宁次拟定《和平后对华处理纲要》，规定日军武器"完全彻底地"交付国民党方面，"为充实中央政权的武力作出贡献"；对于共产党方面，"需以武力自卫时，应不失时机地采取断然态度，发挥皇军的实力"。

抗日战争胜利后，国共两党在对日受降及国内政治等一系列重大问题上发生尖锐的冲突。蒋介石把全国划为十五个受降区。各区受降长官都委派了国民党系统的

日本投降代表聆听中国陆军总司令何应钦的训示。左4为日本侵华军总司令冈村宁次。

战区司令长官或方面军司令官，但国民党的主力部队大都远在西南、西北，调动需时。而共产党领导的抗日武装却大都在华北、华东地区，这一带正是日军主要占领区。为了阻止共产党领导的抗日武装受降，蒋介石命令国民党的部队照计划推进，而

南京中山门前，中国军队在搜查日本俘虏。他们被解除武装后，将遣返日本。

命令共产党的军队，就原地"驻防待命"，勿"擅自行动"。由于美国陆海空军直接帮助运送了几十万国民党军队，国民党接收了上海、南京、北平、天津、广州、长沙、武汉、南昌、太原等大城市及许多战略要地，收编伪军数十万人，并将各大城市敌伪经营的庞大的工商业资产变为所谓"国有"企事业，从而使官僚资本恶性膨胀，蒋宋孔陈四大家族控制了中国经济的命脉。中国共产党坚决拒绝蒋介石"驻防待命"的命令，并声明国民党不能代表解放区接受日伪投降。朱德总司令和彭德怀副总司令命令各解放区所有抗日武装，夺取并解除日军武装，迫使敌伪无条件投降，并配合进入东北的苏联红军作战。各地解放军收复威海卫、烟台、张家口、邢台、邯郸、焦作等中小城市近两百座。对此蒋介石惶恐不安，借口"恢复铁路交通"派国民党军队进犯解放区，造成严重的内战危机。

毛泽东飞抵重庆进行和平谈判

抗战胜利后，饱受战争苦难的中国各阶层人民迫切需要国内和平，休养生息，强烈反对内战。国际进步舆论也认为中国应该走和平发展的道路。在国内外舆论的压力下，蒋介石于1945年8月电邀毛泽东到重庆进行和平谈判，会谈的中心是政权和军队问题。

8月23日，中共中央举行政治局扩大会议，讨论同国民党谈判问题。蒋介石连续三次电邀毛泽东赴重庆谈判。同时斯大林也致电中共中央，说中国应该走和平发展的道路，要毛泽东赴重庆同蒋介石谈判。会议根据国内外政治形势，决定同国民党进行谈判。这次会议还决定朱德继续兼任中共中央海外工作委员会主任，周恩来兼任副主任。

8月28日，毛泽东、周恩来、王若飞乘27日国民党派来的专机，在赫尔利、张治中陪同下，于下午3点45分飞抵重庆。前一天，美国驻华大使赫尔利、国民政府军事委员会政治部部长张治中，由重庆飞

张治中和美国大使赫尔利于1945年8月27日乘专机到延安。这是毛泽东（前左）到机场迎接赫尔利（中）、张治中（后右二）赴延安城。

抵延安，迎接毛泽东到重庆进行和平谈判。到机场欢迎的有蒋介石的代表周至柔、参政会秘书长邵力子、副秘书长雷震，及各界著名人士张澜、沈钧儒、章伯钧、黄炎培、郭沫若等。当晚8时，蒋介石设宴为毛泽东等洗尘。美国大使赫尔利、驻华美军总司令魏德迈和张群、王世杰、邵力子、陈诚、张治中、蒋经国等作陪。28日、29日，毛泽东下榻于蒋介石官邸林园。

9月，毛泽东、周恩来、王若飞等在重庆与国民党当局和中外人士频繁接触。9月6日，毛泽东以1936年2月的旧作《沁园春·雪》赠柳亚子。词发表后，重庆各界为之震惊，随后上海、北京等地也有所闻。各报纷纷转载，并称此词有"帝王气象"，尤对"数风流人物，还看今朝"一句争议极大。有人称，此句说明毛泽东想做皇帝。随后，国民党内文人纷纷发起作诗运动，并要求选拔力作压倒毛泽东。至月底，报端出现近40首诗词，均平庸之作。有人著文评价说："观今日毛氏之词，知国民政府大势去矣！"

国共签订《双十协定》

国共领导人在重庆开始谈判，共产党要求国民党承认解放区政权和军队，以实现国内和平，避免内战；而蒋介石则坚持所谓"军令、政令统一"，其目的是要共产党交出军队和解放区政权。蒋介石一边谈判一边派兵进攻华北各地解放区，施加军事压力。共产党采取"针锋相对、寸土必争"的方针，实行自卫反击，于绥远、上党及邯郸等地接连粉碎国民党军队的进攻。蒋介石不得不承认共产党提出的和平建国的基本方针和召开政治协商会议，共商国是。1945年10月10日发表《政府与

1946年1月10日，中共代表周恩来（左）与国民党代表张群（中）签署《关于停止国内冲突的命令和声明》。右为军调处美国代表马歇尔。

中共代表会谈纪要》即《双十协定》，但在解放区政权和军队问题上仍未能达成协议。

10月10日，《国共双方会谈纪要》在重庆曾家岩桂园张治中寓所客厅内签订。双方代表王世杰、张治中、邵力子和周恩来、王若飞在纪要上签字。

国民党方面表示同意和平建国的基本方针，承认各党派的平等合法地位和人民的某些民主权利，并允诺召开政治协商会议，便拒不承认中共解放区的政权和解放区的军队。

国民党军大举进攻东北

1946年2月8日，蒋介石命令杜聿明指挥东北国民党军向东北民主联军发动大规模进攻。自8日始，新六军一部和五十

三军、十三军分3路由锦州沿北宁路两侧向沈阳方向攻击前进。南路为新六军二十二师，由沟帮子、大虎山之线进攻，10日占盘山、台安，14日占辽中。中路为黑山、北镇地区的五十二军，于占领新民后，以其第二十五师继续推进至沈阳市郊。北路为十三军第八十九师，分由阜新、彰武出动，先后侵入阜新东北的鸳欢池和彰武、法库间的秀水河子。

3月27日，周恩来、张治中、吉伦军事三人小组签订《调处东北停战的协议》。1月10日停战令发布时，国民政府代表坚持东北不在停战范围之内。政协会议结束后，国民政府在美国特使马歇尔和美国海军帮助下，大量运兵前往东北，扩大东北内战。这次，经中共及全国人民的努力，国民政府勉强同意东北停战。

4月6日，毛泽东命令林彪保卫四平，4月21日，毛泽东又命林彪保卫长春、哈尔滨。

5月22日，国民党军攻占四平后长驱直进，占领长春，随后又占领了梅河口、海龙、九台、永吉等19个重要城镇，逐步控制了松花江以南广大地区。东北民主联军主力撤至松花江以北。

5月26日，中共中央军委给林彪、彭真等人发出《关于深入东北敌后开展游击战争》的指示。指示指出：为了保卫北满、

大批蒋军乘美国军舰北上

1946年3月4日，军事三人小组到达延安，毛泽东前往机场迎接。前排行进者，左1为毛泽东，左2为周恩来，左3为马歇尔，左4为张治中，左5为朱德。

东满某些大城市作为长期坚持东北斗争的有利的战略基地，迫使敌人停止前进，必须立即分派干部与部队深入敌后，普遍地开展游击战争，破坏铁路、公路、电线，建立与巩固村区及中小城镇政权，放手发动群众，没收敌伪财产、土地分给人民群众，打击国民党特务下乡征收粮草、抽丁派夫。要在广大人民中普遍宣传八路军、新四军决不离开东北，要把东北建成华北、苏北一样的根据地。

中国审判日本战犯和汉奸

1945年11月6日，中国政府成立以秦德纯为主任委员的战争罪犯处理委员会，作为处理战犯的最高权力机构。12月中旬以后，分别在南京、上海、北平、汉口、

1947年，中国审判日本战犯的军事法庭法官。中坐者为庭长石美瑜。

广州、沈阳、徐州、济南、太原和台北等10处成立审判战争罪犯军事法庭，分别审理各地区的战犯。1946年2月15日，南京审判战犯军事法庭正式成立，由石美瑜任团长，设审判官5人、检察官2人及其他各类职员。该庭起初直属于中国陆军总司令部，国民政府国防部成立后，改隶于国防部。

南京审判战犯军事法庭的审理对象，根据战争罪犯处理委员会公布的战争罪犯审判条例有关规定，为入侵我国的外国军人和非军人。该庭对案件的审理，均依战争罪犯审判条例及刑事诉讼法的规定程序办理。由侵华日军一手制造的震惊中外的南京大屠杀惨案，就是由南京审判战犯军事法庭负责审理的。

在中国人民的强烈要求下，中国政府向远东国际军事法庭提出，要求将南京大屠杀的主犯及其他罪犯引渡到中国，接受中国人民对他们的审判。根据国际法原则和由中、美、英、苏等11国组成的远东委员会关于处理日本战犯的决议，甲级战犯由国际军事法庭审判，乙、丙级战犯则直接由受害国家所组织的军事法庭审判。因此，在南京进行血腥大屠杀的乙级战犯谷寿夫、屠杀300余中国人的刽子手田中军吉及在南京紫金山下进行"杀人比赛"的野田毅、向井敏明等战犯，先后被引渡到中国受审。

2887

一小撮民族败类，卖身投靠侵略者，认贼作父，受到应有的惩罚。

1947 年 2 月 6 日至 8 日，南京审判战犯军事法庭在励志社（今中山东路 307

法庭庭长石美瑜、首席检察官陈光虞等率同工作人员在各处检验南京大屠杀中受难同胞的尸骨。

号），对战犯谷寿夫进行了为期 3 天的公审。有 80 余名证人出庭陈述日军在南京的暴行，其中有外籍证人 3 名。6 日下午 2 时开庭时，上千人出席旁听，座无虚席。庭外还装有扩音器，广大南京市民聚集在庭外收听了审判实况。战犯谷寿夫于 1948 年 4 月 26 日上午 11 时绑赴刑场，执行枪

决。其时，南京成千上万的群众，站在街道两旁及刑场周围，观看屠杀南京人民的罪魁祸首谷寿夫的可耻下场。战犯向井敏明、野田毅、田中军吉等经审判已于 1948 年 1 月 28 日绑赴雨花台刑场，执行枪决。

与此同时，一批汉奸也得到了应得的下场。继汪精卫任伪国民政府主席的陈公博，任伪外交部长的褚民谊，以及梁鸿志、殷汝耕、梅思平、林柏生等，皆被审判后枪决。

中华人民共和国成立后，在中国还有包括由苏联转来的共 1000 多名日本战犯，一部分关押在抚顺，一部分关押在太原。1956 年的 6 月和 7 月，有 45 名战犯分别在太原和沈阳判了徒刑，其余都受到了免诉处理，由中国红十字会协助他们回了国。

全面内战爆发

1946 年 5 月，国民政府从重庆还都南京，国共谈判也转到南京举行。蒋介石借口共产党拒绝从苏北、皖北等地撤退，公然调集 20 万军队，于 6 月大举围攻以宣化店为中心的中原解放区，发动全面内战。

6 月 26 日，国民党以 30 万大军围攻中共中原解放区，全面内战爆发。6 月中旬，国民党制定了全面进攻、速战速决的战略方针，投入全部正规军的 80%，即 193 个旅、158 万兵力。

国民党军围攻湖北宣化店一带中共中原解放区，预定于 7 月 1 日发起总攻并

判处死刑的日本战犯被押赴刑场

国民党军队向中原中共军队辖区疾速推进

中国通史

最新整理图文珍藏版

"全歼"。中共中央为保存有生力量，命中原部队立即突围，并选定"主力向西"的转移方向。中原解放军突围成功，歼灭了5万余敌军。

毛泽东同突围至延安的359旅干部王震等合影

10月，中共中央、毛泽东决定中共代表团撤回延安。周恩来在上海中共代表团办事处，请郭沫若、许广平、马叙伦、马寅初开座谈会。周恩来对他们说，蒋介石已经完全撕毁了和谈的假面具，大打起来了。在我党中央和毛泽东领导下，我们一定能够以自卫战争，粉碎蒋介石的进攻。

中美商约签订

1946年11月4日，国民党政府在南京与美国秘密签订中国近代史上最后一个不平等条约——《中美友好通商航海条约》，简称《中美商约》，用于代替1844年以来中美签订的《望厦条约》等九个不平等条约。内含30条及一项议定书，于1948年11月30日在南京交换批准书生效。定期5年，期满前一年如一方不提出废止，期满后继续有效。主要内容有：①两国国民均可在对方全境经营工商、金融、科技、宗教及慈善事业，购建房屋，租土地，雇职工，并享国民待遇和最惠国待遇。②两国

条约签订后，宋子文（左）与美国驻华大使司徒雷登（右）举杯表示庆祝。

国民、法人、团体在对方均可取得或处理动产和不动产的权利，互给最惠国待遇。③两国输出入商品的关税、内地税和他们在对方设厂制造的商品的纳税，互给国民待遇和最惠国待遇。④两国一切船舶，均可进入对方开放的口岸、地方及领水，沿途起卸货物时交纳吨税或港税与对方船舶相同；船舶及载货待遇按最惠国办理。⑤两国一方如将采矿权、内河航行权或沿海贸易权给予他国，对方按最惠国待遇享受。该条约与中国近现代史上其他不平等条约的不同之处在于：过去外国列强强迫中国签订的一系列不平等条约在有关通商口岸、外人居留地、设厂权等方面尚有一定的范

抗战胜利后美国援助国民党的各种军事装备

围或限制，而《中美商约》则把中国全境各方面无限制地向美国开放，它表面上规定双方对等，但由于中美两国各方面的巨大差距，美国可以在中国为所欲为，而中国在美国却享受不到任何对等待遇，也享受不到美国给予第三国的优惠。

反饥饿、反内战运动遍及全国

1947 年 5 月 20 日，南京发生军警殴打学生事件。是日，南京、上海、苏州、杭

北平学生"反饥饿，反内战大游行"队伍通过天安门广场

州地区 16 所大专院校学生 600 人在南京组成请愿团，提出挽救教育危机五项要求，举行示威游行。游行队伍向正在举行"国

民参政会"的"国民大学堂"进发时，遭到国民党军警镇压。被木棍、铁棍、皮鞭打伤的学生有 100 多人，重伤 19 人，20 多人被捕。

1947 年 5 月 20 日，南京、上海、杭州等地学生在南京联合示威游行，反饥饿、反内战、反迫害，遭到军警殴打，受伤 500 余人；同日，天津军警殴打并逮捕学生，造成"五二〇"血案。图为军警殴打学生。

同日，天津南开大学、北洋大学等院校的学生举行反饥饿反内战大游行，在示威中受重伤 7 人，轻伤 46 人；北平示威游行学生决议北京大学红楼广场为"民主广场"。此前于本月 4 日，上海各校学生与市民举行反内战、反饥饿示威大游行，遭国民党政府军警镇压。同一天，南京中央大

西北人民解放军在青化砭前线

学教授会发表宣言，提出调增教育经费及薪金。13 日，学生罢课支持教授会，并要求提高学生伙食费标准。北平、天津、济南等城市师生相继举行罢课、罢教，要求增加公费、革新校政和调整教师待遇。18 日，国民党政府颁布《维持社会秩序临时办法》，严禁 10 人以上的请愿、罢课和示威。这次反内战、反饥饿、反暴行的学生运动遍及 18 个大中城市。

22 日，九三学社联合北京大学教授王铁崖、沈从文、周作人、俞平伯等 31 人发表宣言，说这几天学潮蔓延全国各地，而政府当局业已决定断然处置办法，使我们深深忧虑此后的发展将更险恶，而至无法收拾。

毛泽东转战陕北

1947 年 3 月 13 日，胡宗南指挥 14 个旅 23 万人在空军配合下，从洛川、宜川分两路直取延安。彭德怀指挥西北野战军 1 个旅另 1 个团共 26000 人驻于延安以南地区。双方在运动中激战 6 天，胡宗南部被

1947 年 7 月 22 日，美国总统特使魏德迈抵达南京，决定增加对国民党政府的援助。图为蒋介石会见魏德迈。

歼 5000 余人。18 日晚，毛泽东、周恩来、任弼时等撤离延安。毛泽东在临行前说，打仗不在一城一地得失，而在于消灭敌人有生力量，有人失地，地终可得，有地失人，必将人地皆失；少则 1 年，多则 2 年，延安仍要回到人民手中。

19 日，西北野战军在掩护中共中央机关疏散后撤离延安，延安保卫战结束，国民党胡宗南部占领延安。

3 月 26 日，中共中央在陕西清涧县枣

撤离延安后的毛泽东在转战陕北的途中

周恩来在转战陕北的途中批阅文件

1947 年 8 月 7 日，进攻陕甘宁解放区的国民党军队占领延安，蒋介石抵达延安查看。

林沟举行会议。会议决定中共中央和解放军总部仍留在陕北。决定由毛泽东、周恩来等组成前敌委员会，继续留在陕北，指挥全国和西北战场的解放战争。

此后，毛泽东在陕北转战，在国民党军的追击中生存。

刘、邓挺进大别山

1947 年 6 月 30 日，刘、邓大军突破黄河防线，挺进大别山。

本日夜间，刘伯承、邓小平率晋冀鲁豫野战军第一、第二、第三、第六纵队共 13 个旅 12 万余人，在冀鲁豫军区独立第一、第二旅的接应下，从山东阳谷以东之张秋镇至菏泽以北之临濮集之间 150 余公里的 8 个地段上，突破了国民党军的黄河防线，进入鲁西南。

中共中央军委此前曾做出部署：刘伯承、邓小平率晋冀鲁豫野战军主力中央突破，南渡黄河，直趋大别山；陈赓、谢富治率晋冀鲁豫野战军一部自晋南渡黄河，

刘伯承登上大别山三角峰

进入豫西；陈毅、粟裕率华东野战军从鲁西南辗战豫皖苏，三军配合作战。

7 月 29 日，持续近一个月的鲁西南战役结束，晋冀鲁豫野战军以 15 个旅兵力歼国民党军 4 个师部 9 个半旅约 6 万人，中共中央今天通令嘉奖。

7 月 1 日，晋冀鲁豫野战军强渡黄河后，蒋介石派军逼迫刘、邓野战军于郓城、

1947 年 8 月 27 日，刘邓野战军进入大别山。

中国通史

最新整理图文珍藏版

菏泽地区作战。刘伯承、邓小平采取的策略是"攻其一点，吸其来援，啃其一边，各个击破"。8日，晋冀鲁豫野战军攻克郓城，歼国民党军整编第五十五师师部及两个旅，10日于定陶歼第一五三旅；14日至15日在巨野、金乡间歼整编第三十二师及整编第七十师，22日歼第一九九旅，27日至28日全歼整编第六十师，俘中将师长宋瑞珂等。此役为人民解放军战略进攻的开端。

1947年6月30日，刘伯承（前）、邓小平（右2）率领晋冀鲁豫野战军主力13万人向大别山挺进，人民解放军由战略防御转入战略进攻。

1948年9月16日至24日，人民解放军进行济南战役，歼灭国民党军10万人，占领济南。图为解放军的炮兵阵地。

至9月底，刘、邓野战军进入大别山后，又攻克县城23个，并在17个县建立了政权。

济南战役中，解放军士兵在火力掩护下向济南守敌冲锋。

9月上旬，刘、邓野战军进入大别山，在后面追赶的国民党军20余个旅也先后越过淮河。刘伯承、邓小平采取了避强击弱的策略，集中一部兵力在商城、光山地区连打三仗，歼灭国民党整编第五十八师6000余人，将国民党军大部机动兵力吸引到大别山麓，配合了其他野战军进入豫皖鄂。

12月，国民党军调集33个旅的兵力，由国防部长白崇禧在九江指挥所统一指挥，采取军事进攻和政治诱降相结合、围攻和清剿相结合的办法，对大别山地区展开围攻。

中共中央军委决定刘邓野战军以主力坚持大别山内线；陈粟、陈谢两军向平汉、陇海路展开破击战，调动围攻大别山的国民党军，"直至粉碎敌人对大别山之进攻为止"。刘邓决定由刘伯承率一部兵力向平汉路以西的桐柏和江汉地区实施展开，创建新根据地；由邓小平率领主力坚持大别山区。采取的方针是"敌向内我向外，敌向外，我亦向外"。3日，国民党军占领立煌、罗田、英山等地，并继续向中心区压缩，刘邓野战军第六纵队乘虚奔袭宋埠之国民党军一部。8日至15日，第二、第三、第六纵队分别跳出合击圈，并以旅、团为单位采取"小部队牵制大敌，以大部队消灭小敌"的战法。同时，刘邓野战军另3个纵队于上中旬进入桐柏、江汉和淮西地区。陈粟、陈谢两军于13日发起平汉、陇海路破击战，至22日，共破路400余公里，歼敌2万余人，攻克许昌、西平等县城23座。国民党军为重新控制平汉路，以孙元良兵团主力由郑州南下，与原在豫西的第五兵团部北上，夹击解放军。陈粟、陈谢两军于25日至27日晨，在西平地区歼灭第三师，并于29日围攻确山，重创由大别山回援的整编第二十师，迫使国民党军再次从大别山抽调近3个整编师的兵力增援平汉路。1948年1月3日，陈粟、陈谢两军撤围确山。此战役共歼国民党军69000余人。

辽沈战役

1948年9月12日，"辽沈战役"打响。

战役前，国民党军卫立煌集团共55万人分别蝟集在长春、沈阳和锦州3个孤立地区。中共中央和毛泽东从整个战局出发，认为同国民党军进行战略决战的时机已经成熟，决定把战略决战首先放在东北战场，

1948年10月14日，人民解放军东北野战军对锦州发动总攻。

并制定了攻克锦州，把国民党军封闭在东北，各个歼灭的作战方针。东北野战军集中12个纵队和1个炮兵纵队，连同各独立师共70余万人，今日开始行动，向北宁线出击，进攻锦州外围据点。9月30日，蒋介石由南京飞赴北平，亲自指挥东北作战。10月2日，蒋介石飞抵沈阳，召开军事会

1942年9月12日，解放军东北野战军发起辽沈战役。图为东北野战军首长林彪（中）、罗荣桓（右）、刘亚楼（左）在作战前线。

1948年10月19日，国民党"东北剿匪总司令部"副总司令兼第1兵团司令官郑洞国在长春率部放下武器。图为郑洞国（中）抵达哈尔滨。

议，亲自部署援锦军事。

10月10日，毛泽东致电林彪："你们应尽可能迅速地攻克锦州。只要攻克了锦州，你们就有了主动权。"东北野战军按照军委的电示，对国民党援军进行阻击，集中主力16个师，在炮兵火力支援下，于14日开始向锦州城发起总攻，经过31个小时激战，于15日傍晚攻克锦州，全歼国民党守军10万余人，俘东北"剿总"中将副总司令范汉杰、第六兵团中将司令卢浚泉等，完全封闭了东北国民党军从陆上撤向关内的大门。

10月10日，东北野战军为全歼锦州守敌，在锦西蒋军援军北进的唯一通道塔山展开了阻击战。到15日中午12时，蒋军败退，战役结束。

10月17日，驻守长春的国民党第六十军在军长曾泽生等率领下举行起义。17日午夜，解放军接防部队进城，六十军同时撤出城外，开往九台休整。郑洞国被迫率新七军投降。

人民解放军长春前线司令员萧劲光（中）、政治委员肖华（左）接见曾泽生（右）。

10月20日，辽沈战役第二阶段辽西会战开始。东北解放军攻克锦州后，决定采取诱敌深入，打大歼灭战的方针，集中主力在沈阳至锦州间歼灭"西进兵团"。

蒋介石第三次飞到沈阳，确定"东进兵团"和"西进兵团"继续向锦州夹击。企图重夺锦州，并令第五十二军主力夺取

营口，以便把东北的部队经内陆或海上撤至关内。23日，"西进兵团"到达黑山、大虎山附近地区时，遇到阻击。坚守黑山的第十纵队抗击了"西进兵团"3昼夜的连续猛攻，为解放军主力从锦州东进争取了时间。廖耀湘兵团被包围于黑山地区。廖兵团为突破包围，向阻击的解放军发起猛攻。26日，解放军6个纵队20万人完成了对"西进兵团"的合围，当晚发起攻击，进行分割围歼，激战至28日晨，全歼国民党军第九兵团及5个军部、12个师共10万余人，俘东北"剿总"中将副总司令兼第九兵团司令廖耀湘等多名高级将领。11月1日，攻城部队向沈阳市区发起总攻，2日占领沈阳全城，歼国民党军13万人，俘国防部派驻东北"剿总"中将部员黄师岳、第五十三军副军长赵振藩等27名将级军官。投诚者有第八兵团中将司令周福成，东北"剿总"中将副参谋长袁克征等66名高级将领。自此东北全境解放。

沈阳市民欢庆东北全境解放

11月2日，解放军一部向营口市发起攻击，激战3小时，攻克营口，歼国民党守军1.4万余人。辽沈战役全部结束，东北解放军以伤亡6.9万余人的代价，歼灭东北国民党军47万余人。

淮海战役

1948 年 11 月 6 日，解放军华东、中原野战军协同发起淮海战役。

图为饶漱石（右）会见何基沣（中）和张克侠（左）

辽沈战役后，国民党统帅部为避免徐州之部队重蹈卫立煌集团全军被歼的覆辙，决定将刘峙集团主力收缩到津浦路徐州至蚌埠段两侧，采取攻势防御阻止解放军南下，必要时放弃徐州，凭借淮河抗击，确保南京、上海。以徐州为中心的国民党部队有 5 个兵团，共约 80 万兵力。解放军参战的有华东、中原野战军 16 个纵队及地方武装共 60 余万。由刘伯承、陈毅、邓小平、粟裕、谭震林组成总前委，邓小平任总前委书记，统一领导。

11 月 8 日，国民党第五十九军、七十

中共淮海战役总前委领导成员合影。左起：粟裕、邓小平、刘伯承、陈毅、谭震林。

被俘虏的徐州"剿总"副司令杜聿明

七军，在第三绥靖区副司令何基沣、张克侠率领下，在淮海前线驻地台儿庄地区举行起义。

11 月 22 日，蒋军第七兵团司令黄百韬，在淮海战役碾庄战斗中被解放军击毙。所部被解放军包围于碾庄地区，全军覆没。

11 月 29 日，正当双堆集地区的战事紧张进行之际，国民党第八十五军一一〇师 5000 余人，在师长廖运周率领下，举行战场起义。这一行动打乱了黄维兵团的突围计划，使其全部被歼。

淮海战役中一突击队战士准备去完成战斗任务

中国通史

最新整理图文珍藏版

1949 年 1 月 10 日，淮海战役胜利结束。

民工小车队把军需物资源源不断地送往前线

从上月 18 日开始，淮海战役进入第三阶段，华东野战军在中原野战军的配合下，对河南永城青龙集、陈官庄地区被围的国民党军杜聿明集团发起总攻。经过 4 昼夜的激战，全歼国民党军徐州"剿总"指挥部、邱清泉第二兵团兵团部及所辖第五军、第七十军、第七十四军、第十二军、李弥第十三兵团兵团部及所辖第八军等部，击毙第二兵团司令官邱清泉、第七十军军长高吉人等，俘虏徐州"剿总"副总司令杜聿明、第八军少将军长周开成等高级军官 52 名。

淮海战役历时 65 天，人民解放军以 13 万人的伤亡代价，全歼国民党军一个"剿总"司令部、5 个兵团部、22 个军、56 个师（内有 4 个半师起义），总共 555000 余人。至此，蒋介石在华东、中原战场上的主要力量和精锐师团已丧失殆尽，南京、上海及武汉重镇，已处于人民解放军的直接威胁之下。

平津战役

1948 年 11 月中旬，中共中央军委为防止蒋介石将平、津地区之嫡系军队南撤，加强其长江防线，进一步明确提出了抑留

12 月 1 日人民解放军进入徐州市

并歼灭傅作义集团于华北地区的作战方针，并决定提前发起平津战役。

为此，令东北野战军立即结束休整，夜行晓宿，隐蔽入关，首先隔断平、津和津、塘间国民党军的联系，将其分割包围，然后各个歼灭。

东北野战军主力在 22 日开始南下入关。主力部队包括 12 个纵队和全部特种兵

东北野战军和华北野战军负责人在平津前线司令部合影。前排左起：聂荣臻、罗荣桓、林彪；后排左起：黄克诚、谭政、肖华、刘亚楼、高岗。

共约 80 余万人。各纵队分 3 路从喜峰口、冷口等处进军关内。林彪、罗荣桓等也于 30 日，率指挥机关从沈阳出发追赶部队。东北野战军越过长城，进入关内以后，被

集结在天津市外围的人民解放军炮群

傅作义部发觉；为了争取时间，各纵队全部改为白天行军，取捷径进山海关。傅作义部没有料到解放军入关这样迅速，慌作一团。

12 月 11 日，毛泽东给林彪、罗荣桓等发出《关于平津战役的作战方针》。毛泽东明确指示，从本日起的两星期内基本原则是围而不打（如对张家口、新保安），有些则是隔而不围（即只作战略包围，隔断诸敌联系，而不作战役包围，如对平、津、通州），以待部署完成之后各个歼敌。

20 日，解放军发动天津战役。11 月 22 日凌晨，解放军华北第二兵团向新保安发起总攻，平津战役第二阶段开始。解放

爆破组向天津守敌城防工事冲击

1948 年 12 月 22 日，华北野战军在新保安全歼国民党军第 35 军。图为解放军士兵登上新保安城头。

军逐次歼灭新保安、张家口、天津国民党军。经 11 小时激战，解放军全歼傅作义的

人民解放军步兵在坦克掩护下向天津市区发起冲锋

精锐部队第三十五军军部及两个师。23 日，华北第三兵团及东北第四纵队，对向北突围的张家口之第十一兵团共 7 个师（旅）展开堵击、追击，当晚收复张家口，战至次日将第十一兵团 5.4 万余人歼灭于张家口东北地区。尔后，中共中央军委令东北野战军一部及华北野战军第二、第三

兵团严密包围北平。

1949 年 1 月 15 日，解放军攻占天津，全歼守敌 13 万，俘陈长捷等高级将领 29 人。

天津解放之后，解放军发动的平津战役进入第三阶段，人民解放军兵临北平城下。为了维护古都风貌，使人民免遭战火涂炭，平津前线司令部林彪司令员向北平守军最高长官华北"剿总"司令傅作义发出关于和平解放北平的公函。迫于形势，傅作义同意进行谈判。经过林彪的代表陶铸与傅作义的代表邓宝珊、周北峰等人商议，1 月 15 日，双方基本达成了协议。21 日，双方在《和平解放北平问题具体实施方案》上签字。22 日，傅作义率部按协议撤离市区。北平的和平解放，保护了历史文化名城，避免了人民生命财产的损失。

1 月 31 日，人民解放军和北平市人民政府工作人员入城接受防务和市政，北平宣告和平解放，平津战役就此结束。

人民解放军全线渡江

1949 年 4 月 20 日午夜，随着三颗红色信号弹划破夜空，人民解放军中、东、西三集团从西起湖口，东至江阴长达千里的

人民解放军举行入城仪式

长江北岸，以木帆船为主要航渡工具，排山倒海地强渡长江。江阴要塞 7000 余官兵

人民解放军进入上海后，不扰市民，露宿街头。

在炮台总台长唐秉林、游击炮团团长王德熔、守备总队长李云蔡等率领下战场起义，

占领国民党总统府的中国人民解放军

人民解放军突破国民党军长江防线

控制了江阴炮台，封锁了江面，致使国民党海军无法进入这段江域。

4月23日，解放军先后攻占丹阳、常州、无锡等城，切断了宁沪铁路。国民党海军第二舰队司令员林遵率25艘舰艇在南京以东江面起义，另一部23艘舰艇在镇江江面向解放军投降。解放军东突击集团第八兵团第三十四军乘胜渡江，以猛烈攻势突入南京、镇江。

1949年8月17日，人民解放军占领福州。

中突击集团一部占领芜湖，主力渡过青弋江，并在湾址地区歼国民党军第二十军大部和第九十九军一部。西突击集团乘胜攻占贵池、青阳等地，歼国民党第八兵团一部。中国人民解放军冲上南京总统府大厦，摘下了国民党党旗，换上了红色的解放军军旗，宣告蒋介石国民党22年的统

入城部队受到西宁市民夹道欢迎

治结束了。

5月12日，解放军发动以消灭汤恩伯主力、解放大上海为目的的"上海战役"。为了解放上海，解放军第三野战军分别从浦东、浦西迫近吴淞口，阻敌退路。解放军在作了充分准备之后，发动上海战役。至22日，解放军已扫清上海外围之敌，逼近市区，并完成对汤部的合围。解放军于23日晚发起总攻，部队迅速跃进，很快占领了市区及高桥、吴淞口。亲临督战的蒋介石见大势已去，遂命汤恩伯逐次掩护，从海上撤出。上船逃走的仅残兵败将5万余人。其余15万人全部被歼。5月27日，苏州河以北最后一股蒋军被消灭。上海战役宣告胜利结束。

中国人民政治协商会议召开

1949年9月21日至30日，中国人民政治协商会议第一届全体会议在北平中南海怀仁堂召开。

这是一次由中国共产党发起并领导的，

中国通史

最新整理图文珍藏版

有各民主党派、无党派民主人士和人民团体代表参加的，协商成立中华人民共和国有关事宜的会议。毛泽东主持会议并致开幕词，他说："占人类总数四分之一的中国人从此站立起来了，我们的民族将再也不是一个被人侮辱的民族了，我们已经站起来了。"会议通过了《中国人民政治协商会议共同纲领》，指出中华人民共和国的性质是以工人阶级为领导的、工农联盟为基础的、团结各民主阶级和少数民族的人民民主专政国家，并为新中国的政权机关、军事制度、经济政策、文教政策、民族政策和外交政策制定了总原则。

新选出的常务委员会委员合影。

会议还通过了《中国人民政治协商会议组织法》、《中华人民共和国中央人民政府组织法》，并作出以下决议：（1）中华人民共和国定都北平，即日起改名为北京；（2）中华人民共和国纪年采用公元纪年；（3）中华人民共和国国歌未确定前，以《义勇军进行曲》为代国歌；（4）国旗定为五星红旗。大会选举出以毛泽东为主席的由180人组成的第一届中国人民政治协商会议全国委员会；选举了由63人

组成的中央人民政府委员会，毛泽东为中央人民政府主席，朱德、刘少奇、宋庆龄、李济深、张澜、高岗为副主席，周恩来、陈毅、董必武等56人为政府委员会委员。

9月30日，周恩来在全国政协第一届会议上提议将"为国牺牲的人民英雄纪念碑建立在天安门广场"。闭幕式后全体代表在北京天安门外举行人民英雄纪念碑奠基典礼。周恩来代表主席团致词说："我们中国人民政治协商会议第一届全体会议号召人民纪念死者，鼓舞生者，特决定在中华人民共和国首都建立一个为国牺牲的人民英雄纪念碑。"毛泽东主席宣读碑文后，亲

中国人民政治协商会议第一次全体会议在北平举行。

周恩来在中国人民政治协商会议第一次全体会议开幕式上作"关于草拟人民政协共同纲领的经过及特点"的报告。

手执锹铲土，以表崇敬先烈。碑文系毛泽东撰写，周恩来手书。碑文为："三年以来，在人民解放战争和人民革命中牺牲的人民英雄们永垂不朽！三十年以来，在人民解放战争中和人民革命中牺牲的人民英雄们永垂不朽！由此上溯到一千八百四十年，从那时起，为了反对内外敌人，争取民族独立和人民自由幸福，在历次斗争中牺牲的人民英雄们永垂不朽！"

10月1日，在北京天安门广场举行开国大典，毛泽东向全世界宣告：中华人民共和国成立。从此，半殖民地半封建的中华民国时代结束，开始社会主义中国的新纪元。

宋庆龄作为特邀代表在中国人民政治协商会议第一次全体会议开幕式上发言。

中华人民共和国成立

1949年，人民解放军以破竹之势，百万雄师渡过长江，解放了南京，宣告蒋家王朝的覆亡。

"七一"之后，中共中央成立了以周恩来为主任，彭真、聂荣臻、李维汉等为副主任的开国大典筹备委员会，拟定了开

1949年10月1日，中央人民政府主席毛泽东向全世界宣告中华人民共和国成立。

应邀参加开国大典的各国来宾在观礼台上

中国人民解放军总司令朱德在开国大典上命令全军将士迅速肃清国民党残余武装，解放一切尚未解放的国土。右起：贺龙、刘伯承、陈毅、罗荣桓。

国大典包括的项目。

　　1949 年 10 月 1 日，划时代的辉煌日子到来了。下午 2 时，中南海内开始举行中央人民政府委员会第一次会议，正、副主席宣布就职。选举林伯渠为秘书长；任命周恩来为政务院（国务院）总理兼外交部长；毛泽东主席兼中央人民政府军事委员会主席；朱德兼人民解放军总司令；沈钧儒为最高人民法院院长；罗荣桓为最高人民检查署检察长。

　　下午 3 时，毛泽东和中央主要领导同志沿着城西侧的古砖梯道，最先登上了天安门城楼。天安门广场上聚集了 30 万军民，欢声雷动。整个广场在彩旗、鲜花的映衬下，成了欢乐的海洋。

　　林伯渠宣布大典开始。毛泽东庄严宣布：中华人民共和国中央人民政府成立了！中国人民从此站起来了！这个庄严的声音

在开国大典上，人民解放军列队通过天安门广场接受检阅。

通过电波传到全国，传到了世界各地，无数的中国人为之欢呼雀跃。在国歌《义勇军进行曲》的乐曲声中，毛泽东亲自按下天安门广场中央国旗杆的电钮，五星红旗在迎风冉冉升起。54门礼炮齐放28响，如报春惊雷回荡在天地之间。

升旗之后，毛泽东主席宣读了中华人民共和国中央人民政府公告，宣告国民党反动政府已被推翻，中央人民政府是代表中华人民共和国全国人民的唯一合法政府。公告宣读完毕，林伯渠秘书长宣布阅兵开始。

阅兵司令员朱德身着戎装，走下了天安门城楼，乘敞篷汽车通过了金水桥。

在《三大纪律八项注意》、《军队老百姓》等军乐乐曲声中，朱总司令由聂荣臻总指挥同车陪同，检阅了三军部队。接着，朱总司令重登天安门城楼，宣读《中国人民解放军总部命令》，号召人民解放军乘胜肃清国民党反动军队的残余，解放一切未解放的国土，同时肃清土匪和其他一切反革命匪徒。

检阅式和分列式历经两个多小时，出动了官兵1.64万名，数十门大炮，数十辆坦克和17架飞机。这两个多小时，浓缩了我国以往漫长的战斗历程，也预示了未来的光辉征途。

阅兵式后，欢腾的群众游行队伍通过天安门前，向新的中央人民政府领导人致意，向高高的五星红旗致意。"毛主席万岁"的口号声响彻云霄。

主席台上精神抖擞的毛泽东也频频向群众挥手致意，回答道："人民万岁！"广场顿时成了沸腾的海洋。

当天夜里，北京市又组织了万人提灯游行，顿时火树银花照亮了整个北京城。人民群众载歌载舞，军民共同尽情欢度中华人民共和国成立的第一个夜晚。

第二节 文化中兴：艺海拾贝 科技撷英

中华书局成立

中华书局创办于 1912 年元旦。

创办人陆费逵（号伯鸿）为乾隆时《四库全书》总校官陆费墀的裔孙，当过

苏曼殊译《巴黎茶花女遗事》

武昌小书店经理，又任过昌明公司上海支店经理、文明书局职员。1908 年（光绪三十四年）进商务编译所任国文部编辑，后改任出版部长、《教育杂志》主编。辛亥革命爆发，他颇有远见，认定清王朝必定垮台，于是秘密筹措资金，挖走商务编辑人员，编写中小学教科书。就在中华民国宣告成立的同时，中华书局挂出了牌子，

且推出了适应时局的第一批教科书。

中华书局出版的教科书，主要供中小学使用，此外也出版过少儿读物、师范教材和大学用书。中小教本有《新编初小教科书》、《新中华教科书》等。1935 年出版的《辞海》更是著称于世。

京师图书馆成为国家图书馆

宣统元年（1909）四月，清学部奏请筹建京师图书馆。1912 年 7 月，北洋政府教育部批准了江翰呈报的京师图书馆阅览章程十八条，8 月 27 日京师图书馆作为国家图书馆正式开馆接待读者。

京师图书馆位于北京什刹海附近的广化寺。当时藏书 5424 部，131375 卷，52326 册，其中善奉 880 部，28412 卷，10822 册。1917 年 1 月，馆址迁往安定门内方家胡同清国子监南学旧址。周树人（鲁迅）一度实际负责管理该馆工作，获得接受国内出版物呈缴本的权利，并入藏了《四库全书》和《永乐大典》残本。1928 年 7 月，改名为国立北平图书馆。1929 年 8 月，北平北海图书馆并入该馆。1931 年在北海西侧兴建了主体馆舍（即文津街馆舍）。1949 年中华人民共和国成立后，北平图书馆改名北京图书馆。1987 年 10 月馆址迁至海淀区白石桥路，原馆舍改为分馆。

北京图书馆作为中国唯一的国家图书馆，为全国收藏最富的图书馆。藏书包括

古代重要典籍，近代著名学者手稿，各种学术著作，大量中外文社会科学技术书刊以及少数民族文版的图书等。其中古籍善本30多万册，包括敦煌写经、《永乐大典》、《四库全书》及其他古代写本、刻本等。

《新青年》创刊

《新青年》初名《青年杂志》，后改名《新青年》，由陈独秀主编，于1915年9月15日在上海创刊。初为月刊，是中国五四运动时期和第一次国内革命战争时期的著名刊物。

《新青年》的发展可分为三个阶段：第一阶段中它是新文化运动的中心，激进民主主义者的战斗旗帜，它所全力进行的反对封建主义思想的斗争客观上为马克思主义在中国的传播起了积极的作用。第二阶段它由民主主义刊物向社会主义刊物转变，在思想上为中国共产党的建立奠定了基础。第三阶段中它是中国共产党上海发起组的机关报和党中央早期的机关理论刊物，在宣传马克思列宁主义和中国共产党的方针、政策上有过一定的成就。

《新青年》宣传科学与民主，发起批孔运动和文学革命运动，成为新文化运动的倡导者和主要宣传阵地。陈独秀、李大钊、吴虞、鲁迅、钱玄同、胡适、刘半农、沈尹默等人经常为《新青年》撰文，形成了一条反封建的新文化运动战线。

《新青年》比较全面地批判了封建专制主义和封建道德，阐明了民主主义的政治主张。吴虞发表了《家族制度为专制主义之根据论》、《儒家主张阶级制度之害》等文，批判"孝为百行之本"的旧礼教，指出儒家的纲常礼教是中国专制制度的社会根基。陈独秀的《驳康有为致总统总理书》、《宪法与孔教》、《孔子之道与现代生活》等文章，认为孔子之道不符合现代生活，定礼教为"国教"违反思想自由的原则，孔教与帝制有不可分离之因缘，尊孔必将导致复辟。李大钊等人也纷纷发表文章猛烈攻击孔子学说，《新青年》一开始就高举反对封建文化的旗帜，打击了长期以来被作为封建制度思想支柱的旧礼教，反映了新起的激进民主派知识分子反对封建旧道德的决心和勇气。

"五四"时期的陈独秀

《新青年》提倡科学，反对封建迷信，当时一些复古派企图以推行蒙昧主义来阻挡新思潮的影响，《新青年》针对《灵学丛志》所宣扬的封建迷信思想，以自然科学，尤其是达尔文的进化论和爱因斯坦的相对论来驳斥"灵学"及"鬼神之说"。指出中国要强盛就应该破除封建迷信，提倡科学。与此同时，把资产阶级的自由平等学说和"个性解放"思想、社会进化观点，作为反对旧道德的思想武器，使许多人逐步摆脱封建思想的束缚。

《新青年》积极提倡新文学反对旧文学，提倡白话文反对文言文。胡适的《文学改良刍议》，首先提出改革文学体裁和形式。陈独秀的《文学革命论》，主张推倒贵族文学、古典文学、山林文学、建设国民文学、写实文学、社会文学。他认为"今欲革新政治，势不得不革新盘踞于运用此政治者精神界之文学"。与此同时，李大钊、刘半农等人也纷纷发表文章反对"桐城谬种，选学妖孽"。以鲁迅的文学作品为代表，树立了批判现实主义的典范，造就了一个思想大解放、文风大解放的时代。

陈独秀创办的《青年杂志》创刊号

以《新青年》为主要阵地的新文化运动，在1918年以后特别是"五四"爱国运动以后有了新的发展，1918年10月李大钊发表《庶民的胜利》和《Bolshevism 的胜利》两文，是《新青年》宣传俄国十月革命和社会主义的开始，为新文化运动注入了崭新的思想内容。1920年5月出版《劳动节纪念号》，明显出现社会主义方向。以《新青年》为核心，团结了许多知识分子共同向封建文化作斗争。文学革命这时也有了新的发展，《新青年》开展百家争鸣，自由探讨问题，改用白话文写作，使用新式标点符号等。

鲁迅发表《狂人日记》

1918年，鲁迅发表小说《狂人日记》，吹响了讨伐封建社会的第一声号角。

鲁迅（1881～1936）原姓周，名樟寿，字豫山，后改名树人，字豫才，浙江绍兴人，现代伟大的文学家、思想家。"鲁迅"是他在《新青年》上发表小说《狂人日记》时开始使用的笔名。他出生在一个逐渐没落的封建士大夫家庭，从小受过传统的诗书经传教育。但他有广泛的阅读兴趣，涉猎过许多野史、杂记和小说，特别是那些富有爱国精神和民主思想的著作，这有助于他后来对历史形成比较全面的看法；对绣像、图谱等民间艺术和民间传说，他也深切爱好。由于外婆家在乡下，鲁迅有机会接触农村生活，了解了广大贫苦农民的生活和精神状况，并同他们建立了思想感情上的联系。鲁迅13岁那年，祖父因科场案下狱，后父亲又卧病3年死去。家道式微使身为长子的鲁迅备受亲邻的冷眼，他在困顿中"看见世人的真面目"，对社会的世态炎凉感受颇深，从而憎恶自己出身的阶级和冷酷的旧社会。这些经历深刻地影响了他以后的思想发展和文学创作。

1898年，鲁迅到南京求学，开始接触西方的社会科学、自然科学和文学，其中对他影响最大的是严复译述的赫胥黎的《天演论》。他由此接受了进化论思想，并在后来很长的时间内以此作为观察社会的思想武器。1902年，鲁迅赴日本留学。在东京他经常参加留学生的反清集会，并写下了"我以我血荐轩辕"的诗句表明以身许国的志向。鉴于"日本维新是大半发端于西方医学"，他立志学医，希望以新的医学来"促进国人对于维新的信仰"，并能救治像他父亲那样的疾病。但后来他觉悟到对于愚弱的国民，首要的还在于改变他们的精神。他认为文艺是改变精神的利器，故弃医从文。1906年鲁迅退学到东京，一方面从事译书、撰稿等文学活动，一方面投身于资产阶级民主革命运动，参加了章太炎等创立的反清革命组织光复会。这时鲁迅的反帝反封建的民主主义思想开始形成。

鲁迅1902年到日本留学后，剪去长辫拍的"断发照"。

1909年鲁迅回国，辛亥革命爆发后他以兴奋的心情迎接和支持它。南京临时政府成立后，鲁迅应邀到教育部任职，后随政府迁往北京。但辛亥革命未能完成反帝反封建的历史任务，篡国复辟的风潮迭起，鲁迅深感失望和苦闷，于是沉默了一个时期，埋头于整理古籍、抄录金石碑帖。

1917年俄国十月革命胜利后，鲁迅看到了"新世纪的曙光"，他以新的姿态投身于革命。1918年，鲁迅参加了《新青年》的编辑工作，同年5月，他在该刊发表了他的第一篇白话小说《狂人日记》。

小说通过一个患迫害狂的精神病人的心理活动和精神状态，把对社会生活的具体描写和对狂人特有的内心感受的刻画结合在一起，以此来暴露封建"家族制度和礼教的弊害"，抨击辗转因袭的"精神文明"的冷酷和虚伪，指出封建社会的历史是人吃人的历史。小说以狂人为主角是一个精心而独到的安排，鲁迅以他早年所学的医学知识，本着严格的现实主义态度，通过"迫害狂"患者对环境的感受和他在精神错乱时发出的谵语，巧妙地揭示了普遍存在于精神领域内的"人吃人"的实质。作者借狂人之口，拆穿了旧中国历史的真相："我翻开历史一查，这历史没有年代，歪歪斜斜的每页上都写着'仁义道德'几个字。我横竖睡不着，仔细看了半夜，才从字缝里看出字来，满本都写着两个字是'吃人'"。这是对封建社会历史现象的惊心动魄的概括，具有巨大的批判力量。小说的艺术构思也是新颖的。鲁迅在中国首创了日记体小说，并吸收了象征主义的手法，让狂人于胡言乱语中道破历史的真相，亦真亦幻，以虚证实，令读者耳目一新。

《狂人日记》亦是现代文学史上第一部白话小说，它以"表现的深切和格式的特别"产生了广泛而深远的影响，堪称向封建社会讨伐的第一声号角，在文学史上有划时代的意义。它是鲁迅沉寂多年后的第一声呐喊，由此他开始了新的文学战斗历程。

燕京大学成立

1919年，美国教会所属的北通州协和大学、北京汇文大学合并成立燕京大学。次年，华北女子协和大学并入，仍实行男女分校；1925年迁至北京西郊新校舍，始行合并，仍保留女部名称，经费和管理各自独立。

燕京大学经费原由美国在华各基督教团体协助，美国普林斯顿大学驻华委员会、罗氏基金会等也给予一定的资助。校舍设备等物质条件比较优越。首任校长为美国外交官司徒雷登。20年代收回教育权运动后，吴雷川、陆志韦相继任校长，司徒雷登改任教务长。而实权仍握在司徒雷登的手中。

学制初为本科三年，预科二年；后改为本科四年，预科一年。院系设置方面，初只设文理科，不分学系；下设文学院、自然科学学院、应用社会科学学院；后改为文学院（分设中文、外语、历史、哲学、心理、教育、新闻、音乐八个学系）、理（分设化学、生物、物理、数学、家事五个学系）、法（分设政治、经济、社会三个学系）三个学院。1934年增设研究院，下设文、理、法三个研究所。

美国垄断资本和教会对学校实行控制，但因该校师资力量强，学术气氛也较浓，在学术界有相当的声誉。该校所属哈佛燕京学社在整理古籍、研究东方文化等方面成就较大。

1951年1月，中央人民政府教育部颁布《关于处理接受美国津贴的教会及其他教育机关的指示》，接管燕京大学。全国高等学校院系调整时并入北京大学。

岭南画派形成

1921年，著名画家高剑父等人在广州发起举办了广东省第一次美术展览会，明确提出革新中国画的主张，并与旧派艺术家展开激烈争论。岭南画派开始形成。

岭南画派的创始人为高剑父、高奇峰兄弟和陈树人三人。高剑父（1879～1951）名伦，字剑父，广东番禺人。幼失

高奇峰《白马》

双亲，家境贫寒，从小对绘画产生浓厚兴趣。14岁随花鸟画家居廉学画，因其聪颖敏悟而深受器重。17岁赴澳门格致书院从法国传教士麦拉学习素描。不久返广州任小学图画教师。后东渡日本留学，在东京学画。后与陈树人等在上海、广州创办《真相画报》、《时事画报》，倡导美学，推行中国画的革新运动。辛亥革命后，从事美术教育工作，与其弟高奇峰（嵡）创办春睡画院、南中美术院，培养学生。陈树人（1884～1948），名韶、哲，别号葭外渔子、二山山樵、得安老人，广东番禺人。1905年留学日本京都美术学校，学习东西方绘画。同年加入同盟会，追随孙中山革命。出版《广东时事》、《有所谓报》，宣传革命主张，积极投身民主革命。回国后任教于广东省高等学校。

高氏兄弟与陈树人是同窗好友，早年均受业居廉门下，3人对中国画的革新志

同道合，被称为岭南三杰。1921年3人发起举办的广东第一次美术展览会，使人们对二高一陈的作品风貌和艺术主张有了较全面的认识。以后，3人在中国画传统技法的基础上，进一步糅合日本和西方技法。注重写生，具有广东地方特色，就逐渐形成了具有浓郁的时代气息和地方风格的绘画流派。因3人均为五岭岭南的广东番禺人，故得名岭南画派。

岭南画派在艺术思想上主张中西折衷，提倡融合西画以革新中国画。在传统方面，三人接受了乃师居廉之影响。留日期间，又较多地接触了西方绘画，开阔了眼界，从而奠定了中西折衷的基础。他们力主为人生而艺术，提倡艺术应反映时代、唤起民众、觉悟社会、陶怡性灵。他们的作品力图在内容上出新，如宣传革命，讽刺时

高剑父《虎啸图》

弊，歌颂抗日救亡运动，乃至在山水画中画飞机、汽车等，反对因循守旧和一味摹拟古人，强调写生，主张师法自然。

在题材上多以飞鸟走兽、山水花卉等南方风物和风光为主。二高兄弟尤其喜欢画虎、鹰和狮，写生惟妙惟肖，笔墨、章法不落俗套。善用色彩和水墨渲染，尤其善于把雄健、泼辣的笔墨与撞水撞粉的技法结合在一起来渲染天光云影，月夜朦胧的气氛。具有刚劲、真实而又诗意盎然的艺术风格。

岭南画派风格独具，影响甚大，是艺术上的一朵奇葩。有力地推动了现代中国画的发展。

明星影片公司成立

1922年2月，张石川等人在经营股票生意的大同交易所投机失败后，以亏蚀剩余资本为基础，与郑正秋、周剑云等人发

陈树人《岭南春色》

起组织了明星影片股份有限公司。

明星公司创办的初衷，一方面是这些创办人看到电影事业"发达在所不免"，是一项有利可图、大有可为的事业；另一方面，则企图通过电影来"补家庭教育暨学校教育之不及"，把电影看成是一种"改良社会"的工具。按照明星公司主持人张石川的意见，公司拍片，应先进行"尝试"，只能"处处唯兴趣是尚"。为此，该公司拍摄的第一部故事短片是《滑稽大王游华记》，表现卓别林来中国后的笑料：追汽车、掷粉团、踢屁股、和胖子打架、坐通天轿……应有尽有。第二部短片《劳工之爱情》，表现水果商人向医生女儿求爱

中国第一个女演员严姗姗。严于香港懿德师范毕业，辛亥革命时曾参加广东北伐军女子炸弹队。

上海亚细亚影戏公司在拍片。立于摄影机旁指挥者为张石川。

的故事。第三部影片《大闹怪剧场》，更是异想天开，让卓别林和罗克的形象同时出现在影片中，打逗追逐，大闹特闹。第四部《张欣生》，改编上海浦东发生的一桩谋财杀父的人命案。这些滑稽短片趣味低级，逐渐失去市场。

1923年后，拍摄《孤儿救祖记》，从此开始摄制长故事剧。此片的成功，不仅使明星公司摆脱了经济困境，同时也吸引了更多的人投资于电影事业，其他电影公司相继成立，带来了中国早期电影的繁荣。1927年摄制《火烧红莲寺》，开中国影坛神怪武侠片之先河。1931年，试制成功中

国第一部蜡盘配音有声片《歌女红牡丹》。1932年，邀请夏衍等人作编剧，促成与左翼文艺工作者的结合。之后，较快拍摄了《狂流》、《铁板红泪录》、《女性的呐喊》等一批反帝反封建为主题的影片。1936年，明星公司进行改组，明确提出"为时代服务"的制片方针，建立了明星一厂、二厂。二厂吸收了一批左翼电影工作者，相继拍摄了《生死同心》、《压岁钱》、《马路天使》等影片。1937年抗日战争爆发，明星公司制片基地严重受损，遂停办。

明星影片公司从1922~1917年共拍摄影片200余部，培养了包括编剧、导演、摄影、美工、录音、剪辑、洗印、发行在内的一整套人才，经历了从无声片到有声片的变革。为中国民族电影事业的兴起、发展、进步做出了积极贡献。

上海亚细亚影戏公司全体演职员在上海香港路露天摄影场中

2911

《呐喊》、《彷徨》出版

1919年，五四运动在北京爆发，鲁迅受新的时代潮流鼓舞，满腔热情地投入新文化运动。以其在文学创作上杰出的思想与艺术成就，成为无产阶级领导下的文化新军的主将和旗手。

鲁迅是五四时期以白话写小说的第一人。继《狂人日记》之后，他一发而不可收，接连发表了《孔乙己》、《药》、《故乡》、《阿Q正传》等十多篇小说，并于1923年结集为《呐喊》出版。这些作品体现了作者于五四高潮中打破沉默奋起呼唤的特色，从总的倾向到具体描写，都与"五四"时代精神一致，具有充沛的反封建热情。《孔乙己》通过一个清末下层知识分子受科举制度摧残的悲剧，揭露和控诉了封建制度扭曲人的性格的悲剧。《药》表现了群众受封建毒害未能觉醒，而资产阶级旧民主主义革命脱离群众要付出血的代价的双重悲剧。《故乡》真实地描绘了外国资本主义入侵后近代中国农村破产的图景。闰土的形象在旧中国农村中有相当普遍的代表性，过多的艰辛和痛苦使他由一个生机焕发、率真机敏的少年变成了暮气沉沉、精神麻木的芸芸众生之一。小说中故乡的变迁是半封建半殖民地中国广大乡村的缩影，闰土的遭遇亦是当时亿万农

《呐喊》、《彷徨》初版本与鲁迅小说《祝福》插图

民的共同命运。

中篇小说《阿Q正传》是鲁迅的代表作，它在辛亥革命前后广阔的历史背景下，塑造了身处闭塞落后的农村未庄的农民阿Q的形象，并反映出当时中国农村的阶级关系和社会矛盾，以及与此相关的时代风云变迁。阿Q是一个从物质到精神都受到封建社会严重戕害的农民的典型，他身受惨重的剥削和压迫，却不能正视自己屈辱的地位，而是以"精神胜利法"来进行自我麻醉。他挨打受辱被迫自轻自贱后，却又以"第一个"能自轻自贱来进行自我平衡；他一贫如洗连自己的姓都不清楚却夸耀先前的"阔"；他光棍一条却幻想将来"儿子会阔得多"；……作品在突出地描绘阿Q的"精神胜利法"的同时，也表现了他性格中许多复杂的因素。他"有农民式的质朴，愚蠢，但也很沾了些游手之徒的狡猾"；他头脑中充塞着诸如"男女之大防"、造反就该杀头等封建观念，却又存在着某种叛逆性，如他并不佩服赵太爷、钱太爷之流，对假洋鬼子亦采取"怒目主义"，"神往"革命等等。鲁迅通过阿Q的形象深深挖掘了中国农民身上愚昧消极的因素，既"哀其不幸"，又"怒其不争"；而对"精神胜利法"的批判，意在暴露"国民的弱点"。小说还通过描写阿Q的

鲁迅小说《孔乙己》　　插图阿Q像

"革命"梦幻灭的经过及其"大团圆"的悲剧结局，反映了辛亥革命失败的历史教训。

鲁迅画像

鲁迅的第二部小说集《彷徨》收集了他作于 1924 年至 1925 年间的《祝福》、《伤逝》等 11 篇作品。此时正值"五四"退潮时期，新文化统一战线逐渐发生分化，革命中心南移。鲁迅在彷徨中上下求索，此时的心情与写《内喊》时是不同的。较之《呐喊》，《彷徨》较多地流露了作者当时的苦闷和忧郁，但在对社会的分析和批判方面，却有着同样的清醒和深刻。

《祝福》中的祥林嫂是在旧中国封建社会的族权、君权、夫权、神权四重压迫下挣扎的女性典型。《彷徨》中比较集中描写的是新旧知识分子的形象。《在酒楼上》的吕纬甫在几经波折后，由原来的热情洋溢、敢作敢为变得消沉颓唐、得过且过；《孤独者》中的魏连殳原来睥睨世俗、极端憎恨旧社会，但在种种打击下终于向环境妥协，背负着精神创伤死于寂寞之中。

《伤逝》则通过五四后追求个性解放的青年知识分子的爱情悲剧，表明了社会改造是婚姻自由和个性解放的前提。

《呐喊》和《彷徨》在艺术上也有极高成就。鲁迅是现代将西方小说技巧与中国传统的小说艺术成功地熔于一炉的第一人。他的小说，因"格式特别"是现代化的，而因其表现的内容和语言特色，又是民族化的。鲁迅的小说语言传神，细节真实；寓热烈的感情于冷静的客观描写之中，形成一种冷峻而又深切的个人风格，具有意味无穷的艺术魅力。

《呐喊》和《彷徨》"忧愤深广"地表现了辛亥革命和五四运动前后这一时期的历史特点；是现代文学中现实主义的开山之作。鲁迅是在中国文学史上第一个反映被压迫农民的阶级利益和要求的作家。他首先提出了启发农民觉悟的问题，这在民主革命时期具有重大意义。鲁迅的小说使中国文学发生了深刻变化，充分显示了文学革命的实绩，为中国现代文学奠定了基础。

新月社成立

1923 年，以徐志摩、闻一多为骨干的新月社在北京成立，参加者有胡适、梁实秋、陈西滢等人。徐志摩依据泰戈尔的诗集《新月集》起了社名，寄托了一种憧憬——"它那纤弱的一弯分明暗示着，怀抱着未来的圆满"（徐志摩《新月的态度》）。新月社先以聚餐会形式出现，后来发展为俱乐部，其主要活动和影响均在文艺方面。新月社成立后的头两年未办自己的刊物，其成员以《现代评论》、《晨报副刊》为活动阵地。1926 年徐志摩借《晨报副刊》办起了《诗镌》、《剧刊》；同年，新月社推行"国剧运动"，创办了北京艺术专科学校戏剧系；1927 年胡适、徐志摩、余上沅等人筹办了新月书店；1928 年 3 月，《新月》月刊创刊，新月书店还编辑出版了"现代文化丛书"、《诗刊》、《新月诗选》等；此外新月社还介绍了莎士比亚、哈代、布朗宁夫人、易卜生、奥尔尼、波德莱尔等西方各种流派作家及现代诗人。1931 年 11 月，徐志摩坠机身亡，新月社活动日衰，终于在 1933 年 6 月宣告解散。

新月社的创作呈现出比较复杂的状况。早期新月社的作品曾一度表现过对社会现实的关切和反军阀统治的爱国民主精神，但同时也表现出浓重的唯美、感伤、"为艺术而艺术"的创作倾向。新月社从事诗歌创作的主要有闻一多、徐志摩、朱湘等人，他们致力于推行新诗格律化。徐志摩认为"完美的形体是完美的精神唯一的表现"；闻一多在艺术上刻意追求"带着镣铐跳舞"的形式美。这些艺术主张对新诗格律化和艺术美的探索有一定积极意义，但也存在着唯美主义和形式主义的弊病。在诗的思想内容上，闻一多和徐志摩之间有极大差别。闻一多的《死水》具有忧国忧民的情怀和强烈的民族意识。作为新月社真正代表诗人的徐志摩，早期诗文有积极向上的倾向；后来也有一些内容健康、格调明朗的诗作，但大部分作品表现了爱情和人生的玄想，流露出感伤、凄惘和神秘的色彩。他的诗集有《志摩的诗》、《翡冷翠的一夜》、《猛虎集》、《云游》。他的诗在艺术创造上自成风格，《再别康桥》、《沙扬娜拉》、《雪花的快乐》等诗音节和谐、意境优美，表现手法多样，为白话诗的发展增添了新的因素。新月社多数的文学作品都注重艺术技巧和风格的追求，而缺少深厚的社会内容。

新月社成员的政治和文艺思想倾向也较复杂。他们一开始就表现了右翼资产阶级的政治倾向，反对共产党领导的工农革命运动，否定共产主义学说；同时又批评国民党的"一党独裁"，要求取消对言论自由的压迫。在文艺运动中，新月社经历了一个逐渐右转直至与进步文艺运动相对抗的过程。1928 年至 1929 年，新月社梁实秋为代表提出了"伟大的文学乃是基于固定的普遍的人性"的主张，以资产阶级人性论反对文学的阶级性，否定无产阶级革命文学运动。鲁迅、冯乃超等人著文批判了新月社的资产阶级文艺观。

《现代评论》出版

1924 年 12 月 13 日，《现代评论》于北京创刊。

《现代评论》每周出版一期，以 26 期为一卷，刊物内容包括政治、经济、法律、哲学、科学、教育、文艺等方面，每期均设一栏《时事短评》，从第 1 卷第 22 期起又设"闲话"。栏《现代评论》的主编是陈西滢，主要撰稿人有胡适、陈源、王世杰、高一涵、唐有壬、张尉慈、周鲠生等，另外，徐志摩、丁西林、沈从文、闻一多、胡也频等当时一些影响较大的文学作家也时有作品在《现代评论》上发表。

《现代评论》的办刊宗旨是"自由研究、客观公正"。在这个口号下，曾与复古主义的《甲寅》派、《学衡》派在文言文和白话文等问题展开激烈的争论，因此，以该刊撰稿人为中心的一些资产阶级学者评人称为"现代评论派"。在出版初期，《现代评论》有较浓厚的自由主义色彩，在 1925 年的"五卅运动"、女师大学潮和 1926 年的"三·一八"惨案期间，都曾发表过一系列的反帝反封建的讨伐檄文，但有时也发表一些为军阀政府粉饰太平的文章，指责学生的爱国运动，对此，鲁迅曾在《语丝》上作出严厉的批判。

1927年7月23日，《现代评论》出至第6卷第137期后，迁往上海，并开始将舆论天平倾向国民政府，为国民政府的黑暗统治摇旗呐喊，1928年12月29日，《现代评论》停刊。

《野草》出版

1925年，中国现代文学的第一部散文诗《野草》出版。

五四革命退潮时期，鲁迅在"上下求索"中探寻着前进的道路。这期间他除了公余在北京大学、北京高等师范学校任教之外，还参加了语丝社，组织和领导了莽原社和未名社。

《野草》是中国现代文学的第一部散文诗集，内容比较丰富，也比较复杂，在主要反映理想和现实的冲突的同时，也表现了作者思想上的矛盾。揭露和批判黑暗现实、歌颂顽强不屈的抗争精神是《野草》的主要思想倾向。《秋夜》是《野草》的第一篇作品，它以"奇怪而高"的天空比喻当时的社会现实，以叶子落尽伤痕累累而仍然直刺长空的枣树象征革命志士傲岸不屈的精神，歌颂了敢于反抗黑暗现实、追求光明的战斗者。《过客》在鲁迅思想发展过程中具有代表性。鲁迅在文中描绘的荒凉破败的村野，正是当时军阀统治下的中国北方的写照，过客的形象，正是当时孤军奋战而又毫不懈怠，冲破一切有形无形的障碍勇往直前的战士的形象。《复仇》鞭挞了无聊的看客和旁观者；《狗的驳诘》辛辣地讽刺了那种比狗更势利的人。《影的告别》中的"影"和"人"，是"新我"和"旧我"的象征，作品反映了作者与"旧我"决裂并艰难地探索出路的思想状况。

《野草》在艺术表现上独具匠心，多姿多彩。作品构思巧妙，意境幽深。有的利用短剧的形式塑造人物形象，有的通过浅显的故事说明深刻道理；或虚构梦境以抒写怀抱，或借助象征隐喻现实，既洋溢着诗情，又蕴含着哲理。《野草》以其想象的奇崛高超，语言的隽永深醇，散发着独特的艺术魅力，在中国现代文学史上开了散文诗的先河。

距《野草》写作不久，在北洋军阀制造镇压爱国学生运动的"三一八"惨案后，鲁迅积极支持进步学生的斗争，以致受到反动当局的通缉迫害，因此他于1926年8月离开北京到厦门大学任教。在此期间他写35篇"旧事重提"，后来与以前写的5篇在《莽原》上发表，1927年改题为《朝花夕拾》结集出版。作品追忆了从童年到青年时期的片断生活经历，从侧面描绘了半殖民地半封建的旧中国社会的古老风习和炎凉世态。《朝花夕拾》所写的虽是真人真事，但是具有丰富的社会内容和思想意义，表现了朴素明朗、清新刚健的艺术风格。文章多将叙述、描写、抒情、议论融汇一处，和谐而统一；其写景状物生动传神，人物形象鲜明而富于个性。《野草》和《朝花夕拾》代表了鲁迅创作中的另一种风格。《野草》较多借鉴西方现代派文学的技巧，深沉含蓄；《朝花夕拾》则主要继承了传统散文的特色，通脱舒展。在中国现代文学的散文创作领域中，它们是独树一帜的。

尊孔复古运动

1925年章士钊出任北洋政府教育总长，《甲寅》杂志在北京复刊，竭力宣传复古和尊孔读经。

1914年5月10日，秋桐（即章士钊，

1882～1973，字行严，湖南长沙人）在日本东京创办了一本政论性期刊，因这年为农历甲寅年，故以"甲寅"为刊名。又因甲寅年为虎年，该刊封面绘有一虎，故人称"老虎报"。次年5月迁至上海，至第10期被禁停刊。该刊为月刊，主要发表政论文章，章士钊、李大钊、陈独秀、胡适是经常撰稿人。设有"时评"、"通讯"、"文艺"等栏目，展开自由讨论，答疑辩论，颇富生气。主张革新社会，反对封建专制，批评袁世凯独裁统治。但力主调和，反对暴力。

1917年1月28日章士钊又在北京创办了《甲寅日刊》，2月7日改为周刊，旋即停刊。

1925年复刊后的《甲寅》，一反过去的进步作风，宣传尊孔复古，对"五四"以来的进步思潮进行反扑，并与《现代评论》相呼应，反对人民群众的革命斗争。遭到了以鲁迅为代表的进步力量的猛烈抨击，被称为"段祺瑞的《甲寅》"。该刊复刊后共出45期，至1927年2月停刊。《甲寅》复刊，尊孔复古，是段祺瑞等为首的北洋专制政府在文化思想上的反映，违背了历史进步潮流。

清华大学转为大学体制

1925年，清华大学（时称清华学校）开始设立大学部并招收4年制大学生，标志着清华大学开始转为大学体制。

清华大学的前身为清华学堂，是1911年清政府利用美国"退还"的一部分"庚子赔款"所办的一所留美预备学校。校址位于北京清华园。初设高等科和中等科。辛亥革命后改名为清华学校。1928年国民党政府接管后，改名国立清华大学，正式确立了大学体制。1937年抗日战争全面爆发后，为躲避战火，清华大学迁至云南昆明，并与同期迁至的北京大学、南开大学联合组成西南联合大学。1946年抗日战争胜利后，清华大学迁回北京复校。当时清华大学设有文、法、理、工、农5个学院26个学系，且在学制、课程、教材和教学方法上多仿照美国。

清华园，原清华学堂校址。

清华大学具有光荣的革命传统。广大师生在1919年参加了"五四"爱国运动。1926年参加了"三·一八"反帝爱国大示威。1915年，清华大学师生积极参加了"一二·九"抗日救亡运动，成为当时全国学生运动中的重要力量，1945年12月，西南联大掀起了反内战、争民主的"一二·一"学生运动。1946年7月学校进步师生英勇地参加了反饥饿、反内战、反迫害的斗争，等等。在中国人民追求独立、民主、富强的斗争中，清华大学的广大师生（如闻一多教授、朱自清教授等）表现了中华民族的英雄气概，许多青年学生为中国人民的解放事业献出了生命。有些学生经过长期革命斗争的锻炼而成为新中国各项事业的领导人，如胡乔木、蒋南翔等。

《金粉世家》与《啼笑姻缘》

1926 年，张恨水发表长篇小说《金粉世家》。

张恨水（1895～1967），原名张心远，祖籍安徽潜山，生于江西，自幼喜读《三国志演义》、《红楼梦》等古典章回小说，后来又读了许多林（纾）译小说和《桃花扇》、《长生殿》等传统戏曲作品，对文学创作产生兴趣。19 岁时，因反抗包办婚姻离家出走到江南一带。1919 年到北京，先后在《益世报》、上海《申报》驻京办事处、《世界晚报》副刊《夜光》工作，对社会现象有较多接触。1924 年，他创作了长篇小说《春明外史》。小说承袭近代谴责小说的格局，以杨杏园的恋爱史为主线，对社会现象进行描绘和暴露，其中也夹杂了不少猎奇和赏玩的成分。《春明外史》的完成，为张恨水写《金扮世家》和《啼笑姻缘》打好了基础。

1926 年，张恨水发表了长篇小说《金粉世家》。《金粉世家》是以北伐前北京金姓内阁总理的大家族的兴衰为内容，着重暴露豪门荒淫的寄生生活的一部作品，但作品对豪门生活的糜烂和"纨袴子弟"的荒唐偏袒有余，揭露不足，降低了它的社会意义。小说故事轻松热闹，情调伤感，消闲意味浓厚，发表后深受市民读者的喜爱，是张恨水的一部代表作。

1929 年，张恨水的另一部代表作《啼笑姻缘》发表，连载在上海《新闻报》上。《啼笑姻缘》以富家少爷樊家树的多角恋爱故事为主要内容，中间穿插军阀刘国柱恃势强占民女，以及关寿峰父女锄强扶弱的侠义故事。小说描写的富有者的恩赐和独行侠士的反抗，给一时找不到出路的市民以憧憬和希望，又给有产者以荣耀和慰藉。再加之作品熔缠绵悱恻的言情小说和惊险紧张的武侠传奇于一炉，将传统章回小说与西洋小说技法结合运用，所以读者层面极大，发表后曾风行一时，更被改编为戏剧、评弹并拍摄成电影。

张恨水一生写了不少社会题材的小说，除上述两篇代表作外，在"九·一八"事变后，写了不少"国难小说"，收在《弯弓集》；抗战爆发后，又写了一批抗战题材的小说，如中篇《巷战之夜》、短篇《八十一梦》和《五子登科》等，都较有影响。

《热风》开拓现代杂文

从"五四"运动前夕开始，鲁迅在创作小说的同时，还写了大量杂文。他以杂文作为直接解剖社会、参与政治斗争和文化论争的武器，在这一领域中取得了丰硕的成果。

鲁迅最早的杂文多发表在《新青年》上。从 1918 年到 1936 年，他共写了 700 多篇杂文，结集成 17 本杂文集。1918 年到 1927 年是鲁迅杂文创作的前期，这时期的杂文收集在《热风》、《坟》、《华盖集》、《华盖集续编》中。鲁迅前期的杂文在不同阶段亦表现出不同的内容特色。"五四"之前，封建意识形态长期淤积下来的思想毒素支配着社会心理；这种历史的惰性排斥和抗拒外来的新思潮，"五四"之后，旧势力仍时时伺机反扑，企图扼杀新生事物。在这种激荡的时代浪潮中，鲁迅作为一个革命民主主义者，这一阶段的杂文带有广泛的社会批评特色。这些杂文的涉及面很广，正如鲁迅在《热风·题记》中所言："有的是对于扶乩、静坐、打拳而发的；有的是对于所谓'保存国粹'而发的；有的是对于那时旧官僚的以经验自豪而发的；有的是对于上海《时报》的讽刺画而发的。"但"五四"的时代精神——民主与科学的要求始终贯穿在这些杂文中。其具体表现首先是对封建文化和封建迷信的批判。当时守旧派以"保存国粹"的名义，提倡国学，维护文言，宣扬所谓固有文明和固有道德，意在抵制新思潮的传播和兴起。鲁迅在《热风》的大部分《随感录》及《论"他妈的！"》、《看镜有感》等文章里，对封建文化和道德给予猛烈抨击，指出从缠足、拖大辫、吸鸦片及至一夫多妻、人身买卖，所谓的"国粹"无一不是野蛮和落后的产物。在《论照相之类》、《春末闲谈》、另一部分《随感录》等文章中，鲁迅针对愚昧无知的习俗指出：医治"祖传老病"、扫除社会上的"妖气"的"对症药"只有科学；"火药除了做鞭炮，罗盘除了看风水"还有更重要的用途。主张社会解放是鲁迅杂文进行社会批评的另一方面。在《我之节烈观》、《我们现在怎样做父亲》、《娜拉走后怎样》等一系列杂文中，鲁迅严正批判了封建的节烈观念和父权思想，引导妇女和青年冲破精神桎梏。

"五四"运动后不久，新文学统一战线开始分化，资产阶级右翼文人在政治上日趋保守。由于革命中心向南方转移，北洋军阀统治下的北京政治环境险恶。在这种处境下，鲁迅这一阶段的杂文锋芒所向由社会批评转向了政治斗争。在《估〈学衡〉》、《答 KS》、《十四年的读经》、《青年必读书》等文章中，他批判了以"学衡派"和"甲寅派"为代表的文化上的种种倒退倾向和复古言论，揭露"读经救国"和"整理国故"的虚伪性。他的《华盖集》和《华盖集续编》中的不少杂文，都是围绕轰动当时的"五卅"运动，女师大事件、"三一八"惨案而写的，集中批判

1932 年 11 月 27 日，鲁迅应邀在北京师范大学作《再论"第三种人"》的演讲。

了"现代评论派"等为军阀官僚服务的欧化绅士和市侩文人，对帝国主义、封建军阀提出了严重抗议。在《论费厄泼赖应该缓行》这篇反对资产阶级自由主义和传统的中庸之道的战斗檄文中，鲁迅提出了"痛打落水狗"的主张，表现了彻底的不妥协的革命精神。

鲁迅的杂文不仅具有深刻的思想性，而且具有高度的艺术性。这首先表现在其不拘一格的形式上。除议论性文章外，还有记事性，哲理性、寓言式的种种写法。其次，表现手法变化多端，或短小精悍，犀利泼辣；或气势跌宕，层层递进，有擒纵自如的功力。鲁迅杂文有别于一般政论文的特点还在于其议论的形象化、生动性。凡此种种，结合其寓热情于冷峻中的文笔，形成了人们称之为"鲁迅风"的鲜明的风格。

从《热风》开始，鲁迅的杂文在思想内容、艺术表现等各方面都开创了现代杂文的新风，对当时的社会和文坛都产生了极大影响，在现代文学史上有深远的意义。

一代治学巨匠王国维自沉

1927年6月2日上午8点，王国维照常到清华研究所，让听差取来学生成绩稿本，而且和同事谈下学期招生之事甚久。随后他借洋2元雇了一辆洋车，直赴颐和园。他先在石舫前兀坐，久之，复步入鱼藻轩吸纸烟，接着便听见投湖之声。被人救上来时，其间不过两分钟，衣犹未尽湿，而气已绝，口鼻之中皆为泥土所塞。他衣袋中有一封给家人的遗书，写道："五十之年，只欠一死；经此世变，义无再辱。我死后当草草棺殓，即行稿葬于清华茔地。汝等不能南归，亦可暂于城内居住，汝兄亦不必奔丧，因道路不通，渠又不曾出门故也。书籍可托陈、吴二先生处理，家人自有料理，必不至不能南归。我虽无财产分文遗汝等，然苟谨慎勤俭，亦必不致饿死也。五月初二日，父字。"遗书是前一天写下的，前一天清华研究所已放暑假，师生于工字厅开惜别会，王国维亦参加，与人作别如平时，因此他是从容赴死的。

王国维（1877～1927），字伯隅，号静安，又号观堂，浙江海宁人，清末民初文史学者，在经史金石之学上，注重新发现，采取新方法，强调古文字古器物之学与经史之学互为表里，突破甲骨文研究的

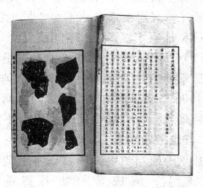

王国维《戬寿堂所藏殷虚文字考释》

国学大师王国维像

文字考释范围，将其作为原始史料，用以探讨商代的历史，地理和礼制，取得了前辈学者和同辈学者所无法比拟的成就。1907年起从事词曲和戏曲史的研究，对后世影响较大的论著有《人间词话》和《宋元戏曲史》（又称《宋元戏曲考》）。

王国维首先看到元杂剧的艺术价值，花了近5年的时间，专心致力研究元杂剧，宋元南戏的历史，写出《曲录》、《唐宋大曲考》、《戏曲考源》、《优语录》、《古剧脚色考》等专著，最后写出《宋元戏曲史》，填补了中国文化史上的空白，开辟了一门新学科。王国维《宋元戏曲史》揭示了戏曲艺术的起源和形成过程，并从形成戏曲艺术的各种艺术因素，对古优、巫觋、汉唐歌舞百戏、滑稽戏到宋金院本、各种乐曲，说唱文学、小说、傀儡戏、影戏等，逐一考证它们的来源、内容、表现形式和艺术特点，从各种艺术的发展变化中，阐述戏曲艺术的孕育形成过程。王国维为所遗《人间词话》被奉为文学批评之圭臬。

南国社成立

1927年冬，综合性文艺团体南国社在上海成立，由田汉领导，准备开展文学、

电影、音乐、戏剧、美术、出版等文艺活动。

"南国"之名来自田汉与妻子 1924 年在新文化运动影响下创办的文艺刊物《南国半月刊》。南国社由从事电影制作的南国电影剧社改组而来，成立后曾开办南国艺术学院，但不久学院即因政治、经济等原因被迫停办，南国社在田汉的领导下致力于戏剧活动。

南国社主要在五卅运动和大革命高潮中开展进步的戏剧活动，后来转向左翼戏剧运动。其演出以此分为前后两个时期。前期的演出活动主要于 1928 年 12 月到 1929 年 7、8 月间在上海、南京、无锡、广州等地进行。这期间上演的剧目不同程度地抗议了帝国主义操纵下的军阀混战，控诉了封建势力的罪恶，发出了改革社会的呼声；同时反映了小资产阶级知识分子寻求光明而又找不到正确出路的迷惘和苦闷。主要剧目有田汉创作的《湖上的悲剧》、《苏州夜话》、《江村小景》、《第五号病室》等，还有根据王尔德同名独幕剧改编的《莎乐美》。处于革命低潮时期的青年对演出产生了强烈共鸣，希望南国社能"为饥寒所迫的大众"创作出"更粗野更壮烈的艺术"。

1929 年秋后，田汉由中国共产党提出的无产阶级戏剧的口号找到了南国社左转的方向；同年创作的短剧《一致》成为南国社左转的标志。《一致》表现了革命群众对暴虐统治的反抗，先后在无锡、上海演出，受到观众热烈欢迎。1930 年 4 月，田汉在《我们自己的批判》一文中全面检查批判了个人和南国社戏剧活动中的小资产阶级倾向，南国社后期的戏剧活动由此开始。田汉根据法国梅里美同名小说改编的《卡门》一剧于 1930 年 6 月在上海演出，这一"借外国故事来发挥革命感情影响中国现实"的剧目，在演出后第三天即被反动当局禁演，南国社同年 9 月被查封，田汉率领社中大多数成员投身于左翼戏剧运动。

南国社的戏剧在内容和表演上都有自己的特点。南国社的成员多为小资产阶级青年，他们对现实的不满和反抗是剧作的主调，而其自身的感伤和浪漫情调则使剧作具有忧郁色彩和抒情特点，是五四时期爱美剧的发展。他们在表演上力求朴素自然，富于生活气息，摒弃了装腔作势的文明戏演出程式。在舞台布置形式上，他们也表现了一种清新、自由、奔放而带有反抗性的精神，学习传统戏曲的表现手法，置景简单，效果独特。

南国社的戏剧活动不仅产生了进步的社会影响，在中国话剧史上亦起了承前启后的重大作用，彻底摆脱了外国戏剧的影响和文明戏的束缚，并为中国影剧事业的发展培养了艺术骨干力量。

甲骨金文研究发展迅速

进入民国后，不断出现新的材料，特别是甲骨文的发现引起了新的热潮，加以新的方法，甲骨金文的研究出现了新的局面。

罗振玉为中国近代著名金石学家。字叔蕴，又字叔言，号雪堂，又号贞松老人。原籍浙江绍兴府上虞县永丰乡。同治 1866 年 8 月 8 日生于江苏淮安府山阳县，1940 年 5 月 14 日卒于辽宁旅顺。罗振玉是最初在甲骨学研究方面取得主要进展的学者。他从 1906 年着手搜集甲骨，成为早期收藏最多的藏家。1910 年所著《殷商贞卜文字考》，首先考定甲骨出土地安阳小屯为殷墟，并正确地判明甲骨属"殷室王朝的遗物"。随后，编成《殷墟书契前编》(1912)、《殷墟书契菁华》(1914)、《殷墟书契后编》（1916）、《殷墟书契续编》（1933）四书，共收甲骨5000余片，是殷墟正式发掘前零星出土甲骨的最重要集录。罗氏所著《殷墟书契考释》一书，1915年初印本释字485个，1927年增订本释字561个。罗振玉在金石铭刻和古器物资料的汇编方面做了大量工作，尤以《三代吉金文存》为重要。

王国维出身海宁州学。1898年入罗振玉在上海创设的东文学社半工半读。辛亥革命后，王国维随罗振玉旅居日本京都，在罗的影响下转治经史金石之学。王国维注重新发现，采取新方法。他在治学方法上，将西方资产阶级的科学方法，同清代乾嘉学派的传统考据方法，成功地结合起来，创立和提倡著名的"二重证据法"。他强调要将地下的新材料与文献材料并重，古文字古器物之学要与经史之学相互表里，他取得了前辈学者和同辈学者所无法比拟的成就。王国维研究商代甲骨，最早突破文字考释的范围，将其作为原始的史料，用以探讨商代的历史、地理和礼制，所著有《殷卜辞中所见先公先王考》、《殷卜辞中所见先公先王续考》、《殷墟卜辞中所见地名考》、《殷周制度论》、《殷礼征文》及《古史新证》等。他第一次证实《史记·殷本纪》所载商王世系的可靠程度，并根据卜辞加以纠正。又提出商周之际礼制截然不同的独到看法。

王国维为进行金文研究，从编辑《宋代金文著录表》和《国朝金文著录表》入手，对宋代以来著录的金文资料进行全面整理，又作《两周金石文韵读》和《两汉金文韵读》，以期"考之古音以通其义之假借"。他不仅先后撰写数十篇重要器铭的跋语，而且将金文资料用于西周历史和有关问题的研究，著有《生霸死霸考》、《明堂庙寝通考》、《古诸侯称王说》、《鬼方、昆夷、狁狁考》等。同时，他还进行古器物的研究，曾撰写《古礼器略说》，订正一些器物的名称，辨明它们的用途。

郭沫若于1928年开始进行甲骨文字的研究。1929年夏，先后写成的《甲骨文字研究》和《卜辞中的古代社会》。前者是通过对一些已释未释的甲骨文字的阐述，来了解商代的生产方式、生产关系和意识形态。后者则对商代的生产状况和社会组织，进行了理论性的概括。郭沫若关于商周金文和青铜器的著作较多，在学术上作出的贡献也最大。他接连出版了六部专著：《殷周青铜器铭文研究》（1931）、《两周金文辞大系》（1931）、《金文丛考》（1932）、《金文余释之余》（1932）、《两周金文辞大系图录》（1934）、《两周金文辞大系考释》（1935）等。在《古代铭刻汇考》（1913）和《古代铭刻汇考续编》（1934）二书中，也收入了相当一部分金文研究的论文。在抗日战争期间，他写了《青铜器时代》一文，并对陕西新出土的西周铜器作了研究。中华人民共和国成立后，他对各地出土的许多重要商周铜器，也曾有专文论述。

闻一多诗集《死水》出版

1928年，闻一多先生的第二本诗集《死水》出版，这是他的代表作，收集了他1925年以来所作的28首诗歌。

闻一多（1899～1946），原名闻家骅，字友三，湖北省浠水县人，现代著名诗人。他出身"世家望族，书香门第"，自幼爱好古典诗词和美术。1912年冬，闻一多考入北京清华学校。在校期间，他积极投身于五四运动，并开始诗歌创作，他这时期在艺术思想上受到唯美主义的影响，是新月社的主要成员之一。1922年他赴美留学，研习绘画，兼修文学，发表过有影响的新诗评论。1925年回国后先后在多所大学任教，并成为徐志摩主编的《晨报副刊·诗镌》的主要撰稿人和《新月》杂志的编辑。抗日战争期间，闻一多的思想有了转变和进步；1943年以后，他积极参加反对独裁、争取民主的斗争。抗战胜利后，在国民党特务横行的白色恐怖中，他"拍案而起，横眉怒对国民党的手枪"，于1946年7月15日被国民党特务暗杀。

闻一多曾潜心研究新诗格律化的理论，他主张新诗应有"音乐的美（音节），绘画的美（词藻），并且还有建筑的美（节的匀称和句的均齐）"，重视诗的格式、音尺、平仄和韵脚。他认为诗人应该超脱于政治之外，但又认为诗人"主要的天赋是'爱'，爱他的祖国，爱他的人民"。他从理论到实践探索新诗发展的道路。1923年，他出版了第一部诗集《红烛》，收集了他早期的诗作，有浓厚的浪漫主义色彩和唯美主义倾向，主要表现了诗人对艺术和美的追求。

闻一多的第二部诗集《死水》的基调则转向了现实主义，思想感情更力深沉，由对艺术美的讴歌转为爱国主义的直接高唱和对现实黑暗的诅咒。《死水》运用象征手法表现了污浊的旧社会；《发现》真切表达了诗人对祖国现状的失望和痛苦；《静夜》则流露出对祖国和人民命运的深沉关切，并不以小家庭的安宁为重，发生了富于民族责任感的心声——"幸福！我如今不能受你的私贿，我的世界不在这尺方的墙内"。他冲出了个人的小天地，写下了《荒村》、《罪过》、《春光》、《天安门》等反映人民苦难的诗篇。这些诗篇既发扬了屈原以来古典浪漫主义诗歌的爱国主义传统，又具有杜甫创作中社会批判的性质，同时表现出闻一多的鲜明个性。

闻一多的诗充分体现了他的艺术主张。他在诗中刻意追求绘画美，他不仅喜用色彩斑斓的词藻来描绘形象，渲染气氛，而且擅用新奇而贴切的比喻和出人意表的想象，营造出种种变幻的情调和意境。此外，他的诗音节和谐，富于音乐感，文字整饬，有形式美。闻一多的诗贯穿着昂扬的爱国主义精神，具有极强烈的民族意识，开创了格律体的新诗流派。

左联成立

1928年至1929年间的革命文学论争，虽然传播了马克思主义文艺理论，但是受到了资产阶级文艺家的攻击；而且当时国际环境上苏联、日本都成立了无产阶级作家联合会，为了适应新的斗争形势，中国共产党指示创造社、太阳社的党员作家与鲁迅等人联合成立革命作家团体。

1930年3月2日，中国左翼作家联盟正式在上海中华艺术大学成立，与会的有冯乃超、阳翰笙、夏衍等40余人。选举夏衍、冯乃超、钱杏邨、鲁迅、田汉、郑伯奇、江灵菲7人为常务委员，周全平、蒋

"左联"等组织出版的部分刊物

光慈为候补委员。成立大会通过了左联的理论纲领和行动纲领。由鲁迅在大会上作了题为《对于左翼作家联盟的意见》的讲话，强调左翼作家一定要和实际斗争接触，总结了革命文学运动倡导时期的经验教训，针对当时存在的错误倾向和建设革命文学

的许多关键问题，提出了精辟的意见，是左联的一份宝贵的理论文献。

左联成立后，先后在北平和日本东京设有分盟，天津有支部，在广州、武汉、南京、保定等地设有小组。左联的领导机构，起初是常务委员会，后改称执行委员会。组织上，左联受中共中央宣传部文化工作委员会的领导。左联与国际无产阶级文艺运动建立了联系，成为国际革命作家联盟的一个支部——中国支部。

左联先后创办的机关刊物有《萌芽月刊》、《拓荒者》、《巴尔底山》、《世界文化》、《文学导报》、《北斗》、《十字街头》、《文学》等；还秘密发行了《秘书处消息》和《文学生活》，并在《时事新报》副刊主办《每周文学》。

左联以马克思主义文艺理论指导自己的实践，鲁迅、瞿秋白、冯雪峰做了大量翻译介绍工作。左联一开始就重视理论批评工作，对于"新月派"、"民族主义文艺运动"、"自由人"、"第三种人"及"论语派"等资产阶级文艺观点进行批评，并对国民党当局的反动文艺政策，进行批评和斗争。左联领导的左翼文艺运动，创作上取得了巨大成就。鲁迅的《故事新编》、瞿秋白的杂文、茅盾的《子夜》、《林家铺》、蒋光慈的《咆哮了的土地》、丁玲、张天翼等人的小说、田汉等人的剧作，都产生了广泛的影响并培养了一大批文学新人。

由于当时环境的影响，左联也出现了教条主义、宗派主义的错误，鲁迅曾提出中肯的批评。左联受到国民党政府残酷压迫，"左联五烈士"就是被秘密杀戮于上海龙华警备司令部。

左联顽强地战斗了六个年头，培养了一支坚强的革命文艺大军。1936年春，为了适应抗日救亡运动的新形势，左联自行解散。

巴金写作《家》

1931年，巴金发表长篇小说《家》。

巴金（1904～），原名李尧棠，字芾甘，四川省成都市人，现代著名作家，"巴金"是他的第一部小说《灭亡》1929年发表时开始使用的笔名。巴金出身一个封建官僚地主的大家庭，少年时期目睹了封建家庭内当权势力的专制冷酷及其腐朽丑恶的生活，感受到旧礼教对青年一代的压迫和摧残，了解了下层人民的悲惨命运，由此而产生强烈的激愤。在五四新文化新思想的浪潮冲击下，巴金接受了反帝反封建的民主主义革命思想，对家庭产生了叛逆心理。早年的经历和思想变化，为他后来的文学活动奠定了坚实的基础。1923年，巴金离开封建家庭到上海、南京读书；1927年赴法留学，广泛接触到各种社会思潮，主要受无政府主义思想影响。这年，巴金开始了他的创作生涯。

巴金早期的作品《灭亡》、《新生》、《爱情三部曲》（《雾》、《雨》、《电》）等都是写知识青年在军阀统治的环境中进行的种种活动。《灭亡》"真实地暴露了一个想革命而又没有找到正确道路的小知识分子的灵魂"（巴金：《谈〈灭亡〉》）。其续篇《新生》的主人公虽然参加了实际的革命斗争，但"新生"的希望依旧渺茫。《爱情三部曲》则通过一群青年对黑暗现实的个人反抗及其悲剧，在一定程度上揭露了军阀统治的残暴，赞美了青年人对光明理想的追求和献身精神，其思想主题有反帝反封建的进步意义；但小说中人物身上的小资产阶级狂热性和极端民主自由的无政府主义思想亦造成了作品的局限性。这些作品有助于激发读者变革旧现实的热情，当时在小资产阶级青年中引起了较大反响。

巴金的代表作是完成于 1931 年的《家》。这部长篇小说与抗战期间完成的续篇《春》、《秋》一起，组成了《激流三部曲》。《家》通过一个封建大家庭成员新旧思想的冲突、恋爱和婚姻的悲剧、青年一代对封建礼教的抗争及与家庭的决裂，表现了封建宗法制度必然崩溃的历史过程。作者对题材的熟悉和感受的深切，使这部作品具有强烈的感染力。巴金说，这部作品"所要展示给读者的乃是描写过去十多年间的一幅图画"。作品中塑造了一系列有代表性的人物形象。高家三代人中，以高老太爷为首的腐朽没落的一群，醉生梦死，胡作非为，坐吃山空。克字辈中的克明道貌岸然，实际上是顽固的封建卫道者。觉字辈中的觉新是一个在旧制度熏陶下失去了反抗性的悲剧人物，他是旧礼教的牺牲者，但同时又不自觉地成为大家庭的维护者，伤害了周围的人。作者从他作为"长房长孙"的复杂困境和他内心的尖锐矛盾入手，将他的形象写得丰满深刻，成为现代文学史上的著名典型。觉民、觉慧是受五四新思潮影响、有强烈的个性解放与反封建要求的激进的民主主义者，他们的先后出走使得封建家庭的旧秩序受到强烈冲击，作者在他们身上寄托了自己的理想和希望。书中还刻画了三个美丽的年轻女性——梅、瑞珏和鸣凤，她们的被侮辱被损

1934 年，巴金在北平沈从文家中。

害终至被毁灭格外令人痛心，作者对她们倾注了深深的同情。《家》的故事背景是五·四以后的特定历史时期，具有现实主义的深刻性。这部作品在描写封建宗法家庭解体方面是同类题材作品中最成功、影响最大的一部，不失为《红楼梦》之后表现封建阶级没落史的杰作。在《春》与《秋》里，《家》中的矛盾进一步展开，长辈们更加虚伪堕落，年青的一代逐渐觉醒与成长。《激流三部曲》奠定了巴金在中国现代文学史上的地位。

抗日战争期间，巴金写了长篇小说《火》（又称《抗战三部曲》），反映了部分小资产阶级知识分子在抗战初期和中期的思想历程与生活变迁。抗战后期及战争结束后，巴金又写了中篇《憩园》和长篇《寒夜》。前者写了富贵人家的悲欢离合，后者表现在寒夜一般的年代里善良的人们普遍的不幸遭遇。

巴金创作力最旺盛的时期是青年时期，他的作品中最引人注目的人物也是青年，他笔下充满青年人特有的浪漫主义的激情——歌颂青春的成长和美丽，诅咒摧残青

巴金小说《家》手稿

春的腐朽势力。这一创作特色贯穿在他的主要作品中，即使是以现实主义见长的《家》，依然充溢着很浓的主观感情色彩。他的作品鼓动起许多青年读者的正义感和不满旧现实的激情，在青年中影响广泛，这在五四以后的新文学中，是一项特殊的成就。此外，巴金还写了许多短篇小说和散文，具有广泛的国际影响。

《歌女红牡丹》轰动全国

《歌女红牡丹》是中国最早的两部蜡盘发音有声片之一，由明星影片公司和百代公司于1931年合作摄制，由洪深用庄正平的化名编剧，张石川导演，董克毅摄影。

歌女红牡丹（胡蝶饰）嫁了一个无赖丈夫（王献斋饰），她声名极盛，月入颇

《歌女红牡丹》剧照

丰，仍不够丈夫挥霍，为此屡受刺激，以致嗓声失润，但她对丈夫还是忍气吞声、委曲求全，及至沦为三四等配角，生活潦倒不堪，丈夫照旧对她百般虐待、盘剥。后来，丈夫因卖掉女儿，心情懊恼，以致失手杀人，被捕入狱，她仍不咎既往，探望营救。

影片通过红牡丹这个深受封建意识毒害的歌女遭受重重折磨压迫而仍不觉悟的描写，暴露了封建旧礼教对妇女心灵的摧残和毒害，抨击了红牡丹的丈夫——一个封建遗少的无耻寄生生活，具有一定的现

实意义。影片利用有声的优越条件，穿插了京剧《穆柯寨》、《玉堂春》、《四郎探母》、《拿高登》四个节目的片断，是观众在银幕上第一次听到戏曲艺术的唱白。这部影片耗资12万元，费时6个月，收音过程中曾遭遇到不少困难，进行了5次试验才获成功。这部影片于1931年3月15日在上海新光大戏院首次公映。因为是中国的第一部有声片，当时不仅轰动了全国务大城市的观众，同时也吸引了南洋的侨胞，产生了一定的影响。

鲁迅写作花边文学

1927年10月，鲁迅从广州赴上海，由此开始了他战斗生涯后期光辉的10年。在这一时期中，鲁迅写得最多、成就最突出的是杂文。鲁迅后期杂文包括1927年到1936年所作，收集在《而已集》、《三闲集》、《二心集》、《南腔北调集》、《伪自由书》、《准风月谈》、《花边文学》、《且介亭杂文》、《且介亭杂文二集》、《且介亭杂文未编》等10本杂文集中。

1928年，由创造社、太阳社发起，鲁迅同他们展开了一场关于无产阶级革命文学的论争。鲁迅对文艺与社会、思想与艺术的关系及作家的世界观问题等都发表了精辟的意见。这些文章都收在《三闲集》中。左联成立前后，鲁迅同创造社、太阳社消除了分歧，并团结许多革命作家，对资产阶级文化社团新月社宣扬的"人性论"进行了批判；并对国民党纠集一批御用文人发起的"民族主义文艺运动"进行了坚决斗争。《二心集》和《南腔北调集》便是这时期反文化"围剿"的产物。1936年，当文艺界"民族革命战争的大众文学"和"国防文学"两个口号出现激烈论争时，鲁迅先后发表了《答托洛斯基派的

信》、《论现在我们的文学运动》、《答徐懋庸并关于抗日统一战线问题》等文章，对文艺界的抗日救亡运动和统一战线问题提出了中肯的意见，认为两个口号应当"并存"，推动了文艺界抗日民族统一战线的形成。

1933年开始，鲁迅以多个笔名在《申报》副刊《自由谈》上发表杂文，以时事短评为主，抨击国民党政府的不抵抗主义和"攘外必先安内"的反动政策，这些文章后来结集为《伪自由书》。

鲁迅进一步开拓社会批评和文学论述。这些杂文多收录在《准风月谈》和《花边文学》中。在批评社会现象方面，所涉问题极广，既通过鞭挞种种堕落的市侩恶习，批判精神现象中腐朽的传统思想影响。在对文学活动的论述方面，鲁迅讽刺了"捐班"诗人、"商定"文豪、写阔人秘史、传"登龙"妙术等文坛上的浇薄风气和捧场、打诨等帮闲行径。

鲁迅后期杂文不仅具有更加深广的思想性和社会意义，其艺术表现手法也日益圆熟精纯。形象性与逻辑性的统一是鲁迅杂文最突出的特色。鲁迅主要继承了中国历代散文的优良传统，在杂文中既有政论式的义正辞严，气势凛然，体现出先秦诸子的雄辩力量；又有学术性的旁征博引，析理严密，师承了韩愈文章的谨严明晰，更多的是锋芒毕露、泼辣犀利的短评小品，讽刺与幽默并用，"嬉怒骂皆成文章"。

鲁迅的杂文几乎写出了整整一个时代的风貌，以反映旧中国历史进程的广泛性和深刻性而论，鲁迅的杂文在现代散文中是首屈一指的。

熊十力著《新唯识论》

1932年10月，熊十力的哲学代表作《新唯识论》著成。熊十力（1885～1968），原名升恒，字子真，湖北黄冈人。中国近现代哲学思想家，"后五四时期"现代新儒学思潮的哲学奠基人。早年曾参加武昌起义，后绝意仕途，专心致力学术。1920年入南京支那内学院师从欧阳竟无学习佛法，1922年到北京大学讲佛教唯识学。并于第二年出版《唯识学概论》讲义，基本依据佛家本义，忠实于内学院所学。后忽盛疑旧学，决定自创新说，1926年经精心修订印行第二种《唯识学概论》，公开以儒家哲学立场怀疑和批判佛家唯识学，批评唯识学关于种子和现行关系的论断，从而朝舍佛归儒、自创新说迈出了重要的一步。1930年印行《唯识论》，打破内心外境的分别，主张"众生同源"，认为天地万物与吾心同体，强调人生的、现世的价值，并首次直接批评了欧阳竟无的《唯识抉择谈》以体用各分二重。同年在杭州结识理学大师马一浮，在以性、天、命、理等宋明理学范畴的同一性疏解上深受启发。于1932年10月著成《新唯识论》（文言文本），在杭州自印行世，标志着营造十几年的哲学体系正式确立起来。抗日战争和解放战争时曾在四川、北京等地讲学，解放后任北大教授。主要著作除《新唯识论》，还有《破〈破新唯识论〉》、《十力语要》、《原儒》、《佛家名相通释》、《体用论》、《明心篇》等。

《新唯识论》是熊十力哲学著作的代表作，该书比《唯识论》稿本增加了明心两章，全书共分明宗、唯识、转变、功能、成色上下、明心上下八章，9万余字，基本完成了本体论的建构，奠定了熊氏"仁的本体论"即生命体验的道德形而上学思想体系。在《新唯识论》中，熊十力利用唯识学和因明学的知识，以缜密的思辨，系统论证了实存的本体论化及其所导致的宇宙化观点，强调人的生命和宇宙大生命的有机整合，认为生生相息、翕辟开阖的宇宙本原是吾人的真性，是人之所以为人的真谛，弘扬了人的主体性和个体性，肯定了现世的、进取的人生态度。

《生活》周刊发展为生活书店

　　1930 年 9 月，《生活》周刊设立了专门为读者服务的书报代办部。在此基础上，1932 年 7 月改设独立经营的生活书店。

　　《生活》周刊由中华职业教育社于 1925 年 10 月 11 日在上海主持创办。王志莘任第 1 卷主编，从 1926 年 10 月第 2 卷起由邹韬奋接任。出版宗旨为宣传职业教育。每期出 4 开 1 张，发行 1000 余份。1929 年 12 月第 5 卷起扩充篇幅，改为 16 开本，订数亦激增至 8 万份，最高时多达 15 万份，成为全国发行量最大的刊物。1933 年 7 月 8 日，该刊脱离中华职业教育社。7 月 14 日，邹韬奋被迫出国流亡，胡愈之、艾寒松接任编辑。同年 12 月 16 日，遭国民党当局查封，出至第 8 卷第 50 期。

抗战时期设在桂林的生活书店

　　邹韬奋任编辑时，主张该刊要成为读者的好朋友，选材注重"有趣味有价值"，文风应明显畅快。先后设有"读者信箱"、"小言论"等专栏。注重处理读者来信，征求读者意见，开展为读者服务的工作。基本内容为对青年进行事业修养教育。1929 年扩版后选材以时事为主，注重社会、政治问题的讨论。1931 年九·一八事变后，成为新闻评述性周刊，以宣传抗日救亡为中心，抨击南京国民政府的不抵抗战策，发起为抗日军队捐款的活动。1932 年一·二八事变中，出版临时增刊和特刊，详尽报道中国军民抗日的英勇事迹，募款建立"生活伤兵医院"，征集军需物资供应十九路军。1932～1933 年期间，该刊还载文系统介绍马克思主义哲学，宣传社会主义，并认为社会主义制度终将取代资本主义制度。深为国民党当局所忌恨。

　　1932 年《生活》周刊发展成为独立的生活书店后，邹韬奋主持出版工作，主要出版宣传抗日、启发进步思想的书刊。虽屡遭国民党当局的干预、破坏和压迫，仍始终坚持斗争，从事进步的出版事业。1948 年为适应日益发展的国内外形势的需要，与读书出版社、新知书店合并组成生活·读书·新知三联书店。

　　《生活》周刊和生活书店在 20 世纪三四十年代影响广泛，对宣传抗日救亡、宣传马克思主义和中国共产党的主张、反对国民党的反动政策等方面起了重大作用。

文献馆档案南迁

　　1932 年 2 月，北平故宫博物院奉南京国民政府命令，将其所藏文物、档案全部撤移，文献馆档案开始南迁。

　　1931 年，九·一八事变后，日本帝国主义侵占中国东北地区，威逼关内，为预防不测，南京国民政府下令将北平故宫博物院所保管的文物、档案全部撤移到上海。

1931 年的北京故宫博物院

1932 年 2 月 6 日开始装箱起运，至 5 月 22 日分五批运抵沪上。共运文物及档案 13427 箱又 64 包，其中故宫博物院文献馆所保管的清宫档案共 3773 箱，计有内阁大库红本、军机处档册、宫中档朱批奏折、内务府奏稿、奏案、题稿、呈稿、事简、档薄、清史馆档案、史书、诏、敕、折包、杂件、刑部档案以及实录、圣训、本纪、起居注、舆图等。

档案迁至上海后，经多次清点，对档案次序和箱号进行了重新调整和编制，专门设立了故宫博物院驻沪办事处，在原法租界内租屋暂置。1936 年 11 月，存沪之文物、档案全部移存南京朝天宫保存库，并设故宫博物院南京分院，撤销京、沪两办事处。

1937 年七·七事变和八·一三淞沪抗战爆发后，国民政府又令将南京所存文物及档案西迁。分三批起运，分别运至四川巴县、重庆、峨嵋，共运 16681 箱，其中档案 1746 箱。其余仍留南京。

1945 年抗战胜利后，国民政府将运至四川的文物档案集中重庆，1947 年分水、陆两路运回南京保存库。1949 年又将文物档案 2900 余箱携往台湾，其中清宫档案 195 箱，包括清各朝实录、朱批奏折、录副奏折、太平天国史料及清史馆档案等，现存台北故宫博物院图书文献处。中华人民共和国建立后，将原存南京之清宫档案分次运往北京，由中国历史第一档案馆专

业保管。

故宫博物院文献馆档案南迁使得大量珍贵历史文献免遭战火毁坏，得以幸存。

《子夜》出版

1933 年，茅盾的长篇小说《子夜》出版，成为当年文坛上的重要事件。

茅盾（1896～1981），原名沈德鸿，字雁冰，出生于浙江桐乡县乌镇，为现代著名作家，"茅盾"是他常用的笔名。由于父亲早逝，母亲成了茅盾童年时期的启蒙老师。五四运动后，茅盾参加了新文学运动。1920 年 11 月，他接编并全部革新了大型文学刊物《小说月报》；1921 年，他参与发起组织了文学研究会；同年 7 月，中国共产党成立，他成为最早的党员之一。1925 年，茅盾在上海积极投入五卅运动；此后辗转在广州、武汉等地从事革命活动。1927 年他回到上海，开始创作和参加其他文学活动。

1927 年秋至 1928 年春，他创作了三部曲《蚀》，它由《幻灭》、《动摇》、《追求》三个带连续性的中篇组成，概括了大革命前后小资产阶级知识青年的思想动态

1930 年茅盾在上海

和生活经历。

1930年4月，茅盾从日本回上海后不久，便加入了中国左翼作家联盟，与鲁迅共同从事革命文艺活动和社会斗争。自"五四"以来，茅盾在文学创作、评论以及译介外国文艺理论等方面都做了大量工作，又参加过实际的革命活动，在文学、思想、生活上经过了长期积累。因此到了1932年前后，茅盾的创作力达到了全盛时期，其代表作长篇小说《子夜》即诞生在这一阶段。

《子夜》通过民族工业资本家吴逊甫和买办金融资本家赵伯韬之间的矛盾斗争以及他们与周围各阶层人物的错综复杂的关系，真实、形象地反映了30年代初期中国社会的时代风云和历史面貌，揭示了民族工业在半封建半殖民地的情况下不可能得到发展，中国亦不可能走上资本主义道路这样一条历史必然的法则。吴逊甫是个有实力、有魄力亦有手腕的资本家，他志在发展中国的民族工业。但他生不逢时，在半封建半殖民地的中国，他面临着重重困厄：背后有美国金融资本家撑腰的赵伯韬代理外国资本利益要扼杀中国的民族工业；工厂产品在外国市场上受到排挤，他将损失转嫁给工人，引发了工人的罢工反抗；农民运动兴起，断了他在家乡的重要资本来源；合股公司又因产品积压、股东退出、赵伯韬的经济封锁而濒临破产……在腹背受敌的情况下，吴逊甫只得孤注一掷，将资金投入冒险投机事业，彻底违背了自己做个正正派派的企业家的初衷。在遭到惨败后，他只得将产业卖给了英、日资本家，发展民族工业的雄图终成泡影。围绕吴逊甫的活动，《子夜》展示了30年代中国的广阔社会图景。

《子夜》的艺术成就也是十分突出的。这首先表现在人物形象的塑造上。吴逊甫是中国民族资产阶级的典型人物，他性格中充满了矛盾：既精明强悍，又有中国民族资产阶级的先天软弱性。此外，赵伯韬、杜竹斋、周仲伟等亦各具特色。

在创作《子夜》的同时，茅盾还写出了他短篇小说的代表作《林家铺子》和《春蚕》。《林家铺子》通过一家小店的倒闭表现了当时处在风雨飘摇中的整个工商业的前途，同时反映了旧社会"大鱼吃小鱼，小鱼吃虾米"的残酷真相。《春蚕》则表现了资本主义经济入侵后农村经济凋敝、蚕农"丰收成灾"的悲剧，同时写出了旧中国农村中两代人的冲突；其续篇《秋收》、《残冬》反映了老一代农民的逐渐觉醒和新一代农民的逐渐成长。这三个连续的短篇在当时被称为"农村三部曲"。抗战期间，茅盾写了反映辛亥革命到"五四"前夕社会状貌的长篇小说《霜叶红似二月花》；揭露抗战后期雾都重庆豺狼当道、特务横行的《腐蚀》；描绘三四十年代到抗战胜利前夕黑暗社会的剧本《清明前后》。

曹禺作《雷雨》、《日出》

1933年，曹禺创作话剧《雷雨》。曹禺（1910～1997），原名万家宝，字小石，祖籍湖北省潜江县，为现代著名剧作家。他出身封建官僚之家，家庭背景使他非常熟悉封建官僚买办家庭及其上层人物的生活；身居当时交通便利、商业发达的天津城又使他目睹了社会上从"高级流氓"、"高级恶棍"到"苦力"的各色人等，对下层人民的悲惨处境亦有所了解。这对他创作思想倾向的形成有极大影响，亦为他的作品提供了某些人物原型和素材。

曹禺的第一部多幕话剧《雷雨》完成于1933年。剧本取材于他青少年时代熟悉的社会圈子，主要描述了一个带浓厚封建性的资产阶级家庭的崩溃。某矿董事长周朴园 30 年前对婢女侍萍始乱终弃；侍萍带次子投河获救，远走他乡；嫁入鲁家后竟然又与周家异地相逢。留在周公馆的侍萍所生的长子周萍成年后与其继母繁漪有私情，后来又与其弟、繁漪所生的周冲同时爱上了在周家帮工的侍萍之女，他的异父之妹四凤，矛盾冲突由此展开、激化而最终导致了周、鲁两家家破人亡的结局。《雷雨》在艺术上取得了相当大的成功。剧中塑造了一系列鲜明生动的人物形象，台词充分个性化；尤其是全剧结构紧凑，情节扣人心弦，将周、鲁两家前后 30 年的种种矛盾冲突浓缩在一天之内表现出来，其戏剧高潮接踵而至，悲剧气氛十分强烈。这部剧广泛地吸收了西方命运悲剧、性格悲剧、社会悲剧的艺术技巧，将民族的社会生活内容与外来的艺术形式融合在一起，产生了强大的艺术感染力，是中国现代第一出真正的悲剧。

1935 年底，曹禺的第二部多幕话剧《日出》完成。较之《雷雨》，《日出》在思想上、艺术上都有新的追求，更能体现作家独特的创作个性和艺术风格。《日出》是以横断面的方式，在有限的演出空间内出色地展示了当时"损不足以奉有余"的社会的复杂形态。《日出》没有一个完整的带动情节发展的中心事件，而是以交际花陈白露为串线人物，通过她的日常交往，使腐朽没落的社会上层和处于水深火热中的社会底层都一一展现出来，构成了 30 年代初期半殖民地大都市面貌：在"有余"的世界里，活动着狠毒而又腐朽的银行经理潘月亭、卑污而又狡诈的银行职员李石清，还有洋奴、地痞、富孀、面首等社会渣滓；在"不足"的困境中，挣扎着走投无路的失业者黄省三、不堪凌辱的小东西，辗转呻吟在火坑中的老妓女和小伙计……从这些人物的相互关系及其矛盾冲突中，

可以看到当时都市经济恐慌的情形作者，深刻地反映并愤怒地鞭挞了罪恶的社会制度。较之《雷雨》中将支配人物命运的力量归于带神秘色彩的"自然的法则"，这是作家在社会认识上的进步。在艺术构思上，《日出》也与《雷雨》那种"太象戏"

青年时期的曹禺

的结构不同，它没有传奇性的故事，人物、题材都接近现实生活，类似于用"色点点成光彩明亮的后期印象派图画"的技法，以不同的片断写出完整的社会真实。因而《日出》是曹禺剧作中最富于现实性的一部，也是最优秀的一部。

曹禺后来发表的重要剧作还有 1937 年写的农村题材的《原野》。这是一部以浪漫主义、象征主义为主要表现手法的作品。抗战初期他写了歌颂战争中社会进步的《蜕变》；后来又写了反映封建家庭的败落的《北京人》，并把巴金的小说《家》改编为四幕话剧。

《文艺心理学》与《诗论》

30 年代初，朱光潜发表《文艺心理学》、《诗论》。

朱光潜（1897～1986）现代美学家、

文艺理论家。笔名孟实、孟石。安徽桐城人。朱光潜出身书香世家，幼承庭训，熟读经书。1916 年考入武昌高等师范学校中文系，次年进香港大学主攻教育学，1922 年毕业，后又赴英国伦敦大学学习，又入法国斯特拉斯堡大学，以论文《悲剧心理学》获文学博士学位。1933 年回国。

1927 年的朱光潜·摄于巴黎

《文艺心理学》和《诗论》是朱光潜回国以前的代表作。前者是中国第一部系统介绍和阐述文艺心理学的专门著作，在这一领域具有开拓性的意义。书中介绍了西方美学史上有影响的学说，包括克罗齐的直觉说、布洛的距离说、立普斯的移情说、谷鲁斯的内摹仿说，又归纳出适用于分析文学现象的一些文艺批评的原理，开阔了文学研究的视野和思路，在当时学术、文艺界有较大影响。《诗论》从建立诗学的角度着眼，广泛涉及诗的起源、诗的性质、诗的特征等诗学基本理论问题；朱光潜认为当时新诗创作需要研究两个问题："一是固有的传统究竟有几分可以沿袭，一是外来的影响究竟有几分可以接受。"因此他从分析具体诗歌作品入手，着重研究了中国诗歌的节奏和声韵，从汉赋的影响和佛经的翻译、梵音的输入，探讨了中国诗何以走上律的路，从历史的角度进行纵向比较。又运用西方诗论来解释中国古典诗歌，用中国诗论来印证西方诗论。

回国之后，朱光潜继续从事美学和文学研究工作，撰写了结合新文学运动的实际的论文和书评，文章收在《孟实文抄》和《读文学》中。在文学理论研究中，朱光潜反对文学创作以侦探、色情、黑幕、风花雪月、口号教条为内容，反对作家抱"无病呻吟"、"油腔滑调"、"党同伐异"、"道学冬烘"、"涂脂抹粉"的创作态度；同时又主张文艺要与生活保持"距离"，提倡"冷静超脱"，推崇"静穆"。并试图以马克思主义指导自己的学术研究，在一系列重大美学理论问题上均有独到见解，成为美学界一个重要流派的代表。

阮玲玉主演《神女》

1934 年，阮玲玉主演中国无声故事片《神女》，这是阮玲玉的代表作，也是中国无声片时期表演艺术的高峰。

阮玲玉（1910～1935），中国著名电影女演员，乳名凤根，学名阮玉英，祖籍广东中山人，出生于上海，幼年丧父，16 岁时，为生计经人介绍考入明星影片公司当演员，并改名阮玲玉，先后主演了《挂名的夫妻》、《血泪碑》、《白云塔》等影片，后转入大中华百合影片公司，主演《劫后孤鸿》、《情欲宝鉴》等武侠片，1929 年秋转入联华影业公司，在影片《故都春梦》中一炮走红，奠定了她在影界的地位，接着主演了《城市之夜》、《三个摩登女性》、《神女》、《新女性》等影片。从 16 岁开始，共拍摄过 29 部影片，创造了各式各样的妇女形象。她以娴熟纯真、朴素含蓄、委婉清秀的艺术风格，成为无声片时期拥有观众最多的一位表演艺术家。1935 年"三八"妇女节前夕，因不甘忍受黑暗社会势力的迫害、不幸婚姻的痛苦，于 1935

《神女》剧照（1934，吴永刚导演）

年3月8日服毒自杀。

代表作《神女》是联华影业公司（一厂）在1934年拍摄的一部黑白无声片。影片描述了旧中国一位妓女的血泪史。她为了生活和抚养儿子出卖肉体，并遭受警察的追捕和流氓恶棍的威逼欺凌，多次搬家，仍逃不脱厄运。她想找工作，跳出火坑，但由于流氓的威逼不得不继续以卖淫为生。想让孩子上学，但由于社会偏见，聪明好学的孩子被迫离校。她想远走高飞，但多年积蓄却被流氓偷去，她忍无可忍，砸死了流氓，自己也被判了12年徒刑。阮玲玉在影片中用真挚感人、细腻传神的表演，把一位沦落烟花的善良女子的悲惨命运和她对儿子伟大而崇高的母爱，表现得淋漓尽致，成功地塑造了一个具有双重性格的母亲的形象，并演出了一部旧中国的被侮辱和被损害的下层妇女的血泪史，揭示了那个年代的不可调和的阶级矛盾，对黑暗的社会提出了血泪的控诉，从而使该片成为她演艺生涯的代表作。

《渔光曲》获奖

在1935年的莫斯科国际电影节上，由联华影业公司摄制，蔡楚生编导，王人美、汤天绣、韩兰根等人主演的《渔光曲》获荣誉奖，这是中国第一部在国际上获奖的影片。

《渔光曲》完成于1934年，它取材于20～30年代的中国社会现实生活，反映了当时的阶级矛盾。由于贫苦渔民徐福葬身海底，其妻徐妈被迫到船老板家做奶妈，老板家少爷何子英与徐家孪生兄妹成了好友，因打碎古董，徐妈被赶出何家，兄妹俩与双目失明的母亲流落街头，卖唱为生，受到洋人、老板、流氓的种种欺凌，留学回国的何子英资助他们100元钱，他们因此被当作抢劫犯被警察逮捕，徐妈被烧死于慌乱之中。后来，出狱后的孪生兄妹与因父破产而走投无路的何子英一同回到渔村，影片最后以哥哥捕鱼受伤死去，妹妹痛苦万分地望着哥哥的尸体的悲伤场面结束。

该片在艺术上也取得了较高的成就，首先，它选材新，这是中国最早的一部以渔民生活为题材的影片，因而给人以耳目一新之感。其次，演员表演真实，为了逼真地再现生活，摄制组全体创作人员曾在编导蔡楚生的带领下深入渔村实地考察并拍摄。再次，影片突出地反映了自然美、劳动美和劳动者的心灵、精神之美，风格质朴清新，情节生动。

1936年4月14日，《渔光曲》在上海

《渔光曲》剧照

《大路》（1934，孙瑜导演）

首次公映，接着，在酷热的季节连映 84 天，创造了当时最高上座纪录。随着影片的广泛传播，贯穿全片、婉转动人的《渔光曲》也很快风靡全国，整部影片，从内容到艺术技巧以至配乐都受到了国内外的一致好评。

四大名旦占领京剧舞台

京剧四大名旦指的是梅兰芳、程砚秋、尚小云、荀慧生四位京剧表演艺术家。他们以风格独特的流派在京剧舞台上尽领风

梅兰芳（京剧《宇宙锋》赵艳容）

骚数十年，为京剧的发展和繁荣作出了巨大的贡献。

梅兰芳（1894～1961），工旦。出生于梨园世家，祖籍江苏泰州，长期寓居北京。8 岁学戏，10 岁首次登台，此后 50 余年的舞台生活，精心钻研，勇于革新，创造了众多优美的艺术形象，积累了大量优秀剧目，发展和提高了京剧旦脚的演唱和表演艺术，形成了一个具有独特风格的艺术流派，世称"梅派"，深受国内观众的喜爱，并在国际上享有盛誉。梅兰芳的艺术成就，对现代中国戏曲艺术的发展起了承先启后的作用。

程砚秋（京剧《荒山泪》张慧珠）

程砚秋（1904～1958），工青衣。满族，生于北京。6 岁学艺，11 岁开始登台，12 岁参加营业演出。最初师从荣蝶仙、荣春亮习武功和武生，后从陈桐云习花旦，继又从陈啸云攻青衣。青年以后，又从阎岚秋（九阵风）、乔蕙兰、谢昆泉、张云卿等名家学习京剧武把子及昆曲身段、唱法，又拜梅兰芳为师，更受教于王瑶卿，并广泛涉猎文学及多种艺术。几年后与高庆奎、余叔岩配演《御碑亭》、《打渔杀家》、《审头刺汤》，艺术突飞猛进，声誉日隆。他的表演功力深厚，表情细腻，艺

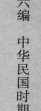

术上富于独创,逐渐形成了个人的艺术风格,创立了有广泛影响的艺术流派,世称"程派"。

尚小云(1900～1976),工旦。祖隶汉军旗籍,河北南宫人。幼入北京三乐科班学生,初习武生,后改正旦,以演青衣戏为主,与白牡丹(荀慧生)、芙蓉草(赵桐珊)并称"正乐三杰"。出科后,与孙菊仙合演《三娘教子》、《战蒲关》,与杨小楼合演的《楚汉争》、《湘江会》,与王瑶卿合演的《乾坤福寿镜》,均好评声鹊起。尚小云的唱腔字正腔圆,刚劲高亢,念白爽朗明快,流丽大方,韵白字清音朗,富于感情,做功刚健又婀娜,而且排演了大量新戏,创造了一系列巾帼英雄、侠女烈妇的艺术形象。艺术上的独树一帜,形成了一个新的流派,世称"尚派"。

荀慧生(1900～1968),工花旦、闺门旦。河北东光县人,幼学艺,习花旦,首次登台于天津。1910年入京,从梆子演员侯俊山学戏。翌年入三乐(后称正乐)社科班,乃"正乐三杰"之一。后从薛兰芬、路三宝学京剧,又拜吴菱仙、陈德霖、王瑶卿为师,并向孙怡云、田桂凤、乔惠兰、曹心泉、程继先、李寿山请教。期间演了不少新剧。19岁时(1918),参加喜

尚小云(京剧《虹霓关》东方氏)

荀慧生(京剧《玉堂春》苏三)

群社,从此专演京剧。荀慧生从20年代起即致力于京剧的革新。由于他功底深厚、戏路宽广,又出身梆子班,故能吸取梆子旦脚艺术之长,熔京剧青衣、花旦、闺门旦、刀马旦的表演于一炉,兼收京剧小生、武生等行当的技艺,从唱腔、念白、身段到化妆等方面进行了改革和创造。到30年代,逐渐形成风格新颖、独树一格的"荀派"艺术。

梅、程、尚、荀四人以其深厚的艺术功底和富于表现力的表演,对京剧进行了改革和创新,形成了风格各异的艺术流派,丰富了京剧艺术的表现形式,对京剧的百花齐放作出了杰出的贡献。

新木刻运动开展

20世纪30年代,欧洲创作木刻(新木刻)传入中国。受此影响,中国的新木刻运动逐渐形成、发展、壮大。

木刻有新、旧木刻(即复制木刻和创作木刻)之分。中外最早的版画形式是木刻版画,即用刀在木板上刻画,再用纸拓印出来的一种图画。以凸线为主构成白多于黑的画面者,叫阳刻,以凹线为主构成

黑多于白的画面者，叫阴刻。运用多块木板套印出两种以上颜色的作品，称为套色木刻。因拓印使用的颜料性质不同，又分为油印木刻和水印木刻等。我国古代的木刻版画多用以复制绘画作品，绘、刻、印三者分工，属复制木刻。19世纪，欧洲产生了创作木刻。其特点是作者以刀代笔，以木代纸，自画、自刻、自印，充分发挥刀木所特具的艺术效果。

鲁迅认为"当革命时，版画之用最广，虽极匆忙，顷刻能办"，因此他积极介绍和倡导创作木刻。

1930年左翼文学艺术家联盟成立，左翼文艺运动进一步发展。次年夏，鲁迅在沪举办木刻讲习班，为活跃木刻社团播下了种子，打下了基础，先后出现一八艺社研究所、春地美术研究所、野风画会、现代木刻研究会、上海木刻研究会等专门木刻组织。参加者有陈单坤、陈铁耕、江丰、郑野大、陈烟桥、沃渣等。在沪杭的美术学校里一批专门以进行木刻为主导的社团如MK木刻研究会、野穗社、木铃木刻研究会等纷纷出现。1935年元旦，平津木刻研究会举办了全国木刻联合展览会，次年广州现代版画会又举办了第二次全国木刻流动展览会。鲁迅逝世后，曹白、力群、阵烟桥、江丰等发起成立了上海木刻作者协会，在思想上和组织上日趋成熟。

新木刻在诞生之时，主要奉外国版画

纪念鲁迅的木刻画

家如德国的K·珂勒惠支、比利时的F·麦绥莱勒、苏联的法复尔斯基、克拉甫琴珂等为榜样来学习。比较突出的作品有张望《负伤的头》、陈铁耕的《母与子》、江丰的《码头工人》、郑野夫的《黎明》、陈普之的《黄包车夫》等。

抗日战争爆发后，一大批进步木刻家到达延安，成为推动解放区木刻运动的骨干力量。成立于1938年的延安鲁迅艺术文学院，教员主要为木刻家，最多的作品也是木刻。1942年毛泽东发表《在延安文艺座谈会上的讲话》以后，木刻作者深入农村、工厂与前线，从生活中提取题材，汲取民间美术的精华，努力探索中国木刻的新形式，产生了一大批思想、艺术性高，具有民族风格的作品。如古元的《远草》、《离婚诉》、《减租会》，张望的《八路军帮助农民秋收》、沃渣的《夺回我们的牛羊》等作品。

抗战时期国统区的新木刻运动也得到

胡一川作版画《到前线去!》

很大的发展。成立了中华全国木刻界抗敌协会，出版《全国抗战木刻选集》、《救亡木刻》、《漫木旬刊》、《木艺》等，举办全国抗战木刻展览会、鲁迅逝世3周年木刻展、木刻10年展等。主要作品有郑野夫的《旌旗》、《号角》、《战鼓》，陈烟桥的《鲁迅与木刻》，王树芝的《自行失踪的人》等。抗战胜利后，木刻作者汇集上海，将木刻研究会改为中华全国木刻协会，并举办抗战8年木刻展览会，展出作品897幅，参展作者113人。

新木刻运动在中国共产党的领导下，反对"为艺术而艺术"，提倡"为人生的艺术"，"为大众的艺术"，是左翼文艺运动的重要组成部分。不仅在艺术上取得了重大成就，而且为民族斗争和阶级斗争作出了自己的贡献，成为30～40年代最活跃和最有战斗性的美术运动之一。

救国主张层出不穷

如何使中国摆脱受侵略、受压迫的地位，走上独立、富强、民主的道路，是近代中国人民一直在探索的问题。各阶级、各阶层的人们，分别从各自的阶级利益和立场出发，提出了各种各样的救国主张。20世纪二三十年代，实业救国论、职业救国论、教育救国论、全盘西化论等救国主张层出不穷。

实业救国论产生于洋务运动时期，盛行于辛亥革命和五四运动前后，代表人物有郑观应、张謇、张东荪等。实业界提倡"实业救国"，目的在于大力提倡国货，抵制外国的经济掠夺，维护民族利益。哲学家张东荪鼓吹"实业救国"论，认为中国一穷二白，最需要的、也可以说唯一的要求就是开发实业；在开发实业的要求下，形成不可抗拒的历史趋势；要求中国只有

一条路，就是增强国力，要增强国力就必须开发实业。

职业教育论者的代表人物是中华职业教育社的黄炎培。所谓职业教育，就是给予学生从事某种生产劳动所需的知识技能教育。此派认为，中国之所以贫穷落后，究其原因，在于教育制度未能把脑力劳动和体力劳动结合起来，学用不一致，普通教育愈发达，社会上的失业者也愈多。故只有发展职业教育，才能消灭失业现象，发展生产，增加社会财富，改变国家贫穷落后的面貌。持此论者还认为，国家必须发展工业，才能抵制帝国主义者的经济侵略。

以黄炎培、陶行知等为代表的教育救国论，认为中国贫穷落后的根源所在是没有文化、缺少教育、科学落后等，因此应从教育入手，以教育来改造人，以教育来拯救祖国。20～30年代，教育救国论与职业教育、生活教育、乡村教育、平民教育的实践相结合，形成一股较强的社会政治思潮，并在理论和实践上为中国教育事业的发展作出了贡献。

全盘西化论出现于戊戌维新时期，形成于20世纪30年代，陈序经、胡适是其中的代表人物。他们认为，中国百事不如人，并且必须承认之；西方文化是世界文化的发展方向，中国已经走上了西化道路，不能不朝西化的方向继续迈进；西洋近代文化的主力——个人主义能够救中国。因此，中国只有实行彻底的全盘西洋化的办法，走欧美资本主义道路，才是挽救中华民族危亡的唯一出路。

各种救国主张虽然层出不穷，但论者只看到问题的一个方面，没有认清近代中国社会的基本问题，没有找到造成近代中国社会贫穷落后的根本原因，亦没有找到解决问题的正确方法和根本途径。某些救国主张虽得到部分实施并取得了一些成绩，但于全局无补。

1936 年 5 月 31 日，马相伯、宋庆龄、何香凝、沈钧儒、章乃器等人在上海成立全国各界救国联合会。图为救国会领导人参加上海市民示威游行。前排左起：沈钧儒、史良、王造时、沙千里。

《骆驼祥子》连载

1936 年，长篇小说《骆驼祥子》开始在《宇宙风》上连载，这是老舍先生的代表作。

老舍（1899～1966），原名舒庆春，字舍予，北京市人，现代优秀小说家、剧作家。"老舍"是他最常用的笔名。老舍出身满族正红旗的一个贫民家庭，童年和少年时代是在大杂院里度过的，他由此熟悉了北京下层市民的生活和流传于市井的曲艺、戏剧等传统艺术，这些经历对他后来的创作产生了深远的影响。

在"五四"文学革命的影响下，老舍尝试着写下了第一篇新文学习作《小铃儿》，但他的文学生涯的正式开始是在1924 年赴英教书之后。当时他阅读了大量英文作品，受狄更斯等作家的影响，相继写出了三部长篇小说——《老张的哲学》、《赵子曰》、《二马》，在一定程度上反映了当时国内黑暗落后的现实，显示了他在讽刺、幽默方面的天才。1926 年，老舍加入文学研究会。1930 年回国后，他先后又写出了《猫城记》、《离婚》、《牛天赐传》等长篇小说。在此期间，老舍亦开始写短篇小说，作品大多收入《赶集》、《樱海集》、

《蛤藻集》中。老舍的短篇亦以揭露社会黑暗为主要内容，其中不乏优秀之作。如《月牙儿》控诉了逼良为娼的黑暗社会，对沦为暗娼的母女两代寄予深切同情；《上任》揭露了官匪一家的腐败政治，《柳家大院》是北平大杂院贫民痛苦生活的真实写照。这些作品使老舍成为当时文坛上一位活跃的现实主义作家，受到读者的欢迎。

老舍在现实主义创作道路上取得最大成功的作品，当属 1935 年写的长篇小说《骆驼祥子》。祥子本是一个年轻力壮、心强气盛而又淳朴善良的小伙子，他从乡下来到京城拉洋车谋生，省吃俭用想买一辆属于自己的车。为此他倾注了全部的汗水和心血，经过三年的努力圆了这个梦。但冷酷的社会现实很快又将他的梦打得粉碎——新车被军阀的乱兵抢走，仅有的积蓄又被人诈去；租车拉备受老板剥削；违心与虎妞成亲最终落得个家破人亡……一个接一个的打击使得他微薄的人生愿望一再幻灭，终于由消沉走向堕落。它所表现的对劳动人民的深刻理解和真挚同情，对黑暗世道的控诉和批判，深深地打动了读者的心。

继《骆驼祥子》之后，1937 年，老舍写了中篇小说《我这一辈子》，以贫民出身的巡警为描写对象，亦反映了城市下层人民的生活，被视为《骆驼祥子》的姊妹篇。抗日战争期间，老舍主要致力于话剧和鼓词之类通俗文艺的写作，连续写了《残雾》、《张自忠》、《大地龙蛇》等七个话剧。1944 年初，老舍开始创作卷帙浩繁的长篇小说《四世同堂》。这部作品分为《惶惑》、《偷生》、《饥荒》三部，大规模描绘抗战期间敌伪统治下的北平人民的生活和斗争，充满强烈的爱国主义精神。解放后，老舍陆续写出了一系列佳作。其中《茶馆》是当代中国话剧舞台上最优秀的剧目之一，在国外演出时被誉为"东方舞台上的奇迹"，是老舍后期创作中最成功的

1944 年的老舍画像

作品。正当老舍以旺盛的艺术创造力不断取得新成果之际，"文革"的浩劫使他不堪忍受，愤而投入北京太平湖结束了自己的生命。

老舍的作品不仅以思想内容的深广见长，而且以艺术特色鲜明取胜。受英国小说的影响，老舍的作品语言有幽默风趣、机智俏皮的一面；同时，他善于从人民群众的口语中提炼文学语言，特别是将精确流畅的北京口语运用得出神入化，因而他作品中的语言又有生动传神的一面，"京味"十足，推进了白话文的发展。老舍的作品大多取材于城市下层居民的生活，因而市井风味和地方色彩浓郁，生活气息浓厚，具有独特的艺术魅力。

《马路天使》上映

1937 年，明星影片公司摄制的故事片《马路天使》上映。该片由袁牧之编导，吴印咸摄影，赵丹、周璇、魏鹤龄、赵慧深主演。

故事发生在 20 世纪 30 年代的上海。青年吹鼓手陈少平所住阁楼对面，住着从东北流亡过来的两姐妹，姐姐小云沦为妓女，妹妹小红靠在酒楼卖唱为生。小红和少平平时对窗相望，逐渐相爱。一天，一个流氓企图霸占小红，少平带小红逃匿他处并结为夫妻。不久，小云也逃到这里，与报贩老王一起生活，不想流氓追踪来此，小云帮助小红越窗逃走，自己则在搏斗中被刺伤致死。影片通过这些充满生活气息又血肉丰满的人物形象的成功塑造，热情歌颂了他们在失业、贫困、饥饿、横遭欺凌的非人境遇中，纯真善良、互相帮助、勇于牺牲的高贵品质，揭露了压迫他们的恶势力人物如琴师、鸨母、恶霸、地痞、警察的丑恶嘴脸，从而深刻尖锐地抨击了国民党反动派的罪恶统治。

影片在艺术上，用喜剧手法处理悲剧性内容，显示出明快、诙谐、隽永的风格，使人从嬉笑怒骂中见嘲讽，在悲苦辛酸中看欢乐，有着形象常驻人心、情节合理自然、主题深刻鲜明的艺术魅力。影片电影视觉特性突出，蒙太奇和音乐的运用独特，音响贴切自如，表演真挚、朴素，编、导、演、摄、录、美，各部门都取得了引人瞩目的成就。影片中的插曲《四季歌》、《天涯歌女》（田汉作词、贺绿汀作曲、周璇演唱）唱出了东北人民故土沦陷、流落他乡的痛苦和哀思，流传甚广。电影放映后，受到观众和舆论的一致好评，曾被誉为"中国影坛上开放的一朵奇葩"。

《马路天使》作为我国 20 世纪 30 年代一部现实主义的优秀电影作品，逼真地反映了当时的社会生活，它比意大利新现实主义影片《偷自行车的人》的创作要早出 8 年时间，因此，它不仅在中国电影发展史上，而且在世界电影发展史上，都占有一个十分光荣的地位。

《新华日报》迁往重庆

1938 年 10 月 25 日,《新华日报》迁往重庆,它是中国共产党在抗日战争时期在国民党统治区公开出版发行的大型机关报。

1937 年抗日战争爆发后,国共两党举行两党合作抗日谈判,中共代表团提出在国统区创办一个公开的日报,国民党被迫允诺同意,《新华日报》在共产党的一再努力和各方帮助下于 1938 年 1 月 11 日在武汉创刊,受中共中央长江局领导,社长潘梓年。这一时期,《新华日报》主要成绩是配合抗日战争的需要,阐明抗战的光明前途,坚定国统区广大人民对抗战必胜的信心。1938 年 10 月,随着日军进攻武汉,《新华日报》迁至重庆出版,受中共中央南方局领导,社长仍为潘梓年。《新华日报》针对国统区的实际情况和抗战的需要,在宣传报道中坚持实事求是的原则,宣传共产党全面抗战和持久战的路线,反对片面抗战和投降倒退,在国民党统治区的广大人民群众中起了党的宣传者和组织者的作用。《新华日报》在重庆,积极报道八路军、新四军和敌后抗日根据地奋勇抗击日寇的英雄事迹,如实反映国民党爱国将士正面反击日军的战绩,宣传共产党坚持抗战、坚持团结、坚持进步的主张,对国民党的倒退,掀起的反共高潮,《新华日报》根据事实,揭露国民党"消极抗战、积极反共"制造的一些惨案,使国统区民主人士和各界群众认清了蒋介石国民党的阴谋,纷纷抨击国民党的独裁统治,促使抗日民族统一战线得以维持和抗战顺利进行。《新华日报》还发表过毛泽东、周恩来、朱德、彭德怀、叶挺等中国共产党领导人的许多重要文章,对包括蒋介石在内的国民党高级领导人的抗日言论,也以热情欢迎的态度予以登载。《新华日报》还面向人民群众的实际生活,注重发表群众意见,开辟"读者园地"、"青年生活"等专栏,加强与读者的联系。其副刊内容丰富多彩、战斗性强,是进步文化运动的重要阵地。它的"国际述评"采用"以外喻内"的手法,成为突破国民党控制舆论的一种斗争方式,由乔冠华主笔,文章以资料真实、分析透彻而影响很大,常为外国通讯社转载。

抗日战争结束后,《新华日报》配合国内形势的需要,宣传中国共产党争取和平、反对内战卖国独裁的方针政策,为党赢得了国统区的民心,推动了国统区爱国民主运动的发展,揭露了国民党当局的黑暗统治,反对美国的侵略阴谋,尽力做统一战线工作,经常发表各民主党派、各民主人士的文章,团结各界爱国人士,孤立国民党反动派,成为一支反蒋的生力军,曾受毛泽东、周恩来等的称赞,1947 年 2 月被国民党当局封闭。

西南联大组成

1937 年抗日战争全面爆发后,为躲避战火,北京大学、清华大学、南开大学先迁至长沙,组成临时大学,共设文、理、工、法商 4 个院 17 个系,并于 10 月 25 日开学。随着日本侵略者的步步进逼,1938 年 4 月又迁至昆明,改称西南联合大学,简称"西南联大",5 月 4 日开课。并在昆明设理、工学院,在蒙自设文法学院。后文法学院亦迁至昆明。1939 年后西南联大设文、理、法商、工、师范 5 个院 29 个系,2 个专修科、1 个先修班。西南联大成为抗日战争期间设于昆明的一所综合性大学,并于抗日战争胜利后的 1946 年解散,

抗日战争时期西南联合大学的教室旧址

三校分别迁回北京、天津复校。

由于北大、清华、南开在旧中国均为著名的高等学府，师资力量雄厚，并且它们具有各自独特的经历和教学作风，组成联大后更是人才荟萃，多数教师学有专长，因此即便在艰苦的岁月，教学质量仍保持较高水准。联大学生来自全国各地，均经统考择优录取，他们不仅具有较好的基础知识，而且具备一定的分析思考能力，因此当时西南联大荟萃了一大批有为学子。虽然条件恶劣，缺少图书资料和实验仪器，物质生活资料极其匮乏，但是在如此艰苦的条件下，联大师生仍竭力维护教学秩序，坚持教学和科研的正常发展。在不到9年的时间里，西南联大毕业的学生约2000人，他们后来大都战斗在中国社会主义建设的各条战线，也有少数在国外成为举世闻名的学者，为新中国的建设事业、高等教育的发展和世界文明的进步，均作出了一定的贡献。

组成西南联大的北大、清华、南开均具有光荣的革命传统，抗日战争期间，联大师生积极响应和坚持中国共产党抗战、爱国、民主的号召，坚决抵制国民党政府的独裁统治及其反动的思想宣传。并涌现出许多追求真理、主持正义的先进人士；

震惊中外的反内战、反暴行、争民主的"一二·一运动"就发生在西南联大；著名诗人、学者闻一多教授，历史学家吴晗教授等都在联大成长为民主战士。

抗日救亡歌咏运动展开

1935年一二·九运动时，北平学生在群众集会、救亡宣传和示威游行时，都高唱各种救亡歌曲。并成立各种歌咏组织，在各大中学校开展救亡歌咏活动。天津、上海、南京、武汉、长沙、广州等数十个大中城市也相继进行了救亡歌咏活动。从此，全国规模的抗日救亡歌咏运动蓬勃展开。

早在1931年九·一八事变发生后，民族危机日趋严重，各阶层的中国人民纷纷要求抗日救国，音乐界人士也创作爱国歌曲作为响应。中国共产党领导的左翼音乐组织，积极从事以抗日救亡为中心的音乐工作。聂耳等创作了《义勇军进行曲》、《毕业歌》、《自卫歌》、《前进歌》、《新编"九一八"小调》等战斗风格强和非常大众化的优秀歌曲，在社会上迅速传播，产生了广泛的影响。1935年初，由上海基督教青年会的刘良模发起的"民众歌咏会"和吕骥、沙梅等主持组织的"业余歌咏团"相继在上海成立。为救亡歌咏运动的

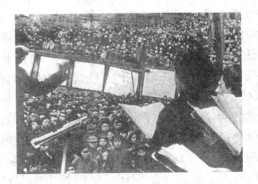

抗日歌曲响彻祖国大地

兴起作了组织上的准备，对群众歌咏运动起着指导作用。

一二·九运动前后，民族危机空前严重。1935年下半年，抗日救亡歌咏在上海举行了"聂耳追悼会"和"群众歌曲音乐会"两次音乐活动，有力地推动了群众歌咏活动的展开。在一二·九运动的推动下，抗日救亡歌咏运动迅速展开。1936年1月起，"平津学生南下扩大宣传团"又进一步把救亡歌曲传播到平津邻近的各县城乡，其他城市的大中学生也相继进行了类似的活动，从此，救亡歌咏开始向中小城镇普及。

救亡歌咏的热潮也推动了音乐界救亡歌曲的创作和救亡歌咏团体的发展。1936年初，词曲作者联谊会和歌曲研究会等创作队伍相继成立。一大批新的救亡歌曲，如《五月的鲜花》、《救亡进行曲》、《打回老家去》、《上起刺刀来》等迅速唱遍大江南北。救亡歌咏团体也如雨后春笋般地遍及全国各地。一批救亡歌集相继出版。报纸、电台也大量刊载、播放救亡歌曲。并冲破反动当局的阻挠，举行了"挽歌游行"（为鲁迅葬礼举行）、"援绥音乐会"、"赈灾音乐会"、"军民联合歌咏大会"等一系列重要歌咏活动，推动救亡歌咏运动向纵深方向发展。

1937年七·七事变揭开了全面抗战的序幕，救亡歌咏运动也推向高潮。大批战斗性强、民族风格鲜明的抗战歌曲，如《大刀进行曲》、《游击队歌》、《打回东北去》、《长城谣》等被源源不断地创作出来，迅速唱遍全国。数以百计的"战地服务团"、"救亡演剧队"、"抗战歌咏团"深入前线、工矿和农村，组织、传播救亡歌咏，形成了"有人烟处，即有抗战歌曲"的形势。为加强救亡音乐队伍的团结，1937年8月上海成立了50多个歌咏团体参加的"国民救亡歌咏协会"。次年1月武

汉也成立了包括全国音乐界各方面代表的"中华全国歌咏协会"。在中国共产党的领导下，冼星海等人在国统区组织了数百个歌咏团体，连续举办了"抗战扩大宣传周"、"七七抗战周年纪念"歌咏游行、"抗战献金音乐大会"、"抗战歌曲播送会"等数十万人参加的规模宏大的抗战歌咏活动。以延安为中心的各抗日民主根据地的部队、学校、机关的群众歌咏活动更是蓬勃展开。海外华侨也进行了救亡歌咏活动。

沈从文发表小说《边城》

1936年，沈从文的中篇小说《边城》出版。小说描写的是20年代前后与四川交界的湘西一座小小边城的故事。作品讴歌人性，在人物身上体现了一种"优美、健康、自然，而又不悖乎人性的人生形式"，因而使小小边城形成了一个不分贫富，不讲地位，一律以诚相待，到处充满了爱的理想的环境，曲折地表示了作者对戕灭人性的现实的不满。小说境界情景交融，有诗一般的韵味，富有浓郁的乡土色彩，淳朴而浑厚；语言自然含蓄，如高山流水，极具风致。

沈从文（1902～1988），现代小说家、散文家、历史文物研究家。沈从文的早期创作与后期创作虽风格迥异，但在思想上艺术上的发展一直保持着他个人一贯的特色。他的早期作品从形式到内容都比较驳杂，起初主要受鲁迅以故乡生活为题材的小说的启发，创作以乡土文学为主；后来受废名（冯文炳）以抒情笔调写小说的影响，发展了新文学中抒情体小说（或称诗体小说）这一形式。

沈从文的作品总的思想倾向是向往一种健康的世态、富有人情美和心灵美的人与人的关系，恢复被"近代文明"所污

沈从文像

染、所泯灭了的人性，表现这种思想倾向的代表有《柏子》、《虎雏》和《边城》等小说。同时，他以另一种写实的笔调揭露大都市中"绅士阶层"虚伪的面目和空虚的精神生活以及他们日趋堕落的情状，如《绅士的太太》、《王谢子弟》等；对于某些知识阶层中"被阉割了的寺宦观念"，他也给予了抨击，如《有学问的人》、《八骏图》等。

由于他在文学创作上坚持现实主义原则，艺术上确有自己独到的特色，不佯注意细节描写的真实性，同时还结合浪漫主义的表现手法，所以使他的小说和散文浸透了乡土抒情诗的气氛，创造了一种充满诗情画意的牧歌意境。

徐悲鸿（1895～1953），江苏宜兴人。父徐章达精擅书画诗文。徐悲鸿幼从家学，少而有所成。1916年入上海震旦大学法文系半工半读。同年赴日本学习美术。年底返国，任北京大学画法研究会导师。期间常到故宫欣赏和研究古画。在新文化运动影响下，思想趋于进步。1919年入法国国立巴黎高等美术学校留学。并往访德国、英国、比利时、瑞士、意大利等国美术学院、博物馆、美术馆、美术遗址等，悉心研究和临摹。1927年返国，任上海南国艺术学院美术系主任，兼中央大学艺术系教授。1929年出任北京大学艺术学院院长。1920年，发表他的第一篇论述中国油画改良的重要著作《中国画改良论》，文中提出"古法佳者守之，垂绝者继之，不佳者改之，未足者增之，西方画之可采入者融之"的著名主张，提倡写实，反对形式主义，提倡革新，反对保守主义。指出"改之方法：学习、物质（绘画工具）、破除派别"。1929年发表《惑》、《惑之不解》等文，明确倡导现实主义。

徐悲鸿《田横五百士》

徐悲鸿《群马》

在上述理论指导下，从 1928 年到 1936 年，他的创作极丰，作品表现出强烈的爱国主义精神和人道主义思想。形成了鲜明的现实主义艺术风格，开中国历史画一代新风，在中国现代绘画史上独树一帜。其代表作有《田横五百士》、《九方皋》等。此外，徐悲鸿的国画创作也达到高峰，作品多表现马、牛、狮、雀等，造型精炼，生动传神，如《马》、《群牛》、《新生命活跃起来》等。30 年代先后赴法国、比利时、意大利、德国及苏联举办中国美术展览和个人画展，蜚声国际画坛。回国后继续倡导现实主义美术。

1936 年冬他在桂林创办美术馆，1937 年赴长沙、广州、香港举办个人画展。1938 年赴新加坡举办筹赈画展，宣传抗日救亡，卖画所得全部捐献祖国用以救济难民。期间创作了《晨曲》、《逆风》、《壮烈之回忆》、《风雨鸡鸣》、《漓江春雨》、《巴人贫妇》等写实主义作品。1940 年，应泰戈尔之邀赴印度讲学，并举办画展，将所筹画款全数捐寄回国。随后又在新加坡、马来西亚等地举办筹赈画展，所得款项全部捐寄回国。

抗战时期是徐悲鸿艺术创作的鼎盛时期，也是画家在思想上和艺术风格上高度成熟的时期。"七·七"事变后，国难当头，徐悲鸿"遥看群息动，伫立待奔雷"，以画笔为武器，投入抗日救亡斗争。他画跃起的雄狮、嘶鸣的奔马、威武的灵鹫等，表达了对中华民族奋起觉醒的热切期望。他的中国画巨著《愚公移山》（取材于《列子·汤问》篇中的一个寓言），用以表现中华民族团结一心，坚韧不拔，打败日本侵略者的信心。从悲天悯人到人定胜天，这是徐悲鸿艺术思想的又一次升华。抗战胜利后，徐悲鸿任北平艺术专科学校校长、北平美术工作者协会名誉会长。1949 年当选全国文联常务委员、中华全国美术工作者协会主席，并任中央美术学院院长。

张大千临摹敦煌壁画

1940 年，张大千赴敦煌临摹历代壁画，前后一共 2 年零 7 个月，敦煌之行，轰动了文化界。张大千（1899～1983），名权，后改作爰，号大千，小名季爰。生于

张大千《并蒂莲》

四川内江，祖籍广东番禺。青年时代，从师于曾熙、李瑞清，与吴昌硕、黄宾虹等人常有交往。曾潜心于历代名家杰作，对石涛十分推崇。1936年，出版《张大千画集》，徐悲鸿为其作序，称"五百年来一大千"。1938年，张大千在四川青城山上清宫临摹宋元名迹。1940年，赴敦煌临摹历代壁画，共摹276幅，并于1943年出版《大风堂临摹敦煌壁画》。1950年，留居印度产大吉岭，临摹阿旃陀石窟壁画，与敦煌壁画比较。其后，曾移居阿根廷、巴西和美国。1978年移居台北，居台北摩耶精舍。1983年4月2日逝世。张大千晚年所作《长江万里图》，标志他创作的高峰期，泼彩成为他最富个性的画法。张大千晚年这一突变，意味着他的艺术风格转向现代画风。在此之前，他主要是临摹古迹，从石涛、朱耷一直向前摹徐渭、陈淳及宋元诸家作品，直到临摹敦煌壁画，其时画风由最初的近似石涛、朱耷而变为晋唐宋元风范。张大千临摹敦煌壁画，并为莫高窟重新编号，出版《大风堂临掌壁画》，促进了艺术家和史学家对发掘敦煌宝藏的兴趣。

郭沫若创作《屈原》等历史剧

　　郭沫若在诗歌创作之外所取得的重要文学成就，当推历史剧的创作。他在抗战时期写的《屈原》等历史剧，形成了他文学道路上继《女神》之后出现的第二个高峰。

40年代初，金山饰演的屈原剧照（《屈原》中张瑞芳饰婵娟）。

　　在1941年冬到1943年春一年多的时间里，郭沫若连续创作了6部历史剧，不仅数量多，而且思想艺术水平也达到了他戏剧创作的顶峰。《屈原》一剧是这些历史剧的代表作。40年代初期，郭沫若生活在国民党统治区的重庆，目睹了"不少的大大小小的时代悲剧"，于是在1942年1月创作了《屈原》一剧，意在"借了屈原的时代来象征我们当前的时代"，"把这时代的愤怒复活在屈原的时代里"。该剧通过描写伟大爱国诗人屈原生活中极度紧张、激烈的一天，反映了在对秦外交问题上两种路线的斗争，歌颂了屈原坚持正义、不畏强权的爱国思想和斗争精神，从多方面影射了当时的现实。剧本成功地塑造了屈原作为伟大的政治家兼诗人的典型形象。深切的爱国爱民思想和大无畏的斗争精神是屈原最主要的性格特征。这些性格特征通过他忧国忧民、坚持合纵抗秦的正确路线，不畏奸党的侮辱陷害等一系列言行反

张大千《庐山图》

中国通史

最新整理图文珍藏版

抗战期间，上海戏剧界和电影界主要演员百余人，在蓬莱大戏院联合演出《保卫卢沟桥》。

映出来。最后一幕中的"雷电颂"，将屈原的爱国深情和反抗性格表现得淋漓尽致，使屈原的形象臻于完美。此外，剧本还通过屈原的《桔颂》，赞美桔子美好的质地，象征了屈原崇高的人格和优秀品质。

《屈原》在艺术上也集中体现了郭沫若历史剧豪放、热烈和浓厚的浪漫主义风格，洋溢着诗一般的激情；人物形象融入了作者的主观性和想象力，个性鲜明；剧中语言富于诗的抒情意味。在郭沫若笔下，史与戏、戏与诗和谐统一，有巨大的艺术感染力。《屈原》的艺术结构也很紧凑巧妙，通过屈原生活中的一天，集中表现了多方面的矛盾斗争，折射出屈原的一生，具有高度的艺术概括力。《屈原》于"皖南事变"后公演，在号召人民争取自由民主、反对倒退分裂方面引起了巨大反响，在当时具有深刻的现实意义。它不仅是这一时期历史剧的最辉煌的代表作，而且是现代文学史上不可多得的艺术瑰宝。

在《屈原》之前，郭沫若重新加工了几经改动的《棠棣之花》，突出了"主张集合反对分裂的主题"；继《屈原》之后，1942年2月，郭沫若创作了与《屈原》题旨相近的《虎符》；1942年6月，郭沫若根据《史记·刺客列传》中高渐离以筑击秦始皇的故事，写成了历史剧《高渐离》；1942年9月，表现元代大理总管段功与梁

王女儿阿盖的爱情悲剧的《孔雀胆》完成；1943年3月，郭沫若又以明末青年爱国诗人夏完淳慷慨殉国的事迹为题材创作了《南冠草》。这些历史剧都以新的观点来反映历史的真实，具有鲜明的倾向性和时代性。

陈寅恪著《唐代政治史述论稿》

40年代初，历史学家陈寅恪的专著《隋唐制度渊源略论稿》、《唐代政治史述论稿》先后出版。

陈寅恪以研究中国中古史的著述影响最大。他分析了东汉以后，中国社会中儒家大族与非儒家寒族在政治上形成了两个不同的集团，其势力的升降为当时政治演变的基础，又在《唐代政治史述论稿》中用宇文泰的"关中本位政策"所纠合的集团兴衰和分化，解释唐代近三百年间统治阶级的升降，论证充分。此外，他在《隋唐制度渊源略论稿》中，精细入微地考察了隋唐时期的主要制度，如礼仪、职官、刑律、音乐、兵制、财政诸制，发其源而究其变，提出关于"关陇集团"的概念，为后学提示了一个宏观地把握西魏、北周、

1940年的陈寅恪

隋代至初唐历史发展基本线索的关键，具有重要的学术意义。

陈寅恪精通梵文和多种西域古代语言。在音韵训诂和佛典、史籍校勘上多所发明，而对佛教在中国古代文学和社会思想的影响这方面的论述亦甚多，他精辟地指出，佛教于中国思想史上发生重大久远之影响，教义皆经历了被中国固有文化吸收改造的过程。

陈寅恪是自敦煌文书发现之后，从理论上全面而又科学地对这一新学科进行概括的第一人。"敦煌学"这一名词，是他于1930年首先提出的，他指明了敦煌文物与敦煌学的重大意义。

陈寅恪重视在学术研究中详细地占有可靠的史料，坚持实事求是的学风，他批判了史料学即史学的观点，力求通过考证来发掘历史事实及其内在联系，从而展示出事物发展的全过程，其成就较乾嘉诸学者更上一层。为了提高史料的可靠程度和开拓史料来源，在研究方法上，他开辟了以诗证史、以史释诗、诗史互证的治学新径。

作为博学多识的一代宗师，陈寅恪毕生从事学术研究和教学工作，培育出大批人才。

陈寅恪的研究范围甚广，他对魏晋南北朝史、隋唐史、宗教史（特别是佛教史）、西域各民族史、蒙古史、古代语言学、敦煌学、中国古典文学以及史学方法等方面都作出了重要的贡献。

毛泽东发表文艺讲话

1942年5月，毛泽东和凯丰以中共中央的名义邀请在延安的作家、艺术家举行座谈会，毛泽东亲自主持会议并发表讲话，在5月2日的第一次大会上，毛泽东发表《引言》，在5月23日的第三次大会上，又发表《结论》，两篇合称为《在延安文艺座谈会上的讲话》。

1937年抗战爆发，除领导战争外，中国共产党还很重视文化建设，各根据地纷纷成立了各种文艺团体，创作出一系列反映根据地革命斗争的好作品，整个文艺界呈现出一片欣欣向荣的景象。但由于大部分作家和艺术家都来自国统区和大中城市，不熟悉下层劳动群众的生活，不懂他们的语言，不能运用恰当的文学形式来与人民群众进行交流与沟通，另外，文艺界人士在如何处理歌颂根据地光明面和批评其阴暗面、文艺作品应为根据地还是为"大后方"服务等

1942年5月，中共中央宣传部召集延安文艺工作者座谈会，毛泽东发表了《在延安文艺座谈会上的讲话》，阐明革命文艺为人民大众服务的根本方向和文艺工作者深入工农兵、学习马克思主义、改造世界观的重要性。该《讲话》成为后来中共指导文学艺术的纲领性文件。图为毛泽东、朱德等与参加文艺座谈会人员的合影。

中国通史

最新整理图文珍藏版

方面，都存在一定程度的问题，为此，中共中央决定召开文艺座谈会。

在《引言》中，毛泽东开宗明义地说明，之所以召开文艺座谈会，是为了探讨文艺工作之于革命工作的关系，以求得革命文艺的正确发展及更好地为其他革命工作服务，他提出一系列关系到革命文艺发展道路的问题，如文艺工作者的工作对象问题、态度问题、立场问题、学习问题等等，在与会的作家与艺术家中间引起很大的反响。

在《结论》中，毛泽东提出"文艺为工农兵服务"的方针，认为文艺为什么人的问题，是"一个根本的问题、原则的问题"，并指出革命文艺的发展问题，归根结底是一个"为群众的问题"，至于如何为群众，他又提出"在普及基础上的提高和在提高指导下的普及"的原则，在这个原则指导下，他号召"中国的革命的文学家和艺术家，有出息的文学家和艺术家，必须到群众中去，必须长期地无条件地全心全意地到工农兵群众中去，到火热的斗争中去，到唯一的最广大最丰富的源泉中去"。

延安文艺座谈会的召开，特别是"文艺为工农兵服务"方针的提出，对于根据地群众性文艺活动的开展与繁荣，起到了极大的推动作用，根据地作家深入群众、深入生活写出了一大批深受工农兵欢迎的文学作品，贺敬之、丁毅的《白毛女》、李季的《王贵与李香香》、丁玲的《太阳照在桑乾河上》、周立波的《暴风骤雨》、赵树理的《李有才板话》、孙犁的《荷花淀》等都是其中的代表作。

赵树理发表《小二黑结婚》

1943 年 5 月，赵树理发表了小说《小二黑结婚》，这是他的代表作。

赵树理（1906～1970），原名赵树礼，山西省沁水县人，现代著名作家。赵树理出身中国山区的一个贫农家庭，从小体验了辛劳，其语言受民间文艺的影响、熏陶。1925 年他考入长治的省立师范学校，在此接受了"五四"新文化思潮的启蒙和社会主义思潮的影响，开始创作新小说和新诗，早期作品多亡佚。由于赵树理有丰富的农村生活经历，他很快深切地感觉到当时新文学与农民群众之间的隔阂，于是立志为农民写作，致力于文艺大众化的事业。他后来所写的小说，已渐趋平易通俗，摆脱了欧化倾向。抗日战争爆发后，赵树理积极投身于抗日救亡的宣传工作，此后他长期生活在农民中间，致力于文化普及工作，写下了许多通俗的小说、诗歌、评论、戏剧、曲艺等。1943 年 5 月，赵树理发表了他的成名作《小二黑结婚》，这是一部具有崭新思想内容和独特艺术个性的新小说。

《小二黑结婚》是新旧交替中的抗日民主根据地社会现实的真切生动的写照。作品通过农村青年小二黑和小芹争取恋爱自由、婚姻自主的故事，反映了当时农村中进步力量与落后愚昧思想及封建恶霸势力之间的斗争。在乡村民主政权的支持下，小二黑和小芹终于冲破了双方家长二诸葛和三仙姑的阻挠，抵制了村中恶棍金旺兴旺兄弟的迫害，幸福地结合在一起。小说描写了当时农村中有代表性的三类人物：小二黑和小芹是新一代农民的形象，他们朴实、乐观，不向恶势力低头，敢于为自己的命运同封建势力作斗争；二诸葛和三仙姑是受封建旧意识侵蚀的落后家长的形象；金旺兴旺则是乡间恶势力的化身。作者通过这三类人物之间的矛盾纠葛，提示出解放区农村中新旧思想的冲突和复杂微妙的阶级斗争，歌颂了新一代的新观念和精神面貌，善意地讽刺了不觉悟的落后家长及其旧意识，无情地鞭挞了横行乡里的恶势力。

40年代中共解放区革命文学的代表作家赵树理（中）与陈荒煤（左）、于黑丁在山西冶陶合影。

《小二黑结婚》的艺术表现手法完整而优美。其最大特色在于借鉴了中国传统的评书和古典章回小说的结构方法，故事首尾完整，脉络清晰，情节环环紧扣，于连贯中又有跳跃。这充分显示了小说在结构上与中国民间文艺的深刻联系。其次，小说语言丰富、生动、形象、传神。赵树理在北方农民口语的基础上进行加工提炼，语言状物描青曲尽其妙，平易质朴而又幽默风趣。作品写三仙姑不合身份的装扮，形容她脸上涂的粉象"驴粪蛋上下了霜"；写她到区上引起众人议论："看看！四十五了！""看那裤腿""看那鞋！"三仙姑"羞得只顾擦汗"，"恨不得一头碰死"。这些语言是形成赵树理艺术风格的重要因素。此外，小说重视行动叙述，动作性强，运用传统的以人物自身言行塑造形象的手法，使人物性格特征凸现出来。如"不宜栽种"和"米烂了"的笑话，活灵活现地展示了二诸葛和三仙姑两位"神仙"的真面目。凡此种种，都表明赵树理在创作上有意识地采取创造人民大众喜闻乐见的表现形式。

《小二黑结婚》发表后，深受解放区广大群众欢迎，后来还被改编为歌剧、电影和其他地方戏曲，产生了广泛影响。继《小二黑结婚》之后，赵树理又发表了短篇《李有才板话》和中篇《李家庄的变迁》。这些作品就反映四十年代解放区农村

变革所达到的深度而言，在当时是十分突出的，标志着小说创作的新发展。赵树理继鲁迅之后在农村题材上的一大贡献便是第一个在文学上成功地塑造了中国翻身农民的形象。他的小说推进了"五四"以来白话小说的民族化，深刻影响了现代农村题材的小说创作。后来在山西作家群中形成了以赵树理的艺术风格为代表的、俗称"山药蛋派"的小说艺术流派。

李四光创立地质力学

本世纪40年代末，李四光创立了地质力学这一有世界影响的独立学派，这是李四光在地质学理论上最重要的贡献之一。

李四光（1889～1971），原名李仲揆，湖北黄岗人。中国著名地质学家和地质教育家。中国地质事业的奠基人之一和主要领导人。曾先后留学日本和英国。李四光早期研究蜓科化石，他于1923年提出的十则鉴定标准，迄今仍为中外蜓类学者所采用。他是中国第四纪冰川的发现者和研究的奠基人。李四光的科学论著很多，有《中国地质学》、《冰期之庐山》等。

李四光将力学理论引入地质学的研究之中。早在1926年，他发表的《地球表面形象变迁的主因》便是关于全球构造及其综合解释的尝试。他肯定了魏格纳的大陆漂移说，提出地壳运动以水平运动为主的观点，根据大陆表层地质构造的现象指出地壳运动具有经向和纬向的方向，而地壳的水平运动则是地球自转速度变化的结果，并提出"大陆本阀"自动控制地球自转速度变化的假说。1929年又发表了《东亚一些典型构造型式及其对大陆运动的意义》。40年代，他正式提出"地质力学"一词，并于1947年出版了《地质力学之基础与方法》。他用力学的观点研究地壳构造和地壳

运动规律，进而研究地壳各部分所含矿产的分布规律，以及地壳的稳定程度。认为地球表层各种构造形迹都是地壳运动的产物，导致地壳运动的力是地应力；按照构造形迹的力学特征和组合型式，可以追索地应力的作用方向和方式，从而获知地壳运动的方向和起源。这样，表面上孤立而凌乱的构造形迹便被力的作用这一纽带联系起来成为一个整体，从而建立了"构造体系"这一地质力学的基本概念，并进而建立了构造序次、构造复合和联合等一系列重要概念，为构造地质学研究开辟了新途径。1962年李四光著成《地质力学概论》（1973年正式出版），这是这一理论体系进一步成熟的重要标志。

《一江春水向东流》深受好评

1947年，联华影艺社、昆仑影业公司联合摄制了电影《一江春水向东流》，公映后，在观众之间产生了强烈影响，在上海连映3个月，观众高达70多万人次，创造了解放前国产影片的最高卖座纪录。

抗日战争胜利后的初期，人民群众立即陷入了国民党反动统治的欺压迫害和横征暴敛之中，人民生活苦不堪言。蔡楚生、郑君里等几位电影界的有识之士们创作出了《一江春水向东流》这一部现实主义的悲剧作品。

《一江春水向东流》所讲述的是一件发生在抗日战争时期前后的上海的故事：抗战爆发之前，夜校老师张忠良和女工素芬夫妻俩极力支援东北抗日义勇军的英勇作为。抗战爆发后，素芬及孩子回到乡下老家，忠良则因工作所需进入抗日的大后方重庆，初到重庆时，忠良尚能洁身自爱，但在交际花王丽珍的影响下，很快就堕落腐化了。八年抗战终于胜利，历经苦难的

《一江春水向东流》（1947，蔡楚生、郑君里导演）

素芬终于见到了日夜思念的丈夫，却意外地发现眼前站着的已不是八年前那个纯朴的忠良了，顿时万念俱灰，投江自尽。

影片在人物的塑造方面具有很大的成功性，如通过张忠良来代表在恶劣环境下腐化变质的那一批社会渣滓，而素芬则代表着不畏艰辛、战胜困苦的劳动人民群众形象，整部影片强烈反映了沦陷区人民的愿望，揭露了国民党统治当局的黑暗统治。剧中演员有白杨、陶金、舒绣文、周伯勋、上官云珠、吴茵等，摄影是朱今明。

钱钟书出版《谈艺录》

1948年，钱钟书的文论及诗文评《谈艺录》，由开明书店出版。

钱钟书（1910～1998），现代作家、文学研究家，著名学者。字默存，号槐聚。江苏无锡人，出身书香之家，自幼受传统经史方面的教育，1933年毕业于清华外国语文系，同年考取英国留学名额，赴牛津和法国巴黎大学深造，1938年回国，曾任西南联大外文系教授、上海暨南大学外语系教授、清华大学外文系教授，1953年起任中国社科院研究员。1982年起任社科院副院长。著有《管锥篇》、《写在人生边上》、《围城》、《人·兽·鬼》等作品。

钱钟书专攻中国和西方一些主要国家

钱钟书像

的新旧文学、侧重诗歌、小说和文评，对哲学和文化人类学兴趣浓厚。多方运用比较文学、心理学等方法来理解文学作品。《谈艺录》是中国最早的中西比较诗论。钱钟书在沟通中西、广征博引的基础上，对中西诗论中貌异实同的诗论进行了精微的辨析、比较和阐发。在《谈艺录》中，钱钟书提出的许多问题，在我国都是首创。如在西方文学理论上，俄国形式主义文学理论家许克洛夫斯基、丹麦哲学家克尔恺郭尔、法国大诗人互勒利等的理论，首次被运用到中国古文论的研究，有关佛学对中国诗文论的广泛影响的研究，《谈艺录》也是首创。《谈艺录》还最早提出对克罗齐直觉说的批评。这些对当时影响极大，后来作者感到此书有许多不足，于是在1984年中华书局再版时，把原书作为上篇，将近年补订的与原书规模相当的部分作为下篇，其内容除对中国古文论中的精华进行辨析和阐发，还对西方文论，尤其是西方当代兴起的新学科、新理论也都有进一步的丰富精审的辨析和比较，从而进一步完善了他的中西比较诗论。

哲学、科学、文学创作

自然科学

清朝末年戊戌变法以后，废科举兴学校，各类学校中开始开设有关自然科学的课程。小学有算术和格致课，中学有算学，博物、理化三个科目，大学有算学、星学、物理学、化学、动植物学、地质学等课程。民国初年中国出现了研究自然科学的机构和团体，如农商部的地质调查所和中国科学社。中国科学社是1915年中国留美学生赵元任、秉志、杨铨、任鸿隽等在美国成立的。1918年社址迁回国内，十年后社址定在上海。中国科学社的社员，大多数是在国内或国外从事科学研究与工程技术工作有成绩的人，其中不少人是中国近代自然科学中各学科的创建者带头人。该社进行的工作有：刊行《科学》杂志，《科学画报》；设立明复图书馆、博物馆、生物研究所；举办科学讲演和展览；召开学术讨论会等等。《科学画报》刊载科学上的新发明，科学方面的新见闻、科学理论的阐释、科学小说等等，图文并重，印刷精美，在普及科学知识方面起了很大作用。中国科学社到1949年会员发展到3776人。它对我国科学事业的发展起了重要作用，中国科学社的生物研究所（成立于1920年）、静生生物调查所（成立于1927年），在秉志、胡先骕等主持下，对动物学植物学的发展做出了贡献，在世界学术界有重要地位。

1927年5月国民党中央决定设立中央研究院，次年6月正式成立，蔡元培为院长。中央研究院是当时的国家最高学术机关。它从1927年开始筹备到1930年初，共成立物理、化学、工程、地质、天文、气象、历史语言、心理、社会科学九个研究所和一个自然博物馆。这些研究所绝大部分是研究自然科学的，9个所共有专任、兼任、名誉、特约研究员91人，助理员64人，初步形成了一支有许多专家学者在内的科学研究队伍。到1949年研究所增加到112个。1929年9月北平研究院成立。全国各大学相继成立了不少研究所，到1947年共有157所，主要是理工科。自然科学刊物除一般性的期刊《科学》以外，重要的学术刊物有《中国地质学会会志》、《中国科学社生物研究所丛刊》、《中国生理学杂志》、《中国物理学报》、《气象学报》、《中国化学会会志》等等。

当时中国在自然科学研究方面，面临不少问题，国民知识水平低，人才不足，经费奇缺，加上政治上动荡不安，科学研究的开展和科学事业的兴办，受到很大限制。但是由于科学家和技术工作者的辛勤努力，自然科学的研究和发明创造，仍然取得了不少成绩，使我国的自然科学逐渐摆脱了单纯介绍外国科学成果的状况，有了自己的研究成果，其中有的达到了世界先进水平，并且培养了人才，积累了经验。自然科学知识在国民中得到一定程度的普及。

数学方面。民国建立后，数学界人士即着力于人才的培养，姜立夫、冯祖荀、顾澄等人分别在全国各大学讲授数学，北大、清华还聘有外籍数学教授。苏步青、胡明复、孙光远等人先后在国际刊物上发表科研论文。1929年以后，数学界研究之风日盛。研究拓扑学的有江泽涵、熊庆来、陈省身；研究代数的有杨武之、曾炯、李宗华；研究数论的有华罗庚；研究几何学的有苏步青等人。中国学者的论文大量刊载于《美国数学杂志》、《美国数学会期刊》、《剑桥数学杂志》、《法国数学期刊》、《皇家学会学报》等国际性学术刊物上，引起了国际学术界的注目。

物理学方面。民国初期，北京大学首创理学院，并成立物理系。其后，北京师范大学、东南大学、清华大学、燕京大学、金陵大学都设立了物理系，只是教授多聘请西人，设备也比较简陋，但中国物理人才的培养，此时正式开始。1928年，中央研究院物理研究所在上海成立，这是中国第一个物理研究机构，侧重于电磁学、X光和地球物理的探索，并兼设仪器制造厂，以供应国内各大学的科研教学之用。1932年，中国物理学会在北平成立，目的是加强物理学者们的联系并推动物理学在中国的发展。学会创办了《中国物理学报》，审定了大学物理系的课程及物理学名词，对中国物理学的发展贡献良多。就中国物理学家来讲，吴有训对康普顿效应的研究、钱三强对铀原子核的研究、钱学森对稀薄气体动力学理论的研究，都做出了贡献。在地球物理学方面，竺可桢的《中国气流之运行》根据大量观测资料，找出中国四季气候变化的规律。涂长望的《大气运行与世界气温的关系》为我国长期天气预报研究奠定了基础。

化学方面。1927年，中国化学研究有了具体的内容，此前还谈不上独立研究。这一年吴宪留学回国任教于北京协和医学院，研究蛋白质的分离及变性、抗体及营养等方面的问题。中国化学研究的全面展开是在1931年，曾昭抡先后在中央大学、北京大学任教，在有机化学的研究方面成果颇多；萨本铁留学回国后到清华大学任教，奠定了该校化学研究的基础。1933年，中国化学会成立，同年发行《中国化学会志》，登载高质量的化学研究报告和论文。工业化学方面，侯德榜发明了新的制碱方法，这是中国人对工业化学的具有国际声誉的贡献。

地理学方面。中央大学、清华大学、北京师大、中山大学都先后成立了地理或地学系。科学地理的研究，在1927年后开始蓬勃展开。地理学界先后出版了《新地学》、《滇缅铁路沿线经济地理》等专著，并创办了《地理集刊》、《地学集刊》等学术刊物。在气象地理学的研究上，首推哈佛大学地学博士竺可桢创办的中央研究院气象研究所，该所编辑出版的《中国之雨量》、《中国之温度》，汇集了全国各地几十年来的气候观测记录，是研究中国气候的基本资料。竺可桢本人所写的《中国气候之要素》、《中国气候区域》两篇论文，为中国气候地理学的研究确立了体系。在地质学的研究上，地质调查所先后在丁文江、翁文灏、李四光的领导下开展了野外调查和在实验室中的理论研究，推动了我国地质科学的进步。李四光的《东亚的几个特别构造型》一文，提出了地质力学的原理和方法。他对中国山岭区域冰川地质做了研究，提出了新见解。至于全国地图的绘制，1934年丁文江、翁文灏等人出版了中国分省地图，并按区域分别绘制地理和人文细图，是当时中国常用的最精确地图。

天文学方面。民国建立后，改钦天监为中央观象台，下设历数、天文、气象、地磁、地震等科。由于设备不足，除编制《历书》、《观象岁书》外，无法做更精密的科学研究工作。1934年中央研究院天文研究所在南京紫金山建立天文台，开始了中国人自己的天文观测工作。1941年9月21日日全食时，我国组织观测队到西北进行观测，记录下了难得的资料。

古人类学和古生物学方面。1929年裴文中在周口店发现北京猿人头骨和大量古生物化石，这是轰动世界的大事。北京猿人头骨的发现在人类学和中华民族起源问题的研究上，都有重大价值。

考古学方面。1928、1929年历史语言研究所开始在河南安阳小屯发掘殷墟。这是中国人用现代科学方法进行的第一次大规模地下考古发掘，发现了大量青铜器和甲骨文。这次发掘是世界和中国考古学史上的一件大事。

桥梁工程方面。在茅以升主持下修建了钱塘江大桥。

从以上这些未完全的列举中，可以看出，这一时期中国人对自然科学做出了可观的成绩。

哲学

中国是一个哲学思想很发达的国家，有悠久的哲学发展史。清朝末期以来，中国人和西方接触日多，西方学术陆续被介绍到中国来，这其中也有哲学。从此中国哲学的发展就和西方哲学的影响分不开了。中国什么时候开始有介绍西方哲学的专门文章还说不清楚，但1903年出版的《新民丛报》第27期上，刊登《唯心派巨子黑智儿学说》一文，介绍了黑格尔的绝对唯心论、论理学和历史哲学。五四时期介绍西方哲学的文章多了起来。西方主要哲学流派的学说差不多在中国都有介绍，如尼采的哲学、实用主义哲学、罗素的哲学、康德的哲学、黑格尔的哲学、柏格森的哲学、马克思主义哲学等等。其中影响最大的是马克思主义哲学。

在中国现代哲学发展过程中，《哲学评论》和中国哲学会起了巨大作用。1927年4月由瞿世英、张东荪等主办的《哲学评论》创刊。它是一个重要的哲学专刊。1935年4月中国哲学会首届年会在北平举行。参加者有胡适、冯友兰、蒋梦麟、张东荪、张申府、贺麟等。此后召开了第二、三、四次年会。在各次会上发表了许多重要论文。中国哲学会及其年会为中国哲学家创造自己的哲学体系提供了园地和机会，这在中国哲学史上是很重要的。

中国早期共产主义者在宣传马克思主义的时候，也介绍了马克思主义哲学，重要文章有李大钊的《我的马克思主义观》、《物质变动与道德变动》、《唯物史观在现代史学上的价值》、《唯物史观在现代社会学上的价值》，陈独秀的《马克思学说》等。20世纪20年代后半和30年代，马克思主义哲学原著和国外阐述马克思主义哲学的著作，被大量翻译出版，如《费尔巴哈论》、《反杜林论》、《自然辩证法》、《唯物主义和经验批判主义》、《论一元论历史观之发展》、《马克思主义哲学底根本问题》、《辩证法的唯物论》、《史的唯物主义》、《唯物辩证法入门》等等，连同国内编著的马克思主义哲学著作一起，达数十种之多。一时间辩证唯物论和唯物辩证法风行全国。1937 年夏，毛泽东在延安的抗日军事政治大学作关于辩证唯物主义的演讲，《实践论》、《矛盾论》是其中的两篇。

20 世纪三四十年代，当权的国民党蒋介石集团，出于强化其反动统治的需要，大力宣扬"力行哲学"或叫"诚的哲学"。力行哲学是蒋介石歪曲孙中山的知行学说，利用外国法西斯主义的哲学观点，糅合王阳明的"知行合一"说，而提出来的。他说："古今来宇宙之间，只有一个'行'字才能创造一切。"行是"天的本性，也是人的本性"。他把行说成哲学上的本体和实在。他说"'行'的哲学，为唯一的人生哲学"。而"力行的起点在于'诚'，"诚是行的原动力"。"事之不成者，由于心之不诚也。"这种力行哲学，就是法西斯的反理性的行动主义。

在 20 世纪三四十年代，除上述马克思主义哲学和法西斯主义哲学以外，建立自己的哲学体系、阐述自己的哲学见解的哲学家，主要有冯友兰、金岳霖、熊十力等。冯友兰的代表作是关于"新理学"的六本书：《新理学》、《新事论》、《新世训》、《新原人》、《新原道》、《新知言》。新理学是程朱理学的继承和发挥，同时杂糅了一些佛道思想和西方哲学。新理学把世界划分为二，一个是此岸的现实世界，一个是彼岸的"理世界"。现实世界中的实际的物，是"相对的料"，它是第二性的。"理世界"那里是"万理俱备"，"万理不生不灭，不增不减"，则是第一性的。物是"理之实现"。金岳霖的代表作是《论道》和《知识论》。他在《论道》中提出和论述了"道"、"式"、"能"的概念。"式类似理与形"，"能类似气与质"，"它们的综合就是道"。"道"就是宇宙。熊十力的代表作是《新唯识论》《破〈破新唯识论〉》、《佛家名相通释》等。熊十力的主要哲学命题是："体用不二"和"翕辟成变"。前者是说："用依体现，体待用存。"后者的意思是；翕是摄聚成物的势用，辟是刚健不物化的势用。二者同时存在于实体之中。二者相反相成，变化不已，大化流行，而辟是主宰。贺麟的代表作有《当代中国哲学》、《近代唯心论简释》等。他的哲学思想是陆王心学与西方新黑尔主义相结合的产物。他认为"不可离心而言物"。"心是主宰部分，物是工具部分"，"心为物之体，物为心之用。心为物之本质，物为心的表现"。冯友兰、贺麟的哲学受到马克思主义者的批评，陈家康、杜国庠、胡绳等著文批评了他们的哲学观点。

社会科学

1. 史学

五四运动后，中国史学发展史进入一个新的阶段，随着马克思主义的传入中国，中国的马克思主义史学开始出现。中国共产主义运动的先驱李大钊，是我国马克思主义史学的开创者，奠基人。他的《史学要论》（1924 年 5 月出版）是我国最早用马克思主义观点写成的史学概论。1930 年郭沫若著《中国古代社会研究》的出版，标志着中国马克思主义史学开始形成。此后马克思主义史学有了很大的发展。郭沫若对甲骨文、金文作了大量研究，先后发表了《甲骨文字研究》、《两周金文辞大系》、《金文丛考》、《卜辞通纂》等著作。40 年代他又发表了《青铜时代》和《十批判书》。振羽在 30 年代发表了《殷周时代的中国社会》、《史前期中国社会研究》、《中国政治思想史》等著作。范文澜的主要著作有《中国通史简编》和《中国近代史》（上编第 1 分册）。翦伯赞的主要著作有《中国史纲》第 1、2 卷和《历史哲学教程》。侯外庐的研究主要在思想史方面，他著有《中国古代思想学说史》、《中国近代思想学说史》，并和杜国庠、赵纪彬合著了《中国思想通史》第 1 卷。以上是马克思主义史学的主要成就。

20 年代疑古辨伪的风气在史学界盛行。这种学风主要是胡适、钱玄同、顾颉刚倡导的。胡适提倡"大胆的假设，小心的求证"；强调"尊重事实，尊重证据"，不受以往儒学经典的束缚。疑古精神表现得最坚决的是钱玄同。他说："我们是决心要对于圣人和圣经干'裂冠毁冕'、'撕袍子'、'剥裤子'的勾当的。"我们对于《六经》，"应当持'志疑''纠谬'的态度，断不可无条件的信任它的"。顾颉刚提出了一个"层累地造成的中国古史"的观点。这种观点反对把古代看成黄金世界，对有关古史中的荒谬传说起了廓清作用。在疑古辨伪精神激发下，顾颉刚等进行了大量考证辨伪工作，取得了相当可观的成绩。

"五四"以后的 30 年间，中国史学的发展和研究成就，除上述以外，还有许多历史学者在他们从事的研究领域做出了重要贡献，使中国史学蔚为大观。梁启超是中国新史学理论的奠基人。早在 20 世纪初他就写了《中国史叙论》、《新史学》等著作。以上两文是这一时期史学思想上的代表作。20年代著有《清代学术概论》、《先秦政治思想史》、《中国历史研究法》及其补编、《中国近三百年学术史》等。梁启超的史学思想前后有很大变化。早先他曾号召"史界革命"，主张新史学要叙述人群进化现象而求得其"公理公例"；后来他又认为"我们既承认历史为人类自由意志的创造品，当然不能又认他受因果必然法则的支配"，否认了人类历史有"公理公例"。梁启超研究的领域颇为广泛，涉及了中国历史和史学理论的

一些重要方面，他还提出了编著中国通史和中国文化史的设想。王国维是在历史考据方面有很大成绩的史学家。他治史的最大特点是把新发现的材料跟古史记载结合起来，从而获得对古史的新解。他学识广博，在古文字、古器物、汉简、汉魏碑刻、敦煌文献、商周史、汉唐史、蒙古史、西北史地等方面，均有研究成果。他的重要著作有：《戬寿堂所藏殷墟文字考释》、《殷卜辞中所见先公先王考》及《续考》、《殷周制度论》、《鬼方昆夷玁狁考》、《鞑靼考》及《宋元戏曲史》等。他开创甲骨学，最早把甲骨文字资料用于商代历史和典章制度的研究。他在《殷卜辞中所见先公先王考》中，考证出卜辞中所见殷王室世系与《史记·殷本纪》所记基本相同。这就使《殷本纪》作为历史资料的可靠性得到证明，从而使中国古代的信史上推到商朝之初，他的文章在中国考据学史上有重要价值。《殷周制度论》也是一篇受到重视的文章。陈寅恪从事周边民族史、魏晋南北朝史、隋唐史、明清间史事的研究和考订，开创了以诗文证史的治学途径。他的主要著作有：《隋唐制度渊源略论稿》、《唐代政治史述论稿》、《秦妇吟校笺》等。他在前一书中论述了从汉魏到隋唐某些制度的演变，指明了隋唐制度的渊源。在第二本书中主要以统治集团的升降转移为中心来探索唐代政治史发展的基本线索。这两本书在中国很受重视，在国外也有影响。陈寅恪认为文艺作品的内容，往往是历史记载中所没有的，善于利用这些材料，不仅可以补充史书的缺漏、改正史书的内容，而且可以得到新的见解。陈垣的贡献主要在中国宗教史和历史文献学。后者包括目录学、年代学、史讳学、校勘学等方面。重史源讲类例是他在学风上的特点。他的重要著作有：《元也里可温教考》、《元西域人华化考》、《回回教入中国史略》、《中国佛教史籍概论》、《释氏疑年录》、《南宋初河北新道教

考》、《二十史朔闰表》,《中西回史日历》、《史讳举例》、《校勘学释例》等。他关于宗教史的叙述和考证有许多是补充了中国宗教史的空白。《中国佛教史籍概论》论述了佛教重要史籍的大概流传情况,是研究佛教史的必备目录书。史讳是中国历史上的一个特殊现象,他在这方面的研究超过了前人。他认为"校勘为读史先务"。他的《校勘学释例》是我国校勘学史上带总结性的著作。

2. 经济学

"五四"以后,翻译的和中国人自著的经济学著作大量增加,马克思主义政治经济学著作也介绍到中国来了。从1919年到1949年这30年中,粗略估计,出版的经济学著作有2000余种,经济杂志100多种。发表的论文是很多的。

这个时期翻译出版的马克思主义经济学著作,主要的有:马克思《雇佣劳动与资本》全译文刊登在《晨报·副刊》上;李季译马克思《价值价格及利润》,1924年;陈寿增译卢森堡《新经济学》,1928年;陈豹隐译河上肇《经济学大纲》,1929年;郭沫若译马克思《政治经济学批判》,1932年;吴理屏译恩格斯《反杜林论》,1932年,施存统译波格达诺夫《经济科学大纲》,1932年;潘怀素译布哈林《转型期经济学》,1933年;吴清友译列宁《帝国主义论》,1937年;郭大力、王亚南译马克思《资本论》全译本,1938年;张仲实译列昂捷也夫《政治经济学教程》,1938年;郭大力译马克思《剩余价值学说史》,1948年;等等。从以上可见许多重要的马克思主义经济学著作都有了中译本。

中国人翻译出版的外国资产阶级经济学著作是很多的,其中重要的有:王开化译李斯特《国家经济学》,1929年;陈作谋译李嘉图《政治经济学及租税原理》,1931年;刘君穆译马歇尔《经济学原理》,1932年;王亚南译克赖士《经济学绪论》,1933年;

郑学稼译萨伊《经济学精意》,1933年;郭大力译杰文斯《经济学理论》,1936年;曾迪先译庞巴雄克《资本肯定论》,1937年;郭平叔译庇古《社会主义与资本主义》,1947年;等等。这些著作大多是资产阶级经济学理论方面的名著。此外应用经济学和经济史方面的译本还有很多。

在这30年中,中国人写了不少经济学著作,但在经济理论方面,不管是马克思主义经济学者写的还是资产阶级经济学者写的,一般都是"述而不作",没有自己的理论体系。用马克思主义观点写的有:沈志远的《新经济学大纲》,1934年;狄超白的《通俗经济学讲话》,1936年;王亚南的《中国经济原论》,1946年;郭大力的《生产建设论》,1947年;等等。资产阶级学者的主要著作有:刘秉麟的《经济学》,1925年;李权时的《经济学原理》,1928年;赵兰坪的《经济学》1933年;马寅初的《中国经济之改造》,1935年和《经济学概论》,1943年;等等。以上这些书都是流行比较广,影响比较大的。

从20世纪20年代以来,中国农村土地问题受到政界和学术界的极大注意。不少人对中国农村进行调查和研究,写出了若干重要著作。其中陈翰笙的《广东的农村生产关系与生产力》(1935年),薛暮桥的《中国农村经济常识》(1937年),是影响较大流行较广的书籍。费孝通的《江村经济》,1939年用英文在英国伦敦出版,是一部有国际影响的书。外国学者的著作其中重要的有苏联学者马扎亚尔的《中国农村经济研究》,美国学者卜凯的《中国农场经济》(1930年)。后者是资产阶级学者关于中国农村经济的权威著作。

这一时期,出版的经济刊物约有140余种,其中出版时间较长影响较大的有《经济学季刊》、《新经济》、《中国农村》、《中国经济》、《经济周报》、《金融周刊》、

《财政评论》等等。

3. 社会学

"五四"以后，中国向西方学习的风气大盛，社会学也在中国广泛传播，关于社会学的翻译、著述、设置学习专业和开设课程、组织学术团体、进行社会调查等都发展活跃起来。下面分别叙述：

翻译方面有赵作雄译爱尔乌特《社会学及社会问题》、吴旭译黎朋《群众心理》、伏庐译罗素《社会结构学》、瞿世英译鲍格达《社会学概论》、许德珩译涂尔干《社会学方法论》、黄凌霜译沙罗坚《当代社会学学说》、张世文译麦其维《社会学原理》、费孝通译马凌诺斯基《文化论》等等。西方社会学主要学派的著作大部分有了中译本。

中国人关于社会学的著作主要有陶孟和的《社会问题》、常乃德的《社会学要旨》、朱亦松的《社会学原理》、吴景超的《社会组织》、孙本文的《社会学大纲》和《社会学原理》等等。这些书大多是关于社会学的一般介绍，或祖述西方某些学派的学说。中国学者对运用社会学观点考察中国实际问题是很注意的，人口问题就是其中之一。中国社会贫穷、政治纷乱，许多社会学学者认为原因在于人口太多。他们从人口问题上给中国找出路。这方面的文章和著作很多，陈长蘅的《中国人口论》和《三民主义与人口政策》、许仕廉的《中国人口问题》、陈达的《人口问题》，是其中主要的几种。

关于专业和课程设置，1919年以来若干大学陆续成立社会学系，其中有厦门大学、燕京大学、复旦大学、中央大学等。起初许多大学的社会学系由外国人主持或授课。以后去外国学习社会学的中国人回国者日多，这种情况有所改变。国民政府为了推行所谓"社会建设"，设立了社会部，需要"社会事业"与"社会行政"方面的人员，因此，各校社会学系得到较大发展。

关于社会学的团体和刊物：1922年余天休发起成立中国社会学会。但因当时研究社会学的人很少，会务不久就陷于停顿状态。同年余天休主编的《社会学杂志》创刊，这是中国最早的社会学期刊。随后因为研究社会学的人日多，1928年由孙本文、吴景超发起，联络东南各大学的社会学教师和学生，组织东南社会学会。该会的刊物《社会学刊》（季刊）于1929年创刊，孙本文任主编。东南社会学会于1930年2月改组为中国社会学社，成为全国性的组织，到1943年共有社员160人。该社于1930年至1937年共开年会六次。1931年2月在南京举行的第二届年会集中讨论了人口问题。1943年2月在重庆、成都、昆明同时举行第七届年会，集中讨论了"战后社会建设"问题。《社会学刊》因受战事影响一度停刊，1944年国民政府社会部与该社合作，共同创办《社会建设》（月刊），以发表战时及战后"社会建设"与"社会行政"的文章为主。

注重联系实际，进行社会调查，是这门学科的一个重要特点。各大学社会学系、各社会学团体和社会学学者做了许多调查，其中有燕京大学的清河镇社会调查、中央大学的蒋庙村社会调查、金陵大学的各地农村调查、中山大学的樟林社会调查、云南大学的禄村农田调查和昆明劳工调查、中央研究院社会科学研究所的北平西郊六十四村社会调查、定县平民教育实验区的定县社会概况调查、苗族生活调查、西康社会调查等等。这些调查提出了许多有益的解决社会问题的办法，提供了许多有用的资料，使中国人对中国社会的认识和改进深入细致了一步。

文学创作

"五四"以后纯文学社团雨后春笋般地涌现，并且出现了新的文学流派。据统计，从1921年到1925年出现的文学团体和刊物各有一百多个，几乎遍布各大中城市，其中影响大成绩显著的是文学研究会和创造社。文学研究会是由郑振铎、沈雁冰、周作人、叶绍钧等人发起，于1921年1月在北京正式成立的。革新后的《小说月报》是该会的专门刊物。《文学研究会宣言》认为："文学是一种工作，而且又是于人生很切要的一种工作。"文学要"为人生"，要反映人生、指导人生。这是他们对文学的基本看法。这种文学属于现实主义流派。创造社是由在日本的留学生郭沫若、郁达夫、田汉、成仿吾等，于1921年7月成立的。它主张为艺术而艺术，属于浪漫主义流派。他们尊崇自我，认为文学是作家的自我表现；推崇天才，说"文艺是天才的创造物"。他们反对功利主义，认为"美的追求是艺术的核心"。但另一方面也重视文学"对于时代的使命"。他们的浪漫主义一般说来是具有"五四"时代精神的积极浪漫主义。

在新诗的创作上，胡适作了很有意义的"尝试"，郭沫若、徐志摩、闻一多等人的成就突出。郭沫若的《女神》充满了对黑暗的旧社会的叛逆精神，充满了对美好理想的热烈追求，充满了爱国主义的炽热感情，充满了革新和创造的磅礴气势。它喊出了"五四"时代精神的最强音。郭沫若的热情奔放的革命浪漫主义诗歌具有巨大的感人力量。《女神》所显示的鲜明的时代色彩，独创的艺术风格，澎湃的感人力量，开创了一代新的诗风。闻一多和徐志摩也是这一时期的著名诗人。闻一多的诗对祖国命运和民族前途充满激情，爱国的感情炽热而又深沉。他是新格律诗的倡导者和尝试者。他的一些诗篇结构严谨、形式整齐、音节和谐、比喻贴切，具有自己的风格。徐志摩的诗在艺术上有很高的成就。他的诗形象生动、语言精练、辞藻

色彩绚丽、音调铿锵和谐，对新诗的发展做出了重要贡献。臧克家在30年代初一登上诗坛便引起人们的注意。他的诗有坚实的生活基础，真挚的思想感情，用洗练的诗句抒写农民的勤劳与坚忍、苦难与不幸，表现了对光明的热望与对社会黑暗的憎恨。

在这一时期的文学创作中，散文是很有成绩的一个部门。在这方面除鲁迅以外，周作人是成就比较突出的一个。

1930年3月，在共产党领导下，中国左翼作家联盟在上海成立。沈端先、冯乃超、钱杏邨、鲁迅、田汉等为常务委员。在"左联"领导下，左翼作家以大无畏的英勇气概，同国民党的文化"围剿"展开了顽强的斗争，对法西斯的"民族主义文艺"思想和资产阶级小资产阶级文艺思想进行了批判。但这种批判往往只从政治上着眼，有很大的片面性。

这个时期的文学创作取得了巨大成就。鲁迅在他一生的后十年，以写杂文为主。他的杂文所暴露和批判的政治社会现实是非常广泛的，涉及政治思想战线上的一系列斗争。他的杂文是文艺性的政论，具有锋利、泼辣、幽默的风格，具有深刻的思想性和艺术感染力。这一时期瞿秋白也写了精彩的杂文。

小说方面的成就是很突出的，这主要表现在茅盾、巴金、老舍、沈从文等在30年代发表了一批中国现代文学史上最优秀的长篇小说。茅盾写的长篇小说《子夜》和短篇小说《林家铺子》、《春蚕》等是著名的作品。《子夜》于1933年1月出版后震动了中国文坛。它形象地真实地反映了30年代中国社会现实和阶级矛盾，成功地塑造了买办资产阶级和民族资产阶级的典型人物。巴金最著名的长篇小说是《家》。它描写了"五四"以后一个官僚地主封建大家庭的没落。通过这个封建大家庭的分崩离析，反映了中国半封建半殖民地社会

崩溃的现实。它揭露了封建社会的黑暗腐朽残暴，歌颂了青年知识分子的觉醒和反抗斗争。《骆驼祥子》是老舍的优秀长篇小说。它通过一个北平人力车夫祥子的悲剧，反映了城市贫民的悲惨生活。沈从文最著名的作品是中篇小说《边城》。小说以川湘边境一个小山城为背景，描写了一个老船夫和他的外孙女的生活和这个少女的爱情故事。作家对山城的自然风景、社会风习、人物性情作了生动细致的描绘，有浓厚的地方色彩。这个时期的重要小说家还有张天翼、丁玲、萧军等。

曹禺是这个时期出现的著名剧作家。他写的剧本《雷雨》、《日出》、《原野》在文学史上享有盛名。《雷雨》描写了一个带有浓厚封建性的资本家家庭的悲剧，展示了这个家庭的罪恶历史和现实，使人们看到了上层社会的腐朽。这个剧作具有强烈感人的艺术力量，是这一时期戏剧文学的最高成就。这时期著名的剧作家还有田汉、洪深、夏衍等。

抗战期间，出现了一批以历史题材为现实服务的剧本，其中最著名的是郭沫若的《屈原》。他在剧本中创造了一个热爱祖国、意志坚强、光明磊落、为正义献身的典型人物屈原。《屈原》表达了作者对国民党统治的愤恨，歌颂了不畏暴虐的斗争精神，这个剧本在当时的演出，收到了巨大的政治效果和艺术效果。夏衍的《法西斯细菌》也是一部优秀剧作。张天翼在抗战初期写的《华威先生》是一篇优秀的短篇小说。他以讽刺的笔调抨击了国民党官僚和国民党统治的黑暗腐败现象，在当时引起了广泛的注意。写得比较成功的长篇小说有茅盾的《腐蚀》和沙汀的《淘金记》等。

这时期出现的新诗人有艾青、田间等。叙事长诗《火把》是艾青著名的诗篇。《火把》写的是一位小资产阶级知识分子在人民大众的集体行动中受到教育，坚定了革命信念的故事。诗中燃烧着像火把一样的热情，非常激动人心，艾青在自由体诗方面的成就，使他成为中国现代文学史上最重要的诗人之一。

1942年5月，中国共产党在延安召开文艺座谈会。毛泽东在会上作了讲话。他阐述了文艺为工农兵服务的方向、作家必须深入群众熟悉社会生活、普及与提高、小资产阶级的文艺工作者必须改造世界观等革命文学的基本问题。会后，解放区文艺界出现了崭新的面貌。它的影响扩大到全国，中国文学发展到一个新阶段。许多作家的作品，从所反映的内容、作品中含蕴的思想感情、人物形象，到语言艺术风格、表现手法，都有新的变化。此后到中华人民共和国成立，这个时期的文学创作有很大收获。赵树理的小说《小二黑结婚》、《李有才板话》、《李家庄的变迁》等深刻反映了中国农村的新变化，塑造了新型农民的形象。他的作品具有浓厚的中国气派和中国风格，深受广大群众的喜爱，对文学形式的民族化大众化做出了重大贡献。他的小说创作对以后发生了很大影响，形成了一个新的文学创作流派。孙犁的短篇小说《荷花淀》是一篇风格独特的作品。他的小说充满了诗情画意，颇具有写意画的特点。丁玲的《太阳照在桑干河上》、周立波的《暴风骤雨》是两部反映土改斗争的著名长篇小说。

在解放区产生了一种新的文艺形式——新歌剧。最著名的新歌剧是《白毛女》。它反映的是中国农村农民与地主的矛盾。它是在继承传统戏曲和学习新秧歌剧的基础上，借鉴西洋歌剧而创作出来的。它在思想性和艺术性上达到了很高的程度。李季的长篇叙事诗《王贵与李香香》是新诗创作的最重要的成果。他采取民歌形式和传统的比兴手法，表现了新的内容，做到了思想性和艺术性的和谐统一。

中国通史

最新整理图文珍藏版

第三节　社会生活：生活百科　民俗缩影

汉族妇女流行旗袍

1911年辛亥革命后，旗袍已不再为满人所专有，汉族妇女中也开始普遍流行旗袍。

满族原是居住在中国东北长白山和黑龙江一带寒冷地区的少数民族，男女老幼一年四季均着袍服。因满族有著名的八旗制度，故又有"旗人"之称，这种袍服就被称作"旗袍"。

旗袍有单、夹、皮之分。样式为圆领，右大襟带扣襻，下摆有直筒式、二面开衩和四面开衩三种；窄袖，袖端加半圆形"夹袖"，也称箭袖。穿用时习惯用布带束腰，便于骑射。

满人入关后，养尊处优，日常生活发生巨大变化。旗袍的样式亦有所变化，如在衣襟、袖口、领口等处加镶花纹或彩牙儿等，使服装更趋美观。在北京等地还进一步盛行"十八镶"的做法，即镶18道衣边，而且式样也逐渐变成宽袍大袖。

汉族妇女普遍穿着旗袍后，旗袍的样式又有了很大的变化：由肥变瘦，紧腰身，长及膝下，直领，衣袖由大变窄，并有长袖、短袖之分，两侧开衩，可高可低，显得更加美观大方。

旗袍是中国的传统民族服装，它的演变和流行，反映了中国社会、历史的变迁，在中国服饰史上占有一定的地位。

"北四行"联合营业迅速发展

"北四行"是中国近代著名的四家私营银行盐业银行、金城银行、中南银行和大陆银行的总称。其中，盐业银行成立于1915年，由北洋政府总统府财政顾问张镇芳发起，原为官商合办，袁世凯死后改为商办，但大股东多为军阀和官僚。实有资本125万元，1925年增至650万元，总管理处设在北京，总经理吴鼎昌（1884～1950）。金城银行成立于1917年，总行设在天津，实有资本50万元，1927年增至700万元，1936年存款总额达1.8亿多，一度超过上海商业储蓄银行，跃居私营银行首位。总经理周作民（1884～1955）。中南银行成立于1921年，主要发起人和最大投资人为南洋华侨黄奕柱，实有资本500万元，1925年增至750万元。总行设在上海，总经理胡笔江（1881～1938）。金城银

交通银行伍圆（1927，159mm×84mm）

行与中南银行均以工业放贷和投资闻名。大陆银行成立于1919年，实有资本100万

元，1925 年增至 334 万元，投资人中有冯国璋和张勋。总行设在天津，总经理谈荔荪（1880～1933）。

20 世纪 10 年代初，已发展到相当规模的上述四家银行在上海成立联合营业事务所，实现联营。联营基金为 200 万元，其中中南银行出资 100 万元，盐业、金城各出资 50 万元。由四家银行的总经理担任联营事务所的办事员，吴鼎昌为办事员主任。联营的目的是厚集资本，互通声气，以便提高声誉，扩展业务。联营范围以不侵害各行各自的营业为限，营业上各不牵涉，合作亦不受束缚。1922 年建立四行联合准备库，共同发行中南银行钞券；1923 年各出资 25 万元开办四行储蓄会。

"北四行"联营提高了各行的声誉，扩大了各自的业务，使得"北四行"在北洋政府时期迅速发展，到国民党政府时代仍广设分支机构，原在北方的总行或总管理处亦先后移至上海。1936 年，存款总额居前五位的私营银行分别为金城、上海、中南、盐业、大陆，"北四行"占了四家。

"南三行"体系形成

20 世纪 20 年代，被通称为"南三行"的近代中国三家知名私营银行：上海商业储蓄银行、浙江兴业银行、浙江实业银行已经发展到相当规模。其中，成立于 1915 年的上海商业储蓄银行创办时资本仅 10 万

中央银行拾圆（1923，158mm×82mm）

上海四明银行拾圆（1934，163mm×89mm）

元，到 1916 年时，资产总额已超过 4700 万元，存款超过 3200 万元，资本也增加到 250 万元。1927 年以后，在官僚资本银行的支持下，业务进一步发展，至抗日战争前在全国各地的分支机构多达 80 个，存款总额近 2 亿元，多数年份居私营银行的首行。成立于 1907 年的浙江兴业银行由浙江铁路公司创议设立，1914 年转为私营，以杭州丝绸商蒋海筹、蒋抑卮父子所持股份最巨。辛亥革命后，业务迅速发展，存款总额常居私营银行的第一、二位。成立于 1909 年的浙江银行由浙江地方政府和商人合资设立，1915 年改名为浙江地方实业银行，1923 年官股与商股分开经营，官股称浙江地方银行，总行设在杭州；商股称浙江实业银行，总管理处设于上海。该行重视外汇业务和招揽外商在华企业业务，因而机构、职工虽少，而存款却多，拥有的外汇资产亦多。总经理李铭（馥荪）还多次出任上海银行公会、全国银行业联合公会主席。

"南三行"集中于江浙地区，其当权人物和主要投资人均为江浙资产阶级上层人物，它们以上海为基地，在经营上互相声援、互相支持，互派董事监事，虽无联营或集团组织之名，而有联合经营、攘臂相助之实，形成所谓的"南三行"体系，在中国政治、经济舞台上具有举足轻重的地位。1927 年，蒋介石为首的国民党在南京建立政权，"南三行"在经济上曾给予

中国通史

最新整理图文珍藏版

极大的支持。然而，蒋介石取得政权后，大力扶植以四大家族为首的官僚资本，在很大程度上损害了"南三行"的优势地位，加速了它们的衰败。

刘锡三创办"盛锡福"

1911年9月，刘锡三（山东掖县人）在天津创办"盛聚福"，为中国近代最早的帽业民族资本企业。前店后坊，自产自销。初生产宽边草帽，以从农村廉价收购的草帽缠手工缝制而成。因价格较外国进口同类草帽低廉得多，销路大畅。1919年引进机器设备生产，并增添皮帽、缎帽等产品。1925年改称"盛锡福帽庄"，用"三帽"作商标。1929年，产品获菲律宾博览会一等奖，名声大振。1934年，以国产羊毛生产的呢帽（礼帽为主）畅销东南亚，被当地华侨誉为"国货之光"。

30年代上海中国国货公司

"盛锡福"在北京、南京、上海、汉口、奉天（今沈阳）、重庆、济南、徐州等城市开设分店，并在欧、美、澳洲及东南亚的20多个国家开设分行。中华人民共和国建立后改造为国营企业，产品畅销国内外。

国民政府改革文书档案

1927年4月南京国民政府建立后，在文书运转和档案管理方面沿袭旧例，公文手续繁琐，运转迟缓，档案管理紊乱，与现代政府所需之行政效能十分不相适应。为改革落后状况，受当时欧美行政管理理论和方法的影响，以内政部长甘乃光为首的一批政界人士积极倡导行政效率运动。文书档案改革运动则是其中的重要组成部分。

1933年6月，改革公文档案会议在行政院主持下召开，讨论中央18个部会提出的《各部会审查处理会文改良办法》，重点在减少行文数量，简化运转层次和登记手续，提出了一些切实可行的具体措施。

改革运动的中心内容是试行文书档案连锁法，即在同一个机关范围内统一文书档案的工作流程。具体做法是：①分类统一，根据既定的分类方法，收发室负责统一分类。档案室亦按此归档，不必再另行分类；②编号统一，收发室统一编定全机关总收发文号，取消各承办机构的各自编号，档案室亦据此保管；③登记统一，收发室用三联票据登记所有收发文，收发室、档案室、文书科各存一张；④归档统一，文书经办完毕后，由档案室统一立卷归档。此法于1933年下半年在内政部试行后，逐步推广到江西、广西、湖北、四川等地。

1934年12月，行政院设立行政效率研究会，主任甘乃光聘请若干专门委员进行文书档案改革的研究工作。其所出版的《行政效率》杂志，也刊载了大量关于文书档案改革的研究文章。次年2月，档案整理处成立，协同行政效率研究会进行文书档案改革工作的调查、研究，单拟改革方案、报告，指导改革工作。后经费困难停止工作，改革运动亦渐趋低潮。

文书档案改革运动不仅提供了一个公开划一的文书档案管理办法，从而加速了文书运转，提高了行政工作效率，而且使一批政界人士和学者更加重视文书档案工作，从而推动了中国档案学的产生和形成，且有深远影响。

实行银本位制废两改元

中国传统以银两为货币单位，外国银元流入后又产生了"元"的货币单位，"两"、"元"并用，而以"两"为主。宣统二年（1910）清政府颁布《币制则例》，规定国币单位为"元"，后因帝制被推翻

中国银行壹圆（1935，157mm×81mm）

而未实行。民国三年（1914）北洋政府颁布《国币条例》，仍以"元"为单位，但"两"、"元"并行的局面并未改变。1933年3月8日，国民党政府颁布《银本位币铸造条例》，实行银本位制，银本位币定名为"元"，即有孙中山头像和帆船图案的银元，俗称"船洋"，重26.6971克，含纯银23.493448克；由中央造币厂铸造银本位币和相当于银本位币一千元的厂条；银类持有者请求中央造币厂代铸银本位币，须付2.25%的铸造费。一个月后，全国正式实行废两改元，中国从此进入为时短暂的银本位制时期。1935年1月，国民党政府进行法币改革，禁止使用银元，改用法

币（纸币），银本位制结束。

拉丁化新文字推行

1934年8月，"中文拉丁化研究会"在上海成立，标志着拉丁化新文字在中国开始推行。

拉丁化新文字是在群众中推行的汉语拼音文字方案，最早源于苏联。十月革命后，苏联掀起文字拉丁化运动。受此影响，莫斯科劳动者共产主义大学的"中国问题研究所"着手研究中国文字的拉丁化问题，当时在苏联的瞿秋白、吴玉章、林伯渠等同苏联学者一起，经过努力，拟成"中国的拉丁化新文字方案"，并于1931年9月在海参崴召开的"中国文字拉丁化第一次代表大会"上正式通过。此方案规定汉语拼音文字必须以现代化、国际化、大众化和方言化为原则，内容包括字母表和声母韵母表、音节的构成、词儿的写法、话的写法共四个部分。它的语音标准接近"老国音"，区分尖团，但不标声调。第二年中国文字拉丁化代表大会召开第二次会议，对方案和写法又进行了若干修正，使其固定下来。

由于当时国民党政府的新闻封锁，苏联推行拉丁化新文字的消息于1931年以后才逐渐被人报道，引起各方人士关注，陈

用国语罗马字出版的《国语模范课本》

用拉丁化新文字出版的《大众报》

望道、胡愈之等人在上海发起讨论"大众语",成立"中国拉丁化研究所",新文字很快在青年学生、职工中推行,形成群众运动。在推行过程中,全国成立了大大小小许多团体,制订出各种各样的方言拉丁化新文字方案,仅1936年2月公布推行的就有上海话、苏州话、无锡话、宁波话、福州话、客家话、广州话等13种。全国各地开办的师资训练班、讲习班、识字班等各种学习班达1000多个,学员达10万余人,出版的各种课本、读物、工具书和报刊不计其数,而且运动还得到了许多知名人士如鲁迅、陶行知、陈望道、王力、许地山、毛泽东、吴玉章等的积极倡导和支持。拉丁化新文字的推行从1934年开始,经历了抗战前、抗日战争、解放战争、建国初四个阶段,直至1958年公布汉语拼音方案才结束。

作为在群众中曾长期推行的汉语拼音方案,拉丁化新文字发挥了巨大的作用,在中国文字改革运动中,它的一些特点为现今通用的汉语拼音方案所吸收。

四行二局控制中国金融

中央、中国、交通、中国农民四银行在抗日战争爆发后于上海成立四行联合办事处,1939年10月在重庆正式成立四行联合办事处总处。由蒋介石任理事会主席。四联总处所辖实际上也包括中信、邮汇二局。它不仅决定金融方面的重大方针和措施,而且左右着经济的发展。所有工矿、交通、农林等企业只有取得经它批准的贷款和投资,才有足够的资金用于发展生产,增加设备。自1937年下半年起至1944年9月止,经"四联总处"核定的联合放款总额达450亿元。战时官僚资本膨胀并居于垄断地位,"四行二局"的信贷支持起了十分明显的作用。

以中央银行为首的官僚资本垄断货币发行和垄断外汇资金。1945年底,中央银行的纸币发行额已达1万余亿元,并拥有美元近9亿元,黄金600万盎司。它们运用这些本币和外币资金,继续扶植官僚资

上海中国银行大厦旧址

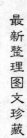

本企业，控制国民党统治区的经济。

中央银行成立于 1928 年 11 月，于上海设总行。第一任总裁宋子文（1894 ~ 1971），第二任总裁孔祥熙（1880 ~ 1967）。它被赋予发行纸币、经理和发行铸币、经理国库、募集公债等特权。1935 年币制改革后，以该行和中国银行、交通银行（后又加上中国农民银行）发行的纸币为法币，1941 年发行集中于中央银行一家，外汇也由它统筹管理。

中国银行成立于 1912 年。辛亥革命后，大清银行商股联合会呈准中华民国南京临时政府就前上海大清银行旧址改设中国银行，2 月开始营业，4 月袁世凯北洋政府成立，在北京另行筹设中国银行，8 月正式营业，上海的机构遂改为分行。1935 年国民党政府进一步加以直接控制，官股增至 2000 万元，占总股额的一半，由宋子文任董事长。1942 年改为发展国际贸易的银行。

交通银行 1908 年由清朝邮传部奏准设立。北洋政府时期，该行总理梁士诒通过袁世凯的关系，获得国家银行一部分特权。1928 年国民党政府将其改组为发展全国实业的特许银行，实际仍从事一般银行业务。

中国农民银行成立于 1935 年，前身为1933 年设立的豫、鄂、皖、赣四省农民银行。设立的目的是为筹集"剿共"经费，并成为国民党总裁蒋介石（1887 ~ 1975）扩大嫡系势力、任意拨款的私人金库。1942 年后，农贷集中该行一家，其他行局不再办理。1945 年由陈果夫（1892 ~ 1951）继蒋介石任董事长。

中央信托局成立于 1935 年。虽经营保险、储蓄和各种信托业务，但主要业务是办理军火进口，后期亦从事对外国的易货贸易。

邮政储金汇业局在邮政总局的储金和汇兑业务基础上设置，成立于 1930 年。以吸收小额储蓄、经营居民汇兑为主要业务，并在城乡广设分支机构。

1946 年成立中央合作金库，与"四行二局"一起，通称"四行二局一库"。

侯德榜创"侯氏碱法"

侯德榜（1890 ~ 1974），字致本，福建闽侯（今福州市）人。清华留美预备学堂高等科毕业，后入美国麻省理工学院学习化工。1921 年获美国哥伦比亚大学哲学博士学位，同年被范旭东聘为塘沽永利制碱公司技师长，从此成为范兴办化学工业的主要技术伙伴。1926 年 6 月，在索尔维法保密的情况下，自行研制，生产出洁白的纯碱。其产品红三角牌纯碱在美国费城万国博览会和比利时工商博览会上获金奖，被誉为中国近代工业进步的象征。1935 年被中国工程师学会广西年会公推为第一届金质奖获得者。1934 年后，负责筹建中的永利化学工业公司宁厂的技术工作，引进美国氮气工程公司的先进技术，并亲自选购设备，监督施工，培训人才。1937 年，宁厂建成投产，侯德榜出任厂长。陆续生产出合成氨、硫酸、硫酸铵、硝酸等产品。抗战期间，随永利化学工业公司往四川，协助范旭东在乐山五通桥建立永利川厂。因索尔维法制碱成本太高，而国外又实行技术封锁，遂决心自行研制开发。

1941 年，制造纯碱与氯化铵的新工艺研制成功，经范旭东提议，命名为"侯氏碱法"。1943 年完成了从合成氨开始的联合制碱流程，使大批量制碱变为现实。同年在中国化学学会第十一届年会上，"侯氏碱法"获"中国工程学会一届化工贡献最大者奖"。1964 年，"侯氏碱法"实现工业化生产，正式命名为"联合制碱法"。

中国通史

最新整理图文珍藏版

侯德榜的著作有《纯碱制造》（英文版、俄文版）和《制碱工学》（中文版）。除研制成功"侯氏碱法"外，并研制成功以碳化法生产碳酸氢铵的工艺，使化肥产量迅速增加。

侯德榜以其卓越成就成为中国现代化工技术的奠基者。

通货大膨胀

国民党法币制度开始于1935年，1939年以前，通货膨胀速度较为缓慢。1940年起进入恶性通货膨胀阶段，物价上升指数超过通货增发指数。1947年开始，法币进入崩溃阶段。原因是1946年6月，国民党政府发动全面内战，军费支出庞大，黄金外汇大量消耗，不得不超限度地发行法币，使法币发行如脱缰野马，通货膨胀达到历史最高点。到1948年8月18日，法币发行额累计达663694.6亿元，发行指数

1948年11月10日，国民党政府取消限价法令，宣布金圆券大幅贬值，国统区出现挤兑金银、外汇的狂潮。图为上海中央银行柜台前挤兑情景。

470705.39，而同期上海物价指数5714270.30。法币由此陷于崩溃，国民党政府被迫改发金圆券，以每300万元法币兑换金圆券1元。但金圆券亦因国民党内战的节节败退，民众争相挤兑黄金，而告

崩溃。

国民党违反经济规律，滥发纸币，造成长达12年的通货膨胀，是对工人、农民、知识分子的残酷掠夺。由于严重的通货膨胀，物价飞涨，工人、职员和知识分子的实际收入大大减少，生活日益贫困，激起人民群众的强烈愤慨与反抗，加速了国民党统治的灭亡。

1948年上海市挤兑黄金的情形

北洋政府开征印花税、统税和直接税

印花税筹议于1896年，1907年清政府公布税则，但未能推行。1913年北洋政府正式开办印花税：各类契约凭证，贴印花以示有效；应课物品，贴印花可抵现款。旋因主管当局以此滥印滥抵，搜括钱财，造成弊政。国民党政府曾修订章则，或按件、或按票证价额计税。抗战结束后又降低起征点，并提高税率和罚金一倍，使税额由抗战前的数百万元猛增至1942年的2400余万元。1943、1944年又曾两度调整税则和提高税率。

统税亦自北洋政府开始征收，但范围很小，主要有1921年征收的卷烟统税，只在卷烟出厂时征收一次出厂税，此后不现征收。30年代国民党政府实行裁厘加税，统税成为重要税制，征税货

物包括棉纱、火柴、水泥、啤酒、卷烟、熏烟、面粉等 7 种。1943 年又加征竹木、皮毛、陶瓷、纸箔等统税。国内货物就厂征税，进口洋货在海关征收。抗战前税额达一亿元。抗战胜利后，改在进入后方的第一首关口查验征收，出厂税变为通过税。由于统税类多，各省又有名目繁多的苛捐杂税，所谓"统税"名不符实，意义全无。

直接税在北洋政府以前主要是田赋，是中国古代第一大税。近代以来，由于增设厘金税、海关税剧增以及盐税、契税、常关税增加等原因，直接税比重逐年下降，至中华民国成立，仅占 25%。为了增加直接税税收，此后相继开征所得税、过分利得税和遗产税。1914 年，北洋政府制定的所得税条例，开征所得税，旋因政局变动而中止。1921 年再度征，又因官俸积欠太多至无法纳税而罢。1935 年，国民党政府重订所得税法草案，于次年 10 月开征，分为营利事业所得税、薪给报酬所得税、证券存款所得税三大类，后又增加财产租赁出卖所得税。其中薪给报酬所得税，以平均每月所得超过 100 元至 200 元者，按超过额每 10 元课税 2 角；分 17 级累进，至每月所得超过 1 万元者，按超过额每 10 元课税 3 元。1936 年，国民党政府开征遗产税。1938 年公布《过分利得税条例》，1940 年开征。在以上三项直接税中，所得税手续繁复，其能在税源中主动扣缴者很少，而申报自缴者也多逃漏不实，难以核查，加以税吏多贪污受贿，实际收到的所得税并不多。遗产税一项，由于大家庭常不折产，继承财产者数值难定，该税有名无实。至于过分利得税，更因主要针对有产阶级，官僚资本首先抗缴，其他纳税人群起反对，实际未能实行。

范旭东兴办化学工业

范旭东（1883 ~ 1945），字旭东，名锐。湖南长沙人。早年留学日本。毕业于京都帝国大学应用化学科。中华民国成立后返国，在财政部任职，并奉派往欧洲考察盐政。从 1914 年起先后在天津、南京、青岛等地创办化学工业企业 10 余家，成为中国民族化学工业的先驱者。

1914 年，范旭东有感于洋货盛行，国人食盐多不合卫生，在天津塘沽集资创办久大精盐股份有限公司，生产简装精盐。1917 年，与陈调甫等筹建永利制碱公司。1920 年，在塘沽建成永利碱厂（或称永利沽厂），聘请化工专家侯德榜为技师长。1926 年 6 月，永利制碱公司在索尔维法技术保密的情况下，自行研制生产出碳酸钠含量达 99% 的高质量洁白纯碱。其红三角牌纯碱并获美国费城万国博览会金质奖章。1930 年再获比利时工商博览会金质奖章。红三角牌纯碱遂名声大振，畅销国内外，与国际制碱垄断集团卜内门化学工业公司的产品相抗衡。天津成为中国化学工业的发源地之一，而范旭东本人也在 1924 年当选为中华化学工业会副会长。

1922 年，范旭东在塘沽创办黄海化学工业研究社，聘孙学悟为社长。研究社主要从事理论研究和资源调查，在盐卤、轻金属、肥料、细菌学等方面成就较大。同时还为久大、永利两企业援助技术。1924 年，在青岛创办永裕盐业公司。1933 年，在江苏大浦建久大分厂。次年改组永利制碱公司为永利化学工业公司，并于 1937 年在江苏六合县卸甲甸（今南京市大厂镇）建成硫酸铵厂，称为永利化学工业公司宁厂（简称永利宁厂）。是当时中国具有世界先进水平的大型化工企业，也是远东最

中国通史

最新整理图文珍藏版

大的氮肥厂。为中国自产酸、碱两基本化工原料打下了基础。

抗日战争爆发后，天津、南京的化工厂相继陷于敌手。范旭东等遂以原企业部分职工为主力在四川重建化工基地，相继建成自贡久大盐厂、三一化工制品厂、乐山永利川厂以及由植物油制汽油企业、"侯氏碱法"中间试验厂等。又筹建合成氨厂，拟用侯氏制碱法生产纯碱和化肥。1944年，创立海洋化工研究室，致力发展海洋化工。1945年当选为中国化学学会理事长。

范旭东1945年10月逝世，毛泽东敬献挽联："工业先导，功在中华。"

江南丝竹迅速发展

清代末叶，一种以丝弦和竹管乐器演奏的器乐业渐渐流行于苏南、浙西和上海地区，后统一定名为江南丝竹。

民国初年，江南丝竹迅速发展。在上海先后成立了"钧天集"、"清平集"、"雅歌集"、"国乐研究社"等音乐组织，经常组织乐队演奏《欢乐歌》、《云庆》、《行街》、《四合如意》、《三六》、《慢三六》、《中花六板》、《慢六板》等曲目，时称"八大名曲"。乐队少则3~5人，一般为7~8人。常用乐器有二胡、小三弦、琵琶、扬琴、笛子、箫、笙、鼓、板、木鱼、铃等。江南丝竹旋律优美抒情，风格清新流畅。笛子演奏注重气息的运用，高音悠扬清远，低音含蓄婉转，音色醇厚圆润，常用打音、倚音、赠音、震音、颤音等技巧润饰旋律。二胡弓法饱满柔和，力度变化细腻，左手惯用透音、带音、左侧音和勾音、尤以各种滑音技法，构成江南丝竹细腻清秀、明快健朗的个性。

广东音乐达到顶峰

19世纪下半叶，一种具有鲜明地域特色的广东丝竹乐在珠江三角洲地区流行。其前身是粤剧过场音乐和烘托表演用的小曲以及广东的山歌、儿歌、粤讴、南音等。至20世纪发展为以琵琶为主奏乐器，辅以筝、箫、三弦、椰胡等演奏的器乐合奏"广东音乐"。后又出现所谓"五架头"组合，采用二弦（粗弦硬弓）、提琴（类似板胡的中音乐器）、三弦、月琴、横箫五种，俗称"硬弓形式"。1926年，出现所谓"三件头"演奏，以二胡（改用钢丝弦，即今之粤胡）主奏，辅以秦琴、扬琴，俗称"软弓形式"。此后，又增加了许多丝竹乐器。1917年、1919年丘鹤俦编著的《弦歌必读》和《琴学新编》2集，是最早出版的广东音乐曲集和广东音乐演奏法汇集，对推动广东音乐的发展起了一定的作用。

20世纪二三十年代，广东音乐发展到顶峰，共出现了严老烈等60多位广东音乐作曲家，创作了500多首乐曲，不少乐曲经录制成唱片广泛流行。其中，琵琶演奏家何柳堂创作的《饿马摇铃》、《醉翁捞月》、《赛龙夺锦》等；二胡演奏家吕文成创作的《蕉石鸣锦》、《平湖秋月》、《步步高》等；以及《孔雀开屏》、《花间蝶》、《西江月》、《宝鸭穿莲》、《春郊试马》、《鸟投林》、《凯旋》、《河洲咏》等逐渐成为经典名曲。其乐曲活泼轻快、细腻缠绵、艳郁华丽、流畅动听。

延安开展新秧歌运动

1943年新年和春节，延安鲁迅艺术文

学院的师生利用民间秧歌形式，组织秧歌队到街头广场等地演出，成为延安新秧歌运动的开始。

新秧歌运动是抗日战争时期在延安发起的文艺普及运动。新秧歌是在旧秧歌的带故事性的歌舞形式的基础上，补充反映新延安拥军、生产、学文化等与当时广大工农兵和革命干部息息相关的生活内容，并加以提高创造而成的较完整的戏剧表演。新秧歌很快在部队、机关农民中普及、形成一项生气勃勃、热闹红火的群众运动。它取材于人民和军队中，表现解放区人民的新生活和兴高采烈的心情，剧中人物为农村中所常见的，所唱歌曲也是各地民歌和民间小戏中所常用的乐曲、人物和舞蹈

文艺工作者根据陕北民歌创作的秧歌剧《兄妹开荒》在延安演出

曲调，演唱一改旧秧歌中不适合大众化的内容，增加表现健康向上的新生活成分，如《兄妹开荒》、《夫妻识字》等在各地演出，深受广大人民欢迎。新秧歌运动也为戏曲改革运动提供了有益的经验。

延安开展新歌剧运动

1945 年 4 月，新歌剧《白毛女》在延安首演获巨大成功，极大地鼓舞了解放区的文艺工作者，新歌剧运动由此展开。

早在五四新文化运动时期，一些音乐界和文化教育界的有识之士就致力于改革和发展音乐教育，在新歌剧方面作了有益的探索。30 年代左翼音乐运动中，聂耳和田汉所作的《扬子江暴风雨》虽未成型为歌剧，但引入群众歌曲的因素，使音乐增强了时代感。

抗日战争爆发后，延安鲁迅艺术学院的文艺工作者先后创作和演出了许多部歌剧，如向隅等创作的《农村曲》和冼星海作曲的《军民进行曲》等，在艺术上作了新的尝试和努力，力图在吸收民歌和群众歌曲及借鉴西洋歌剧的创作经验的基础上，寻求适合于表现中国人民生活的歌剧形式。虽取得了一定的成就，但仍有所欠缺。

1942 年延安文艺座谈会以后，延安掀起了一场波及整个解放区的新秧歌运动。《兄妹开荒》是其中的代表作。新秧歌剧溶戏剧、音乐、舞蹈于一炉，是一种新型的广场歌舞剧。它的成功进一步推动了解放区文艺工作者去探索同广大工农群众相结合的道路和方法，积累经验，从而找到了一条使新歌剧创作得以正确发展的具体途径，新歌剧《白毛女》是这种结合的典型代表作品。

《白毛女》是延安鲁迅艺术学院于1944 年底开始创作和排演的，由贺敬之，丁毅编剧，马可、张鲁、瞿维、李焕之等人作曲。首演成功后，又经多次修改加工，更趋完善。该剧以传奇式的情节，反映中国农民阶级深受地主阶级残酷剥削的生活现实，表现了广大农民群众在中国共产党的领导下坚决向地主阶级进行斗争的过程。在音乐成就上，解决了用音乐来刻划剧中人物形象的问题；成功地广泛吸取了各种民间音调，使歌剧既有鲜明的民族特点，又有强烈的戏剧性。对西洋歌剧的创作形式和手法也作了大胆而成功的借鉴。

新歌剧《白毛女》的成功创作和演出，有力地推动了新歌剧运动的发展。解放区又产生了不少新歌剧作品，《刘胡兰》（魏风等编剧、罗宗贤等作曲）和《赤叶河》（阮章竞编剧、梁寒光等作曲）是其中较重要的作品。

新歌剧坚持现实主义传统，努力反映群众的斗争生活，重视用音乐形象来刻划剧中人物，既优美动听又通俗易唱，把继承民族音乐和借鉴西洋音乐有机地结合起来，既具新的时代特点，又具有鲜明的民族风格。新歌剧运动的开展，对丰富人民群众的业余文化生活，鼓舞广大群众投入民族解放斗争和阶级斗争起了重大作用，在中国现代音乐戏剧发展史上占有重要地位。